U0947596

七朝石經研究新論

虞萬里　主编
陸駿元　執行編輯

上海書店出版社
SHANGHAI BOOKSTORE PUBLISHING HOUSE

國家社科基金重大項目
《歷代儒家石經文獻集成》(13&ZD063)階段性成果

上海文化發展基金會圖書出版專項基金資助項目

目　錄

總　序

漢

魏

唐 蜀 宋

清及近代

總序

"歷代儒家石經文獻集成"首席專家
上海交通大學　虞萬里

石經研究與石經學之建立

儒家經典由春秋戰國以至秦漢,言語南北,意義異轍,篆隸興替,文字歧出,一源十流,天水違行。漢武帝儒術獨尊、經典政治化之後,需要有統一文本,作爲穩固政治的施政、教育和銓選之基礎。經籍由書於竹帛到鐫於碑石,多是基於文本歧異和政治需要兩個要素,熹平石經如此,正始石經如此,開成和嘉祐石經亦是如此,而廣政、紹興、乾隆石經或多或少亦與此相關。

東漢末年黨錮之後,因發生銓選考試而賄賂官吏偷改蘭臺文本事件,乃由李巡上書鐫刻一字隸書今文石經。偷改文本只是表面的偶然事件,而統一文本、抵制古文經文本和經説的侵蝕以維持三百多年今文官學之地位,穩定已經飄摇欲墜的政局是其内在主要因素。熹平今文石經雖經董卓之亂而稍有損裂,尚無毁壞,曹魏代漢,掃除塵埃,修復石碑,石經巋然屹立太學。然時僅隔六七十年,曹魏何以再度鐫刻三體古文石經?其直接原因雖史闕無載,但東漢中葉以後,古文經之盛行導致今古文經文本的融合,這在馬鄭所注中已有所反映,在鄭、王爭論中愈益顯現,而在盧植申述"古文科斗,近於爲實"之上書中更可窺見今古文消長之情勢。曹魏替漢,明帝以"尊儒貴學,王教之本",下詔選拔郎吏,"學通一經,才任牧民,博士課試,擢其高第者,亟用",政治銓選之亟需,古文經本之熾甚,導致古文經先後立於學官,隸書今文石經已形同虚設,三體古文石經應時而立。唯曹魏祚短,未及刊全而夭折。六朝隸楷字形變遷,今古文經本混雜,文字多歧不一,陸德明《經典釋文》所集二百數十家異文可覘一斑。唐初雖統一義疏,頒佈定本,然從敦煌寫卷之簡率、《干禄字書》之規範中,可以推知李唐經典文字仍未能劃一,因而科舉取士只能趨便採用習本制度,於是校勘經典,由泥壁而木板,由木板而石碑，不斷追求統一永恒的文本，而文本永遠無法劃一。與開成石經相先後，唐代已有雕版印刷産生。後唐長興雕印九經，出現刊本，而後蜀仍取太和舊本再次上石鐫刻蜀石經，其原因可以探考。北宋一統之後，率先從校勘《釋文》開始，衍及《五經正義》，隨即雕印梓行。校勘後之印版，與唐、蜀石經自有差異，故至慶曆中有鐫刊二體石經之舉。以上五朝石經，皆與政治統馭、官吏銓選、教育文本相關。南宋高宗書經刊石，頒賜群臣州學，籠絡之意濃；清高宗取蔣衡所書刊石，矗立於國子監，表功之意多，而亦皆與政治有關。

漢魏石經，幾經遷徙，損毁沉埋，至唐初已十不存一。唯時六朝拓本尚存，可資研究取法。迨及開元之際，魏石經拓本僅存十三紙。至是，漢魏石經共刊幾經，各經所用何種文本，雖有記載而持論各異，皆已紛亂莫可究詰。先時，洛陽曾有熹平石經殘石出土，至宋時營造掘地，時有所得，計各家所述，無慮數十百段四千二百餘字。好事者傳拓把玩，視爲珍寶，若蘇望、胡宗愈等翻刻石經，以爲古刻珍玩，雖曰傳承漢魏石經，而少作學術研究。唯董逌校覈傳世本文字，著有劄記；趙明誠更將校記集輯成卷，惜皆散佚湮没；南宋洪适承董、趙之後，集録所存，著於《隸釋》，所存字數雖僅蘇、胡之半，而其功亦已偉矣，惜其後五六百年間，石經研究，幾成絶響。

清初顧炎武等人有感於元明經典文本之歧出，始關注石經文字，朱彝尊、萬斯同、杭世駿等人繼起，蒐索文獻，辨正史實。尤其是杭世駿，不僅補充、糾正前賢不足，辨正范曄一字熹平和三體正始石經之誤，更對熹平所刊經數、書丹人數，以及史志記載有所發覆考辨，兼及唐石經、蜀石經、北宋和南宋石經，對石經由文字校勘而進入到史的梳理，拓寬了石經研究範圍。清初另一學者臧琳對洪适《隸續》卷四所收《魏三體石經左傳遺字》進行分解，析出其中有三體石經《尚書・大誥》《文侯之命》《吕刑》三篇文字，跨出了魏石經研究艱難一步，功不可没。孫星衍繼臧琳之後更進一步，不僅離析《左傳》和《尚書》，更分《春秋》和《左傳》之别，並重新連綴石經殘文，著成《魏三體石經遺字考》，將純粹的迻録殘石原文轉入到分析研究領域。值得一提的是，他將被同時期的前輩學者錢大昕斥責爲"踳訛複沓"的《汗簡》文字來與三體石經古文印證，在當時也别具慧眼。繼臧琳、孫星衍之後，馮登府博徵典籍，全面校勘七朝石經文字，尤以《汗簡》《古文四聲韻》證魏石經古文，用事實證明了其書之價值，既開王國維爲郭、夏二書平反之先聲，也爲百年之後與迭出之楚簡古文相互印證鋪路。自洪适在《隸續》中云《儀禮》殘碑"每行七十三字"，在文字校勘中鑿破混沌，翁方綱循其思路，"於諸經所見殘本下各記其每行字數"，可謂已撩開漢碑形制復原一角。但真正全面考證復原的工作，則有待於王國維的出現。

光緒十八年(1892)丁樹楨得三體石經《君奭》殘石百餘字,文字清晰,行款整齊,顯現了漢魏石經的真面目。1916年4月,王國維在結束《史籀篇疏證》之後,欲對《説文》古文予以探考,乃取楊守敬所得《君奭》拓本比勘其古文字形。因爲《君奭》殘石行款俱在,王氏校取以覈馮登府《魏石經考異》,推定魏石經每行皆六十字。王國維有極强的系統思維,有翁方綱、馮登府等導夫先路,又得此行款概念,於是萌發全面復原漢魏石經之想。經前後五個月的沉潛研究,著成《魏石經考》二卷八篇。

《魏石經考》上卷六篇爲:《漢石經經數石數考》《魏石經經數石數考》《漢魏石經經本考》《魏石經古拓本考》《魏石經經文考》《魏石經篇題考》,下卷爲:《魏石經古文考》《魏石經書法考》及《隸續・魏石經圖》六幅。漢魏石經鎸成之後併立洛陽太學之前,旋遭毁棄搬遷,所以晉以還文獻如《洛陽記》《洛陽伽藍記》《西征記》《北齊書》《隋書》《隸釋》等書記載熹平石經經數各不相同,且將漢魏石經石數混記錯轉,歧出不一。王國維認爲,"欲考魏石經之經數石數,必自漢石經始",所以第一篇即梳理熹平石經的經數石數,依清人成果考定爲七經,並説明之所以亦稱五經或六經之原因。魏石經則依據其復原的《三體石經左傳遺字》圖計算,推測當時鎸刻到《尚書》《春秋》及《左傳》莊公中葉以前文字而止。經數與石數密切相關,而關聯的焦點就在每碑基於行款所能容納之字數。漢石經每行字書已有洪适、翁方綱等推測在先,魏石經每行六十字恒定不變。所需考定者,是每碑行數。他反覆計算,最後漢石經取《洛陽記》四十六碑,魏石經取《西征記》三十五碑。

漢石經用今文本,魏石經用古文本,古文本《尚書》有馬鄭、王肅、梅頤本之别,今文本五經更有十四博士師法家法之異。王國維撰著時,熹平石經殘石尚未出土,只能根據洪适所記,《詩》用《魯詩》,參校齊、韓兩家;《公羊》用嚴本,參校顔本;《論語》用某本,兼存盍、毛、包、周諸家異字;從而推測《易》《書》《禮》亦必以一家爲主,兼存諸家異文於後。魏石經雖有《隸續》文字和《君奭》殘石,但文本很難確定。王國維從《文侯之命》和《吕刑》之間容不下《文侯之命序》十五字,因而定其爲用馬鄭本《尚書》,不得不説是慧眼卓識。

經數、石數、經本是石經最基本的要素,其他諸篇涉及拓本、經文、篇題、古文、書法等問題,對唐初皇室所藏蕭梁拓本的流傳,《三體石經左傳遺字》離析後的拼接,石經篇題的書寫格式,科斗古文的書法及其與《汗簡》《古文四聲韻》異同等一一考證,提出自己的看法。然因當時所見漢魏石經殘石太少,其中不免多主觀推測成分,故其纂輯《觀堂集林》,已删去《經文考》《篇題考》《古文考》諸篇及圖。迨其見洛陽新出之大塊《無逸》《君奭》《春秋》僖文二公殘石,又作《魏石經殘石考》一篇,將殘石涉及之篇目文字全部用碑圖形式圖示。王國維對魏石經的前後兩考，基本奠定了魏石經的研究格局。其對漢石經的考證和認識，在其逝世後由羅振玉來完成。

羅振玉於 1929 年開始纂輯《漢熹平石經殘字集録》，循王國維復原石經的思路，對每行石經文字都計算其行字數。嗣後隨得隨刊，至 1931 年，已編集十二次，收字近六千。《集録》爲二十世紀三十年代收録熹平殘石最多的一部著作，其中拓本大多數都爲王國維所未見。所以羅振玉在王國維認識之基礎上又有新的突破。羅氏最大貢獻在於，依據殘石，綜核自己心得和時賢研究成果，新考定《易》用梁丘本，《書》用小夏侯本，《禮》用大戴本。其次，揭示今古文文本的差異，如《魯詩》和《毛詩》的篇次、章次乃至章節多寡都有不同，《二雅》分什有别，用實物證實了九百年前趙明誠"篇第亦時有小異"之説；《儀禮》之記與傳本文字亦有多少差異。經其以殘石文字實證，使我們親睹二千年前的西漢今文本樣貌，極爲可貴。至於各經書寫款式，如篇題佔一行，《易》卦文連書，卦畫當一格之位不空格，《十翼》每章、《魯詩》每篇、《春秋》每年、《公羊傳》每歲、《論語》每章前都空格加點以示區别；各經每行字數雖有恒定而時有參差，並非一律；今文本與今所見傳本字數多有差異等，都非經目驗殘石者所無法想象，不僅加深了世人對西漢文本的認識，更主要的是凸顯了石經無可替代的學術價值，爲復原石經碑圖奠定了基礎。

張國淦在 1929 年完成《歷代石經考》，適值羅振玉《集録》陸續印行，於是參據文獻，比勘文本，考驗《集録》行款，於 1931 年著成《漢石經碑圖》，將熹平石經七經文本排列成九十六碑，第一次主觀展示了一千七百多年前的石經樣貌。1937 年孫海波出版《魏三字石經集録》，圖示魏石經爲二十八碑。張、孫二書之出版，標志著儒家石經這門學科的基本成立。

石經學不同於石刻學，它局限於儒家石經而不包括其他所有碑刻；石經學不同於經學或儒學，它是專門針對經學的石刻文本，是相應時代的標準文本而非一般文本，由文本異同來認識今古文和經義之異同。石經學是廣義文獻學的一個分支，但有其獨特的内容。石經文本建立在當時政治統攝下由官方選定一種文本精校、用當時正字（必要時兼用數體）書寫、鎸刻的定本，具體落實在石數、碑制（篇題、行款）上。因其材質、書法導致其有拓本，故有書法研究之價值；因年代久遠鎸刻經數不明，故有歷史考證之必要。儒家石經在宋代僅是著録與校勘，清代有意識從今古文文本、行款上去認識，但仍多局限於文獻與文字字形考證。到王國維著《魏石經考》，才從經數、石數、經本、拓本、經文、篇題、古文、書法作全方位考訂，經羅振玉、張國淦、孫海波之努力，綜合八個要素成果，樹立了漢魏石經碑圖。之後羅振玉整編《熹平石經集録》，馬衡匯輯《漢石經集存》，只是在做規整和增量的工作。

石經學由研究漢魏石經而建立，可以輻射到其他五種石經的研究。其中唐石經、清石經形制具存，而蜀石經、二宋石經之形制卻有很大的研究空間。即就漢魏石經而論，張、孫所圖遠非定論。臺灣在二十世紀後半葉，屈萬里著漢石經《易》《書》二書殘字集證，以及和其學生所撰《詩》《公羊》《論語》等殘字集證，都是在張《考》、馬《存》基礎上精益求精；吕振端《魏三體石經殘字集證》也是在孫《録》的基礎上重新考證。大陸八十年代考古發掘出新漢魏石經殘石，學者先後綴合考訂，都有新的突破。至於熹平《尚書》所據究竟是歐陽本抑是小夏侯本，學者反覆論證，結論越來越接近事實。

縱觀八九十年來的石經之學，緣其他學科相繼興起成爲熱點和石印石經書籍難覓等原因而顯得沉寂。"歷代儒家石經文獻集成"課題試圖將所有石經拓本、題跋、專著、論文彙爲一編，方便學界參考利用。在儒家簡牘頻繁出土的現今，匯集資料重振石經之學，意義重大。儒家經典文本之文字，二千多年來因字體更替和傳鈔錯舛，顯得異常複雜。將七朝石經作爲不同時代實物坐標，不僅楚簡古文與魏石經古文相印證，可覘字形嬗變之跡；其文字文句文本與漢魏石經相校覈，亦可窺兩漢今古文文本之異同。鎖定唐石經文本，朝前與敦煌殘卷、《五經義疏》、《經典釋文》和漢魏石經、出土文獻乃至漢魏六朝碑刻引經相校覈，朝後彙集宋刻本，儘可能參證蜀石經、嘉祐石經殘石，則我們現今文本的流傳、演變之跡大致可得。

張國淦、孫海波圖示之碑式、石數、行款都已被新出殘石和深入的研究修正或調整，其間有行款問題，亦有今古文文本之異，今可參據新出殘石和簡牘資料覆覈、校正漢魏石經碑圖。由漢魏石經碑圖推衍，蜀石經和北宋石經的碑圖形制，以往少所涉及；石經與政治關係之密切，固無可疑，然在專注於文字碑制的過去，往往爲學者忽略，近已有學者在這兩方面作出努力。

集文獻、文字、文本、碑刻、經學史、歷史於一身的石經學，有自己獨特的研究視野與路徑。七朝石經是歷史留存的儒家經典珍貴文物，蘊含著豐富的文字與文本信息。如何深入研究，恰當利用，是當今經學、歷史學、語言學、文獻學、碑刻學值得深思的問題。

（本文發表於《光明日報》2017 年 08 月 04 日）

漢

熹平石經《魯詩·鄭風》復原平議

——兼論小序産生之年代

虞萬里

一　熹平石經《鄭風》殘石之來源

熹平石經殘石涉及《魯詩·鄭風》者，據馬衡《漢石經集存》有十一塊，可拼合成九石。然此殘石數僅是馬衡匯聚諸家所藏，並非出土時就在一起。二十世紀二十年代洛陽居民和古董商大肆挖掘時，出土碎石多據爲己有，輾轉販賣各地，藏家寶之，多互不相知。唯羅振玉、王國維、馬衡、吴維孝等諸位開明睿智學者，相互傳拓考釋，零星發表。之後陳承修、孫莊、馬衡、徐森玉和吴寶煒等各出所有，匯輯《新出漢魏石經集拓》四集。同時，羅振玉因王國維逝世，所托熹平石經研究願望無法實現，遂毅然承擔起《漢熹平石經殘字集録》工作。羅氏自 1929 年纂輯《集録》至 1934 年編《四編續拾》，前後十二次。在 1930 年編成《四編又補》時，曾將前九次所編依經釐次，迨 1938 年整理成二卷，著成定本。今唯《集拓》和《集録》稍可窺《鄭風》殘石來源之一斑。

《集拓》第一集無《鄭風》殘石，第二集有“我/叔于/”三字，係《將仲子》和《叔于田》殘石。此或馬衡和徐森玉赴洛陽採集所得。

《集録》初編、《續編》及《補遺》無《鄭風》殘石。《三編》有“**踰我/·叔**”三字，與《集拓》二集同。據羅氏自序，謂此乃陳承修自滬江郵寄影本，是陳氏所惠。①《四編》有“**兮其二/山有/兮倡/我/兮**”“**蘀兮**”“**不/綦巾/露**”和“**□與女/衣廿一**”等四石，涉及《山有扶蘇》《蘀兮》《狡童》《褰裳》《丰》《揚之水》《出其東門》《野有蔓草》《溱洧》九詩。《四編》殘石拓本係趙萬里惠寄，云是“洛中續出殘石”，②《四編

① 羅振玉：《漢石經殘字集録三編序》，賈貴榮編：《歷代石經研究資料輯刊》，北京圖書館出版社 2005 年影印本，第 5 册，第 441 頁。

② 羅振玉：《漢石經殘字集録四編序》，《歷代石經研究資料輯刊》，第 5 册，第 493 頁。

又續》收“章章四/膠**膠既**/□**達兮**在/□□= **楊之**/□□**露**”“□如**芸**/我**願兮**”二石，乃《丰》《風雨》《子衿》《揚之水》《野有蔓草》《出其東門》等七詩，此不知何所得。羅氏所得《鄭風》總計七石。迨及《集録》定本，卻漏略《四編又續》所收兩石，僅録前五石，不知何故。

張國淦據羅氏《集録》復原《漢石經碑圖》，時在 1930 年前後，所據爲定本以前之《集録》，唯益以“贈之/十三章二”一石，來源未曾交待。而羅氏已著録之“芸/願兮”一石，與“士與女/衣廿”一石可拼接，張氏標注後者而遺前者，亦不明所以。

馬衡《集存》又益以“仲可/兮人/叔兮”和“其漂/褰裳涉/堂兮”二石，來源不明，或其親臨洛陽搜訪所得。黄美瑛即據《集存》所收殘石復原，未有新增。

《鄭風》二十一篇一千餘字，就所得上述殘石校覈和拼接復原，産生很多矛盾，各家持見不同，難以統一。要而言之，一是文字，《魯詩》文本文字與《毛詩》有異，已爲傳世文本和出土殘石證實無疑。然其爲殘石證實之異文外，是否可以類推到全篇甚至全《詩》，須斟酌；僅爲清人考證推測而無殘石印證的文字，是否可以改易？二是復原，據現有殘石，諸家對《清人》以下諸篇之排列各不相同，因而有必要進行梳理、評述。

二　羅振玉、張國淦、馬衡、黄美瑛之復原平議

熹平殘石出土後，當時學者就各自所見所藏，皆有考證，雖有可采，然零星而不成系統。能自成系統者，唯羅振玉、張國淦、馬衡和黄美瑛。下面對各人復原所據文字和碑圖得失予以分析評述。由於四家先後復原，有所因襲，故叙述以前者爲詳，後者同於前者略之。

（一）諸家復原所參據文本

羅振玉與王國維往復討論漢魏石經行款，素知石經研究路向，故其率先用殘石校覈傳世文本，以定其行款。羅氏校勘時，雖知熹平石經用《魯詩》，然《魯詩》與《毛詩》異同情況尚未明朗，故徑用傳世本《毛詩》，未暇他顧。如《集録三編》考釋“踰我/・叔”一石云：“右《鄭風・將仲子》《叔于田》，合《毛詩》校讀，首行七十一字。”[①]其常規雖用傳世本《毛詩》，然亦關注出土文獻。羅氏經手經眼之敦煌殘卷頗多，遇有敦煌本《毛詩》殘卷，即利用而校勘之。如《集録》載《唐風・杕杜》

① 羅振玉：《漢石經殘字集録三編》，《歷代石經研究資料輯刊》，第 5 册，第 449 頁。

“鴇羽”之“鴇”，石經作“**鳵**”，即用敦煌唐寫本《毛詩》字形校覈異同。①羅氏主要校覈殘石與《毛詩》異同，勾稽復原《魯詩》每行字數。②以《毛詩》爲基準，去發現《魯詩》篇什、篇次、章次異同；間亦引用《説文》《玉篇》《釋文》《廣韻》，並涉及漢代碑刻、陳喬樅《四家詩異文考》等。羅氏之蒐集與考釋，從多角度省視、觀察熹平殘石，爲此後之深入研究奠定了基礎。

張國淦在漢石經研究上之功績，在於全面吸收殘石出土以來如羅振玉、吴寶煒、馬衡及其他學者之成果，依據殘石文字字形，參考清代學者四家詩異文之歸派認定和今古文對立原則，復原整個《魯詩》碑圖。就其主觀意圖而言，是盡可能恢復漢代《魯詩》原貌。因張氏碑圖爲首創並爲馬、黄所遵式，故先逐字分析其碑圖所用之文本依據。

鄭國第七：作“鄭國”不作“鄭風”，基於殘石有“□國第六”，即王風第六，是《魯詩》作“國”不作“風”，故於《魯詩説》第一面第一行云：“周南第一篇題，依石經□國第六篇題，低三字，後放此。”③

《緇衣》旋予授子之粲兮：《毛詩》作“還”，唐石經同。《魯詩説》第一面第十五行《采蘩》三章“薄言旋歸”下云：“今本‘薄言還歸’，案石經齊國還作旋，似此當亦作旋，後放此。”④張氏所據是殘石《齊風·還》之篇名作“旋”，因以推衍《緇衣》作“旋”，下兩章字同。按，《釋文》於《齊風·還》下云：“還，《韓詩》作嫙，嫙，好貌。”是《韓詩》作“嫙”，《魯詩》作“旋”。《還》詩義，馬瑞辰以爲從《韓詩》訓“好”爲是，是《韓詩》用正字，《毛詩》用假字。還、旋雖多假借，然《緇衣》之“還”，義爲返回。若以三家詩多作正字衡量，《魯詩》是否一定作“旋”，猶需殘石新證。

《叔于田》叔適壄：《毛詩》作“叔適野”，唐石經此處殘泐，然仍可辨作“野”。張氏蓋因《召南·野有死麕》“野有死鹿”之“野”殘石作“壄”，故推衍之。按，出土簡牘和秦漢碑刻多作“壄”，是乃漢代常用字形，⑤此詩作“壄”，理在情中。下“野有蔓草”同。

《大叔于田》火列具舉：《毛詩》作“火烈具舉”，唐石經同。張氏從陳喬樅之

---

① 羅振玉：《漢石經殘字集録》，《歷代石經研究資料輯刊》，第 5 册，第 200 頁。

② 羅振玉《漢熹平石經殘字集録序》云：“往歲與亡友王忠慤公，擬就前籍所記經石之數及石之高廣，以就行字之數，寫定爲碑圖，顧諸經書寫格式不能明晰，致行字無由確定，遂不果作。今七經具出，就其存字以考書式。”按，此序係 1938 年二卷本前文字，然其署庚午閏月，時在 1930 年。《羅振玉學術論著集》，上海古籍出版社 2010 年版，第二册，第 97 頁。

③ 張國淦：《漢石經碑圖》，北平燕京大學國學研究所 1931 年版，第 109 頁上。

④ 張國淦：《漢石經碑圖》，第 109 頁下。

⑤ 具體論證參見筆者《石經魯詩異文發覆》，未刊稿。

説，以張衡《東京賦》引《詩》作“列”，《毛傳》訓“烈”爲“列”，毛用古文而三家用今文，故石經當作“列”，下二章放此。

《有女同車》顔如蕣華：《毛詩》作“顔如舜華”，唐石經同。張氏據《吕覽・仲夏紀》高注、《孟子・盡心上》趙注引作“蕣”，段玉裁云“舜、蕣古今字，《詩》當作蕣，轉寫脱艸”，乃改爲“蕣”，下同。按，《説文》從舜聲。馬宗霍云：“許字作蕣，蓋從三家。”①《魯詩》有可能作“蕣”。

《有女同車》佩玉鏘鏘：《毛詩》作“佩玉將將”，唐石經同。張氏僅據《楚辭・九歌》王逸注引《詩》作“鏘鏘”。王先謙以王逸傳《魯詩》，故云“魯將作鏘”。②按，陳喬樅云“作將者，古文渻假也”，③未謂《魯詩》作“鏘”。鏘字見馬王堆帛書《十六經》“出其鏘鉞”，字作“[illegible]”，其他少見；形容玉佩之聲，古多作瑲瑲，《魯詩》是否一定作“鏘”，尤不敢必。

《山有扶蘇》山有喬松：《毛詩》作“山有橋松”，唐石經同。張氏作“喬”而未有説明。按，《釋文》：“橋，本亦作喬。毛作橋，其驕反。王云高也。鄭作槁，苦老反，枯槁也。”是喬、橋皆《毛詩》異文。王肅訓高，知亦作“喬”。唯鄭玄作“槁”不同。此字陳喬樅、王先謙皆未作爲《魯詩》或三家詩之異文，張氏作“喬”，乃從字義著眼，或以爲三家用本字，遂乃以《釋文》别本爲《魯詩》。實則《釋文》所謂“本”者，亦《毛詩》别本也。

《丰》子之丰兮：《毛詩》作“子之丰兮”，唐石經同。張氏作“丰”，蓋以殘石“兮/章章四/膠膠既”一石“兮”上有似“丰”字左邊“女”殘筆，此羅振玉及後來馬衡皆未標識。考陳喬樅曾引《毛詩釋文》、郭璞《方言注》等，謂《魯詩》今文，“丰”字當爲“丰”，與毛古文異。由此知張氏參據陳説而定。④

《丰》衣錦絅衣：《毛詩》作“衣錦褧衣”，唐石經同。陳喬樅以《禮記・玉藻》引作“衣錦絅衣，裳錦絅裳”，謂“此所引與劉向引《碩人》詩作‘絅衣’者，皆據魯齊詩今文也”。⑤是爲張氏所本。按，《碩人》“衣錦褧衣”，《列女傳》引作“絅”，《説文》引《詩》作“檾”，《玉篇》又有異文作“苘”，《廣韻》《集韻》更作“蘏”，王應麟謂《尚書

① 馬宗霍：《説文解字引詩考》，《説文解字引經考》，臺灣學生書局1971年影印科學出版社本，第311頁。

② [清]王先謙：《詩三家義集疏》卷五，中華書局1987年版，第354頁。

③ [清]陳喬樅：《四家詩異文考》卷二，《清經解續編》卷一一七二，上海書店出版社1988年影印本，第五册，第31頁上。

④ 參見筆者《石經魯詩異文發覆》，未刊稿。

⑤ [清]陳喬樅：《四家詩異文考》卷二，第31頁中下。

大傳》作"蘋",是《魯詩》究作何字形,未敢輕率以定。

《風雨》云胡不恞:《毛詩》作"云胡不夷",唐石經同。《毛傳》:"胡,何。夷,説也。"《鄭箋》:"云思而見之,云何而心不説。"是毛、鄭釋夷爲説,王逸《楚辭・九懷》注引《詩》"既見君子,我心則夷"云:"夷,喜也。"陳喬樅謂"叔師引《詩》當是《風雨》篇而誤合《草蟲》之'我心則夷'語爲此詩也"。[①]王先謙以王逸傳《魯詩》,乃云"明魯説訓夷爲喜"。訓夷爲喜,則"夷"爲假字。《廣韻》:"恞,喜也。"張氏以爲《魯詩》當用本字,遂更爲"恞"。

《子衿》青青子裣:《毛詩》作"青青子衿",唐石經同。"裣"字不見於殘石,洪适《隸釋》未載,陳喬樅謂王應麟《詩攷》云"石經作裣"。此張氏所本。其實王應麟係根據從董逌《詩故》或吕祖謙《讀詩記》等書轉録,[②]非親見殘石字形。董逌曾與趙明誠等共同收集熹平殘石,必親見字形,是《子衿》殘石北宋時已出土。

《楊之水》楊之水:《毛詩》作"揚之水",唐石經同。熹平殘石"楊之",張氏依改。

《野有蔓草》蘦露漙兮:《毛詩》作"零露漙兮",唐石經同。陳喬樅云:"今《毛詩》作'零露',……《爾雅》作'蘦',蓋本《魯詩》。"以《爾雅》傳《魯詩》。又云:"攷《説文》:'霝,雨零也。从雨㗊。象零形。''零,餘雨也。从雨,令聲。'雨露曰霝零,艸木曰蘦落。霝、蘦亦通作零。《説文》引詩'霝雨其濛',今《毛詩》字作'零',《夏小正》栗零、《月令》草木零落,皆用零字。"[③]張氏本陳説作"蘦",下同。

《溱洧》方汍汍兮:《毛詩》作"方涣涣兮",唐石經同。《説文》"潧"下引《詩》"方汎汎兮",段玉裁注:"《釋文》曰:《韓詩》作洹洹,音丸。《説文》作汎,音父弓反。按,作汎父弓反,音義俱非。蓋汍汍之誤。汍汍與洹洹同。《漢志》又作灌灌,亦當讀汍汍,皆水盛沄旋之貌。"陳喬樅云:"《班志》多據《齊詩》,今觀《説文》所載與齊、韓、毛文並異,則其爲《魯詩》可知也。"[④]張氏即本陳説。按,陳説有一定理據,然馬宗霍云:"《説文・水部》無汍字,大徐本新坿有之,云:'泣淚皃。'又非其義也。似當存義。"[⑤]

《溱洧》詢訏且樂:《毛詩》作"洵訏且樂",唐石經殘。《吕氏春秋・本生》高誘注云:"鄭國淫辟男女私會於溱洧之上,有詢訏之樂,芍藥之和。"陳喬樅以爲高注用《魯詩》,蓋以《釋文》云《韓詩》作"恂",《漢志》同,《漢書》用《齊詩》,"《魯詩》與

---

① [清]陳喬樅:《三家詩遺説考・魯詩遺説攷四》,《清經解續編》卷一一二一,第四册,第1206頁下。

② 參見筆者《董逌所記石經及其〈魯詩〉異文》,未刊稿。

③④ [清]陳喬樅:《三家詩遺説考・魯詩遺説攷四》,第1207頁中。

⑤ 馬宗霍:《説文解字引詩考》,第550頁。

齊、韓、毛文異”，故將高之“詾”判爲《魯詩》。張氏從之。按，高誘生於漢末，《毛詩》已盛行，所用未必爲《魯詩》。

從以上文字之追溯，知張國淦在復原碑圖時，已有意用《魯詩》文字。其所參據之《魯詩》文字，主要依準陳喬樅《四家詩異文考》和《魯詩遺説考》所定，兼亦參考惠棟、段玉裁等人之説。所定文字，有些可以認可，有些只是諸家一偏之見，未可視爲定説。

馬衡最早爲學校機關之代表，數度親訪洛陽，收集殘石，並率先糾合藏家傳拓殘石拓本，由於後來牽於人事，未遑潛心漢石經整理。二十世紀五十年代初，在故宫博物院院長任上遭受審查賦閑，遂重理舊業，考訂殘石文字。凡前後經三月許，將昔日所藏熹平石經殘石拓本重新一一考訂，頗有收穫。其於《魯詩・鄭風》數塊殘石之考訂成績如下：

羅振玉在《三編》中著録“踰我/・叔于”一殘石，①張國淦碑圖依式圖示，馬衡在《集存》中檢出“見如三/不信有/章章四/其二緇”一石，爲《王風》之《采葛》《大車》《丘中有麻》三詩殘文與之拼合，使《王風》與《鄭風》前後位置得到確定。

“仲可/兮人/叔兮”一石，羅振玉未見，故《集録》無，以致張國淦碑圖仍依《毛詩》文字排列，若“仲可懷兮”仍作“仲可懷也”；“不如叔兮”仍作“不如叔也”，不知《魯詩》兩“也”字皆作“兮”。馬衡云：“《毛詩・鄭風・將仲子兮》首句用‘兮’字，而下文‘仲可懷也，亦可畏也’皆用‘也’字。《魯詩》蓋全篇用‘兮’字。《遵大路》‘不寁故也’‘不寁好也’，《釋文》云‘一本作兮’。今發現殘石果爲‘兮’字。”②所考確切。

“武有/兮其二/山有/兮倡/我思/兮/踐”一石，羅振玉著録時無首字“武”，“其二”作“其三”，“倡”字作小字爲推測補出字，“思”字不録，顯以爲不可見。馬衡改“倡”爲大字，以拓本有“昌”上半；“思”字有右上一角殘筆，故録出兩字，非兩人所見殘石拓本有異。關於首字“武”，羅、馬所見不同。“有”上一字有殘筆，羅振玉無説，馬衡謂“首行‘有’字上尚有殘畫似‘武’字，當爲《羔裘》‘孔武有力’之‘武有’二字”。③由於“武”字之認識，對整篇《鄭風》之排列至關重要，它涉及九篇詩在《鄭風》中之前後位置。詳見下文。

---

① 按，羅振玉在《三編》中著録爲“踰我/・叔”，無“于”字，至 1938 年類編時補“于”字。上海古籍出版社排印本將“叔于”排成小字，似若爲羅氏補出之字，且無符號“・”，非。從殘石拓本看，符號“・”較爲清晰，不當漏略。“于”字從整個殘石外圈省視，上横與豎之上半段亦清晰可辨。

② 馬衡：《漢石經集存》，科學出版社 1957 年版，第五葉 B 上。

③ 馬衡：《漢石經集存》，第五葉 B 下。

“擇兮”一石，僅存兩半字。羅振玉謂“上下文均缺，不知在何章，抑章題”。張國淦置於篇首，羌無依據，馬衡標示爲“第三面第二十六行”，即從張氏碑圖，皆無奈之舉。

“其漂/騫裳涉/堂兮”一石，爲《擇兮》《褰裳》二詩殘文。羅振玉未見，《集録》未載，致張國淦碑圖照録《毛詩》，將“騫”仍作“褰”。馬衡云：“騫，《毛詩》作褰。《釋文》：‘褰，本或作騫。’蓋毛亦或與魯同也。”①

“兮/章章四/膠膠既/達兮在/二楊之/露”一石，羅振玉《集録四編又續》收録，無“兮”字，“在”字作小字爲補出文字。就殘石省視，“兮”上“姅”字“女”旁左邊依稀可辨，小字“二”上“其”字右下腳甚清晰，“露”下“溥”字右上角亦尚存。羅、馬録“兮”、上“章”、“膠”、“在”、“露”等字，無理由不録以上數字。張國淦碑圖將“揚”改從殘石作“楊”，而其他字竟未標識，不知何故。羅振玉 1938 年重新整理之兩卷本又竟未收入此殘石。是重新整理時漏略，抑是認爲贋品而去之，今無法猜測。然張國淦改“揚”字而不標示他字，有欠周全。

“不/綦巾/露瀼”一石，諸家無異辭。

“如芸/願兮/士與女/衣廿”一石，羅振玉《四編又續》録“芸/願兮”小石，其實“芸”上“如”字左下“女”旁之腳尚存，“願”上“我”字右腳亦存。張國淦碑圖竟未標示此三字，又“芸”字仍從《毛詩》作“雲”，似乎未見，頗不可解。及羅振玉重編《集録》，漏略此石，另著録一塊與此相銜接的殘石“與女/衣廿”。是否當時有人懷疑“芸/願兮”爲僞刻，今無從質證。馬衡將兩塊拼接拓示，天衣無縫，唯更殘泐，可見不僞。

① 馬衡：《漢石經集存》，第五葉 B 下。

“贈之以/十三章二”一石，羅振玉《集録》未收。張國淦已標示於《鄭風》之末，唯“以”字隱約有起筆，是以略而不標。馬衡收録拓本，謂其爲“《鄭風·溱洧》及《鄭風》尾題”。

《集存》出版在《集録》和《碑圖》之後二十餘年，收録自較後二書爲多。其文字之考訂，亦有過之而無不及。

黄美瑛從屈萬里治漢石經《魯詩》，仿其師《漢石經尚書、周易殘字集證》體式，分爲論證、校文、復原圖三卷。其文字校勘大致從張國淦和馬衡而有所改進。關於篇題書寫格式，張國淦曾云“周南第一篇題，依石經□國第六篇題，低三字”，其所謂“低三字”即空三字。黄氏亦同樣據“王國第六”殘石，而云：“若依《尚書·酒誥》第十六，《論語·公冶長》等篇名皆頂格之例，則上闕三字當爲‘詩國風王國第六’，則全篇之篇題爲：‘詩國風周南第一’至‘詩國風豳風第十五’……”[①]依此格式，其《鄭風》篇題作“詩國風鄭風第七”。其他文字，凡羅氏《集録》、張氏《碑圖》已有者，固爲承襲，即馬氏《集存》新增之殘石，黄氏亦在卷二校文和卷三復原圖中考訂、標示，其與前人不同者，略記於下。

張氏碑圖《叔于田》“叔適壄”，黄氏碑圖仍作“野”；張氏碑圖《風雨》“云胡不恞”，黄氏碑圖仍作“夷”；張氏碑圖《野有蔓草》“薵露溥兮”，黄石碑圖仍作“零”，[②]疑當時僻字排版困難而用常用字。另，黄氏碑圖中《狡童》“使我不能餐兮”，“餐”作“滄”。莫名來歷。考山井鼎云：“餐，古本作湌。”疑黄從改“湌”而誤置成“滄”。《出其東門》“聊可與娛”之“娛”作“虞”，此蓋從《釋文》“娛，本亦作虞”而改。《東門之墠》之“墠”作“憚”，《出其東門》“縞衣綦巾”之“巾”作“中”，疑皆

① 黄美瑛：《漢石經詩經殘字集證》，臺灣文史哲出版社 1979 年版，第 10 頁。

② 唯此句“零露溥兮”之“溥”誤成“溥”，當係排字者誤置。

誤置。

張氏《蓁洧》溱與洧，同《毛詩》。《説文》"潧"下云："出鄭國。從水，曾聲。詩曰：潧與洧、方汎汎兮。"陳喬樅云："蓋古人溱、潧聲近。毛古文假用溱字，魯、韓、齊今文皆作潧字。晉唐以後三家寖微，學者多見溱，少見潧，遂於經傳潧洧字悉改潧爲溱耳。"[①]張氏以《褰裳》"褰裳涉溱"段玉裁云："出鄭國之水，本作溱。《外傳》《孟子》作溱，《説文》及《水經注》作潧，誤。"張氏無法判陳、段是非，故仍作"溱"，而云"存以俟考"。黄氏改作"潧"，顯從陳説。

（二）諸家復原碑式行款意圖推測

羅振玉承王國維之方法與思路，考釋殘石文字，並標示每行幾字。以《鄭風》而論，《將仲子》"踰我"（殘石文字前皆有録，以下除必要外均舉首行文字相代）一石，羅云"合《毛詩》校讀，首行七十一字"；《山有扶蘇》"□有"一石，羅云"合《毛詩》校讀，次行以下均七十二字"；《揚之水》"不"一石，羅云"合《毛詩》校讀，首行七十四字，次行七十二字"；《溱洧》"□與女"一石，羅云"合《毛詩》校讀，首行七十一字"。觀其所云，知其在計算前一行某字至後一行同位間所容字數，以推測碑圖行款。由於其未能圖示全部文字，僅以《毛詩》爲基準，故不免前後不一。雖總結《魯詩》每行由"二《南》至《小雅》，行七十字"，復云"間有七十至七十四字者"。"《角弓》以後至三《頌》則七十字"，猶不得不補充"間有六十八字至七十四字者"。[②]探其所由，蓋未推衍殘石行款以完整恢復成碑圖，以致諸多細節無法考慮與表述。

羅振玉《集録》大致完成之日，即是張國淦碑圖悉心排列之時。碑圖之排列，遠較對殘石行數、字數的認定爲難，殘石行數、字數認定時，只需計其字數，而碑圖排列則必須考慮到章節標示"其一""其二"及其字之大小、篇與篇之間間隔號"·"、個别字形的大小等諸項因素，以與殘石文字吻合及整塊碑圖之匀稱。所以，張氏碑圖行款和復原後之結果，與羅氏微有不同。

羅振玉於"踰我"一石下云："合《毛詩》校讀，首行七十一字"，係指"踰"至"將仲子三章章八句"之"句"。張國淦碑圖爲七十四字（含小字四），與羅氏略異。羅、張未見"仲可/兮人/叔兮"一石，《集存》收録，此六字適在"踰我"殘石上方。據張氏碑圖，"可"至"踰"十七字（含二小字），"人"至"·"十七字（含二小字），字距恒等，足證《鄭風》前三首《緇衣》《將仲子》《叔于田》之排列應無差池。故黄美

① [清]陳喬樅：《三家詩遺説考·魯詩遺説攷四》，第1207頁中。

② 羅振玉：《熹平石經殘字集録序》，《羅振玉學術論著集》第二集，第98頁。

瑛所排碑圖無異。

《鄭風》碑圖排列最爲困難者，即“武有/兮其二/山有/兮倡/我四/兮”一殘石（見拓本）。羅振玉在《四編》中録其文爲“兮其二/山有/兮倡/我/兮”（見雙鈎摹本），並考釋云：

> 右《鄭風·山有扶蘇》《蘀兮》《狡童》《褰裳》《丰》，合《毛詩》校讀，《山有扶蘇》上，《毛詩》爲《遵大路》《女曰鷄鳴》《有女同車》三篇，逆數七十字内外，均不得“兮”字。而由《山有扶蘇》直接《遵大路》上篇之《羔裘》，則逆數七十字正得《羔裘》末章首句“羔裘晏兮”之“兮”，知《鄭風》篇次毛、魯有異矣。次行以下，行均七十二字。①

羅振玉排列殘石文字，關注到毛、魯二家篇次有異，兹先列出《毛詩》次序，以便對照。《毛詩·鄭風》原次爲：《緇衣》《將仲子》《叔于田》《大叔于田》《清人》《羔裘》《遵大路》《女曰鷄鳴》《有女同車》《山有扶蘇》《蘀兮》《狡童》《褰裳》《丰》《東門之墠》《風雨》《子衿》《揚之水》《出其東門》《野有蔓草》《溱洧》。此殘石文字，可以“山有”兩字定心，對應“山有扶蘇”一詩首句，若爲二章“山有喬松”之“山有”，至

---

① 羅振玉：《漢石經殘字集録四編》，《歷代石經研究資料輯刊》，第5册，第510頁。

“兮倡”僅五十九字，不足一行。羅氏由此上尋“兮其二”，謂一行七十餘字適與《羔裘》“邦之彦兮”之“兮”相接，遂以爲《山有扶蘇》上接《羔裘》，如此則《山有扶蘇》前是《遵大路》《女曰鷄鳴》《有女同車》《羔裘》。然羅氏雙鈎本所鈎是“兮其二”，“邦之彦兮”後是“其三”，故其 1938 年重編《集録》時，重新考證，有所改正，云：

> 右《鄭風·山有扶蘇》至《丰》五篇。合《毛詩》校讀，次行以下均七十二字，惟由《山有扶蘇》逆數七十二，不得“兮”字。今“兮”下測注“其三”二字。若由《山有扶蘇》上接《有女同車》，越《遵大路》《女曰鷄鳴》，接上篇《羔裘》，逆數七十字，爲“邦之彦兮”至“兮”，正爲第三章。然此石第一行存“有”字，疑是《有女同車》之“有”，或《魯詩·有女同車》在《羔裘》之前耶？往歲趙氏《金石録跋尾》言漢石經篇第與今本時有小異，而不言何經，今觀《魯詩》各殘石與《毛詩》篇第不同者甚多，乃知趙氏所言爲《魯詩》矣。①

此時改“其二”作“其三”，爲上接“邦之彦兮”之故，然原雙鈎摹本和拓本此處確像“二”而非“三”。其次，重編本有追溯“兮其三”右邊之“有”字，疑其爲“有女同車”之“有”。依其所推測，則《魯詩·鄭風》以《清人》《遵大路》《女曰鷄鳴》《有女同車》《羔裘》《山有扶蘇》爲次，將其用碑石行款圖示，得到圖 1 碑式。

羅氏追求“兮其三”在“山有”右邊，則此行僅十字（含小字二），再右邊是“□有”是《有女同車》，則此行僅六十三字（含小字四），同時造成右邊《女曰鷄鳴》也只有六十二字（含小字四），與每行七十多字的碑式不符。且拓本“有”上一字左下有一横畫，甚清晰。羅氏復原的“有女同車”上是偏右的“其三”，與左下横畫不相應。即使他所説的“有女同車”是第二章，也無法相應，字數亦不符。

張國淦在讀到羅氏《四編》時已開始復原，當然已發覺依羅氏意見無法妥帖復原，只得調整詩篇云：

> 今本《大叔于田》下，《清人》《羔裘》《遵大路》《女曰鷄鳴》《有女同車》《山有扶蘇》，依殘字，《清人》移《羔裘》下。《有女同車》《羔裘》移《有女同車》下，

① 羅振玉：《漢熹平石經殘字集録·魯詩》，《羅振玉學術論著集》第二集，第 124 頁。按此則考釋羅氏在重編時已有，故張氏《漢石經碑圖·魯詩説》引之。

鄭國第七

1 緇衣之宜兮敝予又改爲兮適子之館兮旋予授子之粲兮其一緇衣之好兮敝予又改造兮適子之館兮旋予授子之粲兮其二緇衣之蓆兮敝予又改作兮適子之館兮旋予授子之粲兮其三

2 緇衣三章章四句●將仲子兮無踰我里無折我樹杞豈敢愛之畏我父母仲可懷也父母之言亦可畏也其一將仲子兮無踰我牆無折我樹桑豈敢愛之畏我諸兄仲可懷也諸兄之言亦

3 可畏也其二將仲子兮無踰我園無折我樹檀豈敢愛之畏人之多言仲可懷也人之多言亦可畏也其三將仲子三章章八句●[illegible]于田巷無居人豈無居人不如叔也洵美且仁其一叔于狩巷

4 無飲酒豈無飲酒不如叔也洵美且好其二叔適壄巷無服馬豈無服馬不如叔也洵美且武其三叔于田三章章五句●大叔于田乘乘馬執轡如組兩驂如舞叔在藪火列具舉禮裼暴虎獻

5 于公所將叔無狃戒其傷女其一叔于田乘乘黃兩服上襄兩驂鴈行叔在藪火列具揚叔善射忌又良御忌抑磬控忌抑縱送忌其二叔于田乘乘鴇兩服齊首兩驂如手叔在藪火列具阜叔

6 馬慢忌叔發罕忌抑釋掤忌抑鬯弓忌其三大叔于田三章章十句●清人在彭駟介旁旁二矛重英河上乎翱翔其一清人在消駟介麃麃二矛重喬河上乎逍遙其二清人在軸駟介陶陶左旋

7 右抽中軍作好其三清人三章章四句●遵大路兮摻執子之袪兮無我惡兮不疌故兮其一遵大路兮摻執子之手兮無我醜兮不疌好兮其二遵大路二章章四句●女曰雞鳴士曰昧旦子

8 興視夜明星有爛將翺將翔弋鳧與鴈其一弋言加之與子宜之宜言飲酒與子偕老琴瑟在御莫不靜好其二知子之來之雜佩以贈之知子之順之雜佩以問之知子之好之雜佩以報之

9 其三女曰雞鳴三章章六句●有女同車顏如蕣華將翺將翔佩玉瓊琚彼美孟姜洵美且都其一有女同行顏如蕣英將翺將翔佩玉鏘鏘彼美孟姜德音不忘

10 其二有女同車二章章六句●羔裘如濡洵直且侯彼其之子舍命不渝其一羔裘豹飾孔武有力彼其之子邦之司直其二羔裘晏兮三英粲兮彼其之子邦之彥

11 兮其三羔裘三章章四句●

12 山有扶蘇隰有荷華不見子都乃見狂且其一山有喬松隰有游龍不見子充乃見狡童其二山有扶蘇二章章四句●蘀兮蘀兮風其吹女叔兮伯兮倡予和女其一蘀兮蘀兮風其漂女叔兮伯

13 兮倡予要女其二蘀兮二章章四句●彼狡童兮不與我言兮惟子之故使我不能餐兮其一彼狡童兮不與我食兮惟子之故使我不能息兮其二狡童二章章四句●子恵思我褰裳涉溱子不

14 我思豈無他人狂童之狂也且其一子恵思我褰裳涉洧子不我思豈無他士狂童之狂也且其二褰裳二章章五句●子之丰兮俟我乎巷兮悔予不送兮其一子之昌兮俟我乎堂兮悔予不將

15 兮其二衣錦絅衣裳錦絅裳叔兮伯兮駕予與行其三裳錦絅裳衣錦絅衣叔兮伯兮駕予與歸其四丰四章二章章三句二章章四句●東門之墠茹藘在阪其室則邇其人甚遠其一東門之栗有

16 踐家室豈不爾思子不我即其二東門之墠二章章四句●風雨淒淒雞鳴喈喈既見君子云胡不夷其一風雨瀟瀟雞鳴膠膠既見君子云胡不瘳其二風雨如晦雞鳴不已既見君子云胡不喜

17 其三風雨三章章四句●青青子衿悠悠我心縱我不往子寧不嗣音其一青青子佩悠悠我思縱我不往子寧不來其二挑兮達兮在城闕兮一日不見如三月兮其三子衿三章章四句●揚之水

18 不流束楚終鮮兄弟惟予與女無信人之言人實迋女其一揚之水不流束薪終鮮兄弟惟予二人無信人之言人實不信其二揚之水二章章六句●出其東門有女如雲雖則如雲匪我思存縞衣

19 綦巾聊樂我員其一出其闉闍有女如荼雖則如荼匪我思且縞衣茹藘聊可與娛其二出其東門二章章六句●壄有蔓草零露漙兮有美一人清揚婉兮邂逅相遇適我願兮其一壄有蔓草零

20 露瀼瀼有美一人婉如清揚邂逅相遇與子皆臧其二壄有蔓草二章章六句●溱與洧方渙渙兮士與女方秉蕑兮女曰觀乎士曰既且且往觀乎洧之外洵訏且樂惟士與女伊其相

21 謔贈之以勺藥其一溱與洧瀏其清矣士與女殷其盈矣女曰觀乎士曰既且且往觀乎洧之外洵訏且樂惟士與女伊其將謔贈之以勺藥其二溱洧二章章十二句●鄭緇衣廿一篇五

22 十三章二百八十三句

圖1 據羅振玉《集錄》旨意復原

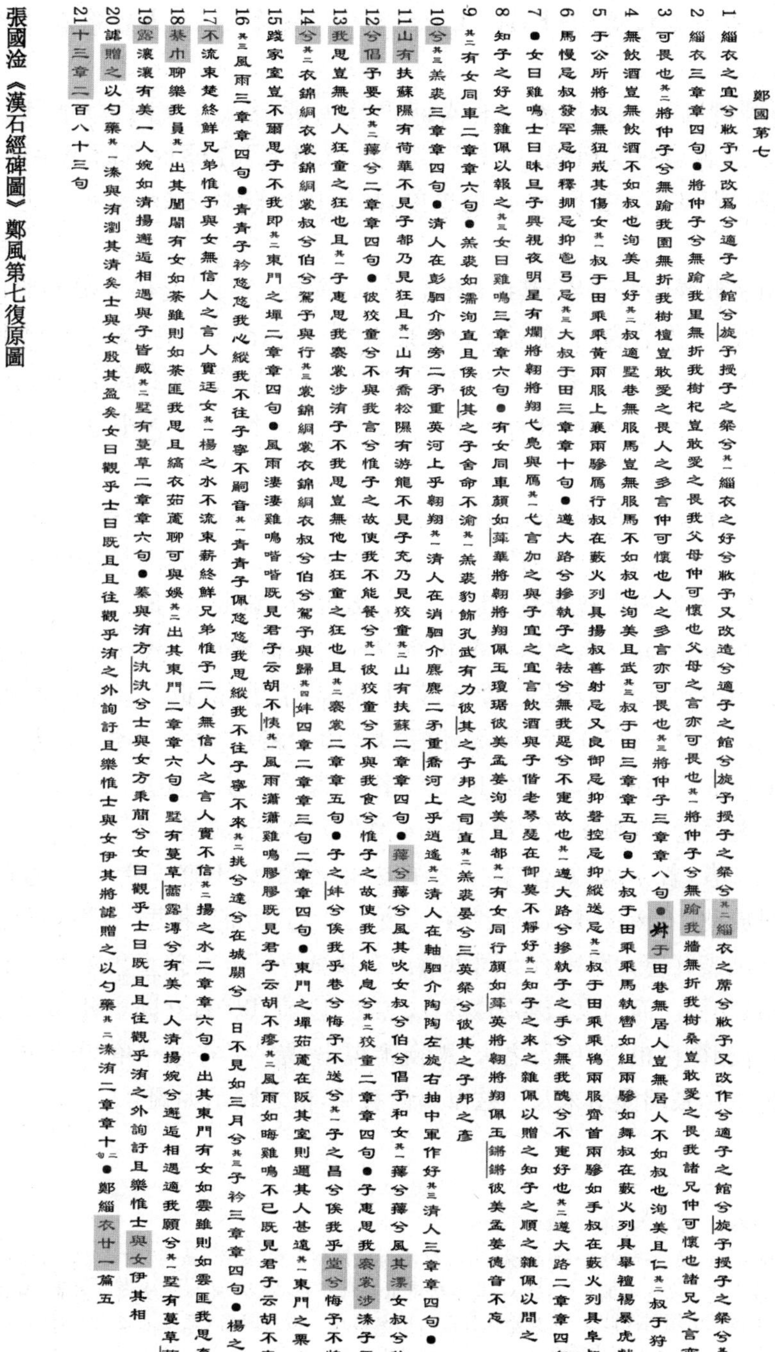

鄭國第七

1 緇衣之宜兮敝予又改爲兮適子之館兮旋予授子之粲兮其一緇衣之好兮敝予又改造兮適子之館兮旋予授子之粲兮其二緇衣之蓆兮敝予又改作兮適子之館兮旋予授子之粲兮其三
2 緇衣三章章四句●將仲子兮無踰我里無折我樹杞豈敢愛之畏我父母仲可懷也父母之言亦可畏也其一將仲子兮無踰我牆無折我樹桑豈敢愛之畏我諸兄仲可懷也諸兄之言亦
3 可畏也其二將仲子兮無踰我園無折我樹檀豈敢愛之畏人之多言仲可懷也人之多言亦可畏也其三將仲子三章章八句●丮于田巷無居人豈無居人不如叔也洵美且仁其一叔于狩巷
4 無飲酒豈無飲酒不如叔也洵美且好其二叔適壄巷無服馬豈無服馬不如叔也洵美且武其三叔于田三章章五句●大叔于田乘乘馬執轡如組兩驂如舞叔在藪火列具舉襢裼暴虎獻
5 于公所將叔無狃戒其傷女其一叔于田乘乘黃兩服上襄兩驂鴈行叔在藪火列具揚叔善射忌又良御忌抑磬控忌抑縱送忌其二叔于田乘乘鴇兩服齊首兩驂如手叔在藪火列具阜叔
6 馬慢忌叔發罕忌抑釋掤忌抑鬯弓忌其三大叔于田三章章十句●遵大路兮摻執子之祛兮無我惡兮不寁故也其一遵大路兮摻執子之手兮無我醜兮不寁好也其二遵大路二章章四句
7 ●女曰雞鳴士曰昧旦子興視夜明星有爛將翱將翔弋鳧與鴈其一弋言加之與子宜之宜言飲酒與子偕老琴瑟在御莫不靜好其二知子之來之雜佩以贈之知子之順之雜佩以問之
8 知子之好之雜佩以報之其三女曰雞鳴三章章六句●有女同車顏如蕣華將翱將翔佩玉瓊琚彼美孟姜洵美且都其一有女同行顏如蕣英將翱將翔佩玉鏘鏘彼美孟姜德音不忘
9 其二有女同車二章章六句●羔裘如濡洵直且侯彼其之子舍命不渝其一羔裘豹飾孔武有力彼其之子邦之司直其二羔裘晏兮三英粲兮彼其之子邦之彥
10 兮其三羔裘三章章四句●清人在彭駟介旁旁二矛重英河上乎翱翔其一清人在消駟介麃麃二矛重喬河上乎逍遙其二清人在軸駟介陶陶左旋右抽中軍作好其三清人三章章四句●
11 山有扶蘇隰有荷華不見子都乃見狂且其一山有喬松隰有游龍不見子充乃見狡童其二山有扶蘇二章章四句●蘀兮蘀兮風其吹女叔兮伯兮倡予和女其一蘀兮蘀兮風其漂女叔兮伯
12 兮倡予要女其二蘀兮二章章四句●彼狡童兮不與我言兮惟子之故使我不能餐兮其一彼狡童兮不與我食兮惟子之故使我不能息兮其二狡童二章章四句●子惠思我褰裳涉溱子不
13 我思豈無他人狂童之狂也且其一子惠思我褰裳涉洧子不我思豈無他士狂童之狂也且其二褰裳二章章五句●子之丰兮俟我乎巷兮悔予不送兮其一子之昌兮俟我乎堂兮悔予不將
14 兮其二衣錦絅衣裳錦絅裳叔兮伯兮駕予與行其三裳錦絅裳衣錦絅衣叔兮伯兮駕予與歸其四丰四章二章章三句二章章四句●東門之墠茹藘在阪其室則邇其人甚遠其一東門之栗有
15 踐家室豈不爾思子不我即其二東門之墠二章章四句●風雨淒淒雞鳴喈喈既見君子云胡不恞其一風雨瀟瀟雞鳴膠膠既見君子云胡不瘳其二風雨如晦雞鳴不已既見君子云胡不喜
16 其三風雨三章章四句●青青子衿悠悠我心縱我不往子寧不嗣音其一青青子佩悠悠我思縱我不往子寧不來其二挑兮達兮在城闕兮一日不見如三月兮其三子衿三章章四句●揚之水
17 不流束楚終鮮兄弟惟予與女無信人之言人實迋女其一揚之水不流束薪終鮮兄弟惟予二人無信人之言人實不信其二揚之水二章章六句●出其東門有女如雲雖則如雲匪我思存縞衣
18 綦巾聊樂我員其一出其闉闍有女如荼雖則如荼匪我思且縞衣茹藘聊可與娛其二出其東門二章章六句●壄有蔓草薔露漙兮有美一人清揚婉兮邂逅相遇適我願兮其一壄有蔓草薔
19 露瀼瀼有美一人婉如清揚邂逅相遇與子皆臧其二壄有蔓草二章章六句●溱與洧方汍汍兮士與女方秉蕑兮女曰觀乎士曰既且且往觀乎洧之外詢訏且樂惟士與女伊其相
20 謔贈之以勺藥其一溱與洧瀏其清矣士與女殷其盈矣女曰觀乎士曰既且且往觀乎洧之外詢訏且樂惟士與女伊其將謔贈之以勺藥其二溱洧二章章十二句●鄭緇衣廿一篇五
21 十三章二百八十三句

圖 2

張國淦《漢石經碑圖》鄭風第七復原圖

《山有扶蘇》移《清人》下，此《大叔于田》下接《遵大路》《女曰鷄鳴》。[①]

依《漢石經碑圖》，張氏所謂"《有女同車》《羔裘》移《有女同車》下"應是"《有女同車》《羔裘》移《女曰鷄鳴》下"之筆誤。《清人》合標示章節小字在内僅六十三字，移置《羔裘》之下，是合理想象，故張氏碑圖較之羅氏，稍有進步（如圖2碑式）。

張圖雖較羅圖有進步，其將《有女同車》置於《羔裘》前仍是受到羅氏啓發。《漢石經碑圖·魯詩説》引羅説云："然此石第一行存'有'字，疑是《有女同車》之'有'，或《魯詩·有女同車》在《羔裘》之前耶？"[②]於是將《有女同車》置《羔裘》上，但"有"上小字"其二"仍與殘石不符。且此行僅六十三字（含小字六），遠少於每行七十餘字字數。

二十多年後，馬衡在整理殘石時，識别殘石右邊"有"上殘畫是"武"字，因斷爲《羔裘》"孔武有力"之"武有"二字。次行"兮"下二字，羅振玉先録爲"其二"，後因認定爲"有女同車"，故改爲"其三"。馬衡再行"細審是'其二'二字"。如果是《羔裘》二章末之"其二"，此數行前後字數亦會紛亂無序。故他從《經典釋文》的《遵大路》中得到啓發。《釋文》卷五《遵大路》詩下出"故也"一詞，陸德明云："一本作'故兮'，後'好也'亦爾。"[③]從陸説，知《遵大路》二章一本作"不寁好兮"，馬衡云："蓋此詩全篇八句，六句皆用'兮'字，不應於章末一句用'也'字。"[④]考敦煌伯二五二九殘卷《鄭風·遵大路》末句亦作"兮"，殘卷雖是《毛詩》異文，然昭示古本有作"兮"者，若亦爲《魯詩》異文之孑遺，則碑圖爲"不寁好兮其二"，適與殘石相應。立足於此，馬衡將《鄭風》"武有/兮其二/山有/兮倡/我思/兮"殘石前後之詩篇定爲：《羔裘》《遵大路》《有女同車》《山有扶蘇》《蘀兮》《狡童》《褰裳》《丰》《東門之墠》九篇相接。而"《女曰鷄鳴》當在《羔裘》以前，以《有女同車》以下之殘石，多有發現，皆相銜接也"。殘石之末，馬衡審視出"踐"字右邊一角"戈"，於是録出，此爲羅振玉和張國淦所未及。兹以馬衡意見，依之圖示如圖3。

---

① 張國淦：《漢石經碑圖》，第111頁下。

② 張國淦：《漢石經碑圖·魯詩説》，第111頁下。按羅氏在《集録》編到《四編又續》時，曾將前此九卷合併，依經爲次。之後復加修訂，於1938年秋季重編爲二卷，即今《羅振玉學術論著集》所收。張國淦在1930年前後已引用羅氏此説，可見羅在合併時已有修正。參見筆者《羅振玉之熹平石經研究》，《榆枋齋學林》上册，華東師範大學出版社2012年版，第293—320頁。

③ 陸德明：《經典釋文》卷五，上海古籍出版社1985年影印北圖所藏宋刻本，上册，第250頁。

④ 馬衡：《漢石經集存》，第五葉B下。

鄭國第七

1 緇衣之宜兮敝予又改為兮適子之館兮旋予授子之粲兮其一緇衣之好兮敝予又改造兮適子之館兮旋予授子之粲兮其二緇衣之蓆兮敝予又改作兮適子之館兮還予授子之粲兮其三
2 緇衣三章章四句●將仲子兮無踰我里無折我樹杞豈敢愛之畏我父母仲可懷兮父母之言亦可畏兮其一將仲子兮無踰我牆無折我樹桑豈敢愛之畏我諸兄仲可懷兮諸兄之言亦
3 可畏兮其二將仲子兮無踰我園無折我樹檀豈敢愛之畏人之多言仲可懷兮人之多言亦可畏兮其三將仲子三章章八句●叔于田巷無居人豈無居人不如叔兮洵美且仁其一叔于狩巷
4 無飲酒豈無飲酒不如叔兮洵美且好其二叔適野巷無服馬豈無服馬不如叔兮洵美且武其三叔于田三章章五句●叔于田乘乘馬執轡如組兩驂如舞叔在藪火列具舉襢裼暴虎獻于
5 公所將叔無狃戒其傷女其一叔于田乘乘黃兩服上襄兩驂鴈行叔在藪火列具揚叔善射忌又良御忌抑磬控忌抑縱送忌其二叔于田乘乘鴇兩服齊首兩驂如手叔在藪火列具阜叔馬
6 慢忌叔發罕忌抑釋掤忌抑鬯弓忌其三大叔于田三章章十句●清人在彭駟介旁旁二矛重英河上乎翱翔其一清人在消駟介麃麃二矛重喬河上乎逍遙其二清人在軸駟介陶陶左旋右
7 抽中軍作好其三清人三章章四句●女曰雞鳴士曰昧旦子興視夜明星有爛將翱將翔弋鳧與鴈其一弋言加之與子宜之宜言飲酒與子偕老琴瑟在御莫不靜好其二知子之來之雜佩以
8 贈之知子之順之雜佩以問之知子之好之雜佩以報之其三女曰雞鳴三章章六句●羔裘如濡恂直且侯彼其之子舍命不渝其一羔裘豹飾孔
9 武有力彼其之子邦之司直其二羔裘晏兮三英粲兮彼其之子邦之彥兮其三羔裘三章章四句●遵大路兮摻執子之袪兮無我惡兮不寁故兮其一遵大路兮摻執子之手兮無我醜兮不寁好
10 兮其二遵大路二章章四句●有女同車顏如蕣華將翱將翔佩玉瓊琚彼美孟姜洵美且都其一有女同行顏如蕣英將翱將翔佩玉將將彼美孟姜德音不忘其二有女同車二章章六句●
11 山有扶蘇隰有荷華不見子都乃見狂且其一山有喬松隰有游龍不見子充乃見狡童其二山有扶蘇二章章四句●蘀兮蘀兮風其吹女叔兮伯兮倡予和女其一蘀兮蘀兮風其漂女叔兮伯
12 兮倡予要女其二蘀兮二章章四句●彼狡童兮不與我言兮惟子之故使我不能餐兮其一彼狡童兮不與我食兮惟子之故使我不能息兮其二狡童二章章四句●子惠思我褰裳涉潧子不
13 我思豈無他人狂童之狂也且其一子惠思我褰裳涉洧子不我思豈無他士狂童之狂也且其二褰裳二章章五句●子之丰兮俟我乎巷兮悔予不送兮其一子之昌兮俟我乎堂兮悔予不將
14 兮其二衣錦絅衣裳錦絅裳叔兮伯兮駕予與行其三裳錦絅裳衣錦絅衣叔兮伯兮駕予與歸其四丰四章二章章三句二章章四句●東門之墠茹藘在阪其室則邇其人甚遠其一東門之栗有
15 踐家室豈不爾思子不我即其二東門之墠二章章四句●風雨淒淒雞鳴喈喈既見君子云胡不夷其一風雨瀟瀟雞鳴膠膠既見君子云胡不瘳其二風雨如晦雞鳴不已既見君子云胡不喜
16 其三風雨三章章四句●青青子衿悠悠我心縱我不往子寧不詒音其一青青子佩悠悠我思縱我不往子寧不來其二挑兮達兮在城闕兮一日不見如三月兮其三子衿三章章四句●揚之水
17 不流束楚終鮮兄弟惟予與女無信人之言人實迂女其一揚之水不流束薪終鮮兄弟惟予二人無信人之言人實不信其二揚之水二章章六句●出其東門有女如荼雖則如荼匪我思存縞衣
18 綦巾聊樂我員其一出其闉闍有女如荼雖則如荼匪我思且縞衣茹藘聊可與娛其二出其東門二章章六句●野有蔓草零露溥兮有美一人清揚婉兮邂逅相遇適我願兮其一野有蔓草零
19 露瀼瀼有美一人婉如清揚邂逅相遇與子皆臧其二野有蔓草二章章六句●潧與洧方汎汎兮士與女方秉蕑兮女曰觀乎士曰既且且往觀乎洧之外恂訏且樂惟士與女伊其相
20 謔贈之以勺藥其一潧與洧瀏其清矣士與女殷其盈矣女曰觀乎士曰既且且往觀乎洧之外恂訏且樂惟士與女伊其將謔贈之以勺藥其二潧洧二章章十二句●鄭國緇衣廿一篇五
21 十三章二百八十三句

馬衡考證所示鄭國第七復原圖

圖3

詩國風鄭國第七
1 緇衣之宜兮敝予又改為兮適子之館兮旋予授子之粲兮其一緇衣之好兮敝予又改造兮適子之館兮旋予授子之粲兮其二緇衣之蓆兮敝予又改作兮適子之館兮還予授子之粲兮其三
2 緇衣三章章四句●將仲子兮無踰我里無折我樹杞豈敢愛之畏我父母仲可懷兮父母之言亦可畏兮其一將仲子兮無踰我牆無折我樹桑豈敢愛之畏我諸兄仲可懷兮諸兄之言亦
3 可畏兮其二將仲子兮無踰我園無折我樹檀豈敢愛之畏人之多言仲可懷兮人之多言亦可畏兮其三將仲子三章章八句●叔于田巷無居人豈無居人不如叔兮洵美且仁其一叔于狩巷
4 無飲酒豈無飲酒不如叔兮洵美且好其二叔適野巷無服馬豈無服馬不如叔兮洵美且武其三叔于田三章章五句●叔于田乘乘馬執轡如組兩驂如舞叔在藪火列具舉襢裼暴虎獻于
5 公所將叔無狃戒其傷女其一叔于田乘乘黃兩服上襄兩驂鴈行叔在藪火列具揚叔善射忌又良御忌抑磬控忌抑縱送忌其二叔于田乘乘鴇兩服齊首兩驂如手叔在藪火列具阜叔馬
6 慢忌叔發罕忌抑釋掤忌抑鬯弓忌其三叔于田三章章十句●清人在彭駟介旁旁二矛重英河上乎翱翔其一清人在消駟介麃麃二矛重喬河上乎逍遙其二清人在軸駟介陶陶左旋右抽
7 中軍作好其三清人三章章四句●女曰雞鳴士曰昧旦子興視夜明星有爛將翱將翔弋鳧與鴈其一弋言加之與子宜之宜言飲酒與子偕老琴瑟在御莫不靜好其二知子之來之雜佩以贈之知
8 子之順之雜佩以問之知子之好之雜佩以報之其三女曰雞鳴三章章六句●羔裘如濡恂直且侯彼其之子舍命不渝其一羔裘豹
9 飾孔武有力彼其之子邦之司直其二羔裘晏兮三英粲兮彼其之子邦之彥兮其三羔裘三章章四句●遵大路兮摻執子之袪兮無我惡兮不寁故兮其一遵大路兮摻執子之手兮無我醜兮不
10 寁好兮其二遵大路二章章四句●有女同車顏如蕣華將翱將翔佩玉瓊琚彼美孟姜洵美且都其一有女同行顏如蕣英將翱將翔佩玉將將彼美孟姜德音不忘其二有女同車二章章六
11 句●山有扶蘇隰有荷華不見子都乃見狂且其一山有喬松隰有游龍不見子充乃見狡童其二山有扶蘇二章章四句●蘀兮蘀兮風其吹女叔兮伯兮倡予和女其一蘀兮蘀兮風其漂女叔
12 兮伯兮倡予要女其二蘀兮二章章四句●彼狡童兮不與我言兮惟子之故使我不能飡兮其一彼狡童兮不與我食兮惟子之故使我不能息兮其二狡童二章章四句●子惠思我褰裳涉溱
13 子不我思豈無他人狂童之狂也且其一子惠思我褰裳涉洧子不我思豈無他士狂童之狂也且其二褰裳二章章五句●子之丰兮俟我乎巷兮悔予不送兮其一子之昌兮俟我乎堂兮悔予
14 不將兮其二衣錦褧衣裳錦褧裳叔兮伯兮駕予與行其三裳錦褧裳衣錦褧衣叔兮伯兮駕予與歸其四丰四章二章章三句二章章四句●東門之墠茹藘在阪其室則邇其人甚遠其一東門之
15 栗有踐家室豈不爾思子不我即其二東門之墠二章章四句●風雨淒淒雞鳴喈喈既見君子云胡不夷其一風雨瀟瀟雞鳴膠膠既見君子云胡不瘳其二風雨如晦雞鳴不已既見君子云胡
15 不喜其三風雨三章章四句●青青子衿悠悠我心縱我不往子寧不詒音其一青青子佩悠悠我思縱我不往子寧不來其二挑兮達兮在城闕兮一日不見如三月兮其三子衿三章章四句●揚
17 之水不流束楚終鮮兄弟惟予與女無信人之言人實迋女其一揚之水不流束薪終鮮兄弟惟予二人無信人之言人實不信其二揚之水二章章六句●出其東門有女如荼雖則如荼匪我思存
18 縞衣綦巾聊樂我員其一出其闉闍有女如荼雖則如荼匪我思且縞衣茹藘聊可與虞其二出其東門二章章六句●野有蔓草零露漙兮有美一人清揚婉兮邂逅相遇適我願兮其一野有蔓
19 草零露瀼瀼有美一人婉如清揚邂逅相遇與子皆臧其二野有蔓草二章章六句●溱與洧方汎汎兮士與女方秉蕑兮女曰觀乎士曰既且且往觀乎洧之外恂訏且樂惟士與女伊其相
20 謔贈之以勺藥其一溱與洧瀏其清矣士與女殷其盈矣女曰觀乎士曰既且且往觀乎洧之外恂訏且樂惟士與女伊其將謔贈之以勺藥其二溱洧二章章十二句●鄭國緇衣廿一篇五
21 十三章二百八十三句

圖4

黃美瑛詩國風鄭國第七復原圖（大叔省大字）

詩國風鄭國第七

1 緇衣之宜兮敝予又改為兮適子之館兮旋予授子之粲兮其一緇衣之好兮敝予又改造兮適子之館兮旋予授子之粲兮其二緇衣之蓆兮敝予又改作兮適子之館兮還予授子之粲兮其三

2 緇衣三章章四句●將仲子兮無踰我里無折我樹杞豈敢愛之畏我父母仲可懷兮父母之言亦可畏兮其一將仲子兮無踰我牆無折我樹桑豈敢愛之畏我諸兄仲可懷兮諸兄之言亦

3 可畏兮其二將仲子兮無踰我園無折我樹檀豈敢愛之畏人之多言仲可懷兮人之多言亦可畏兮其三將仲子三章章八句●叔于田巷無居人豈無居人不如叔兮洵美且仁其一叔于狩巷

4 無飲酒豈無飲酒不如叔兮洵美且好其二叔適野巷無服馬豈無服馬不如叔兮洵美且武其三叔于田三章章五句●大叔于田乘乘馬執轡如組兩驂如舞叔在藪火列具舉襢裼暴

5 虎獻于公所將叔無狃戒其傷女其一叔于田乘乘黃兩服上襄兩驂鴈行叔在藪火列具揚叔善射忌又良御忌抑磬控忌抑縱送忌其二叔于田乘乘鴇兩服齊首兩驂如手叔在藪火

6 列具阜叔馬慢忌叔發罕忌抑釋掤忌抑鬯弓忌其三大叔于田三章章十句●清人在彭駟介旁旁二矛重英河上乎翱翔其一清人在消駟介麃麃二矛重喬河上乎逍遙其二清人

7 在軸駟介陶陶左旋右抽中軍作好其三清人三章章四句●女曰雞鳴士曰昧旦子興視夜明星有爛將翱將翔弋鳧與鴈其一弋言加之與子宜之宜言飲酒與子偕老琴瑟在御

8 莫不靜好其二知子之來之雜佩以贈之知子之順之雜佩以問之知子之好之雜佩以報之其三女曰雞鳴三章章六句●羔裘如濡恂直且侯彼其之子舍命不渝其一羔裘豹飾孔

9 武有力彼其之子邦之司直其二羔裘晏兮三英粲兮彼其之子邦之彥兮其三羔裘三章章四句●遵大路兮摻執子之祛兮無我惡兮不寁故兮其一遵大路兮摻執子之手兮無我魗兮不寁好

10 兮其二遵大路二章章四句●有女同車顏如蕣華將翱將翔佩玉瓊琚彼美孟姜洵美且都其一有女同行顏如蕣英將翱將翔佩玉將將彼美孟姜德音不忘其二有女同車二章章六句●

11 山有扶蘇隰有荷華不見子都乃見狂且其一山有喬松隰有游龍不見子充乃見狡童其二山有扶蘇二章章四句●蘀兮蘀兮風其吹女叔兮伯兮倡予和女其一蘀兮蘀兮風其漂女叔兮伯

12 兮倡予要女其二蘀兮二章章四句●彼狡童兮不與我言兮惟子之故使我不能餐兮其一彼狡童兮不與我食兮惟子之故使我不能息兮其二狡童二章章四句●子惠思我褰裳涉溱子不

13 我思豈無他人狂童之狂也且其一子惠思我褰裳涉洧子不我思豈無他士狂童之狂也且其二褰裳二章章五句●子之丰兮俟我乎巷兮悔予不送兮其一子之昌兮俟我乎堂兮悔予不將

14 兮其二衣錦絅衣裳錦絅裳叔兮伯兮駕予與行其三裳錦絅裳衣錦絅衣叔兮伯兮駕予與歸其四丰四章二章章三句二章章四句●東門之墠茹藘在阪其室則邇其人甚遠其一東門之栗有

15 踐家室豈不爾思子不我即其二東門之墠二章章四句●風雨淒淒雞鳴喈喈既見君子云胡不夷其一風雨瀟瀟雞鳴膠膠既見君子云胡不瘳其二風雨如晦雞鳴不已既見君子云胡不喜

16 其三風雨三章章四句●青青子衿悠悠我心縱我不往子寧不詒音其一青青子佩悠悠我思縱我不往子寧不來其二挑兮達兮在城闕兮一日不見如三月兮其三子衿三章章四句●揚之水

17 不流束楚終鮮兄弟惟予與女無信人之言人實迋女其一揚之水不流束薪終鮮兄弟惟予二人無信人之言人實不信其二揚之水二章章六句●出其東門有女如雲雖則如雲匪我思存縞衣

18 綦巾聊樂我員其一出其闉闍有女如荼雖則如荼匪我思且縞衣茹藘聊可與娛其二出其東門二章章六句●野有蔓草零露漙兮有美一人清揚婉兮邂逅相遇適我願兮其一野有蔓草蘦

19 露瀼瀼有美一人婉如清揚邂逅相遇與子皆臧其二野有蔓草二章章六句●溱與洧方汍汍兮維士與女方秉蕑兮女曰觀乎士曰既且且往觀乎洧之外恂訏且樂惟士與女伊其相

20 謔贈之以勺藥其一溱與洧瀏其清矣維士與女殷其盈矣女曰觀乎士曰既且且往觀乎洧之外恂訏且樂惟士與女伊其將謔贈之以勺藥其二溱洧二章章十二句●鄭緇衣廿一篇五

21 十三章二百八十三句

圖 5

本文詩國風鄭國第七復原圖

依圖 3,殘石"武有"右邊一行只有五十七字,不近情理。此因馬衡推排九篇次序時,没有將全部文字圖示,只是關心九篇内的文字,以致前面文字有失照應。

黄美瑛所作碑圖,在馬衡考釋之基礎上,又稍有變化。黄圖之變化主要受羅振玉雙鈎本影響。羅氏雙鈎本"兮倡"右上有一如封口之殘筆,遂認爲殘石非碑圖上部,其上面尚有文字。適"兮"是"叔兮伯兮"一句,"伯"字右下與殘筆近似,遂將"兮"上補二字。於是黄氏碑圖成爲如圖 4 款式。

從殘石拓本看,"兮"字上部皆模糊不清,以羅氏所摹殘筆與下一排文字之間,空隙太多,超越所有熹平殘石上下兩字間之距離,細審上部皆石碑殘泐所造成的印記,而無筆畫,故此一調整似無必要。

《鄭風》起首四行,因爲有"其二緇/踰我/·叔于"和"仲可/兮人/叔兮"兩殘石定位,每行七十三至七十五字(均含小字),無法更動。後四行共二百八十一字,平均每行七十字。就碑圖款式而言,前四行七十四五字,後四行七十字,後一行七十六字,再後四行七十四五字,於碑式總顯得欠整齊。《大叔于田》三章,今起首皆作"叔于田",故黄美瑛將"大叔于田"改爲"叔于田"。今敦煌伯二五二九殘卷篇名和首章均作"大叔于畋",透露出古本曾有多"大"字者。①假若三章均作"大叔于田",連同篇名,應多四字,分佈於碑圖《大叔于田》到《有女同車》四行中,則每行七十一字,或稍接近於齊整。兹在馬衡推排基礎上整齊之,圖示如圖 5。

"武有"殘石横跨七行,與"萚兮""其漂/褰裳/堂兮""姅兮/章章四/膠膠既/達兮在/二楊之/露溥"等殘石上下相距相連,"姅兮"殘石又與"不/綦巾/露瀼/贈之以/十三章二""如芸/願兮/士與/衣廿一"等殘石上下相距相連,使得《羔裘》《遵大路》《山有扶蘇》《萚兮》《狡童》《褰裳》《丰》《東門之墠》《風雨》《子衿》《揚之水》《出其東門》《野有蔓草》《溱洧》十四篇之行款格局大致固定,少能移動。諸家復原略有不同者如下:

① 陸德明《經典釋文》卷五"叔于田"下云:"本或作大叔于田者誤。"(上册,第 248 頁)是陸氏亦曾見首章作"大叔于田"之本。其所謂誤,乃個人取捨之見,不足爲古本是非之定評。

第十七至二十行下部有"如芸/願兮/士與/衣廿一"殘石，芸、兮、與三字齊平。其上有"章四/膠既/達兮/=楊之/露漙"殘石，"=楊之"下距"有女如芸"之"如芸"十三字位，下距"雖則如芸"之"如芸"十七字位。在張國淦復原圖上，皆無法與"願兮"二字齊平。張國淦應見到"如芸"殘石，然竟未標示。他爲與第十七、十八行上端"不/綦巾"殘石齊平相符，不得不將第十七行排成七十六字，使得"如芸"無法與"願兮"齊平。黄美瑛將"雖則如芸"分作二行，使下一"如芸"與"願兮"齊平。要縮略成雙行來遷就殘石位置，顯然非熹平石經原碑。檢視張圖，其末行"溱洧二章章十二句"之"二句"亦作雙行，其非與黄同。今若從末行《集存》所録，將"如芸"一石與"與女"殘石相拼接，芸、兮、與、廿四字齊平，以此排比，則張國淦末行"二句"和黄美瑛第十七行"如芸雖則"皆無須變雙行。挨次下沉，則第十九行"與"前欠一字，第十七行"芸"前多一字。

考《溱洧》一詩，古本有異文。日人物觀《考文補遺》云"士上有維字"，"士與女殷，士上有維字"，是一二兩章皆有"維"字。李富孫以爲此乃因下文"維士與女"而增。今觀敦煌伯二五二九殘卷即兩章上下皆作"維士與女"，可證古本有據。又《荆楚歲時記》引《韓詩》亦作"唯士與女"，是六朝古本也。《韓詩》如此，《魯詩》或同。由此，則"廿"與"芸"已齊平，中間"兮""與"尚少一字。山井鼎《考文》云："第二章士曰既徂下，古本有矣字。"此雖無敦煌本印證，或亦有所本。若一二兩章相同，則"與""廿"各下沉一字，仍不齊平，若僅第一章有"矣"，則第十九行"與"下沉與"廿""芸"齊平。在鈔本流行年代，前後章不統一並非不可能。若此則第十九、二十行之字數也與前面幾行更接近。第二十行末字"五"與第二十一行"十"銜接也更緊，故本文復原圖中姑且加入"矣"字。唯十八行"兮"字欠一字，由"露漙"下至"願兮"間隔十五字，今存文獻未見異文多少，且此殘石字跡清晰，筆畫圓潤，與《鄭風》所存殘石字跡稍有不一，而與方若所僞刻者有近似處。此殘石行款似取之於張國淦復原圖，卻不知張圖此處尚有未盡如意處。

《鄭風》殘石雖只有十一塊，馬衡拼合成九塊，計其字數不過六十餘字，但卻涉及十六篇詩（包括筆者懷疑的"姅/章四"殘石），佔《鄭風》總數二十一篇的四分之三。之所以字少而所佔篇數多,是因爲殘石上下字少而跨行多,與出土《邶風》殘石多存同行文字有異。所佔十六篇詩中,前面《緇衣》《將仲子》《叔于田》和《山有扶蘇》《蘀兮》《狡童》《褰裳》《丰》《東門之墠》以後,排列上均無問題。只有《大叔于田》《清人》《羔裘》《遵大路》《女曰鷄鳴》《有女同車》六首之先後位置,曾引起各家反覆研討。羅振玉從趙明誠之説得到啓發,連續發現大小《雅》中與《毛詩》次序不同的篇章,進而於《鄭風》率先認爲《山有扶蘇》上接《羔裘》,進而又認爲《羔裘》前是《有女同車》,開啓了《鄭風》篇章排列的先聲。張國淦在排列碑圖時,沿羅氏思路,見《清人》字少,僅六十餘字,可置於《羔裘》之下,遂作調整,與羅氏微異。馬衡細審首行殘畫爲"武","兮"上小字无"其二",於是僅將《女曰鷄鳴》調整到《羔裘》前,《有女同車》和《山有扶蘇》不動。黄美瑛依從馬衡順序,只是個别字位有所挪移。筆者在馬衡、黄美瑛認識之基礎上,又調整了《大叔于田》《清人》《女曰鷄鳴》的行距。羅振玉挪移《羔裘》一篇,張國淦移易《羔裘》《清人》二篇,馬衡調整《女曰鷄鳴》《羔裘》《清人》三篇,具體位置如下所示:

《毛詩》	羅振玉	張國淦	馬衡、黄美瑛
《大叔于田》	《大叔于田》	《大叔于田》	《大叔于田》
《清人》	《清人》	《遵大路》	《清人》
《羔裘》	《遵大路》	《女曰鷄鳴》	**《女曰鷄鳴》**
《遵大路》	《女曰鷄鳴》	《有女同車》	**《羔裘》**
《女曰鷄鳴》	《有女同車》	**《羔裘》**	**《遵大路》**
《有女同車》	**《羔裘》**	**《清人》**	《有女同車》
《山有扶蘇》	《山有扶蘇》	《山有扶蘇》	《山有扶蘇》

羅振玉曾言"《鄭風·山有扶蘇》上非《有女同車》",[①]依馬衡復原,《山有扶蘇》上仍是《有女同車》,與《毛詩》同,唯《有女同車》上非《女曰鷄鳴》而是《遵大路》。儘管如此,羅氏的推排仍具啓發和指導意義。

三　由《鄭風》詩篇之錯亂推論小序産生之年代

諸家對《鄭風》的復原,包括筆者之調整,雖未能達到完善境地,然有一點無

① 羅振玉:《漢熹平石經殘字集録序》,第99頁。

疑義,即《鄭風》二十一篇篇次,確與《毛詩》不同。與羅振玉發現的大小雅篇次異同,共同展示出漢代四家《詩》比異文更引人注目的差異。這種差異引起筆者對《詩小序》的思考。

傳統之見,大序作於子夏,小序作於毛公。大小《詩序》之辨,起於北宋。歐陽修率先懷疑"詩之序不著其名氏",作者不得而知,但"非子夏之作則可以知也"。歐公例舉一些理由,最後指出:

> 序之所述乃非詩人作詩之本意,是太師編詩假設之義也。毛、鄭遂執序意以解詩,是以太師假設之義解詩人之本義,宜其失之遠也。[①]

以《詩序》爲太師編詩時假設之義,在當時不失爲一種卓見。鄭樵作《詩辨妄》,態度激進,他據依《後漢書》之説,謂"《毛詩》至衛宏爲之序,鄭玄爲之注","命篇大序,蓋出於當時採詩太史之所題,而題下之序則衛宏從謝曼卿受師説而爲之也",[②]第一個提出小序是衛宏所作。稍後朱熹從之。程大昌又分小序前兩句爲"古序",續後之語爲"宏序"。[③]與此諸説相類似者,唐宋詩學研究者各有其説,《四庫總目》有詳細條述,近代胡樸安《詩經學·大小序》曾作予總結。張西堂《關於毛詩序的一些問題》更是歸納《詩序》作者之説爲十六種,並對各種説法之正反意見均有評述。[④]今從《鄭風》詩序與前後詩之篇次顛倒視角作一探討。

《毛詩》有序,三家詩是否有序,是一個爭論不休問題。自晁説之以還,論者不啻數十家。程元敏彙集衆説,一一考辨,以爲三家詩無序。[⑤]雖然,《獨斷》所載蔡邕論《周頌》三十一首詩序,與《毛序》幾無差異。朱彝尊、陳喬樅、王先謙等以爲《魯詩序》,而程元敏仍認爲蔡氏因襲《毛序》。《周頌毛序》多只一句,其有所謂續序者如《清廟》《絲衣》《桓》《賚》四篇,蔡邕於《清廟》用之,文字卻頗有差異,其他三首則無續序,很可能其所見所録與今本有續序之《毛序》不同,是一種無續序之古序本。對照被王先謙輯録作爲《齊詩詩序》的《維清》《昊天有成命》《時邁》《思文》《載芟》《酌》數篇,與古"序"文字不同而意義無異。即使被指爲詩説非詩

---

① [宋]歐陽修:《詩本義》卷一,《文淵閣四庫全書》,臺灣商務印書館 1983 年影印本,第 70 册,第 188 頁下。

② [宋]鄭樵:《詩辨妄·詩序辨》,《古籍考辨叢刊》第二集,社會科學文獻出版社 2009 年版,第 313 頁。

③ [宋]程大昌:《詩論》,《古籍考辨叢刊》第二集,第 362 頁。

④ 張西堂:《詩經六論》,商務印書館 1957 年版,第 120—124 頁。

⑤ 程元敏:《詩序新攷》,臺灣五南出版公司 2005 年版。

序，也可由此推測，古本《詩序》東漢猶存，三家説詩，或本古“序”，或另作發揮，若即若離，遂致有序無序，異説紛紜。

三家詩文本已失，就出土《魯詩》殘石校覈《毛詩》，其次序大同小異。唯其大同，可見四家詩未分之先秦，其文本次序當有一定式；所成小異，乃各家流傳中之錯亂變異。兹就《鄭風》毛、魯篇次之顛倒作一剖析。爲説明問題，先將《鄭風》小序依次列出：

1.《緇衣》:《緇衣》，美**武公**也。父子並爲周司徒，善於其職，國人宜之，故美其德，以明有國善善之功焉。

2.《將仲子》:《將仲子》，刺**莊公**也。不勝其母，以害其弟。弟叔失道，而公弗制。祭仲諫而公弗聽，小不忍以致大亂焉。

3.《叔于田》:《叔于田》，刺**莊公**也。叔處于京，繕甲治兵，以出于田，國人説而歸之。

4.《大叔于田》:《大叔于田》，刺**莊公**也。叔多才而好勇，不義而得衆也。

5.《清人》:《清人》，刺**文公**也。高克好利而不顧其君，文公惡而欲遠之不能。使高克將兵而禦狄于竟，陳其師旅，翱翔河上，久而不召，衆散而歸。高克奔陳，公子素惡高克，進之不以禮。文公退之不以道，危國亡師之本，故作是詩也。

6.《女曰鷄鳴》:《女曰鷄鳴》，刺不説德也。陳古義以刺今，不説德而好色也。

7.《羔裘》:《羔裘》，刺**朝**也。言古之君子以風其朝焉。

8.《遵大路》:《遵大路》，思君子也。**莊公**失道，君子去之，國人思望焉。

9.《有女同車》:《有女同車》，刺**忽(昭公)**也。鄭人刺忽之不昏于齊。大子忽嘗有功于齊，齊侯請妻之。齊女賢而不取，卒以無大國之助，至於見逐，故國人刺之。

10.《山有扶蘇》:《山有扶蘇》，刺**忽(昭公)**也。所美非美然。

11.《蘀兮》:《蘀兮》，刺忽也。君弱臣强，不倡而和也。

12.《狡童》:《狡童》，刺**忽(昭公)**也。不能與賢人圖事，權臣擅命也。

13.《褰裳》:《褰裳》，思見正也。狂童恣行，國人思大國之正己也。

14.《丰》:《丰》，刺亂也。昏姻之道缺。陽倡而陰不和。男行而女不隨。

15.《東門之墠》:《東門之墠》,刺亂也。男女有不待禮而相奔者也。

16.《風雨》:《風雨》,思君子也。亂世則思君子,不改其度焉。

17.《子衿》:《子衿》,刺學校廢也。亂世則學校不修焉。

18.《揚之水》:《揚之水》,閔無臣也。君子閔忽(昭公)之無忠臣良士,終以死亡,而作是詩也。

19.《出其東門》:閔亂也。公子五争,兵革不息,男女相棄,民人思保其室家焉。

20.《野有蔓草》:《野有蔓草》,思遇時也。君之澤不下流民,窮於兵革,男女失時,思不期而會焉。

21.《溱洧》:《溱洧》,刺亂也。兵革不息,男女相棄,淫風大行,莫之能救焉。

考察現存《毛詩》篇目,十五國風及《雅》《頌》之排列,大多依據時代,此乃無可争辯之事實。即《鄭風》而言,第一《緇衣》,美桓、武二公,列於最前,理所當然。第二《將仲子》至第四《大叔于田》,詠莊公,時代相銜。第五《清人》刺文公,文公爲厲公之子,乃鄭國第十任國君。第六《女曰鷄鳴》,序謂刺不説德。鄭箋德爲士大夫賓客有德者,則刺者必諸侯君主,第不知何任國君。[①]第七《羔裘》,序謂刺朝,是道古之君子以諷。鄭箋謂莊公朝賢者凌遲,朝無忠臣,所詠蓋莊公以下之君侯。[②]而今厠於《叔于田》《大叔于田》及下《遵大路》刺莊公之間。第八《遵大路》,刺莊公失道,又回復道前面。第九《有女同車》至第十二《狡童》,皆刺昭公忽。昭公忽應在莊公後。第十三《褰裳》,序僅言狂童恣行,鄭箋始謂厲公突與昭公忽争國,若然則次於《狡童》後得其序。第十四《丰》至第十七《子衿》,依序、箋是刺風俗、學校、世亂。如果依先國君、朝廷,後世亂、民俗,則當在後,但若所刺之時適在昭公忽之後,固可勉强成立,然第十八《揚之水》閔昭公忽無忠臣良士之佐,復又詠昭公,便覺錯舛。以上關涉昭公忽之詩共六首,孔穎達謂《有女同車》《褰裳》作於前立時,《山有扶蘇》《蘀兮》《狡童》《揚之水》作於後立時。[③]今《褰裳》

① [清]嚴虞惇《讀詩質疑》卷首二仍將其列於莊公之世。見《文淵閣四庫全書》,臺灣商務印書館1983年版,經部第87册,第59頁上。

② 馬振理《詩本事》卷十三云:"案,桓公、武公相繼爲周司徒,而武公、莊公又相繼爲平王卿士,祖孫三世列籍王朝,所謂古之君子,即謂此祖孫三世也。三世而謂之古,則作此詩者明非桓、武、莊已前人,而確爲文公已後詩人矣。"是爲確解。世界書局1936年版,第1244頁。

③ [清]陳啓源《毛詩稽古編》卷五同意孔説之次序並有闡述。《清經解》卷六十四,第一册,第366頁下。

不承接《有女同車》卻次於《狡童》,《揚之水》不接《褰裳》而次於《子衿》。第十九《出其東門》又是閔亂,即閔公子突、忽、子亹、子儀争國君,兵戈不息之亂。若欲刺,當與《褰裳》相次;若欲閔,可與《揚之水》相銜。第二十《野有蔓草》第二十一《溱洧》殿後,可有其自圓其説之理由。[①]然綜觀二十一篇之排列,前後失次,無可否認。

《詩經》文本,不管西周康王、穆王、宣王之太師遞相編次,還是東周齊桓公時重新結集,抑或孔子復加删編,[②]其依從時代次序,應是最基本的一種編例,《尚書》依虞夏商周編次即是顯證。從以上分析,知現今《鄭風》之序次,不僅與《古序》完全不相應,與古今編書體例亦相矛盾。校覈石經《魯詩·鄭風》,從馬衡之説調整,《緇衣》至《清人》、《山有扶蘇》至《溱洧》,毛、魯相同,唯第六《女曰鷄鳴》調至第八《遵大路》後,若此則刺定公之《羔裘》仍凌越莊公、昭公而上之。即如張國淦將《清人》置於《山有扶蘇》前、《有女同車》後,是將刺文公之詩置於兩首刺昭公詩之間,亦非常理所允許。據此可證,漢代所傳《魯詩》,其《鄭風》前後次序亦已非先秦舊貌。

《毛詩》與《魯詩》篇次互有錯舛,且《毛詩》《魯詩》之次皆不合鄭國君侯世次,此種現象可引起思考者是,如若今見《毛序》是毛公作《故訓傳》以後所附加——依詩作序,如若作序時空無依傍,作者何以能知在幾首刺莊公詩之間的《清人》是詠高克事而刺文公?《鄭志》載鄭玄云:"《清人》,刺文公詩也。文公,厲公之子,《清人》當處卷末,由爛脱失次,厠于莊公時。"[③]康成所以認爲《清人》應在卷末,是因爲文公事必在詠公子互争的《出其東門》之後。至於其所説爛脱失次究在何時,漢人守師法家法,雖有文字等異同出入,畢竟不能去調整師法相傳的文本序次。鄭氏所見《毛詩》寫本如此,表明爛脱失次一定在康成之前的東漢初年,甚至西漢乃至先秦。失次是事實,但失次不一定是爛脱造成,故康成接著答趙商云:"《詩》本無文字,後人不能盡得其次第,録者直録其義而已。"[④]此言與班固《漢志》説《詩》"遭秦而全者,以其諷誦,不獨在竹帛故也"合觀,可以想見篇次舛錯之原委。此爲《鄭風》内部篇次之亂。

再從《鄭風》之外舉證。《小雅·鹿鳴之什》末有《南陔》《白華》《華黍》三首,《南有嘉魚之什》有《由庚》《崇丘》《由儀》三首,皆"有其義而亡其辭"。既已亡其

① 清人嚴虞惇《讀詩質疑》卷首二繫《野有蔓草》《溱洧》二詩於厲公,則《清人》仍在其後。

② 此處的《詩經》編集之觀點,依從馬銀琴《兩周詩史》中所推論。社會科學文獻出版社 2006 年版。

③ [魏]鄭小同:《鄭志》卷上,叢書集成初編本,第 240 册,第 11 頁。

④ [魏]鄭小同:《鄭志》卷上,第 12 頁。

辭,《毛詩》不將他們綴於《小雅》之末,而是插在《鹿鳴之什》和《南有嘉魚之什》之中,爲説明問題,將其前後排列序次和小序文字列出:

《鹿鳴之什》:……
《魚麗》,美萬物盛多能備禮也。
《南陔》,孝子相戒以養也。
《白華》,孝子之絜白也。
《華黍》,時和歲豐,宜黍稷也。
《南有嘉魚之什》:……
《南有嘉魚》,樂與賢也。
《南山有臺》,樂得賢也。
《由庚》,萬物得由其道也。
《崇丘》,萬物得極其高大也。
《由儀》,萬物之生各得其宜也。①

由以上相傳之《毛詩》序次,知亡其辭的六首並非集中在一起,而是分置於兩什,且中間隔《南有嘉魚》《南山有臺》二詩。此一排列,導出第一個疑問是:既亡其辭,何以知其次?比照現有鈔寫典籍的竹簡款式論,有連鈔,有分篇單鈔(據學者研究,阜陽漢簡《詩經》單篇鈔録)。竹簡有磨滅斷裂、脱簡錯簡,無論殘泐脱錯,不管單鈔連鈔,皆不可能出現篇題尚存而内容蕩然無存之狀況,若以諷誦流傳,則連篇名也不會存。或謂其篇題由目録決定,則先秦尚無後世形式的目録。溯其原由,唯有一種解釋,即當時另有一本有篇序的《詩》學論著在,而這本《詩》學論著就是《詩序》。《詩序》原獨立於《詩》文本之外,《漢志》記之,先秦典籍顯之,無須饒舌説明。

假設先秦《毛詩》傳本已無《南陔》等六篇,當然無從知道六篇在《小雅》中位置。儘管《儀禮》一經中《鄉飲酒禮》有"樂《南陔》《白華》《華黍》",《燕禮》亦有"奏《南陔》《白華》《華黍》"之文,《鄉飲酒禮》有"笙《由庚》""笙《崇丘》""笙《由儀》",《燕禮》亦有"笙《由庚》""笙《崇丘》""笙《由儀》"之文,但均未標明六詩所在確切位置。只有存在一本完整有序(有篇次順序)且獨立於《詩》文本之外的《詩序》,

① 按,此據《毛詩》之次。宋朱熹《詩集傳》之序次爲《南陔》《白華》《華黍》《魚麗》《由庚》《南有嘉魚》《崇丘》《南山有臺》《由儀》,其變亂毛序之依據是《儀禮·鄉飲酒禮》及《燕禮》皆云間歌《魚麗》、笙《由庚》、歌《南有嘉魚》、笙《崇丘》、歌《南山有臺》、笙《由儀》云云,遂以毛爲失次。

方能幫助經師確定《詩》文本之先後次序，亦即今所見《毛詩》面貌，是先秦《詩》古文本與《詩序》古文本合成之結果。具體言之，先秦《詩序》古文本有小序，有篇次順序，當毛公或毛公後學將其與《詩》古文本合一時，《南陔》《白華》《華黍》和《由庚》《崇丘》《由儀》不僅有了確切位置，還因小序文字而獲得其詩篇之内涵，致使毛公或毛公後學可以注上一句"有其義而亡其辭"。比勘西漢三家《詩》，因未將此《詩序》與所傳授之文本合一，①故亦無此六篇。②

《詩序》有説明詩篇作意的小序文字，而小序之前後本身已藴含三百十一篇序次。當其與《詩》文本合一時，即前人所推測由毛公或毛公後人綰合《詩序》與《毛詩》文本，則《南陔》《白華》等佚篇位置便可依從《詩序》確定，此種定位是自然而然的。但對於在流傳中已經淆亂的《鄭風》篇次，則必須尊重流傳中已形成的定式，不便依《詩序》序次調整，雖不能順從《詩序》調整篇次，卻亦不能依憑錯亂的《鄭風》文本别作新解以符鄭國君侯世次。此皆熟知師法家法的漢代經師人人應遵守的常例，所以呈現出世次與篇次之矛盾現象。如若《小序》是毛公以後如宋人所説爲衛宏之流所作，因詩無達詁，則完全可能出現符合鄭國世次之序文。

《詩古序》早已存在於先秦，由以上論證已可無疑。然其産生於何時，今實難以確指。宋程頤曾説"《詩・小序》便是當時國史作。如當時不作，雖孔子亦不能知，況子夏乎"。③他也將《小序》分爲前後兩截。所謂國史所作，是指小序首語。④此説爲程大昌所發揮。程大昌明確提出《小序》分爲古序和續序，相信續序爲衛宏所作，但也切實認識到古序非一世一人所能作，其説云：

> 且夫《詩》之古序亦非一世一人之所能爲也。采詩之官本其得於何地，審其出於何人，究其主於何事，具有實狀，致之大師，上之國史。國史於是采案所以，綴辭其端而藏諸有司，是以有發篇兩語而後世得以目爲古序也。《詩》之時世，上自周，下迄春秋，歷年且千百數；若使非國史隨事記實，則雖夫子之聖亦不得鑿空追爲之説也。⑤

---

① 三家《詩》無小序，詳見程元敏《詩序新考》所論，此不贅。

② 三家《詩》無《南陔》《白華》《華黍》《由庚》《崇丘》《由儀》六篇，可參見龔道耕《三家詩無南陔六篇名義説》。第龔氏以爲三家有序，與筆者持論微有不同。見《龔道耕儒學論集》，四川大學出版社 2010 年版，第 164 頁。

③ ［宋］程頤：《河南程氏遺書第十九・伊川先生語五》，程顥、程頤：《二程集》，中華書局 1981 年版，第一册，第 256 頁。

④ 宋吕祖謙《吕氏家塾讀詩記》卷一引程氏曰："國史得詩必載其事，然後其義可知，今小序之首者也。其下則説詩者之詞也。"叢書集成初編本，第 1716 册，第 11 頁。

⑤ ［宋］程大昌：《考古編》卷二，叢書集成初編本，第 292 册，第 12 頁。

採詩者對某詩必須有一基本説明,此乃事理之常。朱熹曾據《周禮》《禮記》説國史並不掌詩。竊謂詩歸國史所掌,太師所掌,抑或其他職官所掌,並不重要,應該反過來講,掌管採詩之機構,一定會記録某詩作意,將某詩配樂演奏,或教授國子,如有寓意寄意,亦當有簡短的記録説明,如無寓意和寄意之文字説明,如何教授國子,如何興觀群怨?此類説明文字作爲檔案,必定會保存相當一段時期。至於從這些檔案到形成《古序》文本,之間經過何人加工傳播,是原目原樣還是略已走樣,確已無法指實。但删編《詩》文本之孔子和傳《詩》之子夏經手過此類《古序》,也是情理中事,經手其書,措意其間,固不必執著是否孔子和子夏所作。宋代以後,討論大小《序》之文字何止數十百篇!但大多都在宋人已經論及之範圍内,各憑私見,申辨己説,在此無法也無須羅列分析。①本文則在校覈熹平殘石《魯詩》之際,從篇次錯舛和古書流傳視角,結合《古序》與世次不一的矛盾,提出一孔之見,以供《詩序》研究者參考。

二〇一四年七月廿八日至八月十日初稿

二〇一四年十月二十五日修訂於南港史語所

(作者爲上海交通大學人文學院特聘教授;本文發表於《出土文獻與古文字研究》第六輯,《復旦大學出土文獻與古文字研究中心成立十週年論文集》,2015年2月)

① 清人所作,多是札記,雖屬考辨,徵引不廣。近一個世紀討論《詩序》的文章,不乏繼承清人札記式的論述。前引胡樸安、張西堂之論,在二十世紀三十至五十年代,是總結得比較全面的文章。之後王錫榮和朱冠華在《中國古典文學研究論叢》第一輯,《文史》第十輯、第十六輯、第二十輯和《社會科學戰線》1986年第2期上往復商榷之文章,是經過深思、下過功夫的文字。馬銀琴在《兩周詩史》中所作的探討,提出"《毛詩》首序是先秦周代禮樂制度的直接産物;它的産生,在詩歌被采輯、編録的同時"的觀點,值得重視。其他更多的是一得之見和泛泛之論,視角、觀點皆不出前人已涉及論辯之範圍。

董逌所記石經及其《魯詩》異文

虞萬里

一　董逌生卒年與行歷索隱

董逌，字彦遠，山東東平人。東平在劉宋孝武帝時曾置廣川郡，北齊天保時廢，併入東平原郡，故董逌之著作皆以"廣川"命名。《宋史》未爲其立傳，是以生平行歷及生卒年不詳。四庫館臣在《廣川書跋提要》下約略鈎稽其點滴行實，頗有訛誤，余嘉錫《辨正》有所駁正，[①]然仍未能探得其生卒年。[②]《宋史翼》卷二十七傳之，亦僅聊聊數行，語焉不詳。兹爬梳史料，參據衆説，略稽其生平行事如下。

董逌生卒年，諸書不載。《宋史翼》卷二十七《董棻傳》謂其子"棻字令升，宣和中官鎮江府教授……紹興三十二年(1162)罷爲提舉洪州玉龍觀。引年告老，詔復敷文閣待制"。[③]宋代告老一般在七十上下，知棻生於哲宗元祐七年(1092)前後，而宣和中(1119—1125)任鎮江府教授時年在三十上下，較符實情。由此推逌當生於神宗熙寧初年(1068—1072)。另有一旁證。《玉海·食貨·錢幣》轉引《郡齋讀書志》之董逌《錢譜》十卷，王應麟注"紹聖元年"四字，[④]若所記屬實，書成於1094年，時逌二十多歲，與晁公武記其書"漫汗蔽固""穿鑿誕妄"相符。[⑤]生於再前，與其學問淵博不符；生於再後，則著書年歲未免太小。

---

① 余嘉錫：《四庫提要辨正》卷十四，中華書局1980年版，第二册，第791頁。

② 近讀吴國武《董逌〈廣川詩故〉輯考》一文，載於《北京大學中國古文獻研究中心集刊》第七輯《中國古文獻與文學國際學術研討會論文集》(北京大學出版社2008年版，第148—197頁)，於董逌生平亦略有考證。唯作者旨意在於輯考《詩故》，於生平行歷未過多措意。彼推測董逌或於元祐七年(1092)已中進士，蓋據史載其"早負時名，亟躋儒官"。筆者於龔延明、祖慧《宋登科記考》中未能檢尋到其科第年月，故拙文未加探討。

③ [宋]陸心源：《宋史翼》卷二十七，中華書局1991年影印本，第292頁上下。

④ [宋]王應麟：《玉海》卷一百八十，上海書店出版社、江蘇古籍出版社1988年影印本，第五册，第3310頁上。

⑤ [宋]晁公武撰，孫猛校證：《郡齋讀書志》卷十四，上海古籍出版社1990年版，第667頁。

張嵲《紫微集》卷十八有《徽猷閣待制董弅故父逌可特贈正奉大夫制》一篇，係追贈董逌正奉大夫制，文無年月。題稱"徽猷閣待制董棻"，《宋史翼·董棻傳》云："〔紹興〕七年正月，遂罷爲集英殿修撰，知衢州，旋請祠提舉江州太平觀，尋起徽猷閣待制，知嚴州。九年，罷爲提舉台州崇道觀，寄居宜興。"①參其前後遷官，任徽猷閣待制似在紹興八年(1138)。若此時逌卒，棻請贈官，嵲草制，則其年歲在七十上下。將此與李正民《董逌贈官制》對讀，可知年歲應相去不遠。李制文云：

> 勑，朕待遇臣工，務全終始。遽起淪亡之嘆，可無褒贈之恩？具官早負時名，亟躋儒館，嗜學至老而不厭，所聞既博而愈精。未嘗枉道以徇人，故每進寸而退尺，晚記言於柱史，浸聯華於從班。方俾分符，俄聞易簀，宜優加於卹典，仍峻陟於文階。庸示□傷，併推餘澤，尚其靈爽，歆此寵休。可。②

制文"嗜學至老而不厭"，可與七十歲之人勘證。而所謂"宜優加於卹典，仍峻陟於文階"，未言贈何官，合張嵲制文，知所贈爲正奉大夫。是董逌生於神宗熙寧初(姑假定爲 1068 年)，卒於高宗紹興八年(1138)，贈正奉大夫。以下證其歷官與行實。

《盛宋名賢五百家播芳大全文粹》卷六九有董逌《除正字謝執政啓》一首，自云："逮兹冗散，亦被選掄。某敢不益謹官常，恪修職守，網羅遺佚，緒定缺殘。知鳳爲君子之徒，朋皆自正；謂馬本諸侯之乘，趣固可名。雖不敢妄下雌黄，尚庶幾能分牡墨，誓殫末技，以報洪私。"③正字位次校書郎，從八品，係秘書省屬吏，此應在徽宗時所除。徽宗以收藏之富著稱，董逌以鑑賞之精馳譽，④君臣相得，可覘逌當時已名播群臣間。

《靖康要録》卷十六載：靖康二年(1127)二月十四日，金人索取三十名博通經術之太學生，"司業董逌勸諭，願往北方爲師者，給馬一匹，錢二十萬。即日投狀者滿三十人"。⑤蓋逌時官國子司業。其何時領此職？《三朝北盟會編》云，靖康

① ［宋］陸心源：《宋史翼》卷二十七，第 292 頁上。

② ［宋］李正民：《大隱集》卷三，《文淵閣四庫全書》，臺灣商務印書館 1986 年影印本，第 1133 册，第 35 頁上。

③ 《全宋文》，上海辭書出版社、安徽教育出版社 2006 年版，第 175 册，第 261 頁。

④ 李開先《跋廣川書跋》云："廣川遇時於宣和間，而以遊藝擅名。夫以道君收藏，而董生賞鑑，宜其精絶如此。"李開先：《閑居集》卷十一，明刻本。

⑤ ［宋］汪藻著，王智勇箋注：《靖康要録箋注》卷十六，四川大學出版社 2008 年版，第 1662 頁。

二年正月二十九日,“差董等權司業,監起書籍,詔差兵八十人赴軍前”,[①]則其一月前方兼領此職。《會編》又載:二年三月二日,“差事務官,是日差給事中馬壽隆……禮部員外郎董逌、户部員外郎李犍……充事務官”,[②]三月仍是禮部員外郎,則二月勸諭太學生時應仍是以員外郎權司業。《大金吊伐録》録《册大楚皇帝文》尾署“天會五年三月七日”,[③]天會五年即靖康二年,知邦昌於差事務官一事後五日被金人立爲帝。即位後封官加爵,乃事理之常。《建炎以來繫年要録》卷三載:“〔建炎元年(1127)三月〕己酉(十九日),[④]邦昌遣權國子監祭酒董逌撫諭太學諸生。”[⑤]時在邦昌即位後十二日。金人立張舉措或招致太學生不滿。逌爲撫諭太學諸生,顯係爲僞楚張邦昌所使。所當關注者,此時董逌已升任權國子祭酒。

邦昌雖即位而不敢張揚,事事小心謹慎,蓋以人心輿論皆非所向也,故於四月初十日避位,前後在位僅三十三日。[⑥]《宋史·叛臣傳·張邦昌》謂“金人既去”,邦昌“遣蔣師愈齎書於康王,自陳所以勉循金人推戴者,欲權宜一時,以紓國難也,敢有他乎”,此蓋在避位之後。《要録》卷四載:“〔四月丁亥二十八日〕國子祭酒董逌率太學諸生詣南京勸進。”[⑦]此時率太學生詣商丘,殆向趙構勸進。高宗時在商丘,於五月初登基。商丘爲宋太祖黄袍加身之地,太宗升其爲應天府,後真宗升稱南京,故《要録》云“詣南京勸進”。董逌此一舉措,可謂是日後免於一死之護身符。前記爲“權”,此則直稱國子祭酒,是否一月之中已轉正?《要録》卷十三載:“〔建炎二年(1128)二月壬戌八日〕尚書禮部員外董逌爲宗正少卿。逌在圍城中權國子祭酒,不知何以獨不貶謫,恐是靖康間已權,當考。”[⑧]李心傳於此處有疑,謂其在圍城中,何以不貶反遷?疑其國子祭酒在靖康時已權。從前引靖康二年正月猶權國子司業,則其權祭酒當在靖康二年即建炎元年正月二十九日至三月十九日一個多月之間。三月十九日至四月二十八日是否直接領攝,無法確定。董叔重

① [宋]徐夢莘:《三朝北盟會編》靖康中帙五十三,大化書局1979年版,乙212頁。“十”,四庫本作“千”。

② [宋]徐夢莘:《三朝北盟會編》靖康中帙五十八,乙265頁。按,《建炎以來繫年要録》卷三所記無董逌,李心傳以爲《要録》有脱文,遂據《會編》補入。

③ 《大金吊伐録》,中華書局2002年版,第436頁。

④ [宋]宋陳東《靖炎兩朝紀聞録》卷上記作:“二十日,昌僞命國子祭酒董逌撫喻諸生,慰勞備至。”丁特起《靖康紀聞》所載相同。前後相差一日,或前一日命而次日行。

⑤ [宋]李心傳:《建炎以來繫年要録》卷三,文海出版社1980年版,第一册,第188頁。

⑥ 《三朝北盟會編》卷九十二:“靖康二年四月初十日己巳,邦昌避位。”

⑦ [宋]李心傳:《建炎以來繫年要録》卷三,第一册,第253頁。丁特起《靖康紀聞》所記月日同。

⑧ [宋]李心傳:《建炎以來繫年要録》卷三,第一册,第581—582頁。

問董逌爲人如何，朱熹答云："據黄端明《行狀》，説圍城中作祭酒，嘗以僞楚之命慰諭諸生，他事不能盡知也。"①黄端明與朱熹同時人，所説可與李心傳印證。或以事在非常時期，故其任官皆以兼攝爲名。但正六品之國子司業兼攝從四品之國子祭酒，確實是爲張邦昌所重用。《獨醒雜志》載：

> 番陽董氏藏懷素《草書千文》一卷，蓋江南李主之物也。建炎己酉（三年，1129），董公逌從駕在維揚，適敵人至，逌盡棄所有金帛，惟袖《千文》南渡，其子斧尤極珍藏。②

從駕維揚，當指高宗從商丘至揚州，時在建炎二年十月。由此知董逌率太學諸生去商丘勸進後，即在南京供奉，至十月遂從駕維揚。《要録》卷二十五又載："〔建炎三年七月〕中書舍人董逌充徽猷閣待制。逌爲宗正少卿，官省而罷，旋入西掖，至是纔踰月也。逌，益都人，初見建炎元年三月，今年五月戊子除江東提刑，其除舍人，《日曆》《題名》皆失之。"③由於人在圍城，時處非常，故其遷轉，史家猶難言之。中書舍人四品，高於從四品的國子祭酒。此或張邦昌大權在握時所擢拔，亦有可能是其率諸生至商丘勸進，爲高宗一時之獎拔。二年後，即建炎三年二月，高宗立都臨安，至七月，政權已穩固，功臣、亂臣必須分明獎懲。逌以中書舍人充徽猷閣待制、宗正寺少卿，即自四品降至從四品、從五品。李正民曾爲董逌草過二篇遷官制文，透露其降遷過程。《董逌徽猷閣待制與郡制》云："荐更郡寄，復嘆郎潛。浸陟九卿之聯，迺躋二史之列。遽以疾諗丐于外遷，宜升次對之班，俾遂偃藩之逸。"④"郡寄""外遷"之言，或即《要録》所説"五月戊子除江東提刑"一職。此時外放即是降遷。又《董逌知信州制》云："宜陟近班，俾膺郡寄。往繼循良之治，廣宣德意之孚。"⑤此或由江東提刑轉遷信州知州。信州屬上州，知州爲正六品，其官品一降再降，或與前曾效忠張邦昌有關。然其降遷而不治罪，與王時雍、莫儔等有别，或即與其率諸生勸進有關。

董逌原供職秘書省，在靖康、建炎前後，因政治傾向，仕途大起大落。此後於

① ［宋］朱熹：《晦庵先生朱文公文集》卷五十一，《朱熹全書》，上海古籍出版社、安徽教育出版社2002年版，第22册，第2367頁。

② ［宋］曾敏行：《獨醒雜志》卷六，叢書集成初編本，2775號，第45頁。

③ ［宋］李心傳：《建炎以來繫年要録》卷三，第二册，第1019頁。

④ ［宋］李正民：《大隱集》，卷二，《文淵閣四庫全書》，第1133册，第19頁下。

⑤ ［宋］李正民：《大隱集》，卷二，《文淵閣四庫全書》，第1133册，第26頁下。

何時致仕，史闕無載，然從李正民《贈官制》"方俾分符，俄聞易簀"看，似未致仕而卒於官。

綜上所考，得董逌之生卒、升遷行歷大致如下：

神宗熙寧初年(1068—1072)，董逌生。

徽宗時(1101—1125)，除秘書省正字。因忤權貴外放，尋復館職。①

欽宗靖康二年(1127)正月二十九日，禮部員外郎權國子監司業。監起書籍，詔差兵八十人赴軍前。

欽宗靖康二年(1127)二月十四日，勸諭太學生，願往北方爲師者，給馬一匹，錢二十萬。

欽宗靖康二年(1127)三月二日，充事務官。

高宗建炎元年(1127)三月十九日，張邦昌稱帝，權國子監祭酒。奉旨撫諭太學諸生。

高宗建炎元年(1127)四月二十八日，除國子監祭酒(是否史載脱"權"字，待考)。率太學諸生詣南京向高宗勸進。

高宗建炎二年(1128)二月八日，尚書禮部員外郎、宗正少卿。

高宗建炎二年(1128)十月，從駕維揚。

高宗建炎三年(1129)五月，除江東提刑。

高宗建炎三年(1129)七月，以中書舍人充徽猷閣待制。

高宗建炎三年(1129)七月以後，由江東提刑遷信州知州。

高宗紹興八年(1138)，董逌卒，特贈正奉大夫。年在七十上下。

就正統政治觀而言，董逌大節有虧。董叔重問其爲人於朱熹，蓋當時已有微詞。館臣謂"其人蓋不足道"。余嘉錫更摘其在《廣川書跋》卷五《太尉楊震碑跋》文語，指責"逌當衰亂之世，竊禄於朝，惟以存身爲念，至爲張邦昌效奔走而不知恥，又强爲之説以自解免……可謂小人無忌憚之尤者矣，豈止於不足道也哉"。②其人雖不足道，其學則不僅當時負盛名，即後世亦不能没其才。李正民《董逌徽猷閣待制》謂其"博學而多識，殫見而洽聞。誦甘泉之遺儀，如指諸掌；記南宫之故事，不忘於心。早擢秀於士林，遂飛英於儒舘"；《董逌知信州制》云"材猷博敏，

① [宋]王明清：《揮麈前録》，中華書局 1961 年版，卷三引蘇訓直所云，宣和中，董逌因露才揚己而遭外放，是曾貶官，年月不可考。見後引録。

② 余嘉錫：《四庫提要辨正》卷十四，第 793 頁。

學問淹該”；張嵲《徽猷閣待制董弅故父逌可特贈正奉大夫制》亦謂其“學問博洽，馳騁千載以還；文辭縱横，獨高當世之譽”，[①]皆推崇備至。有二事可證諸家所説，宋曾季貍《艇齋詩話》云：“政和間，董逌、王賓於館中和荆公叉字韵《雪》詩至一百篇，詩語雖未必盡入律，然叉字尋至百韵，佛書、道書往往披盡，非博者不能也。”[②]用險韻而旁徵博引以及釋道之書，可謂難能。王明清《揮麈録》引蘇訓直云：“宣和中，蔡居安提舉秘書省。夏日，會館職于道山，食瓜，居安令坐上徵瓜事，各疏所憶，每一條食一片。坐客不敢盡言，居安所徵爲優。欲畢，校書郎董彦遠連徵數事，皆所未聞，悉有據依，咸嘆服之。識者謂彦遠必不能安，後數日果補外。”[③]雖露才遭忌而外補，畢竟才不可没。由此知當時士林推重，非阿私虚語。

二　董逌研究石經之思路、方法與得失

董逌著作，《宋史·藝文志》載有《廣川詩故》四十卷，《廣川藏書志》二十六卷，《錢譜》十卷，《直齋書録解題》卷一又有《廣川易學》二十四卷，《廣川書跋》十卷《畫跋》五卷。[④]今唯《書跋》《畫跋》存，《錢譜》存一卷，其他皆佚。逌書畫題跋，足以反映其書畫功底、識見和理論，世人論者頗多，[⑤]無繁費辭。兹唯論其收藏、鑑賞、考證石經，並用熹平石經《魯詩》文字校勘《毛詩》一事。

宋人好古，凡鐘鼎器銘文字，多蒐集把玩，推而及之於石刻，亦所關注。然宋初自郭忠恕始，因范曄、韋述等誤記，於熹平石經和三體石經仍未有明確認識。[⑥]嘉祐末，洛陽御史臺所出《尚書》《儀禮》《論語》數十段，宋人記之者頗多。張舜民《畫墁録》云：“嘉祐末，得石經二段於洛陽城，乃蔡邕隷書《論語》。文無甚異。”此僅揭《論語》。方勺《泊宅編》録其弟方匋之《跋尾》云：“石經殘碑在洛陽張景元家，世傳蔡中郎書，未知何所據。……往年洛陽守因閲營造司所棄碎石，識而收之，遂搜訪，凡得《尚書》《儀禮》《論語》合數十段。又有《公羊》碑一段在長安，其上有馬日磾等名號者，魏世用日磾等所正定之本，因存其名耳。……吾友鄧人董

① ［宋］張嵲：《紫微集》，卷十八，《文淵閣四庫全書》，第1131册，第497頁下。

② ［宋］曾季貍：《艇齋詩話》，《宋詩話全編》第三册，江蘇古籍出版社1998年版，第2659頁。

③ ［宋］王明清：《揮麈前録》，卷三，第29頁。

④ ［宋］陳振孫：《直齋書録解題》，上海古籍出版社1987年版，第17、233頁。

⑤ 張晶：《論董逌的繪畫美學思想》，《中國文化研究》2004年冬之卷。張自然：《董逌廣川書跋考據學特色》，《貴州大學學報（藝術版）》2007年第3期。

⑥ 郭忠恕於《汗簡》第七《略叙目録》參據《經典釋文》之説云：“後漢中郎蔡邕寫三體六經，邪臣矯嫉，未盈一紀，尋有廢焉。”《汗簡·古文四聲韻》，中華書局1983年影印本，第43頁上。

堯卿自洛陽持石經紙本歸，靳然寶之如金玉，而予又從而考之。其勤如是，予二人亦可謂有志於斯文矣。紹聖甲戌八月題。”[①]方匋所見，係友人董堯卿自洛陽攜歸之拓本，時在紹聖元年(1094)，上距嘉祐末出土已三十餘年。所云張景元名燾，濮州臨濮縣人，張奎子。嘉祐六年(1061)進士，歷陝西都轉運使，龍圖閣直學士。[②]方石經之出，燾剛“知沂濰二州”或“提點河北刑獄攝領澶州”，未必知此事，或聞而未見。《宋史》謂其“神宗特命賜詔判太常寺，知鄧許二州”，二州離洛陽較近，或以高價收藏之，時已在熙寧、元豐(1068—1085)之際。邵氏《聞見後録》又云“今年洛陽張氏發地得石十數”，此殆傳聞殘碑藏張景元家，遂以爲張氏發地得之。一時傳聞多途，載記各異，然所記率多或詳或略之新聞而已。唯董逌所記，能繼方匋一路而漸近學術研究。

董逌之所以會記述石經，係由同僚所贈石經《尚書》之故。《石經尚書》云：“秘書郎黄符以石經《尚書》示余，爲考而識之。”[③]黄符，紹聖元年(1094)進士，二年中宏詞科，官至秘書郎。好書畫，[④]嘗於崇寧四年(1105)三月與李復、江晦叔等遊洛陽歸仁園。[⑤]此時熹平殘石已在張燾家，黄或即此遊得石經拓片而示董逌。若此推測有因，則《廣川書跋》所記三篇石經文字係董逌於崇寧末所作。跋文三篇，分别爲《蔡邕石經》《尚書石經》《論語石經》，計一千數百字。方殘石甫出數十年中，新聞蜚傳，諸家所記，皆爲傳説而已。唯董逌考證，雖不免是非參半，然所記仍是最爲詳盡且最具學術含量者。綜其所考，可分以下幾點叙述之。

(一) 石經之認定與歷史叙述。《蔡邕石經》一節，溯秦滅《詩》《書》，漢收燼餘，經師求聖人真意不得，遂黨學相伐，至私定桼書，於是有蔡邕鐫刻七經，著於石碑之事。曹魏正始中又立一字石經。其叙石經遷徙始末云：“後魏武定四年(546)移洛陽漢魏石經于鄴。魏末齊神武自洛陽徙于鄴都，河陽河岸崩，遂没于水，其得至鄴者，殆不得其半。周大象中詔徙鄴城石經于洛時，爲軍人破毁，至有竊載還鄴者，船壞没溺，不勝其衆也。其後得者，盡破爲橋基。隋開皇六年(586)，自鄴京載入長安，置于祕書内。省議欲補緝立于國學，會亂遂廢。營造

① [宋]：方勺：《泊宅編》，卷上，中華書局1983年版，第72頁。

② 張燾，《宋史》有傳，未云何年進士第，此據龔延明、祖慧《宋登科記考》，江蘇教育出版社2009年版，第264頁。

③ [宋]董逌：《廣川書跋》，卷五，《中國書畫全書》第一册，第780頁下。

④ 按：岳珂《寶真齋法書贊》卷十《邵餗篆歸去來辭帖》後有“紹聖二年黄符嘗觀行書一行”字，時當中宏詞科之後。

⑤ [宋]李復：《潏水集》，卷六《遊歸仁園記》記其文人雅集事。《全宋文》卷二六二九，第一二一册。

之司用爲柱礎。貞觀初,魏徵始收聚之,十不一存。其相承傳拓之本,猶在秘府。"[①]此段文字據《隋書·經籍志一》而録,然北周石經返徙洛陽時,"爲軍人破毁,至有竊載還鄴者,船壞没溺,不勝其衆也。其後得者,盡破爲橋基"云云,爲《隋志》所缺,當係據宋時所見書補出,極爲可貴。唯所云熹平石經"當時號洪都三字",謂三體石經爲"一字石經",又云"余謂魏一字,漢爲三字",此殆承襲楊衒之《洛陽伽藍記》、《北史·劉芳傳》和《隋志》諸書之誤,顛倒熹平一字石經和正始三體石經。

(二) 詳記碑制排列及碑數、字數。張、邵等人所記,如是我聞而已,董氏則徵文考獻,據朱超石《與兄書》、楊龍驤《洛陽記》、酈道元《水經注》等書所載記其流傳,狀其排列云:

> 碑高一丈許,廣四尺,駢羅相接。太學在南明門外,講堂長十丈,廣三尺。堂前石經四部,本碑四十六枚。元魏時,西行《尚書》《周易》《公羊傳》,十六碑存,十二碑毁。南行《禮記》十五碑,悉崩壞。東行《論語》三碑,毁。《禮記》但存諫議大夫馬日磾、議郎蔡邕名。當是時,尚有碑十八。蓋《春秋》《尚書》作篆、隸、科斗,復有《周易》《尚書》《公羊》《禮記》四部。楊衒之曰:石經《尚書》《公羊》爲四部,又謂《春秋》《尚書》二部書有二經,當是古文已出。衒之出北齊,謂得四十八碑,誤也。[②]

此説係信從《洛陽記》之説,謂石經四十六碑,遂以《伽藍記》之四十八碑爲誤。就今出土"後記"殘石而言,四十八碑之説,或含後記而計之,未必爲誤。董氏在確定碑數後,又進一步論其刊刻行款形式,載其碎石殘存字數。《石經論語》云:

> 蓋《論語》第一篇并第十四篇爲一碑,亡其半矣。其可識者字二百七十。又自第十八篇至第二十篇爲一碑,破缺殘餘,得五之一,其存字爲三百五十七。

《尚書石經》云:

---

① [宋]董逌:《廣川書跋》,卷五,《中國書畫全書》第一册,第780頁上。
② [宋]董逌:《廣川書跋》,卷五,《中國書畫全書》第一册,上海書畫出版社1993年版,第780頁下。

> 洛陽昔得石經《尚書》段，殘破不屬，蓋《盤庚》《洪範》《無逸》《多士》《多方》，總二百三十六字。其文與今《尚書》盡同，間有異者纔十餘。[1]

《論語》殘石存三百五十七字，《尚書》殘石存二百三十六字，可使後人想象董氏所見有多少體積、篇幅之殘石。與南宋洪适《隸釋》相較：洪适所録《論語》有九百七十一字，多董逌六百十四字；洪适所録《尚書》，《盤庚》一百七十二字，《高宗肜日》十五字，《牧誓》二十四字，《洪範》一百八字，《多士》四十四字，《無逸》一百三字，《君奭》十一字，《多方》五字，《立政》五十六字，《顧命》十七字，共五百五十五字，多董逌三百十九字，篇數亦多董逌五篇。此中多寡反映出幾種可能史實：一是董逌於崇寧前後所見非嘉祐所出石經殘石之全部，二是嘉祐之後甚至董逌所記之後仍有殘石陸續出土，三是董所見亦不全，嘉祐之後亦確實續有出土。

董逌所記有一值得辨證者，即其所説《論語》第一篇與第十四篇爲一碑，第十八篇至第二十篇爲一碑。第十八篇《微子》與第二十篇《堯曰》爲一碑，乃理之常，與張國淦《漢石經碑圖》相合。唯若第一篇《學而》並第十四篇《憲問》爲一碑之陰陽面，則須致思。王國維、羅振玉以還之漢魏石經研究，均以"駢羅相接"爲經文從首至末又從末回至首書寫。張國淦以此方式製作碑圖，《論語》第一碑寫《學而》第一、《爲政》第二、《八佾》第三、《里仁》第四，其碑陰寫《微子》第十八、《子張》第十九、《堯曰》第二十並校記，[2]亦即《學而》與《微子》爲一碑。若董氏所見爲殘石之兩面而言，則熹平石經之書寫未必全部是今人所想象之形式。然校覈董逌所記《論語》殘文，與洪适《隸釋》相近，係一碑之正反兩面文字，故其"第十四篇"當爲"第四篇"之誤，衍一"十"字。

（三）校覈殘石與傳世本異文。方匋考殘石來歷，未言其具體文字異同。董逌則於異文非常關注，《書跋》卷五《石經論語》云：

> 以今文《論語》校之，其異者若"抑與之與"爲"意與之"；"我未見好仁者惡不仁者"作"未見好仁惡不仁"；"朝聞道夕死可矣"作"可也"；"有三年之愛於其父母"，無"乎"字；"惡居下流"而無"流"字；"年四十而見惡焉"無"焉"字；"鳳兮鳳兮"作"何得之衰"；"往者不可諫也，來者猶可追也"，今本皆異；"執輿者爲誰"而作"執車者爲誰"；"子是魯孔丘與？曰是，然後曰是知津

① ［宋］董逌：《廣川書跋》，卷五，《中國書畫全書》第一册，第781頁上、780頁下。

② 張國淦《漢石經碑圖・叙例》，許東方《石經叢刊》，第一册，第四葉。

矣",比今書少二字;"耰而不輟"作"耰不輟";"夫子憮然植其杖"作"置","其斯而已矣"作"其斯以乎";"子游"作"子斿";"而在蕭牆之內"作"而在於蕭牆之內":凡碑所存,校其異者,已十五之一矣。使鴻都舊書盡存,則其異可知也。①

董氏所謂其異者"十五之一",是就所見殘石文字而言,以此比率計之,《論語》有一千處左右的衍奪異文。他又於《尚書》殘石校其異同云:

> 且曰"天命自度",碑作"亮";"惠鮮鰥寡",碑作"惠于矜寡";"乃逸既誕"作"乃憲既延";"治民祗懼"作"以民";"肆高宗享國五十九年"作"百年";以《書》攷之,知傳受訛誤,不若碑之正也。方漢立學官,《書》惟有歐陽、夏侯,其書雖不全見,今諸家所引與《古文尚書》全異,不應今所存古文反盡同也。疑邕既立二書,則或當以古文自存矣。②

董逌此處有一原則性之誤解,即他以蔡邕所立爲三體石經,故懷疑蔡邕既立篆隸二書,而以古文自存。校其異文之目的,雖在分辨歐陽、夏侯與古文異同,卻使千載之後第一次獲知漢代通行之文與現行流傳之差異。其從殘石中察見校記,謂此乃"於已殘之經得收其遺逸",極爲可貴。董逌整理石經殘石之思維與方法,爲南宋乃至以後收藏、研究石經開闢一條途徑。趙明誠《金石録》曾取石經文字不同者附於卷末,惜不存。洪适《隸釋》所録五種石經,皆校其異同,凡董氏所校異文幾乎全部包容在其《石經尚書殘碑》和《石經論語殘碑》中,爲後世所屢屢徵引、稱道。然《金石録》作於建炎三年(1129)以前,晚於董氏石經跋文二十餘年;《隸釋》之作在乾道三年(1167),離董氏謝世已近三十年,距其校勘石經異文已六十餘年,《隸釋》校勘異文之方法即循董氏而來,僅記録形式稍異。在南北宋之石經整理上,董氏可謂導夫先路。

三　董逌校勘石經《魯詩》異文拾遺

董逌於《廣川書跋》中涉及石經者唯《蔡邕石經》《尚書石經》《石經論語》三

① [宋]董逌:《廣川書跋》,卷五,《中國書畫全書》第一册,第781頁上。
② [宋]董逌:《廣川書跋》,卷五,《中國書畫全書》第一册,第780頁下。

篇。三篇中未提及《魯詩》殘石。今吕祖謙《吕氏家塾讀詩記》三十二卷中，轉引“董氏曰石經”云云者十次，明陳士元《五經異文》中有“石經作某”十七例。前者係董逌《廣川詩故》以石經文字解釋《詩》旨之文，後者固有因襲《讀詩記》和《隸釋》《詩攷》等處，然亦不無從他書轉録《詩故》之例。兹先考察董氏《詩故》一書成書及其流傳。

《宋志》載董逌《廣川詩故》四十卷，而馬端臨《文獻通考・經籍考》記爲《廣川詩考》四十卷，[①]且引《中興藝文志》云：

> 逌謂班固言《魯詩》最近，今徒於他書時得之。《齊詩》所存不全，或疑後人託爲，然章句間有自立處，此不可易者。《韓詩》雖亡闕，《外傳》及《章句》猶存。《毛詩》訓故爲備，以最後出，故獨傳。乃據毛氏以考正於三家，且論《詩序》决非子夏所作。建炎中，逌載是書而南，其志公學博，不可以人廢也。[②]

《志》云此書係董逌建炎以前所著，南渡相隨。宗旨是“据毛氏以考正於三家”，且論小序非子夏所作。其所取三家，《魯詩》“徒於他書時得之”，陳振孫謂“其言莫究”；[③]《齊詩》雖係不全本，董以爲“尚存可據”，《中興藝文志》疑後人僞託，陳振孫亦以館閣無《齊詩》，不知董氏何所從來疑之。唯《韓詩》宋時留存較多，可憑資取。然姑不論其所據是否可靠，在《毛詩》獨行之年代，董氏首先想到要“據毛氏以考正於三家”，其不爲一家所囿之思想，較朱熹欲輯集《韓詩》、王應麟撰輯《詩攷》要早數十年。故《志》云“其志公學博，不可以人廢也”，陳氏亦云“然其所援引諸家文義與毛氏異者，亦足以廣見聞、續微絶云耳”。惜此書後佚，無從徵信。今檢《詩集傳》引“董氏曰”五次，《吕氏家塾讀詩記》引“董氏曰”二百三十一次。成瓘云：“朱文公作《集傳》，每取董氏説。《商頌・長發》五章云：董氏謂《齊詩》作‘駿駹’。所云董氏，即逌也；所云‘齊詩’，即《廣川詩故》中所采者也。”[④]成説是。宋人引前人説，多作“某氏曰”，或前著郡望，衛湜《禮記集説》前

① 《詩故》異名，吴國武又舉證《説郛》引作“詩考”，馮復京引作“廣川詩學”，見《董逌廣川詩故輯考》，《北京大學中國古文獻研究中心集刊》第七輯，第151頁。按，四庫本馮氏《六家詩名物疏》“引用書目”作“董逌廣川詩詁”，乾隆《山東通誌》卷三十四同。

② ［元］馬端臨：《文獻通考・經籍考六》，華東師範大學出版社1985年版，上册，第160頁。

③ ［宋］陳振孫：《直齋書録解題》，卷二，上海古籍出版社1987年版，第37頁。下所引陳氏説同。

④ ［清］成瓘：《篛園日札》，卷三《讀詩偶筆・齊詩攷》，商務印書館1958年版，第190頁。

引姓氏是其著者。《吕氏家塾讀詩記》前所列姓氏，言“董氏曰”而未著郡望，檢《宋志》南北宋之交著《詩經》著作者唯董逌一人，參照朱熹所引，《讀詩記》之董氏亦董逌也。

《讀詩記》之董氏確定爲董逌，今所引董氏曰“石經作某”者十次，而董逌於《書跋》中未論及《魯詩》殘石，何以著《詩故》卻引述石經？考北宋張舜民、邵雍、方勺、姚寛諸家所記，無一言及《詩》者，或嘉祐所出確僅《尚書》《論語》《公羊》而無《魯詩》。但初稿完成於建炎三年之趙明誠（1081—1129）《金石録》，已有《魯詩》殘石之記。其《漢石經遺字》云：

> 右漢石經遺字者，藏洛陽及長安人家，蓋靈帝熹平四年所立，其字則蔡邕小字八分書也……今余所藏遺字有《尚書》《公羊傳》《論語》，又有《詩》《儀禮》，然則當時所立，又不止六經矣……今石本既已磨滅，而歲久轉寫，日就訛舛，以世所傳經書本校此遺字，其不同者已數百言，又篇第亦時有小異。使完本具存，則其異同可勝數邪？然則豈不可惜也哉！而後世學者於去古數千百歲之後，盡絀前代諸儒之論，欲以己之私意悉通其説，難矣！余既録爲三卷，又取其文字不同者具列于卷末云。①

趙氏此文有幾點可注意，一是所藏已有《魯詩》殘石，二是其所藏殘石拓本出於洛陽與長安人家，三是他與董氏相同，皆著有殘石文字校記。董逌所得爲黄符從洛陽攜來之拓本，未提及《魯詩》殘石，趙所得多長安人家者，或其所藏爲長安人家掘得，或其拓本由長安傳來。《金石録》初稿於趙氏逝世（1129）前完成，則《魯詩》殘石出土於此前無疑。李清照《金石録後序》云，建炎三年十二月，金人陷洪州，李猶攜帶所重卷軸書帖、寫本、拓本等隨身藏弆，其中即有“漢唐石刻副本數十軸”。後因種種原因，或“欲赴外廷投進”，或爲“官軍收叛卒取去”，或爲鄰人偷盗“穴壁負五簏去”，②終至漸漸散盡，時在紹興初年，而此節點正是董逌攜《詩故》南渡之時。當然董在南渡前後得到《魯詩》殘石拓本，固不必待趙、李藏弆之物散出，其來源自可多途。僅就時間上考量，其在兩宋之交獲得殘石拓本，補入《詩故》，情理上極有可能。後於董逌的朱熹，在《答吕伯恭書》中曾説：“《董氏詩》建陽有版本，旦夕託人尋訪納去。其間考證極博，但不見所出，使人未敢安耳。”③

① ［宋］趙明誠著，金文明校證：《金石録校證》，卷十六，上海書畫出版社1985年版，第300頁。

② ［宋］趙明誠著，金文明校證：《金石録校證》卷十六，第562、563頁。

③ ［宋］朱熹：《答吕伯恭書》，《晦庵先生朱文公文集》卷三十三，《朱子全書》第二十一册，第1462頁。

朱熹在《詩集傳》中引董説五次，但因其書不標出處，故慎不多引，並未言其僞。清陳鱣在論及《廣川詩故》時曾云："《讀詩紀》所載董氏説即此人，其言《齊詩》及石經、崔靈恩《集注》、江左古本多僞託，《詩考》誤信之。"①臧庸亦有類似之疑，此皆因《齊詩》之僞而波及石經，而非細考嘉祐時熹平殘石出土之來龍去脉及董氏考證石經之經歷，率爾發論，不可爲典要。

（一）《讀詩記》所引漢石經　吕祖謙《讀詩記》引"董氏曰石經作"有十條，將此與洪适《隸釋》和馬衡《漢石經集存》校覈，可以察其來源，辨其真僞。兹將《讀詩記》所引董逌論及石經《魯詩》文字輯出，疏證如下。

1. 卷三《召南・江有汜》："董氏曰：汜，石經作洍。《説文》引《詩》作'洍'，蓋古爲洍，後世譌也。"此字《隸釋》不載，熹平殘石不存。《説文・水部》："洍，水也。從水，𦣞聲。《詩》曰：江有洍。"又："汜，水别復入水也。一曰汜，窮瀆也。從水，巳聲。《詩》曰：江有汜。"徐鉉云："按前洍字音義同，蓋或體也。"馬宗霍"洍"下云："許汜下引《詩》與毛同，則此作洍，從三家也。"②馬後文亦引董説，仍以三家爲歸。《易林・遯之巽》"江有沱汜"，與毛同，清儒多以《易林》所用爲《齊詩》，今齊、毛同作"汜"，則石經之"洍"爲《齊詩》之可能性極小，而完全可能爲《魯詩》字形。董氏據石經字形而謂"汜"爲後世訛字，殊失草率。

2. 卷四《邶風・擊鼓》"擊鼓其鏜"："董氏曰：鏜，石經作鼞，《説文》亦作鼞。"此字《隸釋》不載，《魯詩》殘石不存。《説文・金部》："鏜，鐘鼓之聲，從金，堂聲。《詩》曰：擊鼓其鏜。"又《鼓部》："鼞，鼓聲也。從鼓，堂聲。《詩》曰：擊鼓其鼞。"馬宗霍云："《毛傳》云：'鏜然，擊鼓聲也。'以鏜爲狀鼓聲之詞。《説文・金部》引此《詩》作'鏜'，與毛同，則此作鼞，從三家也。"③今董氏引石經《魯詩》作"鼞"，則《説文》所録爲《魯詩》字形。馬宗霍又云："訓鼞爲鼓聲，與毛義亦不異。然既狀鼓聲，自以從鼓爲正字，鏜從金，假借字也。"此正所謂毛用假字，魯用正字也。袁梅引《風俗通義》卷六"擊鼓其鏜"，以爲《魯詩》作"鏜"，而"鼞"爲齊、韓《詩》，④恐非。

3. 卷四《邶風・静女》"愛而不見"："董氏曰：隋得江左本作'静女其袾'，袾，好也。石經作'僾而不見'，《説文》曰：'僾，彷彿。'許慎引《詩》亦作'僾'。"袾見《説文》，略不論。《説文・人部》："僾，仿佛也。從人，愛聲。《詩》曰：僾而不見。"

① ［清］陳鱣，《簡莊疏記》，卷三，續修四庫全書本，第1157册，第169頁上。

② 馬宗霍：《説文解字引詩攷》，卷四，《説文解字引經攷》，臺灣學生書局1975年影印本，第550頁。

③ 馬宗霍：《説文解字引詩攷》，卷二，《説文解字引經攷》，第389頁。

④ 袁梅：《詩經異文彙考辨證》，齊魯書社2013年版，第45頁。

《禮記・祭義》孔疏引《詩》同。馬宗霍云:“許引作僾,訓爲仿佛,字與毛異,義與鄭異,蓋本三家。案《禮記・祭義》云:‘僾然必有見乎其位。’彼孔疏云:‘僾,髣髴見也。《詩》曰:僾而不見。’正與許引合。”①馬未引及董説,而《説文》與石經同,當是《魯詩》也。《方言》第六“掩,翳薆也”郭璞引《詩》作“薆”,《爾雅・釋言》“薆,隱也”郭璞注云:“謂隱蔽。見《詩》。”馬謂“薆”亦三家異文,此蓋未知“僾”爲《魯詩》故也。袁梅據《祭義》孔疏引作“僾”,承襲清人陳壽祺、王先謙《禮記》爲《齊詩》之見,遂謂《齊詩》作“僾”,《祭義》本先秦七十子所傳,未必是《齊詩》,且孔穎達所引更非《禮記》之文,謂之《齊詩》,已誤。又謂“作‘薆’‘箋’者《魯詩》”,②顛倒誤甚。

4. 卷六《衛風・芄蘭》“芄蘭之支”:“董氏曰:支,石經作枝。《説文》同。”《説文・木部》:“芄,芄蘭,莞也,从艸,丸聲。《詩》曰:芄蘭之枝。”陳喬樅云:“枝,《毛詩》作支,支與枝同,古今文之異。”③馬宗霍云:“愚謂本詩下章云‘芄蘭之葉’,則上章作‘枝’爲正字,許蓋從三家也。”④《説苑・修文》引作“芄蘭之枝”,劉向習《魯詩》,今董逌引《魯詩》殘石作“枝”,正可印證,是則《説文》據當時通行之《魯詩》也。

5. 卷八《鄭風・子衿》“青青子衿”:“董氏曰:石經作‘子裣’。《説文》曰:‘交衽也。’《爾雅》曰:‘衣眥謂之襟。’孫炎曰:‘襟,交領也。’”王應麟《詩攷》“子裣,石經”,蓋即從董逌《詩故》或吕祖謙《讀詩記》等轉録。惠棟云:“張有《復古編》云:衿,衣系也,从糸、今。古作紟,别作衿,非。又云:裣,衽也,从衣、金。别作襟,非。裣與襟通,與衿異。《正義》混衿、襟爲一,非也。王伯厚云:漢石經作子裣,得之。”⑤是不知出於董逌所見之殘石。段玉裁云:“裣之字,一變爲衿,再變爲襟,字一耳。”⑥《魯詩》作“裣”,用正字也。上博簡《孔子詩論》“《北風》不絶人之怨,《子立》不……”論者多謂《子立》即《子衿》,朱淵清更進而疑“立”爲“金”字錯寫,⑦考察楚簡“金”“立”二字字形,誤寫確有可能。是則漢代甚至先秦此詩以“裣”爲正字或通行之體,有其社會基礎。

---

① 馬宗霍:《説文解字引詩攷》,卷二,《説文解字引經攷》,第 458 頁。

② 袁梅《詩經異文彙考辨證》,第 62 頁。

③ [清]陳喬樅:《魯詩遺説攷三》,《三家詩遺説攷》,《皇清經解續編》卷一千一百二十,上海書店出版社 1988 年影印本,第四册,第 1201 頁下。

④ 馬宗霍:《説文解字引詩攷》,卷一,《説文解字引經攷》,第 305 頁。

⑤ [清]惠棟:《九經古義》,卷五,《皇清經解》卷三百六十三,第二册,第 755 頁中。

⑥ [清]段玉裁:《説文解字注》,江蘇古籍出版社 2007 年版,第 683 頁下。

⑦ 朱淵清《釋子衿》,《知識的考古・朱淵清自選集》,上海人民出版社 2012 年版,第 331 頁。

6. 卷八《鄭風・子衿》“挑兮達兮”:“董氏曰:崔靈恩《集注》達作達,石經挑作叏,許慎《説文》兼用此二字。”《説文・辵部》:“達,行不相遇也。從辵,𡴘聲。《詩》曰:挑兮達兮。”《又部》:“叏,滑也。《詩》云:叏兮達兮。”據董説及六書構形,許慎“達”當作“達”,作“達”,後世隸、楷之變也。馬宗霍以爲“達”爲三家《詩》,今唯可證《魯詩》作“達”,齊、韓字形未可知也。

7. 卷十《魏風・葛屨》“摻摻女手”:“《説文》摻作‘攕’,山廉反,云好手貌。董氏曰:石經作攕。”毛傳:“摻摻,猶纖纖也。”《文選・古詩十九首》李善注引《韓詩》:“纖纖女手。薛君曰:纖纖,女手之貌。”是《韓詩》作“纖纖”。《説文・手部》“攕,好手皃。《詩》曰:攕攕女手。从手,韱聲。”馬宗霍云:“許引作攕,訓曰‘好手皃’,字與韓異,而義與薛君《章句》合,當亦本之三家。”[①]證以董説,知《魯詩》作“攕”,用本字,《毛詩》用假字。《韓詩》作“纖”,乃絲之細者,亦假字也。

8. 卷十三《陳風・衡門》“以誘掖其君也”:“董氏曰:掖,石經作亦。”按,“以誘掖其君”係《小序》文,三家《詩》有無詩序,本屬疑問,董氏從何而見此?考《增修互注禮部韻略》“亦”下云:“又也,摠也。又旁及之辭。《説文》與掖同。《詩・衡門序》‘誘掖其君’《釋文》云:‘石經作亦。’盖古掖字本作亦,象人兩掖之形。”句文字紹定庚寅本《附釋文互注禮部韻略》及日本真福寺藏本《禮部韻略》皆無此文,[②]當是毛晃及子居正在紹興年間所增。此時正是董氏《詩故》流傳之時,也是《魯詩》殘石出土之後不久。《韻略》之“釋文”係“釋文互注”之“釋文”,抑或是陸德明之“經典釋文”之“釋文”;是《衡門小序》之文,抑或是董氏援引他處石經異文來釋此小序之文,其間曲折,皆待新證。

9. 卷十六《豳風・鴟鴞》“徹彼桑土”:“董氏曰:石經作桑杜。《方言》云荄杜根也。”陸德明《毛詩釋文》:“音杜,注同。桑土,桑根也。《小雅》同。《韓詩》作杜,義同。《方言》云:‘東齊謂根曰杜。’《字林》作敾,桑皮也,音同。”陳喬樅據趙岐《孟子章句》“取桑根之皮以纏綿牖户”之説,謂“桑杜爲桑根之皮”,[③]然則韓、魯作“杜”爲正字,毛作“土”用假字也。陳喬樅又謂“桑土即杜之古文消借字,作敾者,三家之異文”,[④]猶欠分疏,蓋韓、魯自作“杜”也。

---

① 馬宗霍:《説文解字引詩攷》卷四,《説文解字引經攷》,第579頁。

② 《附釋文互注禮部韻略》見《續古逸叢書》,廣陵書社2001年影印本,第一册,第548頁上。日本真福寺藏本係殘本,見該書入聲二十二昔韻下。

③ [清]陳喬樅:《韓詩遺説攷六》,《三家詩遺説攷》,《皇清經解續編》卷一千一百五十五,第四册,第1373頁上。

④ [清]陳喬樅:《四家詩異文考》,卷二,《皇清經解續編》卷一千一百七十二,第五册,第44頁下。

10. 卷二十《小雅・正月》"民之譌言":"董氏曰:譌言,石經作僞言。"《詩》有"民之譌言"二句,一爲《鴻鴈之什・沔水》,一爲《節南山之什・正月》,今本《毛詩》皆作"民之訛言",漢熹平石經殘石有"爲陵民之訛"數字,[①]足證熹平石經亦作"訛",與《毛詩》同。《正月》殘石作"訛",可推知《沔水》字當同。《魯詩》既作"訛",則董逌所見不可能是"民之訛言"殘石。考《唐風・采苓》有"人之爲言"六句,出現頻率較高。《釋文》云:"爲言之爲,于僞反。或如字。下文皆同。本或作僞字,非。"孔疏云:"王肅諸本皆作'爲言',定本作'僞言'。"則陸氏所非之"僞",即定本之字形。《白孔六帖》卷九十二作"僞",山井鼎《考文》謂古本亦作"僞",皆循定本字形也。就整首詩詩旨而言,作"僞"自有根據,故孔疏釋傳作"人之詐僞之言"。臧庸謂"僞乃古文爲字"。若然,則疑董逌所引殘石之"僞言"係《采苓》殘文,而誤注於《正月》詩句之下,遂爲吕祖謙所承襲也。

以上十條石經文字,除第八條待考,第十條係董氏誤繫,其他八條當屬董氏所見嘉祐以後出土之《魯詩》殘石文字。董所録九條,皆不見於今《隸釋》,可以想見南北宋之際,石經出土,各自流傳,學者所見有所不同。以此校覈二十世紀出土之殘石,亦皆不見於殘石《魯詩》,即此可以證明董逌所録所記有一定可靠性。與董氏相先後,趙明誠亦記録《魯詩》異文,惜散佚不見。稍後之婁機(1133—1211)著《漢隸字源》六卷,於目録中記其第一百三十九爲石經《魯詩》殘碑。[②]其隸書字形中收録《魯詩殘碑》中"貫""啚"二字,皆見於《隸釋》,或婁機與洪适所見殘石爲一系,或洪著囊括婁機《字源》之殘字。無論如何,《隸釋》不收以上九條,表明洪适未見其殘石或拓本,至於其是否讀過《廣川詩故》,今已無法推測。蓋洪适所録必爲殘石原文,《詩故》所記已非殘石原字,故不録。然就此致使董逌當時所校文字大多散失,僅憑吕祖謙《讀詩記》略存數條,至爲可惜。

(二)《五經異文》所引漢石經　《五經異文》,明陳士元撰,士元字心叔,應城人,嘉靖二十三年(1544)進士,官至灤州知州。未幾,以才見忌,遂解綬歸,一意著述。著有《易象鉤解》四卷、《易象彙解》二卷、《五經異文》十一卷、《論語類考》二十卷、《孟子雜記》四卷、《古俗字畧》七卷、《韻苑考遺》四卷、《灤州志》十一卷、

① 殘石見馬衡《漢石經集存》第 61 號,科學出版社 1957 年版,圖版十一。雖"訛"字下部殘,然上部可見,絶不作"僞"或"譌"。

② [宋]婁機:《漢隸字源》,《文淵閣四庫全書》,臺灣商務印書館 1987 年影印本,第 225 册,第 811 頁下。按,張國淦《歷代石經考・漢石經》謂婁機《字源》載其"《尚書》存一百三十九字,《魯詩》存一百四十字,《儀禮》存一百四十一字,《公羊》存一百四十二字,《論語》存一百四十三字",殆誤將婁氏序碑數視爲存字數,應當指正。《歷代石經研究資料輯刊》,北京圖書館出版社 2005 年影印本,第 4 册,第 124 頁。

《楚故畧》二十卷、《姓滙》四卷、《姓觿》二卷、《名疑》四卷、《歸靈集》若干卷。①《五經異文》一書輯録經典異文，其卷五至卷七爲《詩經異文》。陳氏自序其書云："暴秦焚書，漢興屢下購書之令，而經文竟多殘逸。所立博士，各家師授轉録不同。況漢初文字兼行篆隸，後世易以今文，豈得盡同。"此道出異文産生之第一條途徑。又云："漢儒稱引經語，皆出自記憶，非有鏤本可較，且撰者各成一家言，其文自不能同。"②此爲異文産生又一途徑。二條途徑皆當時之客觀狀況，是陳氏撰作此書之本意。今《詩經異文》中有引"石經同""石經作某"者十七條，其中與《讀詩記》相同者有六條，録如下：

《擊鼓》："擊鼓其鏜，《説文》作鼞，石經同。"③

《静女》："愛而不見，石經愛作僾，《説文》同。"④

《芄蘭》："芄蘭之支，石經支作枝，《説文》《説苑》同。"⑤

《子衿》："石經作子衿。"⑥

《子衿》"挑兮達兮，石經挑作岦，崔靈恩《集注》達作達，《讀詩記》作達，《説文》引《詩》岦兮達兮"。⑦

《小雅・正月》："民之訛言，《説文》作譌言，石經作僞言。"⑧

陳書"挑兮達兮"下明言"《讀詩記》作達"，是其撰著時曾以《讀詩記》爲參考。亦有《讀詩記》雖無，而見於洪适《隸釋》"石經魯詩殘碑"者四條，録如下：

《葛屨》"維是褊心，是以爲刺。石經維作惟，刺作刾，《讀詩記》作刺"。⑨

《陟岵》："夙夜無已，石經作毋已。"

《伐檀》："坎坎伐輪兮，石經作欿欿。不稼不穡，石經作不嗇。"

---

① 陳氏爲官未幾即隱退，生平少見記載。《四庫全書總目》亦未詳其生平履歷。今從《湖廣通誌》和《明史藝文志》録其行歷與著作。

② [宋]陳士元：《五經異文》，《四庫全書存目叢書・經部》第149册，第195頁上。

③ [宋]陳士元：《詩經異文》，《五經異文》卷五，《四庫全書存目叢書・經部》，第149册，第226頁上。

④ [宋]陳士元：《詩經異文》，《五經異文》卷五，《四庫全書存目叢書・經部》，第149册，第227頁上。

⑤ [宋]陳士元：《詩經異文》，《五經異文》卷五，《四庫全書存目叢書・經部》，第149册，第229頁上。

⑥⑦ [宋]陳士元：《詩經異文》，《五經異文》卷五，《四庫全書存目叢書・經部》，第149册，第230頁上。

⑧ [宋]陳士元：《詩經異文》，《五經異文》卷六，《四庫全書存目叢書・經部》，第149册，第237頁下。

⑨ [宋]陳士元：《詩經異文》，《五經異文》卷五，《四庫全書存目叢書・經部》，第149册，第231頁上。

《唐風·蟋蟀》："山有樞，石經作蓲，《爾雅》作有蘁。"①

董逌《詩故》所得殘石與洪适異，故《詩故》中不可能有洪适所見殘石文字。吕祖謙《讀詩記》參考《詩故》，故其録《詩故》中殘石文字而不録《隸釋》殘石文字。陳氏在《書經異文》中所録殘石文字多於《隸釋》所録，可互相參見，則陳氏見到《隸釋》似無疑義。此四條見於洪适"石經魯詩殘碑"所録，當爲參考過《隸釋》之證。另有六條既不見於《讀詩記》所引，亦不見於《隸釋》所載，列出疏證如下：

《陳風·防有鵲巢》："邛有旨鷊，《説文》作旨鶪，石經作旨鶪，《玉海補遺》作旨虉。"②

陳氏云"石經作旨鶪"，今不見於《隸釋》，是否出於《詩故》，無徵。考《魯詩世學》卷十三云："邛有旨鶪，毛本作鷊。"是襲《世學》而來。

《小雅·杕杜》："檀車幝幝，《韓詩》作張張，石經作轞轞。"③

"轞轞"不見《讀詩記》和《隸釋》，似從他書引録。今《魯詩世學》亦作"幝幝"，注云："音闡。"知非從豐坊書轉録。《通雅·釋詁》"驒驒通作幝幝或作轞轞張張"條云："《釋文》引《詩》'檀車張張'，音幝。别有見本，不可直讀張張爲幝幝也。石經作'檀車轞轞'，《韓詩》作轞轞。"④方氏此字形從何而來，考《詩經世本古義》卷七注云："石經作轞轞，《釋文》作張張。"是從何楷書而來。何楷所承豐坊《世學》又無此字形，是轉轉録自《詩故》，抑是别有所承，今莫能考。

《小雅·節南山》："瑣瑣姻亞，石經作婣婭。"⑤

"婣婭"不見於《讀詩記》和《隸釋》，何楷《世本古義》云："姻，石經、豐本俱

① 以上三條見陳士元《詩經異文》，《五經異文》卷五，《四庫全書存目叢書·經部》，第149册，第231頁下。

② [宋]陳士元：《詩經異文》，《五經異文》卷五，《四庫全書存目叢書·經部》，第149册，第233頁上。

③ [宋]陳士元：《詩經異文》，《五經異文》卷六，《四庫全書存目叢書·經部》，第149册，第235頁上。

④ [明]方以智：《通雅》，卷九，《方以智全集》第一册，上海古籍出版社1988年版，第381頁。

⑤ [宋]陳士元：《詩經異文》，《五經異文》卷六，《四庫全書存目叢書·經部》，第149册，第237頁上。

作媚。亞，石經、豐本俱作婭。”今天津圖書館藏清鈔本《魯詩世學》卷七作“姻亞”，[①]蓋何氏所見本作“媚婭”矣。

《小雅・蓼莪》：“缾之罄矣，《説文》作窒矣，窒，空也，石經同。”[②]

“罄”，石經同《説文》作“窒”，可以説石經同《説文》，然《魯詩世學》卷二十二亦作“缾之窒矣”，何楷《世本古義》卷此句下注：“《説文》、豐氏本俱作窒。”是顯從《世學》而來。

《大雅・大明》：“駟騵彭彭，石經作四騵。”[③]

“駟騵彭彭”，《魯詩世學》卷二十五作“駟騵彭彭”同，[④]《世本古義》卷十同。今陳氏謂“石經作四騵”，是别有所承，抑從《詩故》轉録，今已難考。

《大雅・板》：“無然泄泄，石經作呭呭，《説文》作詍詍，《爾雅》作洩洩。”[⑤]

“無然泄泄”，《魯詩世學》《世本古義》皆同。陳氏云“石經作呭呭”，據何楷《世學》卷十六云：“私列翻。《説文》引此作‘呭呭’，又作‘詍詍’。《爾雅》、今石經俱作‘洩洩’。”《説文》“呭”“詍”下並引詩，馬宗霍云：“呭與詍音義並同。作呭爲三家文，詍亦三家文也。”[⑥]陳氏係從《説文》省悟而作，抑或别有所據，今莫可考。何楷所謂“今石經”，殆指唐開成石經，作“洩洩”避唐諱。

以上六條皆不見於二十世紀二十年代出土之熹平殘石文字，就邏輯而言，允可爲宋人所得所見。今考“邛有旨鷊”“瑣瑣媚婭”“缾之窒矣”皆承豐坊僞書《魯詩世本》而來。“檀車嘽嘽”是承自《詩故》，還是《魯詩世學》；“四騵彭彭”是轉録《詩故》，還是别有所承；“無然呭呭”是從《説文》字形想象爲《魯詩》，還是從《詩

① [明]豐坊：《魯詩世學》二十三，《四庫全書存目叢書・經部》，第61册，第91頁下。
② [宋]陳士元：《詩經異文》，《五經異文》卷六，《四庫全書存目叢書・經部》，第149册，第239頁上。
③ [宋]陳士元：《詩經異文》，《五經異文》卷七，《四庫全書存目叢書・經部》，第149册，第242頁下。
④ [明]豐坊：《魯詩世學》二十三，《四庫全書存目叢書・經部》，第61册，第128頁上。
⑤ [宋]陳士元：《詩經異文》，《五經異文》卷七，《四庫全書存目叢書・經部》，第149册，第244頁下。
⑥ 馬宗霍：《説文引詩攷》卷一，《説文引經攷》，第352頁。

故》傳鈔，今皆一時難以論定。相較而言，吕祖謙在南宋，《讀詩記》開列董逌之名，其所言“董氏曰石經”云云，視作熹平石經較爲可信。陳士元身處明末，尤其是在豐坊《魯詩世學》和何楷《世本古義》出現之後，所言“石經作某”之來源稍顯模糊，可靠性也略遜於東萊。但其當時所見，容有今所不見之書，“轘轘”“彭彭”“呭呭”三條，是直接或間接從《詩故》而來，還是從他書而得，一時難以確定。但北宋出土之熹平殘石文字，在今天看來，隻字片語，皆珍稀可寶，故不憚繁賾，與董逌石經《魯詩》文字一併勾考，以備稽覈。

北宋嘉祐前後出土之《魯詩》殘石拓本僅有《隸釋》所存，而原石或早已粉身碎骨，下落不明。故董逌《詩故》所録熹平石經殘文，今所見雖寥寥數條，但對瞭解宋代熹平殘石真實的出土情況，彌足珍貴。陳士元《詩經異文》數條，雖未能確定從董逌《詩故》而來，亦不能排斥，故必須表出以備考。將此鈎稽所得孤文殘字與二十世紀二十年代和八十年代出土之大批殘石彙聚在一起，對考察和研究熹平石經歷史，進一步梳理四家詩文字《詩》説異同，有其不可低估的價值。

二〇一三年四月十五日至五月一日稿
二〇一四年一月二日二稿

（本文發表於《文獻》2015 年第 3 期）

漢石經《儀禮·鄉飲酒》記文探微

馬　濤

一　引　言

二十世紀二三十年代，隨著大量漢石經殘石的出土，一股石經研究熱潮刮起於學界。但其中《儀禮》殘石的研究並不多見，對其經本之異，尤其是由此造成的經説之異，更是少有論説。羅振玉、張國淦、馬衡等人由殘石所存“鄉飲酒第十”篇題，論證漢石經《儀禮》爲大戴本，[①]是其中不多見的重要成果。除此之外，學者精力多集中於經本的對勘之中，對後漢師説家法的討論則較少言及，而漢石經《鄉飲酒》存有殘石一塊，所鎸文字頗有異於今本，或涉後漢禮家經説之異。

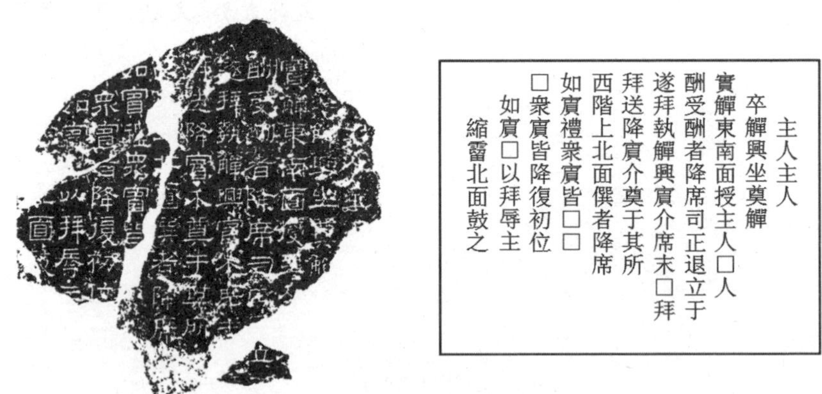

《集存》四二〇號殘石

① 羅振玉：《漢石經殘字集録補遺》，《羅振玉學術論著集》第二集，上海古籍出版社 2010 年版，第 475 頁。張國淦：《漢石經碑圖叙例》，《漢石經碑圖》，民國二十年（1931）排印本，燕京大學國學研究所印行，第 3 頁 b。馬衡：《從實驗上窺見漢石經之一斑》，《慶祝蔡元培先生六十五歲論文集：歷史語言研究所集刊外編第一種》上册，1933 年 1 月，第 68 頁。又載《凡將齋金石叢稿》，中華書局 1977 年版，第 203—204 頁。

馬衡《漢石經集存》(以下簡稱《集存》)載《儀禮·鄉飲酒》殘石一方,編號四二〇,鎸殘字十一行,其中第十行"如賔□以拜辱"爲經文末節"主人如賓服以拜辱"之殘文,末行爲記文"磬,階間縮霤,北面鼓之"之殘文。此石前十行與今本經文差異不大,但檢諸今本記文"磬,階間縮霤,北面鼓之"距經文之末尚有約二百字,而漢石經此處記文則僅鄰經文末行,距經尾僅二十餘字。

初羅振玉《漢石經殘字集録》録此殘石曰:"末行之'北面鼓'三字乃記文'磬階間縮霤北面鼓之'之殘字,由第十行首數至此得二百餘言,不應行次相連,知《儀禮》章次古今文亦有異同,此治《禮經》諸儒所未知也。"①馬衡《集存》亦從其説:"十行與十一行之間相距二百四十二字,疑石經與今本章次有異同。否則不致相差三行有奇也。"②皆認爲漢石經本與今本"章次有異",即章節前後有不同也。後劉文獻撰《漢石經儀禮殘字集證》復原碑圖十一碑二十二面並認定:"復原碑圖第十葉至十三葉,每葉僅在三十七八行之間,漢石經似不可能再減一百餘字,謂章次有異同,蓋是。"③從漢石經《儀禮》碑行碑制來確定《鄉飲酒》此段記文爲"章次有異"並排除了經文脱簡脱文的可能。

漢石經諸經爲學官定本,其本與今本經文之差異,多有經説師法隱於其中,若《詩經·都人士》無首章而異於《毛詩》,《尚書·毋劮》祖甲、中宗、高宗之序有異於今本等,皆有後深刻的經説含義在其中。④今漢石經《鄉飲酒》記文頗異於今本,而學者少論其文本異同背後可能蘊含的經學含義。故筆者將首先條辨傳世文獻所載《儀禮》記文的錯移情況,復結合漢世之經説師法,以探究此處經本差異的致由。

二　傳世文獻中所載《儀禮》記文之脱移

除卻漢石經《鄉飲酒》記文所示,傳世漢代文獻言及《儀禮》記文之簡牘錯脱、文本移亂者亦有兩處:其一,鄭玄注《儀禮》言《聘禮記》之簡牘錯亂。其二,何休《公羊解詁》引述逸《士虞記》。通過對傳世文獻中所言《儀禮》記文移易錯脱的分析,更能幫助理解《儀禮》記文性質與漢石經記文移易的緣由,並判斷漢石經本

① 羅振玉:《漢石經殘字集録》,《羅振玉學術論著集》第二集,第159頁。

② 馬衡:《漢石經集存》,藝文印書館1976年版,第46頁b。

③ 劉文獻:《漢石經儀禮殘字集證》,嘉新水泥公司文化基金會研究論文第九十八種,第70頁。

④ 虞萬里:《上博館簡楚竹書緇衣綜合研究》,武漢大學出版社2009年版,第506—527頁。《〈尚書·無逸〉篇今古文異同與錯簡》,"國際尚書學會第二屆年會論文集"會議論文,2014年4月。

《鄉飲酒》記文移易可能的時間節點。

1. 鄭玄所言《聘禮記》之錯簡

鄭玄《儀禮》注所言經本移錯，皆位於記、傳之中。其中關於記文錯簡者，則於《聘禮記》中可見：

> 《聘禮》記："各以其爵朝服。"鄭玄注："此句似非其次，宜在'凡致禮'下，絶爛在此。"①
>
> 又記："大夫不敢辭君初爲之辭矣"，鄭玄注："此句亦非其次，宜在'明日問大夫'下。"②
>
> 又記："曰：子以君命在寡君，寡君拜君命之辱。君以社稷故，在寡小君，拜。君貺寡君延及二三老，拜，又拜送"，鄭玄注："自'拜聘享'至此，亦非其次，宜承上'君館之'下。"③

《集存》四四九號中有五行殘字爲《聘禮記》文，經復原知石經記文"某甫皇"至篇尾，行皆 72 字左右，與今本差異不大。而鄭玄所謂《聘禮記》三處文句錯亂恰涉此末五行殘字，但依鄭玄所言"大夫不敢辭君初爲之辭矣"宜在"明日問大夫"下，"各以其爵朝服"宜在"凡致禮"下，皆與石經碑行不合。又"曰子以君名在寡君"等 38 字置於前文"明日君館之"之後，則碑行愈亂。故鄭玄所言三處錯亂，多不合於石經，漢石經之經本與今本近同。

某甫皇
獻比歸大禮
事賓請歸凡賓拜
堂楹間釋四皮束錦
曰稷十稷曰秅四百秉
辱大夫不荅拜將命賓再

《集存》四四九號殘石

①② [漢]鄭玄注，[唐]賈公彦疏：《儀禮注疏》，上海：上海古籍出版社，2008 年，第 746 頁。

③ [漢]鄭玄注，[唐]賈公彦疏：《儀禮注疏》，第 749—750 頁。

因此,依漢石經殘石排列《聘禮記》碑圖,其經文與今本無甚差别,並無鄭氏所謂"絶爛"現象。虞萬里《鄭玄所見三禮傳本殘闕錯簡衍奪考》對鄭玄所言《聘禮記》的三處錯簡進行推擬,以每簡 10 字的簡制復原其貌,並云:"依照上面排列,則《聘禮記》在戰國前後流傳之際,至少在漢代五傳禮家移入《聘禮》末之前,用短簡記録、傳鈔之時,已經亂簡。……三言兩語、各自補充《聘禮》的短篇小記連綴成近千字的《聘禮記》,在移入《聘禮》之前就有一段流傳的歷史。"[①]這種情况和後來大小戴分立《禮經》博士所産生的文本差異是不同的。大小戴同師后倉,其經本雖有小異但不當有錯簡錯文如此巨大之别,同樣的道理,大小夏侯、歐陽《尚書》其經本亦是相近,《漢書·藝文志》言:"劉向以中古文校歐陽、大小夏侯三家經文,《酒誥》脱簡一,《召誥》脱簡二。率簡二十五字者,脱亦二十五字,簡二十二字者,脱亦二十二字,文字異者七百有餘,脱字數十。"是比勘古文而言,大小夏侯、歐陽師出同門,之間固不當有簡牘錯亂之異。故此《聘禮記》之錯簡並非《禮經》學官諸家之差異。

與此同時,我們還注意到《聘禮記》鄭注"此句似非其次"之"似"字,足見其所言"失次""爛脱"等事並非親覩簡牘錯脱之貌。换言之,鄭玄所言經本之錯簡脱爛,其中亦有根據文本意義結合簡策知識而進行的推演。因此,可以斷言鄭玄所言《聘禮記》之錯簡,是對《聘禮記》原本之復原分析,無關《儀禮》今文三家之異亦無關今古文之别。

2. 何休《公羊解詁》引述逸《士虞記》

《公羊·文公二年》傳"主者曷用,虞主用桑,練主用栗",何休解詁云:"《禮士虞記》云:'桑主不文,吉主皆刻而謚之。'蓋爲禘祫時别昭穆也。虞主三代同者,用意尚麤犄,未暇别也。"其所言《士虞記》"桑主不文,吉主皆刻而謚之"並不見於今本《士虞記》中,劉師培《禮經舊説》於此言曰:"案《公羊》文二年,《解詁》引《士虞·記》曰:'桑主不文,吉主皆刻而謚之。'蓋爲禘祫時别昭穆也。何氏所引,鄭本無其文,或據大戴、慶氏本也。"[②]以爲今本無此句,或是漢世《禮經》三家異文所致。

何休所引《士虞記》之"桑主""吉主",乃借以釋《公羊傳》所言之"虞主用桑""練主用栗",故何氏以記文所言"桑主"即"虞主"也。然"虞主"之立,頗多争議,或以"虞主"立於始虞,或以立於祔祭。而"虞主"先立後立、所立於何種

① 虞萬里:《鄭玄所見三禮傳本殘闕錯簡衍奪考》,《中國經學》第十二輯,廣西師範大學出版社 2014 年版,第 21 頁。

② 劉師培:《禮經舊説》,《劉申叔遺書》,江蘇古籍出版社 1997 年版,第 145 頁下。

儀節之中，關切到此段《士虞》記文所處的位置，即，如果後漢某本《士虞記》中有何氏所引之文，則當置於"記虞祭"節中，還是"記祔祭"節中，抑或"記小、大祥"節中。故知何休引《士虞記》與漢石經本記文之關係，亦需辨證"虞主"所立之異説。

許慎《五經異義》記載了漢世公羊、左氏以及《禮》家關於"虞主"的不同理解，是今所存漢代經師論説關於"虞主之立"最爲重要的材料，其云："公羊説虞而作主。左氏説天子九虞，十六日祔而作主，謂桑主。朞年然後作栗主。許慎謹案：'左氏説與《禮》同。'"①其中，公羊家虞而作主爲桑主；左氏以祔而作主爲桑主，期年作栗主。鄭玄不駁，明同許義，且其論"虞主所藏"云："練時既特作栗主，則入廟之時，祝奉虞主於道左，練祭訖，乃出就虞主而埋之，如既虞埋重於道左。"②鄭氏言練時作栗主，埋虞主，則是認爲"虞主"立於祔祭，故於練祭埋之，同於左氏之説。

其後歷代學者多有論辯"虞主"之立於何時者，然多於《異義》所言諸家間抉擇。後黄以周結合《儀禮》《禮記》《異義》所論，認爲公羊家説爲正，又調和諸經所論之矛盾，特分"栗主"之性質爲二，周人卒哭變吉祭立栗主（吉主），殷人小祥變吉祭立栗主（吉主）。"栗主"前所立，即虞主也。③而亦有另立它説迥異於漢儒所論者，如孫希旦《禮記集解》論此，以爲既葬始虞至於祔前皆無主，但以筵几代之，祔而立桑主，練而立栗主。④以上諸儒之論略如表1：

表1　虞主所立時間異説

	始死	既葬|始虞	虞	卒哭	祔	練
公羊	重	埋重|虞主	虞主	虞主	栗主	
左氏、禮	重	重	重	重	埋重|桑主	埋桑|栗主
孫希旦	重	埋重|筵几	筵几	筵几	桑主	埋桑|栗主
黄以周	重	埋重|虞主	虞主	虞主	栗主(周)	栗主(殷)

鄭注本並無此段《士虞》記文，至於漢石經之大戴本，則亦不應載此段記文。

漢石經有《士虞記》殘石四方，分别爲《新出》80HNTT301K1：003A與《集存》四〇二號、四〇三號、四〇四號。而此四塊《士虞記》殘石所涉經文與今鄭注

① ［漢］鄭玄注，［唐］孔穎達疏：《禮記正義》，上海古籍出版社2012年版，第366頁。
② ［漢］鄭玄注，［唐］孔穎達疏：《禮記正義》，第367頁。
③ ［清］黄以周《禮書通故》，中華書局2007年版，第585—587頁。
④ ［清］孫希旦：《禮記集解》，中華書局1989年版，第128—129頁。

本基本相同，即，漢石經《士虞記》篇首至於“又鄉尸降階”，其經本與今本《士虞記》無大區别。並且漢石經《士虞記》記“卒哭”“告祔”諸節，又有《集存》四〇二、四〇三、四〇四號殘石爲證，與今本無大異，其間並不容此十一字。今漢石經《士虞記》殘石，僅“記虞祭無尸”與“記三虞卒哭用日不同及祝辭之異”①間尚無殘石可證，若漢石經本有此十一字，亦必在此中。

這樣便有一個悖論存在其中，許慎《異義》論左氏及《禮》家以“桑主”立於祔祭，“吉主”立於練祭，若“桑主不文”一句爲大戴《士虞記》所有，固當置於記“祔祭”“小祥”等儀節之内。但依殘石復原，漢石經大戴本若有“桑主不文，吉主皆刻而謚之”之文，衹能置於記文“虞祭無尸”與“三虞用日及祝辭”兩節之間，這便承認了“桑主”存於虞祭之中，爲葬虞所立，違背了《異義》左氏與《禮》家的共識而與公羊家説相近了。

因此，漢石經本《士虞記》亦無何休《解詁》所謂《士虞記》“桑主不文，吉主皆刻而謚之”之文。清人斷其爲逸《禮》篇章近於事實，劉師培以爲今學三家之異文，欠允。

3. 學官本《儀禮》記文編次的時代與性質

漢代出土《儀禮》文獻，除漢石經外尚有《武威漢簡·儀禮》諸篇存有記文。其中《燕禮》《喪服》《特牲饋食禮》等篇，其記文内容除去異文方面的差别，並無文句無錯亂衍脱者。②雖然諸篇僅有《燕禮》以“記”字分别經、記，但記文本身並無大異，可見在西漢晚期，《儀禮》記文已與經同著於篇。

通過對傳世文獻所言《聘禮記》《士虞記》“錯衍”的分析，結合《武威漢簡·儀禮》記文之實際，基本可以判斷，漢代《禮經》後附之記文早已附於經後並成爲“經”之一部，與經一道被學官所固定。同時，漢世文獻多稱《禮經》爲“禮記”，“禮”“禮經”“禮記”稱謂多混而同用，洪業對此言曰：“立於學官之禮，經也，而漢人亦以‘禮記’稱之，殆以其書中既有經，復有記，故混合而稱之耳。”③頗切情理，但實際上“學官之禮”本含有“記”，故漢人或稱其爲“禮記”，記文並非獨立於學官之“經”外。《通典》卷七十三《禮典·繼宗子議》引石渠閣禮議曰：“經云宗子孤爲殤。”④此句實爲《喪服》之記文，而石渠閣論禮稱其爲“經”，知漢宣帝時經、記已

① 以上分節之名依照胡培翬《儀禮正義》。

② 田中利民著，刁小龍譯：《儀禮中“記”的問題——關於武威漢簡》，《傳統中國研究集刊》第七輯，上海人民出版社2010年版，第88—89頁。

③ 洪業：《禮記引得序》，《洪業論學集》，中華書局1981年版，第208頁。

④ ［唐］杜佑撰，王文錦等點校：《通典》，中華書局1988年版，第1998頁。

合著於篇,《禮》分三家之前其學官經本已是"經"並"記"的。顧實《漢書藝文志講疏》云:"《儀禮》十七篇,惟《士相見》《大射》《少牢饋食》《有司徹》四篇不言記。其有記者十有三篇,以《易》有《大傳》《十翼》并目爲經例之,則十三篇之記附於經,而記亦爲經矣。"①頗爲得之。沈文倬則直接認爲:"附經之記本來就是經文的組成部分,'於是乎書'時已便包括在内,經與附經之記不是前後撰作的兩種書,而是同時撰作的一書的兩個部分,因此,援引附經之記與援引本經之文就不必再加區分了。"②認爲"今本'記'字顯然是漢以後人所加,不足憑信"。③僅以現今所見秦漢《禮經》文本及傳授史實論之,以爲《禮》經、記部分作於一人,④尚難謂爲定説。但漢代《禮經》經、記一體,淵源有自,經諸先生之論證,則可謂定讞。

可見,《禮經》之立學官,當是十七篇經文並其所附之記。而大小《戴》師出同源,其所傳之記文異當一致,其有異者亦文字通假字形衍訛之類,若《士虞記》論"桑主""吉主",《聘禮記》之篇章錯節,皆於經義關係巨大,今學三家經本之異不當如此,即或如此鄭玄亦必注出。

三 漢石經《鄉飲酒》記文"磬"節移易與意義

通過上文的論述,可知《儀禮》經後所附記文與十七篇經文早已合編爲一,是漢代《禮經》不可分割的組成部分,漢世立於學官的《禮經》文本亦是經文並附記文的。而作爲官方定本的《儀禮》經、記同出漢高堂生之門,本乎一源,經本被"學官師説"所固定不當有異。⑤然大小《戴》編次不同、經本有異,這種對"學官定本"的改變,是"家法"異説的體現,更是别立博士的證據。⑥附記爲學官《禮經》之一部,其編次之異亦非偶然之故,如此,漢石經《鄉飲酒》記文的"錯亂"便有涉及師説家法的意義了。

1. 漢石經《鄉飲酒》記文"磬"節的位置

探尋漢石經《鄉飲酒》記文錯易之内涵,首先需要確定"磬"節所處的位置。爲方便討論漢石經本《鄉飲酒》記文編次的差異,先細分其記文諸儀節,辨析其可

---

① 顧實:《漢書藝文志講疏》,《二十五史藝文經籍志考補萃編》第四卷,清華大學出版社 2011 年版,第 43 頁。

②③ 沈文倬:《菿闇文存》,商務印書館 2006 年版,第 37 頁。

④ 以篇爲單位,非謂整部《禮經》之經、記爲一人所著。

⑤ 初《禮經》僅立后倉博士,固初衹一家博士之説,其官方經文文本亦衹一家。後大小戴皆從后倉出,其經本亦爲后倉本。

⑥ 沈文倬:《菿闇文存》,第 556 頁。

調整處:

(1) 鄉朝服而謀賓介皆使能不宿戒

(2) 蒲筵緇布純尊綌冪賓至徹之

(3) 其牲狗也亨于堂東北

(4) 獻用爵其他用觶

(5) 薦脯五挺横祭于其上出自左房

(6) 俎由東壁自西階升賓俎脊脅肩肺主人俎脊脅臂肺介俎脊脅肫胳肺肺皆離皆右體進腠

(7) 以爵拜者不徒作坐卒爵者拜既爵立卒爵者不拜既爵

(8) 凡奠者於左將舉於右

(9) 衆賓之長一人辭洗如賓禮

(10) 立者東面北上若有北面者則東上

(11) 樂正與立者皆薦以齒

(12) 凡舉爵三作而不徒爵

(13) 樂作大夫不入

(14) 獻工與笙取爵于上篚既獻奠于下篚其笙則獻諸西階上

(15) 磬階間縮霤北面鼓之

(16) 主人介凡升席自北方降自南方

(17) 司正既舉觶而薦諸其位

(18) 凡旅不洗不洗者不祭既旅士不入

(19) 徹俎賓介遵者之俎受者以降遂出授從者

(20) 主人之俎以東

(21) 樂正命奏陔

(22) 賓出至于階陔作

(23) 若有諸公則大夫於主人之北西面

(24) 主人之贊者西面北上不與無筭爵然後與

“磬”爲堂下樂縣,《鄉飲酒》經文“笙入合樂”節中論笙入之位置言曰:“笙入,堂下磬南,北面。”爲此篇唯一言及“磬”者。今本記文置於“其笙,則獻諸西階上”即“記獻笙”一節後,與經文出現“磬”字之位置相對。然觀漢石經殘石,則此節記文置於整篇記文前端,與今本絶異。

《鄉飲酒》篇首言陳設並没有論及"樂縣"者,《鄉射禮》所行"鄉飲酒禮"則有述"樂縣"之陳列者:

> 乃席賓,南面,東上。衆賓之席,繼而西。席主人於阼階上,西面。尊於賓席之東,兩壺,斯禁,左玄酒,皆加勺。篚在其南,東肆。設洗于阼階東南,南北以堂深,東西當東榮。水在洗東。篚在洗西,南肆。縣于洗東北,西面。乃張侯,下綱不及地武,不繫左下綱,中掩束之。乏參侯道,居侯黨之一,西五步。

此節位於篇首"戒賓"後,詳述器具陳列,席、尊、洗、水、篚、縣等。其中,置於堂下者爲"洗""水""篚""縣"。《鄉射禮》經文將"樂縣"之方位描述置於"陳設"節内。《鄉飲酒》經文述諸物陳設,與《鄉射禮》皆同,然唯缺樂縣之"磬"無論,比勘《鄉射禮》設器諸節而觀之,漢石經本《鄉飲酒》記文"磬,階間縮霤,北面鼓之"當與《鄉射禮》篇首"縣于洗東北,西面"相對,而置之於整篇記文之前部,以補"經之未言者"。

漢石經殘字所見"磬,階間縮霤,北面鼓之"位於記文前段,以其位置判斷當在"記戒賓"後之"記陳設"中,故依照《鄉射禮》所述經文置《鄉飲酒》記文"磬,階間縮霤,北面鼓之"於"席""尊"之後,如下:

(1) 鄉朝服而謀賓介皆使能不宿戒
(2) 蒲筵緇布純尊綌幂賓至徹之
(15) 磬階間縮霤北面鼓之
(3) 其牲狗也亨于堂東北
(4) 獻用爵其他用觶
(5) 薦脯五挺横祭于其上出自左房
……

以此順序復原石經殘石,"縮霤北面鼓"殘字前有記文二十八字,以漢石經《儀禮》行七十三字計,《鄉飲酒》經文之末至"縮霤北面鼓"亦恰巧二十八字,若漢石經記文首標示"記"字,則衍出一字。因此,基本可以確定,漢石經大戴本《鄉飲酒》記文"磬階間縮霤北面鼓之"一節,參照《鄉飲酒禮》之經文進行了"調整",並置於"記陳設"節中。

2.《鄉射禮》"縣"與《鄉飲酒》"磬"之所指

發掘漢石經《鄉飲酒》記文"磬"一節移易背後的含義,還需知曉兩鄉禮之"縣""磬"究指何物,即,了解兩鄉禮樂縣之制有何種區别。關於此問題,鄭玄以來諸儒所論並不一致。

A. 縣

"縣"者,《周禮·春官·小胥》"正樂縣之位,王宫縣,諸侯軒縣,卿大夫判縣,士特縣,辨其聲",鄭玄注云:"樂縣,謂鍾磬之屬縣於筍虡者。"①"縣"即編懸於樂架成組之樂器,並由階層之差而其制亦有增損。《儀禮》言"縣"者三:《鄉射禮》《燕禮》《大射》。唯《大射》言"縣"而明指其制,"樂人宿縣于阼階東,笙磬西面,其南笙鍾,其南鑮,皆南陳",西階之西則有"頌磬""頌鍾""鑮",頌之南有"建鼓""朔鼙",兩階間有"建鼓""應鼙"。賈公彦疏《小胥》以爲《大射》此文指"諸侯軒縣",②江藩又詳分《大射》諸器爲"阼階一肆""西階一肆""北面一肆"以附諸侯軒縣三面。③

至若《鄉射禮》之"縣",所論則有不一。《鄉射禮》"縣于洗東北,西面",鄭注云:"此縣謂磬也,縣於東方,辟射位也,但縣磬者天子之士,無鍾。"④以爲《鄉射禮》之"縣"僅有磬,與《鄉飲酒》注以鄉飲酒樂縣僅設磬之意相符。然後世有發異義者,敖繼公於此難之曰:"縣謂鐘磬與鑮於筍簴也,鼓鼙之屬亦存焉……此與上篇賓出奏《陔》,《陔夏》,金奏之一也,然則是禮亦有鐘鼓鑮明矣。"⑤認爲《鄉射禮》之縣有鐘鼓及鑮。經"笙入,立于縣中",蔡德晉注云:"笙者入,立于縣中,當鐘磬之間。"⑥盛世佐云:"案縣中,磬南鐘北也,此主大夫判縣而言。《鄉飲酒禮》云:'笙入,堂下磬南,北面立。'與此異。"⑦皆以"縣"兼含鐘磬,與鄭注異。

B. 磬

《鄉飲酒》之"磬"。《鄉飲酒》"磬,階間縮霤,北面鼓之",鄭玄注云:"大夫而特縣,方賓鄉人之賢者,從士禮也。射則磬在東。"賈公彦疏曰:"今諸侯卿大夫合鍾磬俱有,今直云磬,是以鄭云:'大夫而特縣,方賓鄉人之賢者,從士禮也。'"⑧

① [漢]鄭玄注,[唐]賈公彦疏:《周禮注疏》,上海古籍出版社2008年版,第874頁。
② [漢]鄭玄注,[唐]賈公彦疏:《周禮注疏》,第875頁。
③ [清]江藩:《樂縣説》,《樂縣考》卷下,《叢書集成初編》第1667册,中華書局1985年版,第17頁。
④ [漢]鄭玄注,[唐]賈公彦疏:《儀禮注疏》,第268頁。
⑤ [元]敖繼公:《儀禮集説》,《文淵閣四庫全書》第105册,臺灣商務印書館1986年版,第140頁。
⑥ [清]蔡德晉:《禮經本義》,《文淵閣四庫全書》第109册,臺灣商務印書館1986年版,第546頁。
⑦ [清]盛世佐:《儀禮集編》,《文淵閣四庫全書》第110册,臺灣商務印書館1986年版,第317頁。
⑧ [漢]鄭玄注,[唐]賈公彦疏:《儀禮注疏》,第258頁。

其意以大夫特縣本當合鐘、磬俱有，經文單言“磬”者，以《鄉飲酒》爲禮賢之禮，故俯從士禮，去鐘留磬。後儒論《鄉飲酒》之“磬”多申鄭説，然亦有發其異論者，敖繼公《儀禮集説》云：“此禮特縣，則有鍾磬鎛及鼓鼙，惟言磬者，以其爲縣之主而居首，且可以取節於霤故也。”①以爲此“磬”字並非鄉飲酒所設樂縣之全部，僅因“磬”爲樂縣之首且行禮於此處，故經文特言“磬”字。

鄭氏以“方賓鄉人之賢者，從士禮也”彌縫鄉大夫樂縣僅磬。反觀敖繼公之論，則圍繞《鄉飲酒》經、記兩處“磬”字出現的文本位置展開論述。《鄉飲酒》經文“磬”出現於笙入奏樂以及獻笙儀節之内，所言之“磬”實乃行禮之位置坐標，故敖繼公言“惟言磬者……可以取節於霤故也”，以爲取爵獻笙近於“磬”，故經文於此明言“磬”字。同時敖繼公還從《鄉飲酒》施行之階層考慮，以鄉大夫樂縣之制當合鐘磬鎛俱有，而經之“磬”字非指樂縣之全部。後世學者多申述鄭玄之説，但敖繼公立足經文位置以及施禮階層考察問題，亦是值得注意的觀點。

復觀諸家關於兩鄉禮“縣”“磬”的辯論，鄭玄以兩鄉禮樂縣同制，僅設磬而已，後儒盛世佐、蔡德晉等對鄭氏《鄉射禮》“樂縣僅磬”説表達異義，敖繼公則直接提出反説，在經文、記文編次的邏輯上，表達出對鄭説的懷疑。

而産生這種異見、争論的根由，實際上在於對兩鄉禮施禮階層的認識並不一致。鄭玄之辯兩鄉禮縣制，實皆與其對兩鄉禮施用階層的判斷呼應。後儒論兩鄉禮“磬”“縣”之所指，所言亦涉爵位層級之差。可見，“縣”本身具有濃重的階層屬性，兩鄉禮之經義性質頗與之關聯，而漢石經《鄉飲酒》於“磬”處移易其位，恰又關乎此恉。

3. 鄭注“縣”“磬”之邏輯與兩鄉禮性質的争訟

鄭玄以《鄉飲酒》爲諸侯鄉大夫之禮，以《鄉射禮》爲諸侯州長之禮，實際上有其内在的邏輯。鄭玄《儀禮目録》云：“諸侯之鄉大夫，三年大比，將獻賢者能者於其君，以禮賓之，與之飲酒之禮。”賈公彦疏曰：“鄭知此鄉飲酒是諸侯之鄉大夫獻賢能法者，……若然，謂諸侯之鄉大夫是大夫爲之，亦應鍾、磬俱有，而直有磬者，鄭玄彼注方賓鄉人之賢者，從士禮也，故縣磬而已。若然，天子之鄉大夫賓賢能從士禮，亦鍾、磬俱有，不得獨有磬也。”②同時《周禮・春官・小胥》“樂縣”注云：“[士]特縣縣於東方，或於階間而已。”又注“半爲堵”：“半之者，爲諸侯卿大夫、士也。……[諸侯之]士亦半天子之士，縣磬而已。”③賈公彦的兩個“若然”清晰地

① [元]敖繼公：《儀禮集説》，第136頁。

② [漢]鄭玄注，[唐]賈公彦疏：《儀禮注疏》，第193頁。

③ [漢]鄭玄注，[唐]賈公彦疏：《周禮注疏》，第875頁。

勾畫出鄭玄前後之邏輯：首先，諸侯之大夫、士皆半天子大夫、士之制；其次，天子士之特縣鍾磬一肆，而鄭氏以此禮樂縣僅磬無鍾，實半天子之制，故爲諸侯士之制，而下俯士禮之"鄉大夫"即是"諸侯之鄉大夫"矣。由此可見，鄭玄以《鄉飲酒》爲"諸侯鄉大夫"之禮，是以樂縣僅磬無鍾，以及《周官·鄉大夫》職爲根據的。因此，"樂縣僅磬"實際上决定了鄭玄關於兩飲酒階級屬性的判斷。

至若《鄉射禮》之制，鄭玄《儀禮目録》以及《鄉射禮》篇題注云："州長春、秋以禮會民，而射於州序之禮。"①此州長爲諸侯之州長，屬士，胡匡衷《儀禮釋官》卷一《鄉射禮·州長》云："案鄭注《鄉飲酒義》以州長爲士，《周禮》州長次於鄉大夫一等，諸侯之鄉大夫以下大夫爲之，則諸侯之州長當上士爲之。"②故依鄭注以《鄉射禮》爲諸侯州長職，則《鄉射禮》當是士禮。因此，鄭玄注《鄉射禮》"縣于洗東北"云："但縣磬者半天子之士，無鍾。"賈公彦疏云："諸侯之士分取磬而已，縣於東方，爲特縣，故云無鍾，對大夫及天子士有鍾。"③由於縣制具有鮮明的階層屬性，鄭玄對《鄉射禮》爲諸侯州長禮的判斷，直接影響到其對《鄉射禮》中"縣"的理解。在《鄉射禮》爲諸侯州長禮的性質之下，其設縣也只能是僅磬無鍾的。

縱觀《鄉飲酒》與《鄉射禮》之注文，以及賈公彦之疏，知鄭玄判定兩鄉禮之階層屬性皆有涉於"縣""磬"之解釋。在鄭氏邏輯之下，便出現兩鄉禮樂縣同制，施用階層卻上下有差的現象，對此鄭玄注《鄉飲酒》云："大夫而特縣，方賓鄉人之賢者，從士禮。"而别注《鄉射禮》云："鄉大夫在焉不改其禮。"即《鄉飲酒》乃鄉大夫下俯士禮，故减其制，無鐘；《鄉射禮》或有鄉大夫與焉，而不增其制，亦無鐘。雖樂縣同制而無鐘，但其含義並不一致。

鄭氏之論雖前後扣合，然亦有附會《周禮》而彌縫其説之嫌，④故後世多有疑鄭氏以兩鄉禮分屬爲鄉大夫、州長之論，前儒吴廷華、⑤郝敬、⑥盛世佐等皆有論説。其中，學者多主《鄉射禮》綜含鄉、州之制，非單一階層所施之禮典。盛世佐

---

① [漢]鄭玄注，[唐]賈公彦疏：《儀禮注疏》，第265頁。

② [清]胡匡衷：《儀禮釋官》，《續修四庫全書》第89册，上海古籍出版社2002年版，第324頁。

③ [漢]鄭玄注，[唐]賈公彦疏：《儀禮注疏》，第269頁。

④ 所謂《鄉飲酒》"諸侯之鄉大夫，三年大比，將獻賢者能者於其君，以禮賓之，與之飲酒"，《鄉射禮》"州長春秋以禮會民，而射於州序之禮"，實皆源自《周禮·地官·鄉大夫》之職"三年大比，攷其德行道藝，而興賢者能者，鄉老及鄉大夫帥其吏與其衆寡，以禮禮賓之"與《州長》之職"春秋以禮會民而射於州序"，鄭注《儀禮》將《鄉飲酒》《鄉射禮》之性質案附於《周禮》之言。郝敬即云："鄭氏附會《周禮》，以《鄉飲酒》爲鄉大夫賓興，《鄉射》爲州長教民。"見郝敬：《儀禮節解》，《續修四庫全書》第85册，上海古籍出版社2002年版，第596頁。

⑤ [清]吴廷華：《儀禮章句》，《文淵閣四庫全書》第109册，臺灣商務印書館1986年版，第322頁。

⑥ [明]郝敬：《儀禮節解》，《續修四庫全書》第85册，第596頁。

《儀禮集編》即云:“此篇陳天子之州長春秋習射之禮,鄉老及鄉大夫賓賢能訖,亦用此禮詢衆庶,侯國亦如之。注專指諸侯之州長,似未備。”[①]以爲《鄉射禮》一篇當含鄉大夫詢衆庶之禮。胡肇昕又從庠序之制的角度出發申述此點,云:“案諸家皆泥於‘州長射於序’之文,故説多窒礙而難通。不知庠有室,而序無室,此定制也。而經於《鄉射》兼言堂者,以禮或有兼行於庠者,其制與序有異,故因序而并及之。玩經文‘豫則鉤楹内,堂則由楹外’,豫言序,堂言庠,二則字明是分言庠、序,非專爲州長習射而言也。《鄉射記》‘射自楹間’,注云:‘自楹間者,謂射於庠也。’此鄉射亦行於庠之明證。”[②]以爲《鄉射禮》兼含“州長會民習射”與“鄉大夫賓賢訖詢衆庶”兩端,將《鄉射禮》綜合性的一面揭示出來。

之後孫詒讓更進一步,又辨鄉、州之主次,以《鄉射禮》主行於鄉而州長亦可行,然以行乎鄉者爲主,亦以此得名,其疏《周禮・地官・鄉大夫》云:“凡鄉射禮,以鄉大夫詢衆庶爲主,州長亦得行焉。賈疏謂‘鄉射本爲州長之禮,鄉大夫用之’,非也。”[③]實質上已經將鄭玄之主“州長會民習射之禮”,以及賈公彦回護鄭説以州爲正鄉爲變之論,完全翻覆。

後沈文倬進而論之,否定鄭玄以來强分兩鄉禮分屬鄉、州之論,以爲正禮於鄉,州、黨則皆爲預習之禮,曰:“飲、射之異,前者獨詳於飲酒,而後者則形乎射者並先舉其飲酒焉。以是謂之一禮也可,謂之二禮亦無不可也!……予據《周官經》原文而知周初鄉禮凡四,州、黨當皆屬預習,正禮在鄉,文本蓋後儒補録耳。……此皆鄭氏自爲之説而未必有當者焉。而疏家更誇大其詞,以爲射禮在州,而不在鄉,賈氏云:‘凡鄉飲酒之禮,其名有四。’指鄉飲、黨飲。習射之飲外,又臆增卿大夫因國中賢者用鄉飲酒之法。疏家鋪陳繁蕪,無甚精義,不置不議。”[④]直斥鄭玄、賈公彦以鄉飲酒行於鄉,以鄉射禮行於州之説;並以爲飲、射之正禮俱在鄉。

縱觀先儒論辯,兩鄉禮之性質的判斷已經從附會《周禮》中撥出,大抵已經回到《儀禮》經文本身,以其屬鄉大夫所行而兼含以下階層諸儀節。而於階層屬性密切相關之“縣”,其含義亦當從此層面考慮,盛世佐對此頗有洞見,其云:“縣,編縣也,所縣非一等也。天子之鄉大夫、州長、遂大夫,皆判縣,鐘磬二肆。諸侯之

① [清]盛世佐:《儀禮集編》,第 302 頁。

② 胡肇昕言見於胡培翬《儀禮正義》,《續修四庫全書》第 92 册,上海古籍出版社 2002 年版,第 89 頁。

③ [清]孫詒讓:《周禮正義》,中華書局 1987 年版,第 851 頁。

④ 沈文倬:《菿闇文存》,第 631 頁。

鄉大夫半之,鐘磬爲一堵。天子之縣正特縣,鐘磬一肆。諸侯之州長半之,唯磬一堵,斯禮也實兼此數等者,故也。"[①]以《鄉射禮》施禮階層不一,縣制亦不一,而經文之"縣"實兼數等。

後儒從《儀禮》經文本身探討兩鄉禮"縣""磬"之所指,以及施用之階層屬性,有其固有的道理。復觀《儀禮·鄉飲酒》之本經,其所言"笙入堂下,磬南,北面立"僅爲指示笙入所立之位置,記文"磬,階間縮霤北面鼓之"亦僅説明"磬"之位置,其與樂縣之關係則難以辨别,鄭氏以"磬"即縣,於經文本身是難以立據的。鄭玄繁複的邏輯互證,與後儒立足本經的争訟,使得這一問題變得空前糾葛,而漢石經《儀禮·鄉飲酒》於"磬"一節位置的移易,似乎代表了大戴禮家的另一種態度。

4.《鄉飲酒》記文移易對"磬"性質變化的影響

由於兩鄉禮"磬""縣"之性質關係到對兩鄉禮性質的認識,《鄉飲酒》記文"磬"的排列移易是否影響到"磬"字含義的變化,還需要進一步考察。

《鄉飲酒》一篇中,並無《鄉射》《燕禮》《大射》所謂之"縣",其懸樂僅爲"笙入,立于磬南,北面"中所出現之"磬"。至於記文"磬階間縮霤",其位置則置於"笙入"節經文之下,由此産生的含義江筠有論:

> 此經本未及樂縣,故記亦不於縣致詳,其此言者,特以經有"笙入堂下磬南北面立"之文,本顯磬南之所在,兼不辨磬之爲從爲横,亦無以見笙之去堂遠近,故特明之,謂爲論樂縣者,非也。[②]

江氏於此辨析經文、記文極細緻,並以記文與經文相對之位置判斷其性質。江筠之義,記文"磬"之位置與經文"笙入"相對,記文僅爲補充經文"磬"之方位,以及解釋笙入位置,並非論鄉飲酒之樂縣。

鄭玄、賈公彦以《鄉飲酒》之"磬"爲樂縣之全部,後敖繼公撰《儀禮集説》,於此處云鄉飲酒亦有鐘鎛之屬,但學者多斥爲異端。江筠據記文與經文位置,試從經本的構結上説明記文"磬"之含義,並與"樂縣"劃清界限,實際上與敖繼公之説形成呼應。

反觀漢石經本《鄉飲酒》此節記文,其移易置之於陳列諸器内,其所論"磬"已與今本"笙入"節記文之"磬"有不同。實際上今本記文"磬"的位置,並不能完全契合

---

① [清]盛世佐:《儀禮集編》,第307頁。

② 江筠言見於胡培翬《儀禮正義》所引,見[清]胡培翬:《儀禮正義》,第66頁。

鄭玄以來將兩鄉禮"磬""縣"等觀的認識,正如江筠所説,今本記文"磬"由於其位置所致,其性質只能是對經文"笙入"以及"磬"位置的説明,並無關《鄉飲酒》之樂縣。而漢石經本移易此節卻深化了以鄭玄爲代表的《鄉飲酒》"樂縣即磬"的説法。"磬"所處爲記陳設節,其性質便爲補充經文禮器之陳設,此處的"磬"便與《鄉射禮》經文陳設節内之"縣"相對,《鄉飲酒》"磬"便理所當然地成爲"縣"之全部。

今本《鄉飲酒》"磬"之含義紛争迭出,漢石經移易其位置則使得"磬"與《鄉射禮》篇首設"縣"之間的照應變得明顯,其含義亦因此而改變:從今本位置釋笙入之方位及懸磬所面,到漢石經本位置釋禮前樂縣所設。换句話説,漢石經移易《鄉飲酒》記文"磬階間縮霤南面北上"於記陳列節内,與《鄉射禮》"設縣于洗東北"相對,印證漢石經本亦持《鄉飲酒》之"磬"即樂縣的觀點,並指向兩鄉禮之樂縣同制。而漢石經刻意於此並移易其節,似乎説明漢世於兩鄉禮"磬""縣"之所指亦有持異議者。

四　後　　語

《鄉飲酒》記文"磬"節所處位置的變化,造成與《鄉射禮》"縣"的對應關係也有所不同,從而使得"磬"的内涵亦由此發生轉變。前置"磬"者,意在與《鄉射禮》篇首設縣互文,並深化突出"磬"爲《鄉飲酒》樂縣之全部,認定兩縣禮之用樂縣同制。《儀禮》之中"縣"之所指,有其深刻的爵位階層含義,設"縣"同而其施禮階層亦當相同,漢石經之移易《鄉飲酒記》"磬"節,義蓋原乎此。

且大戴《禮》十七篇之編次,其由士而及於諸侯天子,此推致之法中,兩鄉禮的位置值得推敲。按大戴之編次,兩鄉禮當屬於諸侯之卿大夫禮。若鄭玄以爲"州長會民行習射之禮","州長"爲諸侯之州長,其爵屬上士,則與此編排不類。漢石經移易"磬"節位置,其對兩鄉禮縣制之解雖與鄭玄相近,但其對兩鄉禮性質之認識卻未必相同。

雖僅依現今所見材料言之,還不能明確指出漢禮諸家在上述問題中觀點的異同。但從記文"磬階間縮霤北面鼓之"一節的移易,至少可以窺見大戴《禮》家對兩鄉禮的異同之處頗爲重視。但這種"重視"背後所隱含的師説差異,則需要更多殘石材料的發現。

(作者爲湖南大學嶽麓書院助理教授;
本文發表於《中國經學》第十五輯,2015 年 3 月)

漢石經《周易》闕文述臆

蔡飛舟

《周易》經傳，近二萬字。而漢熹平石經，屢遭兵燹，今所存《周易》殘碑，不足一千五百字耳。然吉光片羽，亦足以窺其梗概。

以漢石經《周易》殘碑視之，文字行款斬然整飭，每碑行數雖有出入，然每行字數則以七十三字爲準。①蓋先於石上晝欄，而後上書付刻也。是以同一殘石之相鄰二行殘字，足資推考此二行殘字間石經闕文之字數也。而闕文與今本字數不合處，又常啓人疑竇。前人偶有論及者，雖欲推考，病其不能，文獻不足故也。

今重檢漢石經《周易》殘石，參以上海博物館藏楚簡、長沙馬王堆漢墓帛書、阜陽雙古堆漢簡及傳世文獻可見異文，②於漢石經《周易》闕文與今本不合處，試作考索。

漢石經《周易》，《上經》《下經》《上彖》《下繫》《文言》《説卦》《序卦》《雜卦》均有殘碑存世，《下彖》《上象》《下象》《上繫》則無。經比勘，除《下繫》與今本差别較大外，其餘與今本字數差異較小，如《説卦》字數，幾與今本無異。

拙文體例，以復原碑圖爲先，按語附焉。所製碑圖以七十三字排列，陰文爲石經殘碑文字，③陽文爲今本文字，④文字古今字數有出入者，加線明之。漢石經

---

① 屈萬里《漢石經周易殘字集證》卷一《漢石經之刊刻及經數碑數》："漢石經碑兩面刻字。各碑行數，頗不一律。每行字數，亦頗參差。以今本經文計之，大抵每行以七十三字爲常；亦有少至六十八九字，而多至一百四十餘字者。按之石經，每碑文字，横視豎視，皆行列整齊。然則甲碑每行字數，與乙碑或不相同；而在同一碑中，每行字數，則不應有多寡之異。而所以有此現象者，蓋由今本與古本經文字數之不同也。"屈萬里：《漢石經周易殘字集證》卷一，臺灣"中研院"歷史語言研究所 1999 年版，第 4 頁。

② 按，楚簡、漢帛書、漢簡《周易》所用版本爲：馬承源主編之《上海博物館藏戰國楚竹書(三)》，上海古籍出版社 2003 年版；裘錫圭主編之《長沙馬王堆漢墓簡帛集成(叁)》，中華書局 2014 年版；韓自强之《阜陽漢簡周易研究・阜陽漢簡周易釋文》，上海古籍出版社 2004 年版。

③ 馬衡《漢石經集存》殘碑編號爲 248、149、250 者，或爲《易》校記，或爲無從歸屬者，均未收入今所製碑圖中。

④ 此用阮刻本經文。版本爲王弼、韓康伯注，孔穎達等正義。《周易正義》，中華書局 1980 年影印阮刻本。

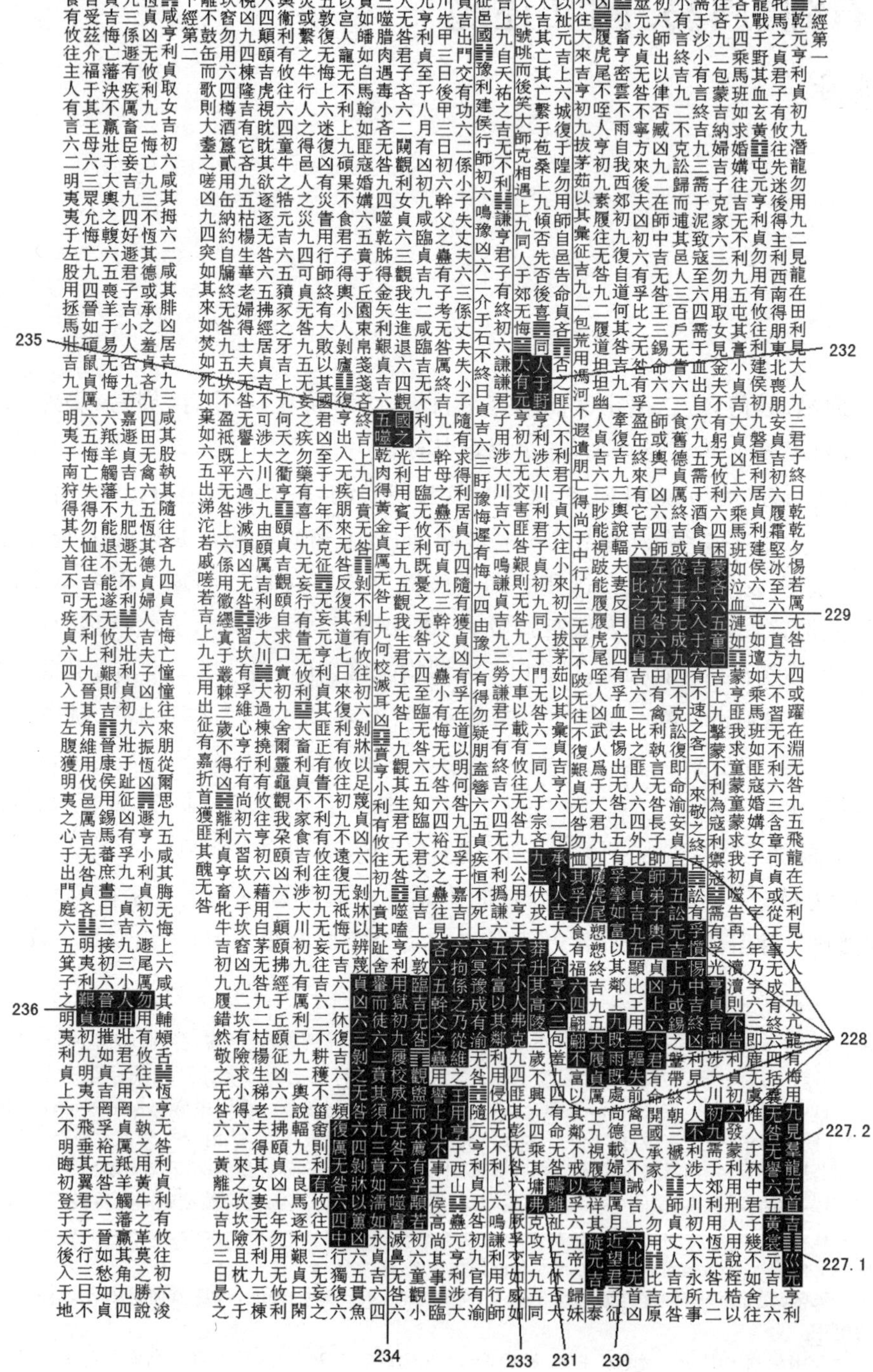
235
232
229
228
227.2
227.1
236
234
233
231
230

䷤家人利女貞初九閑有家悔亡六二无攸遂在中饋貞吉九三家人嗃嗃悔厲吉婦子嘻嘻終吝六四富家大吉九五王假有家勿恤吉上九有孚威如終吉䷥睽小事吉初九悔亡喪馬勿 237
逐自復見惡人无咎九二遇主于巷无咎六三見輿曳其牛掣其人天且劓无初有終九四睽孤遇元夫交孚厲无咎六五悔亡厥宗噬膚往何咎上九睽孤見豕負塗載鬼一車先張之弧後
說之弧匪寇婚媾往遇雨則吉䷦蹇利西南不利東北利見大人貞吉初六往蹇來譽六二王臣蹇蹇匪躬之故九三往蹇來反六四往蹇來連九五大蹇崩來上六往蹇來碩吉利見大人䷧
解利西南无所往其來復吉有攸往夙吉初六无咎九二田獲三狐得黃矢貞吉六三負且乘致寇至貞吝九四解而拇朋至斯孚六五君子維有解吉有孚于小人上六公用射隼于高墉之
上獲之无不利䷨損有孚元吉无咎可貞利有攸往曷之用二簋可用享初九已事遄往无咎酌損之九二利貞征凶弗損益之六三三人行則損一人一人行則得其友六四損其疾使遄有
喜无咎六五或益之十朋之龜弗克違元吉上九弗損益之无咎貞吉利有攸往得臣无家䷩益利用攸往利涉大川初九利用為大作元吉无咎六二或益之十朋之龜弗克違永貞吉王用
享于帝吉六三益之用凶事无咎有孚中行告公用圭六四中行告公從利用為依遷國九五有孚惠心勿問元吉有孚惠我德上九莫益之或擊之立心勿恆凶䷪夬揚于王庭孚號有厲告自
邑不利即戎利有攸往初九壯于前趾往不勝為咎九二惕號莫夜有戎勿恤九三壯于頄有凶君子夬夬獨行遇雨若濡有慍无咎九四臀无膚其行次且牽羊悔亡聞言不信九五莧陸夬
夬中行无咎上六无號終有凶䷫姤女壯勿用取女初六繫于金柅貞吉有攸往見凶羸豕孚蹢躅九二包有魚无咎不利賓九三臀无膚其行次且厲无大咎九四包无魚起凶九五以杞包
瓜含章有隕自天上九姤其角吝无咎䷬萃亨王假有廟利見大人亨利貞用大牲吉利有攸往初六有孚不終乃亂乃萃若號一握為笑勿恤往无咎六二引吉无咎孚乃利用禴六三萃如嗟
如无攸利往无咎小吝九四大吉无咎九五萃有位无咎匪孚元永貞悔亡上六齎咨涕洟无咎䷭升元亨用見大人勿恤南征吉初六允升大吉九二孚乃利用禴无咎九三升虛邑六四王用
亨于岐山吉无咎六五貞吉升階上六冥升利于不息之貞䷮困亨貞大人吉无咎有言不信初六臀困于株木入于幽谷三歲不覿九二困于酒食朱紱方來利用享祀征凶无咎六三困于
石據于蒺蔾入于其宮不見其妻凶九四來徐徐困于金車吝有終九五劓刖困于赤紱乃徐有說利用祭祀上六困于葛藟于刖劊曰動悔有悔征吉䷯井改邑不改井无喪无得往來井井
汔至亦未繘井羸其瓶凶初六井泥不食舊井无禽九二井谷射鮒甕敝漏九三井渫不食為我心惻可用汲王明並受其福六四井甃无咎九五井洌寒泉食上六井收勿幕有孚元吉䷰革
巳日乃孚元亨利貞悔亡初九鞏用黃牛之革六二巳日乃革之征吉无咎九三征凶貞厲革言三就有孚九四悔亡有孚改命吉九五大人虎辯未占有孚上六君子豹辯小人革面征凶居貞吉
䷱鼎元吉亨初六鼎顛趾利出否得妾以其子无咎九二鼎有實我仇有疾不我能即吉九三鼎耳革其行塞雉膏不食方雨虧悔終吉九四鼎折足覆公餗其形渥凶六五鼎黃耳金鉉利貞
上九鼎玉鉉大吉无不利䷲震亨震來虩虩笑言啞啞震驚百里不喪匕鬯初九震來虩虩後笑言啞啞吉六二震來厲億喪貝躋于九陵勿逐七日得六三震蘇蘇震行无眚九四震遂泥六五
震往來厲億无喪有事上六震索索視矍矍征凶震不于其躬于其鄰无咎婚媾有言䷳艮其背不獲其身行其庭不見其人无咎初六艮其止无咎利永貞六二艮其腓不拯其隨其心不快
九三艮其限列其夤厲薰心六四艮其身无咎六五艮其輔言有序悔亡上九敦艮吉䷴漸女歸吉利貞初六鴻漸于干小子厲有言无咎六二鴻漸于般飲食衎衎吉九三鴻漸于陸夫征不
復婦孕不育凶利禦寇六四鴻漸于木或得其桷无咎九五鴻漸于陵婦三歲不孕終莫之勝吉上九鴻漸于陸其羽可用為儀吉䷵歸妹征凶无攸利初九歸妹以娣跛能履征吉九二眇能
視利幽人之貞六三歸妹以須反歸以娣九四歸妹愆期遲歸有時六五帝乙歸妹其君之袂不如其娣之袂良月既望吉上六女承筐无實士刲羊无血无攸利䷶豐亨王假之勿憂宜日中
初九遇其配主雖旬无咎往有尚六二豐其蔀日中見斗往得疑疾有孚發若吉九三豐其沛日中見沬折其右肱无咎九四豐其蔀日中見斗遇其夷主吉六五來章有慶譽吉上六豐其屋
蔀其家闚其戶闃其无人三歲不覿凶䷷旅小亨旅貞吉初六旅瑣瑣斯其所取災六二旅即次懷其資得童僕貞九三旅焚其次喪其童僕貞厲九四旅于處得其資斧我心不快六五射雉
一矢亡終以譽命上九鳥焚其巢旅人先笑後號咷喪牛于易凶䷸巽小亨利有攸往利見大人初六進退利武人之貞九二巽在牀下用史巫紛若吉无咎九三頻巽吝六四悔亡田獲三品
九五貞吉悔亡无不利无初有終先庚三日後庚三日吉上九巽在牀下喪其資斧貞凶䷹兌亨利貞初九和兌吉九二孚兌吉悔亡六三來兌凶九四商兌未寧介疾有喜九五孚于剝有厲
上六引兌䷺渙亨王假有廟利涉大川利貞初六用拯馬壯吉九二渙奔其机悔亡六三渙其躬无悔六四渙其羣元吉渙有丘匪夷所思九五渙汗其大號渙王居无咎上九渙其血去逖
出无咎䷻節亨苦節不可貞初九不出戶庭无咎九二不出門庭凶六三不節若則嗟若无咎六四安節亨九五甘節吉往有尚上六苦節貞凶悔亡䷼中孚豚魚吉利涉大川利貞初九虞吉
有它不燕九二鳴鶴在陰其子和之我有好爵吾與爾靡之六三得敵或鼓或罷或泣或歌六四月幾望馬匹亡无咎九五有孚攣如无咎上九翰音登于天貞凶䷽小過亨利貞可小事不可
大事飛鳥遺之音不宜上宜下大吉初六飛鳥以凶六二過其祖遇其妣不及其君遇其臣无咎九三弗過防之從或戕之凶九四无咎弗過遇之往厲必戒勿用永貞六五密雲不雨自我西
郊公弋取彼在穴上六弗遇過之飛鳥離之凶是謂災眚䷾既濟亨小利貞初吉終亂初九曳其輪濡其尾无咎六二婦喪其茀勿逐七日得九三高宗伐鬼方三年克之小人勿用六四繻有
衣袽終日戒九五東鄰殺牛不如西鄰之禴祭實受其福上六濡其首厲䷿未濟亨小狐汔濟濡其尾无攸利初六濡其尾吝九二曳其輪貞吉六三未濟征凶利涉大川九四貞吉悔亡震用
伐鬼方三年有賞于大國六五貞吉无悔君子之光有孚吉上九有孚于飲酒无咎濡其首有孚失是

上象第三

大哉乾元萬物資始乃統天雲行雨施品物流形大明終始六位時成時乘六龍以御天乾道變化各正性命保合大和乃利貞首出庶物萬國咸寧至哉坤元萬物資生乃順承天坤厚載物
德合无疆含弘光大品物咸亨牝馬地類行地无疆柔順利貞君子攸行先迷失道後順得常西南得朋乃與類行東北喪朋乃終有慶安貞之吉應地无疆屯剛柔始交而難生動乎險中大
亨貞雷雨之動滿盈天造草昧宜建侯而不寧蒙山下有險險而止蒙蒙亨以亨行時中也匪我求童蒙童蒙求我志應也初筮告以剛中也再三瀆瀆則不告瀆蒙也蒙以養正聖功也需須
也險在前也剛健而不陷其義不困窮矣需有孚光亨貞吉位乎天位以正中也利涉大川往有功也訟上剛下險險而健訟訟有孚窒惕中吉剛來而得中也終凶訟不可成也利見大人尚
中正也不利涉大川入于淵也師衆也貞正也能以衆正可以王矣剛中而應行險而順以此毒天下而民從之吉又何咎矣比吉也比輔也下順從也原筮元永貞无咎以剛中也不寧方來
239 240 238 上下應也後夫凶其道窮也小畜柔得位而上下應之曰小畜健而巽剛中而志行乃亨密雲不雨尚往也自我西郊施未行也履柔履剛也說而應乎乾是以履虎尾不咥人亨剛中正履帝

幾其神乎君子上交不諂下交不瀆其知幾乎幾者動之微吉之先見者也君子見幾而作不俟終日易曰介于石不終日貞吉介如石焉寧用終日斷可識矣君子知微知彰知柔知剛萬夫
之望子曰顏氏之子其殆庶幾乎有不善未嘗不知知之未嘗復行也易曰不遠復无祇悔元吉天地絪緼萬物化醇男女構精萬物化生易曰三人行則損一人一人行則得其友言致一也
子曰君子安其身而後動易其心而後語定其交而後求君子修此三者故全也危以動則民不與也懼以語則民不應也无交而求則民不與也莫之與則傷之者至矣易曰莫益之或擊之
立心勿恒凶子曰乾坤其易之門邪乾陽物也坤陰物也陰陽合德而剛柔有體以體天地之撰以通神明之德其稱名也雜而不越於稽其類其衰世之意邪夫易彰往而察來而微顯闡幽
開而當名辨物正言斷辭則備矣其稱名也小其取類也大其旨遠其辭文其言曲而中其事肆而隱因貳以濟民行以明失得之報易之興也其於中古乎作易者其有憂患乎是故履德之
基也謙德之柄也復德之本也恒德之固也損德之修也益德之裕也困德之辯也井德之地也巽德之制也履和而至謙尊而光復小而辨於物恒雜而不厭損先難而後易益長裕而不設
困窮而通井居其所而遷巽稱而隱履以和行謙以制禮復以自知恒以一德損以遠害益以興利困以寡怨井以辨義巽以行權易之為書也不可遠為道也屢遷變動不居周流六虛上下
無常剛柔相易不可為典要唯變所適其出入以度外內使知懼又明於憂患與故无有師保如臨父母初率其辭而揆其方既有典常苟非其人道不虛行易之為書也原始要終以為質也
六爻相雜唯其時物也其初難知其上易知本末也初辭擬之卒成之終若夫雜物撰德辨是與非則非其中爻不備噫亦要存亡吉凶則居可知矣知者觀其彖辭則思過半矣二與四同功
而異位其善不同二多譽四多懼近也柔之為道不利遠者其要无咎其用柔中也三與五同功而異位三多凶五多功貴賤之等也其柔危其剛勝邪易之為書也廣大悉備有天道焉有人
道焉有地道焉兼三材而兩之故六六者非它也三材之道也道有變動故曰爻爻有等故曰物物相雜故曰文文不當故吉凶生焉易之興也其當殷之末世周之盛德邪當文王與紂之事
邪是故其辭危危者使平易者使傾其道甚大百物不廢懼以終始其要无咎此之謂易之道也夫乾天下之至健也德行恒易以知險夫坤天下之至順也德行恒簡以知阻能說諸心能研
諸侯之慮定天下之吉凶成天下之亹亹者是故變化云為吉事有祥象事知器占事知來天地設位聖人成能人謀鬼謀百姓與能八卦以象告爻彖以情言剛柔雜居而吉凶可
見矣變動以利言吉凶以情遷是故愛惡相攻而吉凶生遠近相取而悔吝生情偽相感而利害生凡易之情近而不相得則凶或害之悔且吝將叛者其辭慚中心疑者其辭枝吉人之辭寡
躁人之辭多誣善之人其辭游失其守者其辭屈

文言第九

元者善之長也亨者嘉之會也利者義之和也貞者事之幹也君子體仁足以長人嘉會足以合禮利物足以和義貞固足以幹事君子行此四德者故曰乾元亨利貞初九曰潛龍勿用何謂
也子曰龍德而隱者也不易乎世不成乎名遯世无悶不見是而无悶樂則行之憂則違之確乎其不可拔潛龍也九二曰見龍在田利見大人何謂也子曰龍德而正中者也庸言之信庸行
之謹閑邪存其誠善世而不伐德博而化易曰見龍在田利見大人君德也九三曰君子終日乾乾夕惕若厲无咎何謂也子曰君子進德修業忠信所以進德也脩辭立其誠所以居業也知至至
之可與幾也知終終之可與存義也是故居上位而不驕在下位而不憂故乾乾因其時而惕雖危无咎矣九四曰或躍在淵无咎何謂也子曰上下无常非為邪也進退无恒非離羣也君子
進德修業欲及時也故无咎九五曰飛龍在天利見大人何謂也子曰同聲相應同氣相求水流濕火就燥雲從龍風從虎聖人作而萬物睹本乎天者親上本乎地者親下則各從其類
也上九曰亢龍有悔何謂也子曰貴而无位高而无民賢人在下位而无輔是以動而有悔也潛龍勿用下也見龍在田時舍也終日乾乾行事也或躍在淵自試也飛龍在天上治也亢龍
有悔窮之災也乾元用九天下治也潛龍勿用陽氣潛藏見龍在田天下文明終日乾乾與時偕行或躍在淵乾道乃革飛龍在天乃位乎天德亢龍有悔與時偕極乾元用九乃見
天則乾元者始而亨者也利貞者性情也乾始能以美利利天下不言所利大矣哉大哉乾乎剛健中正純粹精也六爻發揮旁通情也時乘六龍以御天也雲行雨施天下平也君子以成德為
行日可見之行也潛之為言也隱而未見行而未成是以君子勿用也君子學以聚之問以辨之寬以居之仁以行之易曰見龍在田利見大人君德也九三重剛而不中上不在天下不在田
故乾乾因其時而惕雖危无咎矣九四重剛而不中上不在天下不在田中不在人故或之或之者疑之也故无咎夫大人者與天地合其德與日月合其明與四時合其序與鬼神合其吉凶
先天而天弗違後天而奉天時天且弗違而況於人乎況於鬼神乎亢之為言也知進而不知退知存而不知亡知得而不知喪其唯聖人乎知進退存亡而不失其正者其唯聖人乎坤至柔
而動也剛至靜而德方後得主而有常含萬物而化光坤道其順乎承天而時行積善之家必有餘慶積不善之家必有餘殃臣弑其君子弑其父非一朝一夕之故也其所由來者漸矣由
辨之不早辨也易曰履霜堅冰至蓋言順也直其正也方其義也君子敬以直內義以方外敬義立而德不孤直方大不習无不利則不疑其所行也陰雖有美含之而以從王事弗敢成也地道
也妻道也臣道也地道无成而代有終也天地變化草木蕃天地閉賢人隱易曰括囊无咎无譽蓋言謹也君子黃中通理正位居體美在其中而暢於四支發於事業美之至也陰疑於陽必戰
為其嫌於无陽也故稱龍焉猶未離其類也故稱血焉夫玄黃者天地之雜也天玄而地黃

說卦第十

昔者聖人之作易也幽贊於神明而生蓍參天兩地而倚數觀變於陰陽而立卦發揮於剛柔而生爻和順於道德而理於義窮理盡性以至於命昔者聖人之作易也將以順性命之理是以立
天之道曰陰與陽立地之道曰柔與剛立人之道曰仁與義兼三材而兩之故易六畫而成卦分陰分陽迭用柔剛故易六位而成章也・天地定位山澤通氣雷風相薄水火不相射八卦相
錯數往者順知來者逆是故易逆數也雷以動之風以散之雨以潤之日以烜之艮以止之兌以說之乾以君之坤以藏之帝出乎震齊乎巽相見乎離致役乎坤說言乎兌戰乎乾勞乎坎成
言乎艮萬物出乎震震東方也齊乎巽巽東南也齊也者言萬物之絜齊也離也者明也萬物皆相見南方之卦也聖人南面而聽天下鄉明而治蓋取諸此也・巛也者地也萬物皆致養焉故曰致役乎坤
兌正秋也萬物之所說也故曰說言乎兌戰乎乾乾西北之卦也言陰陽相薄也坎者水也正北方之卦也勞卦也萬物之所歸也故曰勞乎坎艮東北之卦也萬物之所成終而所成始也故

241

242

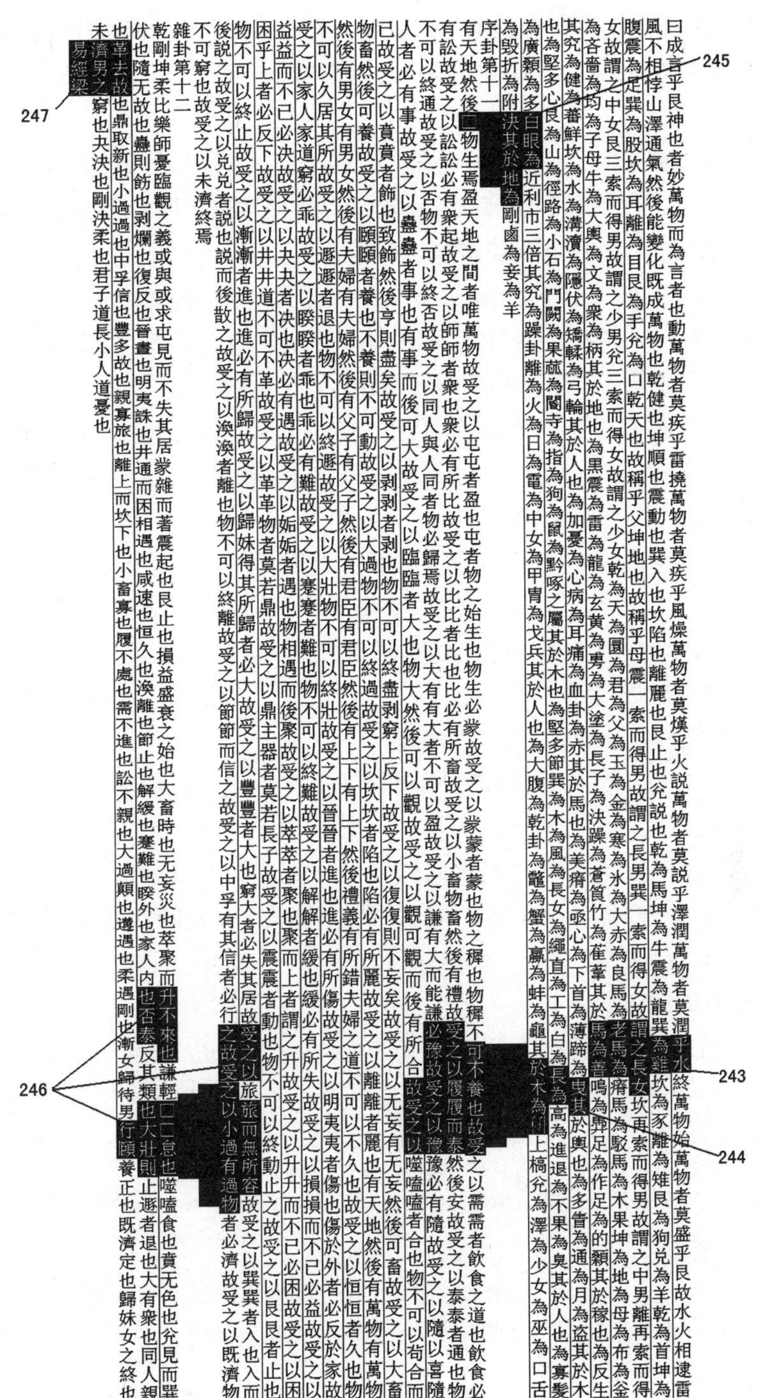
曰成言乎艮神也者妙萬物而為言者也動萬物者莫疾乎雷撓萬物者莫疾乎風燥萬物者莫熯乎火説萬物者莫説乎澤潤萬物者莫潤乎水終萬物始萬物者莫盛乎艮故水火相逮雷
風不相悖山澤通氣然後能變化既成萬物也乾健也坤順也震動也巽入也坎陷也離麗也艮止也兊説也乾為馬坤為牛震為龍巽為雞坎為豕離為雉艮為狗兑為羊乾為首坤為
腹震為足巽為股坎為耳離為目艮為手兊為口乾天也故稱乎父坤地也故稱乎母震一索而得男故謂之長男巽一索而得女故謂之長女坎再索而得男故謂之中男離再索而得
女故謂之中女艮三索而得男故謂之少男兊三索而得女故謂之少女乾為天為圜為君為父為玉為金為寒為冰為大赤為良馬為老馬為瘠馬為駁馬為木果坤為地為母為布為釜
為吝嗇為均為子母牛為大輿為文為衆為柄其於地也為黑震為雷為龍為玄黄為旉為大塗為長子為決躁為蒼筤竹為萑葦其於馬為善鳴為馵足為作足為的顙其於稼也為反生
其究為健為蕃鮮坎為水為溝瀆為隱伏為矯輮為弓輪其於人也為加憂為心病為耳痛為血卦為赤其於馬也為美脊為亟心為下首為薄蹄為曳其於輿也為多眚為通為月為盜其於木
也為堅多心艮為山為徑路為小石為門闕為果蓏為閽寺為指為狗為鼠為黔喙之屬其於木也為堅多節巽為木為風為長女為繩直為工為白為長為高為進退為不果為臭其於人也為寡髮
為廣顙為多白眼為近利市三倍其究為躁卦離為火為日為電為中女為甲冑為戈兵其於人也為大腹為乾卦為鼈為蟹為蠃為蚌為龜其於木為□上槁兊為澤為少女為巫為口舌
為毀折為附決其於地為剛鹵為妾為羊
序卦第十一
有天地然後□物生焉盈天地之間者唯萬物故受之以屯屯者盈也屯者物之始生也物生必蒙故受之以蒙蒙者蒙也物之穉也物穉不可不養也故受之以需需者飲食之道也飲食必
有訟故受之以訟訟必有衆起故受之以師師者衆也衆必有所比故受之以比比者比也比必有所畜故受之以小畜物畜然後有禮故受之以履履而泰然後安故受之以泰泰者通也物
不可以終通故受之以否物不可以終否故受之以同人與人同者物必歸焉故受之以大有有大者不可以盈故受之以謙有大而能謙必豫故受之以豫豫必有隨故受之以隨以喜隨
人者必有事故受之以蠱蠱者事也有事而後可大故受之以臨臨者大也物大然後可以觀故受之以觀可觀而後有所合故受之以噬嗑嗑者合也物不可以苟合而
已故受之以賁賁者飾也致飾然後亨則盡矣故受之以剥剥者剥也物不可以終盡剥窮上反下故受之以復復則不妄矣故受之以无妄有无妄然後可畜故受之以大畜
物畜然後可養故受之以頤頤者養也不養則不可動故受之以大過物不可以終過故受之以坎坎者陷也陷必有所麗故受之以離離者麗也有天地然後有萬物有萬物
然後有男女有男女然後有夫婦有夫婦然後有父子有父子然後有君臣有君臣然後有上下有上下然後禮義有所錯夫婦之道不可以不久也故受之以恒恒者久也物
不可以久居其所故受之以遯遯者退也物不可以終遯故受之以大壯物不可以終壯故受之以晉晉者進也進必有所傷故受之以明夷夷者傷也傷於外者必反於家故
受之以家人家道窮必乖故受之以睽睽者乖也乖必有難故受之以蹇蹇者難也物不可以終難故受之以解解者緩也緩必有所失故受之以損損而不已必益故受之以
益益而不已必決故受之以夬夬者決也決必有遇故受之以姤姤者遇也物相遇而後聚故受之以萃萃者聚也聚而上者謂之升故受之以升升而不已必困故受之以困
困乎上者必反下故受之以井井道不可不革故受之以革革物者莫若鼎故受之以鼎主器者莫若長子故受之以震震者動也物不可以終動止之故受之以艮艮者止也
物不可以終止故受之以漸漸者進也進必有所歸故受之以歸妹得其所歸者必大故受之以豐豐者大也窮大者必失其居故受之以旅旅而無所容故受之以巽巽者入也入而
後説之故受之以兑兑者説也説而後散之故受之以渙渙者離也物不可以終離故受之以節節而信之故受之以中孚有其信者必行之故受之以小過有過物者必濟故受之以既濟物
不可窮也故受之以未濟終焉
雜卦第十二
乾剛坤柔比樂師憂臨觀之義或與或求屯見而不失其居蒙雜而著震起也艮止也損益盛衰之始也大畜時也无妄災也萃聚而升不來也謙輕□□怠也噬嗑食也賁无色也兊見而巽
伏也隨无故也蠱則飭也剥爛也復反也晉晝也明夷誅也井通而困相遇也咸速也恒久也渙離也節止也解緩也蹇難也睽外也家人内也否泰反其類也大壯則止遯者退也大有衆也同人親
也革去故也鼎取新也小過過也中孚信也豐多故也親寡旅也離上而坎下也小畜寡也履不處也需不進也訟不親也大過顛也遘遇也柔遇剛也漸女歸待男行頤養正也既濟定也歸妹女之終也
未濟男之窮也夬決也剛決柔也君子道長小人道憂也
易經梁

《周易》殘碑，以馬衡《漢石經集存》一書所録最爲可信，①今所據以論述者，皆依此書，殘碑編號亦悉從之。拙文推論，必重證據，於其不知，仍付闕如。文以"述臆"名，慎之也。

《蒙》六五"童蒙"(229)下、《需》卦辭"亨"(228)上，今本十七字（含卦圖），漢石經同。按《蒙》上九"利禦寇"，李富孫《易經異文釋》："蔡邕《明堂月令論》引作'利用禦寇'。"②《蒙》上九爻辭漢石經當無"用"字。

《需》初九"初九"(228)下、同卦九五"吉"(229)上，今本四十一字，漢石經同。明何楷《古周易訂詁》："孟喜本'沙'下有'衍'字。"③漢石經據考證爲梁丘賀本經文，倘何氏所引不誤，則可知孟喜、梁丘賀經文不同也。

《需》上六"入于穴"(229)下、《訟》卦辭"孚"(228)上，今本十五字，較漢石經多一字。按帛書《襦》尚六："人于穴，有不楚客三人來，敬之，終吉。"④楚與速通，"楚"下較今本少"之"字，疑漢石經同之。

《比》六二"比之自内貞"(229)下、六四"之貞吉"(228)上，今本十一字，漢石經同。按《比》六三"比之匪人"《釋文》引王肅本作"匪人凶"。漢石經無"凶"字。

《比》上六今本作"上六，比之无首，凶。"漢石經存"六比无"(230)三字。按楚簡作"上六，比亡首，凶。"帛書作"尚六，比无首，兇。"漢簡作"六，比毋首。"⑤均無"之"字，漢石經同之。

《履》上六"元吉"(230)下、《泰》卦辭"其孚于"(228)上，今本五十一字，較漢石經多一字。

《同人》九四"弗"(231)下、《大有》卦辭"大有元"(233)上，今本二十七字，較漢石經多一字。按帛書《同人》九五："同人，先號桃後芖，大師克相遇。"桃與咷通，"桃"下較今本少"而"字。又，李善注《文選》卷五四引《易》作"同人，先號咷後笑。"⑥疑漢石經同之。

《謙》六五"不富以其鄰"(233)下、《豫》上六"六冥豫成有渝"(233)上，今本六十

---

① 除此之外，尚有一宗漢石經《周易》拓本，出自方藥雨舊雨樓所藏，係屬僞拓。屈萬里著《漢石經周易殘字集證》收之，其後屈氏著《漢石經尚書殘字集證》辨其爲僞。故今不用。

② [清]李富孫：《易經異文釋》，《續修四庫全書》本，上海古籍出版社 2002 年影印南菁書院續清經解本，第 666 頁。

③ 何楷：《古周易訂詁》，《文淵閣四庫全書》本，臺灣商務印書館 1983 年影印本，第 42 頁。

④ 裘錫圭主編：《長沙馬王堆漢墓簡帛集成(叁)》，中華書局 2014 年版，第 20 頁。

⑤ 韓自强：《阜陽漢簡周易研究・阜陽漢簡周易釋文》，上海古籍出版社 2004 年版，第 50 頁。案，所引爲殘簡，"六"上、"首"下，應有闕文。

⑥ [南朝梁]蕭統編[唐]李善注：《文選》，中華書局 1977 年影印嘉慶十四年胡克家仿宋淳熙刊本，第 750 頁。

八字，較漢石經多一字。案楚簡《壓》上六："上六，鳴壓，可用行帀，征邦。""征邦"，今本作"征邑國"。又陸德明《釋文》出文作"征國"，云："本或作'征邑國'者，非。"①是陸氏所見本有作"征國"者，與楚簡均無"邑"字。"國"係避漢諱而改。今本有"邑"字者，蓋因《象傳》而增衍也。《古易音訓》引晁説之曰："本或作'征邑國'者，非。"②亦本陸氏說。綜此，疑漢石經《謙》上六無"邑"字。

《噬嗑》六五"五噬"(235)下、《賁》初九"轝而徒"(234)上，今本三十字，較漢石經多一字。按《噬嗑》六五今本作"得黄金"，漢簡同之。而帛書《周易》作"愚毒"，③蓋涉上文六三爻而誤也，六五經文當作"得黄金"爲是。此處漢石經較今本少一字，未詳，疑或同帛書。

《剥》六三"剥之无咎"(234)，漢石經、今本同。帛書無"之"字。《釋文》出文作"剥无咎"，云："一本作'剥之'，非。"④

《益》六二"六二或益之十朋之龜"(237)下、同卦九五"惠心勿問"(237)上，今本四十六字，較漢石經多一字。

《姤》九四"包无魚"(237)下、《萃》初六"終乃亂"(237)上，今本四十九字，較漢石經多一字。按，《萃》卦辭"萃亨"之"亨"，《釋文》："馬、鄭、陸、虞等並無此字。"⑤《集解》本同。因下文有"利見大人，亨。"此處"亨"字疑衍。《古易音訓》引晁説之曰："王昭素謂當无此字。説之案：象數无。"⑥又楚簡、帛書亦無"萃亨"之"亨"。據此，疑漢石經亦無"萃亨"之"亨"也。又按，楚簡"用大牲"下無"吉"字，當是脱文。

《井》上六"井收勿幕"(237)下、《革》九四"吉"(237)上，今本五十五字，較漢石經多二字。《革》九三"征凶"下，楚簡無"貞厲"二字，疑漢石經同之。

《兑》九五"九五"(237)下、《涣》六四"其羣元吉"(239)上，今本四十七字，較漢石經少一字。按，《兑》上六"引兑"蔣秭生《五經蠡測》曰："恐'引兑'下脱一凶咎悔吝等字。或云，亦有不言凶而凶可知。如《小畜》九三'輿説輹，夫妻反目'、《困》初六'臀困于株木，入于幽谷，三歲不覿'，如此類，占具象中，雖不言凶，而凶已

---

① [唐]陸德明：《經典釋文》，中華書局1983年影印通志堂本，第22頁。

② [宋]吕祖謙撰，宋咸熙輯：《古易音訓》，《續修四庫全書》本，上海古籍出版社2002年影印清嘉慶七年刻本，第34頁。

③ 裘錫圭主編：《長沙馬王堆漢墓簡帛集成(叁)》，中華書局2014年版，第34—35頁。

④ [唐]陸德明：《經典釋文》，中華書局1983年影印通志堂本，第23頁。

⑤ [唐]陸德明：《經典釋文》，中華書局1983年影印通志堂本，第27頁。

⑥ [宋]吕祖謙撰，宋咸熙輯：《古易音訓》，《續修四庫全書》本，上海古籍出版社2002年影印清嘉慶七年刻本，第39頁。

見，非‘引兑’之比也。”①蔣氏以“引兑”下疑脱一字，然考歷代經傳異文及出土簡帛《周易》，“引兑”下均無占語，是知蔣氏之疑當不可立也。按，《涣》初六今本作“用拯馬壯，吉。”而虞翻“拯馬”下有“悔亡”二字，李鼎祚《集解》同之。又此爻爻辭楚簡作“拯馬藏，吉，悬亡。”②帛書作“撜馬，吉，悬亡。”③由此，虞氏《易》較今本多二字。帛書較今本少“用”“壯”，而多“悬亡”，是字數與今本同也。而楚簡較今本少“用”，而多“悬亡”，較今本多一字，正與漢石經字數暗合，疑漢石經同之。

《繫辭下》開篇至“以情言”(241)上，今本二千二十九字，較漢石經少五字。按，《繫辭下》前人分章不一，如孔穎達《周易正義》分爲九章，朱熹《周易本義》分爲十二章，王宗傳《童溪易傳》分爲七章，吴澄《易纂言》分爲八章，李光地《周易觀象》分爲八章，等等。依漢石經成例，章與章間以“·”爲符識隔開。若此處石經字數與世傳本《繫辭》無太大出入，④則石經所多五字大略爲“·”也。由此，漢石經《繫辭下》分章當作六章左右。

《文言》“修辭立其”(241)下、“也子曰上下”(241)上，今本六十一字，較漢石經多二字。《文言》“進退无恒”(241)下、“人作而萬物睹”(241)上，今本五十四字，較漢石經少二字。《文言》“則各從”(242)下、“也終日乾乾”(241)上，今本五十字，較漢石經少一字。《文言》“天上治也亢”(242)下、“乃革飛龍在天”(241)上，今本四十五字，較漢石經少四字。《文言》“平也君子以”(242)下、“易曰見龍在田”(241)上，今本四十八字，較漢石經多一字。《文言》“陰雖有美含之而以”(241)下、“言謹也”(241)上，今本四十七字，較漢石經多一字。案《文言》可資參校者，資料甚少，字之多寡可知，而情實難稽。

《説卦》“昔者聖人之作易也將”(241)下、“畫而成卦”(241)上，今本四十一字，較漢石經多一字。

《説卦》“蓋取諸此也·巛”(241)下、“也欿者水也”(241)上，今本四十六字，較漢石經多六字。

《説卦》“乎水”(243)下，“爲雞”(243)上。因殘碑241在一碑面，而殘碑243已入另一碑面，自“艮東北之卦也萬”後至“乎水”前，今本六十五字，漢石經字數未詳。

---

① 蔣秭生：《五經蠡測》，《文淵閣四庫全書》本，臺灣商務印書館1983年影印，第454頁。

② 馬承源主編：《上海博物館藏戰國楚竹書(三)》，上海古籍出版社2003年版，第247頁。

③ 裘錫圭主編：《長沙馬王堆漢墓簡帛集成(叁)》，中華書局2014年版，第37頁。

④ 按，依前人考證，漢石經底本當爲梁丘賀經文。據《玉函山房輯佚書》所輯梁丘《易》，《繫辭下》“天下之動貞夫一也”(據《後漢書·范升傳》引)，“一”下較通行本少“者”字。是梁丘《繫辭》與通行本字數各有多寡，此所論者，就其大致而言也。按，馬氏輯佚書將梁丘《易》傳習諸人文章引《易》處定爲梁丘《易》經文，竊稍嫌其不盡謹嚴。

可推斷者,《説卦》“乎水”下、“爲雞”上,今本六十九字,較漢石經少二字。二字者,當是漢石經於“既成萬物也”下及“兑説也”下各有章節符號“·”也。

《説卦》“爲雞”(243)下、“乾天也”(243)上,今本六十八字,較漢石經少二字。二字者,當是漢石經於“兑爲羊”及“兑爲口”下各有章節符號“·”也。

《説卦》“謂之長女”(243)下、“老馬爲”(243)上,今本六十八字,較漢石經少一字。當是漢石經於“謂之少女”下有章節符號“·”也。

《説卦》“老馬爲”(243)下、“馬爲善”(243)上,今本六十九字,較漢石經少一字。依漢石經例,“爲木果”及“爲黑”下當有章節符號“·”,如此,除去章節符號,漢石經此處正文實較今本多一字矣。按,漢石經“馬爲善”,“馬”下較今本少“也”字,以此推之,此處闕文“其於地也爲黑”之“也”漢石經亦當無之,乃得與碑版字數相符。

《説卦》“馬爲善”(243)下、“曳其”(244)上,殘碑 243 與殘碑 244 並不毗連,然由殘碑 244 與殘碑 245 行款之整飭,則可推斷此處石經經文次序及其字數。今本順序爲:乾爲天第一,坤爲地第二,震爲雷第三,巽爲風第四,坎爲水第五,離爲火第六,艮爲山第七,兑爲澤第八。而石經異之,馬衡曰:“綜觀近出《説卦》殘石,似乾至兑八卦次第,與今本不同,乾爲天第一,坤爲地第二,震爲雷第三,欿爲水第四,艮爲山第五,巽爲木第六,離爲火第七,兑爲澤第八。”[①]馬説是也。現所引今本文字,改從石經次序排列,故以“坎爲水”序震後,餘放此。按,《説卦》“馬爲善”下、“曳其”上,今本七十四字,與漢石經雖字數相等,然不可不辨者,依漢石經例,較之今本“其於稼也”“其於人也”“其於馬也”三處,石經當無“也”字,少今本三字。而石經於“爲蕃鮮”下,有章節款識“·”,多今本一字。因需填補七十四字之空格,故石經此處文字,除“·”及三“也”字不同今本外,其餘文字實較今本《周易》多出二字。二字者何?竊疑後文“爲月”二字,漢石經當在“坎爲水”下也。“爲月”二字錯簡,前人已有疑之者,宋朱震《漢上易傳》:“‘爲月’當在‘坎爲水’之下,錯文也。”如此,則“爲月”二字,補齊石經與今本齟齬處。又依乾爲天;坤爲地;震爲雷;巽爲木,爲風;離爲火,爲日;艮爲山;兑爲澤諸卦取象之例,均以本象及天地之象爲先,尤以“離爲火,爲日”最足與坎參照,故“坎爲水,爲月”,當是《説卦》原文也。漢石經此處闕文,殆近於是。

《説卦》“曳其”(244)下、“長爲”(244)上,今本七十三字,石經字數較之少二字。案,漢石經此處當無“爲月”二字,又“其於木也爲堅多心”“其於木也爲堅多節”兩

① 馬衡:《漢石經集存》,臺灣藝文印書館 1976 年版,第 28 頁。

處均無“也”字；而漢石經於“堅多心”“堅多節”下各多章節符號“·”一字。則此處經文，漢石經較之今本，正少二字。

《説卦》“長爲”(244)下、“白眼爲”(245)上，今本二十一字，較漢石經多一字。“其於人也”漢石經無“也”字是也。

《説卦》“白眼爲”(245)下、“於木爲枡”(244)上，今本二十一字，漢石經字數同。漢石經“爲躁卦”下多章節符號“·”，而無“其於人也爲大腹”之“也”字。故字數與今本同也。

《説卦》“於木爲枡”(244)下、“決其於地爲”(245)上，今本十八字，漢石經較之多一字。所多一字，系“上槁”下多章終符號“·”也。

《序卦》“故受之以豫”(244)下、“故受之以噬嗑”(244)上，今本六十字，較漢石經少九字。

《序卦》“觀而後有所合故受之以”(244)下、“受之以旅”(246)上，今本五百三十二字。漢石經此間字數實異於今本。按，殘碑 246 横亘《序卦》、《雜卦》二篇，依拓片行寬，此處中空二行，馬衡言“中空一行”者，非也。中空二行，一行爲《雜卦》篇名，另一行則爲《序卦》末尾數字。因“受之以□旅而无所容”與“之故受之以小過有過物”需分處兩行，且左右對齊，則《説卦》末行字數至少爲一字，至多爲二十二字。如此，則推出《序卦》“觀而後有所合故受之以”下、“受之以旅”上，漢石經闕文字數至少爲五百六十六字，至多爲五百八十七字。若《雜卦》開篇至“升不來也”漢石經字數與今本無甚大出入，則《序卦》“觀而後有所合故受之以”下“受之以旅”上漢石經闕文當在五百七十七字左右，較今本多四十五字左右。

《雜卦》開篇至“升不來也”上，今本五十一字，石經未詳。《雜卦》“而豫怠也”(246)下、“也否泰”(246)上，今本六十六字，較漢石經多三字。按《雜卦》所見殘碑，“升，不來也”“豫，怠也”“家人，内也”“否、泰，反其類也”文末“也”字均與今本同，唯“漸，女歸待男行”較今本少“也”字。雖此五例，可見石經《雜卦》語辭“也”字，短句未見脱落，長句或句式稍異者，或無。則此處較今本少三字，蓋“而”“也”之類也。

《雜卦》“革去故”(247)下、“行頤”(246)上，今本五十九字，較漢石經多五字。“行頤”(246)下、“濟男之”(246)上，今本十四字，漢石經同。“革去故”“行頤”間闕文今本有“也”字十二處，“而”字一處。“豐，多故也”《集解》本無“也”字，《釋文》引諸家亦無。可見石經此間闕文，“而”“也”諸語詞較今本少五字也，不能遽定，但可知“豐多故也，親寡旅也。離上而坎下也”較爲可疑。按《雜卦》所舉諸卦，非覆即變，然大過以下諸卦，次序無章，前人或疑錯簡者。[①]今作一假設，若漢石經《雜卦》與今本卦序有異，以所存殘石，可對大過以下八卦重作排列，使合《雜卦》錯綜之例。自殘碑"行頤"二字可知，石經《雜卦》漸當在頤前，漸、歸妹反對，"歸妹女之終也"六字，當移漸前。遘、夬反對，則"遘遇也柔遇剛也"七字，當移夬前，因後文"柔""憂"協韻，故遘不宜在夬後。大過、頤旁通，二卦當駢列，故"大過顛也"四字當移頤後。如此，則"革去故"下"行頤"上，今本五十九字，出十一字入六字，計少五字，似合乎石經字數。然"行頤"下"濟男之"上今本十四字，漢石經亦十四字，若重作排序，則反少二字。可見漢石經"行頤"下"濟男之"上闕文當同今本。是可推得漢石經《雜卦》與今本卦序當無大别，唯"而""也"語詞較今本爲少也。

（作者爲福建師範大學文學院古典文獻學博士，
本文發表於《閩江學院學報》2016年5月第3期）

① 今本《雜卦》末八卦次序爲：大過、姤、漸、頤、既濟、歸妹、未濟、夬。據翟均廉《周易章句證異》，前人改訂之説約有四家。蘇軾改作：頤、大過、姤、夬、漸、歸妹、既濟、未濟；蔡淵改作：大過、頤、既濟、未濟、歸妹、漸、姤、夬；俞琰改作：頤、大過、既濟、未濟、歸妹、漸、姤、夬；毛奇齡改作：大過、頤、漸、歸妹、既濟、未濟、姤、夬。

趙明誠所記《漢石經遺字》之價值

虞萬里

漢熹平年間，因經典文字歧義、策試作弊等因，乃刊刻七部儒家經典於石，樹於洛陽太學講堂前。不數年因董卓焚宫而略有毁損，魏黄初後，文帝補其闕壞，旋又遭永嘉之亂，遂多崩毁。其後移徙往來，或崩没於水，或轉作造像，或廢爲柱礎，迨初唐魏徵亟加蒐集，已十不存一。昔日太學一道風景，數百年後，毁棄零落，沉埋爲地下文物。中唐以還，洛陽造防秋館，掘地得石經殘石，多作古物藏弆，[①]未嘗識其價值。宋嘉祐(1056—1063)末，有人閲營造司所棄碎石，辨識之爲石經，始爲有識者收藏。張舜民謂得石經二段於洛陽城，[②]方匌謂“凡得《尚書》《儀禮》《論語》合數十段”，復有人在長安得《公羊》碑一段。[③]殘石出土，爲張燾所收得，其拓本則散出流傳於士大夫之間。[④]時歐陽修、吕大臨等皆嗜好古刻，彙聚題跋，蔚爲風氣。故殘石之出，始爲官宦好古者重視，競相傳拓觀賞，[⑤]賞析之餘，復徵文考獻，别白文字。

當時傳拓之本雖不止一二，而早皆化散湮没，率先著於録者，當推歐陽修。歐公嘗集金石古物爲《集古録》十卷，又作跋三四百篇。今《集古録跋尾》雖不見其有漢石經跋尾文字，然其子歐陽棐《目録》中有“漢石經遺字，熹平四年，今存拓本”之記，[⑥]棐

---

① 唐李綽《尚書故實》:“東都頃年剏造防秋館，穿掘多得蔡邕鴻都學所書石經，後洛中人家往往有之。”寶顔堂秘笈本，第7頁。

② 張舜民《畫墁録》:“嘉祐末，得石經二段於洛陽城，乃蔡邕隸書《論語》。”明稗海本，第10頁。

③ [宋]方勺《泊宅編》卷上引方匌語，中華書局1983年版，第72頁。

④ 關於張燾所收年月考訂，參見拙文《董逌所記石經及其〈魯詩〉異文》，《文獻》2015年第3期。

⑤ 方勺《泊宅編》卷上引方匌跋文云:“石經殘碑在洛陽張景元家，世傳蔡中郎書，未知何據。”中華書局本，第71頁。

⑥ [宋]歐陽棐:《集古録目》卷二，《石刻史料新編》第一輯第24册，臺灣新文豐出版公司1982年版，第17932頁上。按，繆荃孫據《隸釋》卷二十三録“右古文篆隸三體凡八百二十九字。後漢熹平中校定五經，使蔡邕以三體書，今其石亡失皆盡。皇祐中，有蘇望者得摸本《左傳》於故相王文康家，取其完者而刻之，莫辯其真僞也。在洛陽蘇氏家”(第17951頁上)一段文字，以爲歐陽棐《目録》文，然讀其文，知乃記三體石經，非熹平石經。校覈《隸續》卷四洪氏所記，可知也，繆氏誤録，玆辨於此。

之《目録》作於熙寧二年(1069),而歐公集録在嘉祐八年(1063)至熙寧二年,子棐謂"今存拓本",蓋殘石一經出土,歐公已得拓本,惜未及跋其尾。自後數十年間,士大夫好古者如董逌、方匋等多有題跋辨證。而著名經石家趙明誠,於其名著《金石録》中亦寫下一篇題跋,在石經研究史上頗具價值。

《金石録》五百零二篇題跋固非一時所作。黄墨谷謂《金石録》成書於政和七年(1117),蓋以劉跂《後序》自署"政和七年九月十日"。①然據李清照《金石録後序》云:

> 今日忽閲此書,如見故人。因憶侯在東萊静治堂,裝卷初就,芸籤縹帶,束十卷作一帙。每日晚,吏散,輒校勘二卷,跋題一卷。此二千卷,有題跋者五百二卷耳。今手澤如新,而墓木已拱,悲夫!②

趙明誠以大觀二年(1108)罷官,偕清照屏居青州,前後十餘年,夫婦於歸來堂中相與賞析、研究金石書畫。宣和二年(1120)起知萊州,③靖康元年(1126)移守淄州。④易安既云"每日晚,吏散,輒校勘二卷,跋題一卷",則題跋或多此時所作,而劉序政和七年"著《金石録》三十卷"云云,當係初撰未定之稿。古人文稿初就,請人作序,自後復經長期修改潤飾,而後付梓,乃是常事。明誠謝世,易安爲之整理付梓。

《金石録》卷二有"漢石經遺字"一篇,題與歐陽棐《集古録目》一致。劉跂序云:"東武趙明誠德父,家多前代金石刻,仿歐陽公《集古録》所論,以考書傳諸家同異,訂其得失,著《金石録》三十卷,别白牴牾,實事求是,其言斤斤,甚可觀也。"⑤可見趙氏刻意仿歐公所爲,並訂其訛誤,⑥其"漢石經遺字"拓本是否即從歐公處傳出,雖無可徵信,然確有内在因果。

---

① [宋]劉跂:《金石録後叙》,收入[宋]趙明誠著,金文明校證:《金石録校證》,上海書畫出版社 1985 年版,第 559 頁。

② [宋]趙明誠著,金文明校證:《金石録校證》,第 563 頁。

③ 王學初《李清照事跡編年》謂起復萊州在宣和三年(1121)辛丑,《李清照集校注》,人民文學出版社 1979 年版,第 232 頁。

④ 王學初《李清照事跡編年》謂明誠守萊移淄,總在近幾年,具體已無史料可據。《李清照集校注》,第 234 頁。

⑤ [宋]劉跂:《金石録後序》,《金石録校證》,第 558 頁。

⑥ 清周中孚《鄭堂讀書記》卷三十三"金石録三十卷"條云:"蓋德父有所考證,乃爲題識,皆别白牴牾,是正譌謬,凡史傳之失及歐公《集古》諸跋之誤,亦因是以訂定焉。"上海書店出版社 2009 年版,第 501 頁。

趙明誠在校勘漢熹平殘石文字之後，寫下一篇跋文，載於《金石録》卷二，文云：

> 右漢石經遺字者，藏洛陽及長安人家，蓋靈帝熹平四年所立，其字則蔡邕小字八分書也。其後屢經遷徙，故散落不存。今所有者，才數千字，皆土壤埋没之餘，磨滅而僅存者爾。按《後漢書·儒林傳叙》云"爲古文、篆、隸三體者"，非也。蓋邕所書乃八分，而三體石經乃魏時所建也。又按《靈帝紀》言"詔諸儒正五經文字，刻石立于太學門外"，《蔡邕傳》乃云"奏求正定六經文字"，既已不同，而章懷太子注引《洛陽記》所載有《尚書》《周易》《公羊傳》《論語》《禮記》。今余所藏遺字有《尚書》《公羊傳》《論語》，又有《詩》《儀禮》，然則當時所立又不止六經矣。《洛陽記》又云："《禮記》碑上有諫議大夫馬日磾、議郎蔡邕等名。"今《論語》《公羊》後亦有堂谿典、馬日磾等姓名尚在。據《邕傳》稱"邕以經籍去聖久遠，文字多謬，俗儒穿鑿，疑誤後學，乃奏求正定，自書於碑。於是後儒晚學咸取正焉"。今石本既已磨滅，而歲久轉寫，日就譌舛，以世所傳經書本校此遺字，其不同者已數百言，又篇第亦時有小異，使完本具存，則其異同可勝數邪？然則豈不可惜也哉！而後世學者於去古數千百歲之後，盡絀前代諸儒之論，欲以己之私意悉通其説，難矣！余既録爲三卷，又取其文字不同者具列于卷末云。①

全文不過四百餘字，對殘石之刊刻歷史與文字異同皆有辨白。與同時代之董逌、方匋等人論述校覈，明誠之考訂，周至全面，立論正確，至關重要。以下分幾方面予以闡述。

一　地點方位記載全面

張舜民僅記"得石經二段於洛陽"，此以其所見僅爲《論語》。稍前於趙氏之董逌，云"國初開地唐御史府，得石經十餘石，此又唐末淪没之所出也"，又云"石經今廢不存，或自河南御史臺發地得之"，②董氏不載《公羊碑》文字，或未見長安出土之《公羊》殘碑。方匋記"石經殘碑在洛陽張景元家"，又云："往年洛陽守因

---

① ［宋］趙明誠：《金石録》卷二，第300頁。

② ［宋］董逌：《廣川書跋》卷五，《中國書畫全書》第一册，上海書畫出版社1993年版，第780頁下、第781頁上。

閲營造司所棄碎石，識而收之，遂搜訪，凡得《尚書》《儀禮》《論語》合數十段。又有《公羊碑》一段在長安。”①亦以洛陽、長安兩地所出。洛陽所出，既有自家掘得，亦有從營造司碎石中辨識而得者。稍後姚寬(1105—1162)記載同方匋。②趙明誠云“藏洛陽及長安人家”，雖未詳盡，卻簡捷全面。

二　確定一字石經為漢熹平石經

漢熹平石經和魏正始石經轉徙殘毁湮没之後，學者親見者少，耳聞者多。南朝范曄《後漢書·儒林傳上》云：“熹平四年，靈帝乃詔諸儒正定五經，刊於石碑，爲古文、篆、隸三體書法，以相參檢，樹之學門。”③將熹平一字石經錯爲正始三體石經，由於范書隋唐時獨行於時，給後世造成極大混亂。嘉祐間殘石出土後，方匋即輕信范説，致使其面對漢石經隸書殘石認識不清。云：

> 前史所謂三字石經者，即邕所書，然當時(引按，指魏徵鳩集秘府之拓本)一字石經存者猶十數卷，而三字石經止數卷而已。由是知漢〔石〕經之亡久矣，不能若此之多也。魏石經近世猶存，至五代湮滅殆盡。往年洛陽守因閲營造司所棄碎石，識而收之，遂搜訪，凡得《尚書》《儀禮》《論語》合數十段。又有《公羊碑》一段在長安，其上有馬日磾等名號者，魏世用日磾等所正定之本，因存其名耳。④

漢熹平年間刊刻七經，唐時拓本所存甚多，魏石經僅《尚書》《春秋》二種及不全之《左傳》，其拓本篇幅原不多。方氏信范説而以熹平所刻爲三字石經，見《隋志》三字石經止數卷，故有“漢經之亡久矣”之歎。而面對洛陽營造司所棄漢熹平一字殘石，以爲是魏石經。將書寫漢石經的馬日磾(卒於公元 194 年)，誤認爲是曹魏正始間(242 年)書寫魏石經者，在年代上亦失考。同樣受范曄之惑者，還有董逌。董氏《蔡邕石經》云：

> 獨蔡邕鐫刻七經，著於石碑，有所撿据，隱括其失而周盡，當時號洪都三

---

① [宋]方勺：《泊宅編》卷上引方匋跋文，第 71—72 頁。

② [宋]姚寬：《西谿叢語》卷上，中華書局 1993 年版，第 34 頁。

③ [南朝宋]范曄：《後漢書·儒林傳上》，中華書局 1965 年版，第九册，第 2547 頁。

④ [宋]方勺：《泊宅編》卷上引方匋跋文，第 72 頁。

> 字,其異文者附見。此於已殘之經得收其遺逸而僅存,其可貴也。纔三十年,兵火繼遭,碑亦損缺,魏正始中又立一字石經,相承以爲七經正字。①

蔡邕領銜鐫刻七經,亦號鴻都石經,然皆一字隸書,非三字。魏正始所刻爲三字而非一字,亦非七經(詳下)。董逌雖校勘殘石《魯詩》,寫入其《廣川詩故》,爲後世保存零星宋代出土之《魯詩》殘石文字,功不可没,②然其對一字三字之認識,不免混亂。後姚寬不僅承襲董説,進而懷疑《唐志》所記:

> 《唐志》又有今字《論語》二卷,豈邕五經之外復有此乎?《隋經籍志》凡言一字石經,皆魏世所爲。有一字《論語》二卷,不言作者之名,遂以爲邕所作,恐《唐史》誤。……唐初魏鄭公鳩集所餘,十不獲一,而傳拓之本猶存祕府。當時一字石經猶數十卷,三字石經止數卷而已。由是知漢石經之亡久矣,魏石經近世猶存,堙滅殆盡。③

《舊唐志》"今字石經《論語》二卷",歐公《新志》作"蔡邕今字石經《論語》二卷",④原無差誤。姚氏因信范書、襲董説,遂指歐公爲誤。抑不僅此,《後漢書·蔡邕傳》"邕乃自書丹於碑,使工鐫刻立於太學門外"李賢注引《洛陽記》:"《禮記碑》上有諫議大夫馬日磾、議郎蔡邕名。"⑤姚氏所見宋代長安出土《公羊》殘石上有馬日磾題名,乃云"據《洛陽記》日磾等題名本在《禮記碑》,而日磾乃在《公羊碑》,益知非邕所爲也"。⑥既未見《禮記》殘碑,自不能知有無蔡邕題名,因輕信蔡邕所書是三體,故見一字殘石,"益知非邕所爲也"。唯趙氏云漢石經遺字,爲蔡邕小字八分書也,"《後漢書·儒林傳叙》云'爲古文、篆、隸三體'者,非也。蓋邕所書乃八分,而三體石經乃魏時所建也"。⑦熹平石經係一字隸書,此在今日熹平、正始殘石皆已出土,昭昭明白前提下,自是無庸分説之常識。然在當時拓本化散,原石沉埋偶顯,范書獨行時代,明誠之説不失爲一種卓見。

---

① [宋]董逌:《廣川書跋》卷五,第780頁上。
② 虞萬里:《董逌所記石經及其〈魯詩〉異文》。
③ [宋]姚寬:《西谿叢語》卷上,第34頁。
④ 《唐書經籍藝文合志》,商務印書館1956年版,第59頁。
⑤ [南朝宋]范曄:《後漢書·蔡邕傳》卷九十下,第七册,第1990頁。
⑥ [宋]姚寬:《西谿叢語》卷上,第34頁。按,中華點校本據繆荃孫校本删後一"日磾",以爲《洛陽記》誤此二字,不知此乃姚寬引據《洛陽記》而加以發揮論證,要旨在《公羊碑》上日磾題名,故不當删此二字。
⑦ [宋]趙明誠:《金石録》卷二,第300頁。

三　據實推測熹平石經刊刻經數

熹平刊刻經數,各書記載不一。《後漢書·靈帝紀》謂熹平四年(175)三月"詔諸儒正五經文字,刻石立於太學門外",[①]《盧植傳》亦云"時始立太學石經,以正五經文字",[②]《儒林傳序》《吕强傳》及袁宏《後漢紀》所記皆同。然《後漢書·蔡邕傳》與《儒林傳》本文卻作"奏求正定六經文字",至《隋書·經籍志一》竟云"後漢鎸刻七經,著於石碑"。[③]究竟是五經、六經抑七經,可否究其經名以確定之?《蔡邕傳》注引《洛陽記》詳述熹平石經經碑之排列,謂西行《周易》《尚書》《公羊傳》,南行《禮記》,東行《論語》,是則共五經。《太平御覽》卷五八九引《西征記》云:"太學堂前石碑四十枚,亦表裹隸書,《尚書》《周易》《公羊傳》《禮記》四部。"[④]楊衒之《洛陽伽藍記》同,較《洛陽記》而少《論語》。《論語》於漢代未稱經。《隋書·經籍志一》列一字石經有:《周易》一卷,《尚書》六卷,《魯詩》六卷,《儀禮》九卷,《春秋》一卷,《公羊傳》九卷,《論語》一卷,與其前所述相合。綜上所記,可以判斷,《後漢書》云"五經",是就今文立博士的《易》《書》《詩》《春秋》《儀禮》五經而言,《公羊傳》附於《春秋》,故新出石經後記殘字有"各隨家法,是正五□"之文;而所謂"六經",是將《春秋》與《公羊傳》分而言之;至《隋志》之七經,則是計漢代不列爲經不列博士之《論語》。然因《論語》至隋唐已升爲儒家經典之一,故魏徵云"七經"。此種紛綸不一之説,到中晚唐石經沉埋,拓本煙消之後,已使人莫衷一是。及趙宋嘉祐殘石零星出土,各人所見拘於一隅,或見《論語》,或見《公羊》。若方匄云當時人從營造司碎石中辨識出《尚書》《儀禮》《論語》,又聞長安出《公羊碑》,則聞見四種。

董逌因爲相信蔡邕所刻七經爲三體石經,由此滋生疑惑,云:

楊衒之曰:石經《尚書》《公羊》爲四部,又謂《春秋》《尚書》二部。《書》有二經,當是古文已出。……洛陽昔得石經《尚書》段,殘破不屬,盖《盤庚》《洪範》《無逸》《多士》《多方》,總二百三十六字。其文與今《尚書》畫同,閒有異者纔十餘,然則知《古文尚書》盖已見於此。或曰魏亦作石經,

① [南朝宋]范曄:《後漢書·靈帝紀》,第二册,第336頁。
② [南朝宋]范曄:《後漢書·盧植傳》,第八册,第2116頁。
③ [唐]魏徵等:《隋書·經籍志一》卷三十一,中華書局1973年版,第四册,第947頁。
④ 《太平御覽》卷五八九,中華書局1960年影印本,第三册,第2654頁上。

安知此爲漢所書哉！余謂魏一字，漢爲三字，此其得相亂耶！……方漢立學官，《書》惟有歐陽、夏侯，其《書》雖不全，見今諸家所引與《古文尚書》全異，不應今所存古文反盡同也。疑邕既立二書，則或當以古文自存矣。王肅解《書》，悉是孔《傳》，便知魏去漢世未遠，肅得其文，不然不應又盡同也。①

董逌因爲相信范曄所言，故將當時出土之熹平一字石經認作魏石經，由此産生一系列錯誤認識。第一，將熹平殘石與存世《古文尚書》校覈，文字多同小異，誤認爲熹平殘石是《古文尚書》。第二，從今古文必有異同立論，認爲漢代今文《尚書》與出土之熹平殘石必不同。第三，相信蔡邕立三體石經，則懷疑其有今古文二種《尚書》文本，而後以古文本自存。第四，王肅與蔡邕相去不遠，得邕之本，故傳世《古文尚書》與出土殘石文字多同。

即此可見，一信范説，隨即生出諸多奇談怪論。唯趙明誠從實際所見出發，據《靈帝紀》言"五經"，《蔡邕傳》云"六經"，章懷太子注引《洛陽記》所載有《尚書》《周易》《公羊傳》《論語》《禮記》。乃云："今余所藏遺字有《尚書》《公羊傳》《論語》，又有《詩》《儀禮》，然則當時所立又不止六經矣。"趙説《儀禮》，乃其親見殘石，不知《洛陽記》所記《禮記》即《儀禮》，則其所謂"不止六經"應即六經。此時因《春秋》殘石尚未出土，故不能與《隋志》七經密合。

四　校覈文字異同與篇章次第

殘石出土，好古者咸知用傳世本校其文字異同。如董逌作《石經尚書》《石經論語》，略記文字異同，又將《魯詩》殘石校覈《毛詩》文字，寫入《廣川詩故》中。趙明誠不僅將"世所傳經書本校此遺字"，發現"其不同者已數百言"，更發現"篇第亦時有小異"。趙氏所謂篇第，自是指《魯詩》與《毛詩》之篇第。《詩》有篇次之異，不僅宋代親見殘石之學者未嘗發現，即此後八百多年之《詩經》研究者亦不敢想象。直至二十世紀二十年代，洛陽出土大批漢石經殘石，經羅振玉悉心排比，方始探知《魯詩》篇第確實與《毛詩》有所不同。如以下一塊殘石，馬衡《漢石經集存》編爲五七號：

① ［宋］董逌：《廣川書跋》卷五，第780頁下。

此爲《小雅》殘文。《毛詩》序次是《采芑》《車攻》《吉日》《鴻雁》《庭燎》《沔水》《鶴鳴》《祈父》《白駒》。此石第一行"其車三千"爲《采芑》第三章文,第二行"顯允方叔征伐玁狁"爲第四章文,第三行"駕彼四牡四牡驛驛"爲《車攻》第四章文,第四行"有聞無聲允也君子"爲第八章文,第五行"其麌孔有"爲《吉日》第三章文,皆與《毛詩》同,唯第六行"所爲伊人於焉逍遥"爲《白駒》第一章文,中間隔《鴻雁》《庭燎》《沔水》《鶴鳴》《祈父》五詩。《吉日》爲《毛詩·南有嘉魚之什》最後一篇,而《白駒》是《毛詩·鴻雁之什》第六篇,《魯詩》中《鴻雁》《庭燎》等五篇置於何處,今莫能知。羅振玉系統排列熹平殘石後總結説:

> 趙氏《金石録·跋尾》言,以世所傳經本校此遺字,篇第亦有小異,而不言何經,今知爲《魯詩》。與《毛詩》互勘,則篇第不僅小異,約略舉之,如《鄭風·山有扶蘇》上非《有女同車》,《小雅·彤弓》之後爲《賓之初筵》,《吉日》之後爲《白駒》,《大雅·旱麓》之後爲《靈臺》,《鳧鷖》之後爲《民勞》,《韓奕》之後爲《公劉》,《桑柔》之後爲《瞻印》《假樂》。又《卷阿》在《文王》之前,並《毛》《魯》不同。①

羅振玉僅就所出殘石校覈,已得毛、魯二家《詩》篇不同次第如上所舉。反觀當年趙明誠所云:"使完本具存,則其異同可勝數邪?然則豈不可惜也哉!"如果《魯詩》全本顯世,其與《毛詩》之種種異同自不止此,而漢代《詩》之今古文異同得而可言,這確實是一種可惜。然在石經沉埋之客觀前提下,趙明誠所見篇第之差

① 羅振玉:《漢熹平石經殘字集録序》,《羅振玉學術論著集》第二集,上海古籍出版社2010年版,第99頁。

次，在八百多年後出土之殘石中得到驗證，使我們窺見漢代不同《詩》派之今古師法，確是一種天賜幸運。而明誠當時所悉心校勘的三卷漢石經文字，隨同其夫婦辛勤收集之古物歸於散佚，卻又是大幸中之不幸。

在石經湮没、記載紛亂之宋代，好古之士大夫乍見殘石，各欲考訂其文字，回溯其歷史。然限於所見所聞，不免有一隅之偏。趙明誠好古而官位不高，在動亂年代輾轉遷官轉地，卻能節衣縮食，不辭辛勞，散金銀而易古物，支青檠而撰題跋。對漢熹平石經投入很大精力，校其異同，溯其源流，撮其旨要，寫下一篇既接近歷史真相的題跋，又留下讓後人繼續探究之空間，這在宋代金石尤其是石經研究史上值得特書一筆。

二〇一五年九月二十四至三十日初稿

二〇一六年十二月六日修訂稿

熹平石經字形與漢代文字的規範

——以石經與後漢簡牘文字的比較爲參照

趙立偉

漢字發展到後漢時期，由於隸變的影響，出現了大量部件混同現象，加之儒家經籍流傳既久，文字謬誤甚多，遂致經無定本，字無定體。俗儒穿鑿附會，貽誤後學，甚至有人私行金貨，改蘭臺皇家所藏漆書經字，以合其私意，這一現象引起在朝正直官員的極大憂慮和關注，從而開始了中國歷史上第一次官方碑刻經書、規範文字的偉大工程——刊立熹平石經，由蔡邕等人書丹，石工鎸刻後立於太學門外，漢靈帝熹平四年始立，至光和六年始成。石經凡 46 石，正背面刻，用隸書寫成，有《周易》《尚書》《魯詩》《儀禮》《春秋》《公羊傳》《論語》七經，"於是後儒晚學咸取正焉。及碑始立，其觀視及摹寫者，車乘日千餘兩(輛)，填塞街陌"(《後漢書・蔡邕傳》)。由此足見石經在當時所受到的强烈關注，其對正定群經文字及規範社會用字的作用於此可見一斑。本文試圖通過對石經與後漢簡牘文字的比較，探討石經在字形規範等領域所起的作用，並結合當時的學術背景就與之相關的問題展開討論。

一　石經之存廢遷移及現存殘石之概况

石經刊成後不久，漢獻帝初平元年，董卓挾帝自重，欲遷都長安。離開洛陽之前，董氏縱火燒毁洛陽宫廟，大火殃及太學講堂，石經亦有殘損。魏文帝黄初年間，遂有"補舊石碑之缺壞"之舉。至北魏之初，馮熙、常伯夫相繼爲洛州刺史，"廢棄分用，(石經)大致頽落"。東魏時期，石碑被遷至鄴都，因遇大水，經石之得以遷至鄴者"不盈太半"。北周時期又自洛陽遷入長安，不久即有戰亂，營造之司將石經殘石用爲柱礎。唐貞觀初年，魏徵收集石經殘石，此時石經已十不存一。石經自刻成至於毁滅，前後僅四百餘年，中間又經兩次遷徙，殘損已相當嚴重。

宋嘉祐年間,洛陽、長安兩地曾有殘石出土,不久便有拓本開始出現,然而"僅數千字"(趙明誠《金石録》)的石經拓本很快便不知所終,所幸其中文字賴洪适《隸釋》得以部分保留。清季民初,石經再次於洛陽出土,馬衡《漢石經集存》"集録拓本五百二十餘事,存字八千數百餘",[①]爲輯録民國時期出土殘石拓本的集大成之作,雖有個别殘拓未盡搜羅,但民國時期所出之絶大多數殘石都已收入此書。於《集存》所未盡收録者,羅振玉《漢熹平石經殘字集録》間可補其一二,[②]只是羅氏著録文字皆以雙鉤勾勒字形,而非殘石拓本。20 世紀 80 年代,中國社科院考古研究所於洛陽太學遺址附近發掘所得石經殘石 661 塊,另有數塊殘石徵自民間,發掘報告及拓本見諸《考古》和《考古學報》等相關期刊。[③]如果不計《隸釋》所録石經文字,而僅以《漢石經集存》及各類期刊所公佈的石經拓本作爲統計對象,則現存石經的總字數大致在萬字左右。我們以此爲基礎編制了《熹平石經字形表》,凡字形完整或稍有殘缺然而不影響對字形點畫辨認者皆予收録,共收録石經單字 1 173 個,這雖然只是石經用字總數的一小部分,但是我們依然能夠借助這部分珍貴的材料瞭解石經字形的特點,藉以觀察石經在漢字規範過程中所起到的積極作用。

二　石經規範漢代文字的具體措施

就漢字的發展而言,在刊立石經的後漢時期,隸變剛剛結束不久,因綫條續斷、增省、曲直變化等因素産生的古隸異寫字仍然大量存在。在這一時期,隸變的過程雖然剛剛結束,然而隸書字形並未最終定型,人們仍然對原有字形進行著以提高書寫速度爲目的的改造;同時,這一時期草寫省簡字形大量湧現,並且對隸書字形産生了廣泛的影響。所以因書寫變異而産生的異寫異構字在後漢時期的日常用字領域大量存在,即使是在武威漢簡《儀禮》這樣以規整隸書書寫的儒家經典中,文字異寫現象同樣普遍存在。面對這一現狀,石經刊立者們必然會在書丹之前對經書字形進行必要的規範與整理工作。下面我們從整字和部件兩個層面談談石經規範字形的具體措施。

1. 高頻字、常用字寫法一致

文字是寫出來的,在手寫文獻中,同一個字形出現頻率越高,異寫字樣便越豐富,在後漢簡牘文字中這一特點表現得尤爲明顯。有些字既不會被誤讀誤認,

① 邵友誠:《馬衡先生遺著:"漢石經集存"》,《考古通訊》1958 年第 4 期。

② 羅振玉:《漢熹平石經殘字集録》,《歷代石經研究資料輯刊》,第 5 册,北京圖書館出版社 2005 年版。

③ 趙立偉:《漢熹平石經歷代著録考述》,《圖書館理論與實踐》2010 年第 7 期。

也不易與形近字混同，但由於它們屬於常用字的範疇，且出現頻率較高，因此出現了較多的字形變體，石經對這些異寫字形作了比較嚴格的規範，從而保證了字形的整齊劃一。試舉例説明：

言

在後漢簡牘文字中，規整的“言”字作（居新 EPT5.1）、（肩 EJT23：350），或省略其中一個横畫作（肩 EJT2：83）、（肩 EJT6：183），进一步省簡则作（肩 EJT10：120A）、（肩 EJT4：68）。部件“口”筆形發生變化作（居新 EPT50.22），進一步草化作（肩 EJT3：104）、（肩 EJT4：130）、（肩 EJT4：142）。“言”作爲石經中的高頻字，皆作（圖版 24）。①

年

“年”字《説文》小篆作“”，隸書字形變曲爲直作（張・奏 13）、（張・奏 15），部件人與禾筆畫相連作（張・二 86）、（張・二 357），部件人筆形發生變化作（張・曆 16）、（張・奏 11）。由於隸變後形義關係不再緊密，因此在後漢簡牘文字中出現了多個“年”字變體。一類作（居新 EPT8.3）、（肩 EJT6：94），部件“禾”仍保留古文寫法；一類作（肩 EJT23：307）、（肩 EJT10：107），或省簡横畫作（肩 EJT4：100）、（肩 EJT10：103）；一類作（肩 EJT23：419）、（肩 EJT24：374），殆爲追求字形的對稱，複於豎畫右邊複加點飾作（肩 EJT24：22）、（居新 EPF22.80）。熹平石經“年”字皆規範作（圖版 60）。

曹

“曹”字《説文》小篆作“”，古隸作（張・奏 7）、（睡・雜 25），後漢簡牘文字中出現了多個變體，其中偶有承古隸字形者作（肩 EJT9：255），省簡筆畫作（尹 6D3 反 3）、（肩 EJT23：784），變從“艸”作（肩 EJT8：51A）、（肩 EJT23：311）；或借用筆畫作（尹 6D3 反 3），變從“艸”作（肩 EJT24：112A），省简作（肩 EJT10：179）。或省简其中一个部件“東”作（肩 EJT23：924），再省簡作（東 93）、（武・燕禮 1），漢石經“曹”字皆規範作（圖版 47）。

顯然，在刊刻上石之前，書丹者們對當時社會上通用的異寫字形作了嚴格規範，具體做法則是在當時衆多的異寫字中選擇淵源有自、書寫工整且保存理據較多的字形刻寫上石，這一方面保證了字形的延續性和漢字構形系統的嚴密性；另一方面由於石經在字形規範等方面的積極影響，這一形體亦成爲後世各類規範

① 馬衡：《漢石經集存》，藝文印書館 1976 年版。下述各石经字例不再出注。

寫法的最早來源。

2. 筆畫繁多、結構複雜的字寫法一致

在漢代的通行用字領域，凡筆畫繁複的字形往往省例和變體較多，這大概是由於書寫者没有對字形與音義的關係給予足夠的重視，因此對字形的省簡往往比較隨意，不僅漢簡中這一特點表現得十分突出，即使是在章法謹嚴、用字比較保守的漢碑文字中亦是如此。對於這些由於筆畫繁複而省變較多的字形，石經亦作了相當嚴格的規範，在我們整理的字表中，未見一例因筆畫繁複省變不定而產生的異寫字例，試舉例說明。

為

後漢簡牘文字中規整的"爲"字作（敦 984）、（香 235），尚存造字本意，由於筆畫繁多，因此異寫字形較多，或省部件"爪"中一筆作（居新 EPF22.221）、（居新 EPT48.22A），或省簡其中兩筆作（居新 EPT45.4）、（肩 EJT22:20），或徑省部件"爪"作（武醫 75）、（武醫 87 乙）。另一類省簡字形作（居 7・7A），再省簡作（肩 EJT7:25）、（居 484.19），或作（居新 EPF22.200）、（敦 1464B），筆畫分解則作（居 265.45）、（肩 73EJT23:336B）。"爲"字在石經中多次出現，皆寫作（圖版 88）。

與

"與"後漢簡牘文字多作（肩 73EJT24:22）、（敦 58），由於書寫空間局促加之筆畫繁多，出現了多種異寫字形，筆形變化作（東 5）、（武醫 24），再變化則作（居新 PDF22.30）、（居新 PDF22.27），或作（居新 EPT40.205），筆畫相連作（肩 73EJT9:62A）、（武・士 11），訛變從"西"作（肩 73EJT21:136）、（肩 73EJT10:343A），石經"與"字皆規範作（圖版 89）。

不難看出，刊石者在刻立石經之時顯然對字形作了系統而規範的整理工作，但是由於石經畢竟仍然屬於書寫文本的範疇，在這種情況下將超過二十萬字的經文刻寫上石並且做到字形完全整齊劃一和徹底規範顯然不太可能，因此在石經文字中偶爾會有文字異寫現象出現，在我們所整理的字形表中，這類異寫字共有 12 個，占總字數的 1.10%。詳見下表：

表 1

主	祭	服	邦	吳	辰

表 2

坐	晉	第	節	莒	衛

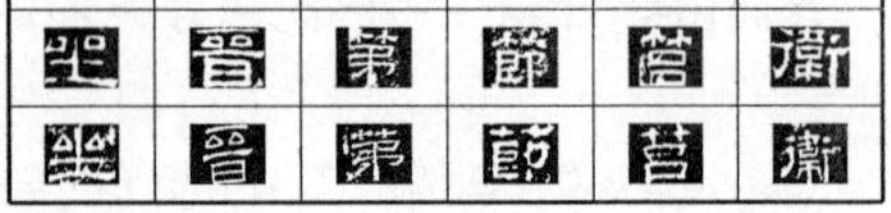

表1諸字皆是因用筆不同而形成的異寫字，表2各組異寫現象的産生則是因書寫者對篆文轉寫方式不同所致。論者大多以此爲據，稱石經對字形的規範並不徹底，考慮到石經總字數數量龐大，加之刊立石經的過程前後歷時數年之久，而且書丹的工作非由一人共同來完成等多種因素，石經中難免會有存在細微差異的異寫字形出現。從字形發展的角度考慮，這些異寫字形皆是隸書字形未完全定型之前形成的各種字形變體，無論是日常使用的竹簡木牘還是具有特殊用途的漢代碑刻，這些異寫字形皆比較常見。由於不同書丹者依據個人的理解選取他們所認爲的規範字形書丹於石而難以做到彼此的照應，從而形成了上述一字異寫的現象。從另外一個角度來講，文字在後漢時期所呈現的新特點和新動向即使是在以嚴謹、規範著稱的石經文字中也有所體現，並且不僅僅是漢石經，即使是在稍後不久刊刻的三體石經中類似的異寫字形也同樣存在。

另外，石經“黍”字有、兩個異寫字形，二者雖屬一字之異寫，但前人已有考證，前者爲漢世所刊原石，後者乃後世補刻。①兩者非一時所刻，更不可能出自一人之手，因此這裏的“黍”字不應歸屬于上文所討論的範疇。

3. 高頻部件寫法一致

石經對字形的規範還表現爲對部件變體的歸納整理，因爲只有最大限度地消除部件變體，才能保證構形系統的嚴密性。在漢代的通行文字領域，與文字異寫相比，部件的變化更加複雜，部件變體更爲豐富，因此對部件的規範要比對一字異寫字形的規範要複雜得多，然而石經的書丹者們對部件變體作了合理的歸併，從而使字形的規範更加徹底。如：

辵

部件“辵”在後漢簡牘中有多種變體，其規整的寫法如“進”字作（武・特37）、“遣”字作（尹6D15反4），“遂”字作（武・甲27）等。一類變體將點省略，如“進”字作（尹6D1）、“送”字作（武・特6）等；另一類寫法則將屈曲筆畫拉直，如“迫”字作（尹6D16反）、“通”字作（武醫27）等，此類寫法或再省點，如“遂”字作（肩EJT22：34）、“近”字作（肩EJT23：590）等；筆畫變曲爲直，如“過”字作（肩73EJT21：59）、“道”字作（肩EJT21：436）等；折笔或省变为直笔，如“逋”字作（居30.7）、“遠”字作（肩EJT6：175）等，此類字筆形進一步變化從而與撇相近，如“通”字作（肩EJT1：164）、

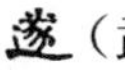

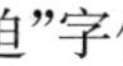

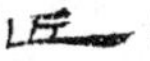

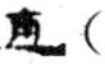

① 羅振玉：《漢石經〈魯詩唐風〉殘字跋》，《羅振玉學術論著集》，第10册，上海古籍出版社2010年版，第463頁。

(肩 EJT3:98)等。石经文字中從“辵”之字共 18 個,部件“辵”皆规范作“”。

馬

後漢簡牘文字中“馬”的規範寫法作(肩 73EJT9:208)、(武・少牢 7),四點由馬足變來,或省簡爲三點作(居新 EPT52.336)、(武醫 87 甲),省兩點作(尹 6D3 正 1)、(肩 73EJT3:68),或徑省爲一點作(肩 73EJT8:68)、(額 99EST1:12),亦有四點連接爲横畫者作(肩 73EJT14:9)、(居 515.20)。石經中的部件“馬”皆規範爲四點作“”。

糸

後漢簡牘文字中部件“糸”作(尹 6D12 反)、(居新 EPF22.305);兩點連成綫者如“約”字作(居 14.11)、“紀”字作(肩 73EJT10:116)等等;再省簡部件下端的豎畫則作“纟”,如“約”字作(東 70)、“給”字作(居新 ESC.38)等。石經從“糸”之字共 16 個,皆規範作。

熹平石經中還有一類隸書字形,由於其寫法與《説文》小篆或後世楷書中的規範字形不同,許多論著把它們當作異體別字或俗字來處理;亦有論者據此認爲熹平石經對隸書字形的規範並不徹底。事實上,它們只不過是隸變過程所出現的一種字形變體而已,它們在當時的簡牘文字中與所謂正字一樣不僅使用頻率較高,而且亦出現在法律文書、政府文告等性質比較嚴肅的文件中,這説明時人並無字形正俗的觀念,所謂的異體或正俗只不過是後人以今律古的不可取做法而已。另外,這些字形雖然與《説文》小篆等傳統上被視爲正字的字形偶有差異,但是在石經内部,不同字例之間並不存在文字異寫現象,這足以説明此類文字亦是經過石經刊立者所規範的字形,它們被刻寫上石亦足以説明這些字形是刊立者們所認可的規範字,只不過對字形規範的認識古今不同而已。如:

口

部件“口”《説文》小篆作“𠙵”,後漢簡牘文字中部件“口”或直接繼承小篆寫法,如“名”字作(肩 EJT1:140),“和”字作(居 497.20)等;或改爲兩折筆如“右”字(肩 EJT23:739),“各”字作(居新 EPF22.45A)等;有與楷體部件口寫法相同者,如“和”字作(東 85 背),“右”字作(肩 EJT9:92B)等;亦有爲追求書寫速度而一筆完成者,如“告”字作(肩 EJT23:349A)、(肩 EJT24:148)等。部件“口”的上述幾種寫法在漢代簡牘裏都比較常見,所以由部件“口”的各類變體所構成的異寫字形在當時並無正俗之分。如石經“或”字多次出現,所從的部件“口”皆與上述第四類寫法相同作,與此相對應後漢簡牘文字中“或”共出現 8 次,僅有 2 例作口;與此相似者還有“單”字石經皆作,在後漢簡牘文字中作(居新 PDF22.644)的字樣有 16 例,而從雙"口"者僅有 1 例作(肩 EJT6:63)。因此被石經刊立者刻寫上石經的字形並非異體俗字,而是在隸書定型之前的一種比較常用的寫法而已。

竹

部件"竹"《説文》小篆作"",隸變過程中筆畫變曲爲直再變斷爲連,從而與部件"艸"相混,故後漢簡牘文字中的從"竹"之字多變從"艸",如"答"字作(武・士 9),"箛"字作(武・特 1)等。石經"答"字作、"箕"字作、"笑"字作、"噬"字作、"笠"字作、"箱"字作等,所從的"竹"亦是該部件在當時的一種常見寫法。

4. 隸變難度較大、隸變過程相對緩慢的部件寫法一致

由於筆畫形態不同,不同的篆書部件演化爲隸書部件的進展速度很不一致,由直綫組合而成的部件最容易轉化成隸書的筆畫,單存的弧形綫條或拉直或分解,一般也不難轉化,因爲這些變化大多和書寫速度的提高有關,大多數改變都可以在加快速度的過程中無意間完成。對於那些由弧形綫條組成的封閉性部件,或者包含反逆性綫條且交叉較多的部件,由於難以形成一套改造這些部件的成規,所以書寫者對構字綫條的處理往往會因人而異,比較隨意,亦因此形成許多不同的部件變體,這種現象在以簡牘爲代表的日常手寫文獻中甚至是漢代碑刻中都比較常見,石經對這類文字異寫現象皆作了徹底的規範。如:

虍

部件"虍"《说文》小篆作"",隸書字形或變曲爲直,如"虞"字作(肩 73EJT23:354A)、"虜"字(居新 EPT52.511)。筆畫交接方式發生變化者如"盧"字作(額 99EST1:4)、"處"字作(居新 EPT40.202)等。部件"虍"又或訛變爲"雨",如"處"字作(東 35 正)、(東 5)等。或受部件"雨"形變過程的影響省簡橫畫,如"虛"字作(武士相 14),"處"字作(居新 EPT43.72)等。石經中的部件"虍"皆承小篆寫法並變曲爲直作""。

交

部件"交"古隸作(睡・法 74)、(睡・日甲 4),或者作(銀 129)、(銀 407)。後漢簡牘文字或直接繼承第一類古隸寫法作(居新 EPT51.82A)、(肩 73EJT5:8A),笔形稍变则作(武・特 40)、(居 65.37);或筆畫變化而與"攵"混同,如"校"作(肩 73EJT23:731B)、(敦 981)。或承上述古隸的第二種寫法如"交"字作(居新 EPT59.31)、(尹 6D13 反),從"交"之字"校"字作(居新 EPT52.174)、"茭"字作(肩 73EJT24:148)等亦同。石經部件

“交”皆規範作交。

三　兩漢的語文政策與石經文字的規範

通過上文的討論不難看出,石經字形是通過嚴格規範的成熟隸書字形,刊石者不僅最大限度地消除了一字異寫現象,而且對組字部件作了全面系統的規範,應該説熹平石經對隸書字形的規範還是比較成功的。字形規範之所以成功,首先得益於漢代良好的語言規範傳統,在西漢前期便有“吏民上書,字或不正,輒舉核”的規定。另外,漢代的統治者還制定律文規定“學童十七歲以上始試,諷籒書九千字,乃得爲史”(《説文解字·叙》),將識字寫字與功名利禄掛鉤,從而有效地促進了時人對文字書寫的重視,亦客觀上推動了文字在基層民衆間的規範。另外,漢朝統治者還制定法令對正確使用文字者予以獎勵,對不按規範書寫者給予處罰,《史記·萬石列傳》所載官吏石建因寫錯“馬”字而惶恐不安的故事足以説明漢代對使用文字的規定是相當嚴格的。另外,兩漢統治者還不斷對字書進行修訂和重新編寫,這些措施在客觀上對文字的規範起到了積極的推動作用。

其次,經書用字的嚴謹和漢代經學家對師法家法的固守爲刊石者選取精良的底本提供了便利的條件,從而有力地促進了石經對字形的規範。據文獻記載,漢代統治者曾多次組織專人校定經書文字,如盧植曾“與諫議大夫馬日磾、議郎蔡邕、楊彪、韓説等並在東觀校中書《五經》記傳、補續《漢紀》”。就出土漢代簡牘而言,迄今爲止所發現儒家經典皆以規整平折的隸書寫就,如武威漢簡《儀禮》、定縣漢簡《論語》以及居延漢簡《尚書·堯典》《論語·公冶長》殘簡等皆以規範、整飭的隸書寫成。據此可以推測,石經刊立時雖然文字書體多樣,但刊立石經所據之底本必是以規範工整的隸書寫就無疑。還需指出的是,以往人們談到漢代經學的傳承問題大多關注于章次的異序、字體的古今之别以及訓詁説解的不同,我們認爲關注漢代經學師法家法的繼承問題亦應當將字形考慮在内,漢代的經師們爲了維護師法家法需要,勢必對經籍傳鈔提出相應的要求,以儘量使鈔本字形忠於祖本而不致發生結構性變化或字形的訛變。比如武威漢簡出土的九篇《儀禮》中,甲本和乙本《服傳》兩個寫本内容完全相同,通過對兩種寫本進行仔細對的比後我們發現,兩種寫本字形的差别主要表現爲筆形的變化和筆畫之間連接方式的不同,恰與上文所論熹平石經一字異寫表現一致,而對於手寫文獻而言,這種差别是十分細微而又不可能避免的。在漢代字體多樣,字形多變的大背景下,漢代經師對師法家法的堅守,客觀上促進了經書字形及用字的穩定,這種傳統客觀上爲熹平石經規範字形奠定了良好的基礎。

另外，東漢刻石之風盛行，而這種風氣在桓、靈時達到頂峰，這一時期所刻碑銘大多以結體工整、平穩扁方的隸書寫成，大都出於經過官方考核選拔職掌文書的書佐、掾史之手。刻碑之風的影響加之政府對習書之風的宣導，從而成就了東漢時期許多以隸書見長的書家，正是由於書丹者所具有的深厚文化素養和高超的書法水準，從而奠定了熹平石經在書法史和漢字規範史上的重要地位。

正是基於以上這些原因，石經字形不論是在當時還是後世都產生了深遠的影響，當時學者將其奉爲圭臬，稍後刊立的三體石經亦將其作爲效仿的對象。不僅三體石經隸書的書法體勢和字形結構皆承自漢石經，而且個別石經古文亦深受熹平石經隸書字形的影響，比如三體石經中的"虎""堪"等字的古文便來源於熹平石經隸書。[①]更深遠的影響則表現爲，在漢代日常用字領域的衆多異寫字形中，絶大多數異寫字形僅僅曇花一現便很快消失，而石經字形作爲其中的一個變體，經歷了魏晉時代的動盪而大多被後世承用，並且有相當一部分字形一直沿用到今天。這一方面説明書丹者在選取字形時採取了合理審慎的態度，對順應了漢字發展趨勢且能夠保持漢字理據的字形賦予合法的地位，另一方面也説明石經在字形規範和文字傳承過程中起到了無法替代的作用。

（作者爲聊城大學文學院副教授；
本文發表於《中國經學》第十五輯，2015 年 3 月，今略作修改）

① 趙立偉：《魏三體石經古文輯證》，社會科學文獻出版社 2007 年版，第 302—304 頁。

《漢石經碑圖敘例》敘《隸釋》殘字與新出殘字一節二版本異同述略

徐煒君

張國淦《漢石經碑圖》於 1931 年由燕京大學國學研究所排印刊行，卷首有《敘例》一篇，以爲寫定碑圖之綱領；又《國聞週報》自 1931 年 6 月 8 日第八卷第二十二期始，至是年 11 月 9 日第八卷第四十四期，分十一次隔期刊載《敘例》。對比之下，發現兩者偶有異同，是張氏《漢石經碑圖・敘例》有二版本焉。

《敘例》於説明漢石經之大體及行字、碑數等情況後，進而言石經文字一節，云"兹編所録，依《隸釋》《隸續》殘字，及近年洛陽新出殘字之可據者"，又云"洪氏殘字，經展轉傳刻，未免延誤，又不如新出殘字之真碻矣"，繼列洪适《隸釋》所載石經殘字、新出殘字分别與今本相應文字，并參以段玉裁、馮登府、羅振玉等人之考證，以爲寫定碑圖時用字之依據，所謂"以發其凡"者也。[①]此一節刊載於《國聞週報》第八卷第三十期至第三十八期（8 月 3 日至 9 月 28 日）。比照之下，知載於《國聞週報》者較弁於《碑圖》卷首者多十四條，少一條，異序三條，《隸釋》文字字形不同兩處，又於此節末多一段文字。由於未知燕京大學排印本爲何月梓成，故無由辨别二本之先後，則兩者之異同，亦難知係排印時刊落，抑或連載時增補。兹謹逐一比對，再論其去取之可能。

一　《隸釋》殘字部分

此一部分，刊載於《國聞週報》者共 113 條，《漢石經碑圖・敘例》共 106 條，又《國聞週報》中兩條有誤字，兹取異同依次臚列，誤者正之，餘者據張氏注文，覈以碑圖實際情況，略作闡釋。

---

① 張國淦：《漢石經碑圖敘例》，《國聞週報》，第八卷，第三十期，第 4 頁。

《國聞週報》(下簡稱"《週報》")第八卷第三十期:

猗　　《伐檀》"水清且漣猗"。
子

子,《漢石經碑圖》本(下簡稱"《碑圖》本")作"亍"。按:《隸釋·石經魯詩殘碑》正作"亍",後碑圖中"兮"字亦皆作"亍"。又《隸辨》引《郙閣頌》"兮"作"亍",是漢隸多如此。"子"與"亍"字形相近,故《週報》誤作"子"。

《週報》同期:

穡　　同上"不稼不穡"。
嗇　　《尚書·毋劮》"嗇之艱難"同。新出石經亦作"嗇"。凡"穡"字俱當作"嗇"。

嗇,《碑圖》本皆作"啬"。按:《隸釋·石經尚書殘碑》《魯詩殘碑》俱作"啬",後《魯詩》碑圖亦作"啬"。又《敘例》下文比勘今本文字與新出殘字,引《詩·桑柔》"稼穡卒痒",《碑圖》本及《週報》皆作"啬"。是《週報》此處誤。

《週報》第三十二期:

簡　　同上(《盤庚》)"懋簡相爾"。
蕑　　馮云:"是隸變。漢碑從竹之字多變從艸。"《魯論·堯曰》亦作"蕑",又《八佾》"管"作"菅"。新出石經"萬""笠""葙""芺""荅"皆是。

此條在"隱　乘"下,《碑圖》本無。《盤庚》《堯曰》碑圖並作"蕑",《八佾》碑圖諸"管"字皆作"菅"。《魯詩》校記碑圖有"葙"字,《雒誥》碑圖有"萬"字,《周易·萃》碑圖有"芺",《儀禮·鄉飲酒第十》碑圖有"荅"字,"笠"字未檢得,《論語·子張》碑圖"博學而篤志",張氏僅見"志"殘字,故"篤"字仍從竹不從艸。

《週報》:

愆　　同上(《牧誓》)"不愆於四伐"。
衍　　《毋劮》"厥衍曰朕之衍"同。馮云:"此隸變也。"

此條在"壬　任"下,《碑圖》本無。考《尚書·牧誓》《毋劮》碑圖皆作"愆",又《魯詩·衛國·氓》《小雅·鹿鳴之什·伐木》《谷風之什·楚茨》《大雅·生民之什·蕩》《□之什·抑》《周易·歸昧》《儀禮·士昏》碑圖俱作"愆",《大雅·生民之什·嘉樂》碑圖據《説苑》及《詩考》作"倦"。

《週報》:

致　《多方》"我則致天之罰"。

致　馮云:"《説文》'致'從夂從至,石經從友者,隸變也。《論語·子張》'自致',石經又作'致',亦隸變也。"新出石經《魯詩》《周易》作"致",《論語·子張》"喪致"亦作"致",似"自致"作"致",係刊誤。

此條在"終祥　道詳"下,《碑圖》本無。《多方》碑圖不甚清晰,似作"致"。《小雅·楚茨》"祝致告"、《周易·解》"致寇"、《論語·子張》"喪致",羅振玉《漢熹平石經殘字集録》摹本皆從友,①即張國淦所謂"新出石經《魯詩》《周易》""《論語·子張》'喪致'"者。然考碑圖,《楚茨》"祝致告"、《解》"致寇"、《子張》"喪致"皆作"致",不作"致",此蓋《叙例》所謂"習慣用字,手民未能悉改"者也;《子張》"自致"據《隸釋》作"致"。

《週報》:

太　《顧命》"乃同召太保"。

大　《論語·八佾》"太廟"作"太"。

此條在"耿　鮮"下,《碑圖》本無。此謂今本《顧命》作"太保"而《隸釋》作"大",今本《八佾》作"大廟"而《隸釋》作"太"。二篇碑圖皆從之。然《隸釋·石經論語》仍作"大廟"。蓋張氏所見《隸釋》正一作"大保"一作"太廟",皆適與今本反。該節各條按經文次第排列,此爲當《顧命》首條,《碑圖》無此條,然下"達集　通就"條注篇題爲"同上"。

《週報》同卷第三十四期:

逮　《哀公》"祖之所逮聞也"。

---

① 羅振玉摹本,據氏著《漢熹平石經殘字集録》,《羅振玉學術論著集》,第二集,上海古籍出版社2010年版,第285、207、434頁。

逻　　凡“逮”字俱當作“逻”。

此條在“弑　試”下，《碑圖》本無。《公羊傳・哀公十四年》碑圖作“逻”。又《魯詩・大雅・桑柔》“荓云不逮”，碑圖亦作“逻”。然《易・下象》“終以譽命上逮也”，碑圖作“逮”。

《週報》：

遲　　同上（《爲政》）“樊遲曰”。

遟　　馮云：“《説文》‘遲’從辵從犀，籀文從屖作‘遟’。是石經作‘遟’，從籀體也。”

此條在“三十　丗”下，《碑圖》本無。《魯詩・邶國・谷風》“行道遲遲”、《陳國・衡門》“可以棲遲”、《豳國・七月》“遲遲采蘩”、《小雅・鹿鳴之什・采薇》“行道遲遲”、《出車》“春日遲遲”、《谷風之什・楚茨》“廢徹不遲”、《北山》“或棲遲偃仰”、《商頌・那之什・長發》“湯降不遲”、《周易・上經・豫》“遲有悔”、《下經・歸妹》“遲歸有時”，碑圖皆作“遲”，未作“遟”，《論語・爲政》碑圖亦作“遲”。①

《週報》：

卒　　同上（《子張》）“有始有卒者”。

卆　　馮云：“是隸省也。”新出石經作“卆”、“卋”，又仍作“卒”。

此條在“游　斿”下，《碑圖》本無。《論語・子張》碑圖作“卒”。“新出石經作‘卆’，又仍作‘卒’”者，《魯詩・邶國・日月》“蓄我不卒”，羅振玉《漢熹平石經殘字集録續編》摹本作“卆”，②然《魯詩》碑圖仍作“卒”；又《小雅・節南山》“正卒”，馬衡《漢石經集存》所收拓本正作“卒”，③碑圖同。碑圖《儀禮》《春秋》《公羊》諸“卒”字皆作“卒”。

---

① 唯《尚書・般庚》“遲任”作“遟”。

② 羅振玉：《漢熹平石經殘字集録續編》，《歷代石經研究資料輯刊》，北京圖書館出版社 2005 年版，第五册，第 382 頁。

③ 馬衡：《漢石經集存・拓本圖版》，上海書店出版社 2014 年版，圖版十一，編號 60。

以上九條，除兩條係明顯誤字之外，[①]其餘七條皆《週報》有而《碑圖》本無。除“太　大”一條，餘者以碑圖用字覈之，或不用《隸釋》殘字，或於自注之説，未能完全遵行。再考《碑圖》106 條，多與碑圖用字相合，然亦有此二類情況。如“淫朋”一條，張氏云二字當是傳寫之訛，而《洪範》碑圖仍作“淫䏺”；“賓”一條引馮登府説，謂“賓”隸變當作“賔”，又作“賓”，《隸釋》作“責”爲誤，新出殘字俱作“賓”，而碑圖仍作“責”；“鮮寡”一條，謂《論語・子張》“哀矜”從令，而《碑圖》仍作“矜”；“終祥”一條，引馮登府以“道”爲“逌”之訛誤，而碑圖仍作“道詳”；“滕”一條，謂“滕”係刊誤，新出殘字作“騰”，碑圖從新出殘字。以此推測，《碑圖》本無此數條，非碑圖不用其説之故也，且未有一貫之規律性；又“太”一條與《週報》爲《顧命》第一條，《碑圖》本無，而“逵集”一條直接《君奭》一篇，而不標篇名，與本部分體例頗有出入：故當是《碑圖》本排印時有所遺漏而已，未必爲蓄意刊落。

二　新出殘字部分

此一部分，刊載於《國聞週報》者共 145 條，《漢石經碑圖・敘例》共 139 條，茲取異同依次臚列，覈以碑圖，略作闡釋。

《週報》：

舟　《柏舟》五章。

月　凡“舟”字俱當作“月”。

此條在“静　竫”下，《碑圖》本無。羅振玉《漢熹平殘字集録四編》録作“月”，[②]此正張國淦所本。或殘石泐滅，羅氏摹本“舟”字僅有下半，馬衡《集存》拓本所見亦如此（如圖一、圖二所示）。蓋《説文》作“舟”，故羅氏摹寫如此。然考《魯詩》碑圖，《柏舟》首章及篇末章句字皆作“月”，圖説則謂當作“月”。此節另有“盤　股”一條，謂“凡‘盤’字俱當作‘股’”，圖説謂《隸釋》即作“股”，然碑圖之中，字又從月。又馬氏《集存》，其科學出版社 1957 年版釋文作“自”，或是“月”之訛，上海書店出版社 2014 年影印時，將釋文此處改作“月”。張氏於叙例、碑圖及圖説自相矛盾，今又難據摹本與拓本以知其正誤。觀漢魏六朝碑刻中“舟”字，或作“冎”，或作冎。[③]

① 《週報》“亍”作“子”、“畜”作“畣”，皆字形相近而誤，或是排印時造成。

② 羅振玉：《漢熹平石經殘字集録四編》，《歷代石經資料研究輯刊》，第五册，第 505 頁。

③ 見毛遠明《漢魏六朝碑刻異體字典》，下册，中華書局 2014 年版，第 1228 頁。

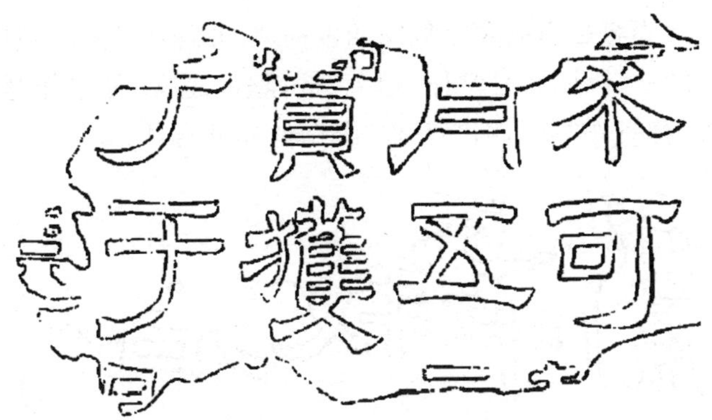

圖一　羅振玉《漢熹平石經殘字集録四編》摹本

圖二　馬衡《漢石經集存》拓本（編號7）

《週報》：

雪《簡兮》"雨雪其霏"。

䨮《小雅·角弓》"雨䨮麃麃"同。凡"雪"字俱當作"䨮"。

此條"露　路"下，《碑圖》本無。《簡兮》《角弓》碑圖"雪"俱作"䨮"。

《週報》：

騴　《晨風》"騴有六駮"。

騴

此條在"惟　維"下，《碑圖》本無。排印本不甚清晰，觀《晨風》碑圖，字似仍作“隰”。羅振玉《漢熹平石經殘字集録四編補遺》亦録作“隰”。然據羅氏摹本及《集存》拓本(見圖三、圖四),是當作“隰”。按,隰,《説文》從㬎作“隰”,㬎則從日中視絲。今“絲”隸省作“丝”,則“隰”作“隰”者,亦隸省耳。

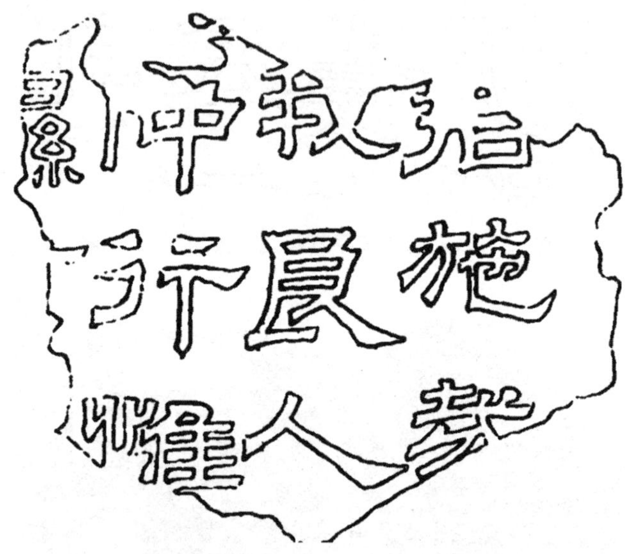

圖三　羅振玉《漢熹平石經殘字集録四編補遺》摹本

圖四　馬衡《漢石經集存》拓本(編號 42)

《週報》:

寖　　《下泉》"寖彼苞者"。

寑　　羅云："寑、寖同字。"石經《春秋》"侵"亦作"帰"，又作"侵"。

此條在"鳲　尸"下，《碑圖》本無。《魯詩》碑圖用殘字。"石經《春秋》"云云，係由"寖"之字形而申發。按，《春秋・文公七年》"狄侵我西鄙"、《十三年》"狄侵衛"，羅振玉《集録》兩字皆録作"侵"。據羅氏摹本，右下筆畫殘闕（見圖五、圖六），字似作"帰"，故張氏曰"石經《春秋》"云云，然碑圖此二字仍作"侵"。又按，據《集存》拓本，此二字似作"侵"（見圖七、圖八）。漢《尹宙碑》"侵"作"侵"，可與石經殘字相印證。

圖五　羅振玉《漢熹平石經殘字集録》摹本

圖六　羅振玉《漢熹平石經殘字集録》摹本

圖七　馬衡《漢石經集存》拓本(編號287)

圖八　馬衡《漢石經集存》拓本(編號290)

《週報》同卷第三十六期：

> 皃　　《皃鷖》五章。
> 㔾　　羅云:"别構字。"

此條在"烈假"下,《碑圖》本無。今本作"皃",字從几,石經碑圖從力,二字皆與《週報》所刊《叙例》者字形小異。按,"羅云'别構字'"者,圖説引羅云"皃别構作㔾,見魏《張猛龍清頌碑》,觀此則漢人已然矣",其説初見於《漢熹平石經殘字集録四編》,文字與張氏引略有出入,後雪堂董理舊稿彙成《集録》,圖説引同《集録》,則張國淦所引羅氏説,當出於此。

《週報》:

> 隨《民勞》"毋縱詭隨"。
> 遀石經《微子》亦作"遀",凡"隨"字俱當作"遀"。

此接上條,《碑圖》本無。《魯詩》《論語》碑圖俱作"遒"。羅振玉《集録四編》亦録作"遒"。

《碑圖》本:

朋　　同上(《周易·蹇》)"朋來"。
崩

此條在"用　有"上,《週報》無。碑圖、《集録》俱作"崩",與此條合,當是脱漏。

《週報》同卷第三十八期:

光宅　　《書序》"光宅天下"。
廣度

戡黎　　同上"西伯戡黎"。
堪飢

吕刑　　同上"吕刑"。
甫刑

此三條相連,在該期卷首,"孫　遜"上,《碑圖》本在"享　亨"下、"車　輩"上,即《尚書》殘字與《周易》殘字之間。按,此三條叙《書序》殘字異文,次第固當如《碑圖》本,當是《週報》誤。

《週報》:

郤　　《鄉射》"坐横弓郤手"。
郤　　羅云:"郤從卩,别構字。"

此條在"遵　撰"下,《碑圖》本無。《鄉射》碑圖作"郤"。按,今本《儀禮》作"卻"。羅振玉《集録》云:"卻從卩,别構字。"[①]是《週報》有誤,此條當爲"卻　郤"。

以上九條中,《週報》有而《碑圖》本無者七,《碑圖》本有而《週報》無者一,頗

① 羅振玉:《漢熹平石經殘字集録·儀禮》,《羅振玉學術論著集》,第二集,第160頁。

倒者一，又有一條之中存在誤字。覈以碑圖用字，除某些字筆畫略有小異以及因殘石泐滅而不能遽定者，多與張氏自注基本一致。《書序》三條，雖顯係《週報》顛倒次序，然《敘例》隔期連載於《週報》，其又恰在第三十八期卷首，是或可以認爲第三十六期排印時遺漏，而補於第三十八期。

綜上而言，兩個版本之間條目之多寡，與碑圖中實際用字的情況並無嚴格之對應，當是排印時遺漏所造成。此一節之用意，在於明確擬寫碑圖時之用字，且張氏於實踐中，基本以《隸釋》殘字與新出殘字兩部分爲標準，其偶有不用者，當即如新出殘字部分之後《週報》尚有一段文字云"又如'不'作'丕'、'以'作'叺'、'兮'作'丫'、'侯'作'矦'、'來'作'来'，……若此類者，皆今文習用之字，手民亦未能悉改者"也；亦有《隸釋》殘字有誤已辨正卻未能改正者，此類蓋是張氏偶誤耳。《敘例》中明言《隸釋》殘字有誤而於碑圖仍沿用者，則當據《敘例》改正。既然異同並非由"體例"造成，則辨正張氏《漢石經碑圖》用字時，需整合兩個版本共同作爲參考及依據。

（作者爲上海交通大學人文學院博士研究生）

熹平石經刊刻動因之分析

——兼論蔡邕入仕

顧　濤

一　一代大典乎？

漢熹平石經歷來享有高譽。宋王應麟（1223—1296）倡“兩漢崇儒”説，即舉靈帝時熹平石經爲證，與武帝置五經博士、光武修起太學、章帝白虎觀會群儒諸盛事並觀；①至清末皮錫瑞（1850—1908）指稱東漢爲“經學極盛時代”，同様以《白虎通義》與熹平石經並舉，謂前者“爲曠世一見之典”，後者“尤爲一代大典”。皮氏更云：“使碑石尚在，足以考見漢時經文，惜六朝以後漸散亡。”②不想其殁後僅十多年，熹平殘石竟陸續出土，馬衡（1881—1955）遺著《漢石經集存》，已得520件，字數逾八千。③此後各地又頗有新出、新藏，至今散落之總字數逾萬當無問題。④藉是之故，接踵前修，“肇治石經者，必當以復原工作爲先務”，⑤進而可與漢時經籍傳鈔、經師學承交互印證，皮氏之遺志蓋得以遂也。

然“一代大典”之説，一度有學者不予認同。如在劉師培（1884—1919）心目中，東漢離經學之盛世已不可以道里計，其云：“東漢以降，説經之書，不外證明經訓，而説經之途日狹矣，此微言大義所由日晦也，可不悲哉！”⑥就熹平石經言，日

---

① ［宋］王應麟：《困學紀聞》卷十六，遼寧教育出版社1998年版，第319頁。

② ［清］皮錫瑞：《經學歷史》四“經學極盛時代”，中華書局2004年版，第77頁。

③ 馬衡：《漢石經集存》，中國科學院考古研究所編輯，科學出版社1957年版。

④ 就漢魏洛陽故城太學遺址發掘所得即有石經殘石153件，參見中國社會科學院考古研究所編著：《漢魏洛陽故城南郊禮制建築遺址：1962—1992年考古發掘報告》，文物出版社2010年版。其他各地新發現資料可參邱德修《漢熹平石經的新發現及其價值》（1990），《曉堂學術論文集》，臺灣五南圖書出版公司1994年版。

⑤ 屈萬里：《漢石經尚書殘字集證》自序，“中央研究院”歷史語言研究所1963年版，第3頁。

⑥ 劉師培：《國學發微》，《劉申叔遺書》，江蘇古籍出版社1997年版，第481頁下。

本學者本田成之(1882—1945)在其名著《支那經學史論》的第四章"後漢的經學"中便隻字未提這"一代大典",卻在其後的三國時代一節,不無諷刺地感歎"過去漢靈帝熹平四年,所謂以熹平石經立於大學的漢學隆盛時代僅七十年",①其針對且不滿於皮錫瑞之情狀可以見矣。今人有直言其故者,便云:"據載,石經樹立於太學門外,轟動一時。……然而,企圖通過石經以整頓太學經學教育,終究無法收到成效。"②究竟是曠世一代大典,還是終無成效可收?熹平石經之評價如此迥異,背後究竟蕴藏着怎樣鮮爲人知的事情?

看來,是對熹平石經的刊刻動因進行深刻反思的時候了。

二　范説及其延伸論述析疑

王應麟、皮錫瑞等所云,脱胎於范曄《後漢書・儒林列傳》,後之學者多陳陳相因。熹平石經的刊刻動因,同樣爲范説所籠蓋。《儒林列傳上》有如下一段耳熟能詳的話:

> 然章句漸疏,而多以浮華相尚,儒者之風蓋衰矣。黨人既誅,其高名善士多坐流廢,後遂至忿争,更相言告,亦有私行金貨,定蘭臺桼書經字,以合其私文。熹平四年,靈帝乃詔諸儒正定五經,刊於石碑,爲古文、篆、隸三體書法以相參檢,樹之學門,使天下咸取則焉。③

范氏誤以漢石經爲三體,學者已明辨之,兹不贅。其所指"私行金貨"説,在《宦者列傳》中亦有類似的表述:

> (李)巡以爲諸博士試甲乙科,争弟高下,更相告言,至有行賄定蘭臺漆書經字,以合其私文者,乃白帝,與諸儒共刻五經文於石。於是詔蔡邕等正其文字。自後五經一定,争者用息。④

此處所言"行賄",義同"私行金貨",其説風靡學界,清代以來無有異辭。至二十

① [日]本田成之:《中國經學史》,孫俍工譯,上海書店出版社 2001 年版,第 168 頁。
② 許道勛、徐洪興:《中國經學史》,上海人民出版社 2006 年版,第 109 頁。
③ [南朝宋]范曄:《後漢書・儒林列傳上》,中華書局 1965 年版,第 9 册,第 2547 頁。
④ [南朝宋]范曄:《後漢書・宦者列傳》,第 9 册,第 2533 頁。

世纪四十年代馬衡爲《中國教育全書》"石經"詞條撰文時，一承其説："其動機蓋以書經傳寫，踳駁日多；又遭黨錮之禍，經師名儒，禁錮誅戮，放廢流亡，邪枉之徒，輕爲姦利，私行金貨，竄改今文，勢非刊一定本不足以解此糾紛。時既不知有印刷術，則欲傳之久遠，固非刻石不爲功。太學爲博士傳經之所，故立於太學門外。"①此一方面勾畫出石經刊刻之動因，另一方面又突顯出太學門外立石經的偉績，即虞萬里所概括的，"當時群儒後學，輻輳洛陽，摹寫取正，絡繹不絶。自此之後，賄改之風絶而紛争之訟息，刻經於石之效果顯然，功德無量。"②若進一步從書籍史看，錢存訓(1910—2015)的評價似已成共識："石經不僅恒久而統一地保存了儒家經典的正統經文，同時也導致了後來以木板來雕刻儒經，而成爲官府最早採用雕版印刷術的先河。"③在如此巨大的歷史功績遮蔽下，范説刊刻動因便成爲無人置喙的名正言順。

更有甚者，馬衡又將此功德無量明確指認給蔡邕(字伯喈，132—192)。其云："緣其時經籍皆展轉傳寫，文字沿訛，弊端日出，甚至有私行金貨，……當時蔡邕等爲挽救此弊，奏求正定六經文字。經靈帝之特許，刻石立於太學門外，以爲經籍之定本。"④此説仍本諸范曄而爲之推闡，《後漢書·蔡邕列傳》載：

> 邕以經籍去聖久遠，文字多謬，俗儒穿鑿，疑誤後學，熹平四年，乃與五官中郎將堂溪典、光禄大夫楊賜、諫議大夫馬日磾、議郎張馴、韓説、太史令單颺等，奏求正定六經文字。靈帝許之，邕乃自書丹於碑，使工鐫刻立於太學門外。⑤

馬氏所謂"蔡邕等爲挽救此弊"，覈諸史文，所指在七人共"奏求""邕乃自書丹"二事，尚未過多拔高。究竟蔡氏爲此付出過多大心血，不得而知。不想時移勢易，蔡邕於石經刻立之功日益提升。試看近十來年的情况，《中國大百科全書·語言文字卷》於"八分"條下撰文："漢靈帝熹平四年蔡邕書寫七種經書，刻石立於太

① 馬衡：《石經詞解》，《凡將齋金石叢稿》卷六，中華書局1977年版，第211頁。

② 虞萬里：《從熹平殘石和竹簡〈緇衣〉看清人四家〈詩〉研究》(2010)，《榆枋齋學林》，華東師範大學出版社2012年版，第110頁。

③ 錢存訓：《書於竹帛：中國古代的文字記録》，初版於1962年，上海書店出版社2002年版，第58頁。

④ 馬衡：《從實驗上窺見漢石經之一斑》(1933)，《凡將齋金石叢稿》，卷六，第199頁。

⑤ [南朝宋]范曄：《後漢書·蔡邕列傳》，第7册，第1990頁。

學,成爲東漢晚期的標準書體,隸書從此向真書過渡。"[①]又劉躍進所編蔡氏年譜,在熹平四年下逕設一條,云:"三月,蔡邕自書五經,立石經於太學門外。"[②]更有陳海燕專研蔡氏,盛稱:"熹平石經,是蔡邕作爲朝臣和學者全力而爲的一件大事,於後世影響深遠。""蔡邕首倡其事並傾力而爲、親筆書丹,也是他在當時所做影響最爲重大的事件。"[③]諸如此類論調,在書法、文學等界的著述中不一而足,兹不贅引。[④]

論説至此,已有積重難返之勢。下面擬將所牽涉諸問題逐一作些辨析。

首先,七經非全爲蔡邕所書,已爲不争的事實。上述諸家云蔡邕書寫七經(或稱五經),遠祖恐爲《隋書・經籍志》"後漢鐫刻七經,皆蔡邕所書"説,欠考而沿誤者歷代頗多,[⑤]然予以辨析者亦不乏其人。如宋董逌《廣川書跋》即稱"貞觀初,魏徵始收聚之,當時考驗至詳,謂不盡爲邕書",洪适(1117—1184)詳玩經字,於《隸釋》中明言:"今所存諸經字體各不同,雖邕能分善隸,兼備衆體,但文字之多恐非一人可辦。"[⑥]對新出石經把玩研究至深的學者,如馬衡同樣指出:"余觀所出之七經字體,雖面貌相似,而工拙攸分。或人書一經,或一經又分數人,皆未可定。""邕雖擅書,亦不能以一人之力,書二十餘萬字。"[⑦]屈萬里(1907—1979)亦謂:"今所見石經殘字,其書法頗不一致,知非出一人之手。"[⑧]後之學者失參諸家,仍踵沿舊誤,不足爲辨。

其次,蔡邕並未傾力於刻經,其所從事分量之微,不難考知。在靈帝下詔後三年的光和元年(178),蔡邕即因陳災異事被黜流放朔方,之後一度亡命江海,若以學界公認的《水經注》所載光和六年(183)爲石經刻成年代,則在蔡氏離朝後尚有五年之久。又刻經之首倡者恐非蔡邕,而爲宦者李巡。李巡,於經學有一定造

① 《中國大百科全書・語言文字卷》"八分"條,中國大百科全書出版社 2002 年版,第 10 頁。此條署名由張政烺撰文。

② 劉躍進:《蔡邕行年考略》(2003),《秦漢文學論叢》,鳳凰出版社 2008 年版,第 213 頁。

③ 陳海燕:《蔡邕研究》第三章"蔡邕思想研究",清華大學出版社 2013 年版,第 76 頁。按:此段引文中的"與後世"的"與"爲别字,當作"於"。

④ 甚至在考古學界,亦有學者説:"漢靈帝熹平年間,蔡邕書寫《尚書》《周易》《儀禮》《春秋公羊傳》《論語》《詩經》等經書,鐫刻成 46 通石碑,立於太學門前。"見冉萬里《漢唐考古學講稿》第一章"秦漢考古",三秦出版社 2008 年版,第 15 頁。

⑤ 參見張國淦《歷代石經考》(1930)所轉引,賈貴榮輯:《歷代石經研究資料輯刊》,北京圖書館出版社 2005 年版,第 4 册,第 28—29 頁。

⑥ 轉引自張國淦《歷代石經考》,賈貴榮《歷代石經研究資料輯刊》,第 4 册,第 29—30 頁。此下張氏鈔録有其他各家對書體非出蔡邕一人的辨析頗詳可參。

⑦ 馬衡:《從實驗上窺見漢石經之一斑》,《凡將齋金石叢稿》第 207 頁。

⑧ 屈萬里:《漢石經周易殘字集證》卷一,1961 年初版,聯經出版事業公司 1984 年版,第 3 頁。

詣，曾注《爾雅》，《後漢書·宦者列傳》列爲“清忠”，載其事者上文已引，清儒臧琳（1650—1713）論曰：“據此知熹平石經雖有靈帝之詔、蔡邕之奏，而發端白帝，實自李巡。特身爲宦官，不能與帝王及士大夫並稱乎後世，爲可惜耳。其持躬清忠，不争威勢，益足尚也，余特爲表出之。”[①]誠爲卓見。王利器（1912—1998）承臧説，[②]今虞萬里則進一步明確“其創議作俑者，自是李巡”，[③]可見蔡邕乃步武李巡方有牽頭上奏之舉。又即就蔡邕自書丹之分量而言，恐怕也是微乎其微。《魏書·江式傳》曾載北魏書家江式上表云：“左中郎將陳留蔡邕採李斯、曹喜之法爲古今雜形，詔於太學立石碑，刊載五經，題書楷法多是邕書也。”此段史料大概是比較明確指實石經中蔡邕所書的部分的，即“題書楷法”，楷法即標準的隸體，題書指的就是石經的題額。依江式所言，石經中恐怕只有碑額的題頭是蔡邕所書。今既可見諸碑書跡差異明顯，又無明文可證經字中哪些爲蔡氏所書，且就書法藝術而言，書家陳滯冬明確指出，“其文字雖然可説是正確無誤，但藝術性卻已泯滅殆盡，毫無觀賞價值可言”，[④]故筆者願意相信江式所言。難怪啓功（1912—2005）有説：“以今出土之熹平石经諸殘石觀之，書體風格，每每不同，且無一石與世傳蔡書諸碑相似者，然則何碑爲蔡書且不得知，况復辨其爲真蔡僞蔡乎？”[⑤]甚是。在此基礎上，寇克讓有所推論：“我以爲江式的話是説：只有大部分標題是蔡邕寫的，爲的是給書寫的人一個參照的標準。……至於篇幅很長的石經正文，想必是從一般的文吏中挑選出字跡工整的一些人然後分工書丹的。”[⑥]寇説未必不可從。

再次，以石經爲當時學術隆盛的標誌不足取。錢存訓所謂“恒久而統一地保存”經文，實屬一廂情願的美好想象，更有學者進一步誇大其辭，逆推云“石經的建立，目的是正定六經文字，鞏固東漢政權的長久利益”，[⑦]可謂對東漢桓靈之際的政學局面完全漠然。且不説石經刻成僅六年，董卓專政焚燒洛陽宫，即殃及太學，石經受損，昔日斯文迅速名存實亡；漢室亡後，魏政權略事鞏固，便即重刻三

① ［清］臧琳：《經義雜記》卷九“李巡奏定石經”條，《清經解》，鳳凰出版社 2005 年版，第 2 册，第 1482—1883 頁。

② 王利器《鄭康成年譜》亦云：“熹平立石經，雖有靈帝之詔、蔡邕等之奏，而發端白帝，實自李巡。特以身爲宦者，不能與帝王及大夫並稱乎後世；而後世知之者，或亦寡矣。”齊魯書社 1983 年版，第 89 頁。

③ 虞萬里：《從熹平殘石和竹簡〈緇衣〉看清人四家〈詩〉研究》，《榆枋齋學林》，第 110 頁。

④ 陳滯冬：《圖説中國藝術史·商周秦漢書法（10）》，巴蜀書社 1999 年版，圖 9、10。

⑤ 啓功：《〈郭太碑〉跋》，《啓功書法論叢》，文物出版社 2003 年版，第 140 頁。

⑥ 寇克讓：《書法没有秘密》第八章“求古尋論”，新星出版社 2012 年版，第 220 頁。

⑦ 許雲端：《論蔡邕與熹平石經》，鄒振亞等主編：《漢碑研究》，齊魯書社 1990 年版，第 310 頁。

體石經(即正始石經),此距熹平不過六十年,所立又同在太學,新石經立,舊石經黯然失色。此後熹平石經歷永嘉喪亂等,至唐初已十不存一。又就東漢經學之傳承來看,民間私學的古文學已然成爲學術之正宗,馬融、許慎、鄭玄等之經學不僅名聞當世,且傳之久遠;相較而言,官學的今文經學日屈,衰落已甚,《儒林列傳》深歎"儒者之風蓋衰矣",太學中則"黨人既誅,其高名善士多坐流廢"。而蔡邕之經學本無足稱道,其欲上奏刻經,完全不顧當時經學現狀,所依經本全用今文家法,别有用心之處斷然可見(下文詳述)。

又次,刻經旨在清肅官場賄行説流於表象。在太學凋敝、宦官把權、黨錮連連的桓靈之際,企圖以冠冕堂皇的刻經之舉力挽狂瀾,如有學者所言,"朝廷官僚以蔡邕爲首,希望透過正定五經來杜絶官場策試弊端",説什麽"蔡邕等人的舉動,背後實有整飭吏治的動機與使命感",①實乃紙上談兵的書生意氣。要知官場賄行無孔不入,策試舞弊也花樣翻新,"私行金貨"可用於削改經字,同樣可用於其他各種門道。正在儒生爲熹平石經歡欣鼓舞的當刻,靈帝於熹平七年(178)則另立鴻都門學,以擢舉"尺牘及工書鳥篆者",憑如此低級才藝取士,難怪范曄也要驚呼"士君子皆恥與爲列焉",習經士人已徹底靠邊站(詳下文)。更有甚者,賣官鬻爵成爲靈帝時政治荒淫的重頭戲,光和元年(178)設西邸園子,"賣官,自關内侯虎賁羽林入錢各有差,私令左右賣公卿,公千萬,卿五百萬"(《孝靈帝紀》)。如此亂局,待五六年後石經刻成,士人百姓觀摩者再如何"填塞街陌"(《蔡邕列傳》),亦不過自我陶醉,於任官登第之實際又有何補。有見於此,説范曄所言"私行金貨,定蘭臺桼書經字"爲石經刊刻的藉口,也即事件發生的導火索,尚不爲過;若説是刻經之深層動因,由此將石經的刻成與加强以經術取士的宗旨相關聯,不可不謂之蹈空之言。

質疑至此,不難看出欲求熹平石經的刊刻動因,若不從漢末政局、學壇千絲萬縷的糾葛中去探抉尋求,僅從書籍、文字等某一領域内單向逆推,很難得其實。依著這一思路,筆者略作檢視,不難發現已有一些學者進行過很好的探索。

如范文瀾(1893—1969)在《中國通史》中即指出:"宦官殺逐了黨人,但對士人還是有疑懼,他們想出一些辦法來,企圖加强自己的勢力。一七五年(熹平四年),漢靈帝命蔡邕寫定五經文字,刻石碑四十六塊立在太學講堂前(熹平石經)。五經文字與宦官本來毫不相干。因爲太學生在太學争考試等第的高下,往往鬧

① 陳鏘懋:《漢靈帝時期的政局》,《古代歷史文化研究輯刊》第5編5册,花木蘭文化出版社2011年版,第31頁。

到官府裏去争訟。宦官早已被名士議論政事嚇得發狂,亂殺一陣,現在這些太學生又來糾纏經學,擾攘不休,對宦官確是一種可厭的刺激。五經石碑一立,宦官得到清静了。"[①]范氏將刻經歸因於宦官集團爲加强勢力,對士人清流的"政策性讓步"。對此楊九詮頗不認同,力證"熹平石經絶不可能是宦官集團的主意,石經與太學相對於鴻都門學與宦官集團,恰恰是一'清'一'濁',壁壘分明的反對的關係",故"范文瀾先生的理解也是不小的誤會";於是楊氏又反彈回來,得出石經不過是士人清流在與宦官集團鬥争過程中出於"職業習慣"而作出的"形式化的回折"。[②]此外,徐難于的研究與楊文頗有相似之處,在她看來,有鑑於"宦官專權與整飭吏治這二者之間矛盾衝突的尖鋭性及不可調和性",也就注定了"渴望憑真才實學入仕的儒生、士子都欣喜地認爲'熹平石經'會帶給他們希望"的美夢最終破産;[③]不過其將刻經歸因於靈帝在"窮途末路中的改革",則又與楊文的看法不盡一致。

看來問題相當複雜,石經的刻立究竟是哪方面力量起了關鍵性的作用?還是幾方面力量共同作用的結果?如何作用?筆者認爲,對奏議刻經者蔡邕身份及志向的分析,將對問題的明朗化起關鍵作用。

三　蔡邕入仕:因才藝而非經學

顧炎武(1613—1682)曾評論蔡邕云:"以其文采富而交游多,故後人爲立佳傳。"[④]蔡邕在碑文、辭賦、書法,乃至天文、律曆等領域均頗有造詣,觀唐代以前之評蔡者,多取其文藝之才華而美譽之。如晉摯虞指稱"蔡邕爲楊公作碑,其文典正,末世之美者也",[⑤]至梁蕭統編《文選》收録碑文便以蔡氏爲宗,[⑥]劉勰亦稱"自後漢以來,碑碣雲起,才鋒所斷,莫高蔡邕",此就其碑文而論;《文心雕龍》又統論其文學云"蔡邕銘思,獨冠古今","蔡邕精雅,文史彬彬";[⑦]三國書家鍾繇秘

① 范文瀾:《中國通史》,人民出版社 1978 年版,第 2 册,第 191 頁。

② 楊九詮:《東漢熹平石經平議》,《文史哲》2000 年第 1 期,第 69—70 頁。

③ 徐難于:《漢靈帝與漢末社會》三"窮途末路中的改革",齊魯書社 2002 年版,第 91、93 頁。

④ [清]顧炎武著,[清]黄汝成集釋:《日知録集釋》卷十三"兩漢風俗"條,上海古籍出版社 2006 年版,第 745 頁。

⑤ [晉]摯虞:《文章流別論》,郭紹虞主編:《中國歷代文論選》,中華書局 1962 年版,第 158 頁。

⑥ [南朝梁]蕭統編《文選》卷五十八、五十九收入碑文共計五篇,蔡邕所撰《郭林宗碑》《陳仲弓碑》居其二,且列居首位,中華書局 1977 年版,第 800 頁下欄起。

⑦ 分别見[南朝梁]劉勰《文心雕龍·誄碑》《銘箴》《才略》,周振甫《文心雕龍今譯》,中華書局 1986 年版,第 103、113、425 頁。

歎"吾精思學書三十年,讀他法未終盡,後學其用筆,……每見萬類,皆畫象之";梁武帝則盛贊"蔡邕書骨氣洞達,爽爽有神力",①此就其書法……在如此輿論影響下,范曄撰史頗難跳出時尚風習,難怪後人斥其"離于全漢,固已遠矣,徒道其美,不深迹其瑕眚",②睹今《後漢書》中《蔡邕列傳》,已然完全趨於一邊倒。此篇"佳傳"奠定了後世對蔡邕的基本判斷,甚至滋生出不少對蔡邕歷史地位的過度揄揚。

若深入考察蔡邕之文采,《蔡邕列傳》的主基調不過是其博見而學富,首論其早年曰"少博學,師事太傅胡廣,好辭章、數術、天文,妙操音律",尾概其生平曰"所著詩、賦、碑、誄、銘、讚、連珠、箴、弔、論議、《獨斷》、《勸學》、《釋誨》、《叙樂》、《女訓》、《篆執》、祝文、章表、書記,凡百四篇,傳於世",可見。二十世紀以來,文學史家頗就蔡文之風格予以抉發,如錢基博(1887—1957)在《中國文學史》中讚譽之曰:"邕之文,澤古者深,其辭坦迤如不經意,而暗與之合。大抵以《書》之端凝植其骨,以《詩》之安和植其節,以《左氏》之整暇調其機。其文以意度勝人,不以骨力見高;舒詳安雅,而氣如瑩,渢渢乎三代之遺音也。"③又劉師培論之曰:"蔡伯喈之文亦純爲儒家,其碑銘頌讚固多用經説,即論事之文亦取法《春秋繁露》,而文章之重規疊矩,則有胎息於荀子《禮論》《樂論》。故雖明白顯露,而文章自然含藴不盡,文能含藴則氣自厚矣。"④相較而言,錢説"邕慮詳而力緩,温雅以循規",平允而入腠;劉氏則略嫌抑揚,然其推崇"《文心雕龍·才略》篇云'蔡邕精雅',實爲定評",⑤仍未失之諂。至黄侃(1886—1935)《中國文學概談》,舉出"中國文學佔有勢力者"共計十家,兩漢之際則唯列蔡邕,後人若不精思細察,頗易誤會成刻意渲染,然味其評蔡語:"至《漢書》以下之文,陳陳相因,四字一句,此種體裁,實出於議碑;而議碑則以蔡邕爲主,其後范蔚宗以碑爲史,韓退之以史爲碑,蓋范受蔡之碑版影響也。"⑥亦未過諛。後之學者則以此一葉障目不及其餘,漢魏之際唯蔡氏是尚,則過矣(兹不贅引)。

要知蔡邕之文采在其學富而見博,文辭平正規矩,文風趨於精雅,"精者,謂其文律純粹而細緻也;雅者,謂其音節調適而和諧也",⑦如此不偏不倚非常人所及,

① 分别見陳思《書苑菁華·秦漢魏四朝用筆法》、梁武帝《古今書人優劣評》,《歷代書法論文選》,上海書畫出版社1979年版,上册,第399、81頁。

② 章太炎:《五朝學》,《章太炎全集》,上海人民出版社1985年版,第4册,第74頁。

③ 錢基博:《中國文學史》第三編"中古文學",中華書局1993年版,第110頁。

④ 劉師培:《漢魏六朝專家文研究》十"論各家文章與經子之關係",《中國中古文學史講義》,上海古籍出版社2011年版,第141頁。

⑤⑦ 劉師培:《漢魏六朝專家文研究》九"蔡邕精雅與陸機清新",第139頁。

⑥ 黄侃:《中國文學概談》,《文心雕龍札記》附録,華東師範大學出版社1996年版,第287、289頁。

適可爲當世範本，同樣成爲後世模板。職是之故，歷代好事之徒往往炫其名而踵事增華，擴增其文、其書或可以兹攫利，如啓功所言："世人聞蔡邕能文，又嘗撰碑頌，遂以漢世諸碑之撰者歸之。於是輯《蔡中郎集》者，鈔集若干漢碑，無論其是否蔡作，咸納其中。至同一人之碑，再出三出，雖文詞重複，前後矛盾，不顧也。又聞蔡邕能書，曾寫鴻都門下石經，於是漢世諸碑之書者又俱歸之，雖書風歧異，年代乖舛，不顧也。"①此言可謂洞識士林心態。由後人慣常之心理，同樣可逆推當世人之所思所想。蔡邕之所以被徵用，筆者認爲主因恰恰在於其文采斐然，迥出儕輩。

試看蔡邕於熹平元年(172)召拜爲郎中，遷議郎，此年蔡氏四十歲，自延熹五年(162)蔡氏三十歲作《與人書》，流露出"年逾三十，鬢髮二色"的躊躇滿志，至此恰已十年。檢其此十年内之著述，②列爲下表：

年　份	歲數	著　述
延熹六年(163)	31	《朱公叔鼎銘》《朱公叔墳前石碑》《朱公叔謚議》
延熹七年(164)	32	《辭郡辟讓申屠蟠書》
延熹八年(165)	33	《太尉楊秉碑》《王子喬碑》
延熹九年(166)	34	《荆州刺史度侯碑》
建寧二年(169)	37	《處士圂叔則碑》《陳留太守胡公碑》二篇，《漢交趾都尉胡公夫人黄氏神誥》《黄鉞銘》《郭有道林宗碑》《童幼胡根碑》
建寧三年(170)	38	《辟司空橋玄府出補河平長》《東鼎銘》《太傅胡公夫人靈表》
建寧四年(171)	39	《上始加元服與群臣上壽表》
熹平元年(172)	40	《車駕上原陵記》《太傅文恭侯胡公碑》《太傅胡公碑》《胡公碑》等三篇，《胡太傅祠前銘》

由上不難看出，蔡氏此十年的著述主要是碑銘，另加爲靈帝冠禮所作的一則上表。諸碑一方面突顯其文采，另一方面由碑頌的對象自然引起在朝者的關注。蔡氏在建寧三年(170)辟橋玄府，出補河平長，與其去歲所撰《黄鉞銘》稱頌橋玄任度遼將軍平定西羌叛亂之間絶非巧合，劉勰慧眼，妙稱"蔡邕銘思，獨冠古今；橋公之鉞，吐納典謨"。③而熹平元年(172)召拜郎中入東觀著作，則又與其去歲所撰《上壽表》之博得頭彩撇不開干係。此年，靈帝行畢冠禮，有加强權力、獨任親信

① 啓功：《〈郭太碑〉跋》，《啓功書法論叢》，第140頁。

② 依據劉躍進《蔡邕行年考略》，《秦漢文學論叢》，第200—209頁。

③ ［南朝梁］劉勰：《文心雕龍·銘箴》，周振甫：《文心雕龍今譯》，第103頁。

的意願，以圖限制日益膨脹的宦官勢力。恰於此時，太傅胡廣(91—172)逝世。胡氏乃蔡邕之師，歷事自安帝以來六朝，爲官三十餘載，“凡一履司空，再作司徒，三登太尉，又爲太傅”，及其歿，“故吏自公、卿、大夫、博士、議郎以下數百人，皆縗絰殯位，自終及葬”(《後漢書·鄧張徐張胡列傳》)。此年蔡氏所撰《胡公碑》，再次使之大耀其名，其二十歲(152)即拜胡氏爲師，早已鋪築好今日平步青雲的臺基。

蔡邕之見重於此時的靈帝，同樣因其文采過人，而非爲什麼經學造詣；否則，根本不足以解釋在熹平石經開刻後僅三年，靈帝便另設鴻都門學，冠冕堂皇地以書畫辭賦等才藝辟召。《蔡邕列傳》詳載其始末云：

> 初，帝好學，自造《皇羲篇》五十章，因引諸生能爲文賦者。本頗以經學相招，後諸爲尺牘及工書鳥篆者，皆加引召，遂至數十人。侍中祭酒樂松、賈護，多引無行趣埶之徒，並待制鴻都門下，憙陳方俗閭里小事，帝甚悅之，待以不次之位。又市賈小民，爲宣陵孝子者，復數十人，悉除爲郎中、太子舍人。……光和元年，遂置鴻都門學，畫孔子及七十二弟子像。其諸生皆敕州郡三公舉用辟召，或出爲刺史、太守，入爲尚書、侍中，乃有封侯賜爵者。士君子皆恥與爲列焉。①

傳文所謂“初”，蓋即擢用蔡邕時的熹平元年。這些諸生雖各有才藝，見重於靈帝，可是較諸蔡邕，恐怕是小巫見大巫，無怪乎《魏書·江式傳》稱“後開鴻都，書畫奇能莫不雲集，於時諸方獻篆無出邕者”。靈帝之擢用蔡邕，乃因其炫目的才藝和顯赫的身世；不料蔡氏上任後即提出刻立石經，斥“書畫辭賦，才之小者”(《陳政事七事疏》)，靈帝只得面和而心非之，三年後即另起鴻都。

因蔡邕曾奏議刻經，今之學者往往以爲蔡邕乃一代經學家，如有稱其“是一個經學致用的大儒”，②“涉獵極爲廣泛，精通經學”③云云，實似是而非。就《後漢書·蔡邕列傳》所載，自始至終未評述過蔡邕的經學成就；不想在兩處引文中的連帶所及，竟成爲後人邀譽蔡邕經學的依據。一處是引録蔡氏早年自作《釋誨》，比托自己爲“覃思典籍，韞櫝六經”的胡耇元老，另一處是靈帝特詔問政，面譽其“經學深奥”。可惜，這兩處前者最多可見其自負，後者又爲當面恭維，如何能取信於人？又有學者從其碑銘、辭賦中試圖勾勒有源出六經之典，大致未出前引錢

① [南朝宋]范曄：《後漢書·蔡邕列傳》，第7册，第1991—1992、1998頁。
② 高長山：《蔡邕評傳》第一章“家學淵源與儒道思想兼修”，中華書局2009年版，第11頁。
③ 陳海燕：《蔡邕研究》第一章“蔡邕的家世及生平”，第23頁。

基博、劉師培等所評之囿，此正可見漢世一代經學積澱三百多年尚存之餘風遺韻。蔡邕受胡廣之影響，研習過五經章句，又能融入其文學、書法等之創作，可謂難能所得，然欲以此拔高其經學成就，恐失之允當。

蔡邕從胡廣受學，檢《後漢書》，於胡氏經學同樣未有論列，卻載其因舉孝廉"試以章奏，安帝以廣爲天下第一"，胡氏以章奏特出，正是文吏之料，此後一度在官任職，三十餘年，"性温柔謹素，常遜言恭色，達練事體，明解朝章"，范曄記録京師時諺謂之"天下中庸有胡公"(《胡廣列傳》)。後人欲以李賢注此篇所引《謝承書》"廣有雅才，學究五經"，抬高其經學成就，同樣欠妥。且不説范曄於此譽置之不顧，更是明確記載尚書令左雄提議改革察舉之制，當以"儒者試經學"，即"諸生試章句"，不想遭到胡廣上書嚴厲駁斥，書云"蓋選舉因才，無拘定制；六奇之策，不出經學"，通經之學在胡廣心目中無足輕重者如此。難怪有學者憤慨地説："胡廣本人的經學造詣就泛泛，而不是某一經的專家。……那麽，蔡邕跟他學到了什麽也可以想象。"[①]學到了什麽？從現有史料看來，至少有如下兩項：一是"古今術蓺皆畢覽之"(李賢注引《謝承書》)，此是謝承對胡廣的真實評價，也正是蔡邕日後在政治生涯中所能施展的絶活；二是"知臣頗識其門户，略以所有舊事與臣，雖未備悉，粗見首尾，積累思惟二十餘年"(《續漢書・律曆志下》劉昭注補引蔡邕《戍邊上章》)，胡廣熟識漢廷舊事，相與授蔡，此即蔡邕日後有志撰作《後漢書》之緣由。由此推斷，《後漢書・盧植列傳》所謂"(植)與諫議大夫馬日磾、議郎蔡邕、楊彪、韓説等並在東觀，校中書五經記傳，補續《漢記》"，蔡氏之入東觀，與盧植(？—192)等注重"校中書五經記"不同，其重則在"補續《漢記》"，具體而言，即其《戍邊上章》自云："得備著作郎，建言十志皆當轉録，遂與議郎張華等分受之，其難者皆以付臣。先治律曆，以籌筭爲本，天文爲驗，請太史舊注，考校連年，往往頗有差舛，當有增損，乃可施行，爲無窮法。"[②]蔡氏雖與盧植等"群儒並拜議郎"，然其在東觀則非專力於校經，可以必矣。

更可反推，蔡邕在光和元年(178)四十六歲流放之後，直至中平六年(189)五十七歲，方纔爲董卓再度徵辟，其間十二年，正值人生的學術黄金期，若其志在經學，應當有分量不輕的經學著作問世。可惜，在這期間，蔡邕的著述仍以碑銘爲主，間有音樂類著作《琴操》問世。僅有的《月令章句》，也恰恰體現出其在東觀時期的天文、律曆之積累，雖托名於《禮記》一篇，卻與官學的今文經章句之學大不

① 寇克讓：《書法没有秘密》第八章"求古尋論"，第222頁。

② ［漢］蔡邕：《戍邊上章》，亦可見鄧安生《蔡邕集編年校注》，河北教育出版社2002年版，第274—275頁。

相類，更與古文經學邈不相涉。

質疑的聲音又有來自蔡邕曾上書反對鴻都門學，可見其與泥於小技者不可劃爲同類。其實，這也僅可以説明蔡氏乃“其高者頗引經訓風喻之言”，由此與“下者連偶俗語，有類俳優”(《蔡邕列傳》)者有所不同，卻不足以説明蔡氏有主張以經學取士的强烈願望。更進一步，若將蔡邕的上書與當時楊賜(曾給靈帝講授《尚書》)、陽球(好申、韓之學)等人反對鴻都門學的奏章比對，問題更顯明朗。楊賜指斥“冠履倒易，陵谷代處，從小人之邪意，順無知之私欲，不念《板》《蕩》之作，虺蜴之誡，殆哉之危，莫過於今”(《後漢書・楊震列傳》引)，陽球更是厲聲鄙夷鴻都之人樂松等“出於微蔑，斗筲小人，依憑世戚，附托權豪，俛眉承睫”(《後漢書・酷吏列傳》引)。蔡邕所書則要平和得多，其云“若乃小能小善，雖有可觀，孔子以爲致遠恐泥，君子故當志其大者”，雖心知漢世曾以經術爲高，然又並非要與鴻都之人劃清涇渭。

由此可見，蔡邕非以經學名家，其於經學不過是受時代風習熏染而頗有涉獵，談不上多大造詣，且經學亦非其志向所在。故此，就熹平石經之參與度而言，蔡邕於校經與實際書丹恐均未親歷，認爲其只是題書碑額，在書法上立一樣式，江式所言及今人的推論恐非空穴來風。

四　蔡邕求仕之心及其政治嚮向

蔡邕之仕途，確實頗不平坦。桓帝延熹二年(159)曾被宦官徐璜、左悺等看中琴藝，召入京師，然其不願與之爲伍，故“行到偃師，稱疾而歸”，此後“閒居玩古，不交當世”(《蔡邕列傳》)，自二十七歲一直到三十八歲方爲橋玄所提拔。在官九年，又不幸捲入政治風波被黜戍邊，如此沉寂者又十二年。直至中平六年(189)爲董卓所辟，“舉高第，補侍御史，又轉持書御史，遷尚書。三日之間，周歷三臺”，此年蔡邕已五十七歲。不想三年後，董卓即斃命。蔡邕的一生，最爲風光的就是爲董卓徵辟的三年，無怪乎在董氏被誅之後，面對王允“殊不意言之而歎，有動於色”(《蔡邕列傳》)，由此激怒了王允，治罪死獄中。

應該説，蔡邕仕途多厄的一生鑄就了其文學成就的出衆；但是，蔡邕强烈而一貫的求仕之心仍是難以掩蓋的。雖然蔡邕曾作書推薦同郡的申屠蟠，追慕其“安貧樂潛，味道守真”(《後漢書・申屠蟠列傳》引)，然此爲申屠氏之志，卻斷非蔡邕所志。范曄不惜筆墨稱譽申屠蟠“隱居精學，博貫五經，兼明圖緯”，此後連連被徵，竟至中平五年(188)以博士徵，均終辭不至。此後，董卓徵辟名士多人，以威重己身，“唯蟠不到”；相較而言，蔡邕同樣受徵，先是“稱疾不就”，不想“卓大怒，詈曰：我力能族人”，“邕不得已，到，署祭酒”（《蔡邕列傳》）。後人往往罪之以董卓之暴戾，而爲蔡邕之無奈開脱，實淺於時事，唯王夫之（1619—1692）能識其幾，而云“此殆惜邕之才，爲之辭以文其過，非果然也”，並證之曰：

> 卓之始執國柄，亟於名而借賢者以動天下，蓋汲汲焉。除公卿子弟爲郎，以代宦官，弔祭陳（蕃）、竇（武），復黨人爵位，徵申屠蟠，推進黄琬、楊彪、荀爽爲三公，……蔡邕首被徵，豈其禮辭不就而遽欲族之哉？故以知卓之未必有此言也。且使卓而言此矣，亦其粗獷不擇、一時褁發之詞，而亦何足懼哉！申屠蟠不至，晏然而以壽終矣。……邕以疾辭，未至如數子之決裂，而何爲其族邪？①

船山誠爲卓識。蔡邕兩仕兩隱，在董卓時聲名噪極京城，“時邕才學顯著，貴重朝廷，車騎填門，賓客盈坐”（《後漢書・王龔列傳》李賢注），這正是蔡邕所希冀的在政學二壇的理想地位。蔡氏與申屠蟠，判然兩類人，難怪顧炎武扼腕而歎：“東京之末，節義衰而文章盛，自蔡邕始。其仕董卓，無守；卓死驚歎，無識。觀其集中濫作碑頌，則平日之爲人可知矣。”②顧氏之語有蔡邕同時人作證，張超（？—195）在《誚青衣賦》中即指蔡氏“麗辭美譽，雅句斐斐，文則可嘉，志鄙意微，鳳兮鳳兮，何德之衰”，③在精雅的文辭背後難掩其鄙微的心志。今之學者耽於蔡氏文集，從中剔出隻言片語試證嚮往隱逸是蔡氏的思想旨趣，實屬皮傅之言。

蔡邕攀附求進的功利之心，由其碑銘之文采斐然中可得洞見。上文已言蔡邕以碑銘之作博得令名而獲徵用，更進一步體味其碑文内容，諛辭邀譽雖隱爍而不直露，卻仍然給精讀過蔡集的錢基博、錢鍾書父子留下了深刻的印象。一曰“集中《郭有道》《陳太丘》兩碑，最爲名篇，而浮辭滿紙，絶不見其性情”，一曰“觀蔡遺文，識卑詞蕪”，④體味之深可見其文學修養。劉躍進就當時的歷史背景考

---

① ［明］王夫之：《讀通鑑論》卷八，中華書局 1975 年版，第 229 頁。

② ［清］顧炎武著，［清］黄汝成集釋：《日知録集釋》卷十三“兩漢風俗”條，第 754 頁。

③ ［漢］張超：《誚青衣賦》，費振剛、胡雙寶、宗明華輯校：《全漢賦》，北京大學出版社 1993 年版，第 606 頁。

④ 分别見錢基博《中國文學史》第三編“中古文學”，第 109 頁；錢鍾書《管錐編・全上古三代秦漢三國六朝文》六〇“全後漢文卷七六”，中華書局 1986 年版，第 3 册，第 1020 頁。按陳海燕謂：“綜觀歷代對蔡邕的評論，往往會發現兩種極端不同的論調，既有學者極力稱頌蔡邕的文章學識，也不乏論家力貶蔡邕的人品、德行，如錢基博、錢鍾書父子二人：錢基博對蔡邕文章極爲讚賞，於《中國文學史》一書中屢屢讚歎……”《蔡邕研究》緒論“當代視野下的蔡邕研究”，第 5 頁。陳氏此言，恐係未讀錢基博著作所致，或涉嫌有意歪曲，筆者泛覽歷代學者評論，未見有對蔡邕品行學識極力稱頌者。

察，指出其在三十一歲即爲尚書朱穆撰就鼎銘等三篇，可見“蔡邕等與朱穆門生弟子私立謚議，表明他試圖通過各種關係努力介入到當時的政治聯盟陣營中”；而且“這期間，他還爲太尉楊秉立碑，爲恩師胡廣的繼母和兒子作碑文，爲度遼將軍橋玄作頌，雖然多是應邀而作，多少也表明了他的某種政治態度”。[①]劉説可補證二錢之論，同時亦可見顧炎武僅見“蔡伯喈集中，爲時貴碑誄之作甚多，……自非利其潤筆，不至爲此”，徑斥之曰“諛墓金”，[②]尚未直刺其裏。退一步而言，蔡邕本人生前曾承認，“吾爲碑銘多矣，皆有慚德，唯郭有道無愧色耳”(《後漢書・郭太列傳》)，故即就郭氏生平之分析或可直入蔡邕内心。

郭泰(太)，字林宗，世稱有道，爲當世士大夫名士之傑出者，范曄載時人標榜之爲“八顧”之一(顧者，言能以德行引人者也。《後漢書・黨錮列傳》)，蔡邕撰《郭有道林宗碑》高譽之曰：“夫其器量弘深，姿度廣大，浩浩焉，汪汪焉，奥乎不可測已。若乃砥節礪行，直道正辭，貞固足以干事，隱括足以矯時。遂考覽六籍，探綜群緯，周流華夏，游集帝學，救文武之將墜，拯微言之未絶。於是纓緌之徒，紳佩之士，望形表而景附，聆嘉聲而響和者，猶百川之歸巨海，鱗介之宗龜龍也。”[③]然檢《郭太列傳》所載，郭泰由李膺、范滂成就一世英名，而李、范在建寧二年(169)黨錮之禍中殞命，郭泰等安然，范曄謂：“及黨事起，知名之士多被其害，唯林宗及汝南袁閎得免焉。”此外，傳文特别記郭氏受時人潮流追捧之緣由在其容貌風度：“性明知人，好獎訓士類。身長八尺，容貌魁偉，褒衣博帶，周遊郡國。嘗於陳、梁間行遇雨，巾一角墊，時人乃故折巾一角，以爲‘林宗巾’。其見慕皆如此。”更甚者在，因其時清議之風盛，郭泰、許劭等操縱人物品評，其所是者甚囂塵上，其所非者淹没終身，傳文所記者大率此類，因其輩所尚在“好共覈論鄉黨人物，每月輒更其品題”，故“天下言拔士者，咸稱許、郭”。今之有識之士深明其惡，如章太炎(1869—1936)疾之曰：“黨人之口，變亂黑白，甚于青蠅，其勢閹尹，亦齊、楚仲伯之間耳。……大抵黨錮不盡端人，徒以天下善士，濫入黨録，談者不求其本，即以黨錮悉爲善士，斯亦謬矣！”[④]章氏之所指，在其給弟子的面述中一針見血：“晉之亂端，遠起漢末。林宗、子將，實惟國蠹。禍始於前王，而釁彰於叔季。”[⑤]

---

① 劉躍進：《蔡邕的生平創作與漢末文風的轉變》，《秦漢文學論叢》，第174頁。

② [清]顧炎武著，[清]黄汝成集釋：《日知録集釋》卷十九“作文潤筆”條，第1108頁。按，據史料顯示，作碑受金之風恐起於晉宋以降。

③ 鄧安生：《蔡邕集編年校注》，第142頁。

④ 章太炎：《五朝學》，《章太炎全集》，第4册，第74頁。

⑤ 章太炎：《葑漢雅言劄記・史學》，但燾記録：《葑漢三言》，辽宁教育出版社2000年版，第147頁。

林宗,即郭泰;子將,即許劭。吕思勉(1884—1957)所言同樣鞭辟入裏:"案鉤黨之徒,品類非一。有通經之士,有游俠之徒,有挺身徇節者,亦有遁逃奔走,累及他人者。……且互相標榜,本係惡習。當時之士,所以趨之若騖者,一則務於立名,一亦以漢世選舉,競尚聲華,合黨連羣,實爲終南捷徑耳。"[①]郭泰所開惡習,全爲蔡邕之碑掩蓋,錢基博之斥"浮辭滿紙,絶不見其性情",尚留有足夠的情面。蔡氏之慕郭泰,與其説在效其側身黨錮士人之行列,不如説在追其爲時人所推宗而能統領一時之風潮。蔡邕之欲爲士林之宗,其心昭見。

最能説明問題的,當數蔡邕在20歲時師事京城高官胡廣,胡廣時已62歲。[②]這是蔡邕與當時潛心經學的民間古文經學通儒分道揚鑣的標志。東漢之經學,飽學之士大多由官學轉向私學,翁麗雪曾悉心條理《後漢書》及注,統計所得"東漢則私家講學之風極盛,其門弟子少者常數百人,多者且萬餘人",具體而言,門弟子超過百人者有四家,數百人者有三十一家,超千人者有二十七家,超萬人者有四家。[③]就以較蔡邕年長五歲的鄭玄(127—200)爲例,其於蔡邕拜師胡廣時則在四處尋覓飽學之士,曾"造太學受業,師事京兆第五元先,始通京氏《易》、公羊《春秋》、三統曆、《九章筭術》。又從東郡張恭祖受《周官》、《禮記》、左氏《春秋》、韓《詩》、古文《尚書》",然終不能滿足,至延熹二年(159)待古文經學大家馬融以病去官後,鄭玄"以山東無足問者,乃西入關,因涿郡盧植,事扶風馬融",可惜馬融門下弟子四百餘人,"玄在門下,三年不得見,乃使高業弟子傳授於玄,玄日夜尋誦,未嘗怠倦"(《後漢書·鄭玄列傳》),由此鑄就一代經學名家。[④]明白了當時經學傳授之大要,便可見蔡邕此舉之真實用心。蔡邕在20歲時即以拜師明志,此後能以其平平的經學造詣徵辟爲議郎,雖説與其叔父蔡質在京任尚書之職不無關聯,但更與其顯豁的師承密不可分。蔡邕師事胡廣,又在胡氏逝世之當年被召拜爲議郎,至少可以説,自此時起其即以胡廣爲標榜,希冀追步胡氏,以洞達漢制、才富學贍而統領政學二壇。此即蔡邕之政治嚮向所在。

蔡邕爲胡廣及家人撰寫的碑文今傳世者共達十多篇,在蔡集中所佔分量最重,尤其是其在乃師逝世當年所撰的《胡廣碑》(今傳三篇),精讀過後即可感知其追慕胡氏政治生涯的理想。胡廣之爲人,前已述及,其在世時即因"與中常侍丁

① 吕思勉:《秦漢史》第十章"後漢衰亂",上海古籍出版社2005年版,第290—291頁。

② 依據劉躍進《蔡邕行年考略》,《秦漢文學論叢》,第196頁。

③ 詳參翁麗雪《東漢經術與士風》第一章"經學之極盛期",《中國學術思想研究輯刊》初編第25册,花木蘭文化出版社2008年版,第19—20頁。

④ 參見王利器《鄭康成年譜》,第48—54頁。

肅婚姻，以此譏毀於時”(《後漢書・胡廣列傳》)，苟容取媚於宦官，范曄亦難掩其眚，《資治通鑑》曾有如下定評：“温柔謹慤，常遜言恭色以取媚於时，無忠直之風，天下以此薄之。”①章太炎則徑斥之曰：“晉之諛臣若荀勖，漢亦有胡廣、趙戒。”②今讀蔡文，見其所云胡廣“歷觀古今，生而知之，聞一睹十，是以周覽六經，博總群議，旁貫憲法，通識國典；年二十七，察孝謙，除郎中、尚書侍郎、尚書左丞、尚書僕射，幹練機事，綢繆樞極，忠亮唯允，簡於帝心，智略周密，冠於庶事”，又云“五作卿士，七蹈相位，太僕、司農、太傅、司空各一，司徒、特進各二，太常、太尉各三，光輔六世，歷載三十有餘”。③如若承認“作爲他的得意門生，出於師生情誼，蔡邕爲其撰寫數篇碑文，也是合乎情理的舉動”，④那麽只可以説，蔡邕的志向與乃師實際上一脉相承，其對胡廣的評價也就是他自己人生志向的印記流露。

明瞭蔡邕的政治蘄向，便可推知其之所以要牽頭奏議刻立石經，正是爲達成這一志向而施展出的重拳一擊。只是蔡邕哪裏知曉，在他看來的這重拳一擊，置於桓靈之際的政局之中，不過是螳臂當車式的自欺欺人之舉。

五　漢末政治角力場中的螳臂當車

作爲一介文士的蔡邕，最大的不自知恐怕正是其自身的性格不適於介入政治風波，這是他與其師胡廣迥異之處。筆者贊同于迎春對蔡邕與漢末政局的分析：“蔡邕孝義素著，博學多藝，體現着他那個時代士人的基本修養，……卻不能游刃於現實，在社會政治活動中既不能抗争，又缺乏必要、適當的防備和心機，因此，在政治傾軋的當口，他極易成爲犧牲。”就他晚年夾迫於董卓、王允而言，“蔡邕雖對董卓有微辭，在與這位實際執政的關係中感覺不自在，但對於後者在自己漂泊無依時所給予的巨大的境遇改善，不能不充滿了知遇感恩之情。而個人情感竟然公開突破了政治道德、政治利害的防綫，即使是暫時的，也足以顯示出蔡邕政治理智的貧乏和天真。”⑤蔡邕式書生從政的人生悲劇，正可清晰地凸顯出

① ［宋］司馬光：《資治通鑑》卷五十七《漢紀》“靈帝熹平元年”，中華書局 1956 年版，第 4 册，第 1828 頁。

② 章太炎：《五朝學》，《章太炎全集》，第 4 册，第 74 頁。

③ 兩段分别見蔡邕《太傅安樂鄉文恭侯胡公碑》《胡太傅碑》、鄧安生編《蔡邕集編年校注》，第 153、167 頁。

④ 陳海燕：《蔡邕研究》第四章“才鋒所斷　莫高蔡邕：蔡邕的碑誄等文”，第 158 頁。

⑤ 于迎春：《秦漢士史》第十二章六節“蔡邕：在出處進退之間的難得其所”，北京大學出版社 2000 年版，第 555—556 頁。

熹平石經刊刻的根本動因。

首先,刻經提議乃有感於漢代經學曾經的隆盛而生發。以經術取士,是漢代曾經鑄就過的歷史輝煌。自西漢武帝時的五經博士至東漢光武帝時設經學十四博士,從西漢宣帝石渠閣論五經至東漢章帝白虎觀會群儒,當年明帝永平年間(58—75)"坐明堂而朝群后,……饗射禮畢,帝正坐自講,諸儒執經問難於前,冠帶縉紳之人,圜橋門而觀聽者蓋億萬計"(《後漢書·儒林列傳上》)的盛況,成爲永遠無法超邁的一代盛世。順帝、質帝時雖有擴增太學之舉,終難掩其没落之勢,至桓靈之世,"儒者之風蓋衰矣",讓人徒懷昔日難再的無窮傷痛與不甘心。蔡邕熟稔漢制,藉機"私行金貨"之舞弊,奏議刻立石經,有恢復一代盛世的激情與夢想。可惜,徒有夢想而無藍圖,爲之張大的虎皮,在漢末宦官、外戚專政的政治角力場中不啻爲螳臂當車之舉,其可笑可歎之背後,恰恰包孕著蔡邕爲成就其個人政學地位所做的胡廣再世的美夢。

其次,刻經提議是因對宦官專權的强烈反彈而促成。漢末政治之衰,外戚、宦官交互擅權是根本原因。靈帝時宦官勢力的甚囂塵上,導源於梁冀爲首的外戚勢力的被摧毁。權宦的擅政,較諸外戚尤烈,直接導致了士人清流的被排擠,鑄成了兩次黨錮之禍。尤其是建寧二年(169)的第二次黨錮,李膺、范滂等百餘人"皆死獄中,餘或先殁不及,或亡命獲免。……又州郡承旨,或有未嘗交關,亦離禍毒,其死徙廢禁者,六七百人"(《後漢書·黨錮列傳》),士人集團遭蒙重創。此時的太學乃受殃重地,"宦官諷司隶校尉段熲捕繫太學諸生千餘人"(《孝靈帝紀》),難怪《儒林列傳》説"黨人既誅,其高名善士多坐流廢"。靈帝面臨的局面是,外戚勢力衰落,士人集團被鎮壓,宦官權力一枝獨盛,威勢無人能扼,帝位幾成傀儡。靈帝在加冠之後,不甘於坐以待斃,便有意識地培植可資親信的勢力,熹平石經和鴻都門學正是靈帝先後所下的兩步棋。孫明君曾指出:"鴻都門學是靈帝親自構想、組織、選拔的。……其人數最多時達到千人,……他們或在外地擔任刺史、太守,或者在朝廷擔任尚書、侍中,甚至有封侯賜爵者。完全成爲一種新興的政治勢力活躍於東漢末年的政治舞臺上。"①這一所謂"第三種勢力"的形成,無疑是靈帝一手扶持,重要的職能就是對抗權宦的獨大。其實,立鴻都門學前三年靈帝准詔刻石經,目的幾同,是靈帝親政後爲牽制宦官力量的重要一步。而蔡邕等的被徵用,在靈帝同樣是出於這一考慮。蔡邕的生平經歷,自然與宦者

① 孫明君:《第三種勢力——政治視角中的鴻都門學》,《漢魏文學與政治》,商務印書館2003年版,第103頁。

勢不兩立；而他牽頭上奏刻經，卻恰恰又有“在里巷，不争威權”的宦者李巡首倡來撑腰，由此打消了蔡邕心中黨錮前車之鑑的顧慮。不過在蔡邕，打擊權宦是幌子，展露才藝是主旨。靈帝本來對石經或抱以期望，然很快即意識到此舉之以卵擊石，不足以成事。靈帝最終得以限制住宦官力量，則又依靠了何氏等外戚集團，終漢之世，未能走出外戚、宦官交擅之禍。

再次，熹平石經未得到政學二界人士支持，則必然流爲形式化。石經倡刻之初，即是靈帝時政治角力場中權力鉗制的一枚棋子，注定無法得到任何一方的鼎力襄助。宦者李巡之流，僅是權力邊緣人物，不足以撼動大局。靈帝之所好，本在文賦書藝，其所看重蔡邕者亦在此，故另闢鴻都可遂其本願，刻立石經是其掙扎於宦者的試行信號，以經術取士非靈帝之志。最有可能支持熹平石經的，應當是清流士人之屬。可惜，當時太學中今文經學凋敝已極，經術深湛的古文經學通儒多居家教授，與蔡邕等激進求仕之流渺不相涉。《後漢紀》曾載尚敏上書云："自頃以來，五經頹廢，後進之士，趣於文俗，宿儒舊學，無與傳業。由是俗吏繁熾，儒生寡少。其在京師，不務經學，競於人事，争於貨賄。太學之中，不聞談論之聲；從横之下，不覩講説之士。"[①]蔡邕正是在官方經學如此没落的情況下，儼然以經學士人自居，倡議刻經。這也就可以解釋爲什麽蔡邕於當時民間古文經學置若罔聞，倡議刻經所依據的底本及參校本，完全是此前曾立於學官的今文經。[②]即使是同樣參與東觀校經的盧植，因其學通古今，對此恐怕也頗不能認同，《後漢書》載其於刻經時上書，即有"古文科斗，近於爲實，而厭抑流俗，降在小學"，"今毛《詩》《左氏》《周禮》各有傳記，其與《春秋》共相表裏，宜置博士，爲立學官"(《盧植列傳》)云云，然其説恐因乖於主事者，而未見採納。時隔六十年入魏，邯鄲淳即倡議新刻石經，果然一依古文經，實際上也就完全廢棄了熹平石經。對此，章太炎的認識最屬透闢，其云："淳、邕同時有聲聞，邕仕而淳隱。邕立一字石經，《詩》舉魯，《尚書》舉伏生，《春秋》舉公羊，皆當時學官所用今文經傳。盧植已心非之，上書請刊正碑文，且言'古文科斗，近於寫實，厭抑流俗，降在小學'，其與邕立異如此。淳之寫古文經以待摹刻，其亦與植同旨，而近規邕之失歟！"[③]明乎此，也便不難想見熹平石經失道者寡助，士林必無人響應，其在開工後恐一度緩

① [晉]袁宏：《後漢紀》卷十五《孝殤皇帝紀》，周天游：《後漢紀校注》，天津古籍出版社1987年版，第425頁。

② 對熹平石經所依底本及參校本，張國淦、馬衡、屈萬里等各家均有考證，參見虞萬里《從熹平殘石和竹簡〈緇衣〉看清人四家〈詩〉研究》，《榆枋齋學林》，第110—111頁。

③ 章太炎：《新出三體石經考》，《章太炎全集》，上海人民出版社1999年版，第7册，第495頁。

停，雖仍有功利之人推動，然綿延九年方得告竣。當年蔡邕高調上奏刻經，其背後的真實用心在彼不在此，其在整個刻經工程中所費精力之微，亦可以想見。

歸根到底，熹平石經最終爲蔡邕坐擁藝林高位增添了重磅。面對勢如壓頂的政治勢力，欲以石經的刻成扭轉乾坤，勢如螳臂當車；面對陵夷日盛的官方經學，石經亦至多可被視作迴光返照。而作爲牽頭人物的蔡邕，其能力不足以介與桓靈之際的政局，其學養亦非以經術取士可抗，然而正是在官方經學人才凋零之際，蔡邕藉助石經的奏議、碑額的書丹，鑄就了一時的爆得大名。甚至在其身後，亦因石經的虛幻聲名，蔡邕一度坐擁藝林之高位。書界不得蔡氏真跡，炫於其名而爲之造勢，在《書苑菁華》中便曾虛構蔡邕入嵩山摹李斯、史籀筆勢三年，故其書"妙達其理，用筆特異，漢代善書者咸稱異焉，喈乃寫五經於太學，觀者如市，歎羡不及"。此後更有書家贊云："蔡邕鴻都石經，爲古今不刊之典，張芝、鍾繇，咸得其道。"[①]書界空衍此說者多矣，陳陳相因至今。難怪今之書家發出深刻的質疑："書法史上，蔡邕的盛名空著縑緗，作品一字不傳，不僅僅因爲年代的久遠。魏晉距漢末不遠，除了石經，當時就很少人能說出他的任何一件作品。"[②]本文推論熹平石經之刊刻動因，兼及蔡邕之歷史功績，兩者相輔相成而可互證。

（作者爲清華大學歷史系副教授）

① 分別見陳思《書苑菁華·秦漢魏四朝用筆法》、鄭杓《衍極》卷一，《歷代書法論文選》，第398、406頁。

② 寇克讓：《書法没有秘密》第八章"求古尋論"，第226頁。

東漢政府對太學控制的不斷加强與熹平石經的刊刻

吴 濤

熹平四年(175),在蔡邕的建議之下,東漢政府在洛陽太學門外竪立起四十六塊石碑,將儒家經典刻於石碑之上,因爲是熹平四年所刻,所以被稱爲熹平石經。熹平石經具有非常高的藝術價值和學術價值,受到歷代學者的高度重視,熹平石經也往往被看成是東漢太學興盛的標志。其實,帶有這濃重政治色彩的太學裏,政府的任何舉措都不能簡單從文化的角度來加以理解。熹平石經的刊刻不僅有文化的動機,也有著政治的意涵。刊刻熹平石經,是政府對太學進一步嚴格控制的手段,隨著政府控制的日趨嚴格,不僅太學精神受到閹割,而且,太學也隨著東漢政權的衰落而不可避免地衰落了。

一 東漢政府對太學控制的不斷强化

元光元年(前 134)董仲舒在給漢武帝所上的《天人三策》中所提的一個重要建議就是建立太學,之後元朔五年(前 124)公孫弘又建議爲太學設置博士弟子員,太學正式創建。

漢武帝罷黜百家的目的並不是出於對儒學的熱愛,而是現實政治的考慮。但是,漢武帝罷黜百家之後,也的確做了一些表面文章來扶持儒學。比如他要求根據儒家經典來制禮作樂,以彰顯西漢政權的合法性。比如他任用一些儒學出身的官員出任要職,公孫弘、倪寬等人先後封侯拜相。漢武帝罷黜百家之後,儒學獲得了巨大的發展,是毋庸置疑的史實。不過,儒學具有非常强烈的理想主義色彩,儒家王道理想、以民爲本、以德治國等根本理念與西漢的現實政治之間的矛盾也逐漸彰顯。早在漢武帝時期,這一矛盾就已經有所顯現。到漢昭帝時期,在霍光的默許下,鹽鐵會議上儒生對漢武帝時期的内外政策提出了尖鋭的批評。

漢宣帝即位後,儒生的政治理想與西漢現實政治之間的矛盾進一步上升,漢宣帝曾經對當時還是太子的漢元帝説道:“漢家自有制度,本以霸王道雜之,奈何純任德教,用周政乎?且俗儒不達時宜,好是古非今,使人眩於名實,不知所守,何足委任?”①爲了調整儒學與西漢“霸王道雜之”的現實政治之間的矛盾,漢宣帝召開了石渠閣會議,討論儒家經義,試圖以官方意識形態貫穿於整個太學的教學之中,設置了黄龍十二博士。

不過,西漢王朝專制統治剛剛建立不久,對意識形態的控制尚不嚴格。漢宣帝在石渠閣會議之後不久去世,之後的漢元帝、漢成帝並未能採取有效措施來加强政府對太學的控制。太學之中,學術的分化演變不斷進行。儒生根據儒家經義對西漢當局的批評也與日俱增。比如京房、翼奉、谷永、劉向等人都借助儒家的理論對西漢政權提出過激烈的批評。正是這些批評在一定程度上降低了西漢政權的權威,使得人們逐漸對西漢政權喪失了信心。而王莽後來在代漢過程中之所以没有遇到很大的阻力,也與此有一定關係。

東漢王朝建立後,東漢的開國之君劉秀出身太學,有著較深的儒學素養。劉秀也非常看重文化,早在建武五年(29)天下統一尚未完成之時,劉秀就已經在洛陽城開陽門外建起了太學。這在當時割據的群雄之中,是絶無僅有的。劉秀此舉不僅意在彰顯自己政權的合法性,而且劉秀也深知政權的建設不能没有文化的支撑。不過,劉秀同時也十分清楚,儒學之中也存在著與專制集權統治之間的矛盾。雖説建立了太學,劉秀並没有放任太學自由發展,而是不斷加强對太學的控制。

東漢的太學始建於建武五年,但在太學正式建立前東漢政府已經恢復了博士官的設置。起初,東漢的博士官恢復了西漢末年十四家今文博士的設置。“於是立五經博士,各以家法教授。《易》有施、孟、梁丘、京氏,《尚書》歐陽、大小夏侯,《詩》齊、魯、韓,《禮》大、小戴,《春秋》嚴、顔,凡十四博士,太常差次總領焉。”②但是,光武帝劉秀對此並不滿意,他試圖對太學博士進行調整。建武四年,“時尚書令韓歆上疏,欲爲費氏《易》、《左氏春秋》立博士”。③在接下來的廷臣討論中,遇到了以《公羊》學家範升爲首的今文經學家的激烈反對。光武帝劉秀雖然最終任命李封爲《左傳》博士,但是在李封去世後,光武帝並没有任命新的《左傳》博士。

---

① [漢]班固:《漢書》卷九《元帝紀》,中華書局1962年版,第277頁。

② [南朝宋]范曄:《後漢書》卷七十九上《儒林列傳上》,中華書局1965年版,第2545頁。

③ [南朝宋]范曄:《後漢書》卷三十六《范鄭陳賈張列傳》,第1229頁。

光武帝扶持《左傳》也並非出於他對《左傳》的喜好，而是意在用相對平實的古文經學來抵消今文經學的"非常異議可怪"之論的影響。雖説試圖扶持《左傳》博士並没有成功，但光武帝以及此後的東漢政府並没有放鬆對太學的控制。從此後，一直到東漢滅亡，太學博士的設置再也没有過調整。[①]政府對太學的控制，從博士官的設置，轉换到對太學博士講授的内容進行控制。首先，體現在對"家法"的强調。

西漢重"師法"，東漢重"家法"，這已經是兩漢學術史方面的常識。對於何爲"師法"，何爲"家法"，前人也多有申説。大體而言，[②]西漢重"師法"，即西漢時期更加注重學術的傳承淵源有自，縱然對師説有所引申發展，也會被人們接受。西漢時期，起初太學設置五經博士，漢成帝時發展爲十四家今文博士，到了西漢末在太學裏合法傳授的至少有四十多家學説。[③]太學裏的考試，也並不以嚴守師説爲勝，而是務求經義辨析能勝人一籌。著名《尚書》學者夏侯建，極力發展構建自己的學術體系，甚至達到了繁瑣的程度，其目的就在於"應敵"。東漢重"家法"，則强調的是某家某派學術的内容，縱然師承不明，只要能明某家之學即可爲某家之傳人。否則，縱然師承很清晰，但是發展了師説，也不被人們接納。太學的考試，並不求考生能夠勝見迭出，而是要求嚴守師説，不得有所發揮。東漢初年，《公羊》學者張玄精通顔氏之學，不過他同時也精通其他家派的學説。"會《顔氏》博士缺，玄試策第一，拜爲博士，居數月，諸生上言玄兼説《嚴氏》《冥氏》，不宜專爲顔氏博士。光武且令還署，未及遷而卒。"張玄因授課時不嚴守家法而遭到學生的舉報，本來從學術的角度來説張玄羅列衆説讓學生擇善而從應當是值得鼓勵和肯定的，但是因爲在考核中嚴格按照師説進行，這就導致張玄最終被罷免。後世，甚至太學博士都要經過嚴格的考試才能出任："博士及甲乙策試，宜從其家章句，開五十難以試之，解釋多者爲上第，引文明者爲高説。若不依先師，義有相伐，皆正以爲非。"[④]所以，今文經學雖然被立於太學，但終東漢一代，在學術上幾

① 東漢後期，著名學者盧植還曾經上書請求爲古文經學立博士，不過當時東漢政府已經在風雨飄摇之中，盧植的上書也就不了了之。

② 關於師法、家法，前輩學者多有論述，此處借鑒了俞啓定先生的觀點，可參看氏著《先秦兩漢儒家教育》，齊魯書社1987年版，第五章《師法家法的經學傳授系統》。

③ 《易》施家有張、彭之學，孟家有翟、孟、白之學，梁丘家有士孫、鄧、衡之學，元帝時又分化出京氏學；《書》有歐陽、大小夏侯三家，其中小夏侯又有鄭、張、秦、假、李氏之學；《詩》魯《詩》有韋、張、唐、褚，張家又分化出許氏之學，齊《詩》有翼、匡、師、伏之學，韓《詩》有王、食、長孫之學；《禮》大戴分化出徐氏，小戴分化出橋、楊之學；《春秋》學中《公羊》家顔安樂一系就分化出了冷、任、管、冥四氏之學，嚴彭祖之學卻没有分化；《穀梁》學尹、胡、申章、房氏之學。

④ ［南朝宋］范曄：《後漢書》卷四十四《鄧張徐張胡列傳》，第1501頁。

乎没什麽發展,這就是東漢政府對太學教學嚴格控制的結果。

其次,東漢政府對太學的控制體現在太學章句的整理。章句之學,不僅指的是分章斷句,而且也包括了對經典文本的解説。充分依托經典文本的章句之學,是以太學爲首的漢代學校教育的一個基本特色。但是,西漢中期設立太學後,政府並未對章句之學給予太多的限制,到了西漢後期一些學派的章句之學已經發展到了繁瑣的程度。"自武帝立五經博士,開弟子員,設科射策,勸以官禄,訖於元始,百有餘年,傳業者寖盛,支葉蕃滋,一經説至百余萬言,大師衆至千餘人。"①甚至於《尚書》學者秦近君解説"粤若稽古"四個字就説了三萬言,解説《堯典》篇目名稱的含義就説了十多萬言。如此不僅不便於教學的開展,"幼童而守一藝,白首而後能言",②而且也不便於經學發揮其統領整合意識形態的功用。所以,減省整理章句,在所難免。光武帝劉秀曾經在建武中元元年(56)下詔"五經章句煩多,議欲減省",③到漢明帝的時代,朝廷還曾下令删減章句。著名《尚書》學者桓榮起初從其師朱普學習,有章句四十萬言,"浮辭繁長,多過其實。及榮入授顯宗,減爲二十三萬言"。其子桓鬱"復删省定成十二萬言,由是有桓君大小太常章句"。④到漢桓帝時期,張奂還把牟氏章句四十五萬言删減而爲九萬言。《詩經》學者伏恭則是把父親所傳章句進行了删減,"初父黯章句繁多,恭乃省減浮辭定爲二十萬言"。⑤《春秋公羊》學派,先是有樊儵對嚴氏章句進行了删減,但是仍然比較繁瑣,到了漢和帝時期張霸"乃減定爲二十萬"。⑥漢明帝時,還有鐘興受詔"定《春秋》章句,去其複重"。⑦楊終則是把《公羊》章句删改爲十五萬言。在删減的過程中,肯定對章句的内容也有所調整,以體現皇權的意志。

再次,皇帝會以最高權威的身份親自裁定太學傳授的儒家經義。漢明帝曾經"自製《五家要説章句》"。到漢章帝的時代,則是在白虎觀召集群儒討論儒家經義,並由皇帝作最後的裁決。先是由《春秋》學者楊終向朝廷提議:"宣帝博徵群儒,論定五經於石渠閣。方今天下少事,學者得成其業,而章句之徒,破壞大體,宜如石渠故事,永爲後世則。"⑧"於是下太常,將大夫、博士、議郎、郎官及諸

① [漢]班固:《漢書》卷八十八《儒林列傳》,第3620頁。
② [漢]班固:《漢書》卷三十《藝文志》,第1723頁。
③ [南朝宋]范曄:《後漢書》卷三《肅宗孝章帝紀》,第138頁。
④ [南朝宋]范曄:《後漢書》卷三十六《范鄭陳賈張列傳》,第1256頁。
⑤ [南朝宋]范曄:《後漢書》卷七十九上《儒林列傳上》,第2571頁。
⑥ [南朝宋]范曄:《後漢書》卷三十六《范鄭陳賈張列傳》,第1242頁。
⑦ [南朝宋]范曄:《後漢書》卷七十九上《儒林列傳上》,第2579頁。
⑧ [南朝宋]范曄:《後漢書》卷四十八《楊李翟應霍爰徐列傳》,第1599頁。

生諸儒會白虎觀，講議五經同異，使五官中郎將魏應承制問，侍中淳于恭奏，帝親稱制臨決，如孝宣甘露石渠故事，作《白虎議奏》。"①召集白虎觀會議的初衷是爲了整理太學的章句，但是會議的成果已經超越了章句之學，對儒家教義進行了系統的梳理，構建起了一套"三綱六紀"的綱常體系。今傳《白虎通義》，顯然是一部體現了皇帝意志的欽定經學總論。

第四，在太學之外扶持其他學術。今文經學獨佔太學的局面，終東漢一代没有改變。其實在今古文之争中，東漢政府的立場一向以是否能有利於維護其專制統治爲取捨。東漢政府删減章句的出發點是爲此，召開白虎觀會議是爲此，在太學之外扶持其他學術也是爲此。光武帝劉秀在太學設立古文博士的嘗試失敗後，東漢政府並没有放棄古文經學。到了漢章帝時期，古文學家賈逵首先上書指出今文經學的若干不足，並且引用讖緯論證了漢朝政權的歷史合法性。漢章帝非常滿意，特地下詔"令逵自選《公羊》嚴、顔諸生高才者二十人，教以《左氏》，與簡、紙、經、傳各一通"。②在白虎觀會議之後，漢章帝再次下令："乃詔諸儒，各選高才生，受《左氏》《穀梁春秋》《古文尚書》《毛詩》，由是四經遂行於世。皆拜逵所選弟子及門生爲千乘王國郎，朝夕受業黄門署，學者皆欣欣羡慕焉。"③通過對古文經學的扶持，避免了佔據太學講席的今文經學一枝獨秀。

正是在東漢政府的不斷嚴格化的控制之下，東漢太學的學術逐漸走向僵化，學術水平明顯下降，學術很難有創新，以至於今天我們回溯東漢學術史的時候，太學的學術幾乎乏善可陳。

二　太學生與政府衝突的加深

雖説東漢政府一直在加强對太學的控制，但是，太學生和東漢統治階層之間的衝突卻也在不斷加深。漢武帝"罷黜百家"的初衷是借助儒學來爲其專制統治服務，儒學之中確實有可資統治者利用的内容，但是富有理想主義特點的儒學也有與專制統治相矛盾、相衝突的地方。這一點在西漢中後期已經有所體現。進入東漢以後，東漢政府希望通過加强對太學的控制來控制儒學，進而消除儒學之中不利於維護其專制統治秩序的因素。在東漢前期，社會相對穩定的情況下，太學的確在一定程度上發揮了統治者預期的功用。但是，在東漢中期以後，隨著外

① [南朝宋]范曄:《後漢書》卷三《肅宗孝章帝紀》，第 138 頁。
② [南朝宋]范曄:《後漢書》卷三十六《鄭范陳賈張列傳》，第 1238 頁。
③ [南朝宋]范曄:《後漢書》卷三十六《鄭范陳賈張列傳》，第 1239 頁。

戚與宦官的交替專權，政治日趨黑暗，太學生與東漢統治階層之間的矛盾逐漸彰顯。

東漢中後期，統治者在没有放鬆對太學控制的前提下，出於教化民衆、培養官員以及裝點門面的需要，也對太學有所扶持。太學生的人數一度達到三萬多人。太學生大多出身平民，外戚與宦官的專權阻擋了太學生上升的通道。而且，青年太學生更多地具備了理想化的特質。於是，太學生以儒家經義爲武器，借助輿論的力量對東漢的統治階層展開了激烈的批判。這些青年才俊仗義執言，揮斥方遒，太學成了京城輿論的中心。太學生郭泰（字林宗）、賈彪（字偉節）與正直官員李膺（字元禮）、陳蕃（字仲舉）、王暢（字叔茂）等人，成爲士人的領袖。他們被士人稱爲："天下模楷李元禮，不畏强禦陳仲舉，天下俊秀王叔茂。"①東漢中後期，逐漸形成了品評人物的清議之風。太學的清議對於東漢的政治走向也產生了一定的影響。

士人群體中數量最多的是太學生，他們尚處於在野的地位，但是不畏權貴，積極投身於抗争之中。他們往往利用集體的力量來與黑暗勢力相對抗。後來冀州籍宦官趙忠的父親去世，違反禮制用玉衣下葬。朱穆得知後，不僅派人挖出屍體，而且將趙忠的親屬抓了起來。趙忠當然不會善罷甘休，他向皇帝進了一番讒言，皇帝就把朱穆投進監獄，判他去服苦役。太學生劉陶立即糾集了數千名學生前往皇宮向皇帝集體上書，爲朱穆訟冤。劉陶指出這些宦官都是竊國大盜，"手握王爵，口含天憲（皇帝詔令）"，②作威作福。劉陶等人紛紛表示願意代替朱穆去服苦役。皇帝看到衆怒難犯，只得釋放了朱穆。

漢桓帝時關中羌族多次起兵反抗朝廷，涼州名將皇甫規爲平定羌亂立下了大功。論功皇甫規應該被封侯，但是宦官卻想趁機敲敲竹槓。皇甫規素以正直爲世人所知，根本不買宦官的賬。這群宦官誣陷皇甫規謊報軍功，昏聵的漢桓帝再次信以爲真，就把皇甫規投進監獄。他的下屬紛紛勸他，不如就給宦官送點兒禮，皇甫規則表示寧死也不向宦官低頭。消息傳到了太學，數百名太學生在張鳳的帶領下來到皇宫門口向皇帝上書，漢桓帝也被迫同意了太學生的請願。

接連兩次大規模的太學生運動，取得了空前的成功，朝廷輿論也爲太學生所左右，這時候很多太學生未免極度樂觀起來，"以爲文學將興，處士復用"。③當時

① ［南朝宋］范曄：《後漢書》卷六十七《黨錮列傳》，第 2186 頁。

② ［南朝宋］范曄：《後漢書》卷四十三《朱樂何列傳》，第 1471 頁。

③ ［南朝宋］范曄：《後漢書》卷五十三《周黄徐姜申屠列傳》，第 1752 頁。

太學裏有一個叫申屠蟠的學生則憂心忡忡地説，當初戰國時期士人是多麼地慷慨激昂，最後的結果就是秦始皇的焚書坑儒。今天大家也以爲屬於士人的時代要到來了，其實危機很快就在眼前！能看透專制皇權本質的申屠蟠想想未來，不寒而栗，他干脆找了個地方隱居起來。果然不久以後，皇權就開始了反撲。

漢桓帝延熹九年(166)，河内郡人張成指使兒子殺人，不久恰逢大赦。河南尹李膺依然不顧赦令，將兇手處死。宦官集團以此爲藉口，唆使張成的門徒上書，控告李膺等人收買太學生，串連郡國學生，互相聯繫，結成死黨，誹謗朝廷，擾亂社會風俗。早已被宦官集團控制的漢桓帝大怒，下詔逮捕"黨人"，因此案受牽連者多達二百餘人，並讓宦官去負責審理。李膺在獄中，供辭故意牽連宦官子弟，宦官害怕受到牽連，加之太尉陳蕃極力勸諫，外戚竇武也上書請求，漢桓帝才宣佈赦免黨人不再治罪，但仍將其全部罷官歸家，並禁錮終身，永遠不許再做官。這就是第一次黨錮之禍。從漢桓帝對梁冀集團的處置來看，他並非昏聵之人，之所以如此不僅是因爲漢桓帝和宦官集團在利益上有很大的一致性，而且還在於專制帝王不能容忍在朝廷之外形成對朝廷權威構成威脅的力量。不過這次黨錮並没有收到最高統治者所期望的效果。

漢靈帝即位後，外戚勢力與宦官勢力之間發生了一次火拼，外戚竇氏集團覆滅，竇武自殺，宦官勢力達到了東漢二百年間猖獗的頂峰。在宦官與外戚的鬥争中，外戚集團拉攏太學生，試圖借助太學輿論的力量與宦官集團相抗衡。在外戚集團覆滅後，宦官集團借機把太學生也作爲打擊的對象，發動了第二次黨錮。建寧二年(169)，山陽郡都郵張儉檢舉宦官侯覽，侯覽便指使張儉的同鄉朱並上書控告張儉與同鄉二十四人結黨，危害社稷。緊接著曹節等人展開大規模株連，故司空虞放、太僕杜密、長樂少府李膺、司隸校尉朱寓、潁川太守巴肅、沛相荀翌、河内太守魏朗、山陽太守翟超、任城相劉儒、太尉掾范滂等百餘人，都死於獄中。其他被牽連的還有六七百人。

黨錮之禍並没有就此停止，後來還不斷擴大打擊面。熹平元年(172)七月，皇太后竇妙下葬不久，有人在皇宫朱雀闕上題字："天下大亂，曹節、王甫幽殺太后，常侍侯覽多殺黨人，公卿皆屍禄，無有忠言者。"[①]此事追查數月，導致太學生千餘人牽連入獄。熹平五年(176)，永昌(治今雲南保山市東北)太守曹鸞上書要求赦免党人，宦官認爲這是替黨人翻案，因此，先將曹鸞活活打死，然後下令禁錮黨人，株連親屬，把對黨人的迫害活動推向了高潮。

① [南朝宋]范曄:《後漢書》卷七十八《宦者列傳》，第2525頁。

三　熹平石經的刊刻

黨錮之禍是東漢儒生與統治階層之間矛盾的一次總爆發。正是因爲認識到此前對太學的控制尚且不足以消除太學中不利於統治的因素，所以，以漢靈帝爲首的統治者在使用殘酷手段對太學生進行鎮壓的同時，也針對太學採取了一些强化控制的措施，以期達到控制太學，禁錮頭腦，維護其專制統治的目的。而熹平四年(175)熹平石經的刊刻正是在這一歷史背景下發生的。

熹平石經的刊刻，動因有兩方面，一方面是太學生考試過程中經常出現作弊的情況，這種情況在黨錮之禍發生後，有明顯加劇的情形，"遂至忿争，更相言告"。①於是宦官李巡向漢靈帝奏報："諸博士試甲乙科，争第高下，更相告言，至有行賂定蘭台漆書經字以合其私文者。"②漢靈帝下詔"詔諸儒正五經文字，刻石立於太學門外"。③"自後五經一定，争者用息"。④

另外一方面，儒生出身的議郎蔡邕也以爲："經籍去聖久遠，文字多謬，俗儒穿鑿，疑誤後學。"於是，在熹平四年蔡邕"乃與五官中郎將堂溪典、光禄大夫楊賜、諫議大夫馬日磾、議郎張馴、韓説、太史令單颺等，奏求正定六經文字。靈帝許之，邕乃自書册於碑，使工鐫刻，立於太學門外"。⑤

表面上看，刊刻熹平石經純粹是出於學術的動機。政府要整頓太學學風，杜絶考試作弊現象的發生。而儒生也有整理經典文本的需求。就其成果而言，也具有很高的學術價值。這是中國歷史上第一次對儒家經典的文本進行大規模的整理並正式刊佈。在經歷了這次整理以後，儒家經典的文本大體定型。刊刻熹平石經的學術意義，不言而喻。

不過，不得不説的是，熹平石經的刊刻，也是以漢靈帝爲首的統治者進一步控制太學的重要舉措。之所以發生黨錮事件，一個重要的原因就是太學生並没有把主要精力放到經典的學習之中。早在漢安帝時期，就有人向皇帝上書批評太學的學風："今學者蓋少，遠方尤甚。博士倚席不講，儒者競論浮麗。"⑥東漢太學興盛的時期雖然有三萬多名學生，但是太學生之中真正專注于經學學習的只

① [南朝宋]范曄：《後漢書》卷七十九上《儒林列傳上》，第2547頁。
②④ [南朝宋]范曄：《後漢書》卷七十八《宦者列傳》，第2533頁。
③ [南朝宋]范曄：《後漢書》卷八《孝靈帝紀》，第336頁。
⑤ [南朝宋]范曄：《後漢書》卷六十下《蔡邕列傳下》，第1990頁。
⑥ [南朝宋]范曄：《後漢書》卷三十二《樊宏陰識列傳》，第1126頁。

是少數,更多的人把太學看成了一個重要的社交場所。如同太學生郭林宗所言:"今京師英雄四集,志士交結之秋,雖務經學,守之何固?"①太學生的品題公卿,也是他們參與朝政的一個重要手段。"逮桓靈之間,主荒政謬,國命委於閹寺,士子羞與爲伍。故匹夫抗憤,處士横議,遂乃激揚名聲,互相題拂,品核公卿,裁量執政。"②太學生甚至不看重太學的考試,希望通過廣泛的社會交往以赢得足夠的名聲,從而獲得公卿的推薦,進入仕途。這條出仕途徑的便捷性甚至遠遠超過了通過考試而出仕。

正是在這樣的歷史背景之下,東漢政府推出了刊刻石經的舉措,其用意就是針對此前太學中存在的諸多問題。刊刻石經首先强調的是對太學生考核的加强。太學作爲一所學校,以培養政府的候補文官爲宗旨。到漢桓帝永壽二年(156),政府建立起了比較完善的考試制度。"永壽二年甲午,詔復課試諸生,補郎、舍人。其後復制:學生滿二歲,試通二經者,補文學掌故;其不通二經者,須後試復隨輩試,通二經者,亦得爲文學掌故。其已爲文學掌故者,滿二歲能通三經者,擢其高第爲太子舍人;其不得第者,後試復隨輩試,第復高者,亦得爲太子舍人。已爲太子舍人,滿二歲,試能通四經者,擢其高第爲郎中;其不得第者,後試復隨輩試,第復高者,亦得爲郎中。已爲郎中,滿二歲,試能通五經者,擢其高第,補吏,隨才而用;其不得第者,後試復隨輩試,第復高,亦得補吏。"③而作爲考試,必須有可以評判的答案。刊刻石經,使得太學的考試有了可以明確評判的權威答案,太學的考試更爲嚴格。太學生來到太學,首要目的在於求取功名。政府在對太學生進行嚴厲打擊的同時,切斷通過廣泛交遊博取社會聲望而入仕的途徑,通過强化考試作为入仕的主要渠道,可以使得太學生重新回到學校,避免太學生過多參與到現實政治之中。

其次,刊刻石經也在於扭轉太學的學風,使太學生更多地關注經典文本本身,而不是超越文本的經義。相對而言,今文經學不太注重經典文本,更多關注的是微言大義。更多地關注經義的闡發,則自然會把太學生的目光引向現實政治之中。事實上,兩漢儒生對現實的批評,也大多是以經義爲依據的。政府雖然多次整理太學經義,試圖掌握太學經義的解釋權,將太學經義納入政府的意識形態體系之中;但是,太學生過多關注經義本身就是一件危險的事情。石經的刊刻意味著太學的考試主要圍繞着經典文本本身展開。一再受到東漢政府青睞的古

① [南朝宋]范曄:《後漢書》卷七十六《循吏列傳》,第2481頁。
② [南朝宋]范曄:《後漢書》卷六十七《黨錮列傳》,第2185頁。
③ [唐]杜佑:《通典》,中華書局1988年版,第318頁。

文經學，雖然處於半官方的地位，没有能夠在太學之中設立博士；但是，在東漢一代，古文經學的影響力不斷上升。而古文經學相對於今文經學而言，更多地關注於經典文本的研究。熹平石經的刊刻，試圖將盤踞太學的今文經學的重點也引向經典文本本身，逐漸淡化其"非常異議可怪"的色彩。自東漢王朝建立始，太學博士都被今文經學所佔據。但是，今文經學的影響力卻是在不斷下降。當然，今文經學影響力的下降是多方面因素促成的。不過，政府强化對太學的控制手段，無疑也是促使今文經學影響力下降的一個重要原因。經典文本的研究，本來就不是今文經學的長處。在熹平石經刊刻之後，今文經學衰落的速度明顯加快。今文經學的衰落與太學石經的刊刻在時間上的重合，應該不是巧合。政府此舉確實在一定程度上扭轉了太學的學風。

刊刻熹平石經的政治意圖也可以從另外一所學校的興建上得到驗證。就在刊刻熹平石經之後不久，光和元年(178)二月，漢靈帝又建了一所新的學校，因位於皇宫的鴻都門之内，新學校被稱爲鴻都門學。此舉也是以漢靈帝爲首的統治者削弱太學的一個重要舉措。

鴻都門學所招收的學生和教學内容都與太學不同。鴻都門學的學生由州、郡擇優選送，多數是士族看不起的社會地位不高的平民子弟。鴻都門學開設辭賦、小說、尺牘、字畫等課程，打破了專習儒家經典的慣例。宦官集團爲了壯大自己的勢力，對鴻都門學的學生特别優待，學生畢業後，多給予高官厚禄，有些出爲刺史、太守，入爲尚書、侍中，有的封侯賜爵。鴻都門學一時非常興盛，學生多達千人。

太學生群體畢竟與士大夫之間有著密切的聯繫，他們有著共同的政治立場和相近的利益，在一定程度上左右著輿論。鴻都門學的出現，不僅打破了儒家經學對教育的壟斷，而且也觸及到了太學生的實際利益。所以士大夫對鴻都門學的出現非常不滿，對鴻都門學的抨擊不曾中斷。著名士人楊賜就曾向皇帝上書，說："鴻都門下，招會群小，造作賦說，以蟲篆小技見寵於時……冠履倒易，陵穀代處。從小人之邪意，順無知之私欲，不念《板》《蕩》之作，虺蜴之誡。殆哉之危，莫過於今！"[①]以無情打擊宦官而著稱的酷吏陽球也在給皇帝的上書中說："今太學、東觀足以宣明聖化，願罷鴻都之選以消天下之謗。"[②]

在熹平石經刊刻之後不久，就建立了這麽一所藝術專門學校，也從一個側面

① [南朝宋]范曄：《後漢書》卷五十四《楊震列傳》，第1780頁。

② [南朝宋]范曄：《後漢書》卷七十七《酷吏列傳》，第2499頁。

説明,熹平石經的刊刻不僅僅具有學術意義,也同時具有十分明顯的政治意圖。

熹平石經刊刻之後,引起了很大的轟動。石經在落成以後,"其觀視及摹寫者,車乘日千餘兩,填塞街陌",①以至於政府不得不專門派人來維持秩序。"碑立太學門外,以瓦屋覆之,四面欄障,開門于南,河南郡設吏卒視之。"②這説明熹平石經的刊刻,從學術上説確實起到了一定的積極作用。但是熹平石經的消極影響也非常明顯,太學生積極參與現實政治的熱情明顯降低,關注社會現實、敢於直面黑暗勢力的太學精神一去不復返。雖説這些並不是由刊刻熹平石經這一件事情所導致的,但可以肯定的是,熹平石經的刊刻,也在一定程度上對這一轉變起到了推動作用。而太學也隨著東漢政權的衰落而不可避免地衰落了。

(作者爲洛陽師範學院歷史文化學院副教授)

① [南朝宋]范曄:《後漢書》卷六十下《蔡邕列傳下》第1990頁。

② [南朝宋]范曄:《後漢書》卷七十九上《儒林列傳上》,第2547頁。

魏

魏石經《尚書》第廿四碑的復原

趙振華　王　恒

2014年,在研究新發現的"召誥宣公"殘石拓本時,筆者嘗試復原了魏石經連續十二碑的一石兩面行數。①其中《尚書》第十七至第廿三碑和《春秋》第六至第十二碑行數的確定,還是比較可靠的。但一石兩面的《尚書》第廿四碑和《春秋》第五碑,因爲殘石只有一條碑邊,其行數的判定包含推測成分,故而於心未安。

近來在整理魏石經資料的過程中,筆者在書上看到一塊魏石經殘石的簡單介紹,説是以往農民在魏晉以降太學遺址以西的耕地中發現後收集歸公的(以下簡稱"西地殘石"),存三十九字。一石兩面,一面刻《尚書》的《立政》和《顧命》,另一面刻《春秋》莊公二十七年至三十年文。②該殘石現存中國社會科學院考古研究所洛陽漢魏城工作隊,惜未發表原物圖片資料。

此以"西地殘石"爲綫索,就《尚書》第廿四碑的復原及有關問題簡作探討。

一　《春秋》第五碑行數的判定和《尚書》第廿四碑的復原

以前所作《春秋》第五碑復原圖,③經文爲四十行。按照"十三經"的《春秋》經文從《隱公》始,排至《魏正始三體石經五碑殘石記》的第五石《僖公》面止,④每行二十字,《春秋》前五碑含篇題有經文一百八十七行,平均每碑三十七行還餘二行,所以《春秋》第五碑小於三十五行的可能性較小,於是筆者將已知的"年春、績

① 趙振華、王恒:《曹魏太學石經三碑六面復原研究——以新獲〈尚書·召誥〉〈春秋·宣公〉拓本爲中心》,《經學文獻研究集刊》第十三輯,上海書店出版社2015年版,第94頁,見本集後文。

② 段鵬琦:《漢魏洛陽故城》,文物出版社2009年版,第103、104頁。

③ 趙振華、王恒:《曹魏太學石經三碑六面復原研究——以新獲〈尚書·召誥〉〈春秋·宣公〉拓本爲中心》,第99頁,本論文集有收録,詳見後。

④ 白堅:《魏正始三體石經五碑殘石記》,丁丑之春(1937),白氏與石居第二版,第十六葉a。

夏、鄭冬、春新”殘石納入其中，這樣，碑文達到四十行，也許行數會更多。

一般説來，西地殘石所存三十九字應爲兩面三種字體的合計。假設每面約二十字，對照《春秋》第五碑的復原圖，西地殘石的位置恰好在碑的最右邊，經文若在下部且從二十七年末行始至三十年首行止，則爲六行，即碑爲四十行。若在經碑中上部且從二十七年首行始至三十年末行止，則爲十一行，即碑可能爲四十二行。而在《春秋》第五碑復原圖右邊的七八行内可能性大，從而爲確認《春秋》第五碑爲四十行豐富了依據。

根據西地殘石的《春秋》面殘字位置，反觀其《尚書》面《立政》《顧命》的殘字位置在設定爲四十二行的《尚書》第廿四碑的左邊（碑邊）或靠近左邊。因殘存文字較少，其位置距經碑的左邊尚有數行距離。倘若西地殘石的文字在經碑的中上部且因背面《春秋》二十七年文攔入較多，則此《尚書》面可能爲四十四行。

爲研究方便，筆者設定《春秋》第五碑爲四十行，另一面的《尚書》第廿四碑爲四十二行，來嘗試復原《尚書》第廿四碑的碑圖（碑圖一），並依據西地殘石糾正“已知較大塊三體石經殘石復原經碑示意圖”，[①]中《立政》後爲《費誓》的誤排。

在復原《尚書》第廿四碑的過程中，筆者檢出民國時期出土的屬於《顧命》篇的“勸、非、太、百”殘石，[②]現藏河南博物院。[③] 石末字“百”正在碑圖的最左邊，從拓本形狀看，此字爲石邊的可能性較大。具體説來，此碑的四十二行，含《立政》經文三十行，《顧命》篇題一行，經文十一行。倘若並非如此，則碑可能爲四十四行，其背面《春秋》第五碑則爲四十二行。西地殘石糾正了《魏三體石經殘字集證》關於《尚書》經碑篇第的錯排。[④]

二　僞刻殘石和存疑殘石

在復原《尚書》第廿四碑時，筆者見“式、乃、式”小殘石拓本，[⑤]孫海波《集録》

---

① 趙振華、王恒：《曹魏太學石經三碑六面復原研究——以新獲〈尚書・召誥〉〈春秋・宣公〉拓本爲中心》，第 93 頁，扉頁圖三。趙振華、魏小虎、王恒：《上海博物館藏未著録三體石經拓本考察》，《經學文獻研究集刊》第十六輯，上海書店出版社 2016 年版，第 71 頁，本論文集亦有收録，詳見後。

② 孫海波：《魏三字石經集録》，北平虎坊橋大業印刷局 1937 年版，附録第六葉。

③ 譚淑琴主編：《琬琰流芳——河南博物院藏碑誌集粹》，中州古籍出版社 2015 年版，第 38 頁。

④ 吕振端：《魏三體石經殘字集證》（學海出版社，1981 年版）第 243 頁認爲《隸續》所傳的桓公“十四至十八年殘字”，在碑石之右上角，與碑陽《文侯之命》“王若曰”等字一石互爲表裏，並據此在第 55、56、57 頁推斷魏石經《立政》下爲“費誓、吕刑、文侯之命、顧命以至秦誓”諸篇；又在第 315—320 頁和第 322、323 頁據以復原了《尚書》最後六篇的經碑圖和《春秋・桓公》的經碑圖。現在由《立政》《顧命》兩篇前後相序的西地殘石證明《集證》錯排了《尚書》最後幾篇經文的篇第。

⑤ 黄濬：《尊古齋金石集》，上海古籍出版社 1990 年初版，第 293 頁。

未收。其左右兩殘字,《傳抄古文字編》依照施謝捷的意見,定爲"式",收入字書。[①]這兩個在同一横排上的"式"字位置有高低,甚不協調。小篆"乃"字,明顯大於小篆"式"字,且"乃"的左撇不出頭並下垂,而已知石經小篆"乃"的左撇都向上出頭,向下外弧,差異顯著。殘石筆劃澀滯,可以判定其爲僞刻,詳見下《真僞乃字對照表》。僞刻的經文應爲《尚書・立政》,但是每行爲二十一字方能排列出此殘石的格式,顯然違背每行二十字的定規。另外,將"四、同、伻、三、政"殘石和"庶、王文、王罔"殘石[②]納入《尚書》第廿四碑時,本是横向平行的文字,也變得參差不齊,令人心存疑竇。雖然經文古今有異,但是更有可能是僞刻。此均見《尚書》第廿四碑復原圖所示。

真僞乃字對照表

"式乃式"拓片"乃"字	《君奭》"乃"字之一	《君奭》"乃"字之二	《多方》"乃"字之一	《多方》"乃"字之二	《立政》"乃"字之一	《立政》"乃"字之二
《尊古齋金石集》第293頁	《魏三字石經集録》拓本十三葉	《魏三字石經集録》拓本二十一葉	《魏三字石經集録》拓本二十三葉	《魏三字石經集録》拓本二十四葉	《台東區立書道博物館圖録》第67頁	《台東區立書道博物館圖録》第67頁

三　校正魏石經《尚書》後四碑和《春秋》前四碑行數

以往筆者作《魏石經十二碑經文行數表》,給出《春秋》前十二碑和《尚書》後十二碑的行數,[③]爲初步的認知。當時認爲《春秋》第一碑的開首三行爲非經文内容,之後的經文爲三十三行,和《尚書》首碑的情況一致,[④]即總行數爲三十六,因此在"行數表"中標注"3+33"爲宜。《尚書》最後幾碑的行數也不準確,前面既

① 徐在國:《傳鈔古文字編》,綫裝書局2006年版,第468頁。

② 吕振端:《魏三體石經殘字集證》,第230、231頁。

③ 趙振華、王恒:《曹魏太學石經三碑六面復原研究——以新獲〈尚書・召誥〉〈春秋・宣公〉拓本爲中心》,第94頁。

④ 趙振華、王恒:《曹魏太學石經三碑六面復原研究——以新獲〈尚書・召誥〉〈春秋・宣公〉拓本爲中心》,第91、92頁。

確定了《尚書》第廿四碑的行數，再借助王國維復原宋代著録的魏石經《尚書》《吕刑》和《文侯之命》篇文字（在同一碑之左上角），①校正《尚書》第廿五、廿六、廿七、廿八碑的行數，②列表如下：

魏石經12碑經文行數表

尚書	28碑	27碑	26碑	25碑	24碑	23碑	22碑	21碑	20碑	19碑	18碑	17碑
行數	14＋?	34	36	36	42	34	34	34	34	34	34	32
春秋	1碑	2碑	3碑	4碑	5碑	6碑	7碑	8碑	9碑	10碑	11碑	12碑
行數	3＋33	38	38	38	40	32	32	32	34	32	32	36

經碑的排行解決了馬衡當年研究魏石經感到困惑的問題。③

四　結　語

目前已知三體石經殘石總字數6 284個，④加上西地殘石的39字和遼寧省博物館藏"品字式"石經殘存"帝、言"等6字⑤（爲羅振玉舊藏，孫海波《集録》未收），則爲6 329字。

《尚書》碑大多爲三十四行，第廿四碑的復原，主要建立在日本書道博物館藏《尚書》"第五石"、河南博物院藏《顧命》篇的"勸、非、太、百"殘石和未發表資料的西地殘石的基礎上，推測其達到四十二行。在全部經碑字體大小一致的前提下，行數决定此碑尺寸明顯寬於其他已知的經碑，十分出格。可是惟其如此，才能解開前人關於經碑數量和各碑行數的困惑。古人開山取石製作經碑，力求一致，或

① 王國維：《隸釋所録魏石經碑圖》，賈貴榮輯：《歷代石經研究資料輯刊》，第6册，北京圖書館出版社2005年版，第342、343頁。

② 宋代著録的《吕刑》和《文侯之命》中的殘字在一碑之上，且爲碑之左上角，爲《尚書》第廿七碑。《尚書》第廿五、廿六、廿七3碑共有經文含篇題爲106行，按偶數分行，可以是2碑36行，1碑34行（也可以是1碑38行，2碑34行等），假設第廿五碑爲36行，含《顧命》經文34行，《費誓》篇題1行，經文1行；第廿六碑爲36行，含《費誓》經文9行，《吕刑》篇題1行，經文26行；第廿七碑爲34行，含《吕刑》經文22行，《文侯之命》篇題1行，經文11行；第廿八碑爲14＋？行，含《秦誓》篇題1行，經文13行，跋類等若干行。

③ 馬衡：《凡將齋金石叢稿》（中華書局1977年版）第321頁云，宋代《隸續》所傳的《文侯之命》和《桓公》殘石爲表裏且在碑之首行，甚至認爲《尚書》只刻至第二十七碑而止。該書222頁云，由於《春秋》前若干碑經文行數過多，無法解決經碑數量和各碑行數。現在看來，若《春秋》第五碑按40行處理、《尚書》第廿四碑按42行處理，《隸續》所傳的《文侯之命》和《桓公》殘石非爲一石之兩面，則馬氏的疑竇迎刃而解。

④ 趙振華、魏小虎、王恒：《上海博物館藏未著録三體石經拓本考察》，第70頁。

⑤ 遼寧省博物館編：《遼寧省博物館藏碑誌精粹》，文物出版社2000年版，第42、43頁。

因材大而略寬，也合於情理。關於石經碑座，中國科學院考古研究所洛陽漢魏城考古隊調查統計石經碑座尺寸的寬度有四種，即 92—93(約四尺)、100(四尺三寸)、117—119(五尺)和 137(五尺九寸)釐米，認爲碑座的長短大小與碑身的寬度相對應。不過，漢魏二種石經皆能插入碑座，孰漢孰魏，很難確定。[①]石經碑座的各種尺寸，爲理解各碑行數不一或者懸殊，提供了思路。

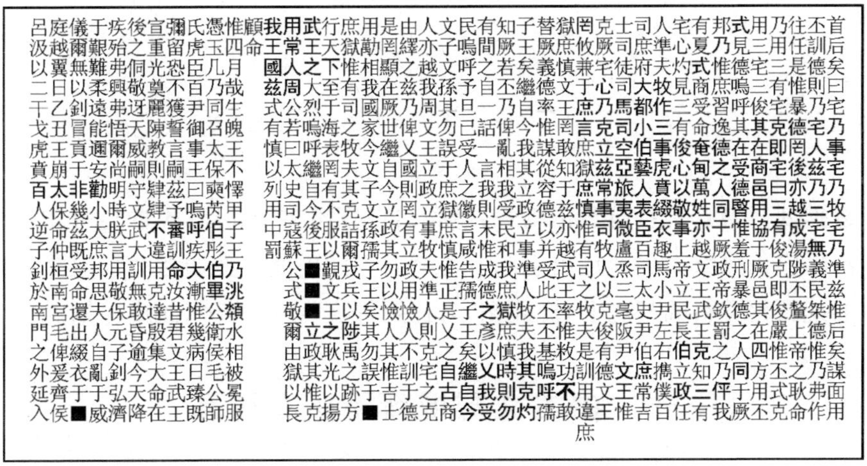

呂庭儀于疾後宣彌氏憑惟顧**我用武**行庶用是由人文民有知子替獄罔克士司人宅有邦**式**用乃往丕首

汲越爾艱殆之重留虎玉四命**王常王**天獄勱罔繹亦子嗚間厥王厥庶攸厥司庶準心夏**乃**見三用任訓后

以翼無難弗侗光恐臣几月 **國人之下**惟相顯之越文呼之若矣義慎兼宅徒府夫灼**式**惟德宅三是德矣

二日以柔興敬奠不百乃哉 **茲周**大至有我在茲我孫予自丕繼德文于**心**司**大牧**見商庶嗚三有惟則曰

干乙釗遠弗迓麗獲尹同生 式公烈于司國厥乃周其旦一乃自率王**庶乃馬都作**三受習呼俊宅暴乃宅

戈丑冒能悟天陳誓御召魄 有若嗚海之家世俾文勿已話俾今惟罔**言克司小三**有命逸其**其克德宅乃**

虎王賁邇爾威教言事太王 慎曰呼表牧今繼乂王誤受一亂我謀敢庶**立空伯事俊奄德在在即罔人事**

賁崩于安尚嗣則嗣王保不 以太繼罔夫文自國立于人言相其從知獄**茲亞藝虎心甸之受商宅後茲宅**

百太非勸明守肆茲曰奭懌 列史自有其子今則政庶之我我立容于**庶常旅人賁以萬人德邑曰亦乃乃**

人保幾小時文肆予嗚芮甲 用司今不克文立罔立獄徽則受政德茲**慎事夷表綴敬姓同簪用三越三牧**

逆命茲大朕武**不審呼伯**子 中寇後服詰孫政有事庶言末民立以亦惟**司微臣衣事亦于惟協有成宅宅**

子仲既庶言大違訓疾彤王 罰蘇王以爾孺其立牧慎咸惟和事并越有牧盧百趣上越厥羞于俊湯**無乃**

釗桓受邦用訓用**命大伯乃** 公■覲戎子勿政夫惟告成我準受武司人烝司馬帝文政刑厥克陟義準

於南命思敬無克汝漸**畢洮** 式■文兵王以用準正孺德庶人此王之以三太小立王帝暴邑即丕民茲

南宮還夫保敢達昔惟公**頮** 敬■王以矣憸憸人是子**之獄**牧丕率牧克亳史尹民武欽德其俊蠢桀惟

門毛出人元昏殷君幾衛水 **爾立之陟**其人人則乂王彥庶夫丕惟夫俊阪尹左長王罰之在嚴上德后

之俾綴自子逾集文病侯相 由政耿禹勿其不克之矣以慎我基敉是有尹伯右**伯克**之人**四**惟帝惟矣

外爰衣亂釗今大王日毛被 獄其光之誤惟訓宅**自繼乂時其嗚**功訓德**文庶**攜立知**乃同**方丕之乃謀

延齊于于弘天命武臻公冕 以惟以跡于吉于之**古自我則克呼不**用文王常僕**政三伻**于用式耿弗面

入侯■威濟降在王既師服 長克揚方■士德克商**今受勿灼**孺敢違王惟吉百任有我厥丕克命作用

庶

碑圖一　《尚書》第廿四碑復原圖(經文《立政》《顧命》，計四十二行)

右上黑體字“乃事宅乃牧宅乃……庶慎”，《魏正始三體石經五碑殘石記》[白堅：《魏正始三體石經五碑殘石記》，丁丑之春(1937)，白氏與石居第二版，第十四葉]著録。爲日本書道博物館藏“第五石”([日]台東區立書道博物館編：《台東區立書道博物館圖録》，二玄社平成十九年(2007)版，第 67 頁)。中間下部黑體字“不、嗚呼……自古”，即白堅所謂“嗚呼”小殘石(《魏正始三體石經五碑殘石記》，第十四葉)。左上黑體字“下、武王之……我王國茲”，左中黑體字“洮頮、畢”，見《尚書文字合編》，係“顧氏藏拓”(顧頡剛、顧廷龍：《尚書文字合編》第 3 册，上海古籍出版社 1996 年版，第 2500、2501、2688 頁)。圖中自右至左的零星黑體字，爲已知小殘石。其中“式、乃、式”見黄濬《尊古齋金石集》第 293 頁，爲僞刻。“四、同、伻、三、政”見吕振端《魏三體石經殘字集證》第 230 頁，疑爲僞刻；“克伯”見《集證》第 231 頁；“庶、王文、王罔”見《集證》第 231 頁，疑爲僞刻；“獄之”見《集證》第 232 頁，“陟之立”見《集證》第 232 頁，“伯呼審不”見《集證》第 237 頁，“乃伯大命”見《集證》第 238 頁，左上“勸、非、太、百”見《集證》第 239 頁。圖中的幾個黑色方塊是爲了將殘石文字正確排入而人爲製作的空白。

(作者趙振華爲洛陽師範學院河洛文化研究中心研究員；
王恒爲洛陽金石文化學者)

① 許景元：《新出熹平石經尚書殘石考略》，《考古學報》1981 年第 2 期，第 196 頁。

曹魏太學石經三碑六面復原研究：以新獲《尚書·召誥》《春秋·宣公》拓本爲中心

趙振華　王　恒

近獲魏三體石經殘石舊拓兩張，據説出自蘇州文物商店，經檢視可知是民國時期洛陽漢魏故城太學遺址出土同一塊殘石經的兩面。在通盤考察散藏於中外各地的魏石經資料的基礎上，據此拓本，比對經文，復原經碑，此略述如次。

一　由古文審視新獲拓本爲真

爲一石兩面精拓兩紙，正面爲《尚書·召誥》，長 76、寬 45 釐米，16 行，行約 28 字。存古文 136、小篆 135、隸書 149 字，三體合計 420 字，合經文 151 字（圖一）。背面爲《春秋·宣公》七年至十年經，長 76.5、寬 44 釐米，15 行，行約 27 字。存古文 120、小篆 131、隸書 136 字，三體合計 387 字，合經文 145 字（圖二）。

經有關專家鑒定，拓本紙張較薄，潔白細膩，韌性較强，含綿量高，爲民國上等宣紙，除外露處和個别折痕因光照泛黄略有自然老化外，整體保存如新。墨色沉穩，隱泛紫光，墨字四周預留紙邊寬闊。細察拓本，無論三種字體的章法佈局、書法藝術以及刻工技巧、綫格刻劃還是斑駁石花，皮殼侵蝕，歷史時代感均强烈，無破綻或硬傷，判定其非僞刻。可是由於不知原石的來歷與下落，對於拓本所自，依然心有不安。

三體石經的隸書和篆書的字形比較穩定，爲大家熟知。這裡以新獲拓本的古文爲例，作一深入考察。魏石經保存了歷史上發現後屢經輾轉鈔寫並流傳於後代的戰國古文字，與《説文解字》（以下簡稱《説文》）古文等同類材料相比，其點畫的準確度更高，可靠性更大。後世的一些傳鈔古文材料，甚至包括某些隸古定

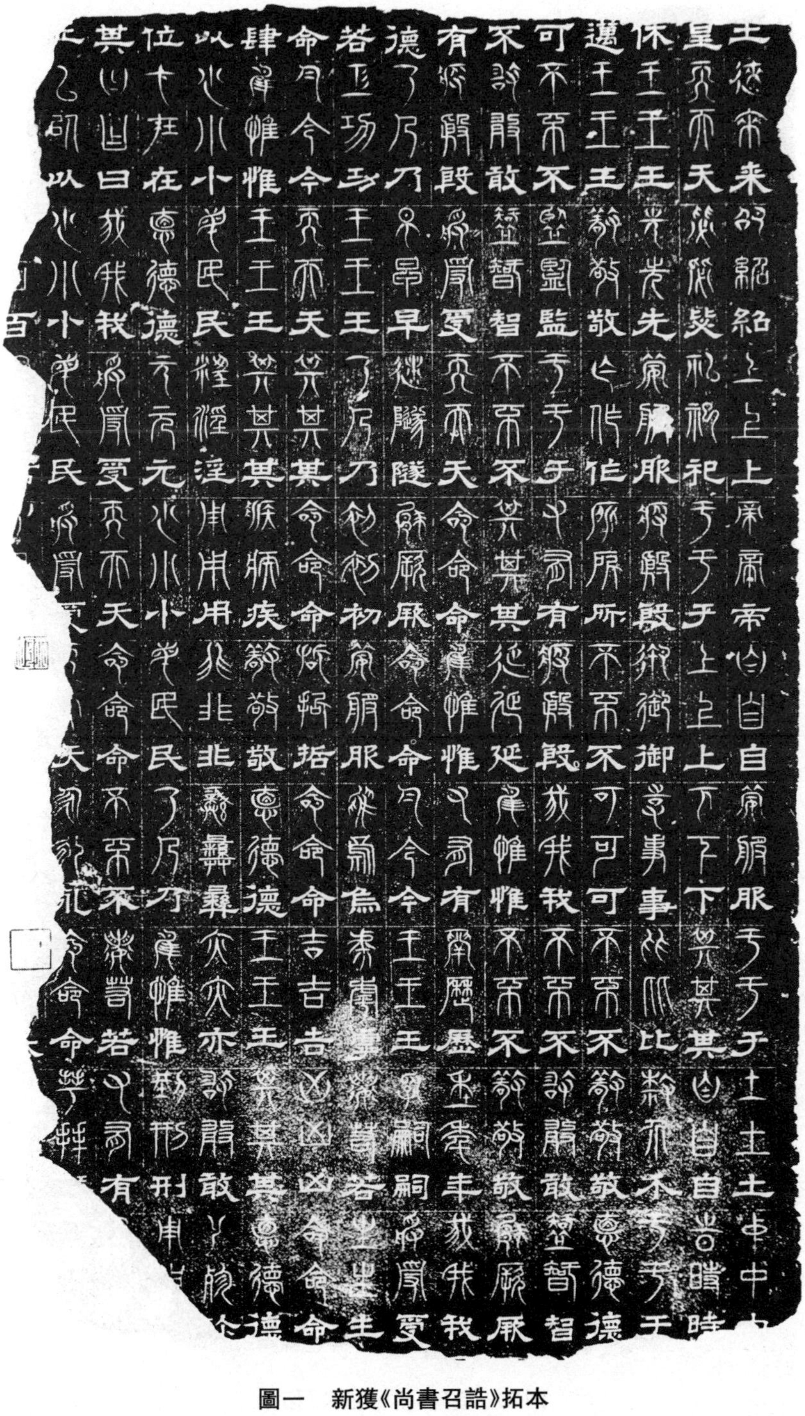

圖一　新獲《尚書召誥》拓本

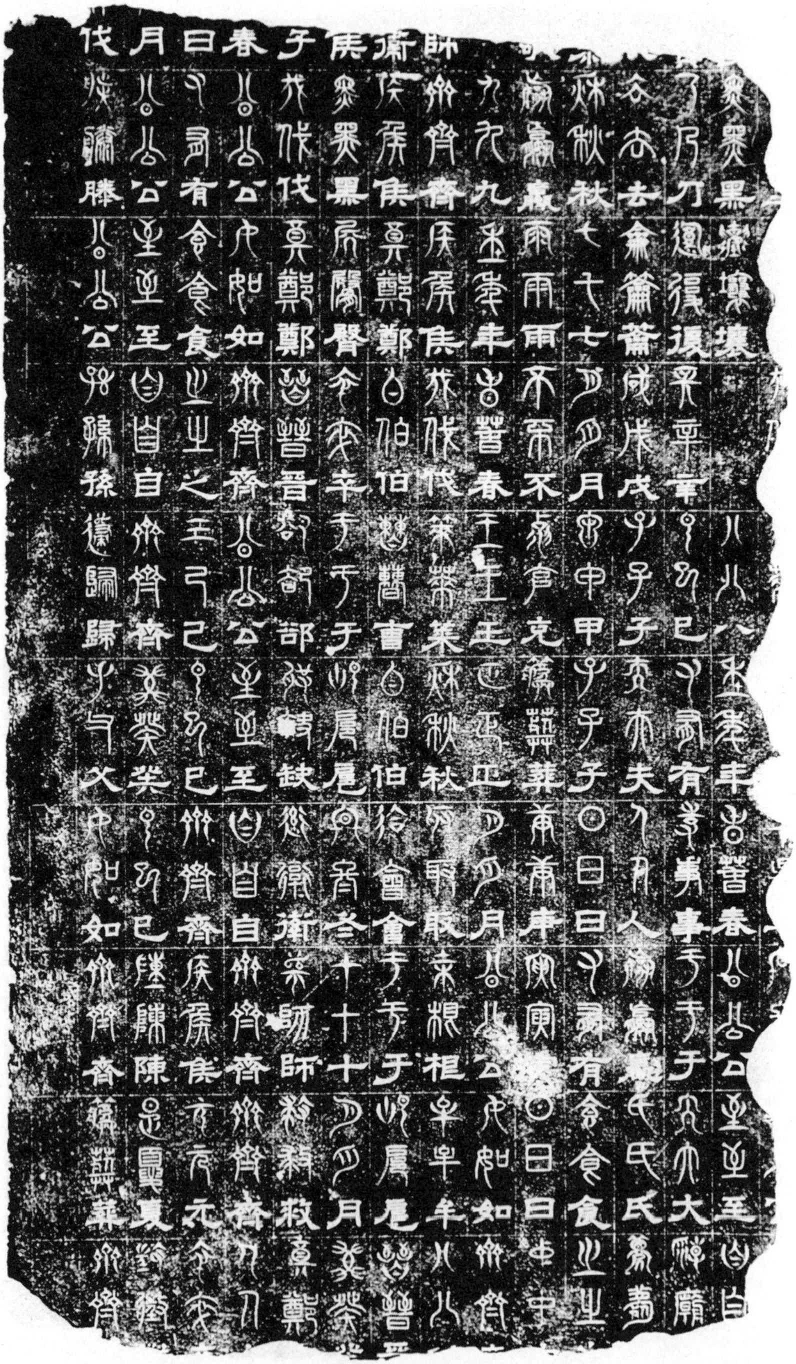

圖二　新獲《春秋宣公》拓本

古文的形體也可以借助石經古文找到來源。[①]這兩張拓片中的多數字和見於著録的殘石遺字相同，比對三種字體的書法，幾乎一模一樣。尤其是一些筆畫複雜的古文，如《召誥》拓本第 12 行的“彝”字、《宣公》拓本第 6 行的“葬”字，都寫得熟練協調、流暢自然。考察其中的已知魏石經未見或寫法特殊的古文，更能確認其可靠而打消疑慮，此略舉數例。

1.《召誥》拓本第 15 行之末爲“拜”字的古文，與民國出土的品字式三體石經“拜”字古文差别很大，[②]《傳抄古文字編》收録“拜”字古文的 29 個形體，[③]卻無與此拓本字形相同者。《魏正始石經古文輯證》(以下簡稱《輯證》)轉録這一品字式石經的“拜”字古文並予以考釋。[④]《古本〈尚書〉文字研究》辟專節研究此字，認爲古文“拜”不同寫法較多，是一字分化爲兩個系列，並作“拜”字構形異同表，[⑤]將 10 多種《尚書》經本中所用的各種字形悉數列出。利用這一成果可知，新獲拓本“拜”字的古文形體與古本《尚書》“足利本”和“上影本”中部分“拜”字古文寫法極爲接近，同於屬一類型。這一系“拜”字古文後來被“隸化”，也見於晉《太公吕望表》[⑥]、元《玩鞭亭詩刻》[⑦]、清《馬君生墓誌》等碑刻墓誌。

2.《召誥》拓本第 12 行的末字“殄”，古文作“丩”，專收三體石經古文的《輯證》無其字形。拓本“殄”字古文與《説文》[⑧]、與被稱爲“隸古定”本的宋代薛季宣撰《書古文訓》中的“殄”字古文同。[⑨]據研究，薛撰《書古文訓》的文字基本和《汗簡》中的《古尚書》文同。[⑩]《傳鈔古文字編》收録了包括《説文》《汗簡》《集篆古文韻海》在内的“殄”字 3 個古文形體，[⑪]與此拓本字形相同。

3.《召誥》拓本首行的“紹”字，古文作“卲”，小篆和隸書作“紹”，今本《十三經注疏》爲“卲”。《説文》釋“紹”字的古文寫法從“卲”，[⑫]聯繫新獲拓本看，爲同

---

① 趙立偉：《魏三體石經古文輯證》，社會科學文獻出版社 2007 年版，第 3 頁。

② 孫海波：《魏三字石經集録》，北平虎坊橋大業印刷局 1937 年版，附録第二葉。

③ 徐在國：《傳鈔古文字編》，綫裝書局 2006 年版，第 1195、1196 頁。

④ 趙立偉：《魏三體石經古文輯證》，字表編號爲 440，第 164 頁。

⑤ 林志强：《古本〈尚書〉文字研究》，中山大學出版社 2009 年版，第 31、118、119 頁。

⑥ 秦公、劉大新：《廣碑别字》，國際文化出版公司 1995 年版，第 140 頁。

⑦ 北京圖書館金石組編：《北京圖書館藏中國歷代石刻拓本彙編》第 48 册，中州古籍出版社 1989 年版，第 188 頁。

⑧ [東漢]許慎：《説文解字》，中華書局 1963 年版，第 85 頁。

⑨ 顧頡剛、顧廷龍：《尚書·文字合編》第 3 册，上海古籍出版社 1996 年版，第 2002 頁。

⑩ 劉起釪：《尚書源流及傳本考》，遼寧大學出版社 1997 年版，第 218 頁。

⑪ 徐在國：《傳鈔古文字編》，第 393 頁。

⑫ [東漢]許慎：《説文解字》，第 272 頁。

音通假字。

4.《宣公》拓本第4行的"籥"字,古文作"龠"形。《説文》《輯證》無此字古文。《傳鈔古文字編》録有此字古文形體多種,[①]部分字形與新獲拓本相同。

上述數字的古文字形或用法在經文中雖然有其特殊性,但是均非向壁虚造而有其本源。

二 新獲拓本與今本經文異同

對照新獲拓本和《尚書今古文注疏》[②]《春秋左傳正義》,[③]異文有"智(知)""隧(墜)""烏虖(嗚呼)""率(帥)"等5處5字,其中"智(知)"兩見,今本《尚書·召誥》中均作"知曰"。除"隧(墜)"字外,其他4字的異同和今古本《尚書·召誥》"曰"字的有無,《輯證》有説,[④]字意和用法與此新獲拓本同。《漢語大詞典》"隧"字説同墜,墜落,並引文解釋。

> 《荀子·儒效》:"至共頭而山隧。"楊倞注:"墜謂山石崩摧也,隧讀爲墜。"《淮南子·説林訓》:"懸垂之類,有時而隧。"高誘注:"隧,墮也。"[⑤]

此列表對照於後:

篇名	經本	石經與今本異同	説　明
召誥	石經	**我不敢智**,有夏服天命,惟有歷年。	圖一,第5、6行。參考《輯證》第318、339頁。
	今本	我不敢知曰,有夏服天命,惟有歷年。	
召誥	石經	**我不敢智,不其延。**	
	今本	我不敢知曰,不其延。	
召誥	石經	惟不敬厥**德,乃早隧厥命。**	圖一,第8行。
	今本	惟不敬厥德,乃早墜厥命。	

① 徐在國:《傳鈔古文字編》,第206頁。

② [清]孫星衍撰,陳抗、盛冬鈴點校:《尚書今古文注疏》,中華書局1986年版。

③ [周]左丘明傳,[晉]杜預注,[唐]孔穎達正義:《春秋左傳正義》,北京大學出版社1999年版。

④ 趙立偉:《魏三體石經古文輯證》,第六章《三體石經與今本〈尚書〉〈春秋〉異文比較》,第318、319、329—331頁。

⑤ 羅竹風主編:《漢語大詞典》第11册,漢語大詞典出版社1994年版,第1112頁。

(續表)

篇名	經本	石經與今本異同	説　明
召誥	石經	**烏虖！若生**子，罔不在厥初生，自貽哲**命**。	圖一，第 9 行。參考《輯證》第 329、330 頁。
	今本	嗚呼！若生子，罔不在厥初生，自貽哲命。	
宣公	石經	**晉郤缺率師救鄭。**	圖二，第 11 行。參考《輯證》第 330、331 頁。
	今本	晉郤缺帥師救鄭。	

説明：上表第二列"經本"的"石經"指新獲拓本《尚書》或《春秋》中的隸書文字，"今本"指今通行本《尚書》或《春秋》中的文字。爲使句子表意完整，凡拓本殘句均依今本文字補出，拓本經文用黑體字。石經和今本的異文以底綫標示。

三　《魏正始三體石經五碑殘石記》諸石存佚

魏石經《尚書・召誥》殘石此前未見。《春秋・宣公》殘石，僅有民國黄立猷藏十五年經文 4 字，[①]以及民國王國維依據宋洪适《隸續》所載蘇望摹刻本殘字復原的十一年至十八年經碑圖。[②]由於新獲拓本所體現的這塊不曾見於著録而具有相當尺寸的帶邊經石出土和收藏情況不明，要搞清楚其在經碑中的具體位置，須瞭解已知殘石和前人研究成果。

清末民國以來，隨著漢魏石經殘石的不斷出土，對其的收集和研究備受羅振玉、王國維、馬衡、徐森玉、王獻唐、孫海波、白堅、屈萬里、吕振端等學者關注，尤以王國維影響爲大。其中著録魏石經拓本較爲全面和重要的當推孫海波《魏三字石經集録》(以下簡稱《集録》)和白堅《魏正始三體石經五碑殘石記》(以下簡稱《殘石記》)。而吕振端彙集各家之長且最晚成書的《魏三體石經殘字集證》(以下簡稱《集證》)，在魏石經復原方面代表著該領域研究的總結性成果。

孫海波彙集當時所知的河洛圖書館、山東圖書館、馬衡、徐鴻寶(森玉)、黄立猷、陳承修、許光宇、柯昌泗、周進、羅振玉、于省吾、吴寶煒、白堅等公私 13 家所藏魏石經殘石，刊佈拓本，疏證源流，排列碑圖，考釋古文，爲《魏三字石經集録》，於 1937 年刊行。其自序有云：

① 孫海波：《魏三字石經集録》，拓本第四十三葉。

② 王國維：《隸釋所録魏石經碑圖》，賈貴榮輯：《歷代石經研究資料輯刊》，第 6 册，北京圖書館出版社 2005 年版，第 347—349 頁。

> 予近於石經之蒐集，視王書雖互有詳略，至新所採獲，足補王説之未備者。

時至今日，《集録》仍不失爲魏石經研究資料的集大成者。遺憾的是該書所刊拓本，除存字不多的小殘石爲整拓外，較大塊殘石均爲剪開本，失去原石的形狀輪廓，倘據以復原經碑，十分困難。

白堅於1936年在上海刊行《殘石記》，扉頁自題："丙子新秋西充白氏與石居印"，後因新獲兩面刊有經石序號的殘石，次年在初版基礎上新增《獲三體石經尚書第廿一碑春秋第八碑殘石記》一篇並殘石兩面拓片（此殘石爲白堅所排第二石的一個下角），爲"丁丑之春白氏與石居第二版"。該書縮印了自1922年以來洛陽漢魏故城太學遺址所出的5大塊魏石經殘石各兩面以及"尚書第廿一碑春秋第八碑殘石"兩面的整拓，按《尚書》經文順序分别編爲第一石至第五石，並據以排列經文，復原《尚書》第廿、廿一、廿二、廿三、廿四碑及其背面的《春秋》第九、八、七、六、五碑共5塊經碑的10面碑圖。同時根據刻有表示經碑排序的"第廿一""第八"字樣的殘石，確認直下式魏三體石經碑數爲28碑。和他書相比，《殘石記》收集民國以來出土的大塊魏石經資料最爲齊全。可是未知何因，在此後的有關魏石經的著述中，除了劉起釪[①]、程克雅[②]等極少數學者在相關著作中提到此書外，國内多數魏石經研究者似乎都未引用這部印行早於、大塊殘石資料全於《集録》的書，也未利用其研究成果。

吕振端的《集證》於1981年由臺灣學海出版社出版發行，該書依照乃師屈萬里《漢石經周易殘字集證》《漢石經尚書殘字集證》的體例，分爲論證、校文和經碑復原圖三卷，全面、系統、深入地研究了魏石經，達到一個新的高度。其自序有云：

> 玆篇之作，除總集近代諸家對魏石經之論述，並以唐石經爲藍本加以復原，校以漢唐石經，今本及今古文之異文及歷代經師之解説，予以論斷，復根據魏石經之復原圖及殘字述其始末概要。[③]

---

① 劉起釪：《尚書源流及傳本考》，第145、150頁。

② 程克雅：《王國維魏三體石經古文參斠合證方法探究》，《傳統中國研究集刊》第六輯，上海人民出版社2009年版，第378頁。

③ 吕振端：《魏三體石經殘字集證》，學海出版社1981年5月初版，"自序"，第2頁。

尤爲可貴的是，《集證》綜合各方成果及自身探索，復原了魏石經全部的35碑（《尚書》《春秋》組石28碑，《左傳》組石7碑）的碑圖。遺憾的是没有利用白堅《殘石記》的一些拓片與成果，使得個别經碑的行數復原仍然不甚精準。

然而日本中村不折創立位於東京的書道博物館藏魏石經殘石卻至今仍然沿用白堅的“第三石”“第五石”的編號。[①]《殘石記》雖將拓片縮小很多，但保存了殘石原貌，有助於釐清其在經碑中的位置，便於復原參考。而且殘石星散，有的下落不明。將此予以考察，可便於進一步的研究。

第一石，正面爲《尚書・多士》，背面爲《春秋・文公》，其在經碑中的位置是《尚書》第廿碑、《春秋》第九碑。此石白堅未標尺寸，今據兩面拓本知石高約48、寬約32釐米。《殘石記》稱石存洛陽博物館，《集録》謂石藏河洛圖書館，吴峻甫説：

> 以二石存洛陽縣署，一石存官礦局。乙丑三月胡景翼督豫，令並遷置開封圖書館。今聞在官礦局者，未及徙云。[②]

“二石”指該殘石和第廿一碑“大三體”被剖開後的一半殘石，“一石”指第廿一碑“大三體”被剖開後的另一半殘石。羅振玉説：

> 昨有人自洛歸，言此石及中剖之大石，已運致開封圖書館，不知又有損壞否也。癸亥七月既望又記。近此石仍在洛，前聞未確。乙丑冬記。[③]

乙丑爲1925年。該石與第廿一碑“大三體石經”殘石於1922年在太學故址出土，不久都“没於官”，前者下落不明了。目前一些文章依然照鈔舊資料，謂《多士》殘石藏“河南博物館”“開封圖書館”“洛陽博物館”等。

第二石，正面爲《尚書・無逸》和《君奭》，背面爲《春秋・僖公》和《文公》，其在經碑中的位置是《尚書》第廿一碑、《春秋》第八碑。此石白堅未標尺寸，今據上海圖書館藏拓本知石高107.3、寬98.2釐米。該石最爲著名，爲完整碑的上半段，存字最多，對於瞭解經碑尺寸，復原經文意義重大，這種拓片十分罕見，縮印

① ［日］台東區立書道博物館編：《台東區立書道博物館圖録》，二玄社平成19年（2007）版，第66、67頁。

② 吴峻甫：《新出漢魏石經考》，卷二，廣文書局發行1981年版，第二葉。

③ 羅振玉：《雪堂類稿》，丙《金石跋尾》，《魏正始石經殘石跋》，遼寧教育出版社2003年版，第366頁。

後見於著録,或稱"三體石經未裂本",①或稱"三體石經初拓未斷本",②也有馬衡的大石和碎石拓片拼合復原本。③該殘石出土未久即被從中縱剖爲二,分藏洛陽縣署和位於洛陽老城吴家街的新安官磺局,後移河洛圖書館。④目前該石存字較多的一半藏國家博物館,⑤在一樓展廳專櫃陳列,另一半藏洛陽博物館,在二樓珍寶館專櫃陳列。經石剖開後的拓本傳世較多,亦見於著録。⑥光緒年間龍虎灘出土的《尚書・君奭》殘石正與其左下部相銜接。⑦

第三石,正面爲《尚書・君奭》,背面爲《春秋・僖公》,其在經碑中的位置是《尚書》第廿二碑、《春秋》第七碑。白堅云:

> 嘗于上海觀摩此石而得其拓本,聞今此石歸日本中村不折家。⑧

民國二十五年(1936)六月十五日《東南日報》金石書畫特種副刊第五十九期第

---

① 王廣慶:《最近出土三體石經未裂本》,文明書局民國十九年(1930)十月三版。

② 仲威:《善本碑帖過眼録》,文物出版社 2013 年版,第 45、46 頁。

③ 中國美術全集編輯委員會:《中國美術全集》第 55 册《書法篆刻編・魏晉南北朝書法》,人民美術出版社 2006 年版,第 9、10 頁。

④ 上海圖書館藏三體石經未裂本有新安縣人王廣慶題跋云:"此石乃洛陽城東朱家疙瘩村民採藥(掘天花粉)得之,洛水未北徙以前當係開陽門外地,漢時太學在焉。而光緒年間,黄縣丁氏樹楨所得尚書君奭篇殘石與此石下部相接者,則發現於洛水北岸龍虎灘黄占鼇牛舍中。兩地相隔二里許而已。石於民國十二年一月出土,土豪黄鑒叔勒鄉民以五百金爲壽,始允其運出。廣于二月聞諸碑帖商郭玉堂,即令轉語石主,勿以售之外人。嗣爲城内謝榮章以千余金購去,以不便密運,且以分售之可居奇也。乘夜令白姓鑿裂爲二,未斷時拓本極少,有謂僅十三份者。此本右公以二百七十元得之,可寶也。廣洛陽吴家街寓中,存石之右半也,他半及同時所得小殘石尚書系篇者,存洛陽縣署。伯英商之公私各界,擬建亭於城西北隅武廟中覆之,款絀未就也。民國十二年十二月二十五日,王廣慶志。"仲威:《善本碑帖過眼録》,文物出版社 2013 年版,第 47 頁。

⑤ 2016 年 11 月 26 日,由新安縣委縣政府主辦的微信公衆號"今日新安"(微信號:xinannews)推送《新安流出現藏故宫,這件國寶背後是百年顛沛流離的時光》,刊載新安縣學者張宗子和澠池縣學者范天平調查後得到的有關三體石經收藏地點變遷的重要信息:"官礦局保存的石經,後來運到了鐵門張鈁的蟄廬保存,即《新安縣誌》所謂'石在鐵門張氏'一説之由來;1944 年,日寇侵陷豫西,張鈁考慮石經的安全,派人用牛車連夜將石經運往澠池縣石窯村他的佃户孟兆永家;孟將這塊石經和另外兩塊墓誌,壘在耕地堰邊的亂石層中;1950 年土改,孟兆永因租種張鈁家在石窯村的土地 110 畝,又雇人耕種,而被定爲富農成分;在批鬥時,將張鈁存放在他家的東西如數説出,引起澠池縣政府的重視;1950 年,石窯村農會派人將石經和兩塊墓誌用被子裹上,分裝三輛牛車,由兩個民兵護送到澠池縣政府,時任縣長李一民負責接收,並批條給運送者每人 60 斤小米;澠池縣政府接收後,當即派縣教育局科長劉曰白乘火車將三體石經殘碑運送北京,交給文物部門。"

⑥ 北京圖書館金石組編:《北京圖書館藏中國歷代石刻拓本彙編》第 2 册,中州古籍出版社 1989 年版,第 22—25 頁。

⑦ 羅振玉:《魏三字石經尚書殘石》一册,見《吉石盦叢書》三集,1917 年影印本。

⑧ 白堅:《魏正始三體石經五碑殘石記》,丁丑(1937 年)之春,白氏與石居第二版,第十一葉。

一版刊載該《君奭》《僖公》殘石兩面整拓，《君奭》面鈐印二枚，朱文印“伯衡審定”，白文印不清楚；《僖公》面鈐印二枚，朱文印“伯衡審定”，白文印“石墨樓”。旁注云：

> 最新出土曹魏三體石經拓本，淮陰陳氏石墨樓藏。

第四版“編輯餘譚”云：

> 曹魏正始三體石經，黄縣丁氏舊藏一石，字不甚多。壬戌冬洛陽東南十八里碑廔莊民掘地，復得正始三體石經大石一小石二，碑出土拓十餘紙即爲賈人鑿而爲二，毁近百字，並小石一塊，表裡氈拓，凡得六紙。前年土人又于原處掘獲兩塊，一長一方，均兩面刻，一面刻《春秋》，一面刻《尚書》，去冬運滬，售與骨董商王姓。近聞王姓已以八千金代價轉讓某收藏家。或云已售外人，未知確否(衡)。

由上述可知，兩殘石爲 1934 年洛陽出土，1935 年冬運往上海，1936 年轉售於日本。所謂殘石“一長一方”，方者當爲“第三石”，長者當爲“第四石”。

第三石在中村創辦的書道博物館陳列，高 54、寬 43.5 釐米。①日本《書苑》雜誌創刊號(第一卷第一號)和第一卷第六號分别刊出了該石《君奭》和《僖公》拓本的原大整張珂羅版。②《集録》僅録入了《君奭》拓片剪開本，謂石藏河洛圖書館；而《輯證》説日本京都大學人文科學研究所藏《僖公》廿三年至廿八年經拓本爲新發現資料，③實爲第三石的兩面拓本。

第四石，正面爲《尚書・多方》，背面爲《春秋・僖公》。其在經碑中的位置是《尚書》第廿三碑、《春秋》第六碑。白堅云：

> 亦嘗於滬睹此石而得其拓本，聞此石今歸日本藤井有鄰館。④

民國二十五年十月十五日《東南日報》金石書畫特種副刊第六十七期第二版刊載該殘石之《多方》一面整拓，鈐印一枚不清楚。旁注云：

① [日]台東區立書道博物館編：《台東區立書道博物館圖録》，第 66、89 頁。
② [日]藤原楚水主編，三省堂出版，昭和十二年(1937)。
③ [日]下中邦彦編：《書道全集》，第 3 册，平凡社 1959 年版，第 67 頁。
④ 白堅：《魏正始三體石經五碑殘石記》，第十四葉。

曹魏三體石經,最近出土拓本,淮陰陳氏石墨樓藏。

第七十一期第二版刊載該殘石之《僖公》一面整拓,鈐印二枚,白文印"石墨樓",另一印不清楚。旁注云:

曹魏三體石經,最近出土,淮陰陳氏石墨樓藏,説明見本刊第五十九期第四版編輯余談。

《有鄰館精華》刊載《多方》一面的原石照片和拓片,石高 82.5 釐米、寬 42.8 釐米、厚 17 釐米。①

《集録》僅録入《多方》拓片剪開本;《輯證》説日本京都大學人文科學研究所藏《僖公》十二年至十六年經拓本爲新發現資料,②此二者實爲第四石的兩面拓本。

第五石,正面爲《尚書·立政》,背面爲《春秋·僖公》,其在經碑中的位置是《尚書》第廿四碑、《春秋》第五碑。白堅云:

此石今存西充白氏與石居。③

現亦在東京書道博物館陳列,高 65 釐米、寬 39.5 釐米。④第五石包含《尚書·立政》"嗚呼"殘塊一石(存完整者 23 字),未知是否在書道博物館。

以上 5 塊大石的《尚書》面(不含《尚書·立政》"嗚呼"小殘石),《尚書文字合編》均以剪開本形式録入,其中第一至第四石拓本來自《集録》,第五石《立政》,謂來自潘景鄭藏拓。⑤《輯證》以潘景鄭藏拓爲新發現,實爲第五石的《尚書》面拓本。

《殘石記》第二版在第五石之後著録"尚書第廿一碑春秋第八碑殘石",正面爲《尚書·君奭》,背面爲《春秋·文公》,其《尚書》面拓本高 35 釐米、寬 18 釐米。⑥白堅於《獲三體石經尚書第廿一碑春秋第八碑殘石記》云:

---

① [日]藤井有鄰館學芸部編:《有鄰館精華》,藤井斉成會昭和六十年(1985)發行,單色圖版編號 38。

② [日]下中邦彦編:《書道全集》,第 3 册,第 66 頁。

③ 白堅:《魏正始三體石經五碑殘石記》,第十七葉。

④ [日]台東區立書道博物館編:《台東區立書道博物館圖録》,第 67、89 頁。

⑤ 顧頡剛、顧廷龍:《尚書文字合編》第 3 册,第 2492—2497 頁。

⑥ [日]下中邦彦編:《書道全集》,第 3 册,第 168 頁。

歲在丙子十一月四日，夕游於日本大阪淺野竹石山房，得魏正始三體石經二片。

詳述民國出土時《尚書》《春秋》各爲一塊碎石，殘面拼兑，合爲一石，刊出了該石的正背、左右四個面的照片 2 幀；並通過《尚書》面下端所刻"第廿一"，《春秋》面下端所刻"第八"字樣，確認總數爲 28 碑：

由此獲審正始三體石經碑石之數矣。①

《輯證》説：

據孫海波《魏三字石經集録》凡例，該書收録的材料中應包括白堅所藏殘石拓本，而獨於此拓漏收。②

細檢《集録》，③已收之。白堅從日本購回此石自存，後由四川運至北京，今藏故宫博物院。④

我們知道，白堅舊藏的 11 塊漢石經殘石後來收藏於日本書道博物館，⑤而《殘石記》所述流入日本的"第三石""第四石"，以及曾由其自藏而現在書道博物館的"第五石"，很可能也是經白堅之手外流的。他是民國年間的書畫收藏界中一位活躍於中國人和日本人之間的行家，⑥充當文物掮客。⑦以往羅振玉説：

---

① 白堅：《魏正始三體石經五碑殘石記》，第二十一、二十二葉。

② 趙立偉：《魏三體石經古文輯證》，第 15 頁。

③ 孫海波：《魏三字石經集録》，拓本第十五至十九、三十至三十二葉。

④ 馬子雲、施安昌：《碑帖鑒定》，廣西師範大學出版社 1993 年版，第 96 頁。

⑤ [日]江川式部：《漢熹平石經研究の現狀と課題》，明治大學東洋史談話會《明大アジア史論集》第 7 號，"中國·朝鮮の古代中世の文物"特集號，2002 年 2 月，第 23 頁。

⑥ [日]高田時雄：《李滂と白堅》，《敦煌寫本研究年報》創刊號（200703），第 1 頁；高田時雄：《李滂と白堅（補遺）》，《敦煌寫本研究年報》第二號（200803），第 185 頁；高田時雄：《李滂と白堅（再補）》，《敦煌寫本研究年報》第六號（201203），第 283 頁。

⑦ 目前常用的中文人名辭典，收録白堅的不多。最早的記録，見於日本橋川時雄 1940 年編印的日文版《中國文化界人物總鑒》，有"白堅"的條目，漢譯爲："白堅，1883—？，字堅甫，四川西充人，留學日本，畢業於早稻田大學政治科。曾任國務院簡任職存記、段執政府秘書廳編譯主任，民國二十七年臨時政府内政部秘書，兼任師範學院國文教習。熱衷金石書畫的鑒賞與收藏，藏有古石經殘石。近有《讀正氣歌圖史集》一卷印行問世，是師範學院授課之講稿。與同好者結有'餘園詩社'。著有《讀漢魏石經記》《石居獲古録》（民國二十六年上海圖書館學校出版）等。"見錢婉約：《白堅其人其事》，《中華讀書報》，2013 年 12 月 4 日 18 版。

近年《君奭》石最下截一石復出，由蜀人某售諸日本京都藤井氏。[①]

“蜀人”大概指白堅(羅振玉可能將殘石混淆，售諸藤井氏的應該是《多方》而非《君奭》最下截一石)。不以人廢言，《殘石記》的學術價值不言而喻。

四　三碑六面復原

我們知道，《尚書》篇章的先後排序，《召誥》之前是《梓材》，後是《洛誥》《多士》。《春秋》經文篇章的排序，《宣公》之前是《文公》，後是《成公》。聯繫1957年西安出土的經文之外刻有“第十七”字樣的《尚書·梓材》《春秋·成公》殘石[②]和1922年與大三體石經同時出土的《尚書·多士》《春秋·文公》殘石(即《殘石記》的“第一石”)，初步推斷新獲殘石拓本經文大約在互爲表裏的《尚書》第十八碑和《春秋》第十一碑的位置。

下面主要參考《魏正始石經殘石考》中據《隸釋所録魏石經碑圖》復原的《春秋·宣公》十一年至十八年經碑圖、[③]《殘石記》所作碑圖、《集録》所作碑圖、《集證》所作碑圖，馬衡有關魏石經經碑排列的論述[④]和今本《十三經注疏》，[⑤]嘗試復原碑圖。保留有經碑邊緣的石經殘石是確認其爲獨立碑體的關鍵，是正確復原一塊經碑首尾文字的保障。[⑥]觀察新獲拓本知，《尚書·召誥》殘石包含右邊，相應的《春秋·宣公》殘石帶有左邊。而西安的“第十七”碑殘石，《春秋·成公》面有左邊和下邊，《尚書·梓材》面有右邊和下邊，研究者説：

爲第十七石之右下隅。[⑦]

排列新獲拓本《召誥》經文及其前面一碑的《召誥》《梓材》經文，對照1957年西安出土殘石的《尚書·梓材》拓本，可以復原《尚書》第十七碑的完整碑圖(碑圖一)。同樣，排列新獲拓本《宣公》經文及其後面一碑的《宣公》《成公》經文，對照

① 羅振玉：《雪堂類稿》，甲《筆記彙刊》，《石交録》，第180頁。

② 劉安國：《西安市出土的“正始三體石經”殘石》，《人文雜誌》1957年第3期，第67頁，圖版四。

③ 王國維：《魏正始石經殘石考》，賈貴榮輯：《歷代石經研究資料輯刊》，第6册，第347—349頁。

④ 馬衡：《凡將齋金石叢稿》，中華書局1977年版，第320、321頁。

⑤ [清]阮元校刻：《十三經注疏》，中華書局1980年版。

⑥ 白堅《魏正始三體石經五碑殘石記》云：“五殘石之於五碑，其《尚書》一面皆有第一行可尋，其《春秋》一面皆有末行可尋，於排比最爲審也。”該書第二葉。

⑦ 劉安國：《西安市出土的“正始三體石經”殘石》，第68頁。

1957 年西安出土殘石的《春秋・成公》拓本，可以復原《春秋》第十二碑的完整碑圖（碑圖六）。按照已知的《尚書》第廿碑帶右邊殘石經文和上述排好的《尚書》第十七碑（碑圖一）經文，排列《尚書》第十八碑、第十九碑經文，2 碑總計 68 行經文（含《洛誥》《多士》篇題 2 行），則每碑 34 行（碑圖二、碑圖三），而新獲的《尚書・召誥》拓本經文恰爲第十八碑的右邊。

再按照已知的《春秋》第九碑帶左邊殘石經文和上述排好的《春秋》第十二碑（碑圖六）經文，排列《春秋》第十碑、第十一碑經文，2 碑總計 64 行經文（含《宣公》篇題 1 行），按照每碑 32 行平分恰好分爲 2 碑（碑圖四、碑圖五），而新獲的《春秋・宣公》拓本經文恰在其位且爲第十一碑的左邊。

如此則利用新獲拓本復原了《尚書》第十七、十八、十九 3 碑的經文排序，同時復原了其背面的《春秋》第十、十一、十二 3 碑的經文排序。

五 《春秋》六碑《尚书》三碑經文行數校正

前賢以各種原因，如王國維早逝而不得見後來出土的新材料，白堅未利用王國維還原《隸續》所録魏石經殘字爲經碑的成果，而孫海波和吕振端未利用白堅《殘石記》的新資料，皆因掌握資料不齊備，致使復原的魏石經碑圖仍存在一定的不足。總體來看，吕振端復原的碑圖最爲全面，也可能最接近事實。但仍須校正其製作的《春秋》第一碑至第六碑和《尚書》第廿四碑至第廿六碑圖經文的行數。

先説第三碑至第六碑，校正的主要依據是白堅《殘石記》著録大塊帶邊的“第五石”。因吕氏不知有此石，其在復原《春秋》第三碑（據王國維還原《隸續》知有右邊）至第六碑（據民國《東南日報》刊載拓本知有左邊）時，只能將此 4 碑所轄的經文全部排出，然後均分總行數爲 4，便得出了《春秋》第三、四、五、六碑均爲 37 行的結論。[①]然而依據“第五石”，可以確定《春秋》第六碑爲 32 行。再據民國時期出土的有關的小殘石，特别是徐森玉藏 4 行相連的“年春、績夏、鄭冬、春新”殘石，細審拓本，“年春”的古文“春”字右側殘留有“來”字的古文左側“辵”旁的筆畫。[②]倘若以“來”字爲碑的邊緣，則《春秋》第五碑的行數就有可能爲 40 行（碑圖七）。這樣餘下第三、第四碑的總行數爲 76，均分之則各 38 行。

再説第一和第二碑，吕振端據王國維還原《隸續》的《春秋》第三碑殘石，知其

① 吕振端：《魏三體石經殘字集證》，第 323—326 頁。

② 拓片見孫海波：《魏三字石經集録》，拓本第二十八葉，惜邊緣已被裁去。吕振端《魏三體石經殘字集證》第 244 頁有殘石拓片原貌。

有右邊,則第一、二碑经文含篇第共計 71 行。因行數爲單,不可均分,其定第一、二碑爲 34、37 行,似乎合理。筆者推測,刊刻石經作爲朝廷的重大禮制和文化事件,無論《尚書》第一碑還是《春秋》第一碑的開篇,不會首行就是“堯典”或“隱公第一”,應該還有至少 1 行以上的刻經緣由、經本、執事等内容,下來才是經題、篇第名稱。驗之吕振端所作碑圖的《尚書》第一碑,根據有關殘石給出的行數正爲 31,①和其他多數爲 34 行的碑圖相比,少了 3 行,也許這缺少的 3 行應該是上述或相關内容。假設此類内容有 3 行,那麽春秋第一、第二碑的總行數也應該增加 3 行爲 74 行,則第一、二碑可能爲 36、38 行。

關於《尚書》第廿四至第廿六碑碑圖行數的校正,也是依據“第五石”。反復觀察《殘石記》所附“第五石”兩面拓本,可知兩面字體大小相同、行數佈列相等。《春秋》面左爲碑邊且靠邊 1 行爲空白,而《尚書》面右爲碑邊但靠邊未空行。前面已經確認《春秋》第五碑經文爲 40 行,則相應的《尚書》第廿四碑的文字必是 42 行。前已述及《尚書》第廿七碑爲 34 行,那麽,其間的第廿五、廿六 2 碑行數也須校正。在吕氏復原的碑圖中,此 2 碑各 34 行,須各減少 4 行,成爲 30 行。將 2 碑減下來的 8 行納入第廿四碑,惟如此方能使之達到 42 行,從而滿足“第五石”兩面行數相等的狀況。在石經文字個體尺寸基本固定的前提下,碑面寬闊是行數明顯增多的原因。

至於校正後的《尚書》第廿五、廿六碑各 30 行,其背面《春秋》第四、三碑各 38 行。如何解釋一碑二面的行數懸殊呢?從王國維還原《隸續》經文知,一石二面的《尚書》第廿六碑殘石帶有左邊,存 12 行;《春秋》第三碑殘石帶有右邊,存 16 行。② 已知的所有大塊殘石兩面的寬度大體相等,倘若《隸續》所録的殘石亦如此,③由其兩面殘存行數推之全碑知,《春秋》比《尚書》多 8 行。《尚書》第廿五碑及其背面的《春秋》第四碑無殘石可供分析,推測其行數與之相同。

六　十二碑二十四面經文行數

以往白堅、孫海波根據出土殘石復原了《尚書》第廿至第廿四碑,《春秋》第五至第九碑的碑圖,吕振端復原了全部的魏石經碑圖,加上這次依據新獲拓本復原的《尚書》第十七至第十九碑及《春秋》第十至第十二碑的碑圖,以及重新校正的

① 吕振端:《魏三體石經殘字集證》,第 293 頁。

② 吕振端:《魏三體石經殘字集證》,第 236、242、243 頁。

③ 王國維根據《隸續》所録殘字復原經文,因没有原石存世,我們假設該殘石狀况正如吕振端所説,即《尚書》面篇題“文侯之命”前若干殘字不屬於該碑帶邊殘石,而爲另外經碑的單面碎塊。

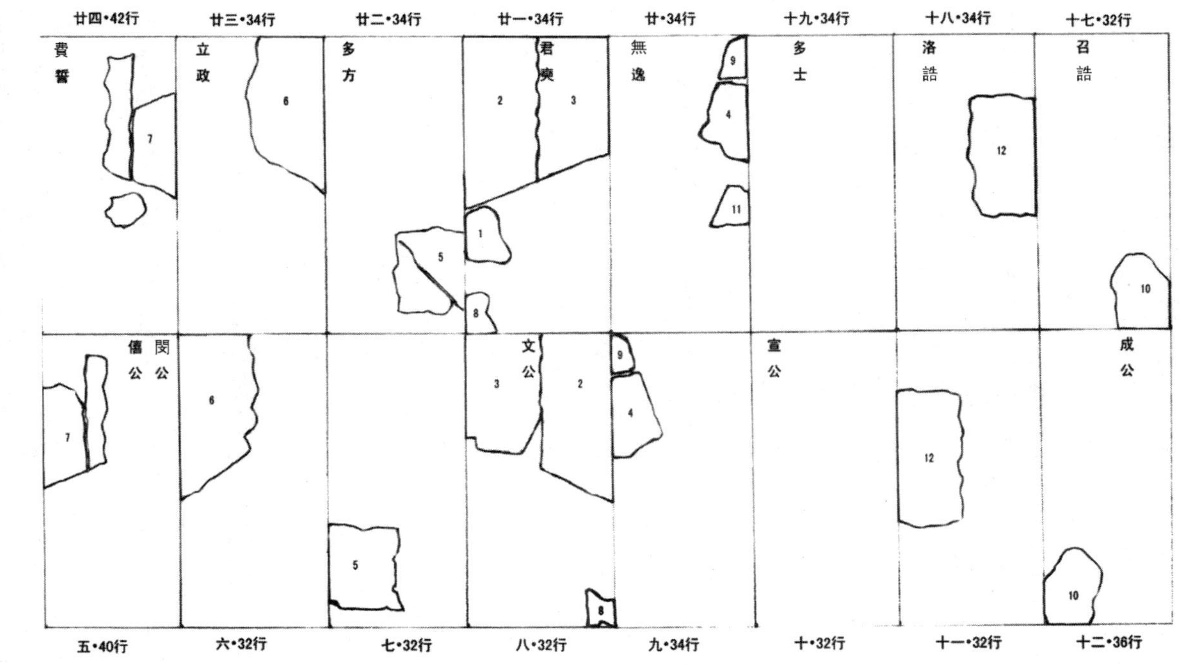

1. 光緒年間龍虎灘出土,現藏故宫博物院
2. 1922 年出土"大三體"之一半,現藏國家博物館
3. 1922 年出土"大三體"另一半,現藏洛陽博物館
4. 1922 年與"大三體"同出之另一石,現藏處不明
5. 民國白堅著録,現藏日本書道博物館
6. 民國白堅著録,現藏日本藤井有鄰館
7. 民國白堅著錄,現藏日本書道博物館
8. 民國白堅著錄,現藏故宫博物院
9. 民國孫海波著錄,謂羅振玉藏石
10. 1957 年西安出土,現藏西安碑林博物館
11.《古今論衡》2 期 1999 年發表,現藏臺灣"中央研究院"歷史語言研究所
12. 王恒藏拓,原石出土、藏處不明

圖三　已知較大塊三體石經殘石復原經碑示意圖

(上欄爲《尚書》經碑,下欄爲《春秋》經碑)

吕振端《春秋》第一至第六碑和《尚書》第廿四至第廿六碑圖，便得出魏石經正面《尚書》第十七至第廿八碑、背面《春秋》第一至第十二碑，這相連續的 12 塊經碑正背 24 面經文的最可能接近事實的復原圖，其中利用已知較大塊三體石經殘石復原的經碑圖（圖三）最爲可靠，爲今後全面正確復原魏石經提供了範様。

此將已經復原和校正的《尚書》《春秋》相對應 12 碑 24 面整碑的經文行數列表於下，以便觀覽。

魏石經 12 碑經文行數表

尚書	第廿八碑	第廿七碑	第廿六碑	第廿五碑	第廿四碑	第廿三碑	第廿二碑	第廿一碑	第廿碑	第十九碑	第十八碑	第十七碑
行數	26	34	30	30	42	34	34	34	34	34	34	32
春秋	第一碑	第二碑	第三碑	第四碑	第五碑	第六碑	第七碑	第八碑	第九碑	第十碑	第十一碑	第十二碑
行數	36	38	38	38	40	32	32	32	34	32	32	36

由上表可見，魏石經無論《尚書》還是《春秋》，各碑經文行數並無定規，少則 30 行，多則 42 行，爲偶數。相比較而言，《尚書》的碑面佈局較爲規律，多數爲 34 行，《春秋》則從 32 行到 40 行的偶數皆有。馬衡當年曾困惑於《春秋》前 6 碑的碑面將達到 37 行，感覺太多而不能合理解決。①目前復原的結果是前 5 碑中 1 碑爲 36 行，3 碑爲 38 行，1 碑爲 40 行。這個現象目前還難以合理解釋。②各碑經文行數多寡不一的情况，正如前賢所云：

> 故知石經行款實不盡一也。③ 每碑行數不盡一律。④

即魏石經碑石的製作，高度相若而寬度或略差。

七　魏石經殘石總字數

民國時期出土的魏石經，除了白堅《殘石記》著録的殘石和孫海波《集録》收

① 馬衡：《凡將齋金石叢稿》，第 222 頁。

② 如何解釋這一現象呢？一定是工作者的不合理分配所造成的。也可能是刻立石經工程較大，難以同時製作出全部石碑，而邊製作石碑邊刻寫經文。正面《尚書》按順序書寫，比較規律。而背面的《春秋》則可能倒著寫，倒退到第五碑時，由於剩餘文字較多而分配到這最後 5 塊碑的文字行數就多了。

③ 王國維：《魏正始石經殘石考》，第 292 頁。

④ 馬衡：《凡將齋金石叢稿》，第 320 頁。

録的十三家舊藏的衆多殘石外，還有一些未能及時公佈者。如顧廷龍藏《尚書・立政》《尚書・顧命》殘石拓本，①臺灣"中央研究院"歷史語言研究所藏《尚書・多士》殘石與拓本等，②誠如孫海波所謂：

> 統計新出石經殘字，所收尚不過十八，拾遺補缺，願俟異日。③

可知全面收集之難。另外 20 世紀 70 年代也偶有殘石面世，④相信今後還會發現新資料。

目前談到洛陽太學魏石經的字數，一般採用孫海波統計的 2 500 字左右，⑤這個字數應當是三體總數之和，可能是筆誤而極不準確，卻沿用至今，甚至載入工具書，⑥今須予以澄清。《集録》收録的魏石經拓本，均列出每塊殘石所存三種字體字數的統計，《輯證》予以匯總，確認爲 3 693 字。⑦這裡將後來發現的魏石經殘石拓本列表於下並統計字數：

《魏三字石經集録》未收録殘石字數統計表

	來歷與篇目	古文	小篆	隸書	小計	經文
《尚書》	臺灣"中研院"歷史語言研究所藏《多士》	19	17	19	55	27
	西安碑林藏 1945 年西安出土《康誥》	16	13	16	45	19
	西安碑林藏 1957 年西安出土《梓材》	10	14	17	41	17
	書道博物館藏《殘石記》第五石《立政》	76	68	78	222	84
	白堅舊藏《殘石記》《立政》"嗚呼"	10	10	11	31	15
	《尚書文字合編》顧廷龍藏《立政》	8	11	9	28	12
	《尚書文字合編》顧廷龍藏《顧命》	3	3	2	8	3
	偃師焦村發現《無逸》	5	8	6	19	9
	新獲《召誥》拓本	136	135	149	420	151

① 顧頡剛、顧廷龍：《尚書・文字合編》第 3 册，第 2500、2501、2688 頁。

② 邢義田、陳昭榮：《一方未見著録的三字石經殘石：史語所藏〈尚書・多士〉殘石簡介》，《古今論衡》1999 年第 2 期，第 118—122 頁。

③ 孫海波：《魏三字石經集録》，例言第一葉。

④ 趙振華：《洛陽古代銘刻文獻研究》，三秦出版社 2009 年版，第 261 頁。

⑤ 孫海波：《魏三字石經集録》，源流第八葉。

⑥ 仲威：《中國碑拓鑒別圖典》，文物出版社 2010 年版，第 163 頁。

⑦ 趙立偉：《魏三體石經古文輯證》，第 48 頁。

(續表)

	來歷與篇目	古文	小篆	隸書	小計	經文
《春秋》	西安碑林藏 1957 年西安出土《成公》	16	16	23	55	23
	書道博物館藏《殘石記》第三石《僖公》	87	81	85	253	91
	藤井有鄰館藏《殘石記》第四石《僖公》	110	105	102	317	110
	書道博物館藏《殘石記》第五石《僖公》	66	64	66	196	74
	新獲《宣公》拓本	120	131	136	387	145
合計		682	676	719	2 077	780

本表新增 2 077 字，加上《集録》所收 3 693 字，則目前已知的魏石經殘石三種字體之和已達 5 770(不含《隸續》819、《汗簡》141、《古文四聲韻》122 字)。本表新增經文 780 字，加上《集録》所收 1 625 字，則目前已知的魏石經殘石經文字數已達 2 405。

利用新獲拓本復原了魏石經 28 碑中的 3 碑 6 面，爲陷於沉寂的三體石經研究添注了些許活力。

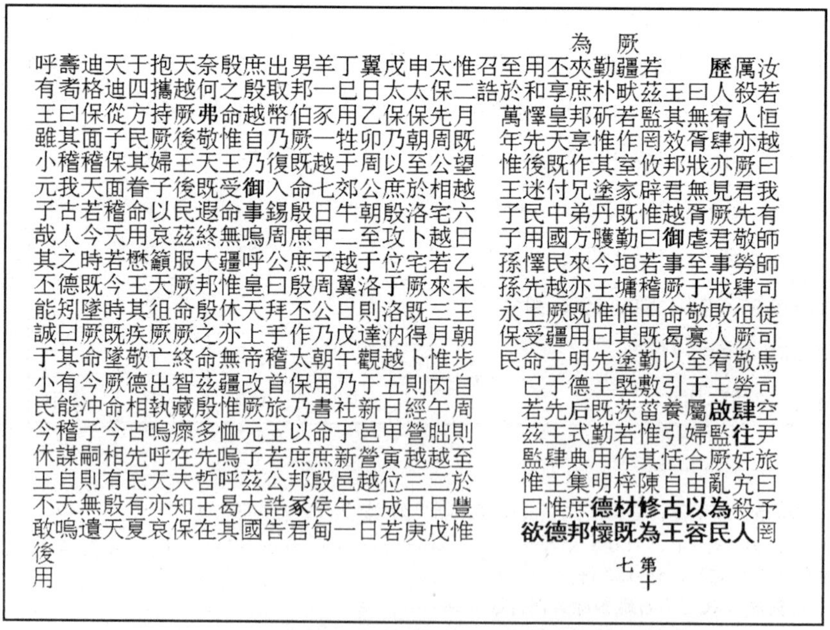

為　厥
呼壽迪天于抱天奈殷庶出男羊丁翼戊申太惟召至用丕夾勤疆若　**歷**厲汝
有耉格迪四攜越何之殷取邦一巳日太太保二誥於和享庶朴畎茲王曰人殺若
王曰保從方持厥**弗**命越幣伯家用乙保保先月　萬懌皇邦斫若監其無宥人恒
雖其面子民厥後敬惟自乃厥一牲卯乃朝周既　年先天享惟作罔效胥肆亦越
小稽稽保其婦王天王乃復既越于周以至公望　惟後既作其室攸邦戕亦厥曰
元我天面眷子後既受**御**入命七郊公庶於相越　王迷付兄塗家辟君無見君我
子古若稽命以民遐命事錫殷日牛朝殷洛宅六　子民中弟丹既惟越胥厥先有
哉人今天用哀茲終無嗚周庶甲二至攻卜越日　子用國方穫勤曰**御**虐君敬師
其之時若懋籲服大疆呼公庶子越于位宅若乙　孫懌民來今垣若事至事勞師
丕德既今王天厥邦惟皇曰殷周翼洛于厥來未　孫先越亦王墉稽厥于戕肆司
能矧墜時其徂命殷休天拜丕公日則洛既三王　永王厥既惟惟田命敬敗徂徒
誠曰厥既疾厥厥之亦上手作乃戊達汭得月朝　保受疆用曰其既曷寡人厥司
于其命墜敬亡終命無帝稽太朝午觀越卜惟步　民命土明先塗勤以至宥敬馬
小有今厥德出智茲疆改首保用乃于五則丙自　已于德王塈敷引于王勞司
民能沖命相執藏殷惟厥旅乃書社新日經午周　若先后既茨菑養屬**啟肆**空
今稽子今古嗚瘝多恤元王以命于邑甲營朏則　茲王式勤若惟引婦監**往**尹
休謀嗣相先呼在先嗚子若庶庶新營寅越越至　監肆典用作其恬合厥奸旅
王自則有民天夫哲呼茲公邦殷邑越位三三於　惟王集明梓陳自由亂宄曰
不天無殷有亦知王曷大誥**冢**侯牛三成日日豐　曰惟庶**德材修古以為**殺予
敢嗚遺天夏哀保在其國告君甸一日若庚戊惟　**欲德邦懷既為王容民人**罔
後
用
七第
十

碑圖一　《尚書》第十七碑復原圖(經文《梓材》《召誥》，計 32 行)

(圖中黑體字上部爲徐森玉藏《尚書・梓材》殘石，據孫海波碑圖録入；下部爲西安出土《尚書・梓材》殘石，經文下的“第十七”，爲原經碑序號。)

儀惟向弗孺祀于王公匹王惟朝定周洛祈王臣有顯有命初初茲延命惟于節成邑顧
儀沖即其子惟周肇其休拜洛至命公誥天末敢殷上功其服生二惟我有有性命其畏
不子有絕其命予稱以公手食于予拜 永有以歷下其惟宅自國不不歷夏惟治自于
及惟僚厥朋曰惟殷予既稽我洛乃手 命成王年勤惟王新貽命敬敢年亦日民時民
物終明若孺汝曰禮萬定首又師胤稽 命之欲恤王勿邑哲嗣厥知我不其今配昬
惟汝作彝子受庶祀億宅曰卜我保首 王儲王**其位以肆命若德有不可邁休皇王**
曰其有及其命有于年伻公瀍卜大曰 亦民**以曰在小惟今功乃殷敢不王王天來**
不敬功撫朋篤事新敬來不水河相朕 顯**百小我德民王天王早受智監敬先毖紹**
享識惇事其弼今邑天來敢東朔東復 我**君民受元淫其其乃隧天不于作服祀上**
惟百大如往丕王咸之視不亦黎土子 非**子受天小用疾命初厥命其有所殷於帝**
不辟成予無視即秩休予敬惟水其明 敢越**天命民非敬哲服命惟延殷不御上自**
役享裕惟若功命無拜卜天洛我基辟 勤友**永丕乃彝德命烏今有惟我可事下服**
志亦汝以火載曰文手休之食乃作王 惟**民命若惟亦王吉乎王歷不不不比其**于
于識永在始乃記予稽恆休伻卜民如 恭保**拜有刑敢其凶若嗣年敬敢敬介自土**
享其有周焰汝功齊首吉來來澗明弗 奉受手夏**用殄德命生受我厥智德**于時**中**
凡有辭工焰其宗百誨我相以水辟敢 幣王稽歷于戮之歷子厥不德有我我中旦
民不公往厥悉以工言二宅圖東予及 用威首年天用用年罔命敢乃夏不有乂曰
惟享曰新攸自功伻周人其及瀍惟天 供命曰式下乂祈知不我知早服可周王其
曰享已邑灼教作從公共作獻水乙基 王明予勿越民天今在亦不墜天不**御**厥作
不多汝伻敘工元王曰貞周卜西卯命 能德小替王若永我厥惟其厥命監事有大

碑圖二 《尚書》第十八碑復原圖(經文《召誥》《洛誥》,計 34 行)

(圖中黑體字爲新獲《尚書・召誥》拓本殘字。)

祀湯惟適惟命威遺惟多武王逸在引文秬先績新王首惟四枚退毖于將予民若民享
亦革時逸我惟致多三士受命祝新考王𢘅考予辟弘曰無輔公即祀四禮小無予彝惟
惟夏天則下**天王**士月 命周冊邑王武二朕旦作朕王斁王功辟王方稱子遠不汝事
天俊罔惟民不罰弗周 惟公惟烝伻王卣昭以周恭命其曰迪于曰旁秩揚用敢乃其
丕民念帝秉畀敕弔公 七後告祭殷惠曰子多恭孺予康公將周公作元文戾廢是爽
建甸聞降為允殷旻初 年作周歲乃篤明刑子先子來事定其命功穆祀武王乃不侮
保四厥格惟罔命天于 冊公文承敘禋乃越曰來承公予後公棐穆咸烈若命蘉乃
乂方惟嚮天固終大新 逸其王敘無拜單御其相保勿往監後迪迓秩奉曰汝乃惟
有自廢于明亂于降邑 誥後騂萬有手文事自宅乃替已我四篤衡無荅公往時孺
殷成元時畏弼帝喪洛 在王牛年遘稽祖篤時其文刑以士方罔不文天明敬惟子
殷湯命夏我我肆于用 十賓一其自首德前中大祖四功師迪不迷惟命保哉不頒
王至降弗聞我爾殷告 有殺武永疾休伻人乂惇受方肅工亂若文公和予茲永朕
亦於致克曰其多我商 二禋王觀萬享來成萬典命其將誕未時武德恆沖予哉不
罔帝罰庸上敢士有王 月咸騂朕年予毖烈邦殷民世祗保定王勤明四子其篤暇
敢乙乃帝帝求非周士 惟格牛子厭不殷荅咸獻越享歡文于曰教光方公明敘聽
失罔命大引位我佑王 周王一懷于敢乃其休民乃周公武宗公予于民稱農乃朕
帝不爾淫逸惟小命若 公入王德乃宿命師惟亂光公無受禮予沖上居丕哉正教
罔明先泆有帝國將曰 誕太命戊德則寧作王為烈拜困民亦小子下師顯彼父汝
不德祖有夏不敢天爾 保室作辰殷禋予周有四考手哉亂未子夙勤惇德裕罔于
配恤成辭不畀弋明殷 文裸冊王乃于以孚成方武稽我為克其夜施宗以我不棐
天 殷

碑圖三 《尚書》第十九碑復原圖(經文《洛誥》《多士》,計 34 行)

(圖中黑體字爲民國徐森玉舊藏《多士》殘字,據孫海波《集録》碑圖録入。)

夫元宣齊臣其月扈侯衛冬八公年歸父晉喪月伯商捷於會鄙于衛於夏曲朝伯

人年公莒如君丁秋伐人十月四春子如郤六宋齊人菑新宋叔棐十秋五季秦來

婦春　弒齊商丑公我陳有辛不季叔晉缺月司人弒於城公彭　有七月孫伯朝

姜王　其冬人公至西人一未視孫姬冬帥辛馬執其邾秋陳生十二月壬行使二

至正　君十六薨自鄙鄭月夫朔行齊十師丑華子君弗七侯帥有月大午父術月

自月　庶月月于穀六人宋人六父侯有伐朔孫叔舍克月衛師四己室陳帥來庚

齊公　其子癸臺冬月伐人姜月會侵一蔡日來姬宋納有侯伐年丑屋侯師聘子

夏卽　　卒酉下公癸宋弒氏戊齊我月戊有盟　子九星鄭邾春公壞朔城冬子

季位　　夫葬秦子未夏其薨辰侯西諸申食夏十哀月孛伯夏王及冬卒諸十叔

孫公　　人我伯遂公四君毀公于鄙侯入之曹有來甲入許五正晉公邾及有姬

行子　　姜君辭如及月杵泉子陽遂盟蔡鼓伯五奔申於男月月侯如子鄆二卒

父遂　　氏文卒齊齊癸臼臺遂穀伐于齊用來年冬公北曹乙公盟晉蘧　戊夏

如如　　歸公夏　侯亥　楚及齊曹扈人牲朝春單孫斗伯亥至公衛蔡十午楚

齊齊　　於秋五十盟葬十人齊侯入十侵于齊季伯敖公晉齊自還侯卒有晉人

晉逆　　齊公月有于我有秦侯弗期有我社人孫如卒至趙侯晉自會自三人圍

放女　　季子戊八穀小七人盟及郛二西單歸行齊于自盾潘邾晉公正年秦巢

其三　　孫遂戌年諸君年巴於盟　月鄙伯公父齊齊會癸卒人鄭于月春人秋

大月　　行叔齊春侯聲春人鄸夏十齊季至孫如人齊晉酉六伐伯遷不王戰滕

夫遂　　父孫人王會姜晉滅丘五有人孫自敖晉執公人同月我會狄雨正於子

胥以　　如得弒二于齊人庸秋月六來行齊之三單子納盟公南公侵至月河來

甲

碑圖四　《春秋》第十碑復原圖(經文《文公》《宣公》,計 32 行)

國衛夏洩宋伐月仲陽丑秦壬子侯齊月人固子歸人葬侵死亥人宋月冬帥濟父

六公四冶人陳晉孫楚葬楚午遂鄭侯鑫伐來伐生不鄭鄭乃天侵師壬晉師西于

月如月　圍辛侯蔑師我人猶如伯伐冬鄭逆鄭弒肯穆秋不王鄭敗子趙救田衛

宋齊丙十滕酉宋如伐小滅繹齊曹萊十　叔　其公公赤郊崩秋績宋穿陳秋公

師五辰年楚晉公京陳君舒萬至伯秋月六姬五君伐　狄猶　九獲華帥宋邾會

伐月日春子侯衛師　敬蓼入黃于公　年叔年夷莒四侵三三月宋元師公子齊

滕公有公伐黑侯齊九贏秋去乃黑至七春孫春赤取年齊望年乙華帥侵陳來侯

公至食如鄭臀鄭侯年雨七籥復壤自年晉得公狄向春宋葬春丑元師崇侯朝于

孫自之齊晉卒伯伐春不月戊辛　伐春趙臣如侵秦王師匡王晉秦及晉衛楚平

歸齊己公郤于曹萊王克甲子巳八萊衛盾卒齊齊伯正圍王正趙師鄭人侯子州

父癸巳至缺扈伯秋正葬子夫有年大侯衛冬夏秋稻月曹楚月盾伐公宋曹鄭公

如巳齊自率冬會取月庚日人事春旱使孫齊公公卒公冬子郊弒晉子人伯人子

齊陳侯齊師十于根公寅有贏于公冬孫免高至如夏及十伐牛其夏歸伐會侵遂

葬夏元齊救月扈牟如日食氏大至公良侵固自齊六齊月陸之君晉生鄭晉陳如

齊徵卒人鄭癸晉八齊中之薨廟自會夫陳及齊公月侯丙渾口夷人帥　師遂齊

惠舒齊歸陳酉荀月公而既晉仲會晉來夏子秋至乙平戌之傷阜宋師二于侵六

公弒崔我殺衛林滕至克冬師遂夏侯盟四叔九自酉莒鄭戎改冬人戰年棐宋月

晉其氏濟其侯父子自葬十白卒六宋夏月姬月齊鄭及伯夏卜十衛於春林晉齊

人君出西大鄭帥卒齊城月狄於月公公秋來齊冬公郯蘭楚牛月人大王伐趙人

宋平奔田夫卒師九夏平己伐垂公衛會八楚高楚子莒卒人牛乙陳棘二鄭盾取

碑圖五　《春秋》第十一碑復原圖(經文《宣公》,計 32 行)

(圖中黑體字爲新獲《春秋・宣公》拓本殘字。)

五

申楚婁敗會月丙績三元成十邾八秋有丁 赤婁晉六年子夫秋陳楚及春丁伐正齊帥人
公師八績晉癸戌于月年公月人年公食未大狄初王月春圍孔鑫衛子楚葬亥莒月齊師衛
及鄭月秋郤酉衛茅作春第壬伐春至之蔡有甲稅札癸公宋達冬人滅子陳楚秋夏侯伐人
楚師壬七克季孫戎丘王七戌鄫晉自己侯年氏畝子卯孫葬夏晉救蕭戰靈子晉楚使邾曹
人侵午月衛孫良冬甲正 公子侯會未申 及冬殺晉歸曹五殺陳晉于公入侯子國取人
秦衛宋齊孫行夫十夏月 蕘於衛冬公卒十留蝝召**師父**文月其 人邲楚陳會陳佐繹伐
人十公侯良父帥月臧公 于鄫世十會夏有吁生伯**滅會**公壬大十宋晉子納狄侯來大鄭
宋有鮑使夫臧師 孫即 路甲子有晉葬七夏饑**毛赤楚**冬申夫有**人**師圍**公于**鄭聘水秋
人一卒國曹孫及二許位 寢戌臧一侯許年成 **伯狄子公曹先**三**偉敗**鄭**孫櫝**伯饑季天
陳月庚佐公許齊年及二 歸楚伐月衛昭春周十**秋潞于孫伯穀年人績**夏**甯函**盟楚孫王
人公寅如子叔師春晉月 父子齊壬侯公王宣有**鑫氏宋歸壽** **春曹秋**六**儀冬**于子行使
衛會衛師首孫戰齊侯辛 還旅公午曹葬正榭六仲以夏**父卒十齊人七**月**行十**辰伐父王
人楚侯己及僑于侯盟酉 自卒伐公伯蔡月火年孫潞五會晉有師同月乙父月陵鄭如季
鄭公速酉齊如新伐於葬 晉公杞弟邾文庚秋春蔑子月齊侯四伐盟冬卯于楚公 齊子
人子卒及侯公築我赤我 至孫夏叔子公子郯王會嬰宋侯伐年莒于十晉陳人孫十冬來
齊嬰取國戰孫衛北棘君 笙歸四肸同六許伯正齊兒人于鄭春夏清有荀 殺歸有公聘
人齊汶佐于嬰師鄗秋宣 遂父月卒盟月男姬月高歸及穀秋衛楚丘二林十陳父一孫公
曹于陽盟**鞍齊敗夏**王公 **奔如秋** 於**癸錫來晉固秦楚** 九殺子宋月父有夏會年歸孫
人**蜀田于齊帥績四師無** **齊晉七十斷卯我歸人于人人**十月其伐師戌帥二徵齊春父歸
邾丙冬袁師師六月敗冰 **冬月有**道日卒**冬滅無伐平有**楚大宋伐寅師年舒人王如父

碑圖六　《春秋》第十二碑復原圖(經文《宣公·成公》,計 36 行)

(圖中黑體字上部 4 字爲民國黃立猷所藏《宣公》殘石,據孫海波碑圖録入;中部和下部右側爲王國維據《隸續》所載蘇望摹刻本殘字復原;下部左側爲西安出土《春秋·成公》殘石。)

侯侯杞鄭許陳夏陳齊月鄭月夏丁月宋人月元僖師父公 秋元閔路遇臺夏侯叔王秋孫秋伐公如
盟衛伯人穆轅許侯蒞雨 齊五巳壬公姜邢年公 出秋二八年公寢于于**四遇姬**正有辰荊衛會陳
于侯姬許公濤男衛盟秋三侯月夫午鄭氏遷春 奔八年月春 冬梁秦月于九月蜚告伐衛齊葬
首鄭來人冬塗新侯楚齊年宋辛人公伯蕘于王 莒月春公王 十丘冬薛魯月夏冬羅鄭人侯原
止伯朝曹十秋臣鄭人**侯春公巳**氏子曹于夷正 冬辛王及正 月秋不伯濟庚次十于公及于仲
鄭許其人有及卒伯伐**宋王江葬**之友伯夷儀月 齊丑正齊月 己七雨卒齊午於有齊會齊城冬
伯男子侵二**江楚許**鄭**公正人我**喪帥邾齊齊齊 高公月侯齊 未月 築人朔成二 齊人濮杞
逃曹夏陳月人屈男 **江月黃小**至師人人師師 子蕘齊盟人 子癸卅臺伐日秋月廿人戰 伯
歸伯公 **公黃完曹四人不人君**自敗于以宋宋 來九人於救 般巳有于山有七紀有宋衛廿姬
不會孫五孫人來伯年黃雨盟哀齊莒檉歸師師 盟月遷落邢 卒公二薛戎食月叔九人人有來
盟王茲年茲伐盟侵春人夏于姜 師九楚曹曹 十夫陽姑夏 公子年六 之齊姬年救敗八莒
楚世如春帥陳于蔡王會四**貫虞**二于月人師伯 有人夏季六 子牙春月卅鼓人卒**春鄭績年**慶
人子牟晉師八師蔡正于月冬師年鄫公伐**城次** 二姜五子月 慶卒城齊有用降城**新冬夏春**來
滅于公侯會月盟潰月陽不十晉春獲敗**鄭邢于** **月氏**月來辛 父八小侯一牲鄫諸延築四王逆
弦首及殺齊公于遂公穀雨月師王莒邾八秋蟲 **狄孫**乙歸酉 如月穀來年於八及厩鄗月三叔
弦止齊其人至召伐會冬徐不滅正挐師月七北 入於酉冬葬 齊癸夏獻春社月防夏大丁月姬
子秋侯世宋自陵楚齊公人雨下月十**于公月救** 衛邾吉齊我 狄亥未戎築冬癸 鄭無未甲杞
奔八宋子人伐齊次侯子取楚陽城有偃會戌邢 鄭公禘仲君 伐公公**捷臺**公亥卅人麥邾寅伯
黃月公申衛楚人于宋友舒人秋楚二冬齊辰夏 棄子於孫莊 邢蕘齊**秋于及**葬年侵禾子齊來
九諸陳生人葬執陘公如六侵九丘月十侯夫六 其慶莊來公 于侯**築郎齊**紀春許臧瑣人朝
卒

碑圖七　《春秋》第五碑行數校正示意圖(經文《庄公·閔公·僖公》,計 40 行)

(黑體字"年春、績夏、鄭冬、春新"爲徐森玉藏石。"姬、遇、四"爲黃立猷藏石。"及齊、于郎"爲馬衡藏石,與徐森玉藏"台、捷秋"殘石拼合爲一,不能分割。"氏孫、月狄"爲山東圖書館藏石。"次于、城邢、鄭"爲馬衡藏石。"救、月、公、于"爲徐森玉藏石。左側"巳葬……盟楚"爲日本書道博物館藏石。)

(本文發表於《經學文獻研究集刊》第十三輯,

上海書店出版社 2015 年版)

魏石經《尚書·多士》篇殘石的發現、研究及相關問題考述

田成方

魏三字石經《尚書·多士》殘石，20世紀20年代發現於河南洛陽碑樓莊朱家圪壋。此後，王國維、張國淦、孫海波等學者就該篇碑石的搜集辨僞、拓片著録、碑圖復原、字句考異等，作了奠基式的研究工作。1999年，邢義田、陳昭容先生合撰《一方未見著録的魏三字石經殘石——史語所藏〈尚書·多士〉殘石簡介》（下稱《簡介》），介紹過去未見著録的三字石經《多士》殘石一方（參圖一）。①《簡介》比勘後認爲該石不僞，並結合殘存文字，對王國維、孫海波等復原三字石經《多士》的争議之處提出了新意見。此方《多士》殘石的發現、公佈及其學術價值，尚未引起較多關注和重視。本文擬在搜羅三字石經《多士》殘石及研究的基礎上，對該篇的碑圖復原及"王曰䌛告爾多士"等異文試作考析，以就教於大方。

一　魏三字石經《多士》殘石與該篇碑圖的復原

民國時期出土的魏三字石經殘石，散落各處，各家著録亦不一。其中較知名者，有孫海波《魏三字石經集録》、王國維《魏石經殘石考》、張國淦《歷代石經考》等。孫海波《魏三字石經集録》"目録"及拓本"附録"，共收《多士》殘石四方：

① "王天"，3字

② "在今後"句，存11行，141字

③ "命爾"，2字

④ "其澤"句，存7行，35字

① 邢義田、陳昭容：《一方未見著録的魏三字石經殘石——史語所藏〈尚書·多士〉殘石簡介》，《古今論衡》1999年第2期，第118—122頁。

總計 181 字,其中①②④有拓片。[①]王國維《魏石經殘石考》"碑圖"録存②③④,張國淦《歷代石經考·魏石經》録存①。[②]這四方殘石,其中④②兩方可上下拼綴(如圖二),很可能出土時原爲一石,商賈爲轉運方便,剖而爲二。據孫氏研究,《尚書·多士》刻於魏三字石經第十九、二十石,結合④②拼綴後上端和右界的殘存形態,"其澤"句應是碑表之始,故上述四方殘石均應屬第二十石,"其澤"句以上屬第十九石。證之以新見史語所藏《多士》殘石,王、孫二氏將"其澤"句列爲一碑之首,確屬卓見。

史語所藏《多士》殘石共計 9 行,含古、篆、隸完整者各 12 字,不完整者 15 字,難以辨識者 1 字,總計 52 字。該殘石大略呈梯形,右邊平直,當近碑表之右端。首行的"于天"一詞,可連綴於上述④②殘石之下,故"其澤"與"于天"屬同一碑之首行,兹爲王、孫二氏碑圖復原"其澤"句的又一證據。除了證實第二十石首行的復原,這方新見殘石對於解決王國維、孫海波復原《多士》碑圖的分歧亦有價值。

史語所藏《多士》殘石與④②殘石拼接後,如圖二所示,共存十一行。孫海波有復原而無説明理由,王國維除復原碑圖外,對第二行至第三行、第八行、第九行、第十一行的補字和異文作了考證。第一至三行,二人排列相同,然王氏説:"《多士》篇殘石第二行至第三行間,當闕十四字,今本乃有十五字。蓋'降若兹大喪'之'若'字,石經無之。"[③]以所存④②殘石來看,第二行與第三行間實存 13 字,"若"字亦見於殘石④,由此推測,王氏寫此條斷語時,恐未見到殘石④拓片,故其晚出的碑圖復原部分可信。

最存争議者在第八、九、十行。王國維的排列是(按:加粗者爲石經存字,下劃綫者爲存争議處,下同):

第八行:其遷居**西爾非我**一人奉德不康寧時惟天命<u>無違</u>

第九行:<u>朕不敢</u>**<u>後</u>王曰**繇告爾多士無我怨惟爾知惟殷先

第十行:<u>人有册典</u>**殷革夏**命今爾又曰夏迪簡在王庭有服

孫海波作:

第八行:其遷居**西爾非我**一人奉德不康寧時惟天命<u>無違朕</u>

第九行:<u>不敢有</u>**<u>後</u>王曰**繇告爾多士無我怨惟爾知惟殷<u>先人</u>

第十行:<u>有册有典</u>**殷革夏**命今爾又曰夏迪簡在王庭有服

① 孫海波:《魏三字石經集録》,藝文印書館 1975 年版,"拓本"第 3 頁 B、4—5 頁、"補遺"第 1 頁 A。

② 王國維:《魏石經殘石考》,《王國維全集》第十一册,浙江教育出版社 2009 年版,第 9—10 頁;張國淦:《歷代石經考》,《歷代石經研究資料輯刊》第四册,北京圖書館出版社 2005 年版,第 316 頁。

③ 王國維:《魏石經殘石考》,第 28 頁。今按:王氏復原第三行"若兹"誤作"兹若"(第 9 頁)。

兩者主要區别在“惟天命無違朕不敢有後”句，王氏將“朕”字歸入第九行，爲保持每行 20 字，遂將今本尚書“不敢有後”之“有”、“有册有典”之後一個“有”字均删省，而孫氏採取的辦法是將“朕”字列入第八行，“不敢有後”則從今本説法。對此，王國維説：

> 第八行末“我”字至第九行首“後”字，中間當闕十六字，而今本乃有十七字。或謂“時惟天命無違”，漢石經作“時惟天命元”，疑魏石經與漢同。余謂魏石經疑作“時惟天命無違，朕不敢後”，則上下文義貫通無滯。石經古文不必與今文同。第九行“王曰繇”，今本無此句。“繇”，即今本上文“猷告爾多士”之“猷”字。《大誥》：王若曰：“猷！大誥爾多邦。”《釋文》：“馬本作‘大誥繇爾多邦’。”知今本“猷”字馬本並作“繇”。①

王氏裁經字以適行 20 字，孫氏遵從今本經文，第八、九兩行各得 21 字，可謂各有千秋。

史語所藏《多士》殘石，於第八行存“曰猷”，第九行存“不康”，而“康”字左側，邢、陳兩先生細緻比對殘存筆畫，認爲可能是“怨”字古文殘筆，進而在王國維的基礎上對第八、九行排列提出三種新可能。②三方案如下：

方案 A：其遷居**西爾非我**一人奉德**不康**寧時惟天命無違
朕不敢**後王曰繇**告爾多士無**怨**我惟爾知殷先人

方案 B：其遷居**西爾非我**一人奉德**不康**寧時惟天命無違
朕不敢**後王曰繇**告爾多士無**怨**惟爾知惟殷先人

方案 C：其遷居**西爾非我**一人奉德**不康**寧時惟天命無違
朕不敢**後王曰繇**爾多士無我**怨**惟爾知惟殷先人

此三方案中，A 將今本“無我怨”調整爲“無怨我”，“惟爾知惟殷先人”句省去後一“惟”字，B 在“無怨我”句省略“我”字，C 將“**繇**告爾多士”句省去“告”字。三個方案中，C 方案將“**繇**”“告”二字斷開，舍棄“告”字，應被否定。因爲《尚書》中**繇**(猷)、告常見連用，爲當時語言習慣，王國維説：

> 第九行末“繇”字至第十行首“殷”字，中間當闕十七字，今本惟十四字。

① 王國維：《魏石經殘石考》，第 28 頁。

② 兹表明他們傾向王國維每行 20 字的排法。

> 蓋"繇"字下當有"呼殷多士"之辭。經每以"繇告"或"告繇"二字相連爲文。上云"猷告爾多士",《多方》云"猷告爾四國多方",又云"猷告爾有方多士",《大誥》云"大誥繇爾多邦",則此"繇"字下亦當有"告爾多士"四字。如此又溢出一字,恐今本"惟殷先人有册有典"之惟字,石經無之耳。①

繇通繇、猷、由,句中作介詞,王引之説:"《爾雅》曰:'繇,於也。''繇''由''猷'古字通……'大誥猷爾多邦'者,大誥於爾多邦也……至《多士》《多方》,告猷之義,已詳《大誥》,不復再釋,學者斯忽焉不察矣。"②可見,"**繇**告"或"告**繇**"一詞的重點是"告"字,介詞"**繇**"並無實際意義,《多士》"告商王士""告爾殷多士"亦可反證。所以,C方案將"告"字省略,僅存介詞"**繇**",不妥。綜上來看,邢、陳兩先生將"康"字左邊之字斷作"怨"字古文,當是,但所假設的三個方案中,C方案不能成立,A、B方案提供了有益思路,但還不能排除其他可能。

我們認爲,此處碑圖排列,還有一種可能,即今本《多士》"時惟天命無違"句,三字石經或如漢石經,作"時惟天命元"。③漢石經經文用今文歐陽本,並存大小夏侯兩家異文,而三字石經源自古文本,何以此處從今文經作"時惟天命元"呢?劉起釪先生説:"(魏石經)因當時立於學官的是古文,而太學舊有《漢石經》爲今文,所以補刊這兩種古文經及傳。《尚書》用鄭玄本參以馬融、王肅本。"④而上述諸家復原文本時,"時惟天命"句均未考慮漢石經的異文。從上引王國維文可知,曾有學者提出"疑魏石經與漢同"。今本《多士》作"時惟天命無違",當來自東晉梅賾所呈本,是較後出者。故尚不能排除漢石經對三字石經在字句方面的影響。⑤若此,似有如下排列可能:

第八行:其遷居**西爾非我**一人奉德**不康**寧時惟天命元朕

第九行:不敢有**後王曰繇**告爾多士無**怨**我惟爾知殷先人

第十行:有册有典**殷革夏**命今爾又曰夏迪簡在王庭有服

"惟天命元",當如皮錫瑞云,即"天之元命"。⑥此外,第九行還存在一種可能:"不

① 王國維:《魏石經殘石考》,第28—29頁。

② [清]王引之:《經傳釋詞》,岳麓書社1982年版,第14—16頁。

③ 馬衡:《漢石經集存》,藝文印書館1976年版,第24頁;屈萬里:《漢石經尚書殘字集證》卷三,"中央研究院"歷史語言研究所1999年版,"漢石經碑尚書部分復原圖"第6頁。

④ 劉起釪:《尚書源流及傳本考》,遼寧大學出版社1997年版,第140頁。

⑤ 馬、鄭古文本受今文三家影響,甚至承襲其錯誤的方面,如關於《多方》和《多士》的先後問題,參顧頡剛、劉起釪《尚書校釋譯論》第四册,中華書局2005年版,第1511頁。

⑥ [清]皮錫瑞:《尚書今文考證》卷十九,中華書局1989年版,第359頁。

敢有**後王曰繇**告爾多士無**怨**惟爾知惟殷先人”。當然，這種排列的前提是每行20字，否則就没有裁掉“我”字的必要了。

二　關於三字石經《多士》的一則異文

三字石經《多士》殘石②第九行存“後王曰繇”四字，學者對此行復原雖未盡一致，但在“繇”字後增補“告爾多士”四字，則無甚異議。今本《多士》篇於此段作：

> 王曰：猷告爾多士。予惟時其遷居西爾，非我一人奉德不康寧，時惟天命，無違！朕不敢有後，無我怨。惟爾知：惟殷先人有册有典，殷革夏命。今爾又曰：夏迪簡在王庭，有服在百僚。予一人惟聽用德，肆予敢求爾於天邑商，予惟率肆矜爾。非予罪，時惟天命。

這段話是周王告誡殷多士，遷洛之舉出自天命，不能怠慢，並引殷代典册中殷革夏命的記載，説服殷多士聽從天命，不要對周王的安排有所怨言。其語前後貫通無滯，内容、主題一致。若據三字石經異文，則爲：

> 王曰：猷告爾多士。予惟時其遷居西爾，非我一人奉德不康寧，時惟天命，無違！朕不敢有後，王曰：繇告爾多士，無我怨。惟爾知：惟殷先人有册有典，殷革夏命……

所谓“遷居西爾”，不過是周人宣揚的“天命”，周王自然不願延後，但這必然會招致殷多士的怨言。若以“無我怨”接句，前因而後果，文通意順，合乎邏輯。若在“不敢有後”語意未竟處，羼入“王曰繇告爾多士”句，雖能使語氣有一定加强，但將無疑阻礙文本的通暢。三字石經出自古文本，則此處古文經句，在文本敘述的連貫性上不如今本稱意。

綜上所述，史語所三字石經《尚書・多士》的發現，證明孫海波等關於三字石經第二十碑首行的復原是可信的，同時對解決該石第八、九、十行如何排列，提供了新的線索。三字石經“王曰繇告爾多士”句異文，爲今本《多士》所無，比較而言，今文本在此段文字的敘述上更爲凝練、連貫。

圖一　史語所藏《多士》殘石

圖二　《多士》殘石④②與新見殘石拼接圖①

（作者爲鄭州大學歷史學院講師）

① 採自邢義田、陳昭容《一方未見著録的魏三字石經殘石——史語所藏〈尚書・多士〉殘石簡介》，《古今論衡》1999年第2期。

《古文四聲韻》引《古尚書》字理疏證例釋

許學仁

《汗簡》與《古文四聲韻》二書，成於先秦古文散佚殆盡、托古之風日盛之世，囿於材料真僞難考，文字正俗雜糅，引書稱名參差，猶待刮垢磨光，分層考鏡源流，乃得甄別文獻本真。傳世評價不一，褒貶互見。前賢每以書中古文來歷不明，出處不得核實，上不合商周鼎彝，下或悖《説文》篆體，當非真古文。或以二書匯録傳鈔古文之集大成，實探研戰國古文之雙璧。《汗簡》收字純以古文爲主，《古文四聲韻》則兼收隸定古文，别體、俗字混淆其間，成書千有餘年，幾經刊修、傳鈔、翻刻，其中竄改、遺漏、錯訛，所在難免，近世以來，《尚書》文獻匯聚合編，研究成果日新。繼以地不愛寶，簡帛古籍材料蠭出，新獲《尚書》新材料，得以由純屬文字考辨，進而深入探研文本傳鈔之時空背景，學者遂競相以出土戰國古文和傳鈔古文互證。《四庫全書總目》經部小學類於《古文四聲韻》下曰："全祖望跋稱：'所引書八十八〔當爲"九十八"之誤〕家，以校郭氏《汗簡》，未嘗多出一種，實取《汗簡》而分韻録之，絶無增減異同，雖不作可也。'其説固是。然《汗簡》以偏旁分部，而偏旁又全用古文，不從隸體，猝不易尋。此書以韻分字，而以隸領篆，較易於檢閲，比如既有《説文》，而徐鍇復作《篆韻譜》，相輔而行，固未廢其可一也。唯其書由雜綴而成，多不究六書根柢。……讀是書者，亦未可全据爲典要也。"實則細審二書，《古文四聲韻》非如清人全祖望所説"取《汗簡》而分韻隸之，絶無增損異同"。①據清人鄭珍考證，其中除去四種《汗簡》有而《古文四聲韻》所無，以及

① 《古文四聲韻》所録資料更爲豐富。將徵引文獻加以比對，它較《汗簡》多出 27 種，除去可能爲同書異名複出的幾種以外，至少還多出十五六種。從收録字形看，《古文四聲韻》收字形總數遠遠超出《汗簡》，它一字兼收數体，保存了許多有用的古文字形。如：平聲一"東"韻"風"字下輯録古文 15 個，《汗簡》只收 3 個。上聲十五"海"韻"乃"字下及録古文 21 個，《汗簡》所收只是它的四分之一。《古文四聲韻》增益的古文，有的屬隸古定，《汗簡》或囿於體例，未能收録（郭氏直出古文，夏氏以隸領篆），有的則是夏氏新增益的材料，這些新增古文，有許多來源當屬一手之古文字資料。《古文四聲韻》摹録形体，多可與《汗簡》相互參校，或《汗簡》比《古文四聲韻》可靠，或夏韻保留字形更接近原貌，兩者得失互見，相互參驗，容有互補。

可能屬異名重出者外，夏韻視《汗簡》實增多十六種，收字總量亦多於《汗簡》，决非僅是“分韻録之”之改編本，二者同屬輯録戰國時期古文字之匯編，堪稱古文字書之雙璧。

《古文四聲韻》引書標目多見“同書異名”，如：《義雲章》《義雲切韻》分立，①宜爲一書。又《演説文》②《庾儼集》《庾儼字書》《庾儼演説文》四者當爲同書之異稱。③又標注録自《馬日磾集》④《群書古文》⑤《馬日磾集》并《群書古文》⑥《馬日磾集》又《群書古文》，⑦惟《汗簡》並注明出自“《馬日磾集群書古文》”（H63b/H68b）。夏韻引書標目誤增《馬田碑》一種，並複出《馬日磾集》，一書而演爲四家。又《天台經幢》即《汗簡》所謂《天臺碑》或《天台碑文》，⑧夏英公《古文四聲韻》自序云：“天台山司馬天師漆書《道德經》上下篇幢，龍德中羅浮道士厲山木重寫其本，藏之天台霄藏。”又《汗簡》郭書引書有《摭古文》，黄錫全疑與夏韻之《雜古文》爲一家。⑨惟細加覈校，二者所録字形頗見參差，未能遽斷。⑩

初步檢視《古文四聲韻》徵引之《尚書》語料，或以《尚書》爲主體，標目主要稱《古尚書》，總計350處；或稱《夏書》僅一見，夏韻“闢”字標注録自“夏書”，蓋出自《尚書・舜典》“闢四門”，知夏韻所録《夏書》“闢”字當亦出自《古尚書》。凡此或間接採録自《汗簡》。另有標目爲《尚書石經》，則未見收字。或有本出自《尚書》，

① 惟篇中注語概用《義雲章》。考夏韻上平十二齊韻“題”録《義雲章》古文，亦見於《汗簡》頁部“題”字，注云録自《義雲章切韻》（H8b），二者當爲同書異名。

② 《隋書・經籍志》載：“梁有《演説文》一卷，庾儼默注，亡。”

③ 下平三宣韻“攣”字注稱出自《庾儼字書》（頁89），《汗簡》引書同。又上聲二腫韻“涌”字注云出自《庾儼演説文》（頁144）。夏韻標注録自《庾儼集》者有“鐐”“逸”“棘”三字（頁252、295、333），去聲三十五笑韻“鐐”字，郭書不録。夏韻入聲五質韻“逸”字及入聲三十二職“棘”字並注録自《庾儼集》，郭書則分別録自《蘇文昌奇字集》及《王庶子〔碑〕》（H54b/H83a）。夏韻録《演説文》計有：“眉”“微”“漁”“因”“堇”“糟”“籃”“畺”“深”“陵”“弛”“鼓”“户”“螾”“盌”“范”“蠹”“築”“威”“燮”“直”等二十二字。

④ 《馬日磾集》計有“鮍”“鱺”“鯨”“捧”“勇”（頁29、31、116、144、144）五字。又，惟《汗簡》於魚部“鱺”“鯨”及戈部“勇”字下但注明出自“《馬日磾集群書古文》”（H63b/H68b），夏韻上聲九韻“舞”字下注云出自“《群書古文》”，郭書但注云出自《史書》（H17a）。

⑤ 標注録自《群書古文》者有“舞”字（頁158）。

⑥ 上平五支韻“鱺”字及下平十五庚韻“鯨”下云録自“《馬日磾集》并《群書古文》”。

⑦ 上聲二腫韻“勇”字下注云録自“《馬日磾集》又《群書古文》”。

⑧ 見《汗簡》“智”下注。《古文四聲韻》英公自序云：“天台山司馬天師漆書《道德經》上下篇幢，龍德中羅浮道士厲山木重寫其本，藏之天台霄藏。”

⑨ 見《汗簡注釋》（頁63）。

⑩ 檢夏韻所録《雜古文》計有“鴟”“旅”“識”三字。上平六脂韻“鴟”字（頁35），郭書注云出自“孫强古文”；又上聲八語韻“旅”字（頁155），郭書云出自“石經”；入聲三十二職韻“識”字，《汗簡》未録。而郭書輯録之《摭古文》，僅“鼻”字一見，而夏韻去聲六至韻“鼻”下，注云録自《汗簡》（頁211），惟二者字形迥異，難以遽斷其爲一書。

但泛稱《石經》者。夏韻或標注出自《古尚書》,而《汗簡》標注出自《尚書》者。如:夏韻志韻"字"下録《古尚書》作(卷四・8A),《汗簡》引《尚書》作(卷下・子部・80B)。如:夏韻侵韻"吟"下録《古尚書》(卷二・26B),而今本《尚書》並無該字,蓋間接引用《汗簡》而誤録,如引《尚書》(卷上・口部・6B)。其稱《石經》多屬魏三體石經,以古、篆、隸三體,可相參檢。且"古文"正夏韻匯聚之主要語料。是以蔡邕石經,僅録"春"字一條。

《古文四聲韻》徵引《尚書》《汗簡》及《説文》相關文獻分析對照表

書名	卷一	卷二	卷三	卷四	卷五	夏韻收録總字數	汗簡收録總字數	説明
01 汗簡	115	93	129	156	113	606		
02 説文	53	56	99	62	47	317	211	
04 古尚書	70	71	67	81	61	350	425	
09 石經	23	24	27	30	18	122	132	
30 夏書					1	1	1	"闢"字
55 尚書石經								
63 蔡邕石經	1					1	3	"春"字
90 籀韻	40	67	55	258	35	455		
93 崔希裕纂古	23	158	128	78	118	505		
99 古文	15	7	13	16	15	66		
合　計	1 143	1 049	1 049	1 377	1 054	5 668	2 208	

一　"師"字字理疏證

《古文四聲韻》卷一脂韻"師"下録古文凡七形,大抵可析爲三類:其一爲夏韻云録自《古尚書》之 c 類。其二爲夏韻云録自《古孝經》及《石經》之 a 類。[①]其三爲"師"字傳鈔古文之訛變。其中雖僅 c 類標注爲《古尚書》古文。所録七字樣,並可於敦煌寫卷及傳鈔古本《尚書》得其徵驗,兹考其寫本文字之軌跡如下:《古文四聲韻》所録《古尚書》之 c 字,傳世今本及傳鈔寫本《尚書》均不見用例,

① 包含出自《道德經》之 b 及其隸定訛寫之 d。

或承自《汗簡》[古文字形](卷一·吅部·7A);而《汗簡》又遠紹《説文》"師"古文[古文字形]。鄭珍《箋正》以爲二者字形小異;並以上半"以自横作",允有見地。[1]黄錫全據《齊叔夷鎛》"師"作"[古文字形]",進而考訂《汗簡》[古文字形]字,上半[古文字形]形乃由[古文字形]訛變,下半[古文字形]由[古文字形]而來。[2]自上綞益中形作"𠂤",亦見於清華大學藏戰國楚簡《繫年》,《繫年》"師"字"自""𠂤"二形並用,多作"自";"𠂤"字凡五見,如第47簡:"乃以奠(鄭)君之命袋(勞)秦三衒(帥),秦𠂤(師)乃遉(復)。"簡文"師"作"𠂤",而第48簡:"襄公新(親)衒(率)自(師)御(禦)秦自(師)于嘘(崤),大敗之。"[3]簡文二師字皆作"自",正《古文四聲韻》[古文字形]字上從"𠂤"之旁證;而下半"帀"字直筆上所加短横筆,自《説文》古文、《汗簡》《古文四聲韻》並有豎筆之羨符,正符戰國古文書寫習慣。

《古文四聲韻》所録[古文字形]a 標注出自《古孝經》及《石經》。[4]魏三體石經"師"字作[古文字形],見於僖公廿二至廿三年殘字、僖公廿八志文公二年殘石,[5]自並横寫,並改易左右結構爲上下結構。《古文四聲韻》承《汗簡》、魏三體石經"師"字脉絡,《汗簡》引《義雲章》作[古文字形](卷三·帀部·31B),雖不見傳鈔之《古尚書》,當亦接軌魏三體石經"師"字。又《汗簡》録《石經》作[古文字形](卷三·帀部·31B),所從之[古文字形],又横作"自"形之訛變。

甲骨卜辭"師旅"之"師"多作[古文字形]、[古文字形],軍隊駐紮多居高地,用自爲師;周代金文作[古文字形]後孳乳爲師,從自、從帀,爲兩聲字。戰國銅器及楚簡自、帀互見,多以"帀"爲師,戰國金文《酓忑鼎》作[古文字形],《鄂君啟節》"大司馬昭陽敗晉帀(師)于襄陵之歲"之"[古文字形](帀)"。又如:郭店楚簡《窮達以時》第5簡"舉而爲天子帀(師)"作"[古文字形]",又戰國郭店簡《緇衣》第39簡、上博簡《緇衣》第20簡引《尚書·君陳》"出入自尔(爾)帀(師)于庶言同",分别作[古文字形]、[古文字形],豎筆並見羨符。戰國楚簡亦見"自""𠂤"爲"師",其作"𠂤"者,如清華簡《繫年》第28簡"起𠂤(師)伐賽(息)"。

敦煌寫本《尚書》"師"字寫法約作三形:其一作"師",與唐石經及今本無别,見《堯典》P3015"師錫帝曰"、《盤庚下》P2643、P2516"邦伯師長百執事之人"、《説命中》P2643、P2516"承以大夫師長"、《説命下》P2643、P2516"事不師古"、

---

① 《古文四聲韻》卷三緩韻"管"引王惟恭《黄庭經》作[古文字形](3.16B),所從"自"形横寫。又魏三體石經僖公廿一年殘石"衛猴歸之于京師"之歸字,所從"自"形亦横寫,置於"帚"上(參見邱德修編撰《魏石經古初探》,附《魏石經古篆字典》,學海出版社,第10頁,046歸字下)。又戰國《平安君鼎》"△官"字下部所從亦横寫,與《汗簡》卷三"官"字作[古文字形]同。又《汗簡》卷一"遣"字作[古文字形],所從之"自"形亦横寫。

② 黄錫全:《汗簡注釋》,武漢大學出版社1990年版,第100頁。

③⑤ 吕振端:《爲三體石經殘字集證》,學海出版社1981年版,第252、254—255頁。

④ 夏韻並録《道德經》b,字形結構亦作上從横[古文字形]形,下從帀,其别但在帀上横筆向左下延伸作撇筆耳,並與a之構形類同。

《微子》P2643、P2516“微子作誥父師少師”、《武成》S799“戊午師逾孟津”、《洛誥》P2748“監我士師公”“答其師”，並作“師”字。其二作“□”，見敦煌本P3315《釋文·堯典》“師”字古文“□”，與《古文四聲韻》所録《籀韻》隸定古文□g同形，上從“品”形，蓋離析自訛寫爲□。其三作“□”“□”，見敦煌本P3315《釋文·堯典》“師”字“或作□”，岩崎本《説命中》“承以大夫師長”、《説命下》“事不師古”作“□”，與《古文四聲韻》所録《籀韻》“□”e、“所”f形近，所從之“自”並作“尸”，其爲壞文，或屬聲化，皆有可能。據敦煌寫卷以校夏韻，所從之“巾”殆“帀”訛省，所從之“斤”則又“巾”之同音替代。而敦煌寫本所從“口”形，又“尸”之訛寫。

傳鈔《尚書》諸本，如岩崎本《盤庚下》“邦伯師長百執事之人”、《微子》“微子作誥父師少師”、《泰誓上》“戊午師渡孟津，作泰誓三篇”；内野本《説命中》“承以大夫師長”、《説命下》“事不師古”；上圖影天正本《盤庚下》“邦伯師長百執事之人”、《説命中》“承以大夫師長”；上圖八行本《泰誓上》“戊午師渡孟津，作泰誓三篇”、《梓材》“我有師師”，並皆已楷化作“師”矣。

傳鈔古文《尚書》“師”字字形流衍表

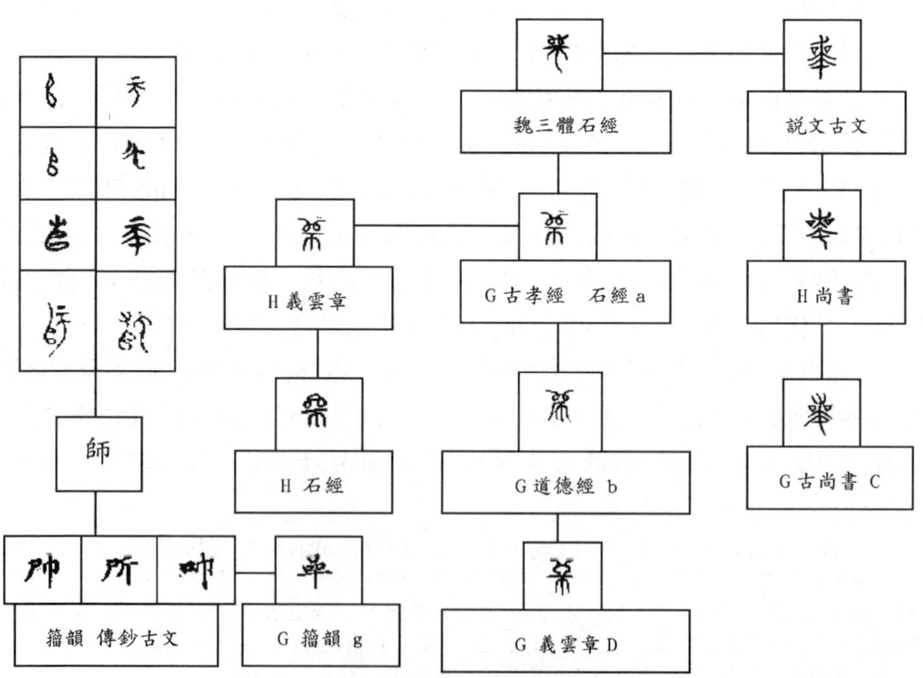

二 "蒙"字字理疏證

《古文四聲韻》東韻"蒙"字引《古尚書》作[古文] b,並録古文"[古文] d"(卷一・2B),乃[古文] b之隸古定。"蒙"字《尚書》凡五見,見於《禹貢》"蒙羽亓藝""蔡蒙旅平,和夷厎績",《洪範》"曰蒙,曰驛""曰蒙,恒風若",僞古文尚書《伊訓》"臣下不匡,其刑墨。具訓于蒙士",岩崎本、内野本、足利本、島田本、九條本、上博影天正本、上圖八行本等傳鈔古文《尚書》,暨薛季宣《書古文訓》並寫作"蒙"。惟島田本《洪範》"曰蒙,曰驛"之"蒙"字作"[古文]",從三虫,虫形上增撇筆作"[古文]",乃敦煌寫卷習見之俗寫,[①]日藏唐寫本《篆隸萬象名義》"蟲"字作"[古文]",與夏韻"[古文] d"字類同。惟島田本《洪範》"曰蒙,恒風若"作"[古文]",逕將"蒙"上一虫形其下"L"形,訛寫成"辶"。而《洪範》"曰蒙,曰驛",内野本旁注"蟲",誤以"[古文]""[古文]"二形,乃"蟲"字訛寫。檢魏三體品式石經《尚書・皋陶謨》"日、月、星辰、山、龍、華、蟲,作會","蟲"作[古文],《汗簡》作[古文](卷六・蟲部・72B),隸古定與"[古文]""[古文]"形近,惟"蒙"爲明紐東部,"蟲"爲定紐東部,聲紐相隔,不見通讀之例。古籍徵引"曰蒙,恒風若","蒙"字異文或作"霧""雺""霿""瞀"等,[②]未見作"蟲"者。亦見於《汗簡》作[古文](卷六・蟲部・72b),標注出於《尚書》,鄭珍《箋正》疑是"蝱"字音近而借作"蠓"字。郭忠恕誤以上從"虫",因入蟲部。黄錫全、徐在國、許舒絜[③]等均以"[古文]""[古文]"二形並爲"蝱"字之形訛,"[古文]""[古文]"從䖵亡聲,"[古文]"乃"蝱"字訛變。《説文・䖵部》"蝱"字:"[古文],齧人飛蟲。從䖵,亡聲。""[古文](蝱)"爲明紐陽部,"蒙"爲明紐東部,東陽對轉。虫、䖵義近互通,"蝱"爲"虻"之異體。傳鈔寫本《尚書》之"[古文]""[古文]"即"蝱"字古文之訛寫。

《古文四聲韻》《汗簡》之作"蒙"之作[古文]、[古文],蓋假"[古文](蝱)"爲"蒙",與《書古文訓》作"蒙"異,《説文》古文不載其形,敦煌寫卷及傳鈔古本不見用例,夏韻當據《汗簡》而來。諦審傳鈔古文,"[古文]"、"[古文]"與"[古文](蝱)"極爲相似,内野本旁注爲"蟲"之誤字,林志强以爲"當有其緣由而非偶然筆誤"。[④]《汗簡》蟲字作[古文],蒙字作

---

① 《語對》P2524:"蟲避境。"《歸三十字母例》S512:"澄:長蟲呈陳。""蟲"正作"[古文]",參黄征:《敦煌俗字譜》,上海教育出版社 2005 年版,第 55 頁。

② 參屈萬里《尚書異文彙録》,聯經出版事業公司 1983 年版,第 81 頁。

③ 參黄錫全《汗簡注釋》,第 450 頁。徐在國:《隸定古文疏證》,武漢大學出版社 2002 年版,第 165 頁。許舒絜:《傳鈔〈尚書〉文字之研究》第四册,花木蘭出版社 2014 年版,第 993—994 頁。

④ 林志强:《古本尚書文字研究》,輯入《福建師範大學文學院論叢》第二輯,萬卷樓圖書股份有限公司 2015 年版,第 70—71 頁。

𥌓而居其次。《箋證》因謂誤以上“亡”爲“虫”,而歸入蟲部。

傳鈔古文《尚書》“蒙”字字形流衍表

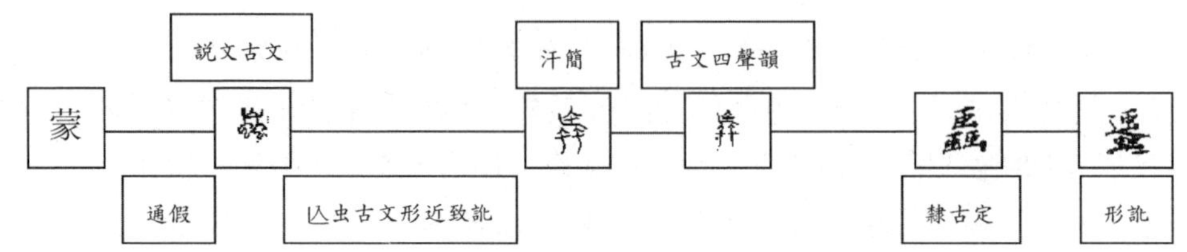

三　“寶”字字理疏證

《古文四聲韻》卷三皓韻“寶”字下所録古文,可分二系,其一承自魏三體石經及其隸定古文,從玉保聲;其二爲承自《説文》古文及其隸定古文,從玉缶聲。夏韻所録《古尚書》凡有二形,作“𤥂 b”者,録自《古尚書》;作“𤥂 g”者,録自《石經》。魏三體石經《尚書·大誥》“寧王遺我大寶龜”、《吕刑》“獄貨非寶”,“寶”字作▨、▨,“𤥂 g”[①]所録字形,夏韻標注來源自稱承《石經》,亦《尚書》古文。且與《古尚書》“𤥂 b”,並從玉、保聲,乃一字之異構,且視所從“保”形,周代金文“子”右下多作一曲筆,以表襁褓。戰國以降,始作左右對稱之兩筆,[②]《石經》猶存其初形。至於夏韻録自《古老子》之“𤥂 d”,右下誤作大形,乃版刻轉槧之形訛,宜爲一字。

“寶”字正篆作▨,《説文·宀部》:“寶,珍也。從宀、從玉、從貝,缶聲。”又録“𡧖,古文。寶省貝”。夏韻録《碧落文》古文作“▨ a”(又見於《汗簡》卷一·宀部·39A),蓋小變《説文》古文所從缶形。又所録崔希裕《纂古》“𡧖 h”,即隸定之古文傳鈔古文不見用例,[③]兩周金文多與正篆同形,如《頌壺》作▨,《盂鼎》作▨;其或省“貝”,如《格柏作晉姬簋》作▨,所從玉、缶,或左右易位,則如《宰▨簋》作▨,《柞鐘》一作▨,一省“貝”作▨,《汗簡》録“▨”(卷三·宀部·39A),從宀,而玉、缶結體改易爲左右形構,與《宰▨簋》同。夏韻録《古尚書》“𤥂 c”字(又見於《汗簡》卷一·玉部),從玉、缶聲,又《説文》古文“𡧖”之省文異構。夏韻録自《唐

① 沈與文、瞿紹基舊藏,現藏北京圖書館宋刻配鈔本《古文四聲韻》《石經》“𤥂 g”,子下誤作“木”形(見《汗簡》《古文四聲韻》合刊本,中華書局 1983 年版),碧琳琅館叢書本不誤,今採該本字形。

② 金文“保”字《▨簋》作▨,《叔向簋》作▨,《子保觚》作▨,《叔卣》作▨,《▨方彝》作▨,子下並從丿;《陳侯因▨錞》作▨,《司寇良父簋》作▨,《中山王▨鼎》作▨,子下並從八。參容庚編著《金文編》(第四版),中華書局 1985 年版,第 559 頁。

③ 《玉篇·宀部》録《説文》古文𡧖之隸定古文作“寚”。

韻》之"瑶 f",乃其隸定古文。

《盤庚下》"無總于貨寶"之"寶"字,敦煌本 P2643、P2516,九條本、内野本、上圖觀智院本及《書古文訓》作"珤",並與夏韻録自《唐韻》之"瑶 f"形同。《湯誓》"俘厥寶玉誼伯仲伯作典寶"之"寶"字,九條本、内野本及《書古文訓》作"珤",而足利本、上圖影天正本"宝""珤"互見。《旅獒》"分寶玉于伯叔之國"之"寶"字,九條本、内野本及《書古文訓》作"珤",而足利本、上圖影天正本作"宝"。《金縢》"無墜天之降寶命"之"寶"字,九條本、内野本及《書古文訓》作"珤",而上圖八行本隸定作"琺"。《大誥》"寧王遺我大寶龜"之"寶"字,内野本及《書古文訓》作"珤"。《顧命》"越玉五重陳寶"之"寶"字,岩崎本、内野本及《書古文訓》作"珤",而上圖八行本作"珤"。

傳鈔古文《尚書》"保"字字形流衍表

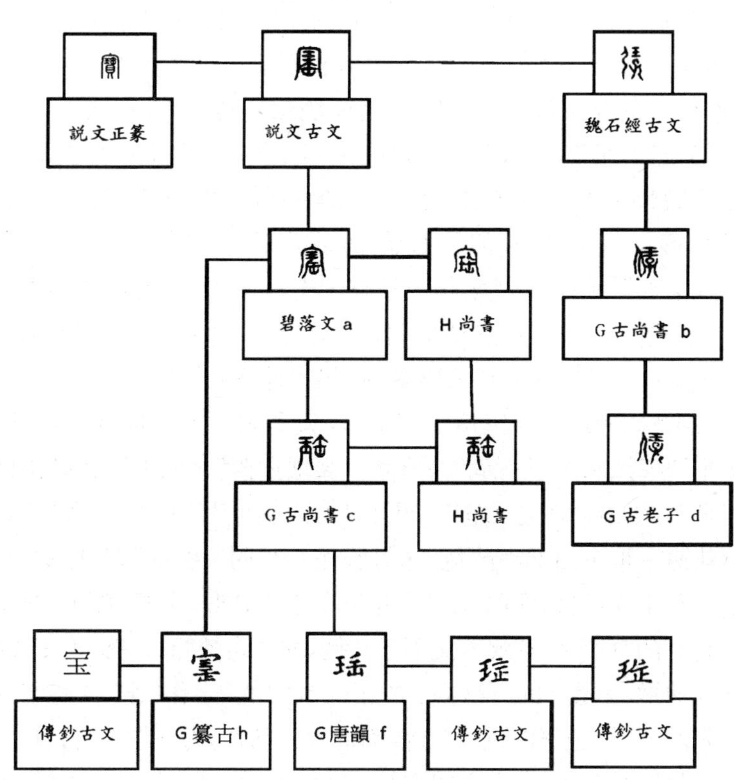

四 “危”字字理疏證

《説文・危部》:“危,在高而懼也。从产,人在崖上,自卪止之。”《古文四聲韻》支韻“危”字録《古尚書》作“ c”(卷一・17A),從人從山,以會人居高山而心生畏懼之意。所從之人作“勹”,與《汗簡》作“”(卷四・山部・51A)所從立人形構形小異,惟與夏韻别體所録《古孝經》作“ a”(卷一・17A)爲一脉,並與《説文》“危”字不類。又録王存乂《切韻》隸古定“ d”“ e”二字形,從“力”者爲“𠂊(人)”形訛,從“几”者爲“勹”之形變。

《書古文訓》録《舜典》“竄三苗于三危”,《大禹謨》“人心惟危,道心惟微”,《禹貢》“三危既宅”“導黑水至于三危”,《湯誥》“慄慄危懼”,《太甲下》“厥位惟危”,《周官》“居寵思危”,《畢命》“邦之安危”,《君牙》“心之憂危”等九篇“危”字,並隸古定爲“召”,所從“刀”形係“𠂊(人)”之形訛,溯其初形,當亦自《汗簡》、夏韻 c、 a 而來。《説文・危部》:“危,在高而懼也。从产,人在崖上,自卪止之。”《古文四聲韻》支韻“危”字録《古尚書》作“ c”(卷一・17A),從人從山,以會人居高山而心生畏懼之意。所從之人作“勹”,與《汗簡》作“”(卷四・山部・51A)所從立人形構形小異,惟與夏韻别體所録《古孝經》作“ a”(卷一・17A)爲一脉,並與《説文》“危”字不類。《集韻・平聲・支韻》録“危”之異體“㞹”,當爲隸古定之正體。而夏韻所録王存乂《切韻》隸古定“ d”“ e”二字形,從“力”者爲“𠂊(人)”形訛,從“几”者爲“勹”之形變,並“㞹”訛變之異體。

《書古文訓》録《舜典》“竄三苗于三危”,《大禹謨》“人心惟危,道心惟微”,《禹貢》“三危既宅”“導黑水至于三危”,《湯誥》“慄慄危懼”,《太甲下》“厥位惟危”,《周官》“居寵思危”,《畢命》“邦之安危”,《君牙》“心之憂危”等九篇之“危”字,並隸古定爲“召”,與《龍龕手鏡・山部》録“危”之異體作“召”同。所從“刀”形係“𠂊(人)”之形訛,溯其初形,當亦承自《汗簡》、夏韻 c、 a 等形,當據《集韻》諟正作“㞹”。而從人從山會意的“危”字,戰國古文不乏其例,如郭店楚簡《六德》第 17 簡“㞹(危)亓(其)死而弗敢悉(愛)也,胃(謂)之[臣]”之“危”字作“”,《璽彙》0124 、3171 。《説文》正篆“危”作“危”:“在高而懼也。从产,人在崖上,自卪止之。”“产”象人在崖上,從产、從會意。《古文四聲韻》據《汗簡》録“ b”,惟今本《汗簡》“危”未見收録,蓋承《説文》正篆,並依《汗簡》改篆之例,將卪字形書寫作“”。[①]然則卪之

① 可參《汗簡》卪部、色部、卿部諸字(卷四・49B)。

作卩,又承魏三體石經古文而來。①傳鈔古文《尚書·禹貢》"三危既宅",九條本作"[illegible]";《君牙》"心之憂危",岩崎本作"[illegible]";《畢命》"邦之安危",岩崎本作"[illegible]";《君牙》"厥命惟危",觀志院本作"[illegible]",並"危"字篆文之隸變。

經由鉤稽"危"字字理,可觀察到《尚書》傳鈔闕空之文字譜系。夏韻"危"字既存今本《說文》正篆"[illegible] b"字,可資參照古文傳鈔寫本。又復保留上承商周戰國古文,見證"[illegible] c"、[illegible] a 長期流傳於傳鈔古文系統,卻失收《說文》古文,古文也不見存魏三體石經,以致後世字書、韻書歷盡輾轉勘刻,多所揣訛。

傳鈔古文《尚書》"危"字字形流行表

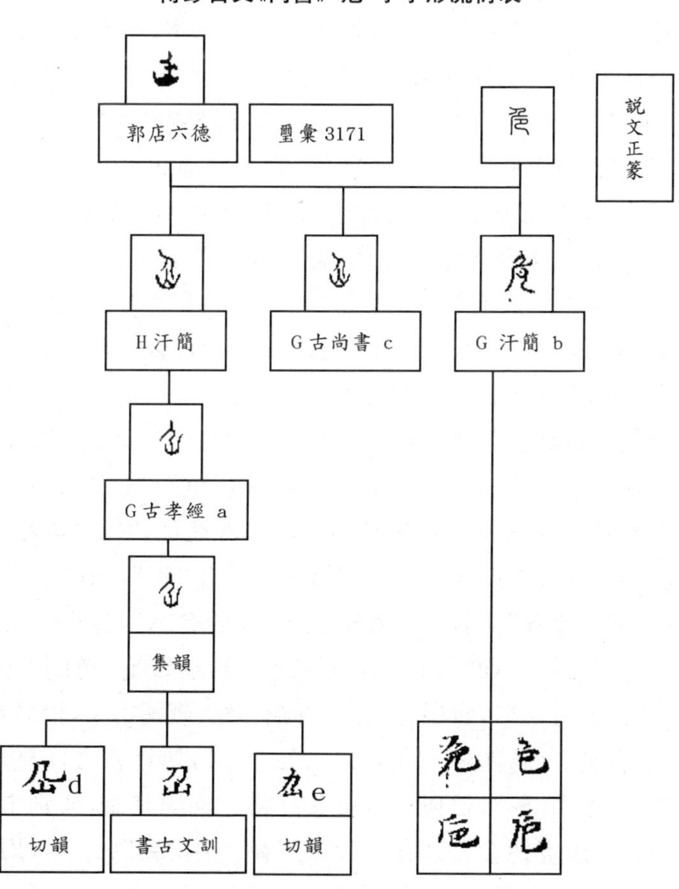

① 魏三體石經《尚書·無逸》"即康功田功"之"即"作[illegible]。《尚書·大誥》"不卬自卹"之"卹"作[illegible],卩旁皆作卩形。

五 “春”字字理疏證

《古文四聲韻》諄韻“春”字下所録《蔡邕石經》古文“旾 e”(卷一・33A),爲夏韻全書之僅見者。夏韻並録《古孝經》“旾 a”、《石經》“旾 c”,以上三形實無二致,《汗簡》亦録“旾”形,云出自《石經》(卷三・日部・34A)。魏三體石經《春秋》“春”字莊公二十八年殘石作■,日本京都大學人文科學研究所藏春秋僖公石經之二作■,文公元年作旾。

甲骨卜辭“春”字迄未定形,從木(四木、三木、二木、一木不等,艸、木義近互通,或從艸)、從日,屯聲,寫作(《合》8582 正)、■(《合》8627)、■(《合》11533)、■(《合》2971)、■(《合》4596)、(《合》30851),[①]春秋戰國時期“旾”“萅”並用,如春秋《蔡侯𨟻殘鐘》“正月季春”字作“■”“■”。戰國楚地簡帛“萅”一系,如:(《曾》1 正)、■(《包》2.240)、■(《包》2.248)、■(《新甲》3.179),從艸,此《説文》正篆作“春”一脉,魏三體石經文公元年篆體作“■”,爲形聲字。從艸,從日,屯聲。艸、日,會合“春爲草木初生之時”義。不作《石經》省艸之旾。而“旾”一系如:■(《帛》乙 1.13)、■(《郭・六》2.240)、■(《郭・語》40)、■(《新甲》3.179),郭店楚簡《語叢》二形,尤爲貼近魏三體石經之“旾”。

夏韻又録《籀韻》及王存乂《切韻》隸古定古文“旹 f”“旾 g”“旹 h”“旹 i”“旾 j”“旾 k”六形。“旾 f”“旾 g”二形,爲“旾 a”之形訛,“屯”凵併合上横筆,因訛變爲“中”形。敦煌本 P3315《堯典》“以殷仲春”、P2533《胤征》“每歲孟春”,及九條本、足利本、上圖影天正本、上圖八行本等傳鈔古本並作“旹”,内野本訛作“■”。又《秦誓上》“惟十有三年春”,《君牙》“若蹈虎尾,涉於春冰”,隸定古文“屯”訛變爲“虫”,與夏韻“旹 f”形同。而“旾 g”“旹 h”二形乃形近致訛。前述“旾 a”“旾 c”“旾 e”“旹 f”“旾 f”“旾 g”等字形,自甲骨卜辭、青銅彝銘、戰國古文,而敦煌寫卷、傳鈔古本,自成一家眷屬。而《尚書・堯典》“以殷仲春”,傳鈔古文僅見足利本、上圖影天正本字形作“■”“■”,並與傳鈔古文扞格。推源其始,或别出於魏晉篆隸之傳鈔系統,檢視《睡虎地秦簡》“春三月”之“春”字作“■”(10.4),馬王堆《老子》甲本“若鄉(饗)於太牢而春登臺”之“春”字作“■”,馬王堆《老子》前古佚書“春夏爲德,秋冬爲刑”之“春”字作“■”,馬王堆《戰國縱横家書》“春申君”之“春”字作

① 參劉釗、洪颺、張新俊編纂《新甲骨文編》,福建人民出版社 2009 年版,第 33 頁。

"𡗝",漢《孔謙碣》"脩春秋經"作"𡗝",[①]並與秦漢魏晉隸書書寫系統相應,而與晉唐古文鈔寫系統分途。

傳鈔古文《尚書》"春"字字形流衍表

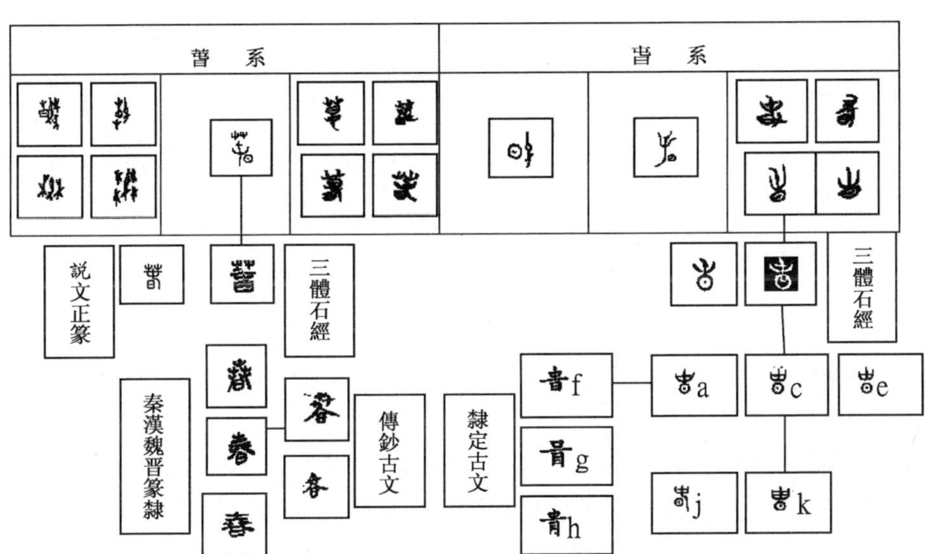

(作者爲臺灣東華大學中文系教授)

① 參漢語大辭典字形組所編《秦漢魏晉篆隸字形表》,四川辭書出版社 1985 年版,第 61 頁。

魏石經、傳鈔古文與隸古定本之尚書文字合證

許舒絜

一 前 言

《尚書》是我國最古老的歷史文獻之一，在流傳過程中得而復失，失而復得，並且經歷今文、古文之争，版本、篇目、内容、文字皆發生變化。其傳本字體之變遷，就目前所見，有古文、篆文、隸書、隸古定文字、楷書等不同字體，有古文改寫作篆文、隸書，古文用隸書筆畫改寫爲隸古定文字，隸古定文字改寫爲楷書等字體轉换改寫，在不同書寫字體轉换間極易産生訛變，另外尚有六朝至唐代鈔寫出現的俗别字及其對隸古定文字傳寫産生的形體變化。

本文以顧頡剛、顧廷龍纂輯的《尚書文字合編》爲研究基本材料，先將各類傳鈔古文《尚書》文字加以比對，利用魏石經《尚書》及轉鈔著録戰國文字之傳鈔著録《尚書》古文，與魏晉至隋唐之間流傳以隸古定字體書寫的古文本《尚書》、隸古定刻本，相互比較合證，以探析其中《尚書》文字之字體、字形在傳鈔及書體轉换間的形構演變、異同與特色；並將魏石經《尚書》、傳鈔《尚書》古文、出土資料文字等與隸古定本《尚書》文字相合證，梳理《尚書》隸古定文字，尤其是特殊字形的形體結構、字形源流、書寫現象，釐清隸古定文字與《尚書》傳鈔古文、戰國古文的演變關係及其淵源。

二 研究材料與研究方法

《尚書》流傳曲折，書寫字體複雜，其傳本的歧異、字體變遷、轉换改寫經歷主要可分爲三個階段：一是先秦《尚書》成篇、集結以古文字體書寫的孔壁古文與漢代以隸書書寫、改寫的今文《尚書》的歧異；二是東晉時梅賾所獻58篇僞《古文尚書》，即用隸書筆畫書寫古文的隸古定《尚書》，主要有"宋齊舊本"即奇字不多的

隸古定《尚書》民間鈔寫本、晉代范寧所改寫的今字本,[①]以及在隋唐之間廣泛流傳,被稱爲"穿鑿之徒""僞中之僞",[②]奇字很多的隸古定《尚書》本;三是天寶年間衛包奉敕將隸古定《尚書》改寫爲楷書的今字本《尚書》,唐文宗開成年間刻成唐石經,爲宋代以後版刻本的開山之祖,今通行之《尚書》即衛包改字本,爲今字本之古文《尚書》,隸古定本《尚書》則爲古字本古文《尚書》。

顧頡剛、顧廷龍所輯《尚書文字合編》[③]蒐羅《尚書》歷代不同字體之版本,將漢魏唐石經、敦煌等唐寫本、日本古寫本、《書古文訓》等歷代《尚書》古本材料匯爲一編,是目前網羅《尚書》文字資料最爲齊全的一部書,《尚書》歷代傳本字體變遷脉絡由此得以清楚呈現,其所收之本凡七類:《漢石經》、《魏石經》、《唐石經》、宋晁公武石刻《古文尚書》、敦煌等唐寫本、日本古寫本、薛季宣《書古文訓》等,共收入古文、篆文、隸書、隸古定、楷書等歷代不同字體的《尚書》古本二十餘種,爲本文研究的基本材料。其中《漢石經》爲漢代流行之《今文尚書》,《唐石經》爲唐天寶三年(744)衛包改"隸古定"爲楷體今字本,是今本最古版本,而《魏石經》則保存漢魏《古文尚書》面貌,其餘四種皆屬用隸古定字體寫成的隸古定古字本。[④]寫本的寫成時代或有存六朝之古文、年代早於隋唐者,[⑤]或有隋唐之間者,其中大部分是唐代衛包改字前後的古寫本以及源於唐寫本的日本古鈔本。

各種傳鈔古文《尚書》文字就文字演變階段加以分類,首先爲古文字階段之傳鈔古文《尚書》文字:出土文獻資料所引《尚書》文字,主要爲戰國楚簡材料,雖僅爲引文但存古之真,於古本《尚書》文字及傳鈔著録《尚書》古文之文字形體及相關問題研究爲重要材料,乃爲古人親筆,列爲第一手的古《尚書》文字傳鈔書寫資料。《説文》所引壁中古文《尚書》、魏石經《尚書》古文、《汗簡》《古文四聲韻》

① 陸德明:《經典釋文》,中華書局 1983 年版,第 2 頁。

② "穿鑿之徒"説見陸德明《經典釋文》,第 2 頁。"僞中之僞"説見段玉裁《古文尚書撰異》,上海書店出版社 1988 年版,第 2 頁。

③ 顧頡剛、顧廷龍輯:《尚書文字合編》,上海古籍出版社 1996 年版。

④ 除敦煌本 P3015《尚書》《堯典》《舜典》、P2630《多方》《立政》爲今字本外,其餘唐寫本皆屬古字本。

⑤ 敦煌、新疆等地所見《尚書》古寫本一般多稱之"敦煌唐寫本",然而對寫本的寫成時代,羅振玉、王重民、陳夢家、姜亮夫、吴福熙、饒宗頤、劉起釪、許建平等多有討論及研究成果,其中或有存六朝之古文、年代早於隋唐者,如敦煌本 P2549、P2980、P3871 爲一卷之分裂,共存《費誓》"亡敢寇攘踰垣牆"起至篇末(陳夢家記爲 P2549,見陳夢家:《尚書通論》,河北教育出版社 2000 年版,第 379 頁)、《秦誓》全篇、《古文尚書虞夏商周書目録》。王重民《敦煌古籍叙録》"秦誓　伯 2980"條下謂:"此卷民字不缺筆,審其筆跡,知爲六朝寫本。卷内朱筆校注字頗多,尋其所校注,乃將古文以今文注之,蓋後之讀是書者,依衛包今字所注也。……余此説若不誤,則此卷不但存六朝之古文,且存天寶之今字,其重要性有更在其他卷軸之上者。"又"篇目、費誓　伯 2549、3871"條下謂"此《費誓》篇亦正相同"(王重民:《敦煌古籍叙録》,臺北國泰文化事業有限公司 1980 年版,第 20、21 頁)。故本文於敦煌等"唐寫本"又謂之"古寫本"。

《訂正六書通》等所著録的《尚書》古文,或屬於古《尚書》轉鈔本,或源於碑石之古《尚書》傳刻材料,屬於第二手的傳鈔資料。石經《尚書》就其文字材料性質,又屬於出土文獻資料,故魏石經《尚書》古文又兼爲出土文獻。其次爲以楷書筆畫書寫古文之隸古定文字:敦煌等地《尚書》古寫本、日本古寫本多爲隸古定手寫鈔本,[①]材料豐富,亦爲古人親筆,真實可信,惟受寫手及當時俗字影響,間有文字形體錯訛現象;《書古文訓》、宋晁公武石刻《古文尚書》皆爲隸古定刊刻本,所據爲段玉裁稱"僞中之僞"本,後人穿鑿整理之跡明顯,《四庫全書・提要》云:"季宣此本有以古文筆畫改爲今體,奇形怪態,不可辨識,……故雖宋人舊帙,今亦無取焉。"然雖時有僞訛,其字體有據者尚多,於敦煌等地《尚書》古寫本、日本古寫本猶可見相印證之文字形體,亦有可與傳鈔著録《尚書》古文相證者;再者爲楷體今本之《尚書》文字:《唐石經》及承其之《四部叢刊》本之《孔氏傳尚書》、《十三經注疏》本之《尚書》,爲今之傳世刊本。下表是本文研究材料各類傳鈔古文《尚書》文字之分類與其材料性質、字體特點之對應:(见第 185 頁至第 187 頁表)

本文將各類各種傳鈔古文《尚書》加以序列,以傳鈔古文《尚書》文字之字體時代爲經,兼及傳鈔古文《尚書》之文字材料時代,首先於各字例下徵引傳鈔著録古《尚書》文字,再者各傳鈔古文《尚書》之序列如下:

> 戰國楚簡—漢石經—魏石經—敦煌本、新疆本—(以下爲日本古寫本之唐鈔本)**岩崎本—神田本—九條本—島田本—**(以下爲源於唐代的日本古鈔本)**内野本—上圖本(元)—觀智院本—天理本—古梓堂本—足利本—上圖本(影)—上圖本(八)—**(以下爲隸古定刻本)晁刻古文尚書—書古文訓—唐石經(今傳世本所承)

確立各類傳鈔古文《尚書》文字比對之序列後,將諸本傳鈔古文《尚書》文字、諸類字體,與今傳世本《四庫全書》重刊宋本《十三經注疏》之《尚書》(即《孔氏傳》本《古文尚書》《孔氏傳尚書》)《虞書》《夏書》《商書》《周書》(源自唐代開成石經《唐石經・尚書》)等五十八篇依序進行文字比對辨析,比勘其中形構相異、用字不同者,依序將之列爲標題字首,逐字以**《傳鈔古文〈尚書〉"△"字構形異同表》**列其辭

① 各本文字完整之所存起訖情形詳見《尚書文字合編》"收録諸本起訖目",劉起釪《尚書源流與傳本》(遼寧大學出版社 1997 年版)中《漢石經〈尚書〉殘存文字表》《魏石經〈尚書〉殘存文字表》《國内所見尚書隸古定本古寫本影本各篇殘存情況及字數表》將諸本殘存文字疏理至爲詳備,並校以唐石經、今本尚書。

分類	出土文獻		傳鈔著録尚書古文				隸古定本尚書		
	戰國楚簡所引尚書	石經尚書	説文所引尚書	汗簡	古文四聲韻	訂正六書通	敦煌等地古寫本	日本古寫本	隸古定刻本
傳鈔古文尚書别	●上博1《緇衣》引 ●郭店《緇衣》引 ●郭店《成之聞之》引	●漢石經 ●魏石經 ●唐石經	●壁中古文《尚書》 ●今文《尚書》	●《古尚書》 ●《書經》 ●《周書大傳》	●《古尚書》 ●《尚書》石經 ●《夏書》 ●《周書大傳》	●《古尚書》	敦煌伯希和(P)編號本 P3315 P3462 P3015 P3605 P3615 P3469 P5552 P4033 P3628 P4874 P5543 P2533 P3752 P5557 P2643 P3670 P2516 P2523 P2748 P3767 P2630 P4509 P3871 P2980 P2549 P4900 敦煌斯坦因(S)編號本 S5745 S801 S11399 S799 S6017 S5626 S6259 S2074 吐魯番本 和闐本 高昌本	岩崎本 九條本 神田本 島田本 内野本 上圖本(元) 觀智院本 古梓堂本 天理本 足利本 上圖本(影) 上圖本(八)	書古文訓 晁刻古文尚書(石刻)
字體	古文(戰國楚簡、石經中之魏石經古文、傳鈔著録尚書古文) 篆文(魏石經篆文) 隸體(魏石經隸體、漢石經) 隸古定文字(部分古文四聲韻著録尚書古文) 楷書(唐石經)						隸古定文字、楷書 備註:P3015《堯典》《舜典》、P2630《多方》《立政》爲今字本		

本文研究材料各類傳鈔古文《尚書》的時代如下表：

分類 傳鈔古文尚書時代	出土文獻尚書		傳鈔著録尚書古文	隸古定本尚書					備　注
				古　寫　本				刻　本	
	楚簡所引	石　經	傳鈔古尚書文字	敦煌伯希和(P)編號本	敦煌斯坦因(S)編號本	新疆本	日本古寫本		
戰國	● 上博 1《緇衣》 ● 郭店《緇衣》《成之聞之》		● 汗簡 ● 古文四聲韻 ● 訂正六書通 ● 説文解字						指所著録古尚書文字之古本尚書時代
東漢		● 漢石經	● 説文解字						
魏		● 魏石經							
六朝至隋唐之前				P2549、P2980、P3871					
隋唐之間				P3767、P2533、P3315					
唐初至衛包改字之前				P3670、P2516、P5522、P4033、P3628、P4874、P5543、P3605、P3615、P3469、P3169、P3752、P5557、P4509、P3015	S5745、S801、S11399、S799、S6017、S2074	吐魯番本 和闐本 高昌本	岩崎本 九條本 神田本 島田本		

（续表）

分類 / 傳鈔古文尚書時代	出土文獻尚書		傳鈔著録尚書古文	隸古定本尚書					備注
				古寫本					
	楚簡所引	石經	傳鈔古尚書文字	敦煌伯希和(P)編號本	敦煌斯坦因(S)編號本	新疆本	日本古寫本	刻本	
衛包改字之後至唐末		●唐石經		P2748、P2643、P2630	S5626、S6259				P4900、P3462、P2523年代不明
宋代								晁公武石刻尚書 薛季宣書古文訓	
元明時期（日本鐮倉至室町時期）							内野本 上圖本(元) 觀智院本 古梓堂本 天理本 足利本 上圖本(影) 上圖本(八)		此係日本古寫本鈔寫年代，經比對其文句字形亦源出於唐寫本

例及各本文字字形，考察該字在各類傳鈔古文《尚書》文字所見的形構異同，如“時”字傳鈔古文《尚書》魏三體石經作[古文]、敦煌本作[古文]、足利本作[古文]等形，則列“時”字爲《傳鈔古文〈尚書〉文字辨析》之標題字首，作《傳鈔古文〈尚書〉“時”字構形異同表》如下：

時	傳鈔古尚書文字 [古文](汗 3.33)、[古文](四 1.19)	戰國楚簡	石經	敦煌本	神田本岩崎本b	島田本九條本b	内野本	觀智院本b上圖本(元)	古梓堂本b天理本	足利本	上圖本(影)	上圖本(八)	晁刻古文尚書	書古文訓	尚書篇目
朕之愆允若時			[古文](魏)	[古文](P3767)			[古文]			[古文]	[古文]	[古文]		[古文]	無逸

下文以字例説明魏石經《尚書》、傳鈔《尚書》古文、隸古定本《尚書》文字之合證，呈現其文字構形異同觀察、特殊文字之辨析，然本文限於篇幅，僅於部分字例下列出各本字體變化繁複之構形異同表。

三　魏石經《尚書》、傳鈔《尚書》古文、隸古定本《尚書》文字構形異同觀察

(一) 魏石經《尚書》古文、傳鈔《尚書》古文或隸古定本《尚書》文字形體類同現象

1. 爲甲骨文、金文等字形沿用或其訛變、隸古定、隸古定訛變之字例

“稱”字魏三體石經古文作[古文]，傳鈔《尚書》古文“稱”字作[古文](汗 1.13)、[古文](四 2.28)、[古文][古文](六 136)，“爯”爲“稱”之初文，甲金文作[古文](鐵 102.2)、[古文](衛盉)、[古文](㝬簋)等形。敦煌古寫本、日本古寫本、《書古文訓》或作[古文]、[古文]，或作[古文]，上所从“爪”訛作“木”，或省訛作[古文]，諸形皆爲“爯”字之變，與魏石經《尚書》古文、傳鈔《尚書》古文“稱”字作“爯”一致。

“前”字魏三體石經古文作[古文]，敦煌古寫本、日本古寫本、《書古文訓》或作[古文]、[古文]，爲“歬”篆文[古文]之隸定，爲“前進”義之本字，源自金文作[古文](兮仲鐘)、[古文](追簋)等。敦煌本 P2516、上圖本(影)或作[古文]、[古文]，所从“舟”訛作“丹”；敦煌本 S799 或作[古文]、[古文]，“山”形爲“止”之俗訛；九條本、上圖本(元)或俗寫變作[古文]、[古文]。

“率”字魏三體石經《君奭》“率惟兹有陳”古文作[古文]，其下从“止”，爲辵部“逹”字，訓“先導也”，或行部“衛”字下增“止”。段注云：“衛，導也，循也，今之‘率’字，

‘率’行而‘衛’廢也。……‘衛’與辵部‘達’音義同。”王國維謂“衛”“達”二字實一字，毛公鼎作，師寰簋作，十三年上官鼎作，與魏三體同。《説文》三分“率”捕鳥畢也，“達”先導也，“衛”將衛也，其古本一字，係由（甲 3777）、（盂鼎），演變作（毛公鼎），再變作（師寰簋）、（上官鼎）、（驫羌鐘）、（中山王鼎）等形，戰國楚簡作（郭店·尊德 28）。《汗簡》《古文四聲韻》録古尚書“率”字作（汗 1.10）、（四 5.8），與（詛楚文）、（睡虎地 42.198）、（漢帛·春秋事語 46）同形，即《説文》行部“衛”字，訓“將衛也”。敦煌本《經典釋文·舜典》P3315“率”字作，下云“古（率）字”，敦煌諸寫本、日本古寫本、《書古文訓》“率”字或作，爲（汗 1.10）、（睡虎地 42.198）之隸定，《書古文訓》又隸訛作衜、衘、衜、衘等形，日本古寫本或訛作、、等形，敦煌本 P2748 或訛作，皆爲（汗 1.10）、（睡虎地 42.198）之訛。

“庶”字魏品式石經《咎繇謨》古文作，當源自（伯庶父盨）、（子仲匜）等，其下由（矢簋）、（毛公鼎）等所从“火”漸訛作似“土”形，（魏品式）則繁化从二火而訛變，《汗簡》録石經作（汗 4.51），即从二火。《書古文訓》“庶”字或作，爲（魏品式）之隸古定，餘形皆从“厂”，如或作、，又訛變作、、等形。

“誥”字魏三體石經《尚書》作（魏三體），源自金文作（何尊）、（史䛙簋）、（王孫誥鐘）形之訛變，楚簡引《尚書》“誥”字作（上博 1 緇衣 3）、（上博 1 緇衣 15），此形从言从収（），（魏三體）則“収（）”訛變作“丌”。《書古文訓》“誥”字作、，與（四 4.29）、（魏三體）形類同，其下作“廾”則从収之隸定而不誤。《説文》“誥”字古文作即源於此。《汗簡》録（汗 1.12 王庶子碑）與金文、楚簡同形，《箋正》謂今本《説文》古文當依此改正。又唐蘭云：“‘’字應是‘誥’字的别體。《説文》‘誥’的古文作，……《説文》裡的古文都指六國古文，就是壁中經，像《尚書》之類。《尚書·大誥》《釋文》‘諸本亦作’，那麼許慎所見的古文是从言从収作‘’，傳寫《説文》的人把収誤爲廾了。……因爲‘言’本作和‘告’作相近，就把从言从収的‘’改爲从告聲的‘’字了。其實‘’的从言从収是由於誥是由上告下，作誥的是奴隸主貴族，用雙手捧言，以示尊崇之義。”其説是也，《集韻》去聲八 37 号韻“誥”字古作“”“”，“”即（説文古文誥）所傳寫其左形不誤之隸定，與（王孫誥鐘）、（上博 1 緇衣 15）、（郭店緇衣 28）等類同。

"喪"字魏三體石經《多士》古文作[古文字形](魏三體),《書古文訓》"喪"字作[古文字形]、[古文字形]、[古文字形]、[古文字形]、[古文字形]、[古文字形]等形,皆[古文字形](魏三體)之隸古定訛變,源自[古文字形](昜鼎)形,其上或隸變俗寫作屮、出、山、止、ㄓ、口等諸形組合,與《古文四聲韻》"喪"字録《汗簡》作[古文字形](四 2.17)形近,[古文字形]則所从"亡"訛作"土"。日本古寫本或作[古文字形]、[古文字形]、[古文字形]、[古文字形]、[古文字形]、[古文字形]等形亦由[古文字形](魏三體)隸古定訛變。

2. 爲戰國古文字形或其訛變、隸古定、隸古定訛變之字例

"若"字魏三體石經《多士》《無逸》《君奭》《多方》之古文皆作[古文字形](魏三體),《古文四聲韻》《汗簡》"若"字下收《古尚書》字形分别爲:[古文字形](四 5.23)、[古文字形](汗 5.66),與之同形,《書古文訓》"若"字多作[古文字形]、[古文字形]、[古文字形]、[古文字形]、[古文字形]、[古文字形]、[古文字形]、[古文字形]、[古文字形]等形,皆爲[古文字形](魏三體)、[古文字形](四 5.23)、[古文字形](汗 5.66)之隸古定訛變。"若"字之古文字形義乃象人跽坐舉兩手,或謂理髮而順,或謂諾時訓順之狀,爲古"諾"字,①甲骨文作[古文字形](《甲》頁 205),《金文編》列入"叒"字下,作[古文字形](亞若癸匜)、[古文字形](盂鼎)、[古文字形](毛公鼎),或加"口"爲方國名,②作[古文字形](毛公鼎)、[古文字形](录伯簋)、[古文字形](揚簋)、[古文字形](申鼎)、[古文字形](詛楚文),戰國時變作[古文字形](中山王鼎)、[古文字形](中山王墓兆域圖)、[古文字形](信陽楚簡 1.5),再變作[古文字形](説文籀文叒),隸變作"若"。孫星衍《魏三體石經遺字考》謂石經[古文字形](魏三體)當作[古文字形](説文籀文叒),按[古文字形]是增口之形[古文字形]的訛變,其跽坐人形訛作[古文字形]。[古文字形](魏三體)上半部是雙手及長髮[古文字形]之訛變,下半部是人形之訛變,由人形[古文字形]、[古文字形]、跪跽狀[古文字形]變爲女字形,或爲人形[古文字形]與[古文字形]結合,或因增口而與口結合,而與跪跽狀消失的"女"字([古文字形])相似,③二點劃爲飾筆,由楚簡只加右側演變爲加兩側飾筆,使字形對稱。魏三體石經"若"字古文[古文字形]、[古文字形](四 5.23),[古文字形](汗 5.66)等應是由戰國文字[古文字形](中山王鼎)、[古文字形](中山王墓兆域圖)、[古文字形](信陽楚簡 1.5)、[古文字形](郭店尊德義 23)變化而來。"若"字形體演變的分析説明如下:

---

① 説見吴大澂,謂:"彔伯戎簋之若字,古通作[古文字形],其字象人舉手跽足並以口承諾之狀,實爲古諾字。"(吴大澂:《説文古籀補》,藝文印書館 1968 年版。)丁佛言《説文古籀補補》説:"若義爲順,象人席坐兩手理髮之形,取其順也。"(丁佛言:《説文古籀補補》,中華書局 1988 年版。)羅振玉《增訂殷虚書契考釋·中》(藝文印書館 1981 年版,第 56 頁):"象人舉手而跽足,乃象諾時巽順之狀。"

② 參見魯實先《殷栔新詮》,臺北黎明文化事業股份有限公司 2003 年版。

③ 張桂光《古文字中的形體訛變》指出西周金文中,表現人體的部件不僅有跪跽狀逐漸消失的趨勢,而且有加寫腳趾[古文字形]的習慣,如甲骨文[古文字形](續 3.31.5)之作[古文字形](揚簋)、[古文字形](虢季子白盤)等,其腳部[古文字形]與跪跽狀消失的"女"字([古文字形])十分相似。[古文字形]訛爲[古文字形]的現象,西周中期以後(延續到春秋戰國)十分常見,如[古文字形](毛公鼎、執、藝)、[古文字形](兮甲盤、訊)、[古文字形](師酉簋、夙)等。説見張桂光:《古文字中的形體訛變》,《古文字研究 15》,中華書局 1986 年版,第 158 頁。

《甲》頁205　A人形不明顯→(克鼎)(說文㚇) 長髮人形(或兩手高舉人形)訛成，兩手訛成 B人形變化→(盂鼎)—作跪跽狀 C人形變化、增口→(揚簋)、(毛公鼎) (說文籀文㚇)—跽坐人形作，即卩㔾字，增口 (璽彙1294[晉])、(中山王墓兆域圖)—人形作，跪跽狀消失，右側加飾筆 (包山155)—人形作，增口 (信陽1.5)—人形作，右側加飾筆，增口 (郭店·尊德義23)—人形作，右側加飾筆，增口 (上博二·子羔8)—人形作，右側加飾筆，增口 (魏三體石經)—跪跽狀變爲女字形，[或人形與結合，或增口而結合，而與跪跽狀消失的"女"字()相似]，兩側加飾筆

"聞"字魏三體石經《君奭》古文作，《汗簡》《古文四聲韻》録古尚書"聞"字作：(汗5.65)、(四1.34)，與此類同，(汗5.65)形下爲所从"耳"之訛誤。"聞"字甲骨文作(前7.31.2)，右上突出耳形以表聽聞，金文變作：(盂鼎)、(利簋)、(郤王子鐘)、(王孫誥鐘)等，(魏三體)、(汗5.65)、(四1.34)即其省去左下等人形而作形之變，①郭店楚簡即見作(郭店·五行15)、(郭店·五行50)形，戰國或作(璽彙1073)、(陳侯因資敦)形則是省去"耳"。敦煌本《經典釋文·堯典》P3315"聞"字作，下云"古聞字，説文古作(䎽)，無此字"，《書古文訓》多作，晁刻古文《尚書》作，皆此形之隸定。敦煌本《尚書》、日諸古寫本"聞"字亦多作形，足利本或稍變作、。

魏石經《尚書》古文、傳鈔《尚書》古文或隸古定本《尚書》文字形體類同，而爲戰國古文字形或其訛變、隸古定、隸古定訛變者，與《説文》古籀或體等重文相參證，則有下列現象：

(1) 與《説文》古籀或體等重文同形、類同

"諐"字魏三體石經《無逸》僅存隸體作，《汗簡》《古文四聲韻》録《古尚書》"諐"字作：(汗1.12)、(四2.6)，皆與《説文》"諐"字籀文同形，源自侯馬盟書作(侯馬)，或从心作(侯馬)、(包山85)，偏旁言、心古相通，侯馬盟書又作(侯馬)。《書古文訓》"諐"字作、、形，内野本、上圖本(八)或作、、爲(説文籀文諐)之隸定。敦煌寫本、日本古寫本或作、，爲(説文籀文諐)之隸訛，其上俗訛寫作从"保"。

① 參見許師學仁《聞字形變表》，《古文四聲韻古文研究》，文史哲出版社1999年版，第42頁。

傳鈔古文《尚書》“愆”字構形異同表

愆	傳鈔古尚書文字 (汗 1.12)、(四 2.6)	戰國楚簡	石經	敦煌本	神田本 b 岩崎本	島田本 b 九條本	內野本	觀智院本 b 上圖本(元)	古梓堂本 b 天理本	足利本	上圖本(影)	上圖本(八)	晁刻古文尚書	書古文訓	尚書篇目
不愆于六步七步乃止齊焉			(隸釋)	S799											牧誓
厥愆曰朕之愆允若時			(隸釋)、(魏)	P3767、P2748											無逸

“死”字魏三體石經《吕刑》古文作，三體石經偏旁“死”作[（薨・魏三體僖公）薨偏旁死]，《隸續》録石經作，《汗簡》録石經“死”字作（汗 2.20）則寫誤，《箋正》謂石經尚書作，與《説文》古文作相合。（魏三體吕刑）、（魏三體僖公・薨偏旁死）、（隸續石經）、（説文古文死）諸形皆同，由戰國作、（望山・卜）、（郭店・忠信 3）（中山王兆域圖）而來，皆由（甲 1169）、（盂鼎）、（中山王鼎）、（望山・卜）、（包山 249）、（郭店・窮達 9）、（龍崗木牘）而變。《書古文訓》“死”字或作、，爲（魏三體吕刑）、（隸續石經）、（説文古文死）之隸古定，又作、、，與、（望山・卜）類同，其上隸古定變作艹，又隸古定作。

（2）爲戰國文字字形之訛變，《説文》古、籀、或體等重文則不誤

“則”字魏三體石經《無逸》《君奭》古文作（魏三體），《汗簡》録《古尚書》“則”字作（汗 2.21），《説文》籀文作，金文多作“鼎”（何尊）、（召伯簋）、（鄂君啓舟節），戰國文字或省變作（曾侯乙鐘）、（曾侯乙鐘）、（楚帛書乙）、（郭店語叢 1.34）、（老子丙 6）等形，（魏三體）即源自此，其左形爲“鼎”之省訛，右形爲“刀”。岩崎本或作，爲（汗 2.21）、（説文籀文則）之隸定訛變。《書古文訓》“則”皆作，即《汗簡》録《古尚書》又作（汗 2.21），《説文》“則”字古文作，源自（段簋），本从二鼎，（汗 2.21）、（説文古文則）變作从二貝。

“閔”字《説文》古文作，《書古文訓》作、，爲（説文古文閔）之隸古定，魏三體石經《文侯之命》“嗚呼閔予小子嗣”，“閔”字古文作（魏三體），與《汗簡》《古文四聲韻》録石經作（汗 4.48）、（四 3.14）形相類，《箋正》云：“石經蓋作，以‘思’字分書之。”又録（汗 4.59 史書）、（汗 5.66 史書）、（四 3.14 古史記）形，（汗 5.66 史書）形與（説文古文閔）相類，惟其从“日”，《箋正》云：“《前漢・

吴王濞》'臣甚惛焉'注一曰'惛,古閔字',作'惛'則'惛'本是'怋'别字,其古'閔'作,从思从古文民聲。此合今史與《説文》爲之,非也。"(魏三體)、(汗 4.48 石經)、(四 3.14 石經)、(汗 4.59 史書)、(汗 5.66 史書)、(四 3.14 古史記)等當皆"惛"(惽)字之訛變,(汗 5.66 史書)、(説文古文閔)則移"心"於下。依序諸形所从、、、、形,即古文"民"訛變,由(盗壺、魏三體石經古文)、(無逸)、(多方)、(吕刑)、(説文古文民)等形而變,(汗 4.48)、(四 3.14)所从則析離爲二作、,其下形即(盗壺)、(説文古文民)之下形;又所从、、、即"日"之訛變;①石經、、形即"心"之訛變;《説文》"閔"字古文當正作(汗 5.66 史書)形,隸定作"㥸",即"惽"字。

(3) 爲戰國文字字形,與《説文》重文爲一字之異構

"夏"字魏三體石經《多方》《多士》古文作(魏三體),《書古文訓》亦有作昰,即此形隸定,當爲(帛丙 6.1)、(夏官鼎)、(璽彙 3988)等形之省"頁"。

"夏"字金文作(伯夏父鼎)、(仲夏父鬲)、(邳伯罍),"頁"之人形下加止或夊形()而訛似女()形(參見'若'字)。戰國"夏"字則"頁"人形下之止、女等漸向"日"下位移,變作、(鄂君啓舟節),(帛丙 6.1)、(夏官鼎)、(璽彙 3988)、(郭店·緇衣)、(璽彙 3643)等隸定作"顕""頣"。又"日"有省作口形,作:(叔尸鐘)、(璽彙 15),(魏三體)形乃由此省去"頁"而只餘移至日下之止形作爲人形表示,隸定作"昰"。"日"下之止形或訛作又、寸,如(璽彙 4996)、(璽彙 3989),或訛作虫形,如(天星觀·卜)、(包山 115)、(包山 200)等隸定作"顕",由此形又省變作(包山 240)、(上博 2 民之父母 1),隸定作"虽"或"邑"。郭店楚簡《成之聞之》38.39 引《尚書·康誥》作:"康享(誥)曰:'不還大,文王(作)罰,型(刑)幺(兹)亡悬()。'"②何琳儀釋爲"夏",今本作"戞"是"夏"之訛,"大夏"應讀爲"大雅",包山楚簡(包山 224)、(包山 225),黄錫全亦釋爲"夏",③其説可从,是"夏"字保留"日"形,及以"頁"表人形而其下未加止、夊形,或謂省去"頁"下所加之止、夊與所訛之女、虫等形,隸定作"暊"。《説文》古文作,當是形省"日"而偏旁"頁"訛變作形與"止"合書。《書古文訓》"夏"字或作昰、𩑢,爲此形之隸古定訛變。

① 參見黄錫全《汗簡注釋》,武漢大學出版社 1993 年版,第 379 頁。

② 即今本《尚書·康誥》:"曰乃其速由文王作罰,刑兹無赦,不率大戞,矧惟外庶子訓人。"

③ 參見何琳儀《郭店楚簡選釋》,李學勤、謝桂華主編:《簡帛研究 2001》,廣西師範大學出版社 2001 年版,第 165 頁;黄錫全《楚簡續貂》,李學勤、謝桂華主編:《簡帛研究》第三輯,廣西教育出版社 1998 年版,第 79、80 頁。

上述“夏”字各形的演變關係,可列表如下:

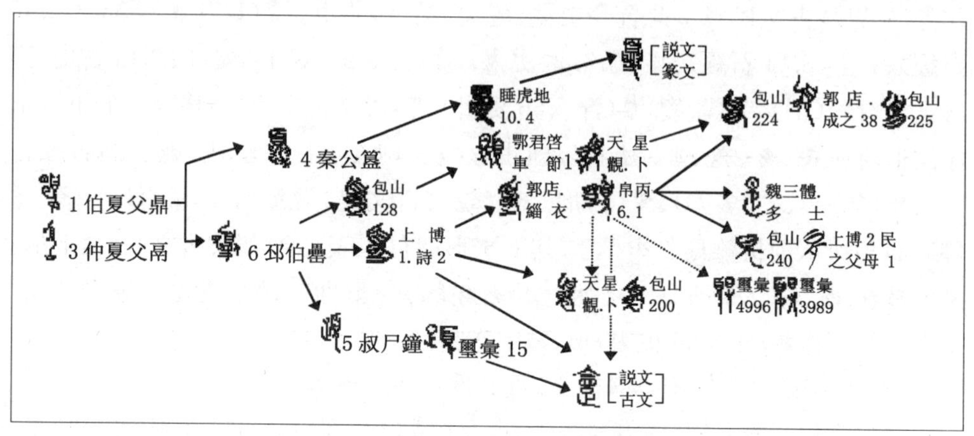

傳鈔古文《尚書》“夏”字構形異同表

夏 / 傳鈔古尚書文字：[illegible](汗 4.47)、[illegible](四 3.22)、[illegible](四 3.22)	戰國楚簡	石經	敦煌本	神田本b 岩崎本	島田本b 九條本	内野本	上圖本(元) 觀智院本b	古梓堂本b 天理本	足利本	上圖本(影)	上圖本(八)	晁刻古文尚書	書古文訓	尚書篇目
以正仲夏									夏	夏	夏		昰	堯典
蠻夷猾夏寇賊姦宄						夏			夏	夏	夏		憂	舜典
雷夏既澤				夏		夏			夏	夏	夏		亶	禹貢
伊尹去亳適夏			夏 (P5557)		夏				夏	夏	夏		憂	胤征
有册有典殷革夏命		[illegible] (魏)	夏 (P2748)			夏			夏	夏	夏		憂	多士
乃惟有夏圖厥政		[illegible](魏)			夏	夏			夏	夏	夏		憂	多方

3. 爲《説文》他字重文異體、異字同形或其訛變、隸古定、隸古定訛變之字例

“怒”字魏三體石經《無逸》“不啻不敢含怒”,古文作[illegible](魏三體),敦煌古寫本、日本古寫本、《書古文訓》亦多作[illegible]、[illegible]、[illegible]。此形从女从心,與[illegible](盗壺)同形,“奴”“女”聲符更替,楚簡作[illegible](郭店・性自 2)、[illegible](郭店・老子甲 34)形。《説文》[illegible]列爲“恕”字古文,《古文四聲韻》録籀韻“怒”字作[illegible](四 4.11),《集韻》去聲七 11 莫韻“怒”

字云:"《説文》恚也。古作'忞''悠'。"當爲"怒"字古文,《説文》誤入"恕"字下。

"夷"字魏三體石經《立政》"夷微盧烝三亳阪尹"古文作(魏三體),《汗簡》《古文四聲韻》《古尚書》"夷"字作:(汗3.43)、(四1.17),晁刻《古文尚書》《書古文訓》"夷"字皆作𡰥,敦煌本、日古寫本亦多作此形或,皆之隸古定;上圖本(八)或訛作,與《説文》"仁"字古文作同形,此形甲骨文作:[前2.19.1(仁)],中山王鼎銘"亡不逹",用作"仁"字,戰國楚簡作:(包山180),金文"夷"字作(兮甲盤"南懷夷")、(柳鼎),(兮甲盤)與"尸"字作(尸作父己卣)、(盂鼎)同形,"尸""夷"通用,《玉篇》"𡰥"古文"夷"字,"="形或爲飾筆,黄錫全《汗簡注釋》謂"古尸、𡰥、夷字通",①"夷"字應有戰國古文作形,故《汗簡箋正》云:"今《説文》夷下失此古文。"

4. 其偏旁爲《説文》重文或其訛變、隸古定、隸古定訛變之字例

"祥"字魏三體石經《君奭》古文作(魏三體),从古文"示"字,《書古文訓》作,爲此形之隸古定,偏旁古文"示"隸古定訛變;岩崎本、内野本、上圖本(元)、足利本、上圖本(影)、上圖本(八)作、,左爲古文"示"之變。

"蒼"字魏品式石經古文作(魏品式),其下形从《説文》"倉"字奇字,上从"中",偏旁"艸""中"相通。《書古文訓》"蒼"字作峑,爲(魏品式)之隸古定,内野本、上圖本(八)作,其下多一畫訛作"正"。

傳鈔古文《尚書》"蒼"字構形異同表

蒼	戰國楚簡	石經	敦煌本	神田本b 岩崎本	島田本b 九條本	内野本	觀智院本b 上圖本(元)	古梓堂本b 天理本	足利本	上圖本(影)	上圖本(八)	晁刻古文尚書	書古文訓	尚書篇目
至于海隅蒼生		(魏品式)				峑			峑	峑	峑		峑	益稷

"敬"字魏三體石經作(魏三體),左从《説文》"苟"字古文,《説文》"苟"字篆文作,从羊省、从包省、从口,古文則羊不省而作。《書古文訓》"敬"字作、,與魏三體石經《立政》"敬"字古文作(魏三體)、楚帛書作(楚帛書乙)同形,即从攴从古文苟。

5. 魏三體石經古篆二體與《説文》互易之字例

"要"字魏三體石經《多方》古文作(魏三體),與《説文》篆文作同形,三體石

① 黄錫全:《汗簡注釋》,第303頁。

經篆體作□(魏三體),《説文》古文"要"作□,三體石經古篆二體與《説文》古篆互易。□(説文古文要)、□(魏三體·篆)形源自金文□(是要簋)、□(散盤),睡虎地秦簡作□(雲夢是要簋)、□(漢帛老子甲 147)□(孫子 53),故此形當爲篆文,□(魏三體·古)、□(説文篆文要),三體石經爲是。《書古文訓》"要"字或作□,爲《汗簡》《古文四聲韻》録《古尚書》□(汗 5.66),□、□(四 2.7),□(説文古文要)之隸古定,形如□(漢帛書老子甲 147)、□(孫子 53);《書古文訓》或隸古定訛變作□、□(3 形)。

傳鈔古文《尚書》"要"字構形異同表

要	傳鈔古尚書文字 □(汗 5.66 尚書説文) □、□(四 2.7)	戰國楚簡	石經	敦煌本	岩崎本 神田本b	九條本 島田本b	内野本	上圖本(元)	觀智院本b	天理本 古梓堂本b	足利本	上圖本(影)	上圖本(八)	晁刻古文尚書	書古文訓	尚書篇目
五百里要服															□	禹貢
兹殷罰有倫又曰要囚															□	康誥
要囚殄戮多罪			□(古) □(篆魏)												□	多方
我惟時其戰要囚之															□	多方
辭尚體要															□	畢命
惟齊非齊有倫有要															□	吕刑

(二) 魏石經《尚書》古文、傳鈔《尚書》古文或隸古定本《尚書》文字構形相異之特點

1. 簡化

(1) 筆畫省减

"孫"字魏三體石經古文作□(魏三體),"系"字筆畫省减。

"能"字作□,"飛"字作□,乃字形省略其半的俗寫變化方式。

(2) 偏旁减省

① 省略偏旁

魏三體石經《無逸》"即康功田功徽柔懿恭","徽"字古文作□,省"彳",《集韻》平聲一 8 微韻"徽"古作"□"與此類同。

② 聲符省减或省併

"適"字魏三體石經《多士》古文作□(魏三體),《説文》"適"字□从辵啻聲,□

(魏三體)乃聲符"啻"省作"帝","啻"本从"帝"聲,此與戰國作𨗭、𢙾(温縣)同形。

"塈"字《書古文訓》作垩,九條本作𡋯,爲《古文四聲韻》録《古尚書》作𢀡(四4.6),《汗簡》録《古尚書》此形注爲"暨"字,𢀡(汗6.73)之形而不誤,①垩、𡋯二形皆作聲符"既"省从旡聲。

"諺"字《書古文訓》作𧥮,聲符"彦"省彡,形構爲从言、彦省聲。

"競"字足利本、上圖本(影)省作竸,《説文》"競"字从誩从二人,此形"言"變作"音",共用"音"之下形"日"及"人"形。

③ 義符省減

"眾"字内野本、足利本、上圖本(影)或作衆,上从"目"字變作"罒",其下原从三人之義符"乑"(𠇍)則省減作从二人"从"。

"義"字足利本、上圖本(影)或作𦍌,上形義符"羊"省一畫,省變如𦍑(包山249)、𦎫(漢帛書老子甲後300)之上形。上圖本(八)"儀"字或作𠈘,偏旁"我"皆省作"戈",足利本、上圖本(影)"議"字作𧫞,聲符"義"亦作省形爲𦍌。

④ 聲符、義符皆省減

"蠶"字足利本、上圖本(影)作蚕,聲符"朁"省"曰",俗寫上形變作"天",義符"䖵"復省作从虫。

⑤ 省略義符,以聲符爲字

上圖本(八)"譁"字作華,以聲符"華"爲"譁"字。

"逾"字,《書古文訓》之《武成》"既戊午師逾孟津"、《顧命》"無敢昏逾"作俞,以聲符"俞"爲"逾"字。

⑥ 偏旁或同形部件省略作"="

"歲"字足利本或作𡴀,與《古文四聲韻》録𡴀(四4.14崔希裕纂古)同形,"山"爲"止"之訛形,"="爲表下形省略之符號,又"穢"字足利本或作秽,右从"歲"字亦作此形。

"芻"字上圖本(影)作⺈,下半作"="爲表同形部件省略。

"綴"足利本、上圖本(影)字或作綴,偏旁"叕"字下形作"乂",爲同形部件"又"之省略符號,"= ="表示二"又"形之省。

2. 繁化

(1) 筆畫增繁

"文"字《書古文訓》多作彣,由戰國"文"字其右上加飾筆作彣(包山203)、

① 《箋正》謂:"薛本'塈茨'字作垩,此形與注並誤,夏不誤,省从旡聲一也。"

(戰國玉印),以明紋飾之意,演變成从彡之“彣”字。《書古文訓》或作，首二筆作形;足利本或作,彡訛少一畫。又如“汶”字《書古文訓》作,偏旁“文”字右加飾筆彡。足利本“文”字或作(3),彡訛少一畫。上圖本(影)“文”字作、,右形訛从“久”,敦煌本《經典釋文·堯典》P3315“文”字作,从文从勿,可隸定作“㚲”,皆與《古文四聲韻》“文”字録《籀韻》作、(四1.33)形相類,其右所从久、夕、大、勿等形即“彣”字偏旁“彡”所訛變,寫本“彡”第三筆常寫作丶形,如彰字作(P2643)、[上圖本(元)]、(足利本),彦字作(足利本)等。

(2) 偏旁增繁

① 增加表義之偏旁

“來”字魏三體石經《君奭》“無能往來”古文作,增表義之偏旁“辵”,與《古文四聲韻》録(四1.30古孝經)同形,源自金文作(來觶)、(何尊)等形,亦與楚簡(郭店·成之36)同形,乃增表義之偏旁“辵”。《書古文訓》“來”字多作徠,與《古文四聲韻》録(四1.30義雲章)同形,增表義偏旁“彳”,偏旁彳、辵古通。

“芻”字敦煌本P3871、九條本作、,此爲“蒭”字之俗寫,其下所从“芻”訛變作,與“多”字變作、形混。“蒭”乃“芻”字增加表義之偏旁“艸”。

“地”字内野本《金縢》以後皆作埊,《集韻》“地”字下云“唐武后作‘埊’”,《一切經音義》卷54“埊,古地字,則天后所制也”,“埊”乃唐武周所制新字,當爲“地”字異體“坔”贅加義符“山”。①

② 增加表音之偏旁

“砥”字《書古文訓》作,其上爲“砥”字,从偏旁“氐”俗作“互”形之變,下形與“旨”字俗寫同形,當爲累增聲符“旨”。

③ 增加無義之偏旁

“巫”字魏三體石經古文作(魏三體),其下增“口”,爲增加無義之偏旁。

“戊”字魏三體石經《君奭》古文作(魏三體),其内增“口”,楚簡“戊”字内作一點作(包山42)、(包山162)、(郭店·六德28),而變作增“口”。

“飛”字岩崎本作,其左增加無義之二“丑”,疑由(晉張朗碑)之左形訛變,乃篆文隸變作(漢石經·易·乾·文言)左形之俗訛復繁化。

④ 聲符繁化

“創”字《書古文訓》作,左从魏石經“蒼”字古文作(魏品式),可隸定作

---

① 上圖本(八)《周官》“地”字皆作坔,《集韻》“地”字下云“或作‘坔’”。

"創",聲符"倉"繁化作"蒼",作"蒼"字古文𠫵之隸古定。

"漂"字《書古文訓》作瀌,《集韻》平聲三4宵韻"漂"字"或作瀌","瀌"爲"漂"聲符繁化之異體。

"楫"字内野本、上圖本(八)作檝,其右皆从"戢","檝"爲"楫"聲符繁化之異體。

⑤ 義符繁化

"戲"字上圖本(影) 或作䖒,敦煌本 P2516、岩崎本、足利本、上圖本(影)或作戱、戯,偏旁"戈"字變作"戊",類同於《隸釋》録漢石經《盤庚中》《無逸》《君奭》《立政》"嗚呼"作"於戲","戲"字作戱、戯漢石經殘碑作戱(石經《尚書》殘碑),上圖本(元)或从"戎"作戱、戱。偏旁"戈"字繁化變作"戊""戎",其義類相通。

3. 形構更易

(1) 聲符更替

"怒"字魏三體石經《無逸》古文作㤅(魏三體),从"女",《古文四聲韻》録籀韻"怒"字亦作㤅(四 4.11),《説文》誤列㤅爲"恕"字古文,聲符"奴"古聲爲泥紐、"女"爲娘紐,古聲"娘"歸"泥","奴""女"聲符更替。敦煌本 P2643、P3767、P2748,岩崎本、島田本、内野本、上圖本(元)、足利本、上圖本(影)、上圖本(八)、《書古文訓》"怒"字亦多作㤅、㤅。"怒"字《書古文訓》或作㣽,與傳鈔《尚書》古文作㣽(恕汗 4.59)、㣽(恕四 4.10)同形,然《尚書》中未見"恕"字,注"恕"當是"怒"之誤。上从《説文》"奴"字古文从人作㚢。

"神"字《書古文訓》或作䄓,爲䄓(汗 1.3)、䄓(四 1.31)之隸古定,又作䄓形,右下訛作"且",又作上下形構之𥚁形,與敦煌本《經典釋文·舜典》P3315"神"字云"又作𥚁"同形,"旬""申"音近,《説文》古文旬作𡄪,疑𡄪爲旬之變,"神""䄓"聲符更替。

"翼"字内野本、足利本、上圖本(影)、上圖本(八)或作翍,从羽从戈,寫本"弋"字常多一畫與"戈"混同,翍从戈疑爲从"弋"之俗寫混同,"弋"與職切,翍从羽弋聲,"翼""翍"聲符更替。

"飲"字《古文四聲韻》録《古尚書》作:㱃(四 3.28),與《説文》古文一从水今聲作㱃同形,内野本、足利本、上圖本(影)或作㲾,應爲此形之訛變,"今"訛誤爲"合"。《汗簡》録《古尚書》"飲"字作:㱃(汗 5.61),从水酓聲,當隸定作"𣹓",爲"㲾"之異體,九條本"飲"字皆作㲾,爲"𣹓"之訛變,聲符今、酓更替。《箋正》謂从金从酓"二字皆得聲,未定誰誤,要是仿'㲾'增成",酓、今、金偏旁古可相通,①

① 參見黄錫全《汗簡注釋》,第 388 頁。

如“陰”字作[ancient form](石鼓文.鑾車)、[ancient form](秦陶 488)、[ancient form](貨系 1422),也作从金:[ancient form](羼羌鐘)、[ancient form](上官鼎),从酓:[ancient form](敔簋)、[ancient form](永盂,“飲”假爲“陰”)。《書古文訓》“飲”字作衾,上从古文“金”字[ancient form]隸古定,从水金聲,亦爲“衾”之異體,聲符今、金更替。

(2) 義符更替

“越”字魏三體石經《尚書·立政》“亦越成湯陟”篆隸二體皆與今本同,作从“走”,古文从“辵”作[ancient form](魏三體),《書古文訓》作越,偏旁“辵”“走”義類相通。

“葬”字内野本、足利本或作[variant form],上圖本(影)或變作[variant form],爲“塟”之訛變,所从“茻”其下“廾”形更替爲“土”,義類相通。

“葬”字内野本、足利本或作[variant form],上圖本(影)或變作[variant form],漢簡“葬”字或作[variant form](武威簡.服傳 48),此即“塟”字之訛變,所从“茻”之下“廾”形變爲“土”,義類可通。“塟”字見於《正字通》。

(3) 聲符、義符皆更替

“諶”字《君奭》“天命不易天難諶”魏三體石經古文作[ancient form],篆隸二體作[ancient form]、[ancient form],敦煌本 P2748 作忱、《書古文訓》作忱,與魏三體相合,[ancient form](魏石經)乃“忱”字之異體,从口从冘,商承祚謂“古文从口即‘訦’也”,[①]孫星衍《尚書今古文注疏》云:“《釋詁》云:‘諶,信也’,《詩·大明》云:‘天難忱斯,不易維王’,傳云:‘忱,信也’”,“諶”“忱”音義近同相通,偏旁“言”“忄”相通,聲符“甚”“冘”音近更替。

“拊”字《書古文訓》皆作𢻫,“𢻫”“撫”二字音義皆同,聲符“無”“亡”古本相通,義符“攵”“手”義類相同,“撫”字魏品式石經古文作[ancient form](魏品式),傳鈔《尚書》古文作[ancient form](汗 1.14)、[ancient form](四 3.10),内野本、上圖本(八)、《書古文訓》多作𢻫、𢻫,《說文》攴部:“𢻫,撫也,从攴亡聲,讀與‘撫’同”,以“𢻫”(撫)爲“拊”字。《說文》“撫”字“安也,一曰循也(按段注本改作揗)”,“拊”字,揗也,段注曰:“揗者,摩也,古作‘拊揗’,今作‘撫循’,古今字也。”《漢書·西域傳下》作“子拊離代立”,顔師古注“拊,讀與撫同”,《爾雅·釋訓》“辟,拊心也”,《釋文》“拊本亦作撫”。“𢻫”亦“拊”字聲符、義符皆異之異體字。

“視”字魏三體石經《文侯之命》古文作[ancient form](魏三體),此形爲“眂”字,从目氏聲,其上[ancient form]乃“目”字[ancient form]目(且壬爵)、[ancient form](說文古文目)、[ancient form](汗 2.16)等形之訛變,《汗簡》録石經“視”字作[ancient form](汗 2.16)與此同形,金文“眂”字作[ancient form](員鼎),[ancient form]、[ancient form](中山王兆域圖)等形,《說文》“視”字古文又作[ancient form],“眂”“眡”爲一字,侯馬盟書作[ancient form]又作[ancient form]。[ancient form](魏三體)(眂)从目氏聲與“視”字从見示聲,古韻“氏”在支部、“示”爲脂

① 商承祚:《石刻篆文》卷十、十八,世界書局 1983 年版。

部，脂支合韻，“眡”“視”聲符、義符皆更替。

“襲”字《書古文訓》作戬，同形於傳鈔古文“襲”字䥆（四 5.22 古老子）、“習”字作䥆（汗 5.68 義雲章）、䥆（四 5.22 義雲章），《玉篇》衣部“襲”字古文作“戳”，《一切經音義》“襲，古文戳褶二形”，《箋正》謂“[䥆（習.汗 5.68 義雲章）]‘習’非，夏‘習’‘襲’下兩出之字从戈習聲，是後世别造侵襲人國字”，[①]“習”“襲”古音皆屬邪紐緝部，音同相通，“襲”字作“戳”爲聲符、義符皆更替之異構異體字。

（4）爲形聲會意、形聲象形之異構

“闢”字《書古文訓》作𨳌，爲《古文四聲韻》録夏書“闢”字作：𨳌（四 5.17 夏書），《汗簡》録《説文》“闢”字𨳌（汗 5.65）形之訛變，《尚書隸古定釋文》卷 2.11 作隸古定字𨳌。《汗簡》又録《説文》“闢”字作𨳌（汗 5.65），即《説文》古文闢作“𨳌”，[②]金文作𨳌（盂鼎）、𨳌（闢斝），古文字从𢆶、从𢆶（𠬞）或無别，如金文“羼”字作𨳌（子璋鐘）、𨳌（邾公華鐘）、𨳌（陳肪簋）等。“𨳌”象以手推開左右門扇之形，《撰異》以爲“𢆶，引也，普班切，所引虞書則壁中故書然也。𨳌（説文古文闢）、𨳌、𨳌，从門𢆶會意，爲形聲字“闢”字之會意異體。

魏三體石經《顧命》“頮”字古文作𩠐（魏三體），與《汗簡》《古文四聲韻》録《古尚書》作：𩠐（汗 4.47）、𩠐（四 4.16）同形，《箋正》謂《説文》“其古‘沬’作𩠐，从水从頁。郭氏此體仍依今《尚書》‘頮’作之。但據《尚書釋文》云《説文》‘沬’古文作‘頮’，是唐本《説文》‘頮’原有収旁，僞孔經正合古字。此體蓋依《説文》，所見猶是未誤唐本，當據以訂今二徐書”。《古文四聲韻》又録此形注爲“沫”字：𩠐（沫.四 5.11），“沫”爲“沬”字之訛，《説文》水部“沬”字“洒面也，从水未聲”古文从頁作𩠐，段注本據《尚書釋文》所云、《文選》“頮血飲泣”李善注謂“‘頮’古‘沬’字”、陸氏注文改𩠐爲𩠐，注云“从二手匊水而洒面，會意也”，今本《玉篇》“頮，火内切，洒面也”“沬，同上”“湏，古文”，《玉篇》殘卷頁 378 以“沬”爲《説文》篆文“頮”字，“頮”爲古文：“頮，呼憒反，《尚書》：‘王乃洮頮水。’野王案《説文》‘頮，洒面也’，《禮記》‘面垢燂湯請頮’是也，《説文》此亦古文‘靧’字也”。𩠐（湏）、𩠐（頮）皆洒面意“沬”“靧”二字之古文，甲骨文作𩠐（後 2.12.5）𩠐（寧滬 2.52），象以手取水洗面之形，金文變作𩠐（毛弔盤）、𩠐（囂伯作眉盤），或省作𩠐、𩠐（散盤），𩠐（頌鼎）、𩠐（伯康簋）、𩠐（齊侯敦），𩠐、𩠐（䨲簋），𩠐（陳逆簋）等形。《書古文訓》作靧，《説文》無“靧”字，《儀禮》之《内則》《玉藻》作“靧”，《説文》“沬”字下段注謂“靧”字从面貴

① 參見黄錫全《汗簡注釋》，第 431 頁。

② 《説文》門部“闢”字下“𨳌”字引虞書曰“闢四門，从門从𢆶”，“𨳌”字上當依《匡謬正俗》《玉篇》補“古文闢”三字。

聲"蓋漢人多用'靧'字","頮"字𩕳(魏三體)、𩕳(汗 4.47)、𩕳(四 4.16)形構爲"从二手匊水而洒面,會意也",異體作"靧"則爲形聲字。

4. 偏旁易位

"滅"字魏三體石經《君奭》"有殷嗣天滅威"古文作𠁁,《汗簡》録石經作𠁁(汗 6.79),此形移水於下。《書古文訓》"滅"字或作烕、烕,爲𠁁(魏三體)之隸古定,烕"氵"形隸古定變作火;烕則"氵"形連成"三"。

魏三體石經《君奭》"告君乃猷裕","裕"字古文作𧙣,《康誥》隸體作𧙣,《説文》衣部"裕"篆文作𧙣,戰國作𧙣(十六年戟),此形移"谷"於中,與金文"裕"字作𧙣(敔簋),"逮殳入伐洭參泉△(裕)敏陰陽"同形。敦煌本 S2074、日古寫本"裕"字或作𧙣、𧙣、𧙣,爲𧙣(魏三體)之隸定。

"時"字魏品式石經、三體石經《尚書》古文皆作旹(魏品式、魏三體),與傳鈔《尚書》古文"時"字作旹(汗 3.33)、旹(四 1.19),《説文》古文作旹同形,源自戰國作旹(中山王壺)。足利本、上圖本(影)、上圖本(八)"時"字或作"昰",與"旹"同爲从日、之,惟作左右形構,"之"爲㞢(之)之隸變形。

"穢"字《書古文訓》作𥞓,移"禾"於左下,其上"歲"字形與傳鈔古尚書𥞓(汗 5.68)、𥞓(六 275)同形,《集韻》去聲七 20 廢韻"薉"字"《説文》蕪也。或从禾作'穢',古作'𥞓'"。敦煌本 P2643 作𥞓,當𥞓形之訛,左下"小"形爲"禾"所訛變。

"地"字上圖本(八)《周官》皆作坔,《集韻》"地"字下云"或作'坔'",疑此爲坔(郭店.語叢 4.22)形之隸訛,爲"地"字上下形構之異體。

5. 偏旁、部件或字形訛混

(1) 偏旁訛混

"遠"字魏三體石經古文作𢓜(魏三體),《説文》古文从辵作𢓜,此形源於金文作𢓜(𢑌簋)、𢓜(克鼎)、𢓜(番生簋),从辵从彳可通,戰國楚簡作𢓜(郭店.成之 37)、𢓜(包山 207)等形,𢓜(魏三體)右𢓜形即"袁"字訛變,[①]與"陟"字作𨹍(魏三體)、《説文》古文作𨹍之右偏旁"步"訛混。

"狂"字魏三體石經古文作𤇾(魏三體),篆體作𤇾(魏三體),《説文》篆文作𤇾,古文𤇾(魏三體)所从"火"當是"犬"之誤。

"舞"字内野本、足利本、上圖本(影)《舜典》"百獸率舞""舞"字作𦏶,爲𦏶(説文古文舞)隸變作𦏶、𦏶、𦏶形之訛,所从"亡"𠃊形俗訛作"言"。

"撫"字《書古文訓》《皋陶謨》"撫於五辰"作𢼄,當是作"撫"之異體"㧌"字之

① 説見黄錫全《汗簡注釋》,第 106 頁。

訛，亦偏旁“亡”俗訛爲“言”。

(2) 因偏旁訛誤、筆畫變化而與他字混同

“趨”字俗訛字形與“趍”混同，内野本、觀智院本、上圖本(八)“趨”字作趍、趍，所从“芻”訛變作“多”，與漢簡、漢碑“趨”字或作趍(武威簡.泰射48)、趍(西狹頌)同形，《廣韻》上平10虞韻“趨”字俗作“趍”“本音池”。“趨”“趍”音義俱異，《説文》走部“趍”字訓“趍趙夂也”，段注云：“‘趍趙’雙聲字，與‘峙䠧’‘箈箸’‘蹢躅’皆爲雙聲轉語”。“趨”字俗訛作“趍”，乃“芻”俗寫形近訛誤作“多”，非二字通同，如《尚書》敦煌本P3871、九條本“芻”字作芻，此爲“蒭”字，其所从“芻”訛變作多，《集韻》平聲二10虞韻“芻”俗作“㐀”，“㐀”即㐀[鄒(鄒.孔宙碑)]形之變，《隸辨》謂“諸碑從‘芻’之字多省作㐀”，此形又變作多，與“多”字變作多、多形相混，故“趨”字所从“芻”字形俗訛混作“多”。

“後”字作逡偏旁“夋”形訛作“多”而與“迻”字混同，《書古文訓》“汝無面從退有後言”“後”字作迻，《説文》辵部“迻”字“遷徙也”弋支切，與“後”字音義皆異，此當爲“後”字古文逡隸定作逡之俗訛，偏旁“夋”形訛作“多”，誤作“迻”。

(3) 字形訛混

“亂”字觀智院本或作亂，由傳鈔《尚書》古文“亂”字作亂(汗1.13)、亂(四4.21)形隸古定訛變，其上爪形變作亠與中間訛變作言合書作“言”形，與“率”字俗書中間變作“言”作率，及再變作从絲作率相混，内野本、足利本、上圖本(影)、上圖本(八)“亂”字或作率，即訛與“率”字混同。又“亂”字内野本或作乱，左旁注“乱”(乱乱)，乃源自“亂”字秦簡省變作乱(雲夢.爲吏27)，再變作乱(漢帛書老子甲126)、乱(孫子186)，而與“乳”字形混同。

6. 偏旁或部件類化

“讒”字敦煌本《經典釋文·舜典》P3315作讒，日本古寫本或作讒、讒，此形作从二“兔”，乃偏旁“毚”上形㲋與下形“兔”相涉而類化。

“顛”字《書古文訓》或作顛，敦煌本P5557、P2516，上圖本(元)、上圖本(八)或作顛、顛，从二真，偏旁“頁”與左形“真”形近相涉而類化。九條本“顛”字或作顛，从二頁，則偏旁“真”字與右形“頁”形近相涉而類化。

“命”字晁刻《古文尚書》、《書古文訓》皆作巿巿巿，僅一例作巿巿，①此形未見於他書，當由敦煌寫本、日古寫本作命、命、命、命形演變俗訛而成：“口”“卩”混同且相涉類化混作“巾”，下形變作从二“巾”，短横與卩直筆結合又與“巾”形相涉類化成三“巾”變作巿巿巿、巿巿。

① 《書古文訓·書序》之《費誓》“魯侯‘命’伯禽宅曲阜徐”，“命”作巿巿，然各本無“命”字。

"德"字上圖本(影)或作"𢛳",俗書"彳"寫作"亻","悳"作"𠮷"乃由草書楷化而來,如"聽"字作聴、聴,右旁乃"悳"草書形作㥁,"𢛳"所从"𠮷"即草書㥁之楷化,其下"心"草書楷化作"乚",上形"㥁"草書與其下"乚"相涉類化亦作"𠮷",而與内野本、上圖本(影)"能"字作"𠮷"混同。

7. 爲假借字或其俗訛

魏品式石經《咎繇謨》"暨益奏庶鮮食","暨"字古文作𣱵,隸體作臮,可隸定作"臮",敦煌本P3469、P2516,岩崎本、九條本、上圖本(元)、足利本、上圖本(影)等"暨"字或作臮、臮。此形《漢語古文字字形表》《秦漢魏晉篆隸表》皆收入"洎"下,[①]商承祚則謂篆文"臮"𣱵所从之𣱵亦由𣱵(魏品式咎繇謨)其下巛而誤。《説文》"臮,衆詞與也",段注云或假"洎"爲之,如《鄭詩》"諡稱無逸,爰洎小人"是也,亦假"暨"爲之,如《公羊傳》"及者,何也,與也,會及暨皆與也",是"洎""暨"皆爲"臮"之假借。甲金文無"臮"而用"眔"作連詞,及、與之義,作目下垂涕之形:眔(甲436)、眔(甲2622),甲骨文已有中行兩點相連變作眔(菁10.18),金文作眔(令鼎),又變作眔(師晨鼎)、眔(揚簋)、眔(𪒠鐘),其上皆目形之訛,下則涕淚狀之變,"臮"字篆文應即訛變自此。《説文》"臮"字古文𣱵,上所从之囟形即目字之誤,許學仁師謂此"眔"下形下方八與叔字从尗(尗吴方彝"叔"字偏旁)下半同,故氺誤作朮,𣱵(説文古文臮)乃源自甲金文"眔"字。[②]《古文四聲韻》"洎"下録𣱵(四4.6王庶子碑)類同於《説文》古文臮𣱵,又録𣱵(四4.6唐韻)爲此形之訛變,𣱵(義雲章)則訛變自篆文臮𣱵。𣱵(魏品式)隸古定本作臮,皆爲"洎"字,"洎(臮)"乃"眔"之訛,所从"自"爲"目"之誤。尚書敦煌本、日本古寫本"暨"字或作臮、臮,《書古文訓》或作臮、臮,則爲"臮"字,"臮""洎(臮)""眔"爲一字。足利本、上圖本(影)"暨"字或訛作衆、衆,是"臮"字下所从"氺"(𣱵)與"衆"字下同而誤作。

"豫"字敦煌古寫本、日諸古寫本、《書古文訓》多作悆、悆、悆,《汗簡》《古文四聲韻》録《古尚書》"豫"字作:悆(汗4.59)、悆(四4.10),《箋正》云:"與今《書》作'弗豫'訓'悦'同義,薛本依采,全書即通用作'豫'字。"《説文》心部"悆"字下"周書曰'有疾不悆'悆,喜也",今《金縢》作"有疾弗豫"乃假"豫"爲"悆"字。"豫"字内野本《康誥》"無康好逸豫"作𧙗,爲魏三體石經《君奭》"裕"字古文作𧙗之隸定,此借"裕"爲"豫"字。上圖本(影)《洪範》"曰豫恒燠若""豫"字作"預"預,乃借"預"爲"豫"字。

---

① 見徐中舒主編《漢語古文字字形表》卷十一·七,文史哲出版社1998年版,第431頁;《秦漢魏晉篆隸表》卷十一·十七,四川辭書出版社1990年版,第806頁。

② 説見許學仁師《古文四聲韻古文研究》,第122頁。

傳鈔古文《尚書》"暨"字構形異同表

暨 傳鈔古尚書文字 禹(暨.汗 6.73) 禹(塈.四 4.6)	戰國楚簡	石經	敦煌本	神田本b 岩崎本	島田本b 九條本	内野本	觀智院本b 上圖本(元)	古梓堂本b 天理本	足利本	上圖本(影)	上圖本(八)	晁刻古文尚書	書古文訓	尚書篇目
帝曰咨汝羲暨和			臮(P3315)		臮				臮	臮			臮	堯典
讓于殳斨暨伯與					臮				臮	臮			臮	舜典
暨益奏庶鮮食		[illegible](魏品)			臮				臮	臮	臮		臮	益稷
曷不暨朕幼孫有比故有爽德			臮臮(P2643、P2516)	臮	臮	臮			臮	臮	臮		臮	盤庚中
舊勞于外爰暨小人			臮(P2748)		臮						臮		臮	無逸

傳鈔古文《尚書》"豫"字構形異同表

豫 傳鈔古尚書文字 悆(汗 4.59)、悆(四 4.10)	戰國楚簡	石經	敦煌本	神田本b 岩崎本	島田本b 九條本	内野本	觀智院本b 上圖本(元)	古梓堂本b 天理本	足利本	上圖本(影)	上圖本(八)	晁刻古文尚書	書古文訓	尚書篇目
以逸豫滅厥德			悆(P2533)		悆	悆			悆	悆			悆	五子之歌
視乃厥祖無時豫怠						豫	悆		豫		豫		悆	太甲中
不惟逸豫			悆悆(P2643、P2516)	悆		悆	悆		悆	悆			悆	説命中
無康好逸豫						悆					悆		悆	康誥
惟曰孜孜無敢逸豫						悆	悆b		豫		豫		悆	君陳

8. 爲俗字

"盡"字足利本、上圖本(影)作尽、尽,草書楷化俗字,爲宋時常見俗字。①

① 宋孫奕《履齋示兒編》卷九《文説》:"初,誠齋先生楊公考校湖南漕試,同僚有取《易》義爲魁,先生見卷子上書'盡'字作'尽',必欲擯斥。"錢大昕《十駕齋養新録》據此謂"尽"爲宋時俗字。參見張涌泉《漢語俗字研究》,岳麓書社 1995 年版,第 76 頁。

“漆”字《書古文訓》或作𡎺，與傳鈔《尚書》古文“漆”字作𡎺（汗4.48）、𡎺（四5.8）類同，敦煌本、日古寫本或作𡍮、𡎺、𡎺，所从“坐”字左上隸變作“口”、右上仍作“人”，《書古文訓》“漆”字或作𡎺、𡎺，𡎺偏旁彡（彡）訛作刂（刂）。《箋正》云：“此‘桼’字也。《玉篇》古文漆作‘𡎺’較此可説。蓋隸變‘桼’多作‘来’，俗又以‘来’正書之，故六朝有俗體‘漆’字，單作‘桼’則分水于旁斜書之，夾則下人橫書，移上一横於下，是成‘𡎺’字也。此左仍是‘坐’字，漢隸或从二口，此依作之。”其説可從，諸形當即“桼”字六朝俗體作“桼”之移水於右旁的訛變。

四　魏石經《尚書》、傳鈔《尚書》古文與隸古定本《尚書》特殊字形之合證

1.“嚮”“響”作𡪸、亶、𡪸、𡪸、𡪸、𡪸

“嚮”字《書古文訓》作𡪸、𡪸，“響”字《書古文訓》作𡪸，“響”“嚮”相通，上圖本（八）“嚮”字或作𡪸、觀智院本或作亶，其下皆作“旦”，《書古文訓》作𡪸，“旦”訛作“皿”之析離，與“寍”字或變作𡪸同形，諸形與傳鈔古尚書“嚮”作𡪸（汗3.39）、𡪸（四3.24）類同，《類篇》“嚮”字古文作“亶”，黄錫全以爲此假“寍”爲“嚮”，[①]𡪸（汗3.39）爲“寍”字，“寍、寧古本同字，屬泥母耕部，嚮屬泥母陽部，此蓋假寍爲嚮”。然而俗書有“曰”（冃）混作“罒”之例，如“勖”字九條本作𠟟，敦煌本S799作𠟟，“冒”字九條本或作𦉼，觀智院本或作冐，《書古文訓》“嚮”字或作𡪸，乃𡪸、𡪸形之俗訛，與“寍”字“皿”形析離變作𡪸，僅爲形體訛同之同形異字。亶、𡪸、𡪸、𡪸當爲“享”字《古文四聲韻》録古孝經𠅘（四3.24）之隸古定訛變，古尚書“嚮”字作𡪸（汗3.39）、𡪸（四3.24）即爲𠅘（四3.24享.古孝經）之變。諸形當爲“享”字借作“嚮”（響）。魏三體石經《多方》“享”字古文作𠅘，“享”字古作𠅘（伯盂）、𠅘（虢弔鐘）、𠅘（十年陳侯午錞）形，𠅘、貟、𠅘、𠅘、𠅘（四3.24享），𡪸、𡪸、窨（四3.24響），其上亼、宀與中間八、亡、文、立、心、亼等形皆𠅘（魏三體）、𠅘（伯盂）、𠅘（虢弔鐘）、𠅘（虢季氏簋）、𠅘（十年陳侯午錞）上形亼所訛變，下形日、貝、目、日、旦、音等則爲“享”字下部㘝所變。窨（崔希裕纂古.響）疑即𠅘（四3.24崔希裕纂古.享），亦“享”字𠅘（虢弔鐘）形之訛，與《説文》穴部从穴音聲訓“地室”之“窨”字當爲形體訛同，但爲相異二字。“享”字敦煌本S799或作𠅘，形近𠅘（四3.24崔希裕纂古.享），上圖本（元）或俗訛作从合从月𠅘，或作𠅘，可作爲參證。

① 説見黄錫全《汗簡注釋》，第272、273頁。

傳鈔古文《尚書》"鄉"字構形異同表

鄉	傳鈔古尚書文字 寷(汗 3.39)、寷(四 3.24)	戰國楚簡	石經	敦煌本	神田本b 岩崎本	島田本b 九條本	内野本	觀智院本b 上圖本(元)	古梓堂本b 天理本	足利本	上圖本(影)	上圖本(八)	晁刻古文尚書	書古文訓	尚書篇目
不可鄉邇				嚮(P3670)	向		嚮	寷		嚮	嚮	嚮		寷	盤庚上
牖間南鄉敷重篾席							嚮	寷b		嚮	嚮	嚮		寷	顧命
西序東鄉敷重厎席							嚮	寷b		嚮	嚮	嚮		寷	顧命

傳鈔古文《尚書》"響"字構形異同表

響	戰國楚簡	石經	敦煌本	神田本b 岩崎本	島田本b 九條本	内野本	觀智院本b 上圖本(元)	古梓堂本b 天理本	足利本	上圖本(影)	上圖本(八)	晁刻古文尚書	書古文訓	尚書篇目
百獸惠迪吉從逆凶惟影響率舞										響	響		寷	大禹謨

傳鈔古文《尚書》"享"字構形異同表

享	戰國楚簡	石經	敦煌本	神田本b 岩崎本	島田本b 九條本	内野本	觀智院本b 上圖本(元)	古梓堂本b 天理本	足利本	上圖本(影)	上圖本(八)	晁刻古文尚書	書古文訓	尚書篇目
克享天心						享	享			享	享		亯	咸有一德
兹予大享于先王			亯、亯(P3670、P2643)	亯		亯	亯				享		亯	盤庚上
郊社不修宗廟不享			亯(S799)	亯		亯					亯		亯	泰誓下
世世享德						亯					亯		亯	微子之命
懷爲夾庶邦享作兄弟					亯	亯			亯	亯	亨		亯	梓材
惟不役志于享			享、亯(P2748、S6017)			亯				享	享		亯	洛誥
大不克明保享于民		亯(魏)	亯(S2074)		亯	亯				享	亯		亯	多方

2.“盧”作玈、玈、族

《文侯之命》“盧弓一盧矢百”，“盧”字内野本作玈，足利本、上圖本（影）、上圖本（八）、觀智院本作玈，《書古文訓》作族，右與“旅”字古文㫃隸古定字訛變作㫃同形，但此處應爲篆文㫃右旁楷定作“㠯”之俗訛，如足利本、上圖本（影）“旅”字或作旅；俗書“方”有筆畫曲折混作“弓”，如“旅”字上圖本（八）作旅，玈、玈左从“玄”疑與“方”俗作“弓”相類，亦“方”旁之俗訛，族右从“矢”爲“旅”字右旁“㠯”之俗訛，受其上“𠂉”影響類化爲“矢”。玈、玈、族當爲“旅”字訛變，假“旅”爲“盧”。魏三體石經此處“盧”字作“旅”，篆文作㫃，古文作㫃，與之相合。

3.“割”作创、创、刭、刭、创、创、创、刨

“割”字魏三體石經《尚書·多士》作创所从之仓與《説文》“倉”字奇字作仓形近，“倉”“害”二字形體演變有别，“害”字由害（師害簋）、害（伯家父簋）、害（毛公鼎）省變作仓，“倉”字則由倉（通别 2.8.8）、倉（楚帛書）、倉（古璽蒼旁）省變作仓（倉字布）。①敦煌本《經典釋文·堯典》P3315 作创，下云“古割字，害也”，《書古文訓》作创，此形即傳鈔古尚書作创（汗 2.21）、创（魏三體）之隸古定。“割”字从害聲，害从丰聲，黄錫全以爲“割”字本應作“剳”，省作“刭”，訛變作创或刭，九條本“割”字作剳，又省作刭形，上圖本（八）“割”字或作刭，正可證其説。敦煌本S2074“割”字作创，内野本、足利本或作创，上圖本（八）“割”字或作创、创，皆“割”字作创之訛變，其左下訛似“亡”“已”“巳”形。足利本“割”字或變作创，左下訛作“口”形，左訛从“合”，即《玉篇》“割”字下古文作“剨”。内野本“割”字或作刨，形作“刨”字，與创類同，乃“割”字创形左下訛寫似“已”“巳”，左上訛似“勹”，而左訛从“包”寫作刨，與“刨”異字同形。

4.“始”作乱、乱、乱

敦煌本 P5557、P2643、P2516，岩崎本、九條本、内野本、足利本、上圖本（影）、上圖本（八）、《書古文訓》“始”字多作乱、乱，P2643 或作乱，與“乱”字形近；P5557 或多一畫作乱；九條本或變作乱；岩崎本或右形訛作“刂”作刮。諸形皆傳鈔古文假“台”爲“始”字乱（汗 5.64）、乱（四 3.7）形之隸古定或訛變。“始”字金文本从“㠯”（以）作㚸（衛姒鬲），隸定作“姒”，或加口从“台”，古㠯、台同字，作始（衛始簋），隸定作“始”，“姒”“始”爲同字。金文“始”字又作始（弔始尊）、始（班簋）、始（衛始簋蓋），所从台即“以”（台）字，古老子“以”字作以（四 3.7），《古文四聲韻》録古孝經“始”字作乱（四 3.7），即台之變，又變作乱（汗 5.64）、乱（四 3.7）形，乃

① 説見黄錫全《汗簡注釋》，第 181 頁。

假“台”(以)字爲“始”,魏二體石經《尚書・禹貢》“治”字古文作[古文],其左當从水,右形當即“台”字,與此形類同。

5.“治”作亂、乿、乱

《書古文訓》“治”字多作亂、乿,爲《古文四聲韻》録古孝經“治”字作[古文](四4.6),《汗簡》録[古文](汗5.70王存乂切韻)之隸古定,[古文]、[古文]爲[古文](以)字作[古文](侯馬1.65)形訛。《古文四聲韻》又録[古文](四4.6古孝經)、[古文](四4.6義雲章),則與《汗簡》録[古文](汗5.70王存乂切韻)同形,其右形同於魏二體石經《尚書・禹貢》“治”字古文[古文]所从[古文],古[古文]、[古文]同字,故亂、乿、[古文](四4.6),[古文](汗5.70)、[古文](四4.6)、[古文](四4.6)、[古文](汗5.70)皆从糸台聲之“紿”字。“紿”“治”皆由“台”得聲,此借“紿”字爲“治”。

《書古文訓》之《説命中》“惟治亂在庶官”一例“治”字作乱,即[古文](魏三體禹貢.治)右旁“台”之隸古定,乱蓋假“台”爲“治”。

6.“諸”作[古文]、[古文]、[古文]、[古文]、[古文]、[古文]、[古文]、[古文]、[古文]、[古文]、[古文]、[古文]、[古文]

“諸”字内野本、上圖本(八)、足利本、上圖本(影)或作[古文]、[古文],《書古文訓》作[古文]、[古文]、[古文],即傳鈔古尚書作[古文](汗4.48)、[古文](四1.23)之隸古定,訛自[古文](四1.23古孝經.諸)、[古文](魏三體僖公28“諸侯遂圍許”古文諸),乃析離訛變作左右形構,傳鈔古文“者”字作[古文](四3.21古孝經),[古文]、[古文](四3.21古老子),此借“者”爲“諸”。魏三體石經《尚書・立政》“都”字古文作[古文](魏三體),其偏旁“者”之古文作[古文],由[古文](者女觥)、[古文](陳純釜)、[古文]([古文]仲都戈.都)變作[古文](郭店.語叢1.44)、[古文](1.89)、[古文](郭店.語叢3.53)等,[古文]、[古文]([古文]魏三體.立政.都)上形訛變作“止”加點畫,其下[古文]、[古文]近似篆文“衣”下半或“从”的寫法,乃由上方點畫與下方口形合書成[古文][[古文](仲都戈),都字所从],字形混近“旅”字古文[古文](説文古文旅),魏三體石經《尚書・文侯之命》作[古文],①古文“者”字惟多右側諸筆,如足利本、上圖本(影)、上圖本(八)或作[古文]、[古文],右下訛作“水”。敦煌本P3315、P2643、P2533、P3871,上圖本(元)、内野本、島田本或作[古文],岩崎本、上圖本(元)、觀智院本、九條本或變作[古文];敦煌本P5557、九條本或作[古文],右下變从“衣”;觀智院本或變作[古文];諸形右上“山”爲“止”之訛。

敦煌本《經典釋文・舜典》P3315“諸”字作[古文],與《古文四聲韻》録籀韻“諸”字作[古文](四1.23)同形,九條本、上圖本(元)“諸”字或作[古文]、[古文],皆[古文](汗4.48)、[古文]

① 魏三體石經《尚書・文侯之命》“盧弓一盧矢百”,“盧”字乃作“旅”字爲假借,其篆文作[古文],古文作[古文]。

(四 1.23)隸古定訛變,"止"訛作"山"復下移至左旁,原左下巛形或變作"衣"右移至彡下,變作㠇、㠇,再變作㠇。

7. "變"作㚇、彲、㱿、彭、彰

"變"字敦煌本 P3767 作㚇《書古文訓》或作彲,乃傳鈔古《尚書》作彲(汗 4.48)、彲(四 4.24)之隸古定字,魏三體石經《無逸》古文作𢿱(魏三體),傳鈔古文作𢿱(四 4.24 籀韻),當隸定爲"敚"(或"敂"),①其左爲"覍"字㝸(𥳑望山 2.策.筧所从)之訛變,與"變"字爲聲符替换。朱德熙釋楚簡𥳑(天星觀.策)爲"筧"字,下象人戴冠冕,即《説文》"覍"字(訓冕也),籀文作𥄉,或體作弁,即隸定作"弁","筧"即"笲"字。李家浩進一步釋侯馬盟書𡭊(侯馬 92.4)、𡭊(侯馬 16.36)、𢿱[侯馬 1.36(从支)]等形構爲从又(或从支)从覍省,隸定爲"弁"字,𢿱(魏三體)所从"覍"旁(㝸)不省,形如𥳑(天星觀.策)、𥳑(望山 2.策)下方所从,而其下訛變作"火"。㚇、彲左形則"覍"(㝸、㝸)訛變,右"彡"則"支"之訛。

"變"字敦煌本《經典釋文·堯典》P3315、岩崎本、上圖本(元)、足利本、上圖本(影)、内野本、上圖本(八)、《書古文訓》或作㱿、𢿱、彭、彭,内野本、足利本、上圖本(影)、上圖本(八)或訛變作彰、𢿱,即傳鈔尚書古文彲(汗 4.48)、彲(四4.24)隸定,亦"敚"古文字形隸古定訛變,②左形"貞""卓"即"覍"作㝸、㝸[𢿱(魏三體.無逸.變)]之訛變。

8. "禹"作命、命、命、命、命、禽、禽、禽、禽、禽

"禹"字《書古文訓》或作命,與命(汗 3.41)、命(汗 6.78)、命(四 3.9)同形,岩崎作命,敦煌本 P2533 則上形内多一短横變作命,《書古文訓》"禹"字或變作命、命,皆爲魏品式三體石經皋陶謨"禹"字古文作命(魏品式),傳鈔古尚書作命(汗 3.41)、命(汗 6.78)、命、命(四 3.9)之隸古定字或訛變,其上"亼"隸古定作"亼",或俗訛作"合",而作命、禽,③此即《説文》"禹"字古文禽,源自𠤕(鼎文)、𠤕(鼎文)、𠤕(禹鼎)、𠤕(秦公簋)、𠤕(璽彙)5124 等形,許師學仁謂傳鈔古文諸形下"巾"形爲"𠃌""𠃌"[命(魏品式)]之訛,"當从古文作'𠃌'爲正",④《集韻》上聲 9 噳"禹"字古作命、禽亦可相證。

敦煌本 P3615、内野本、上圖本(八)或作禽,中間直筆貫穿"合",與"禹"相

---

① 詳見李家浩《釋笲》,《古文字研究》第一輯,中華書局 1979 年版,第 391—395 頁。

② 顧頡剛、劉起釪:《尚書校釋譯論》,中華書局 2005 年版,第 30 頁,謂"變"字足利本𢿱作"㪅"。

③ 如敦煌本《經典釋文·舜典》P3315、九條本作命,敦煌本 S5745、S801、内野本、足利本、上圖本(影)或作禽。

④ 説見許師學仁《釋禹》,《古文四聲韻古文研究》,第 90、91 頁。

類，内野本或下加一短横作禽，上圖本(影)或下加一點作禽，均猶存𥝢(魏品式石經)之下形"内"，其中筆右勾起之"内"(内)形，如古陶、古璽作禹(陶彙5.276)、禹(璽彙5124)、禹(璽彙5125)。足利本"禹"字多作禽，人形下从"禹"，乃由禽、禽再變。

9. "遂"作遺、逋、遹、𨗨、𨗨、逑、𢓊、逋、逌、逑、逑、遼、送

敦煌本P2643"遂"字或作遺，爲𨗨(説文古文遂)、𨗨(四4.5)、𨗨(六275遂.古尚書)之隸古定訛變，"山"形變作"止"，中間多一短横，此即魏三體石經"遂"字古文𨗨[魏三體.君奭.(遂借作墜)]𨗨[魏三體.僖31"公子△如晉"]之訛變，①魏三體石經《尚書・君奭》"乃其墜命""墜"字篆隸二體作"隧"，古文作𨗨(魏三體)，此形爲借作"遂"字之"述"字，源自金文"述"字作𨗨(盂鼎)"我聞殷△令(命)"、𨗨(史遂簋)、𨗨(魚鼎匕)、𨗨(中山王壺)。②敦煌本P2516、S2074、P3871岩崎本、九條本、上圖本(元)、上圖本(八)或作逋、逋，爲𨗨(四4.5)𨗨(六275遂.古尚書)之隸定，《書古文訓》"遂"字或作𨗨、𨗨，則爲𨗨(説文古文遂)之隸古定，足利本、上圖本(影)或訛从"南"作遹。

内野本"遂"字或作逑、𢓊、逋，或少一畫作逌，即傳鈔古尚書作𨗨(汗1.8)之隸古定，《書古文訓》"遂"字或作逑，《費誓》二例"遂"字訛作速，應皆爲𨗨(汗1.8)之隸訛，乃𨗨[魏三體君奭(遂借作墜)]、𨗨(四4.5)、𨗨(六275遂.古尚書)、𨗨(説文古文遂)訛變，而與"迹"字籀文𨗨(説文籀文迹)混同。《箋正》云："古作𨗨，薛本同，亦有訛作'速'作'逑'者，此形又訛作'迹'之籀文。"

足利本、上圖本(影)、上圖本(八)"遂"字或作遼，爲𨗨(説文古文遂)之隸古定訛變，俗訛混作"遼"，内野本、足利本、上圖本(影)再變作送。

10. "使"作𢼊、𡴀、𡴀、𡴀

"使"字敦煌本《經典釋文・舜典》P3315、P2516、S799，岩崎本、島田本、九條本、内野本、上圖本(元)、上圖本(八)作𢼊，敦煌本P2643作𡴀，其上寫似"火"形。魏三體石經《多士》《君奭》《立政》等"事"字古文作𡴀，與三體石經僖公古文"使"作𡴀同形，《説文》古文作𡴀，《汗簡》録𡴀(汗3.31使亦事字見石經)，《箋正》云："石經《春秋》古'使'、尚書古文'事'竝如此"，事、使古同字，《説文》"事"篆文

---

① 曾憲通謂此體爲"遂"字，《汗簡》𨗨(汗1.8)、《説文》古文𨗨等訛變之濫觴。參見曾憲通《敦煌本古文尚書"三郊三逋"辯正》，《古文字與出土文獻叢考》，中山大學出版社2005年版，第78頁。

② 唐蘭釋甲骨文𣎆爲"朮"字，云："金文盂鼎'我聞殷述令'(舊釋爲'遂'非是。述令借作墜命)。魚鼎匕述字从𣎆，均可證。"謂"朮"乃"秫"之本字。參見唐蘭《釋朮稚》，《殷虚文字記》，中華書局1981年版，第43頁。

□、古文作□，乃源自金文：□（叔卣）、□（師旂鼎）、□（秦公鎛）、□（申鼎）等形。□、□形爲□（汗 3.31 使亦事字見石經）□（魏三體.事）□（説文古文事）之隸古定訛變，"口""又"形筆畫方向改變□（□魏三體.事），又合書訛近"子"字古文□而隸定从"子"。足利本、上圖本（影）、上圖本（八）"使"字或作□、□，爲□之訛變。

11. "怨"作□、□、□、□、□

魏三體石經《無逸》"怨"字古文作□，與《説文》古文作□、傳鈔古《尚書》□（汗 3.40 見尚書.説文）、□（四 4.19 古尚書又説文）同形，後者右下形訛作又，王國維《殘字考》曰："□（魏三體無逸）怨，與《説文》古文同。从□者，殆亦从夗之訛。"□形乃夕之訛，金文所从夕从月或作傾覆之形如□，如□（夕.中山王壺）、□（明.沇兒鐘）、□（明.明我壺），上博簡《緇衣》6"夗"字作□、□（上博緇衣 6），[①]即與□（魏三體）、□（説文古文）所从□、□同形。《書古文訓》"怨"字或作□，爲《説文》古文□之隸古定，或多一畫作□，或作□、□，"卩"俗寫變作"阝"，或訛變作□。

12. "馳"作□

《書古文訓》"馳"字作□，當是傳鈔古文□（汗 4.54）、□（四 5.4 石經）之隸古定訛變，左从古文"馬"字，其右□、□形爲"也"字，《説文》"也"字下録秦刻石作□，楚簡作□（郭店.語叢 3.66）。《書古文訓》"馬"字或見省變作□，□之□形當爲"也"之省變而與馬鬃"彡"形結合，左从古文"馬"字之訛省。"馬"字魏三體石經《尚書・立政》作□（魏三體）可爲參證，《書古文訓》"馬"字作□、□、□、□、□、□等形，乃源自□（鄂君啓舟節）、□（□壺），爲□（説文古文馬）、□（魏三體）之隸古定訛變。

13. "刑""形"作□、□

敦煌本《經典釋文・堯典》P3315"刑"字作□，下云"古刑字，法也"。内野本、足利本、上圖本（影）"女于時觀厥刑于二女""刑"字作□，上圖本（八）他處亦作此形。□與《古文四聲韻》録"形"字作：□（四 2.21 崔希裕纂古.形）同形，爲"刑"字之訛變，"形"字岩崎本作□，與□（P3315 刑）、□（四 2.21 崔希裕纂古.形）相類，□（岩崎本.形）可見由"刑"訛變之跡，其上一横拉長，其下□猶保有"刑"之形體，□之右□可見"□"（刀之篆形□隸寫）、"□"（彡俗多作此形）之重疊，吴承仕《唐寫本尚書舜典釋文箋》説明□（P3315）云："其形从一从州，無以下筆，

① 上博《緇衣》06 引作"《君牙》員：日傛雨，少民隹曰□，晉冬耆寒，少民亦隹曰□。"□、□，整理者隸定作"命"，當正爲"夗"字，此處假"夗"爲"怨"字。今本《緇衣》引作"《君雅》曰：夏日暑雨，小民惟曰怨，資冬祁寒，小民亦惟曰怨。"

疑'形'字(案:依其前後文當爲'刑')。字引長首畫,即變爲'刑',故訛作𠛙。本非古文,寫者偶誤作此形……《古文四聲韻》引崔希裕《纂古》'形(刑)'字正作𠛙(四 2.21 崔希裕纂古.形),可證《纂古》所收即據《尚書》隸古定本。"[①]𠛙爲此形又變,"州"字俗寫或作州(睡虎地 37.100)、州(武威簡.有司 40)、州[上圖本(八)],而訛增筆畫變作从三羽。

14."施"作㐌、㐌、㐌、㐌

"施"字日本古寫本作㐌、㐌,《書古文訓》作㐌、㐌,皆傳鈔古尚書"柂"字㐌(柂.汗 4.48)之隸古定訛變,《尚書》無"柂"字,㐌(柂.汗 4.48)爲"施"字,《箋正》謂"釋'柂'寫誤,形蓋取'施'右半,變訛不體"。"施"从"也"聲,金文"它""也"同形,作它(子仲匜)、也(師遽方彝)、它(取它人鼎),㐌(柂.汗 4.48)即"也"之訛變,《集韻》古作㐌,皆假"也"爲"施"。馬王堆漢墓帛書老子乙前"施"字作㐌(老子乙前 141 上),則从㫃省"方",㐌、㐌與之形近,爲"也"字古文隸古定訛變。"施"作㐌、㐌、㐌、㐌,乃假"也"爲"施"。

五　結　　語

本文就魏石經、傳鈔著録《尚書》古文、隸古定本《尚書》文字形構相比對,觀察及分析其形構特點,可以得見古本《尚書》各本不同文字階段的字形,多數與其前代或前一字體演變階段具有相承關係。形構類同者,多爲承襲甲、金文或戰國古文形構,並且有許多字形可與《説文》古籀或體等重文相證。其構形相異之特點,一是筆畫、偏旁的省減、繁化、類化或訛變,其中類化與訛變易致字形與他字混同,在隸古定本《尚書》尤爲常見;二是形構的更易,如聲符更替、義符更替、聲符義符皆更替或偏旁易位;三是爲假借字;四是爲俗字。隸古定本《尚書》文字尚混雜古文篆文字形及其不同隸定形體、隸書俗寫及鈔寫過程求簡或訛作的俗别字,常見點畫偏旁受俗寫影響,套用"隸古定"的成語,可名之曰"俗古定",[②]即用俗體來寫定古文。

魏石經《尚書》三體字形、傳鈔古文字形與隸古定本《尚書》文字形構可相證者,尚須與甲、金、戰國古文相比對,上溯其源,釐清其書寫變異、訛變、輾轉傳鈔混入非真正戰國古文之鈔寫俗書等現象,方能尋繹古《尚書》古文形體原貌、《古

① 吴承仕:《唐寫本尚書舜典釋文箋》,《國華月刊》第 2 期第 3、4 册,1925 年 1、2 月。

② 參見孫啓治《唐寫本俗别字變化類型舉例》,《敦煌吐魯番文獻研究論集》第 5 輯,北京大学出版社 1990 年版。

文尚書》的古文原字，而不誤以六朝至唐代的俗寫字形爲古文。

藉由甲、金、戰國等出土文字資料，魏石經《尚書》，傳鈔著録《尚書》古文與隸古定本《尚書》文字相合證，其特殊文字中或見可溯自甲、金文或戰國古文之形構變化更替、書寫變異、訛變、假借字，尤有助於辨識源自六朝、唐代隸古定《尚書》寫本、刻本《書古文訓》中大量變化多端、形體詭異的字體，蓋隸古定本《尚書》保存鈔寫、刊刻時代所見版本文字現象，其時代文字變化又顯現於其中，形體混雜古文、篆文、隸書之隸寫及别體、俗字等，可見其聯繫先秦《尚書》文字下及唐宋《尚書》文字的文字演變關係，尤其是魏晉以來《尚書》文字變化。

（作者爲臺灣花蓮女子高中國文教師）

三體石經與《書古文訓》隸古定文字來源問題初探

——以《尚書·君奭》經文之比較爲中心

侯金滿

一 薛季宣《書古文訓》經文底本來源問題

南宋薛季宣所著《書古文訓》，其經本選取北宋以來流傳之《古文尚書》隸古定本，在保存梅頤本《古文尚書》隸古定文字方面最爲完備，《尚書文字合編》將其作爲《尚書》隸古定本之代表收入。[①]然則縱觀歷來學界，除清人李遇孫《尚書隸古定釋文》之外，[②]尚缺乏對薛氏此本所存之隸古定文字進行專門研究者。[③]即便是在今日大量簡帛文字出土的情況下，學界對薛氏此本之重視程度，甚至較之於混入不少今字、俗字之敦煌寫本與日本鈔本猶且不如。[④]究其原因，除考慮到以上諸本在時代上多早於薛本外，薛氏《書古文訓》經本之來源問題當是導致許多研究者對其有所忽略甚至懷疑之重要原因。[⑤]《書古文訓》一書，據薛氏自序

---

① [宋]薛季宣：《書古文訓》，《續修四庫全書》據《通志堂經解》本影印，第42册。上海古籍出版社2002年版。《尚書文字合編》所收亦是此本惟但存經文。顧頡剛、顧廷龍：《尚書文字合編》，上海古籍出版社1996年版。

② [清]李遇孫：《尚書隸古定釋文》，《尚書文字合編》第4册收入，上海古籍出版社1996年版。顧頡剛《尚書隸古定本考辯(代序)》對其有後續研究及評論，可視爲李氏此書之現代回應。見《尚書文字合編》第1册。

③ 以筆者所見，今人尚無專門探討薛季宣《書古文訓》隸古定經本者。而在部分《尚書》文字研究著作中，如顧頡剛、劉起釪：《尚書校釋譯論》(中華書局2005年版)，臧克和：《尚書文字校詁》(上海教育出版社1999年版)，許舒絜：《傳鈔古文尚書之文字研究》(臺灣師範大學國文研究所2011年博士論文)等因《尚書文字合編》之影響能夠將薛氏此本作爲重要《尚書》文字之一種進行參考。

④ 前所舉諸家有關《尚書》文字及異文之研究多數都十分重視敦煌及日藏唐鈔本，而對《尚書文字合編》所收敦煌及日本所藏唐鈔《尚書》隸古定文字進行專門研究者可參考林志强《古本〈尚書〉文字研究》(中山大學出版社2009年版)。

⑤ 如阮元《尚書校勘記序》中對晁公武刻石、薛季宣隸古定本之評價即是其代表，《校勘記》取校《尚書》經本者排除薛氏之本，亦是建立在這一認識基礎之上。阮元：《十三經註疏校勘記序(十三篇)》，《揅經室集》卷十一，中華書局1993年5月鄧經元點校本，第254—255頁。此外，如錢大昕《跋薛季宣書古文訓》等亦可看出其對薛氏此書之懷疑。

所言：

> 隸古定書最古，孔氏文義多本伏生之説。唐明皇帝更以正隸改定，而俗儒承詔，文多踳駮。古文是訓，不勞乎是正之也。①

據此可知，薛氏顯然反對唐人之以正隸改定舊本之舉，以至於"文多踳駮"。故其經文底本選擇"隸古定"本而非通行本，所稱"隸古定"者，即今見梅頤本《尚書孔序》所稱參考伏生今文《尚書》，將本是先秦古文之孔壁本《古文尚書》加以隸定之本。②此即薛氏此本以及其他所有今見《尚書》隸古定本之最早來源。然今本《古文尚書》已經證僞，故此隸古定本目前僅可上溯至東晉梅頤所獻《古文尚書》。自梅頤獻《古文尚書》至薛氏隸古定本之刊刻，其間數百年，又經歷前范甯、後衛包改字之事，③我們又如何確知薛氏此本即爲梅頤本《古文尚書》之隸古定本呢？故今首先依據文獻所載及前賢如李遇孫、顧廷龍等先生之論述將《書古文訓》經本源流加以梳理，④以爲後文討論張本。

首先，薛氏此本與晁公武刻石之本爲同一本，今就《尚書文字合編》所收"晁刻古文《尚書》"殘存之《禹貢》《多士》經文與《書古文訓》經文對比，二者分毫不差，完全一致。晁公武(1105—1180)之生活時代較薛季宣(1134—1173)之時稍早，有關此隸古定本《古文尚書》，其在《郡齋讀書志》中論述甚詳：

> 古文《尚書》十三卷。右漢孔安國以隸古定五十九篇之書。蓋以隸寫籀，故謂之隸古，其書自漢迄唐，行於學官。明皇不喜古文，改從今文，由是古文遂絶。陸德明獨存其一二於《釋文》而已。皇朝吕大防得本於宋次道、王仲至家，以校陸氏《釋文》，雖小有異同，而大體相類，觀其作字奇古，非字書傅會穿鑿者所能到，學者玫之，可以知制字之本也。⑤

---

① 《續修四庫全書》第42册，第225頁下左。

② 孔穎達疏中對隸古定文字有專門論述："言隸古者，正謂就古文體而從隸定之，存古爲可慕，以隸爲可識，故曰隸古，以雖隸而猶古。"[唐]孔穎達等：《尚書正義》卷第一，《十三經註疏》注疏本，藝文印書館2007年影印嘉慶南昌府學本，第1册，第11頁右下。

③ 有關范甯、衛包改字之事，參見《尚書文字合編》内顧頡剛、顧廷龍諸先生論述。

④ 有關論述李遇孫《尚書隸古定釋文》前列相關文獻材料，顧廷龍先生《尚書文字合編前言》復據《石刻鋪叙》等加以佐證。

⑤ [宋]晁公武著，孫猛校證：《郡齋讀書志校證》，上海古籍出版社1990年版，第51—52頁。

據孫猛先生《校證》所引《全蜀藝文志》所載晁公武《古文尚書序》，其中有論及晁刻《古文尚書》之由來者曰：

> 予抵少城，作《石經考異》之餘，因得此古文全編於學官，乃延士張奐，倣呂氏所鏤本，書丹刻諸石。①

觀此可見，晁刻《古文尚書》與薛氏此本皆爲隸古定本，而我們今日根據出土晁刻文字與薛氏《書古文訓》對比可知，二者實爲同一底本。據晁氏所言，此本是呂大防所雕印之本，既經版刻，則副本不少，流傳亦較廣。李遇孫《尚書隸古定釋文》據王應麟《困學紀聞》所引十數條，可知王氏所見亦與薛氏此本同。②此外，據宋人史繩祖《學齋佔畢》記載，繩祖家藏呂大防所刊《古文尚書》一册，且有呂大防序言"得唐本于宋次道家，皆隸古字"。③另宋人曾宏父《石刻鋪叙》并記其刊刻於元豐五年壬戌(1082)，是此隸古定本之來源本爲一唐鈔本。此種隸古定本《古文尚書》甚至流傳至宋元之際，金履祥《尚書表注》即言其曾見辰州有《古文尚書》板。④由此可見薛氏《書古文訓》經文底本出於呂大防所藏唐寫本，源流明晰，見於各家記載，難可誣也。

今可進一步確證薛季宣《書古文訓》經文出自唐寫本者，乃將《尚書文字合編》所收敦煌本、日藏唐寫本《古文尚書》殘卷與薛氏本進行比較，薛氏本之古文字體與各家唐本所存古文字體多同，可知二者確屬於同一流傳系統，即學界所稱《古文尚書》之"傳鈔古文"本系統。⑤然薛氏此本雖較敦煌諸本、日藏唐寫本時代爲晚，但在古文字體保存方面，其比例更高。或有即此疑薛氏此本已非舊本原貌，而是經過整理改動，故其較敦煌、日藏唐寫本多出之隸古定文字反並不可信。此説於出土文獻與傳世文獻之間，不免有輕重軒輊之見，怎知不是因薛氏有意保留《故尚書》之隸古定文字，而避免以今字校改，故在隸古定字體保存方面，反較二者爲多?

首先，敦煌及日藏唐寫本雖是隸古定寫本，然彼此之間並不一致，且其中多

① ［宋］晁公武著，孫猛校證：《郡齋讀書志校證》，第 52 頁。

② 顧頡剛、顧廷龍編：《尚書文字合編》第四册附録一《尚書隸古定釋文》，第 10 頁。

③ 此條材料乃顧廷龍先生所發現，見《尚書文字合編前言》，《尚書文字合編》第一册，第 22 頁。

④ 顧廷龍：《尚書文字合編前言》，《尚書文字合編》第一册，第 22—23 頁。

⑤ 所謂"傳鈔古文"，其定義可參考趙立偉先生《魏三體石經古文輯證》一書《緒論》。趙立偉：《魏三體石經古文輯證》，社會科學文獻出版社 2007 年版，第 1 頁。

混入俗字，此已爲相關研究所證明，則其本身已未保持隸古定本原貌，自不可據此定薛本非真。再者，前梳理薛本源流可見，薛本雖是宋人之本，然其近則源自吕大防刊本，遠則本自一爲各家所推重之唐寫本，在當時見者非一，亦不容薛氏擅自更改。此外，筆者在將薛氏此本與敦煌及日本所藏唐寫本、三體石經古文本對照時，發現薛氏此本雖爲刊本，卻猶存寫本原貌，雖有傳鈔訛變因素，卻並未爲求劃一而隨意擅改原本，這一點從前文將其與晁氏殘本對照無一字有差可見其一斑外，兹另舉一例以見之。如《尚書》高頻出現之“若”字，今見三體石經古文皆作者，篆文作，十分規整，《書古文訓》在《堯典》《舜典》等《古文尚書》較爲靠前之篇正與此相同，然至於《君奭》等較爲靠後之篇則作若，從而與“若”字通行篆、隸形體構形同。[①]這一現象正與敦煌寫本、日藏唐寫本同一字前用古文字體，後用今文字體相同。[②]《書古文訓》所載“若”字隸古形體雖彼此各有差異，皆由三體石經若字古文形體演變而來，這點通過文字形體之比較正可看出，而下文具體的文字考辨更可説明此點。

故知薛氏此本經文本出自唐寫本，此唐寫本正爲梅頤本《古文尚書》隸古定本在唐代的一種傳鈔本，觀其所含隸古定文字之繁多可知其不屬於經過衛包改字的今文本系統，猶存梅頤本《古文尚書》隸古定本之概貌。雖然其間可能不無傳鈔訛誤者，但以薛氏此本確然有據，非如清人所言爲宋人僞造，當無疑義。但是如果我們繼續上溯，進一步探究薛氏此本之底本——梅頤本《古文尚書》之隸古定本來源問題，便會發現，疑義叢生，而各家對此亦各持己見，聚訟紛紜。而其争論之焦點，主要在以下兩個方面：

一、陸德明在《經典釋文序録》中描述梅頤本《古文尚書》在六朝流傳時存在兩種隸古定本：一種是存隸古文字較少之“宋齊舊本及徐李等音”本，即爲陸德明所據之本，其後復經衛包改字，唐石經本即淵源於此；一種則是保存隸古文字較多之本，陸氏以爲“穿鑿之徒，務欲立異，依傍字部，改變經文，疑惑後生，不可承用”。[③]薛氏《書古文訓》經文所據之本所包含隸古文字比例在諸本中最大，當即屬於保存隸古文字較多之《古文尚書》隸古定本系統。段玉裁在《古文尚書撰異》

---

① 《書古文訓》、三體石經所見“若”字形體可參考趙立偉《尚書古文字編》第一卷“若”字，中國社會科學出版社，2015年第1版，第18—19頁。

② 據相關研究者對以上《尚書文字合編》所收幾種唐寫本用字現象之考察可知，同一鈔本，當有古文字形差距時，鈔寫者受通用今字影響，往往先出現時猶照古本寫古形，以後則更多寫新字，這正符合古書在鈔本時代流傳之特點。見林志强：《古本〈尚書〉文字研究》，第91頁。

③ ［唐］陸德明：《經典釋文・條例》，中華書局1983年影印通志堂本，第2頁。

中即指其爲六朝人根據《説文》古文、石經古文及其他字書而造作之本，乃梅頤本《古文尚書》之僞本。[①]今人如顧頡剛、劉起釪等亦讚同此説。[②]那麽薛氏本所屬這一隸古定本之屬性是否如陸德明、段玉裁等所指責的那樣呢？

二、漢代以來，出現了數種《古文尚書》，皆稱其來自孔安國所傳孔壁本，清儒如閻若璩、惠棟、段玉裁、孫星衍等皆對其有所考論。[③]要而言之，分爲兩種：一是賈逵、馬融、鄭玄、王肅所據之"真古文本"，内容與《今文尚書》二十九篇無大差異，衹是根據《書序》而分作三十三篇，此本有古文本，據言出自孔壁，許慎作《説文解字》收有部分古文形體，魏正始三體石經《古文尚書》亦據此本；[④]二是梅頤所獻本，稱爲"僞古文本"，此本有依托孔安國所作之《序》及《傳》，據言傳自魏時鄭衆，而爲孔安國傳本，[⑤]至於孔安國至鄭衆、梅頤之間如何流傳，則不可知。二家皆以其經文出自孔安國，爲孔壁本。前者篇數與今文三家同，後者多出部分亡佚之篇。在與馬鄭等東漢古文本相同的二十八篇經文部分，梅頤本《古文尚書》包含有不少古文奇字，今專就此而論，這些古文形體又有何來源？是後人僞造的嗎？還是直接襲取馬鄭或三體石經等東漢古文本？

以上兩方面内容，由薛季宣《書古文訓》隸古定本之來源這一問題發端，涵蓋《古文尚書》經本真僞與漢末經學變遷等問題，彼此相關又錯綜複雜。段玉裁在《古文尚書撰異》中稱薛季宣《書古文訓》等一系列《古文尚書》隸古定本爲"僞中之僞"，即包含了以上兩個層面。具體説來，梅頤本《古文尚書》相對於馬鄭本《古文尚書》爲僞，而薛季宣《書古文訓》這一梅頤本《古文尚書》之隸古定本又爲梅頤本《古文尚書》之僞。但是這一論斷是否可靠呢？

二 《尚書·君奭》三體石經古文本與《書古文訓》隸古定本之比較：自經文異文與古文形體兩方面觀之

今日欲探究前文所舉一系列問題，必須對馬融、鄭玄等所傳習的東漢《古文尚

① ［清］段玉裁：《古文尚書撰異》，《續修四庫全書》第46册，第1頁。

② 見顧頡剛：《尚書隸古定本考辨（代序）》，此文收録於《尚書文字合編》。劉起釪《尚書源流及其傳本》有專節討論，遼寧大學出版社1997年版。

③ 清人考辨梅頤本《古文尚書》真僞時多對東漢《古文尚書》流傳情況有所討論，詳見各家之書及《尚書》學史有關討論，兹不録。《尚書》學史研究可參考程元敏《尚書學史》，華東師範大學出版社2013年版。

④ 以顧頡剛、劉起釪爲代表的部分古史辨派學者亦認爲此清人當作"真古文"之馬鄭本《古文尚書》亦屬僞造，但似乎並不爲學界普遍接受。具體論述見劉起釪：《尚書學史》，中華書局1989年版。

⑤ 具體論述見孔穎達：《尚書正義》，《十三經注疏》本。劉起釪有專文《東晋出現僞〈古文尚書〉》證明鄭衆至梅頤之間流傳譜系爲僞，收入其《尚書研究要論》一書，齊魯書社2007年版。

書》本有相當之瞭解。對於馬鄭本《古文尚書》之經義,我們今日尚能通過《五經正義》之引述及清人輯佚窺其大概,至於經文,今已無存,所幸魏正始石經之《古文尚書》即可視作馬鄭《古文尚書》流傳系統在曹魏時期之定本。①雖非全本,卻可資利用。

筆者今日即嘗試選取今見三體石經《尚書》古文存字最多之《君奭》篇,將其經文與《書古文訓》相應經文進行比較。薛季宣《書古文訓》經文與三體石經《古文尚書》各自代表了梅頤本《古文尚書》與馬鄭本等東漢《古文尚書》,筆者希望通過這一工作,一者,可藉以探究《書古文訓》經文這一梅頤本《古文尚書》存字較多之隸古定本是否淵源有自,而非後人僞造(無論是被指認爲宋人僞造,還是六朝人僞造),即《書古文訓》經本是否爲梅頤本《古文尚書》之僞本;二者,通過二家相應古文形體之異同比較,來探究梅頤本《古文尚書》之古文形體到底是後人拼凑生造而成,還是有其更深之淵源,比如先秦古文字等,即梅頤本《古文尚書》是否爲馬鄭本等東漢《古文尚書》之僞本。

在此必須説明的是,所作考察僅屬抽樣調查,所選取之《書古文訓》文字是梅本與馬鄭古文本皆有之《君奭》篇,非梅本多出之篇,因此這一考察亦有如管窺錐指,而在此基礎上所得結論亦屬試探性的推論,存在被證僞的可能性。對於裁定梅頤本《古文尚書》隸古定本之價值,亦僅能提供參考而已。

以下在進行比較之前,我們不妨先作一假定,排除流傳中的文字訛變因素,《書古文訓》本與石經《古文尚書》經文應該大致相同,因爲首先從更高層次來説,二者同屬東漢以來《古文尚書》流傳系統,二者皆以孔安國爲傳經始祖,而經本皆是壁中古文本,即來源相同;再者,在古文形體方面,作爲《書古文訓》祖本的梅頤本,其公開出現晚於三體石經《古文尚書》,如果它是在石經刊刻之後僞造,則此時有現成之公認爲《古文尚書》的二十八篇經文可供參考,不必另外杜撰古文奇字,且以石經在當時之影響力,取資於此亦更足以取信於世。針對這一假設,具體情況又如何呢?以下是以唐石經本爲底本之《尚書·君奭》經文,加大字號並有下劃線者爲三體石經《古文尚書》殘存文字:②

君奭周公若曰君奭弗弔天降喪于殷殷既墜厥命我有周既受我不

① 可參考諸家有關三體石經《古文尚書》的考證,尤其是古文問題的討論文章,如王國維《魏石經考》,張國淦《歷代石經考》,孫海波、孫次舟、趙立偉等相關文章。

② 本文所據唐石經本據中華書局1997年影印1926年皕忍堂摹刻本(其經文殘缺處皕忍堂以阮刻本雙鉤摹入,《尚書文字合編》載有明人補缺,今覈之,補缺處文字皆同,今殘缺原文不可知,暫從二本之文)。三體石經據爲收入顧頡剛、顧廷龍先生所編《尚書文字合編》中的孫海波《魏三字石經集録》。

敢知曰厥基永孚于休若天棐忱我亦不敢知曰其終出于不祥嗚呼君已曰時我我亦不敢寧于上帝命弗永遠念天威越我民罔尤違惟人在我後嗣子孫大弗克恭上下遏佚前人光在家不知天命不易天難諶乃其墜命弗克經歷嗣前人恭明德在今予小子旦非克有正迪惟前人光施于我冲子又曰天不可信我道惟寧王德延天不庸釋于文王受命公曰君奭我聞在昔成湯既受命時則有若伊尹格于皇天在太甲時則有若保衡在太戊時則有若伊陟臣扈格于上帝巫咸乂王家在祖乙時則有若巫賢在武丁時則有若甘盤率惟兹有陳保乂有殷故殷禮陟配天多歷年所天惟純佑命則商實百姓王人罔不秉德明恤小臣屏侯甸矧咸奔走惟兹惟德稱用乂厥辟故一人有事于四方若卜筮罔不是孚公曰君奭天壽平格保乂有殷有殷嗣天滅威今汝永念則有固命厥亂明我新造邦公曰君奭在昔上帝割申勸寧王之德其集大命于厥躬惟文王尚克修和我有夏亦惟有若虢叔有若閎夭有若散宜生有若泰顛有若南宫括又曰無能往來兹迪彝教文王蔑德降于國人亦惟純佑秉德迪知天威乃惟時昭文王迪見冒聞于上帝惟時受有殷命哉武王惟兹四人尚迪有禄後暨武王誕將天威咸劉厥敵惟兹四人昭武王惟冒丕單稱德今在予小子旦若游大川予往暨汝奭其濟小子同未在位誕無我責收罔勖不及耇造德不降我則鳴鳥不聞矧曰其有能格公曰嗚呼君肆其監于兹我受命無疆惟休亦大惟艱告君乃猷裕我不以後人迷公曰前人敷乃心乃悉命汝作汝民極曰汝明勖偶王在亶乘兹大命惟文王德丕承無疆之恤公曰君告汝朕允保奭其汝克敬以予監于殷喪大否肆念我天威予不允惟若兹誥予惟曰襄我二人汝有合哉言曰在時二人天休滋至惟時二人弗戡其汝克敬德明我俊民在讓後人于丕時嗚呼篤棐時二人我式克至于今日休我咸成文王功于不怠丕冒海隅出日罔不率俾公曰君予不惠若兹多誥予惟用閔于天越民公曰嗚呼君惟乃知民德亦罔不能厥初惟其終祗若兹往敬用治。

今以三體石經與《書古文訓》經文爲中心，校以漢石經與皮錫瑞《今文尚書考證》所考今文三家本、[1]唐石經本、敦煌伯 2748 以及陸德明《經典釋文》等其他典

① 今文三家本之漢石經本見收於《尚書文字合編》，惜僅收殘片一，故別參皮錫瑞《今文尚書考證》，以見今文三家本與古文本之異。皮錫瑞：《今文尚書考證》，中華書局 1989 年版。

籍所載馬融本等諸家異文。因各本非皆全本,若無對應文字,有所闕佚則不書,謹將具體情況列表如下:

表一 《君奭》經文諸家異文對照表

標號	三體石經本	《書古文訓》本	今文三家本	唐石經本	敦煌本	典籍所見其他諸家異文
1	不弔天	弗弔天		弗弔天	弗吊天	據嚴可均《唐石經校文》,唐石經"弗"初作"不",後磨改
2	弗敢智	弗敢知曰		不敢知曰	弗敢知	
3	厥丌	乒至		厥基	厥基	
4	敢智曰	敢知曰		敢知曰	敢知曰	
5	崇出於	終出于	道出于	終出于	終出于	《釋文》言馬融本"終"作"崇"
6	不祥	弗祥	不詳	不祥	弗祥	
7	於□	於虖	於戲	嗚呼	烏呼	
8	後嗣	後嗣	嗣事	後嗣	後嗣	
9	弗克龍	弗克龔	不可共	弗克恭	弗克恭	《漢書・王尊傳》"象龔滔天"
10	□□	遏佚	遏失	遏佚	遏佚	
11	□命不易天難忱	天命弗易天難忱	一作"命不易天應棐諶",一與正始石經同	天命不易天難諶	天命弗易天難忱	
12	乃其	迺其	乃亡	乃其	乃其	
13	少子	小子旦		小子旦	小子旦	
14	我迪隹	我衜惟	我迪	我道惟	我道惟	《釋文》言馬本作"我迪"
15	庸澤	庸醳		庸釋	庸釋	
16	洛于上帝	戚于上帝	今文"格"或作"假"	格于上帝	格于上帝	
17	巫咸	巫咸	巫戊	巫咸	巫咸	
18	巫臤	巫臤		巫賢	巫賢	
19	嬖王家	乂王家		乂王家	乂王家	

(續表)

標號	三體石經本	《書古文訓》本	今文三家本	唐石經本	敦煌本	典籍所見其他諸家異文
20	甘盤	甘般	甘般	甘盤	甘盤	甘般(《史記》《漢書》)
21	衜隹茲	衜惟茲	維茲	率惟茲	率惟茲	
22	多鬲年所	多厤年所		多歷年所	多歷年所	
23	純右	醇右	今文"純"作"醇"	純佑	純右	
24	(百)生	百姓		百姓	百姓	
25	明卹	明卹		明恤	明恤	
26	并侯甸	屛矦甸		屛侯甸	屛侯甸	
27	奔(走)	犇走	奔輳	奔走	奔走	《釋文》言"奔"又作"本","走"又作"奏"
28	嬖厥辟	乂氒辟		乂厥辟	乂厥辟	
29	古一人事于四方	故弌人有事于四方	迪一人使四方	故一人有事于四方	故有一民事于四(若)方	王褒《四子講德論》李善注引作"迪一人有事四方"
30	若遻	若汓		若游	若遊	
31	有能	有耐		有能	有能	
32	尃乃心	尃迺心		敷乃心	敷乃心	

今據此表可見,首先,針對此前的假設,《書古文訓》與三體石經《古文尚書》經文並不完全一致,而是互有異同,除去流傳中文字發生訛誤的因素,《書古文訓》經文之祖本——梅頤本《古文尚書》與三體石經《古文尚書》當非同一底本,更不存在梅頤本《古文尚書》在經文上直接襲取三體石經《古文尚書》的可能。而且,仔細比較《書古文訓》經文與三體石經相應文字之差異,我們發現,其文字之差異并不符合同一經本在流傳中因傳鈔發生變改的規律,如"不""弗"二字在三體石經此篇之使用,形體有别,而在《書古文訓》經文中一律作"弗";另如"乃""奔"二字,三體石經隸定同今字,而《書古文訓》反倒以更爲繁雜之"迺""犇"代替,其間找不出形體訛變之軌跡,究其緣由,或是《書古文訓》經文用字經人整理,或是此本别有淵源,故不是由繁入簡,反倒是不避繁難。

其次,與漢石經等今文三家本相比,三者之間亦存在互有重合而又彼此不同之關係,如標號 14"我道惟"之"道"字,標號 29 之"一人事于四方",相較於《書古文訓》經本,三體石經更接近於今文三家本;而標號 20 之"甘般"、標號 23 之"純右",《書古文訓》不與三體石經經文同,反與今文三家本同。這一特殊現象就更確證了《書古文訓》經文之底本——梅頤本《古文尚書》經文與三體石經《古文尚書》非同一底本,而别有淵源的可能性。

再者,我們通過以上各本之間經文彼此異同的比較還可以發現,相較於今文三家本,《書古文訓》經文與三體石經《古文尚書》之間差異更小。而其與唐石經本、敦煌唐寫本之間差别程度進一步小於其與三體石經《古文尚書》之間的差異程度。馬融本今已不可得見,然據《經典釋文》等所載馬融本與梅頤本之間經字異同,再加上三體石經之經文與馬融本《古文尚書》更爲接近的歷史原因,於是我們便可推出這樣一個結論:相較於《尚書》今文三家本,流傳《古文尚書》諸本在經文方面差距更小,自當别屬一個經本系統;同理,與馬融本、三體石經古文本一系相比,梅頤本《古文尚書》各本(包括各個隸古定本與唐鈔本、唐石經本等)亦當另屬一個流傳系統。當然,這一分别皆是就經文總體情况觀之,即便同屬梅頤本《古文尚書》流傳系統,《書古文訓》本、唐石經本、敦煌本之間亦非完全相同,依舊存在一定差别,而這正是古文獻流傳的一種必然現象。

最後,必須説明的是,在《尚書》各本經文對比方面,所謂"異文"多數並非完全相異的兩列單字或語詞(如標號 8 者,三體石經"後嗣",今文三家本作"嗣事"),而是在字音或字形方面存在相同或相似情形之義同形異之字。諸本文字雖有所不同,但彼此之間在意義上可互通,可視爲同音通假、同字異形之關係。如標號 5 之"崇"與"終"、標號 6 之"詳"與"祥"、標號 19 之嬖與"乂"、標號 22 之"鬲"與"歷"、標號 26 之"并"與"屏"等,皆是如此,這些有差别之字形正被歷來研究《尚書》經文者視作異文,這一類異文的産生正與經本流傳中音讀及釋義異同存在重要關係。①

通過以上比較,我們已經發現,《書古文訓》經文之祖本——梅頤本古文《尚書》,在經文方面與今文三家、三體石經、馬融本《古文尚書》等各本之間彼此交合,互有異同,並非照録某家之本,而似自成一家。這正與梅頤本《古文尚書》所依托之《孔安國傳》與伏生、馬融、鄭玄、王肅各家傳義之比較有相同特徵。②是則梅頤本《古文尚書》經本之出現未必一定晚於王肅本、三體石經古文《尚書》等,其或當别有淵源,是否出於兩漢亦未可知。而在古文形體方面,保存隸古定文字十分豐富的

---

① 如皮錫瑞《今文尚書考證》、臧克和《尚書文字校詁》、屈萬里《尚書異文彙録》等。

② 具體研究如王先謙:《尚書孔傳參正》,中華書局 2011 年版;史應勇:《尚書鄭王比義發微》,華東師範大學出版社 2011 年版。

《書古文訓》又與三體石經《古文尚書》存在著怎樣的異同關係呢？其背後又能看出《古文尚書》流傳過程中的哪些特點呢？以下爲筆者專門就《書古文訓》隸古定文字與三體石經古文之間在古文形體方面存在的異同關係展開的研究和討論。

在此，我們依舊以《尚書・君奭》篇爲例，在詳細比較了二者對應的古文形體之後，我們大致可按如下三個層次將其進行分類：

第一層次，根據二家古文形體在隸定之後是否與今字相同，可將其分爲兩類：①隸定之後與今字皆同者；②隸定之後與今字不全同而有異者。

第二層次，在隸定之後與今字不全同而有異者這一大類之中又可分爲兩個子類：③二家古文形體基本相同或有微小差異可視作傳鈔訛誤導致者；④二家古文形體根本不同者。

第三層次，在二家古文形體根本不同者這一子類内部又可分爲兩個更小的子類：⑤二家形體雖異，然皆能找尋到先秦古文來源者；⑥二家形體不同，其中一種或兩種暫時未能找尋到先秦古文來源者。

以下即將按此三級標準將此篇相關文字分類、剔除重複而列表如下，並對有關文字加以編號，其後則根據傳鈔古文、出土先秦古文字等文獻資料對其中關係本論題之重要文字加以疏證。①

在①類之中，《書古文訓》與三體石經古文字體隸定之後與今字相同或微有差異，此類字最多，達到 55.3％，所佔比重超過半數，若加上②類中《書古文訓》隸定之後與今字相同者，則《書古文訓》經文字形與今字相同者所佔比重更大。且此類字多爲高頻字，若計重複，則其數量要遠超過令人難識的古文奇字。這正印證了陸德明在《經典釋文》中對《古文尚書》隸古定本的大致認識：

> 《尚書》之字，本爲隸古。既是隸寫古文，則不全爲古字，今宋齊舊本及徐李等音所有古字，蓋亦無幾。穿鑿之徒，務欲立異，依傍字部，改變經文，疑惑後生，不可承用。②

---

① 相關古文字輯録及考證主要參考郭忠恕、夏竦編：《汗簡・古文四聲韻》，中華書局 2010 年版；趙振鐸校：《集韻校本》，上海辭書出版社 2012 年版；段玉裁：《説文解字注》，上海古籍出版社 1981 年版；容庚：《金文編》，中華書局 1985 年版；高明、涂白奎：《古文字類編》（增訂本），上海古籍出版社 2008 年版；滕壬生：《楚系簡帛文字編》，湖北教育出版社 1995 年版；羅福頤：《古璽彙編》，文物出版社 1981 年版；《漢語大字典》（縮印本），四川辭書出版社 1993 年版；以及有關三體石經古文、傳鈔古文之研究著作，如李遇孫《尚書隸古定釋文》（見《尚書文字合編》所附）、章太炎《新出三體石經考》（收入《章氏叢書正續編・家書・年譜》下册，世界書局 1982 年版），以及趙立偉先生《魏三體石經古文輯證》、林志强《古本〈尚書〉文字研究》等。

② ［唐］陸德明：《經典釋文・條例》，第 2 頁。

表二 《書古文訓》與三體石經《尚書》古文形體比較分類表(總 141 字)

<table>
<tr><td>① 隸定之後與今字皆同者(79，55.3%)</td><td colspan="3">于、上、帝、念、子、孫、大、下、易、乃、其、前、迪、今、小、旦、非、恭、正、惟、曰、可、信、王、公、成、湯、有、皇、太、保、臣、咸、祖、乙、武、甘、盤、兹、故、殷、配、多、年、所、純、佑、人、秉、明、卹、屏、侯、矧、用、辟、一、卜、文、尚、散、宜、生、彝、教、哉、劉、敵、無、能、休、亦、敷(尃)、心、允、乂、丁、既(旡)</td></tr>
<tr><td rowspan="3">② 隸定之後與今字不全同而有異者</td><td>③ 二家古文形體基本相同者(31，22.0%)</td><td colspan="2">君 1、爽 2、天 3、我 4、敢 5、永 6、烏(於)7、遠 8、後 9、難 10、德 11、庸 12、聞 13、昔 14、時 15、甲 16、亯 17、賢 18、率 19、陟 20、商 21、罔 22、事 23、四 24、壽 25、平 26、滅 27、威(畏)28、裕 29、乘 30、嗣 31</td></tr>
<tr><td rowspan="2">④ 二家古文形體根本不同者(32，22.7%)</td><td>⑤ 形異卻皆有先秦古文來源者(25，17.7%)</td><td>若 1、弔 2、受 3、厥 4、基 5、終 6、墜 7、在 8、道 9、寧 10、收 11、格 12、禮 13、歷 14、奔 15、來 16、祇 17、甸 18、克 19、予 20、則 21、陳 22、筮 23、游 24</td></tr>
<tr><td>⑥ 形異而其一或其二暫未見先秦古文形體者(7，5%)</td><td>弗(不)1、命 2、諶 3、戊 4、巫 5、釋 6、責 7</td></tr>
</table>

亦符合前引《郡齋讀書志》所記吕大防將薛本所據底本與未經删改之陸氏《釋文》比較後所得結論："雖小有異同，而大體相類。"這也正是"古文"之本源——戰國文字與秦系文字大體相同之表現，亦是以篆隸等秦系文字來識讀六國文字之基礎。陸氏此言亦表明其確曾見過不少先秦舊書之隸古定本，然其隨後所言卻有失偏頗，陸氏所據梅頤本《古文尚書》是隸古較少之本，然若因此而指當時其他隸古文字較多之本爲穿鑿之徒新造之本，卻論據不足。《書古文訓》本即屬這樣一個隸古定文字較多之本，其所包含之隸古定文字是何來源呢？是本有舊本乃至先秦古文來源呢，還是確如陸氏所言是後人生造而成呢？以下筆者即針對"②隸定之後與今字不全同而有異者"這一類古文形體對其進行分析考論。

通過與三體石經古文對比，我們在②類文字中又區分出了"③二家古文形體基本相同者"和"④二家古文形體根本不同者"兩類，其中③類文字占一小半，今即先對其加以考論。在此我們首先列出此類之中《書古文訓》與三體石經二家古文形體對照表如下：

表三　③類文字形體對照表

今字及編號	《說文》小篆	《書古文訓》隸古定形體	三體石經《尚書》古文形體	相應先秦古文形體等	說　　明
君 1				中山王鼎　白者君盤　上博周易　說文古文	二本“君”字雖有差異，然較之今字字形，形體更近。
奭 2				鐵雲藏陶　郭店緇衣　說文古文	二者微有差異，然皆與《說文》古文近似，於戰國文字可徵。
天 3				信陽楚簡　包山 213　乙 6858 一期　井侯簋	二字略有差異，薛本更近於楚簡文字。
我 4				善鼎　叔我鼎　郭店語四　說文古文	二者皆與《說文》古文同形，而於兩周金文、楚簡可徵。
敢 5				夨方彝　沈子它簋　包山 015　包山 085	二者形體微有差異，然皆與包山楚簡“敢”字形體最似。
永 6				前 2. 38.5 五期　竹宧父戊彝商代　魯伯匜春秋	薛本隸定之後雖與今字有異，然實同一字形之變異。
烏 7				曾侯乙鐘　郭店語二　上博緇衣　說文古文　說文古文	二字與《說文》古文二體中之一同，皆能於戰國楚系文字中尋找到來源。
遠 8				牆盤周中　郭店六德　郭店五行　說文古文	二字與《說文》古文最近，於楚簡文字中可見其演變軌跡。

（續表）

今字及編號	《説文》小篆	《書古文訓》隸古定形體	三體石經《尚書》古文形體	相應先秦古文形體等	説　　明
後 9	後	𨒌	[illegible]	余義鐘　郭店語一　包山 004 説文古文	此二字與《説文》古文、楚簡等基本同形，彳、辵形符相代於先秦古文中屬常見情形。①
難 10	𪃊	𨐨	[illegible]	𦉨　鐘　郭店語三 春　秋	二家文字並與今字有異，然於先秦古文皆有源頭。
德 11	悳	悳	[illegible]	季嬴霝德盉　周中　帛乙九·二八　不从彳　説文古文	二字與《説文》"悳"之古文形體同，今字"德"爲假借，見段玉裁《説文解字注》"悳"字注文。
庸 12	庸	𩫖	[illegible]	𦏼　鼎　拍敦蓋　上博内豊 周　早　戰　國 説文古文	二者古文字形略有差異，然皆是"墉"字初文，容庚先生《金文編》對此有考。
聞 13	聞	䎽	[illegible]	陳侯午敦　郭店五行　郭店語四 説文古文	二字形體與《説文》古文不同，然皆源自戰國文字，具體考證見章太炎《新出三體石經考》、趙立偉《魏三體石經古文輯證》。
昔 14	昔	㫺	[illegible]	合 14229　何　尊　天星觀簡 一　期　周　早　戰　國	二家形體不同今字，然於甲骨、金文可徵。

① 可參考劉釗《古文字構形學》所歸納古文字構形演變條例。劉釗：《古文字構形學》（修訂本），福建人民出版社 2011 年版，第 335 頁。

（續表）

今字及編號	《説文》小篆	《書古文訓》隸古定形體	三體石經《尚書》古文形體	相應先秦古文形體等	説　明
時 15				吕太叔斧 春秋　中山王壺 戰國　包山 137 戰國	二家形體皆見於戰國文字。
甲 16				後上 5.1 一期　佚 585 一期　兮甲盤 周晚　包山 020 戰國　説文古文	二字形體與《説文》古文同，亦見載於《汗簡》《古文四聲韻》，古文於外包之筆外復加外包之筆。
扈 17				説文古文	古文二體皆與《説文》古文同，亦見載於《汗簡》《古文四聲韻》，然尚未能在出土先秦古文字材料中找到源頭。
賢 18		臤		合 8461 一期　鳥且癸簋 商代　郭店語三 戰國　上博緇衣 戰國	臤，《説文》言古文以爲"賢"字，此形於出土先秦古文字材料中多能見之。
率 19				粹 1125 四期　毛公鼎 周晚　雲夢法律 戰國	二字古文形體從行，於出土先秦古文字材料可見。
陟 20				中山王壺 戰國　陶三 1291 戰國　陶三 1293 戰國　説文古文	二家形體與《説文》古文大同小異，於戰國文字中可見。

（續表）

今字及編號	《説文》小篆	《書古文訓》隸古定形體	三體石經《尚書》古文形體	相應先秦古文形體等	説　明
商 21				佚 518 五期　秦公鎛 春秋　商叡簋 春秋　雨臺山簡 戰國　説文古文　説文籀文	二家形體與《説文》古文同，而皆於甲骨、金文可徵。
罔 22				雲夢爲吏 戰國　璽彙 0336 戰國　説文古文	二家形體當皆淵源戰國文字。
事 23				公子土斧壺 春秋　陳章壺 戰國　上博緇衣 戰國　包山 188 戰國　説文古文	二家古文形體與《説文》古文同，“事”之作此形於戰國文字頗爲常見。
四 24				甲 504 一期　矢方彝 周早　中山王鼎 戰國　望山 M2 簡 戰國　説文籀文	源頭甚早，甲骨已有之。
壽 25				師臾鐘 周晚　王子申盂 春秋　包山 117 戰國	二者形體微有差異，當時傳鈔訛變所致，其形於先秦古文字有根據。
平 26				都公鼎 春秋　平阿右戈 戰國　平陵戈 戰國　説文古文	二者形體與《説文》古文同，當皆戰國文字，薛本略有訛變。

（續表）

今字及編號	《説文》小篆	《書古文訓》隸古定形體	三體石經《尚書》古文形體	相應先秦古文形體等	説明
滅 27				子犯鐘 春秋　郭店唐虞 戰國	此形水旁自左下移，於楚簡文字頗多，具體考證見趙立偉《魏三體石經古文輯證》一書。
威 28				乙 669 一期　郭店五行 戰國　郭店成之 戰國　詛楚文　説文古文	畏、威本通，此字二家古文形體大體相同，《書古文訓》此字同於《説文》古文，三體石經則與詛楚文同。
裕 29				合 27959 一期　舀壺 周中　上博恒先 戰國	"谷"之在衣内是二家所同，異於今字，皆於先秦古文字可徵。
乘 30				多友鼎 周晚　鄂君車節 戰國　天星觀簡 戰國　上博洎旱 戰國	二字形體微有差異，然字下之"木"作"几"，是二者不同今字之處，於戰國文字可徵。
嗣 31				合 30686 三期　戍嗣鼎 商代　曾侯乙鐘 戰國　令瓜君壺 戰國　上博周易 戰國　説文古文	二者構型與《説文》古文同，"司"字構件三體石經古文有所變異，然可於戰國文字找到源頭。

以上所對比考論之 31 字爲《書古文訓》與三體石經《尚書》古文形體相同之字，除編號 16、17 二字未能於先秦古文字中完全找到依據外，①其他 29 字皆能

① 其中標號 17 之㡯字，本爲地名用字，并不多見，趙立偉先生《魏三體石經古文輯證》引王國維、商承祚、何琳儀等諸家考證皆傾向其確爲戰國文字，此字於六書不違，惜至今未見可徵之材料。趙立偉：《魏三體石經古文輯證》，第 116 頁。

於出土先秦古文字材料中找到形體依據，而這些古文形體皆與篆字不同。其中有與先秦古文形體大體完全一致者，如編號 1、2、3、5、7、8、9、13、14、18、19、23、24、27、28 諸字，而與戰國文字最爲近似；亦有可追溯至殷墟甲骨文字者，可見其淵源甚古；亦有與先秦對應形體略有差異，然可考見其相承因革之軌跡者，如編號 4、6、10、11、12、15、20、21、22、26、30、31 等字，具體考證諸家已多有論及。

此外，不少形體於《書古文訓》這一宋代隸古定本中尚能保持其特殊形體，包括訛變之文，從而與三體石經古文及今字不同，如編號 19 之"率"從"行"，三體石經與《書古文訓》形體微有差異，中間"玄"之下部作"止"，《書古文訓》則作"十"，今見《雲夢法律》簡牘中文字正同此形。另如編號 25 之"壽"，下部或作"曰"或作"皿"，三體石經古文作"曰"，《書古文訓》則爲"皿"而微有訛變。編號 29 之"裕"，作"谷"在"衣"内，三體石經正作此形，《書古文訓》"谷"字少頭上兩筆，今於先秦文字可見到同樣情形。以上情形足見《書古文訓》所存隸古定文字本有其先秦古文依據而非後人所生造，當即如晁公武所言："其作字奇古，非字書傅會穿鑿者所能到，學者考之，可以知制字之本也。"對於某些字而言，可以説，它在保存戰國文字字形方面甚至比三體石經還要符合先秦古文形體原貌。

以上 31 字，加上之前"①隸定之後與今字皆同者"等字，大致爲《書古文訓》與三體石經古文形體相同者。[①]所佔比重爲 77.3%，是《書古文訓》隸古定文字在古文形體上與三體石經《尚書》古文"爲一家之眷屬"而同屬古文流傳系統之證明。

以上在對《書古文訓》隸古定與三體石經古文同形者進行討論之後，我們發現《書古文訓》隸古定文字多有與三體石經古文同者，且爲先秦"真古文"。但對我們問題之解決，依舊不夠，因爲他們有可能被人認爲是因爲梅頤本《古文尚書》隸古定本之僞造者參考三體石經古文形體所導致。爲了更深入探討我們文章開始提出的問題，我們需要將討論焦點轉向《書古文訓》隸古定文字與三體石經古文形體不同這一情况，即表二之"④二家古文形體根本不同者"這一類文字。

在④類文字中，我們曾根據其是否能在先秦古文中尋找到依據而將其分爲"⑤二家形體雖異然皆能找尋到先秦古文來源者"和"⑥二家形體不同，其中一種或兩種暫時未能找尋到先秦古文來源者"兩類，現在我們亦將其形體對照表列於下方：

---

① 其中有乂、既二字二家形體不同，然隸定之後皆與今字同，可排除在外。

表四　⑤類文字形體對照表

今字	《說文》小篆	《書古文訓》	三體石經古文	先秦古文形體	說　明
若 1				甲 205 一期　合 5450 一期　中山王鼎 戰國　包山 155 戰國	此字二家形體有異，薛本同今字，三體石經此體章太炎先生有考，今據先秦文字，二者形體皆有根據。
弔 2				甲 1870 三期　侯馬盟書 戰國	《書古文訓》字形同今體，三體石經形體見於甲骨文及戰國文字。
受 3				合 19946 一期　𤼈鐘 周中　衛盉 周中	三體石經古文與小篆同，《書古文訓》古文源自先秦古文而有所訛變。
厥 4				吉大 124 戰國　大盂鼎 周早　夫差鑑 春秋　配兒鈎鑃 春秋	三體石經此字略同今體，《書古文訓》則作“𠂤”，二家屬同音假借。
基 5				陶三 1211 戰國　包山 168 戰國　欽罍　楚帛書	二字屬同音通假，其形體皆於戰國文字中可徵。
終 6				菁 2.1 一期　亡終戈 商代　郭店語四　郭店語一　說文古文	《書古文訓》此體同於《說文》古文，三體石經古文則以“崇”字代之，二者屬同音假借現象。
墜 7				新蔡楚簡 戰國　史述簋 周中　中山王壺 戰國	諸家將三體石經此字隸定作“述”。①《書古文訓》則以“隊”代之，與今字同音，二字關係見《說文》段注“隊”字。

① 具體考證詳見趙立偉先生《魏三體石經古文輯證》，第 283—284 頁。

（續表）

今字	《説文》小篆	《書古文訓》	三體石經古文	先秦古文形體	説　　明
在 8	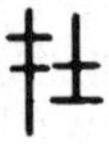			大盂鼎 周早　中山王壺　璽彙 3837 戰國 老子甲一三五	三體石經假“才”代之，《書古文訓》此體據林志强先生考證當本同小篆，從才從土，但在隸變之時上部之才訛變爲又，遂有此形。①
道 9				貉子卣 周早　曾伯匠 春秋　侯馬盟書 戰國	三體石經作“迪”，形同今體，《書古文訓》此字作“衜”，於兩周金文可徵。
寧 10				合 13696 一期　牆盤 周中　合 36471 五期　貨系 0514 戰國	此二字於甲骨文字中尚同文，後乃分别，然皆於先秦古文字可徵。
收 11				包山 122 戰國 　睡虎地簡一四・七七  古璽彙編 3120 　古璽彙編 3121	《書古文訓》隸定同今字，三體石經古文字形左旁從手，不同今字。二家形體於先秦古文字皆可徵。
格 12				 合 31230 三期 　沈子它簋 周早 　蔡侯戟 春秋 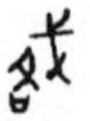 滕侯昊戟 春秋 　上博緇衣 戰國	格、洛、𢦒皆自“各”字衍生，有“來、至”之義，容庚先生《金文編》有論，②《書古文訓》所從戊當戈之訛，今據敦煌本陸德明《釋文》知，格古作𢦒，是其例證。

① 林志强：《古本〈尚書〉文字研究》，第 75 頁。

② 容庚：《金文編》，中華書局 1985 年版，第 73 頁。

（續表）

今字	《説文》小篆	《書古文訓》	三體石經古文	先秦古文形體	説　明
禮 13				 九里墩鼓座 春秋 　甲 2744 四期 　郭店尊德戰國 　中山玉器戰國 　説文古文	《書古文訓》此字形體與《説文》古文同，先秦古文有之，“禮”初作“豊”，甲骨文已有之。
歷 14				京津四八二五　毛公鼎 周晚　粹 1543 三期 　令簋 周早 　陶五 107 戰國	《書古文訓》之“厤”形，見於甲骨文字，三體石經以鬲代之，屬同音通假。其形於先秦古文可徵。
奔 15				 包山 006 戰國 　克鼎	三體石經隸定同今字，《書古文訓》作“犇”，此字《集韻》以爲“奔”之古字，今於楚簡有見，可證《集韻》所言有據，《書古文訓》用字尚保持先秦字形。
來 16				 英 1995 二期 　逨觶 周早 　逨盤 周晚 　上博周易 戰國	二家聲旁同爲“來”，形旁相通。這兩種字形於甲骨金文可徵。
祇 17				 牆盤 周中 　酈侯簋 戰國 　石鼓乍原 春秋	《書古文訓》此字大致同今體，三體石經此形然於金文中頗爲常見。具體考論見容庚先生《金文編》。

（續表）

今字	《説文》小篆	《書古文訓》	三體石經古文	先秦古文形體	説　　明
甸 18				克鐘 周晚 包山 186 戰國 雲夢法律 戰國	二字皆顯然於先秦古文有徵。
克 19				乙 8892 一期 合 13754 一期 克爵 商代 大保簋 周早 者汈鐘 戰國 郭店緇衣 戰國 上博周易 戰國 説文古文	三體石經此字古文形體與《説文》古文同，《書古文訓》則源自甲骨，於兩周文字亦頗常見。
予（余）20				龍崗簡 秦代 秦印彙編 秦代 居簋 春秋 鄂君車節 戰國 郭店老乙 戰國 上博詩論 戰國	《書古文訓》此字隸定同今體，三體石經古文則以"余"字代之。《説文》余從舍省聲，今見"余""舍"於先秦古文每同形，高明先生《古文字類編》有論。
則 21				曾侯乙鐘 戰國 上博周易 戰國 郭店老丙 戰國 簋段 説文古文	《書古文訓》此體容庚先生《金文編》載之。三體石經古文右旁與今字有差，於楚地文字多見。

（續表）

今字	《説文》小篆	《書古文訓》	三體石經古文	先秦古文形體	説　　明
陳 22		敕		齊陳曼臣 春秋　陳難戈 戰國　包山 007 戰國 上博昭王 戰國　陳大喪史鐘 春秋　陳侯簋 春秋	二形皆於戰國文字中可徵。
笙 23		笙		史懋壺 周中　侯馬盟書 戰國　雲夢日甲 戰國	《書古文訓》此字形體同今字，三體石經古文與侯馬盟書同形。
游 24		汓		蔡侯申盤 春秋　鄂君舟節 戰國　甲 159 一期 鄭令矛 戰國　説文古文	三體石經此字古文與《説文》古文同形，《書古文訓》此字作“汓”，與“游”音同。二字皆於先秦文字可徵。
方 25		匚		佚 234 三期　璽彙 1577 戰國　郭店五行 戰國 甲二六六七　存一七七〇　乃孫作且己鼎	三體石經古文形體與篆文大致無差，《書古文訓》此字則借用“方”之本字“匚”之籀文。二種形體於甲骨金文頗皆有依據。

以上爲《書古文訓》隸古定文字與三體石經古文形體不同而皆有先秦古文字依據者，二家之差異，或者一同今體，另一字用先秦古文。有《書古文訓》之隸古定文字，如標號 3、4、5、6、9、15、25 諸字；亦有三體石經古文尚保持先秦古文之形者，如標號 1、2、7、8、11、17、18、20、23、24 等字；或者皆不同於今體，然皆能於先秦古文字中尋找到對應形體，如標號 10、12、13、14、16、19、21、22

等字。於此一者可見所謂"古文""今字"在字形來源上本相對而言，對通行文字之選擇與規範正是導致二家分野之決定作用。二者可見二家文字確實多有源自先秦古文者，而與篆隸一系文字形體不同，並非後人生造拼湊所能産生，這一點正是在今日有大量甲骨金文及戰國文字出土情況下方能有此不同以往之新認識與新發現。結合此前《書古文訓》隸古定文字與三體石經古文形體相同一類來源之考察可見，《書古文訓》隸古定文字多數能於出土先秦古文材料中得到印證，其隸古定文字與先秦古文存在淵源關係，並非後世憑空造作而成。

然亦有《書古文訓》隸古定文字形體與三體石經古文不同而其中一種或兩種暫無先秦古文字依據者，據此列下表。

表五　⑥類文字形體對照表

今字	《説文》小篆	《書古文訓》隸古定形體	三體石經《尚書》古文形體	相關先秦古文形體等	説　明
弗(不)1			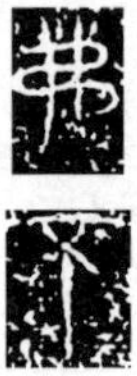	 前5.34.1 一期 　井伯簋 周中 　哀成叔鼎 春秋 　侯馬盟書 戰國 　佚五四　虢季子白盤 　侯馬盟書	三體石經古文不、弗有别，皆同今字，《書古文訓》弗字形體特殊，未見先秦古文依據，然於敦煌寫本《古文尚書》《汗簡》等傳鈔古文材料中得見此形。
命2				 豆閉簋 周中 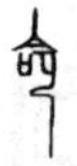　蔡侯申尊 春秋 　曾侯墓簡 戰國	三體石經古文同今字，於先秦文字有同形者，《書古文訓》此體無。
諶(忱)3		 忱		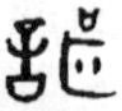 諶鼎 周中	《書古文訓》隸定同今體，從心，三體石經古文形體則從口，二字皆未見先秦古文同此者。

(續表)

今字	《説文》小篆	《書古文訓》隸古定形體	三體石經《尚書》古文形體	相關先秦古文形體等	説明
戊 4		戊		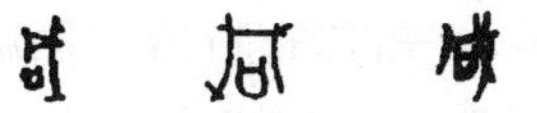 粹 425 一期　余剌之子鼎 春秋　上博緇衣 戰國 　璽彙 5492 戰國	《書古文訓》隸定同今字,三體石經此體尚未見先秦古文確切依據。
巫 5				 望山 M1 簡 戰國　侯馬盟書 戰國　天星觀簡 戰國 　説文古文	三體石經古文此形於戰國文字中頗爲常見,《書古文訓》此體與《説文》古文同,然於先秦古文字暫無可徵。
釋 6		醳		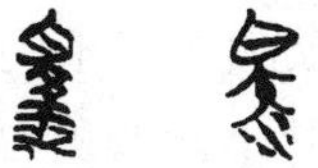 上博容成 戰國　上博彭祖 戰國	經文"釋"字二本分别以"醳""澤"假借,"醳"形隸定同今體,其爲"釋"古字,見《史記・張儀列傳》"醳之"司馬貞索隱。①三體石經古文此字水旁下移,爲戰國文字變遷普遍現象,趙立偉先生對此有考。②
責 7		責		 合 22226 一期　乙 8895 一期　包山 098 戰國 　包山 152 戰國	《書古文訓》此字隸定同今體,三體石經古文於楚簡可見其源頭,惟少形旁,蓋以"朿"字代之,朿、責音同或爲缺文,亦未可知。

① 高亨:《古字通假會典》,齊魯書社 1989 年版,第 893 頁。

② 趙立偉:《魏三體石經古文輯證》,第 229 頁。

上表所列諸字二家形體不盡於先秦古文無可徵，其中有《書古文訓》隸定同今字，而三體石經古文暫未見到先秦古文形體者，有標號 3、4、8 三字；亦有三體石經古文形同小篆，而《書古文訓》隸古定文字暫未見到先秦古文形體者，有標號 1、2、5 四字。然其中標號 3 之"諶"字，《書古文訓》作"忱"，雖暫未見及先秦古文形體，然與今字忱同形，可知其非臆造。標號 7 之"醳"形體與今"醳"同，其用爲"釋"屬同音假借，典籍中已有例證，是亦有據。仔細推究，以上 8 字又可分爲兩類，標號 3、4、5、7、8 者爲一組，標號 1、2 者爲一組。標號 3、4、5、7、8 五字歸爲一組，是因爲此五字雖暫未於先秦古文中尋到對應形體，然今據理斷言其此後終會於出土先秦古文材料中出現。標號 1、2 一組，在形體上雖然怪異，然與相應先秦古文字間存在形體上聯繫，可能是同一形體訛變結果。以下分別對其展開論述，以爲表格之補充。①

第一組標號 3 之"諶"字，《書古文訓》作"忱"，三體石經古文作，對應篆隸文字皆與《書古文訓》同。章太炎《新出三體石經考》以爲此字從口，從侵省聲，乃古文諶字。②趙立偉先生《魏三體石經古文輯證》將其隸定爲今字"吣"，與"忱"聲旁同，而一從口，一從心，并言古文字中口旁與心旁之字往往相通。③據此是此二字構字皆有根據，亦符合先秦古文字演變規律，故其很可能會於以後新出古文材料中見之。

標號 4 之"戌"，三體石經古文與今字不同，内多一"口"，不見於先秦古文，諸家無考。今案，三體石經古文"戌"字此體與"咸"字古文同，見上表所列，今人多將其定爲"咸"字。"戌"之作此形本易誤爲"咸"，此於文獻有徵。《白虎通・姓名》曰：

> 殷以生日名子何？殷家質，故直以生日名子也。以《尚書》道殷家太甲、帝乙、武丁也。于臣民亦得以甲乙生日名子何？不使亦不止也，以《尚書》道殷臣有巫咸，有祖己也。④

此處"巫咸"，王引之《經義述聞・巫咸乂王家》以爲據上下文意，是"巫戊"之

① 標號 7、8 二字，表格説明已詳，不作進一步論述。

② 章太炎：《新出三體石經考》，《章氏叢書》下册，第 1090 頁。

③ 趙立偉：《魏三體石經古文輯證》，第 65 頁。

④ [清]陳立：《白虎通疏證》，《新編諸子集成叢書》中華書局 1994 年點校本，第 408—409 頁。

誤。[1]筆者昔日讀此以其所言有理,然終覺缺乏可靠根據,今據三體石經古文見"太戊"之"戊"古文與"咸"近似,且先秦古文中"咸"字多有少"戊"中"一"之形,正與石經古文同。由是亦可見石經"戊"之古文作此形爲有據也。或者他日即可於出土文獻中見之。

標號 5 之"巫",《書古文訓》作𢀜,與《說文》古文𢀜同形,暫時未能找到先秦古文字依據,然《說文》"筮"字作簭,云𢀜,古文巫字,此形單獨出現作爲"巫"之古文雖尚未見,然作爲"筮"字部件,已見金文及戰國文字,詳前"筮"字。故今據理推之他日或當於先秦古文字材料中見之。

第二組標號 1 之"弗",《書古文訓》作弜,有異於今字,然此形亦見載於郭忠恕《汗簡》一書,作弜。[2]敦煌寫本《古文尚書》"弗"字亦有此形。惟於先秦古文尚未見此形,李遇孫《尚書隸古定釋文》以爲像黼黻之形,所解亦可參。[3]

標號 2 之"命",《書古文訓》作[illegible],有異於今字,晁刻《古文尚書》亦同此,然並不見載於其他字書。今案此字猶有命字輪廓,或與今字本同形,訛變所致,以致無可稽考。

三　初步的推論

通過以上以《君奭》爲中心,對《書古文訓》經文與三體石經《尚書》古文在經文異文、對應古文形體等方面之異同比較可見,薛季宣《書古文訓》經文作爲梅頤本《古文尚書》隸古定本之代表,與三體石經《古文尚書》爲代表之漢魏《古文尚書》流傳本之間互有異同,彼此交合,二者同屬《古文尚書》流傳系統,但梅頤本《古文尚書》在經文來源方面又並非襲取三體石經《古文尚書》等經本。此外,作爲梅頤本《古文尚書》隸古定本之一種,《書古文訓》本經雖有傳鈔中訛變因素存在,但大體保持隸古定本之概貌,並無後人隨意妄改之情形。其文字訛變是隸古定經本由鈔本向刻本轉變中之正常現象,雖然與最初之梅頤本《古文尚書》隸古定本已有差異,並不影響他們作爲同一流傳系統的性質。

在具體的古文形體來源方面,《書古文訓》隸古定文字與三體石經《尚書》古文存在多數古文形體一致的現象,而二家古文形體多數又能於出土先秦古文字

① [清]王引之:《經義述聞》,江蘇古籍出版社 2000 年影印本,第 99 頁。
② [宋]郭忠恕、夏竦:《汗簡·古文四聲韻》,第 41 頁。
③ [清]李遇孫:《尚書隸古定釋文》,收入《尚書文字合編》本第 4 册附録一,第 51 頁。

材料中找到依據,可知二家在古文形體來源方面同屬《古文尚書》流傳系統,實爲“一家之眷屬”。至於二家對應古文形體相異一類,通過比較分析,我們也看到,《書古文訓》之祖本——梅頤本《古文尚書》與三體石經古文所據《古文尚書》非同一底本,二家是各有淵源而又相互交叉,在某些方面,《書古文訓》本作爲梅頤本《古文尚書》之隸古定本,甚至比三體石經古文更接近先秦古文原貌,足見《書古文訓》作爲《尚書》傳鈔古文本之一種之重要價值。即使少數尚未能於今見出土先秦文字中找到字形依據者,通過對其字形構造及演變之分析也使我們排除了其出於人爲造作的可能。

考慮到此前已有研究者探究三體石經古文來源時,認爲三體石經古文來源不一,並非僅來自孔壁古文的情況,[①]我們認爲《書古文訓》經文之底本——梅頤本《古文尚書》隸古定本在古文形體來源上亦存在多元的可能,當非僅來自孔安國孔壁本,這通過此《尚書》隸古定本中隸古定文字存在同字異形、形體隸屬地域不一(或來自楚系文字或來自三晉文字)等現象亦可得到佐證。在古文形體來源多元性這一點上,梅頤本《古文尚書》隸古定本與見於文獻記載的東漢各家《古文尚書》賈逵本、馬融本、鄭玄本亦復相同,各家經本之間是互有異同。撇開梅頤本《古文尚書》真僞之争這一問題,以上的考察亦傾向於將梅頤本《古文尚書》隸古定本中與《今文尚書》相合之二十八篇與東漢賈逵、馬融、鄭玄諸家《古文尚書》經本同等竝觀,雖非先秦《古文尚書》之舊貌,但卻可視爲東漢儒者對保存先秦《古文尚書》形體而對當時所見《古文尚書》材料進行整理編定所做的必要工作。

(作者爲上海交通大學人文學院博士研究生;本文發表於《經學文獻研究集刊》第十三輯,上海書店出版社 2015 年版)

① 諸家論述見王國維《魏石經考》、孫海波《魏三字石經集録》、孫次舟《論魏三體石經古文之來源并及兩漢經古文寫本的問題》、王獻唐先生《漢魏石經殘字叙》、曾憲通先生《三體石經古文與〈説文〉古文合證》、邱德修《魏石經初探》等相關著作中,趙立偉先生對以上各家觀點並有歸納,見其《魏三體石經古文輯證》一書,第 216—218 頁。

《魏三體石經左傳遺字》解析:溯源與尋流

虞萬里

一　引　言

《魏三體石經左傳遺字》係宋洪适《隸續》卷四所載三體石經殘字。洪氏承歐、趙之後,蒐輯漢隸碑刻成《隸釋》,繼有續得,輯爲《隸續》。《魏三體石經左傳遺字》一篇係原式摹録三體石經古文、篆文、漢隸殘字,計古文三百七,篆文二百十七,隸書二百九十五,共八百十九字。其中頗有一字而三體不具者,或僅古文,或僅篆文,或僅漢隸;有遺古篆,有遺篆隸,有遺古隸者,唯摹録時已連書不别,經文混雜,整體而觀,已成一文字圖譜。(見下頁圖)

據洪氏所言,此八百多字,是皇祐五年(1053)洛陽蘇望所刻。蘇望誤認爲三體石經乃蔡邕所刻,云"今石不存,本亦罕見收者",此洪适已予糾正。蘇望自述"近於故相王文康家得《左氏傳》搨本數紙,其石斷剥,字多亡缺,取其完者摹刻之,凡八百一十九,題曰'石經遺字'",[①]可見王家原拓本多於八百十九字。[②]王文康公名曙,避英宗諱,以字晦叔行。淳化三年(992)進士及第,爲寇準快婿。歷任要職,所薦多才士,卒於景祐元年(1034),有文集及著作五種藏於家。[③]蘇望於皇

① [宋]洪适:《隸續》卷四,中華書局1985年影印洪氏晦木齋本,第311頁下。按,洪氏《隸釋》卷二十三云:"石經遺字"云:"右古文篆隸三體,凡八百二十九字。後漢熹平中校定五經,使蔡邕以三體書,今其石亡失皆盡。皇祐中,有蘇望者得摸本《左傳》於故相王文康家,取其完者而刻之。莫辯其真僞也,在洛陽蘇氏家。"(第243頁下)考歐陽棐《集古録目》卷十文字與洪氏同,蓋爲洪氏所本。而《隸續》卷四下文云:"續得蘇氏此碑,益喜前説猶墨守也。歷古所疑,於今始判。"(第312頁上)知洪氏先是未得其摹本,僅從歐陽棐《集古録目》鈔録之,故因循以爲蔡邕以三體書之。及其得摹本而録於《隸續》中,乃考訂蘇望云蔡邕所書之誤。

② 洪氏説夏竦《古文四聲韻》所録有蘇望刻本所無者,可見蘇刻删落時必有可識可考而被無端遺卻者,今已不可考矣。

③ 見舊題曾鞏:《隆平集》卷十《王晦叔傳》,文淵閣《四庫全書》本,第371册,臺灣商務印書館1986年影印本,第104頁上下。

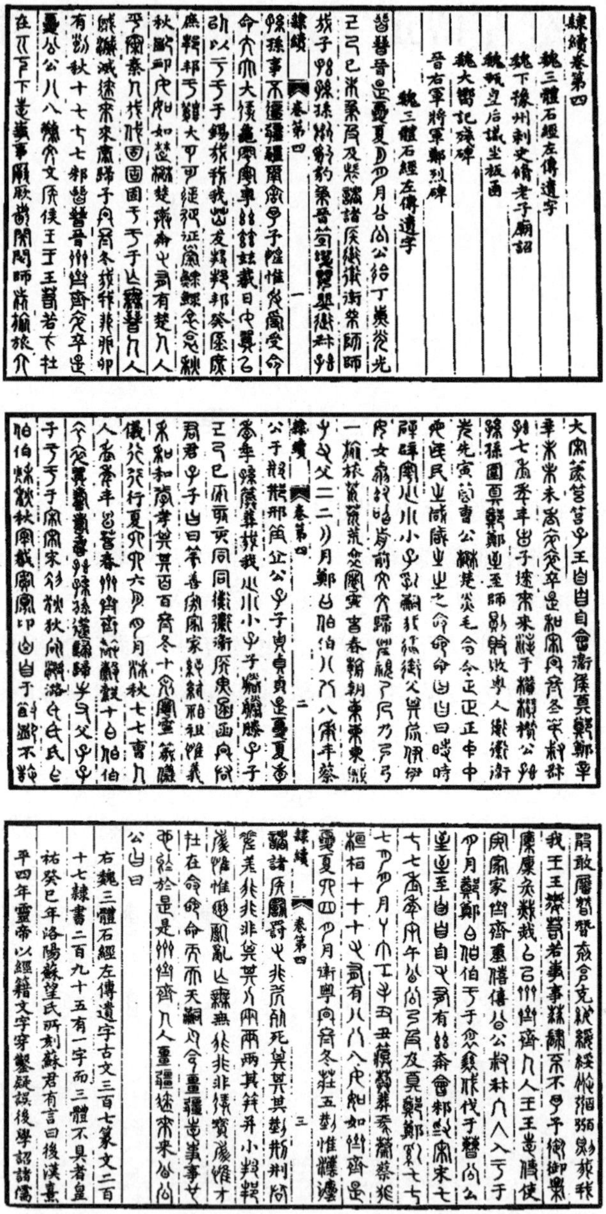

圖一　洪适晦木齋刻本《隸續》卷四《三體石經左傳遺字》

祐五年摹刻，上距晦叔謝世已二十年，云"近於故相王文康家得《左氏傳》"，似在其逝世之後。洪氏又云："慶曆中，夏文莊公《集古文四聲韻》，所載石經數十字，蓋有此碑所無者，而碑中古文，亦有《韻》所不收者，則淪落之餘，兩家所得自不同耳。”夏竦《集古文四聲韻序》寫於慶曆四年(1044)，則其所見拓本早於蘇望。夏氏若取王相藏本入書，則王藏本是否亦題“石經《左傳》遺字”？觀其書列“古文所出書傳”有“古尚書”“石經”“尚書石經”，而無“《左傳》古文”或“《左傳》石經”，似其所見拓本未必題《左傳》遺字。

夏氏前之郭忠恕，著《汗簡》，所引書亦有“石經”，當即三體石經。其《略叙目録》云：

> 臣按，唐開元五年得《三字春秋》臣儀縫石經，面題云“臣鍾紹京一十三紙”，又有“開元”字印，“翰林院”印，尾有許公、蘇名犯御諱、梁公、姚崇、昭文學士馬懷素、崇文學士褚無量列名，左金吾長史魏哲、左驍衛兵曹陸元悌、左司御録事劉懷信、直祕書監王昭逸、陪戎副尉張善裝。至建中二年，知書樓直官賀幽奇、劉逸己等撿挍，内寺伯宋游瓌、掖庭令茹蘭芳跋狀尾焉。其真本即太子賓客致仕馬孫上一字犯御名家藏之。周顯德中，嗣太子借其本傳寫在焉。①

忠恕於後周廣順(951—953)中召爲國子監書學博士，其所得拓本，很可能是郭宗訓爲太子時所擁有之傳寫本。即此傳鈔脉絡，王國維分析《隸續》所載蘇望刻本有十四段，與開元十三紙“止差一紙”，謂“其中當有兩段在一紙上者”，故推斷蘇刻源於開元拓本，②當離史實不遠。《四聲韻》引書並列石經與《古尚書》，未標明三體石經中《尚書》。其平聲《脂韻》“綏”下列二體，注“並《古尚書》，又石經”，③知夏氏嚴格分别三體石經與《古尚書》兩種文獻，則其所見郭宗訓拓本未嘗離析唐代十三紙拓本。從所題之目探究，開元十三紙題“春秋”，蘇望刻本據洪适云題爲“石經遺字”，稍後歐陽棐於《集古録目》“石經遺字”條下云：

> 右古文、篆、隸三體凡八百二十九字，……皇祐中有蘇望者，得摸本《左傳》於故相王文康家，取其完者而刻之。莫辯其真僞也，在洛陽蘇氏家。④

此知蘇望從王文康家取得拓本時，只知是《左傳》文字，但其據材質而題“石

① ［宋］郭忠恕：《汗簡》卷七，中華書局 1983 年影印本，第 43 頁上。

② 王國維：《觀堂集林》卷十六《史林八・魏石經考四》，《王國維全集》第八卷，浙江教育出版社、廣東教育出版社 2009 年版，第 491 頁。

③ ［宋］夏竦：《古文四聲韻》，中華書局 1983 年影印本，第 9 頁下。

④ ［宋］洪适：《隸釋》卷二十三附歐陽棐《集古録目》，第 243 頁下。

經遺字”。歐陽棐之目是據拓本而注，當是得見拓本。然其頗爲謹慎，仍題“石經遺字”。與洪氏同時之婁機在《漢隸字源》中亦題“三體石經遺字”，宋佚名之《寶刻類編》同。至洪适纂輯《隸續》，或因蘇望説“於故相王文康家得《左氏傳》”，並據郭忠恕《汗簡》述唐開元時“三字春秋石經”之説，改題“三體石經左傳遺字”，遂造成此八百餘字皆爲《左傳》之假象。殘字實際内容在《春秋左傳》外有《尚書》文字。從洪适記載以後到王國維撰作《魏石經考》之前七百多年間，是誰第一個將其離析，以恢復《尚書》與《春秋》二書殘文，此乃石經研究史上鑿破混沌之功，不可不予考證辯白。

二　臧琳、段玉裁對三體石經殘字的離析與應用

洪适之後，博學如王應麟、楊慎，於熹平一字、正始三體皆有糾纏不清之認識，更無論去分别離析殘石文字。明趙均著録魏三體石經也因循而云“《左傳》遺字”，[①]未嘗言及有《尚書》文字。清初顧炎武著《金石文字記》，謂“三體石經，漢魏皆嘗立之”，[②]猶承襲前人之誤，遑論去關注探究“三體石經《左傳》遺字”内容。萬斯大著《石經考》，不表明確意見，而作石經跋文，則斥爲非真。[③]葉奕苞專攻金石之學，其題“魏三體石經左傳遺字”跋文，亦僅鈔録洪説，未能深入闡釋。[④]吴玉搢邃於金石之學，關注石經，於《别雅》“䰲，蠢也”下云：“《周書・大誥》‘越兹蠢’，《古文尚書》作䰲，《説文》云：‘𧍧，古文蠢。’魏三體石經《尚書》亦作䰲。”[⑤]用洪氏《三體石經左傳遺字》文字印證《大誥》字形，就意識而言，他已不認爲洪氏所録僅是《左傳》文字。稍後惠棟撰《春秋左傳補注》，於卷一“君盟替矣”下云：“三體石經作㬱。”卷二“中壽”下云：“三體石經作𦒷。”[⑥]惠氏又於《讀説文記》“蠢”字下引證三體石經，云：“《左傳三體石經》亦作𧍧，見《隸續》及《隸原》。”[⑦]惠氏意識中仍是“《左傳》遺字”，此皆以三體石經佐證字形，與吴氏相同，僅是利用而非離析。

① ［明］趙均：《金石林時地考》卷下，粤雅堂叢書本。

② ［清］顧炎武：《金石文字記》卷一，《石刻史料新編》第一輯，新文豐出版公司印行 1982 年版，第十二册，第 9203 頁下。

③ ［清］萬斯同：《跋漢魏石經》之二，《石園文集》卷六，《清代詩文集彙編》第 161 册，上海古籍出版社 2011 年版，第 519 頁上。

④ ［清］葉奕苞：《金石録補》卷七《魏三體石經左傳遺字》，叢書集成初編本，第 1519 號，第 69 頁。

⑤ ［清］吴玉搢：《别雅》卷三，文淵閣四庫全書，第 222 册，第 689 頁下。

⑥ ［清］惠棟：《春秋左傳補注》卷一、卷二，《清經解》卷三五四，上海書店出版社 1988 年影印本，第二册，第 716 頁中、第 719 頁上。

⑦ ［清］惠棟：《惠氏讀説文記》卷十三，按，《隸原》即婁機《漢隸字原》。

今見最早離析三體石經文字者，當推清初臧琳(1650—1713)。琳字玉林，臧庸之高祖，學者稱玉林先生。邃於經術，所著《經義雜記》三十卷，享譽學林。其書卷十二有《魏三體石經尚書》一篇，專文離析洪氏所載"《左傳》遺字"文字。先引洪氏《隸續》按語，述其原委，繼而云：

> 琳嘗以《左傳》校之，見内有《尚書·大誥》《吕刑》《文侯之命》三篇，錯於《左傳》中。蘇氏題爲《左傳遺字》，洪氏承之，皆不知有《尚書》，蓋未嘗徧讀而細考也。今爲正之。①

臧氏正之之法，蓋將與《尚書》《左傳》校覈，一一指出殘字所在篇章及文句。其校覈結果，將所謂"《左傳》遺字"分爲以下段落：

自"晉是夏月"至"叔孫"皆《左傳》也；

自"事不"至"卹民"，此《尚書》第一段《大誥》前半篇，計七十字；

自"如楚"至"夏公八檠"，皆《左傳》也；

自"文侯"至"旅大"，此《尚書》第二段《文侯之命》前半篇，又錯出末數句，計二十九字；

自"宋筥"至"楚毛"，皆《左傳》也；

自"令正"至"荒寧"，此《尚書》第三段《文侯之命》篇篇首，又錯出《吕刑》末數字，最無條理，計六十六字；

自"春朝"至"君子曰善"，皆《左傳》也；

自"家純"至"其百"，此《尚書》第四段《文侯之命》篇，計十八字；

自"冬十"至"伯秋"，皆《左傳》也；

自"寡蠢"至"不予"，此《尚書》第五段《大誥》篇中節，最有條理，計四十三字；

自"御廪災"至"冬莊"，皆《左傳》也；

自"五刑"至"今疆"，此《尚書》第六段《吕刑》後半篇，間有錯出者，計六十九字；

自"事也"至"公曰"，皆《左傳》也。

經臧氏解析，《尚書》六段，《左傳》七段。就上列可見，殘文將《大誥》分爲二，《文侯之命》分爲三，且將《尚書》與《左傳》相間隔。更有本爲一句經文而文字分置前後兩處者，就《尚書》而言，共有九處，具體如下：

① ［清］臧琳：《經義雜記》卷十二，《續修四庫全書》經部第172册，第130頁下。

1.《大誥》“允蠢鰥寡哀哉”，“鰥哀”二字在第一段，“蠢寡”二字在第五段；

2.《大誥》“不卬自恤”，“卬自”二字在第五段，“恤”字在第一段；

3.《文侯之命》“文侯之命”，“文侯”二字在第二段，“之命”二字在第三段；

4.《文侯之命》“王若曰”，“王若”二字在第二段，“曰”字在第三段；

5.《文侯之命》“亦惟先正克左右昭事厥辟”，“事厥”二字在第二段，“辟”字在第三段；

6.《文侯之命》“閔予小子”，“閔”字在第二段，“小子”二字在第三段；

7.《文侯之命》“曰惟祖惟父”，“祖惟”二字在第四段，“父”字在第三段；

8.《文侯之命》“追孝于前文人”，“孝”字在第四段，“前文”二字在第三段；

9.《文侯之命》“其歸視爾師”，“歸視”二字在第三段，“師”字在第二段。

經此離析歸納，使原本看似雜亂無章之殘文古字，清晰呈現出三體石經《尚書》樣貌。臧氏既已解析考訂，完全可以依《大誥》《吕刑》《文侯之命》重排，然其考慮到一旦“使文句相連，恐漸失其真，致後人無由再考”，乃一依《隸續》原貌，僅以《尚書》文句注明殘文之下，而略去七段《左傳》殘文，因字涉古文與篆體，難以書寫，故將其原版截圖如下（見圖二）：

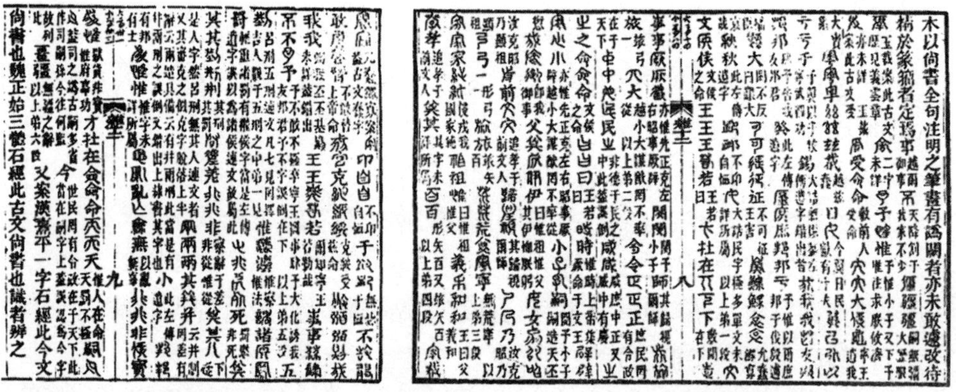

圖二　嘉慶拜經堂版《經義雜記》卷一二《魏三體石經尚書》

臧氏精於《尚書》，曾欲著《尚書集解》，因年衰而未果。[①]其能在雜亂之殘文中分

① ［清］臧琳：《經義雜記》卷二十二《舜典音義考》下有云“詳琳所撰《尚書集解》”，同卷《仲秋鳥獸毛毨》下所説同，而卷二十三《五帝本紀書説》則云：“昔著《尚書集解》，曾纂録之而未盡，欲以二十八篇采《史記》注之，更以己意發明之。今老矣，精力不能全逮。”恐其全稿未能抵於成。然即此離析《隸續》三體石經殘拓文字一事，已足見其於《尚書》所花之精力與所具之功力。見《續修四庫全書》經部第172册，第216頁下、第222頁下。

析出《大誥》《吕刑》《文侯之命》文句，恢復三體石經古文《尚書》之一斑，已功不可沒，而能不變亂原貌，使後人得以深入研究，誠可當錢大昕所謂“别白精審，而未嘗馳騁其辭”也。①

臧氏離析《左傳》遺字之功，在乾嘉年間，是一項了不起的發現，故曾引起小小疑惑與風波。《經義雜記》儘管有康熙三十六年（1697）閻若璩之序，然其生前未刻，直至嘉慶四年（1799）始由臧庸刊於拜經堂。臧庸仕途雖不亨達，但從盧文弨學，並以才學遍交當時碩儒如王鳴盛、錢大昕、段玉裁，咸受青睞，故其刻《經義雜記》之前，曾請王、錢、段及《尚書》專家江聲作序，而疑惑與猜測，亦起於錢、段之著作文字。錢大昕與段玉裁皆乾嘉之際衆望所歸之大家，其著作文字，士林多深究細味。今臧氏《雜記》復原《尚書》文字第三條“[古文]”下即有段説云：“玉裁案：此古文歷，見《義雲章》。”“[古文]”下臧琳云“亦未詳”，段氏云：“玉裁案，此古文受。”是乃段氏批校而臧庸刊入正文者。段玉裁《經義雜記序》云：“今得其《經義雜記》三十卷讀之，發疑正讀，必中肯綮，旁羅參證，抉摘幽微，精心孤詣，所到冰釋。”②據此可知，段玉裁讀其書故識其所見於書旁，臧庸欽仰段氏，遂一併刊其識語。

錢大昕在《隸續跋》文中云：

> 洪氏載《魏三體石經左傳遺字》，蓋洛陽蘇望氏模刻本。頃金壇段若膺諦審之，知有《尚書·大誥》《吕刑》《文侯之命》三篇文錯雜其間，向來考石經者未之聞也。③

又在所著《十駕齋養新録》卷一“魏三體石經”條重複此説云：

> 段若膺云：魏三體石經洛陽蘇望所刻，見於景伯《隸續》者，名曰“左傳”，實兼有《尚書》之文。如“五刑”“惟灋”“罰非死”……《吕刑》文也。“文侯”“王若”……《文侯之命》文也。“大[古文]龜”“粤兹”……《大誥》文也。④

錢氏爲《雜記》作序，理論上讀過其書，應知臧氏於百年前曾在“《左傳》遺字”中離

① ［清］錢大昕：《經義雜記序》，《續修四庫全書》經部第172册，第289頁上。

② ［清］段玉裁：《經義雜記序》，《續修四庫全書》經部第172册，第290頁上。

③ ［清］錢大昕：《潛研堂文集》卷三十，《嘉定錢大昕全集》，江蘇古籍出版社1996年版，第玖册，第510頁。

④ ［清］錢大昕：《十駕齋養新録》卷一，《嘉定錢大昕全集》，第柒册，第17頁。按此條標點有誤，不從。

析出《大誥》《吕刑》《文侯之命》三篇《尚書》文，何以在《隸續跋》和《養新録》中略臧而彰段？即此引起學林對三體石經《尚書》發現離析權歸屬之疑惑。焦循挹取士林疑惑，在《書潛研堂文集後一》云：

> 臧氏生若膺前且百年矣，若膺於《雜記》亦有序文，在東且引段氏説附入此條三字石經文。向果段襲臧之言與？在東與若膺交最深，嘗以爲生平知己，而典質衣物爲刻《詩經小學》，則若膺獨得之見，或不難持贈。此錢氏疑之而特爲微辭與？或曰，錢氏序玉林之書在乾隆五十八年六月，或若膺此説與臧氏適同，而錢氏先見之。

焦循從正反兩方面分析此一發現，究竟是段氏抑是臧氏，就兩人學術能力而言，均有可能。然士林有一種意見，以爲兩人各自獨見奥秘，只是段氏先對錢氏説，故錢氏於《隸續跋》著其説。但焦氏從錢氏爲人和其學術態度出發，又有申論。謂錢大昕撰《溉亭别傳》，載所定徑一圍三一六有奇，以爲獨得，及聞李鋭稱秦九韶環田三積術與溉亭之説合，即表於《十駕齋養新録》中。①以爲錢氏對學術態度之誠實，古人有先覺，理當表而出之。以彼律此，錢氏應將臧琳所見與段玉裁所説並舉。是否一時偶忘，雖已無法推測，但據焦循對段玉裁和臧庸爲人之瞭解，遂作如下調停：

> 若膺之學不必以此一端見，其不襲臧氏説，余信之。在東誠篤君子，其不致取段氏獨得之見以誣其先人，余亦信之。錢氏既存序文於集中，宜不爲微辭。吾恐後之學者持此以疑臧氏也，而明辨之如此。②

既崇段氏學識，亦信臧庸爲人，自是相信兩人各有獨立發現權。然其真實情況，尚可從段玉裁現存著作與錢大昕序文中進一步探索求證。

（一）段玉裁離析之可能性推測

段玉裁《經義雜記序》末署乾隆五十八年(1793)六月，錢大昕序作於同年六月十日，江聲序作於同年八月，唯王鳴盛序最早，作於該年春月下旬立夏後五日。由此知臧庸請諸名流之序在此之前。請序多先送該書原稿或部分原稿。臧庸於

---

① 參見[清]錢大昕《十駕齋養新録》卷十七《圓經周率》，《嘉定錢大昕全集》，第柒册，第463頁。

② [清]焦循：《書潛研堂文集後一》，《焦循詩文集》卷十八，第333頁。

乾隆五十六年(1791)辛亥校訂《經義雜記》成,[①]則送稿、請序當在五十六、七年之間。清代印製不便,鈔寫費時,臧庸或各送部分《雜記》原稿,或請先後審閲,然無論如何,既獲諸家序文,自不可能再在《雜記》原稿中添加内容,以貽人口實,惹人非議。故焦循所謂段氏“持贈”之猜測難以憑據,且段氏即使感念臧庸爲其典衣刊刻《詩經小學》,若要歸美,也應歸美於臧庸《拜經日記》而非臧琳《雜記》。抑有進者,若段氏一邊持贈,一邊又向錢氏透露其發現,豈非口惠而實不至?故離析三體石經《左傳》遺字中《尚書》篇章,爲臧琳獨立發現,係《雜記》原稿似無疑義。再考察段玉裁之説。

臧庸欽仰段氏,係從乃師盧文弨口中得知,今見兩人書翰往返最早是乾隆五十五年(1790)孟春臧庸《與段若膺明府書》,此時《雜記》整理應已進行而尚未校訂完稿。劉盼遂《段玉裁先生年譜》於乾隆五十六年下云:“七月,先生自金壇遊常州,攜《古文尚書撰異》屬臧在東庸爲之校讎。”[②]段氏於乾隆四十年(1775)後始作《説文解字讀》,四十六年(1781)兼撰《古文尚書撰異》,五十六年《撰異》成,遂檃括《讀》而爲《説文注》。檢視《讀》《撰異》《注》三部著作,皆曾引及三體石經文字。先論《説文注》與《讀》。

《説文注》卷一“禩”字“祀或从異”下云:“至魏時乃入三體石經古文。巳聲、異聲同在一部,故異形而同字也。”而《説文讀》“禩”下云:“至許君乃定爲一字,至三體石經乃施諸《尚書》,以禩爲祀矣。”[③]《説文注》卷二“越”下云:“《尚書》有‘越’無‘粵’。《大誥》《文侯之命》越字,魏三體石經作‘粵’。《説文》引‘粵三日丁亥’,今《召誥》作‘越三日丁巳’。”《説文讀》作“攷魏三體石經遺字蘇望所摹刻,見於《隸釋》者,《大誥》作‘粵兹蠢’,《文侯之命》作‘粵小大’。許君《説文》引《周書》‘粵三日丁亥’。許君多用古文《尚書》,正始中刻三字石經,當是用今文《尚書》,然則二《尚書》字同作‘粵’,不作‘越’,疑衛包所改竄也。”[④]《説文注》卷三“鬲”下云:“魏三體石經以‘鬲’爲《大誥》‘嗣無疆大曆服’之‘曆’。”《説文讀》無此文。《説文注》成書甚晚,而《讀》之文字依常理應在其見《雜記》之前。然今存《讀》字體整潔,幾無改易,顯係清鈔本,據陳鴻森推斷,應鈔於乾隆五十四年(1789)之後。[⑤]後至何年,

① [清]臧庸:《拜經日記》卷首識語有“鏞堂自知固蔽,不敢妄作。懼家學日漸廢墜,辛亥校訂高祖玉林先生《經義雜記》成”云云,《續修四庫全書》第1158册,第52頁下。

② 劉盼遂:《段玉裁先生年譜》,《段玉裁全書》,江蘇人民出版社2015年影印本,第四册,第405頁。

③ [清]段玉裁:《説文解字讀》,《段玉裁全書》,第二册,第255頁。

④ [清]段玉裁:《説文解字讀》,第344頁。

⑤ 陳鴻森:《段玉裁説文注成書的另一側面——段氏學術的光與影》,《中國文化》2015年第1期。

無法確定，然五十六年臧庸已將《雜記》稿呈請作序。

再看《撰異》。《撰異》論及蘇望所刻三體石經文字共十四次，卷三、卷三十一各一次，其他則卷十五出現六次，卷三十出現六次。卷十五是《大誥》，卷三十是《文侯之命》，故頻頻出現。兹擇其重要者論列於下：

卷十五《大誥》“寧王遺我大寶龜”下云：

> 魏三體石經見於洪氏《隸續》所存，洛陽蘇望氏所刻者。大、三體並存。[illegible]、古文。龜、隸。粤、三體並存。兹、三體並存。截，隸。皆《尚書·大誥》文也。古粤、越通用，魏時《尚書》蓋皆作粤，而截字據《説文》則爲古文，不知何以魏時隸不作蠢而作截也。①

“越予冲人不卬自恤”下云：

> 魏三體石經：友、古隸。邦、三體俱存。亏、篆。[illegible]、古文。大、隸。可、古篆。征、三體俱存。鰥、三體俱存。寡、古篆。哀、古篆。卬、隸。自、古篆。卹，古篆。皆《大誥》文也。恤，《尚書》本作卹，如《説文》引無毖于卹之類。②

卷三十《文侯之命》“丕顯文武克慎明德昭升于上”下云：

> 洪景伯《隸續》載皇祐癸巳洛陽蘇望氏所刻《魏三體石經左傳遺字》。玉裁按，中有《大誥》《吕刑》《文侯之命》遺字，謂皆《左氏》者誤也。其十九行、廿行、廿一行、廿二行多《文侯之命》字。[illegible]、昭連文，以[illegible]爲昭之古文也。《汗簡》卩部曰：“[illegible]，昭字也，見石經。”然則作《汗簡》者曾見三體石經，而三體石經以[illegible]爲昭，於古假借必有據。③

“越小大謀”下云：

> 越，魏三體石經篆作“粤”。④

① [清]段玉裁：《古文尚書撰異》卷十五，《段玉裁全書》第一册，第219頁下。
② [清]段玉裁：《古文尚書撰異》卷十五，第221頁上。
③ [清]段玉裁：《古文尚書撰異》卷十五，第296頁下。
④ [清]段玉裁：《古文尚書撰異》卷十五，第297頁上。

“彤弓一彤矢百玈弓一玈矢百”下云：

> 魏三體石經遺字之存於洪氏者，《文侯之命》篇有“文侯王若在下事厥辟粵小女克昭前文歸視乃一旅荒寧”廿餘字，而誤系之《春秋傳》。其旅、旅二文，一篆一隸，即盧弓、盧矢之盧字也。魏時邯鄲淳、衛敬侯諸家去漢未遠，根據尚精，蓋左氏冣多古文。《音義》云：“玈，本或作旅。”此正古本之善，轉以爲非。《小雅·彤弓音義》亦云：“玈本或作旅字者，非。”此皆陸之疏爾。玈之字，魏人石經隸體不用，則起於魏以後，昧於假旅之恉而改从玄旁，爲傅合也。《説文》無玈字，《正義》云：《説文》彤从丹，玈从玄，似《説文》有玈字者，誤也。①

以上數條係引《隸續·三體石經左傳遺字》字形以證《大誥》《文侯之命》文字，並據以考證字形變化。《撰異》刊於嘉慶年間，刊刻時間跨度較大，從稿本到刊本，容有增益變化。今上海圖書館有葉景葵藏《撰異》稿本一部，與嘉慶七葉衍祥堂刊本對覈，所有有關三體石經論述皆在，唯個別文字稍有差異。

葉藏稿本鈔寫整齊，字跡娟秀工整，每半葉十一行，行二十字。除天頭所謂錢大昕批校簽記（文字後署“錢”）、臧庸眉批案語（文字前署“庸堂案”“又案”）外，偶有朱筆校改數字，很少塗乙。與七葉衍祥堂刊本每半葉十一行，行二十一字相比，明顯是付梓前之清稿本，至少絶非作者手稿或初稿本。葉景葵先審定書中臧庸簽注爲劉端臨所書，繼又審定《禹貢》《吕刑》上之朱筆加注爲段茂堂親筆，於是推定此稿“爲《撰異》原稿之副本無疑”。②所謂原稿之副本，與筆者推定付梓前之清稿本並無矛盾。清稿本可以不止一種，副本也可有多部，在無其他可校覈之稿本、清本前提下，可認爲段氏有關蘇望三體石經《左傳》遺字中有《尚書》之認識與論述在上圖葉藏稿本前。若此稿本鈔寫在段氏《撰異序》之前，則其認識當與臧琳一樣是一個殊途同歸之發現。

然段玉裁此説，除上引《撰異》卷三十和錢氏題跋、劄記表出外，他處卻從未道及，即今存《經韻樓集》、劉盼遂《經韻樓集補編》和日本東京博物館所藏段氏友朋書翰均未見有類似表述。③從反面思考，即假設段玉裁閲讀臧琳《雜記》，得知

① ［清］段玉裁：《古文尚書撰異》卷十五，第 298 頁上下。

② 葉景葵：《古文尚書撰異》稿本書前識語，見上海圖書館藏本扉頁。

③ 段氏書信除見於《經韻樓集》與《經韻樓集補編》外，日本東京國立博物館亦藏有部分手稿，筆者請翁玉强先生代核，其逸出《補編》之書翰中亦無涉及三體石經之説。修訂按：翁文已刊於《經學文獻研究集刊》第十五輯，題爲《段玉裁〈與劉端臨書〉考注》，上海書店出版社 2016 年。

三體石經《左傳》遺字中有《尚書》後，再修訂增益到《撰異》中去，卻有多重證據支持此一推斷。

1.《撰異》卷一《堯典》"以殷仲秋厥民夷鳥獸毛毨"下云："夷，《五帝本紀》作夷易。臧氏琳曰：當是以易代夷，轉寫誤，兩存之。"①此處明引臧説。臧琳此説出於《經義雜記》卷二十三《五帝本紀書説》，原文云："案《爾雅》平、均、夷、弟、易也。是夷、易義同。故《古文尚書》作'厥民夷'，今文《尚書》作'厥民易'，古文夷字當從今文義爲易……《史記》舊作'其民夷易'，當是以《書》校史注其旁，而寫者誤入，今爲删正。"②即此一條，已足徵段氏確曾閲讀、引述《雜記》，只是提與不提臧説之别。

2.《撰異》卷三十《文侯之命》"父羲和女克昭乃顯祖女肇刑文武"一句，段注云："肈，各本作肇，俗字也，唐石經不誤。女，三體石經篆隸皆作女，知今本作'汝'之誤。"③但葉藏稿本卻作"隸皆作女，知今本作'汝'之誤。肈，各本作肇，俗字也，唐石經不誤。女，三體石經篆"（見文末書影），文句已不通。經辨别，必是鈔者疏忽，前後顛倒，左右誤鈔。此一現象絶不可能出於段氏本人之手，必乃鈔胥之過。推想段氏此條或寫於天頭，或貼浮簽於稿本，然字跡潦草，塗抹改易，眉目不清，致使鈔胥誤鈔。

3. 上言葉藏稿本鈔寫齊整，字跡清晰，疏密有致。但偶有部分葉面，各條之間頗多空白。就鈔書形式考量，從頭至尾連鈔，不可能出現個别葉面接連幾行空白之情形。唯有一種情況，即在原稿或鈔稿基礎之上，增加眉批或簽記（或簽條），用同一鈔手，同一格式，再將這些批語或增益内容補鈔入正文。原本框架不動，批語或簽記鈔入正文，必須增加插入新的紙張，由於補充文字未必正好滿張（每葉二十二行），而《尚書》每篇篇首又無法依次移易，勢必發生數行空缺之情形。檢視葉藏稿本，正巧卷十五《大誥》和卷三十《文侯之命》兩篇約十幾葉，幾乎每葉都有空行。跡象表明，此兩篇確曾有過内容之增益（見文末書影）。

4.《撰異》全書引述《説文解字讀》共八次，多作"説詳《説文解字讀》"，蓋其爲解釋字之形音義也，事屬常理。唯卷十五《大誥》"予惟小子不敢替上帝命"下云：

《説文解字讀》曰：《隸續》載魏三體石經《左傳》，蘇望所摹刻者，錯出《尚

① ［清］段玉裁：《古文尚書撰異》卷一，第35頁上。
② ［清］臧琳：《經義雜記》卷二十三，《續修四庫全書》經部第172册，第224頁上。
③ ［清］段玉裁：《古文尚書撰異》卷一，第297頁下。

> 書》遺字。如第三行以下云：大[illegible]龜粵兹載翼𠬝亐我友邦君庶邦亐蘌大可征鰥哀。卅三行以下：寡卬自于卹，不敢朁克綏。此皆《大誥》之文也。

校覈《説文讀》卻作"攷魏三體石經遺字，蘇望所摹刻，見於《隸賡》者，《大誥》作'粵兹載'"云云，非唯文不相合，且完全可與他處一樣直接引述《隸續》或三體石經，不必再轉引《説文讀》之説。如此轉引，無非表明其在撰作《説文讀》時已發覺三體石經殘字中"錯出《尚書》遺字"，輾轉表述，未免有些矯情。

5. 上引卷十五"不敢替上帝命"下援據三體石經文字作"不敢朁"，而云："初疑寫石經者誤以朁爲簮，及考《漢書・翟義傳》'予不敢僭上帝命'，師古曰：'僭，不信也，言順天命而征討。'小颜之注多採前人音義，彼豈不見《尚書》作'簮'，因説《漢書》者舊訓如此而仍之。於是知《今文尚書》作朁，讀爲僭，故《漢書》作僭，魏三體石經蓋用今文《尚書》也。"相隔五行文字，則又云："又按，魏時古文《尚書》盛行，正始中立三字石經，斷不用夏侯、歐陽《尚書》也。《大誥》朁字即與莽書合，要未可舉一以例其全。"①前言三體石經"蓋用今文《尚書》"，轉而忽言"斷不用夏侯、歐陽《尚書》"之今文。以段氏之深沉敏鋭，若潛心行文，一氣而下，絶不會出現如此矛盾語句。只有解釋爲臨時增入新見内容，才會一時有失照應。②

6. 郭忠恕《汗簡》和夏竦《古文四聲韻》二書，宋時尚爲人所重所用，入清之後，多招人非議。錢大昕曾非之，段玉裁亦非之。故《撰異》中《汗簡》出現三十七次，《四聲韻》出現十六次，凡所論及二書隸古字形，不是指斥其誤，即是痛詆其妄。如卷三《禹貢》"厥篚檿絲"下云："《汗簡・酉部》'畲，古文檿，出《尚書》。'此等乃依傅《史記》《説文》等，爲贗書，非真見壁中本如是也……是無惑於《汗簡》等之作僞可也。"卷十八《梓材》"若作梓材"下云："《汗簡》《古文四聲韵》皆云《古尚書》作'杍'，近惠氏定宇栞《尚書大傳》，改'梓'爲'杍'，則非矣。"唯於《大誥》"不敢替"下引之而未作批判，已見前。又卷三十《文侯之命》"昭升于上"下云："然則作《汗簡》者曾見三體石經，而三體石經以[illegible]爲昭，於古假借必有據。"③此兩處皆在引述三體石經《尚書》文字之後，爲其與《汗簡》字形合，更贊其假借有據，態度判若兩人。究其實，不信郭、夏兩書是其一貫態度，觀點貫穿《撰異》前後。即使在乾隆五十六年作《撰異序》時，仍對唐宋流傳之《尚書》隸古字形斥而闢之，以爲

---

① [清]段玉裁：《古文尚書撰異》卷一，第 221 頁下。

② 另一種可能，即臧庸爲段氏校勘《撰異》，此"又按"一條爲臧氏所加，提請段氏斟酌。鈔胥誤爲段氏按語，鈔入正文，遂於段氏前説矛盾。具體當容日後細考。

③ [清]段玉裁：《古文尚書撰異》卷十五，第 296 頁下。

是“好尚新奇之輩”“集古篆繕寫之《尚書》”,“是作僞於僞古文既出之後也”。[1]唯《大誥》《文侯之命》下一反常態,足見改變態度必在五十六年《撰異序》之後,而該年正是臧庸完成《雜記》校覈工作呈請諸位作序之時。

就以上《撰異》一書所顯示六點推測,段氏有可能因寫序而閲讀臧琳《雜記》“魏三體石經《尚書》”稿本之後,在《撰異》原稿上增補内容,而後請鈔胥將所增益文字插葉鈔入正文,以致在《汗簡》《古文四聲韻》二書認識上形成矛盾,葉面上顯示空白。

統觀段氏著作,尚有他書文字可以互證。前引《説文讀》中云“正始中刻三字石經,當是用今文《尚書》”,於第五點先云“魏三體石經蓋用今文《尚書》也”互證,知乃段氏原先知認識,及得知三體石經之《尚書》後,才翻然改口説“正始中立三字石經,斷不用夏侯、歐陽《尚書》也”。又,《詩經小學》是段玉裁早年,即乾隆四十一年前後的一部重要著作,但此後曾多次補充,今三十卷本中多見乾隆戊戌(四十三年)閏六月、庚子(四十五年)正月、癸卯(四十八年)九月、乙巳(五十年)五月等,最後一條是乾隆五十七年(壬子),卷十九之“哆兮侈兮”條之末有云:

> 壬子七月閲臧氏琳《經義襍記》,因爲定説如此。[2]

《經義雜記》卷二十二有“哆兮侈兮”一條,不認爲崔靈恩《集注》本“侈兮哆兮”爲是。[3]段氏補充文字,否定自己前説而與臧説一致,即所謂“因爲定説如此”也。壬子爲乾隆五十七年(1792),該年七月,段、臧已經相識,臧庸所整理之《經義雜記》亦已完成,正在遍請名流作序。段氏此句夫子自道,證實五十七年七月前臧庸已送呈《雜記》稿本請其作序,而段氏也確實在讀此原稿。

從上所引述論證之文,段玉裁在作序前閲讀過臧庸整理的臧琳《經義雜記》

---

① [清]段玉裁:《古文尚書撰異序》,第 18 頁下。按,段氏在此文下描述其文本之性質云:“唐以前久有此僞書,蓋集《説文》《字林》、魏石經及一切離奇之字爲之。傳至郭忠恕作《古文尚書釋文》,此非陸德明《釋文》也,徐楚金、賈昌朝、夏竦、丁度、宋次道、王仲至、晁公武、宋公序、朱元晦、蔡仲默、王伯厚皆見之。公武刻石於蜀,薛季宣取爲《書古文訓》,此《書》僞中之僞,不足深辨,故偶一辨之而已。今或以爲此即僞孔序所謂隸古者,亦非也。”可見其對郭、夏書及宋代隸古文字之認識。

② [清]段玉裁:《詩經小學》卷十九,《段玉裁全書》影印道光乙酉(1825)刊本,第一册,第 544 頁上。按,筆者 1985 年撰寫《段玉裁〈詩經小學〉研究》(《辭書研究》1985 年第 5、6 期連載)時已揭示此條,第時隔三十多年,渾然忘卻。故初稿時未及此事。近賢棣侯金滿閲《段玉裁〈詩經小學〉研究》,致翰告知,乃窮一夜重新檢視道光乙酉三十卷《詩經小學》,亦唯有此一條,因補於此,並謝侯金滿賢棣。

③ [清]臧琳:《經義雜記》卷十九,《續修四庫全書》經部第 172 册,第 214 頁上下。

稿本，是不容否認之事實，其在《撰異》清鈔本上留下重鈔空白的痕跡亦足以令人深思。當然，從情理上緣此推想其結果，而事實上又非可單向式推理，因爲臧琳《經義雜記》内容真僞在嘉慶間也曾引起不小猜測與非議。

（二）嘉道間學者對《雜記》之認識

方東樹曾分析閻若璩《經義雜記序》與臧琳見解異同，認爲"或言臧氏書，多其孫鏞所羼亂，此閻氏序，亦其僞託……則此序爲臧鏞僞託或有然也。"①方氏卒於咸豐元年(1851)，《漢學商兑》又幾經修改，其説不知在何時。周中孚讀《經義雜記》有云：

> 前有康熙癸未自序，稱閻百詩爲之作序，平生知己一人而已。然閻氏所著書中絶不道及玉林一字，即序文亦不見於其子詠所編《潛丘劄記》内。且當乾隆朝詔開《四庫全書》館，天下遺文軼事靡不畢集太史，况此書標名《經義雜記》，非詩文别集恐有礙時可比。其孫曾輩不以呈諸官而達諸館，直待其玄孫庸始出而問世耶？竊意玉林當日原有此書，而未若今本卷帙之富，或後人有所附益。觀每卷所考《漢書·五行志》獨夥，録之可别成一種，其附益之痕迹顯然矣。②

周氏所言，可以想象當時所謂"子孫潤色"之概貌。然乾隆《四庫全書》開館，天下書是否必須且多已"呈諸官而達諸館"，當然是不可能之事，此與晚清以來辨僞者謂先秦之書不見於《漢志》者皆爲後人僞撰同一思維。故中孚在《拜經日記》下不再爲難，而云《日記》發揮經義，推見至隱，"與其高祖所著《經義雜記》實堪後先繼美"。③周中孚《鄭堂讀書記》原名《慈雲樓藏書志》。蓋道光二年(1822)周氏科場失意之際，正當段玉裁女婿龔麗正爲蘇松太巡道之時，乃介紹周氏館於上海李筠嘉家，爲其撰修藏書提要。此書原有龔自珍序，今不載整理本前，④陳乃乾謂此書"留於李氏者名《慈雲樓藏書志》，周氏自存者則題爲《鄭堂讀書記》"，⑤周氏館於李氏慈雲樓撰藏書記在道光二年以後，適與龔氏交往之時，蜚語是否聞於龔氏

① [清]方東樹：《漢學商兑》卷中之下，萬有文庫本，第123頁。

② [清]周中孚：《鄭堂讀書記》卷二，上海書店出版社2008年版，第27頁。

③ [清]周中孚：《鄭堂讀書記》第909頁。

④ 序見《龔自珍全集》第三輯，有二序，文有繁簡，簡者署"道光六年丙戌六月"，繁者署"嘉慶二十五年六月"，龔麗正嘉慶二十年至道光五年在上海任職，周氏撰作此書亦在此時。

⑤ 陳乃乾：《鄭堂讀書記源委》《鄭堂讀書記與上海之關係》，收入《陳乃乾文集》上册，國家圖書館出版社2009年版，第29—32頁。

父子，今雖不得而知，然卻是線索之一。焦循卒於嘉慶二十五年(1820)，其所聽聞此事自在此之前。再從顧千里與周中孚交往而論，顧千里道光五年(1825)爲周中孚書作序，可見顧、周亦有交誼。顧千里在嘉慶六年(1801)入局校勘《毛詩》，著《毛詩校勘記》，時尚未與段交惡，因出於對臧庸之不滿，故於《記》中屢屢駁斥《經義雜記》之誤。[①]對臧庸不滿而駁斥《雜記》，已隱隱含有《雜記》與臧庸混淆不清的關係。緣此推知，臧庸竄改增飾《雜記》之流言，在嘉慶四年刻成後即已傳出，此爲追尋蜚語線索之二。

嘉慶十五年(1810)冬，上距《雜記》刊成已十一年，臧琳之聲譽已傳遍學林，而云《雜記》係"子孫潤色"所成之風言蜚語亦已傳遍學林。十六年(1811)春，臧庸上書阮元辯白之，云：

> 乃客冬忽述外人"子孫潤色"之言，閣下豈爲之惑耶？夫此書在當時有閻徵君序，丁教授輯録遺文，并見徵君手稿，在康熙丁丑(1697)。盧學士脩《常州府志》，采入《儒林傳》，及校勘《經典釋文》，撰入《考證》，在乾隆己酉、庚戌間(1789—1790)。時庸年二十有三，亡弟年始十四五，誰能爲潤色？且此書先爲學者流傳已久矣。此必有嫉怨之士誣以不根之談。……先人之書刊於子孫，即聞有一二删訂，亦校字者之責也，可因此疑其全體乎？《尚書集解》案如無所用之，希發還。尊處需《經義雜記》，示知呈上。自去冬聞命，寢食不寧，趨謁又未敢面請，臨啓不勝激切慚悚，庸再拜。[②]

細味書翰所辯，"子孫潤飾"之言似阮元聞之於外人而於十五年冬爲臧庸轉述，此關係到臧琳是否可入《儒林傳》之關鍵，故臧上書辯白。其證據是：一、閻若璩康熙丁丑(三十六年)有序；二、盧文弨乾隆己酉、庚戌(五十四至五十五年)間已見此書並摘録其要於《經典釋文考證》，而此時臧庸與弟臧禮堂皆年輕，無能力爲結構與大關節上之"潤飾"，其後校勘時偶有文字潤飾，屬於校字之責，與增飾竄入無與。胡秉虔云臧氏此書是"孝子慈孫之文，亦千古之公論也"，[③]顯然完全相信

① 據葉舟：《清代學者臧庸的石經研究》一文統計，《校勘記》中提及《經義雜記》者二十八條，除少數肯定外，大多持有異義。見《第二屆七朝石經學術研討會會議論文集》，2016年上海交通大學"歷代儒家石經文獻集成"課題組和洛陽師範學院主辦，第145頁。

② [清]臧庸：《上阮雲臺侍講書二》，《拜經文集》卷三，《續修四庫全書》集部第1491册，第579頁上。

③ 見前引臧庸《上阮雲臺侍講書》後胡秉虔手書跋文，末署"胡秉虔記"，《拜經文集》卷三，《續修四庫全書》集部第1491册影印漢陽葉氏寫本，第580頁上。

臧氏所言。阮元應是信其所白，仍將臧琳列入《國史儒林傳》。[①]今見漢陽葉氏寫本《上阮雲臺侍講書二》後又有孫星衍手跋，孫氏左袒臧庸，爲之辯云：

> 國初諸老講經學者甚少。玉林先生故當時不顯于世，其後荐舉經學，亦未被徵。然古今潛德闇修，不博時名者極多，不可以此疑其書。先生此文（引按，指臧庸上阮元書）不可少。[②]

道光間李遇孫更明確云："臧琳著《經義雜記》三十卷，内説《隸續》載《魏石經〈左傳〉遺字》中有《尚書》三篇文。後段懋堂大令著《尚書撰異》，亦嘗言及，實先生發之也。"[③]李氏曾閲讀錢大昕跋文，然卻持異見，云："魏三體石經左傳遺字……懋堂大令諦審之，知有《尚書·大誥》《吕刑》諸篇文錯雜其間。錢詹事稱爲向來考石經者未之聞也。然臧氏《經義雜記》中已有此説。"[④]是直接將離析之功歸於臧琳。

綜此嘉道間士林之流言，疑者謂書經臧庸增飾竄入，袒者謂琳乃潛德野遺，不可致疑。臧庸自辯而云是"删訂校字"。要理清此一公案，關涉甚大，如丁杰輯録之手稿、閻若璩序文手稿能否顯世，《雜記》内容與乾嘉諸老學術文字之比勘，清儒往來手札之梳理等。然收攝聚焦於三體石經與《尚書》問題，有以下兩點可以論定：

1. 臧庸持《經義雜記》請段玉裁作序，究竟所呈是全部抑是部分原稿，今雖難徵，然嘉慶四年所刊《經義雜記》三十卷本中出現"玉裁案"四次，分别是卷十二兩條，卷二十九、卷三十各一條。卷十二兩條見前所引，卷二十九"湜湜其止"條"《白氏六帖》卷七兩載此詩，皆作'湜湜其止'"下"玉裁案：予購得宋本《白帖》，轉不如此先生所見最爲善本"。[⑤]卷三十"蓼黄熊"條"賓爵下華"下"玉裁案，

---

① ［清］阮元《臧拜經别傳》云："元初因寶應劉端臨台拱獲交拜經，十年之間，于我乎館者爲多。卒之後，元寫其所著書爲副本，以原本還其家。叙玉林先生入《儒林傳》中，而以拜經附焉。顧《儒林》爲國史，文體宜簡，乃復述所未盡者爲别傳，以告後之學人，且致其哀恤云爾。"《揅經室集》二集卷六，中華書局1993年版，第524頁。

② 見［清］臧庸《上阮雲臺侍講書》後孫星衍手書跋文，末署"孫星衍記"，《拜經文集》卷三，第580頁上。按，王章濤《阮元年譜》嘉慶十六年下據之引録，黄山書社2003年版，第536頁。

③ ［清］李遇孫：《金石學録》卷三，《叢書集成續編》，新文豐出版公司1988年版，第93册，第58頁上。

④ ［清］李遇孫：《金石學録》卷三，第68頁上。

⑤ ［清］臧琳：《經義雜記》卷二十九，《續修四庫全書》經部第172册，第270頁上。按，段玉裁乾隆甲辰(1784)於江寧承恩寺書肆以廉價購得宋本《六帖》，不以爲珍，贈王蘭泉。後周漪塘以爲稀世珍品，轉爲周所得。段氏曾作跋記其事，印象深刻，故於《雜記》中特申言之。參見段玉裁：《經韻樓集》卷八《跋白氏六帖三十卷宋本》，江蘇古籍出版社2010年版，第187頁。

當作革”。①假若聯繫前文《撰異》卷一引述臧琳之說,《詩經小學》卷十九自述閱臧琳《經義雜記》語,似段玉裁從卷一至卷三十皆有所見,即臧庸所呈是《雜記》全稿,此與段序“今得其《經義雜記》三十卷讀之”正相吻合。即使不作此推想,至少段氏見過卷一、卷十二、卷二十二、卷二十九、卷三十諸卷,可斷然無疑。

2.《雜記》卷十二《魏三體石經尚書》二條玉裁案原文是,“罙”下案語云:“玉裁案:此古文歷,見《義雲章》。”“[illegible]”下臧琳云“亦未詳”,段氏云:“玉裁案,此古文受。”②段氏既在臧氏《雜記·魏三體石經尚書》下加上案語,已確確實實證明,段氏所見臧氏《雜記》原有此文,亦即《三體石經尚書》一節確係臧琳原稿,否則無從下案。就所案内容而言,《義雲章》出於《古文四聲韻》卷五,正段氏著《撰異》時常用之書。假若從世人懷疑態度推衍:《雜記》原無此文,而是臧庸待段玉裁作序之後,撮録(這裏姑且不用“剽竊”)段玉裁《撰異》中有關離析三體石經尚書文字補充到《雜記》第十二卷中,又矯作段氏案語以掩飾。若然,則臧庸《日記》與《文集》中從未用過《汗簡》《古文四聲韻》一類書,似無從標《義雲章》以注之可能,此其一;《雜記》刊於嘉慶四年,段氏尚健在,以兩人關係,臧必贈書於段,段又是於此極爲關注者,忽見鈔撮己説而又矯作案語,將作何感想?此其二;臧庸作爲欽仰段氏的晚輩,是否敢將所欽仰的師長之發明鈔撮歸美於先祖?此其三。即此三點,歸美、補充三體石經一條已不近人情之甚。

所以,《經義雜記》是否有臧庸竄入增益是一事,而離析三體石經中《尚書·大誥》《文侯之命》是另一事。前者事涉重大,非短文所能釐清;後者文有可據,即本文已可論定。《三體石經左傳遺字》中有《尚書》《大誥》和《文侯之命》文字,確係臧琳原稿,非臧庸鈔撮段玉裁或其他乾嘉諸儒文字而成。③

然應如何看待焦循提出的錢大昕《經義雜記序》與《隸續跋》《養新録》之歧異。籀讀錢序,先將臧琳與顧亭林、陳見桃、閻百詩並稱,繼謂其博極群書,尤精

① [清]臧琳:《經義雜記》卷三十,《續修四庫全書》經部第172册,第281頁下。

② [清]臧琳:《經義雜記》卷三十,《續修四庫全書》經部第172册,第131頁下。

③ 立足於此,則有一則足致深思者資料,即段玉裁於乾隆五十六年(1791)後審讀《經義雜記》,於卷十二“三體石經”條下曾有簽記,五十八年六月作序,未提及三體石經。臧庸於五十六年校訂《經義雜記》成,始作《拜經日記》。書成於五十九年(1794)仲夏,時距段氏序成已一年,段序應早已在臧庸手中。《日記》卷九有《漢魏石經遺字》一則,前以《一切經音義》卷三所引“宴”之石經爲漢石經,後以卷四所引“邦”,石經作“杍邦挹”下云:“考《經義雜記》魏三體石經《尚書》載《大誥》‘肆予告我友邦君’,邦字作[illegible]、[illegible]、邦三形……知杍必古文[illegible]字之訛,元應此卷所言石經即魏三體石經《尚書》也。”若石經《尚書》爲段玉裁首先發現並寫入《撰異》,以臧庸對段之傾仰,爲典衣刻書,情理上應引段說,而此處仍徵引《經義雜記》,不提《撰異》,其内心應有别樣之情懷。

《爾雅》《説文》之學，引臧氏“不識字，何以讀書；不通訓詁，何以明經”之名言，以贊其“孳孳講論，必求其是而後已”之治學態度。後云“文孫在東……頃來吴門，出是書屬予校定”，[①]通篇未嘗涉及《雜記》具體内容，非段序謂臧書“發疑正讀，必中肯綮”，並在“魏三體石經《尚書》”下寫入批語之比。臧庸可能只送部分鈔稿與錢，錢氏也可能僅就自己有興趣之内容讀之，未注意及此。至段玉裁與錢大昕述説，或書翰或面談，印象深刻，遂寫入跋文劄記。由於錢氏在乾嘉年間舉足輕重之學術地位，也因三體石經遺字之離析事關石經經數、隸定古文與《尚書》研究，故而引起學界種種猜測。

焦氏之論，不免寓有表彰先進、平息輿論之意。然此調停之説，有難以圓融者，即：臧庸典衣爲段氏刻《詩經小學》是事實，但若云段氏要將自己之發現歸美臧氏先祖作爲報答，又在其離析文字下加按，似乎太煞費安排。且臧琳《雜記》此段末云：“又案漢熹平一字石經，此今文《尚書》也；魏正始三體石經，此古文《尚書》也，識者辨之。”[②]而段玉裁在《撰異》卷十五“不敢替上帝命”下云“魏三體石經蓋用今文《尚書》也”，説相抵牾，故段氏不可能以離析之説相贈。退而論之，“或若膺此説與臧氏適同”，雖事屬可能，然段氏之生上距臧琳之卒尚有二十餘年，其率先離析《左傳遺字》之功，自當歸之臧琳。

以上所述臧庸與錢、段諸儒在乾隆五十五年後數年中之人事與學術交往，僅就目前知域所限作初步推測，尚需憑藉更多史料來梳理、證實。至於段玉裁是否也獨自發其奥藴，亦須《撰異》之原始稿本來驗證。但即就本文重在追溯《隸續》殘文内容而言，臧琳離析三體石經《左傳》遺字中有《大誥》《吕刑》《文侯之命》文字，段玉裁隨之應用到《尚書》研究中去，此在石經研究史和《尚書》古文研究中都應特書一筆。

三　孫星衍、馮登府對三體石經殘字的離析與應用

臧、段之後，對三體石經作全面研究者，當推孫星衍(1753—1818)與馮登府(1783—1841)。孫氏《魏三體石經遺字考叙》作於嘉慶十一年(1806)，自謂“蒙雖不敏，夙究篆籀之學，就《隸續》所載，理而董之。證以經典字書，爲之音釋”，[③]並

① [清]錢大昕：《經義雜記序》，《經義雜記》，《續修四庫全書》經部第172册，第288—289頁。

② [清]臧琳：《經義雜記》卷十二，《續修四庫全書》經部第172册，第130頁下。

③ [清]孫星衍：《魏三體石經遺字考序》，《歷代石經研究資料輯刊》第六册，北京圖書館出版社2005年版，第6—7頁。按，《平津館文稿》卷下收此文作《魏三體石經遺字校釋序》，疑孫氏初作以“校釋”名，作成後方始改爲“考”。

未明言是承繼臧、段之説而深入研究。然其《與段大令若膺書》討論《説文》字體，有云："他時刊三體石經，不無補于聖學也。"①此書作年，據後文"僕近撰集古文尚書馬鄭注"語，則正撰《尚書今古文注疏》不久也。孫氏《注疏自序》謂始自乾隆五十九年(1794)，迄于嘉慶廿年(1815)，②知書作於五十九年之後。時臧琳《雜記》雖未刊行，而段玉裁已與錢大昕論及三體石經《左傳遺字》有《尚書》篇章，並已在《撰異》中利用三體石經考訂《尚書》文字。孫、段書翰往返，固當聞知遺字内容。③故其《遺字考》改變形式，分篇考訂。與臧琳《雜記・魏三體石經尚書》相較，《遺字考》有以下諸點不同：

一、《雜記》旨在離析《尚書》，故揭示《大誥》《吕刑》《文侯之命》三篇，略去《左傳》文句，僅在前面將《左傳》文字起訖標示成七段。《遺字考》全面考訂三體石經，將《尚書》文字分爲"尚書大誥""尚書吕刑""尚書文侯之命"三節，並將《左傳》分出"春秋左氏桓公經""春秋左氏桓公傳""春秋左氏莊公經""春秋左氏宣公經""春秋左氏襄公經"五節。分離《春秋》和《左傳》，並合併《左傳》爲五段，更接近正始刊刻原貌。

二、移正錯舛文字。《雜記》爲使後人有原貌可循，故不變亂文序字位，有些錯亂到《左傳》之文字，僅在字下注明。如"[illegible]"字下臧琳云："此《左傳》遺字。"然因其已抽離《左傳》文字，則已經改變《隸續》版式。《遺字考》依篇章編排，若"[illegible]"字則移至《春秋左氏宣公經》下云"此字錯入《尚書・大誥》"，並下接"[illegible][illegible][illegible]有"而注云："六月癸卯日有食之。[illegible]，《汗簡》引。"④既注明該字所在篇章，又使殘文連貫可讀。

三、考訂更爲精確。《雜記》篳路藍縷，容有不周或闕略。如"[illegible]"字，臧琳云："《大誥》'民'字極多，單文未詳所屬。"《遺字考》"[illegible]"下注云："民獻有十夫。《隸續》作'[illegible]'，今訂正。"⑤

四、徵引他書佐證字形。《雜記》旨在離析，故其注明《大誥》《吕刑》《文侯之命》文句後，除個别需要解釋者，很少作字形考證。據孫氏與段玉裁書翰，知其因考釋《説文》文字而關注三體石經，故《遺字考》凡有可與《説文》《汗簡》《古文四聲

---

① [清]孫星衍：《與段大令若膺書》，《問字堂集》卷四《雜文四》，四部叢刊本，第十頁 a。

② [清]孫星衍撰，陳抗、盛冬鈴點校：《尚書今古文注疏序》，中華書局 1986 年版，第 3 頁。

③ [清]臧庸：《拜經日記》"贈言校勘里居姓氏"有陽湖孫伯淵星衍，孫氏是否閲其卷九所引，今無法推知，然確皆爲學術群體中人，其有所聞，自在情理之中。

④ [清]孫星衍：《魏三體石經遺字考》，第 43—44 頁。

⑤ [清]孫星衍：《魏三體石經遺字考》，第 11 頁。

韻》《集韻》等字韻書互相發明佐證者，往往引而證之。如《吕刑》下"𠆢"下云："今往。《隸續》如此。疑當爲'𠆢'。'𠆢'，《汗簡》引，《古文四聲韻》引作'𠆢'。"①

五、規整三體字形。《雜記》旨在離析《尚書》，於字形不甚措意，故僅摩録《隸續》文字而已，及其翻刻，更失其真。《遺字考》講究字形之規範，故用較爲標準之古文、篆文、隸書，以模拓形式翻刻，雖非石經原貌，然感覺尚稱逼真。兹取兩頁，以示一斑。

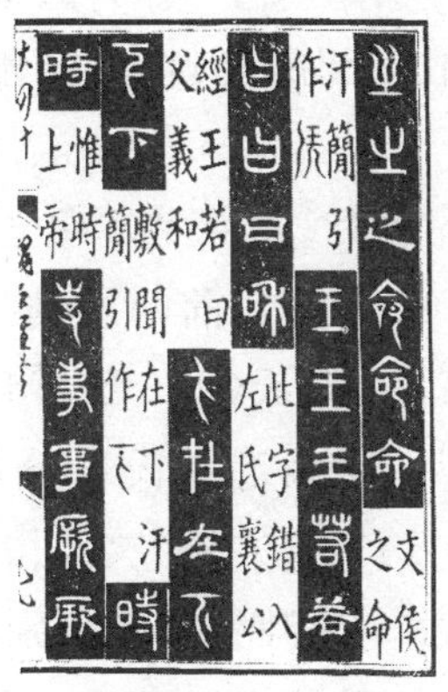

《尚書·文侯之命》

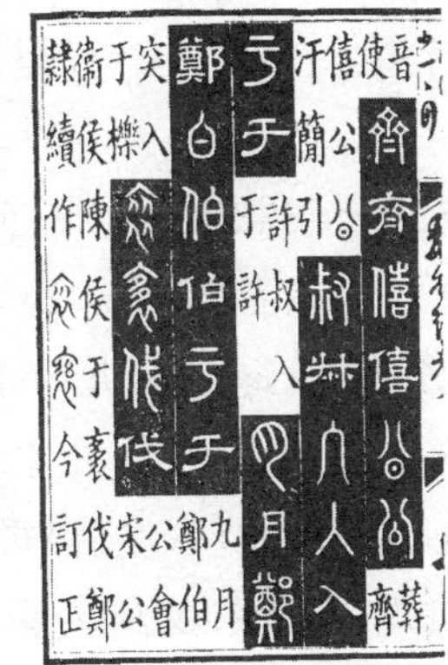

《春秋左氏桓公經》

孫星衍雖未必見臧琳稿本，但臧氏稿本由臧庸持之遍干名宿請序，故其離析三體石經在乾隆末嘉慶初盛傳學林，被譽爲一大發現。孫氏必有耳聞，故萌發重新整理《隸續·魏三體石經左傳遺字》之意念。儘管臧氏《經義雜記》嘉慶四年(1799)刊行，孫氏容或見之。或因屬稿在前，故前序及書中無一言涉及臧琳。從上所比較得知，孫氏董理有自己體例，似未以臧稿爲藍本。然學術之發現與突破，有時僅隔一紙，一旦捅破，盡可另起塗轍，以求殊途同歸。

當然，如此凌亂殘字，迭經上千年轉鈔流傳，欲復其原位，談何容易。孫氏復原雖有不同於臧氏，而亦未必皆是。顧千里嘉慶十二年(1807)爲《遺字考》作跋，即提出不同看法。顧氏謂《隸續》第廿四行"𢀓函𢀓"當下接廿六行"𠔾冬十"，在宣公十一年經；廿四行"𠆢"、廿五行"𠆢君𠆢子𠆢曰𠆢善"當是桓公六年傳"君子曰善自爲謀"，②諸如此類，仁智之見不同，乃極其自然。

① ［清］孫星衍：《魏三體石經遺字考》，第20頁。

② ［清］顧千里：《魏三體石經遺字考跋》，載《三體石經遺字考》前。按，顧跋署"丁卯正月"，爲嘉慶十二年(1807)。孫序云，書"既成，寄顧茂才廣圻於江寧，刊刻傳遠"，蓋讀其書有異見，遂跋之。

稍晚於孫氏之馮登府，專研歷朝石經文字，著有《石經考異》十二卷，分《國朝石經考異》《漢石經考異》《魏石經考異》《唐石經考異》《蜀石經考異》《北宋石經考異》。馮氏所關注者在石經之文字，然其於《魏石經考異》中，①亦顧及《遺字》之離析與復原。《魏石經考異序》作於嘉慶二十年十月，②而其《唐石經考異》後序云："嘉慶庚午（十五年，1810）春，余既著《漢石經異文攷》二卷，辛未（十六年，1811），又成《魏石經攷》二卷、《蜀石經攷》二卷。"③蓋先有草本，後續有修正，至二十年而序之。此馮氏三十歲前所著，肆力於文字異同，其最先著《漢石經》稱"異文攷"，已明其旨意。然因三體石經遺字糾結錯舛，必須離析，故《魏石經考異》亦從事於此。

馮氏著《考異》時，臧琳《雜記》與孫星衍《遺字考》皆已梓行，得以參考。《考異》依臧琳劃分之段落而予以調整，《尚書》置前，《左傳》殿後。《尚書》六段，起訖從臧琳所分，臧氏録二百九十五字，馮氏録二百九十四字。第六段之末有云："右《尚書》文連重文二百九十四，據武進臧氏琳分段列次，以經文屬之。"④是其分段無所異同，而在《左傳》後云："右《左傳》文八段，連重文共四百九十八，較《尚書》字畫爲正，而經文舛逆更甚。孫淵如前輩分别《尚書》《春秋》文，各釐而正之，究有未盡合者，故仍照原文暫爲校證以存之。"⑤其分《左傳》爲八段，較臧琳所分七段多一段，即臧琳第六段爲"御廩災"至"冬莊"，孫氏輯爲"春秋左氏桓公經"一段，馮氏將之一分爲二，第六段至"王使"止，而將"家齊"移至第七段，殿以"冬莊"。

馮氏所研旨在文字字形，於經文不甚措意，常引述臧說或孫說，如《尚書》第六段"惟"下云："臧云：惟字未詳所屬，孫云：有德惟刑。"有些文字下不標注經文，直接詮解字形。凡必須引臧琳或孫星衍說，則出"臧曰""孫曰"置之於前，而後用"府案"辯證；不引臧、孫之說，則或案或否，徑予解釋。馮氏詮釋較臧、孫解說更進一層，是其在《汗簡》《古文四聲韻》《集韻》等書之外，徵引銅器銘文以證。入

① ［清］馮登府：《石經考異》曾爲勞崇光補刊入《清經解》，其《魏石經考異》稿本存國家圖書館，賈貴榮《歷代石經研究資料輯刊》收其稿本。稿本之序在書前，《經解》則與其他幾種《考異》統一置於書後。因稿本文字簡單且頗多塗乙，《清經解》文字亦有增删潤飾；《尚書》《左傳》之段落復原，稿本至於卷二、卷三，《清經解》本置於其首；稿本又鈔録一大段臧琳文字，《清經解》本删去。今據《清經解》撰録。

② 按，《清經解》所收《魏石經考異序》不署年月，稿本末署"嘉慶旃蒙大淵獻陽月嘉興馮登府書于鹿城寓齋"。

③ ［清］馮登府：《唐石經考異序》，《清經解》卷一四〇四，第七册，第965頁上。

④ ［清］馮登府：《魏石經考異》，《清經解》卷一四〇三，第七册，第955頁下。

⑤ ［清］馮登府：《魏石經考異》，第956頁上。

《尚書》第一段"春"之古文，謂"又見南宫鐘鼎"；《左傳》第三段"善"下云："古器有善父觶作'𧥺'，此有筆誤。"①

馮書在《尚書》《左傳》分段之後，有《〈汗簡〉所收魏石經遺字》一節，依部首統攝古文一百十八字，②每字下標識楷書，有些字標明石經在何經，有的直接標"石經"。其與《隸續》合者廿九文，可訂正訛缺者廿六文，其他六十三字足以補洪氏所未及。此馮氏考證石經之重點，爲先前學者所未及，也爲後來王國維所效法。

四　道光以後的三體石經遺字研究

嘉慶間，臧琳、段玉裁、孫星衍、馮登府著作相繼行世，學者對三體石經之認識也逐漸清晰，由此推動《尚書》研究。段氏《撰異》之後，孫星衍在《尚書今古文注疏》中亦援石經文字互證，陳喬樅《今文尚書經説考》、劉逢禄《尚書今古文集解》、皮錫瑞《今文尚書考證》、黄式三《尚書啓幪》、孫詒讓《尚書駢枝》、簡朝亮《尚書集注述疏》、吴汝綸《尚書故》等，或轉述，或直引，皆用三體石經古文來詮解《尚書》文字。張聰咸《左傳杜注辨正》亦利用《三體石經左傳遺字》爲證。至於洪頤煊著《讀書叢録》，其卷八有《魏三字石經》一條，云"《隸續》載洛陽蘇望所刻魏三體石經殘字，亦止《尚書》《左傳》二種"，③可見嘉慶末年已爲學林所共知。

道光以還，石經研究亦呈現新的氣象，各種輯録、研究著作遠遠多於乾嘉。瞿中溶曾撰《魏石經遺字舉正》一卷，書佚，唯序文存於文集。序云："洪景伯《隸續》所録八百一十九字，已是重摹，後代並重摹亦不可得矣。洪氏題作'魏三體石經左傳遺字'。後人皆據其言，未加細辨。予始審出八百一十九字中實有《尚書》二百八十八字錯入，則晉代所傳《尚書》《春秋》二種已略備於此矣。且知《春秋》經文外，尚有《左氏》傳文。"④他認爲洪氏以來，"博古之儒均未有知之而言之者"。中溶嗜金石而成就卓著，於漢、魏、唐、蜀石經皆有著作。觀其後文云："其《汗簡》《古文四聲韻》並此刻所有之字，各以類附録於後焉。"則亦如馮登府《考異》末附"《汗簡》所收魏石經遺字"之比，唯書佚無可考其異同。中溶於道光七年

① ［清］馮登府：《魏石經考異》，第955頁中、第956頁上。按，馮氏所引銅器字形未必正確，或學海堂刊刻時走形，此是細節。其關注古器物字形，取古文字印證石經古文，在當時卻甚爲先進。

② 馮登府本節結尾云"古文一百五"，與後文數字不合，或先時所計，後有增益，未曾改正。

③ ［清］洪頤煊：《讀書叢録》卷八，《續修四庫全書》第1157册，第630頁下。

④ ［清］瞿中溶：《魏石經遺字舉正序》，收入《奕載堂文集》，《清人詩文集彙編》，第492册，第699頁。

(1827)五十九歲時作《蜀石經毛詩考》,校録《漢石經考異補正》及重輯《唐石經攷異集證》,六十歲時輯《魏石經遺字舉正》成,繼又校《隸釋》。①中溶爲錢大昕女婿,錢氏既聞段玉裁謂《左傳》遺字中有《尚書》,未必不與其婿言。唯道光八年(1828)上距錢氏逝世已二十餘年,向所教誨交流已成依稀仿佛,即或尚有記憶,因段氏無專著論及,故離析其文,以成專書。然其時孫星衍、馮登府二家著作梓行已二十年,序文未提及,似未見其書。

稍後之劉傳瑩(1818—1848)亦專攻金石,惜其年不永,遺著有《漢魏石經考》稿本,經黄元吉、姚晉圻、田明昶等整理付梓。是《考》總結前賢成果,立"魏石經之《尚書》《春秋》《左傳》説"一節專論之。云:"又《隸續》殘碑,洪氏以爲止《左傳》字者,實雜有《尚書》字,而不見有他經,則魏正始止此二部無疑。"自注云:"孫淵如、段懋堂攷出。"可知劉氏已得孫星衍《魏三體石經遺字考》,直接或間接獲知段玉裁《撰異》之考證,然未知段、孫之前已有臧説。幸整理劉氏遺著之田明昶加案語於其後云:"臧玉林已言之。"②蓋其已讀《雜記》,劉、田合璧,全盤繼承乾嘉學術成果。劉氏及其整理者在繼承前人成果基礎上,又進一步解釋何以魏石經只立二經:

> 魏所以止書此二經者,當以其時兩書傳有定本可據耳。

劉氏給出根據是:

> 據衛恒《書勢》,則邯鄲竺有《尚書古文》定本傳世,其一證也。

整理者姚晉圻補充云:

> 《魏志·王肅傳》注引《世語》曰:"肅子恂,建立二學,崇明五經,皆恂所建。"二學謂《古文尚書》《春秋左傳》也。然考石經實始刻於正始前,据《肅傳》,恂咸熙中猶受封。《世語》謂其卒時年四十餘,則刻經時恂才十餘歲。獨能建此二學,恐非事實。③

① [清]瞿中溶:《木夫先生自訂年譜》,《北京圖書館藏珍本年譜叢刊》第131册,第332—335頁。

② [清]劉傳瑩:《漢魏石經考》下篇,《歷代石經研究資料輯刊》第一册,第360頁。

③ [清]劉傳瑩:《漢魏石經考》下篇,第361頁。

按，晉元帝咸熙爲公元264—265年，取其中以四十五歲計之，則生於魏文帝登基(220)前後，至正始二年(241)刻三體石經時已二十左右。魏晉南北朝世族子弟年未弱冠，皆有文人學士群從相隨，偏政治則爲羽翼，重學術則成學派。無論如何，建立《古文尚書》與《春秋左傳》二學，與正始刻經之關係至爲重要。認識經書有定本可據，劉氏又提出：

> 蓋漢立石經，在正經文；魏立石經，在存字體。所以一用隸書，一備三體，一必備列五經，一止《尚書》《左傳》也。[①]

洞明世事，探究原委，可謂不易之論。然亦當歸功於臧氏剖判分析之功也。

劉氏之後，因無新材料，雖有轉述，已很難向前突破。如清末民初的葉德輝，在爲洛陽新出三體石經殘石作跋時，猶謂孫星衍"詳審知《左傳遺字》中有《尚書·大誥》《吕刑》《文侯之命》經字攙雜在内"，[②]而不知其爲臧琳早就離析。光緒十八年(1892)八月，洛陽黄占鰲於牛舍得三體石經《尚書·君奭》殘石一塊，[③]轉手爲黄縣丁氏所得，而後拓本流傳學林。楊守敬得羅振玉所贈拓本，率先言其爲"每行六十字，每字得漢尺一寸二分有奇"，進而對碑數行款予以計算。[④]1916年，王國維在完成《史籀篇疏證》及《叙録》後，取楊藏丁氏拓本研究其古文形體，因殘石文字行款恒定，即每行經文二十字，三體計六十字。取校《隸續》所存殘文，參考臧琳《雜記》所載，意有復原殘石形狀之設想。其與羅振玉函云：

> 凡《隸續》所存字亦可圖其殘石形狀，惟所存殘石在碑之上或下則不可定耳。《隸續》所載本據蘇望民摹刻之本，字頗有顛倒錯亂，前人皆謂是《左傳》殘字，國朝臧玉林始從其中分出《尚書》，孫淵如復作《考》二卷，此君粗淺，必不佳。今借此書未到。擬作《魏石經考》一篇，並附以圖，惟《春秋》尚有若干字不能知其在何處耳。[⑤]

---

① [清]劉傳瑩：《漢魏石經考》下篇，第361頁。

② [清]葉德輝：《郋園讀書志》卷一，上海古籍出版社2010年版，第8頁。

③ 關於三體石經《尚書·君奭》殘石發現渠道有二説，此據王廣慶《洛陽先後出土正始三體石經記》，參見筆者《第一塊三體石經發現時間與地點辨正》，未刊稿。

④ [清]楊守敬：《壬癸金石跋》，《楊守敬全集》第八册，湖北人民出版社1997年版，第993頁。

⑤ 《王國維全集》卷十五《書信日記·書信》，浙江教育出版社、廣東教育出版社2010年版，第120頁。

王國維謂《隸續》所載蘇望摹刻本文字頗有顛倒錯亂，自然係讀臧琳《雜記》而得知。一個月之後，又與羅振玉書云：

> 近考得三字石經每行六十字，以此行款排比《隸續》所存殘字，得《尚書·大誥》殘石一段，《吕刑》及《文侯之命》殘石一段，《春秋·桓公經》、《宣公經》《襄公經》各三段，而宣公經一段最長，得三十行。中間空三行。疑魏石經每碑三十行，行六十字。①

此中《尚書》三篇，本臧琳所析出，《春秋》數段，非臧氏所關注，而孫星衍已析出。王氏謂孫氏粗淺未必佳，殆未必然也。王函又謂"先據馮柳東書推之"，蓋其曾觀馮氏《魏石經考異》一書，故知《春秋》殘文段落，不知馮書正參考孫書而來。王氏能依仿實物，參考殘文，復原出《隸續》三體石經《尚書》《春秋》碑石形狀行款，兹引録二圖：

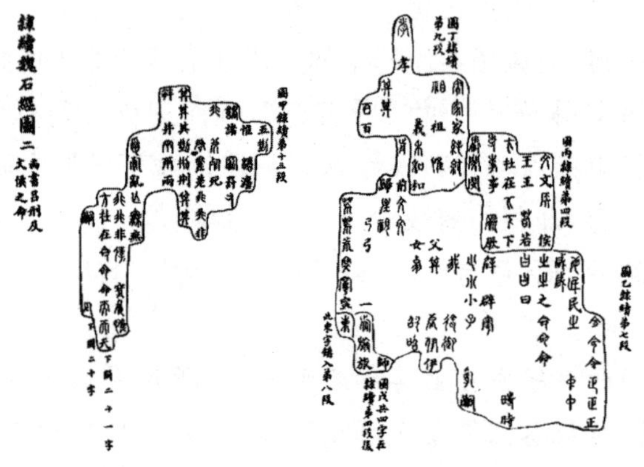

以上爲王氏所復原《尚書·吕刑》與《文侯之命》兩篇之殘石形制，雖字位高低左右不無誤差，②然其就兩篇之中容不下《書序》文字，遂推定正始所刻《尚書》爲馬鄭本而非梅本《古文尚書》，實在是又一個新發現。王氏之復原，是三體石經研究史上的一次飛躍，值得大書特書。③然追蹤其意識，與臧琳離析三體石經之舉措

① 《王國維全集》卷十五《書信日記·書信》，第138頁。

② 王國維《魏石經考》初刊於《廣倉學宭叢書》，後附復原圖五張七幅，後得新出殘石，知前所復原有所缺陷，故收入《觀堂集林》時删去附圖。

③ 王國維研究復原魏石經過程，請參見筆者：《王國維之魏石經研究》，《榆枋齋學林》上册，華東師大出版社2012年版，第259—292頁。

不無關係。

五 結 語

正始三體石經在六朝時已有拓本,可惜至李唐開元年間僅存《春秋》十三紙。這殘存的昆岡片玉,藉有識之士珍寶愛護,雖原物無法久存,其文字形式猶得輾轉傳鈔流傳,最後由好古之士蘇望摹録翻刻,存其仿佛之形。南宋洪适得之載於《隸續》中,以開首數字爲《左傳》文,題爲"魏三體石經《左傳》遺字"。[①]元明二代,石經之學,少有人涉足,[②]故皆視同古物,以爲就是三體石經《左傳》殘字而已。清初吴玉搢曾偶一據石經古文證《古文尚書》字形,武進臧琳撰《尚書集解》,關注石經文字,率先將三體石經《左傳》遺字中《大誥》《吕刑》《文侯之命》三篇《尚書》殘文離析,揭櫫於《經義雜記》中。乾隆末年,段玉裁將三體石經《尚書》古文應用於其所撰著的《古文尚書撰異》中,尋求今古文文字異同。嘉道以還,孫星衍、馮登府、瞿中溶、劉傳瑩等相繼離析、探研,推進三體石經之研究。光緒間三體石經殘石面世,真實的石經碑石行款探討成爲可能。楊守敬首先言其行款,王國維繼而揣摩殘石文字和形制,參取臧琳、馮登府等人成果,就經數、石數、經本、拓本、經文、篇題、古文、書法八個方面撰成《魏石經考》,開啓並奠基現代意義上的石經之學。

二〇一五年八月廿四日至九月一日草
二〇一五年十月一日修訂稿
二〇一六年十二月六日三稿

① 按,宋代婁機《漢隸字源》亦已云"魏三體石經左傳遺字"。考婁機,嘉興人,乾道二年(1166)進士。洪适《隸釋序》作於乾道三年正月,其弟洪邁爲其《隸續》作序在乾道三年十二月,則洪氏所題或早於婁機也。

② 如明楊士奇云:"聞西安府學有漢《尚書》《魯詩》《儀禮》《春秋》《公羊傳》《論語》《魏三體書左傳遺字》,余皆未得也。"(《東里續集》卷二十一)不分地域,足見皆耳食之言,未能親睹者也。

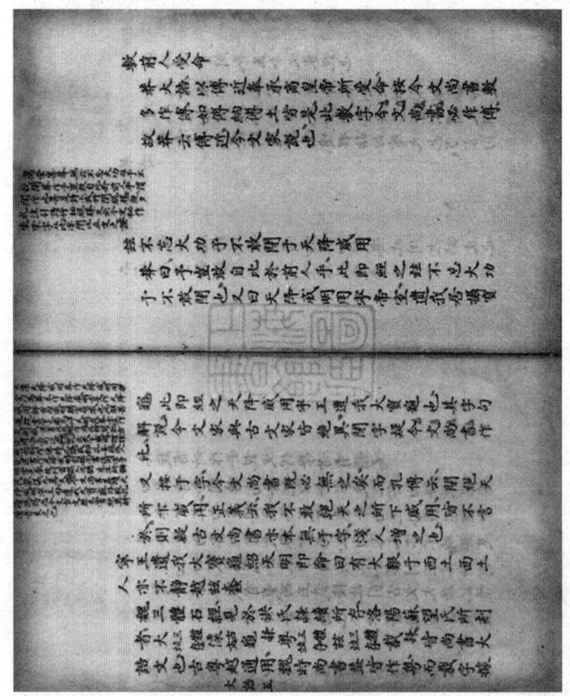

肆予沖人永思艱曰烏呼允蠢鰥寡哀哉予造天役遺
大投艱于朕身
造𢍰作遺今文尚書也投𢍰作解解蓋投之訓歟

越予沖人不卬自恤
魏三體石經友古邦三體方篆辭古大隸可古征三體
鰥三體寡古哀古卬隸自古卬古皆大誥文也與
尚書本作卬如說文引無毖于卬之類

義爾邦君越爾多士尹氏御事綏予曰無毖于恤不可
不成乃寧考圖功
說文八篇比部曰毖慎也从比必聲周書曰無毖于
卹
已
𢍰作熙
大誥十

邦𢍰大誥作[illegible]今文尚書也
越庶士御事罔不反曰艱大民不靜亦惟在王宮邦君
室越予小子考翼不可征
𢍰大誥曰於小子族父敬不可征然則今文家越予
小子考句絕其訓則皆以及𢍰弟皆王之諸父故云
考也翼訓敬與孔同

王害不違卜
害孔傳如字蔡傳云害曷也王曷不違卜而勿征
乎今按此篇言曷者五而此獨作害古經不當如是
然蔡氏此注云邦君御事不欲征欲王違卜之言
也殊為得解須知天寶已前尚書本無曷字皆假害
為之此篇中曷字皆作害曷首害字乃假衛包盡
改害為曷獨此害字以孔傳不訓曷僅存𢍰大誥曷
皆作害此句𢍰作曷不違卜似今文尚書無害字
大誥九

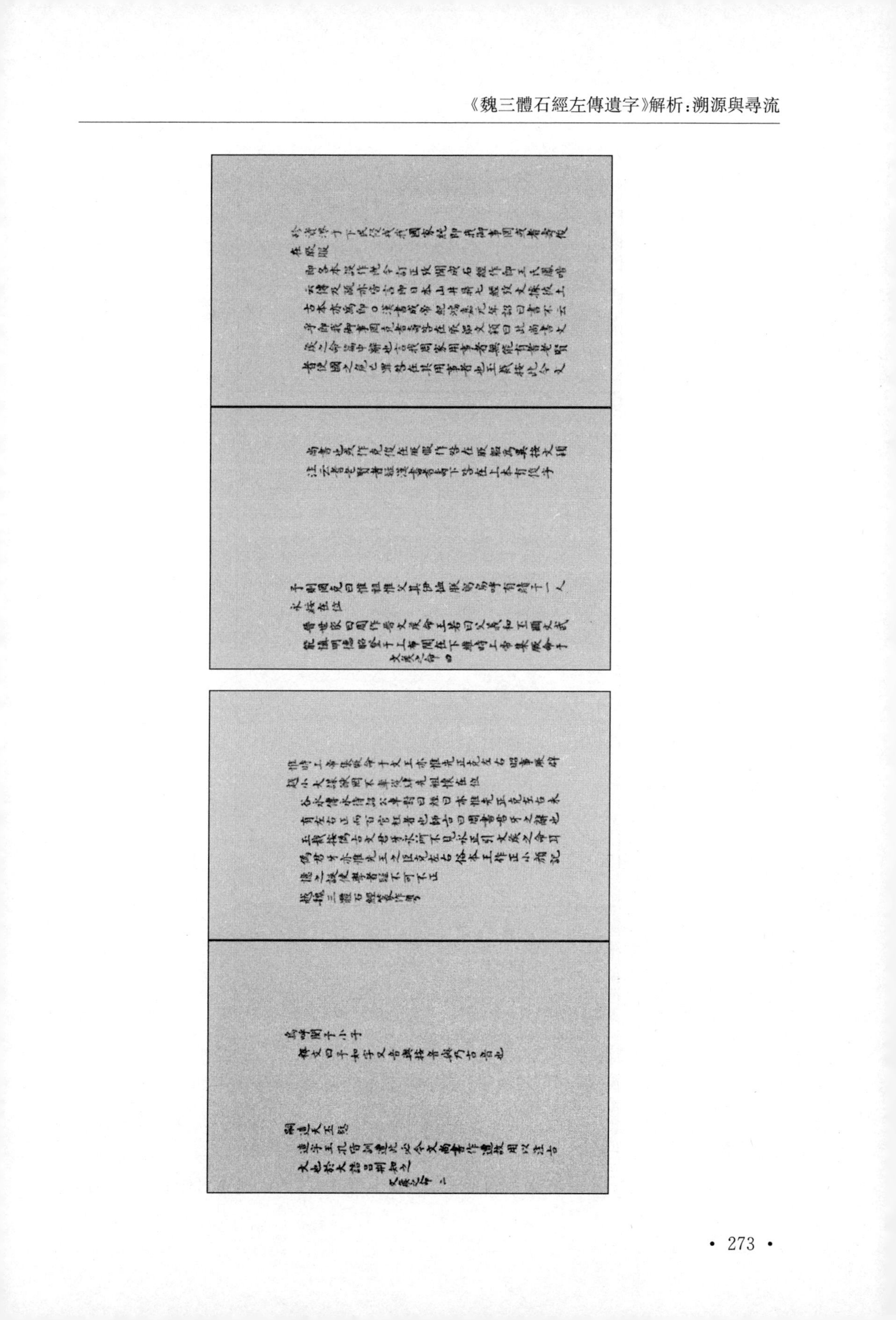

（本文發表於《國學研究》第三十九卷，2017 年 12 月）

上海博物館藏未著録三體石經拓本考察

趙振華　魏小虎　王　恒

近來整理館藏碑帖，在魏三體石經拓本中發現未見著録的資料 10 張。據其紙張、墨色，大致爲民國時期所拓。爲研究方便，將這 10 張拓本依次編號爲上博一至上博十。

漢魏石經殘石，清末和民國年間在洛陽漢魏故城南郊的太學遺址陸續出土，成爲轟動一時的學術盛事。因帶字的漢魏石經殘石售賣可獲利，一度催生了當地百姓的“刨字”熱潮和商賈的“造假”風氣，致使石經殘石魚龍混雜，真僞難辨，給原本清純的學術研究枉注了不應有的混亂因子。因此，對這 10 張未見著録的拓本，首先需要辨别真僞。此據文字特點等將其判定爲太學原石拓本和非太學原石拓本兩類介紹於後，以供研討。

一　太學原石拓本(3 種)

(一)上博一

拓本長 54、寬 44.4 釐米，經文 16 行，行 6 至 19 字不等，存古文 69、篆書 64、隸書 64 字，經文 81 字(圖一)，館藏編號 7534-1。爲《尚書・君奭》篇文字，與日本書道博物館藏編號“第三石”即正面爲《尚書・君奭》，[①]背面爲《春秋・僖公》殘石的《尚書》面上部相銜接。[②] 復原後在經碑中的位置爲《尚書》第廿二碑第 1 至 16 行中部，[③]詳見碑圖一。

---

① 白堅：《魏正始三體石經殘石記》，第三石，丁丑(1937 年)之春，白氏與石居第二版，第八葉。

② [日]台東區立書道博物館編：《台東區立書道博物館圖録》，二玄社平成 19 年(2007)版，第 66、89 頁。

③ 吕振端：《魏三體石經殘字集證》，學海出版社，1981 年 5 月初版，第 314 頁。

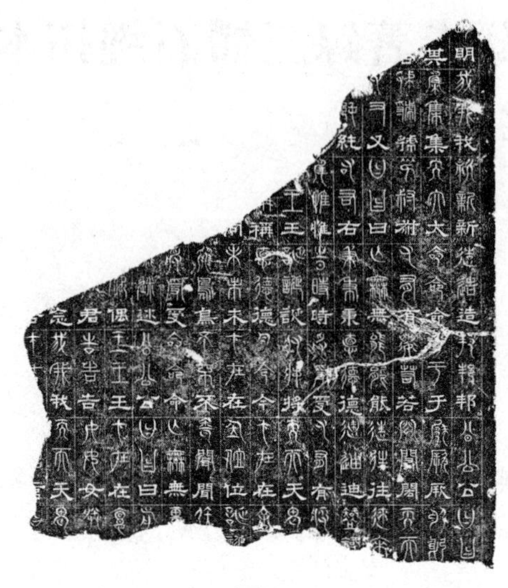

圖一

（二）上博二

拓本長 30 釐米、寬 42.4 釐米，經文 14 行，行 6 至 10 字不等，存古文 36、篆書 41、隸書 43 字，經文 46 字（圖二），館藏編號 7534-2。爲《春秋・僖公》廿三年至廿八年經，與日本書道博物館藏編號"第三石"即正面爲《尚書・君奭》，背面爲《春秋・僖公》殘石的《春秋》面上部相銜接。①復原後在經碑中的位置爲《春秋》第七碑第 19 至 32 行中部，②詳見碑圖二。

顯然，上博一和上博二爲同一塊殘石的兩面。

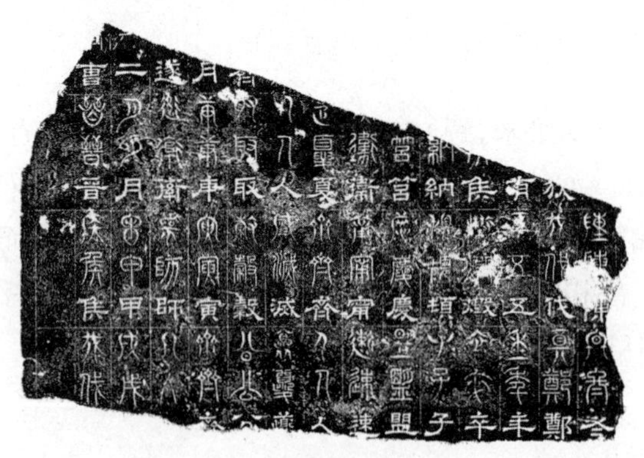

圖二

① ［日］下中邦彦編：《書道全集》，第 3 册，平凡社 1959 年版，第 67 頁。

② 吕振端：《魏三體石經殘字集證》，第 327 頁。

（三）上博三

拓本長51、寬41釐米，經文14行，行4至18字不等，存古文73、篆書74、隸書77字，經文86字（圖三），館藏編號7534-3。爲《春秋·文公》二年至六年經，復原後在經碑中的位置爲《春秋》第九碑的右邊下部，第1至13行，[①]詳見碑圖三。

圖三

上述3種拓本的品質與紙墨形態及其展示的時代風格和字體特徵，對照已知其他殘石復原後的碑圖情况等，可以判定爲真品無疑。據館藏資料，知上博一、上博二和上博三與已著録的羅振玉舊藏殘石拓本即館藏編號7534-4、7534-5是同時同批所拓，[②]還拓了多套，同時入藏，那麽這幾塊殘石肯定曾集中在一處，甚至很可能是同時同地出土。也許這3種拓本所自殘石的出土時間在民國二十六年孫海波著録之前，即早於1937年。

（四）今古文異同

經今古文異同紛繁，也體現於正始石經。對照本文，根據上博二和其他已知殘石復原爲碑圖二，知經碑第18、19行“夏五月庚寅，宋公兹父卒，秋楚人伐陳”句中，“宋……陳”間衍出1字，目前尚難以解決。

① 吕振端：《魏三體石經殘字集證》，第329頁。

② 孫海波：《魏三字石經集録》，北平虎坊橋大業印刷局1937年版，目録第三葉，補遺第一a、二b葉。

對照文本，根據上博三和其他已知殘石復原爲碑圖三，知經碑第 11、12 行“五年春王正月，王使榮叔歸含，且賵。三月辛亥，葬我小君成風。王使召伯來會葬”句中，“賵……葬”間衍出 2 字。或“王使”可奪而不影響文義？

上博一經文“右”今本作“佑”，“智”今本作“知”，“畏”今本作“威”，“才”今本作“哉”等，也見於其他已知殘石。①

（五）新增古文

對照《魏三體石經古文輯證》所列古文，上博一、上博二和上博三新增古文 20 個：“虢”“偶”“迷”“朕”“亶”“矧”“躬”“閔”“燬”“慶”“榮”“敖”“壬”“臣”“江”“賵”“納”“穀”“寧”“速”等。與戰國文字、《説文解字》、傳鈔古文字等比較，來歷明確，變化軌跡清晰。舉例如下表：

上博藏三體石經拓本新增古文舉例表

字序	字頭	石經古文	金文編	戰國古文字典	戰國文字編	説文解字	汗簡·古文四聲韻	傳鈔古文字編
1	虢	 上博一	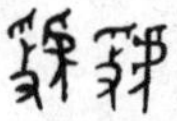 335			 103	 H52b	 493
2	慶	 上博二	 716	 644	 704	 218	 H59a  G 四 35b	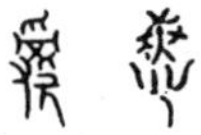 1047
3	賵	 上博三		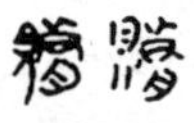 260		 131		 624

（説明：古文下阿拉伯數字分别是以下各書頁碼。容庚編著，張振林、馬國權摹補：《金文編》，中華書局 1985 年版。何琳儀：《戰國古文字典》，中華書局 1998 年版。湯余惠：《戰國文字編》，福建人民出版社 2001 年版。許慎：《説文解字》，中華書局 1963 年版。［宋］郭忠恕、夏竦編，李零、劉新光整理：《汗簡·古文四聲韻》，中華書局 1983 年版。徐在國編：《傳鈔古文字編》，線裝書局 2006 年版。）

（六）白堅“闕疑”之釋

白堅在《魏正始三體石經殘石記》（白氏與石居第二版）末頁的《闕疑記》

① 趙立偉：《魏三體石經古文輯證》，社會科學文獻出版社 2007 年版，第 331、318、334、321 頁。

中說：

《君奭》篇“有若閎夭”之“夭”字，此石中作“夭”。[①]吴興徐氏所藏殘石作“夭”，[②]既祥於記中矣。去歲秋，遊日本京都，于河合尚雅堂見此殘石之上半截十五行，“有若閎夭”之“夭”，古文及小篆皆作“夭”。河合氏云，此殘石合肥李氏家物，拓本不得與。然則吴興徐氏“閎夭、迪知、往來”一石，與此記中所見之石，[③]固二石而非一石也。謹識于此，以闕疑焉。丁丑春初，白堅記。

丁丑爲 1937 年。白氏由於不得河合氏藏石拓本，不能將其與自己手中的下半截拓本拼合以觀其全貌，難以判斷不同殘石上出現“夭”“夭”異同的原因，故而闕疑，態度審慎。於是解釋闕疑不可避免地連帶出幾個須解釋的問題：

1. 白堅所謂藏於日本京都河合氏尚雅堂的三體石經殘石，即上博一、上博二所示一石兩面殘石。殘石出土情況不明，原爲合肥李氏家物。合肥李氏，即晚清名臣李鴻章之子李經邁，室名“望雲草堂”，民國時期藏書家。[④]查《望雲草堂藏熹平石經目》(手稿掃描件)，[⑤]後附魏三體石經 3 種，審其殘石録文起止，恰爲上博一、上博二和上博三。“望雲草堂”散出之珍本書籍，有的流入葉景葵之手，如高麗舊鈔本《東國文獻備考》等。[⑥]上海博物館藏有葉景葵捐贈的“大三體”石經初拓未斷本，係“合肥李氏望雲草堂藏本”。[⑦]現藏上海博物館的熹平石經《周易》

---

① 此石是指日本書道博物館所藏之白堅編號爲“第三石”的殘石，白堅:《魏正始三體石經殘石記》，第八葉。

② 此石是指徐森玉舊藏殘石，孫海波:《魏三字石經集録》，目録第一葉，拓本第十九、二十葉。

③ 河合尚雅堂所藏合肥李氏家故物，即上博一、上博二，一石兩面殘石。

④ 李經邁(1877—1938)，字季皋，一字季高，號又蘇，別號澄園，安徽合肥人，李鴻章幼子，室名望雲草堂。幼隨美籍家庭教師丁家立(Tenney Charles Daniel)習英文，後從讀于詩文名家范當世。光緒二十三年(1897)，授工部員外郎，三十一年(1905)，充出使奧地利大臣，歸國後歷任江蘇、河南、浙江按察使。宣統二年(1910)，隨貝勒載濤出洋考察軍事，三年(1911)，署民政部右侍郎。辛亥革命後，移居上海。張勳復辟時，受廢帝溥儀命補外務部左侍郎。李經邁雅好收藏，古籍之外，書畫碑帖、田黄骨扇，均頗宏富。中以王羲之《行穰帖》唐摹本、御製緙絲加繡《三星圖頌》軸，最稱名品。其藏章有“李經邁印”白文方印、“季皋”朱文方印、“澄園”白文方印、“合肥李氏珍藏書畫印記”朱文方印、“望雲草堂”白文方印、“合肥李氏望雲草堂珍藏”朱文方印等。見向文欽《合肥李氏望雲草堂藏書流傳述略》，《圖書館雜誌》2012 年第 8 期，第 84 頁。

⑤ 林慶彰:《民國時期經學叢書》，第五輯，臺灣文聽閣圖書有限公司，2013 年 5 月初版。

⑥ 向文欽《合肥李氏望雲草堂藏書流傳述略》，《圖書館雜誌》2012 年第 8 期，第 85 頁。

⑦ 仲威，《碑帖鑒定概論》，上海世紀出版有限公司、上海古籍出版社 2014 年版，第 127 頁。

“大三角”上半截殘石，係文素松舊藏，後文氏將石易手，歸合肥李氏。[①]足見“合肥李氏”生前與漢魏石經淵源有自，珍愛有加。

2. 證明徐森玉和羅振玉藏石之僞。經核對碑圖，[②]徐森玉舊藏“閎夭、往來、迪知”殘石，[③]和羅振玉舊藏“人、夔以、公至、齊侯、入”殘石，[④]從其所在位置看，爲一石兩面（目前，羅振玉舊藏殘石在河南博物院陳列展覽）。根據上博一、上博二和白堅《魏正始三體石經殘石記》所載“第三石”兩面拓本[⑤]的上下拼合，以及考察日本書道博物館藏“第三石”的邊緣走勢，[⑥]二者能夠完美地綴合爲一石，文字亦完全吻合，可以確認爲太學原石。那麽，與上述二石結合部文字重複的徐、羅舊藏小殘石爲僞刻無疑。

徐藏殘石，白堅闕疑，記之書末。吕振端雖然一度懷疑，没有採用拓本，但在校文和碑圖復原中依然予以利用。[⑦]《尚書文字合編》也採用拓本。[⑧]羅藏殘石，其文字爲上博二拓本之下端部分隸書文字和日本書道博物館藏《君奭・僖公》殘石的《僖公》面上端部分古文文字，《集證》採用拓本，雖文字有重疊，不可吻合，但仍强行粘合，復原爲碑圖。[⑨]

前述今文《尚書・君奭》篇文王輔臣“閎夭”，三體石經作“閎天”。那麽，徐藏殘石的“夭”字就是僞作的鐵證。就先秦文字看，二字形近，容易混淆。

3. 民國時期流入日本的魏三體石經較大殘石，現已知藏處的有書道博物館所藏《君奭・僖公》方形大殘石，[⑩]《顧命・僖公》“靠背椅”形大殘石，[⑪]藤井有鄰館藏《多方・僖公》上方下尖大殘石，[⑫]京都河合氏尚雅堂舊藏的《君奭・僖公》

---

① 馬子雲、施安昌《碑帖鑒定》，廣西師範大學出版社 1993 年版，第 63 頁。2014 年 5 月 31 日中國書店二〇一四年春季書刊資料拍賣會“古籍善本書劄手稿專場”中，第 1149 號拍品爲漢熹平石經《周易》殘石（民國初拓本），上有商承祚題簽：“漢熹平石經，關中于氏合肥李氏兩家藏石合拓本。銘三先生藏。番禺商承祚。”

② 吕振端：《魏三體石經殘字集證》，第 314、327 頁。

③ 孫海波：《魏三字石經集録》，拓本第十九、二十葉。

④ 孫海波：《魏三字石經集録》，補遺第二葉。

⑤ 白堅：《魏正始三體石經殘石記》，第八、十葉。

⑥ ［日］台東區立書道博物館編：《台東區立書道博物館圖録》，第 66、89 頁。

⑦ 吕振端：《魏三體石經殘字集證》，第 225、314 頁。

⑧ 顧頡剛、顧廷龍：《尚書文字合編》第 3 册，上海古籍出版社 1996 年版，第 2254、2255 頁。

⑨ 吕振端：《魏三體石經殘字集證》，第 250、251、327 頁。

⑩ ［日］台東區立書道博物館編：《台東區立書道博物館圖録》，第 66 頁。

⑪ ［日］台東區立書道博物館編：《台東區立書道博物館圖録》，第 67 頁。

⑫ ［日］藤井有鄰館學芸部編：《有鄰館精華》，藤井斉成會昭和 60 年（1985）發行，單色圖版編號 38。

大殘石等，①數量之多形體之大，令人咋舌。原流入日本大阪淺野竹石山房，經文下方刻有表示經碑序號"第廿一""第八"的殘石，②後經白堅回購，現藏故宫博物院。③也許尚有不曾問世者，如上博三大殘石，至今下落不明。足見民國期間中國重要文物流失海外之慘狀，令人痛惜。

二　非太學原石拓本(7種)

(一) 第一組(2種)

兩張拓本字體風格一樣，墨色相同，是民國時期一種略透明的薄宣紙，屬於同類之物。

1. 上博四(圖四)，館藏編號7533-8。拓本長21.5釐米、寬21釐米，經文8行，行4至8字不等，存古文13、篆書18、隸書20字。設其爲真，是《春秋・成公》二年經，則其復原後在經碑中的位置爲《春秋》第十二碑的左側中部，其左下角即1957年西安出土的《梓材・成公》殘石，④二者相近。

圖四

2. 上博五(圖五)，館藏編號7533-9。拓本長21.7、寬19.6釐米，經文8行，行2至8字不等，存古文18、篆書12、隸書15字。設其爲真，是《春秋・成公》十七年至

① 白堅:《魏正始三體石經殘石記》,《闕疑記》,第二十四葉。

② 白堅:《魏正始三體石經殘石記》,第二十一、二十二葉。

③ 馬子雲、施安昌:《碑帖鑒定》,第96頁。

④ 劉安國:《西安市出土的"正始三體石經"殘石》,《人文雜誌》,1957年第3期,第67頁;圖版四。

十八年經，則其復原後在經碑中的位置爲《春秋》第十五碑前若干行的中上部。

圖五

經深入考察，重點從書法角度分析，這 2 張拓本和前述太學原石的 3 張拓本相較，字體筆畫軟弱，隸書的靈動和果敢不足。此列表舉例將真品的有關書體與之比較，可判定這 2 張拓本爲僞。

真僞字例對比表

來　源	侯	晉	國	齊	子	莒
上博四、上博五						
已知三體石經	《集録》三十二頁	《集録》三十八頁	《集録》七頁	《集録》三十八頁	《集録》四十三頁	上博二
曹魏西晉碑刻	王基碑	辟雍碑	辟雍碑			

(1) 上博五隸書“侯”字的寫法不合常規。在三體石經殘石拓本中，“侯”爲常見字，寫法成熟穩定，特點爲上部“刀頭”的“長撇包圍在小横折内”，中部“三個横畫”的左端多數與“長豎畫”相接。這個特徵，在東漢後期及曹魏、西晉碑刻中習見。如曹魏碑刻《上尊號碑》《受禪表》《曹真碑》《王基碑》中的“侯”字，概莫能

外。《辟雍碑》等西晉碑刻中"侯"字的這種寫法也比比皆是。而該拓本的隸書"侯"字,三横畫與左豎畫均不相連接,這種結字習慣是唐楷形成後才有的,可見此字絶非曹魏人所書。

(2) 上博五隸書"晉"字的寫法不合常規。此字首筆横畫下爲兩個左右並列的"三角形",魏晉時期官方碑刻的通常寫法是左點先輕撇,然後右點連下横一筆彎折而成,開口較大,顯得輕鬆活潑,生動自然,而不是像該拓本所示規正的生硬小三角,且下部"日"字楷書,有悖時代特點。上博五"晉"字與已知魏石經和西晉碑刻中的此字形狀迥異,絶非魏晉人所書。

(3) 已知三體石經的"國""田""自"等隸書字形,其外方框的左右兩豎多略略向内微弧内凹,筆畫彰顯彈性。而上博四、上博五"國""自"等字隸書的方框則近乎楷書,顯得平直呆板,没有張力,靈動不足,顯然與魏石經非一時所書。

(4) 三體石經殘石常見的古文"齊"字下部左右兩豎一般呈起筆略肥收筆纖細的短弧形,連帶上部的三個"箭頭",勢存體美。而上博四的古文"齊"字的左右兩筆先豎後撇,喪失彈性,"箭頭"書勢呆板,不可同日而論。

(5) 三體石經小篆"子"字上部多呈扁方形或扁圓方形,爲時代特徵。而上博四中小篆"子"字上部爲渾圓形,異樣明顯,不合常規。

(6) 已知三體石經"筥"字爲"竹"字頭。而上博五小篆"筥"爲"草"字頭,下部"吕"作相向的半圓形,結體純屬自創。異於三體石經殘石的小篆"筥"字構型甚遠。

綜上可見本組的2張拓本爲僞刻,此亦許是民國以來的研究者未採用該拓本爲資料的原因。

(二) 第二組(2種)

1. 上博六(圖六),館藏編號10817。爲三體直下式殘石拓本,長21、寬18.5釐米,經文6行,行2至7字不等,存古文15、篆書11、隸書9字,爲《論語·公冶長》文字。上鈐印"戚叔玉氏珍護",係海上金石碑帖收藏家戚叔玉捐贈上海博物館者,謂陶湘藏石。①

2. 上博七(圖七),館藏編號9480。爲三體品字式殘石拓本,長19.5、寬20.7釐米,經文11行,行2至9字不等,存古文14、篆書16、隸書13字,爲《論語·公冶長》文字。

① 上海博物館圖書館:《戚叔玉捐贈歷代石刻文字拓本目録》,上海世紀出版股份有限公司上海古籍出版社2006年版,第233頁。

圖六

圖七

設其爲真，參照《春秋》經文每行 20 字的規律，則這 2 張文字排列格式迥異的拓本在《論語・公冶長》中距離頗近，相互銜接。從内容看，目前傳世或文獻記載的三體石經殘石或拓本，未聞有《論語》者。考察其書法書體，問題更大。這 2 塊《論語》殘石，顯係近代僞造，嘩衆取寵。

馬衡《魏石經概述》説，刻工試刻之字有《論語》篇的内容：

> 蓋魏石經不同于漢石經者有一特點，即除兩面經文外，往往有刻工試刻之字……又有一石有《論語》篇首文，一石有急就篇首文，不得目爲《禮記》、《論語》、《急就篇》皆立於太學也；此類試刻之單詞只句，大都不按每行六十字排列，隨宜書寫……故極易誤認爲正式經文。所幸者，其排列方法不同于正經，即不按每行六十字排列，尤可推知其爲試刻之字，不過較《禹貢》等石更爲整齊耳。①

顯然，這 2 張《論語》"子曰"殘石拓本不屬於馬衡所謂試刻之字，而是按照每行 20 字(三種字體爲 60 字)嚴格排列經文後的專門僞造。從書法看，三種字體的章法佈局和字形結構，都與已知殘石字體和風格不類。上博六上的字結構很不協調，如古文"然"、篆書"斐"、隸書"惡"字，筆畫綿軟，形體丑陋。而上博七上的字體僵化呆板，拘謹壓抑，毫無漢魏書體的時代氣息。如篆書"與"字，將上部中間寫成出頭的"干"字，屬於非常低級的錯誤。

① 馬衡:《凡將齋金石叢稿》，中華書局 1977 年版，第 222、223 頁。

僞造兩種三體《論語》殘石，應當是經過精心策劃的僞作，以前所未見和可以復原文本爲賣點欺售。

（三）第三組（3 種）

1. 上博八（圖八），館藏編號 10820。"惟、戾罔、殷"殘石拓本，長 12.2 釐米、寬 11.2 釐米，經文 5 行，行 2 至 4 字不等，存古文 5、篆書 5、隸書 4 字。鈐"戚叔玉氏珍護"印，謂陶湘藏石。①

拓本中古文"罔"字，比較已知的殘石古文，②其書體尤其是内部"亡"的寫法，甚不協調。"戾"和"殷"字隸書的時代風格也不强烈。"惟"字下面那個難於辨識的古文筆畫，也很難看出"豐中鋭末"的古文特徵。拓本字體彆扭，風格怪異，也無經文對應，可判定爲僞刻。

1922 年洛陽出土的《多士・文公》殘石的《多士》一面，倒數第 3、4、5 列有"殷、惟、戾"等字三體横排，③頗疑上博八由該石取字仿製。

圖八

2. 上博九（圖九），館藏編號 10826。長 8.6 釐米、寬 13.1 釐米，經文 2 行，行 2 字，存篆書 2、隸書 2 字。"公、來"殘石拓本，爲《春秋・成公》八年經，鈐"戚叔玉氏珍護"印，謂陶湘藏石。④設其爲真，則復原後在經碑中的位置爲《春秋》第十三碑的 23、24 行下端。⑤

① 上海博物館圖書館：《戚叔玉捐贈歷代石刻文字拓本目録》，第 233 頁。

② 孫海波：《魏三字石經集録》，拓本第十八葉。

③ 吕振端：《魏三體石經殘字集證》，校文 211 頁，碑圖 312 頁。

④ 上海博物館圖書館：《戚叔玉捐贈歷代石刻文字拓本目録》，第 233 頁。

⑤ 吕振端：《魏三體石經殘字集證》，碑圖 333 頁。

拓本篆書"公""來"2字常見,與已知殘石篆文寫法相似。然而隸書"公"字下部"三角形"寫法,與已知殘石中反復出現的"公"字下部"三角形"寫法有明顯差别;"來"字隸書筆畫軟弱無力,缺乏"折刀頭"的時代特徵,可判爲僞刻。

圖九　　圖一〇

3. 上博十(圖一〇),館藏編號307,孫伯淵捐贈。長7.7釐米、寬5.9釐米,經文2行,行3字,存古文2、篆書2、隸書2字,拓本存字"曰、革"三體。在1922年出土的《多士·文公》殘石的《多士》一面,亦有"曰、革"二字三體並列在倒數第6、7、8横行上,①拓本顯然不是來自這塊殘石。設該拓本爲真,復原後在經碑中的位置爲《尚書》第十一碑的第11、12行中上部,②爲《洪範》篇文字。

細審上博十"曰、革"的三種字體,可發現篆書"曰"字的兩豎,直筆和轉角顯得生硬,篆書"革"字應是"廿"字頭而作"艸"字頭,硬傷明顯,可以定爲僞刻,頗疑其從上述《多士》中取字仿製。

三　翻刻和僞刻

漢魏石經作僞問題,前賢多有論及。就三體石經而言,清末方若云:

> 近有摹刻,裂紋與剝處易辨。

① 吕振端:《魏三體石經殘字集證》,校文211頁,碑圖312頁。

② 吕振端:《魏三體石經殘字集證》,碑圖303頁。

當代王壯弘增補云：

按三體石經小殘石出土甚夥。周進、馬衡、徐森玉等人皆有藏石。學者爭相購求，洛陽遂多贋作，各家藏石真僞相雜，也有流入日本。①

羅振玉晚年在整理魏石經資料時也説：

而後殘石時有出土，皆歸四明馬氏、吴興徐氏諸家。近年《君奭》石最下截一石複出，由蜀人某售諸日本京都藤井氏。予又於某手見大殘石至二三百字者數紙，書勢殊孱弱，不能定爲真品矣。②

張彦生也曾感歎道：

漢魏石經僞刻甚多，各鑒藏家也收入，如方若，收大小近百品，無真品。上海龔心釗、李國松等均收多塊僞品。北京僞品少，因馬衡、徐森玉、吴宜常、周季木、柯昌泗、許雉璜等與挖掘人有來往，故每出一石即傳來消息，因此來北京的僞品少。③

由此看來，近代漢魏石經的作僞問題確實相當嚴重，然而諸家並未舉例深談。本文已對上博四至上博十以及曾爲徐森玉和羅振玉舊藏的一石兩面小殘石做了辨僞。下面再談一塊僞造和幾種翻刻的魏石經殘石。

1. 馬衡舊藏“民、祗、王至、殷侯”所謂《尚書》第廿二碑小殘石，孫海波、④吕振端、⑤顧頡剛、顧廷龍諸家均以爲真。⑥吴峻甫發現該殘石與今本經文排列不符，但仍判其爲真，予以校釋，以備研考。⑦因孫海波《集録》中收録的是剪開拓本，已經不能直接看出殘存文字的排列樣式，僅在目録中説明這分屬《君奭》篇的

① 方若、王壯弘：《增補校碑隨筆》（修訂本），上海世紀出版股份有限公司上海書店出版社 2008 年版，第 116、117 頁。

② 羅振玉：《雪堂類稿》，《甲、筆記彙刊》，《石交録》，遼寧教育出版社 2003 年版，第 180 頁。

③ 張彦生：《善本碑帖録》，中華書局出版 1984 年版，第 31 頁。

④ 孫海波：《魏三字石經集録》，拓本第二十二葉。

⑤ 吕振端：《魏三體石經殘字集證》，校文 226、227 頁。

⑥ 顧頡剛、顧廷龍：《尚書文字合編》第 3 册，第 2259、2386 頁。

⑦ 吴峻甫：《新出漢魏石經考》，1981 年廣文書局發行，第四卷，第十四葉。

“民、衹”2字拓本和屬於《多方》篇的“王至、殷侯”等字拓本來自一塊殘石。但在復原碑圖時，卻未將兩張拓本按一塊殘石來對待。[①]後來吕振端利用此殘石的完整拓本，[②]對孫海波《集録》復原的《尚書》第廿二碑的碑圖進行了“校正”。[③]一般説來，復原的碑圖經文都是偶數，且以34行者居多，吕氏因誤判其石爲真，參照復原後的碑圖卻是33行，不合規律，而且第16、17、18、19四行中衍出4字也無法處理。

針對上述問題，可以嘗試利用上博一客觀地復原此碑圖。以往羅振玉藏“弗、言”小殘石，孫海波因未知其隸屬於何經而歸入《集録》的《附録》，[④]後經吕振端確認爲《尚書・多方》殘字，納入第廿二碑。[⑤] 在碑圖所排經文中，“弗”字可與“王至、殷侯”殘石左側的“殷”字並列銜接。那麽這兩塊殘石的拓本應該能夠左右綴合，但是實況卻根本不吻合，本應銜接的部分因外凸而重疊，即二石必有一僞。經反復審視拓本，覺得“弗、言”小殘石字體規範整齊，端莊大氣，而“民、衹、王至、殷侯”殘石字筆畫軟弱，綫條無力，必爲僞刻。於是予以擯棄，仍按《集録》對該碑圖所定的34行爲原則，校正孫、吕復原的碑圖。其中第29行因孫海波不知道“因、亦、乃、以、不”殘石的位置而未參照，[⑥]雖然吕振端參照了此殘石，[⑦]但其判“民、衹、王至、殷侯”殘石爲真，也不符合實際。於是充分借鑒孫、吕二家的正確成果，重新復原《尚書》第廿二碑爲經碑復原圖一。

2. 傳世有光緒年間龍虎灘出土殘石的翻刻本，有1922年出土的《君奭・文公》“大三體”殘石剖開爲兩半後的翻刻本，也有同出的《多士・文公》殘石翻刻本等偶見於坊肆。這類翻刻拓本，紙張、墨色實爲民國時期，字體、石花、刻工也較逼真，頗能唬人。碑拓收藏愛好者遇到此類拓本要格外小心，以免爲“黑老虎”所傷。

四 結　　語

曹魏太學石經發現於清末，主要出土於民國時期，流散於海内外，建國後所

① 孫海波:《魏三字石經集録》，目録第一葉，碑圖第七葉。
② 吕振端:《魏三體石經殘字集證》，校文226頁。
③ 吕振端:《魏三體石經殘字集證》，碑圖314頁。
④ 孫海波:《魏三字石經集録》，目録第一葉，附録第六葉。
⑤ 吕振端:《魏三體石經殘字集證》，校文228頁。
⑥ 孫海波:《魏三字石經集録》，目録第一葉，附録第五葉。
⑦ 吕振端:《魏三體石經殘字集證》，校文227頁。

見寥寥。[①]百十年間，學者收集研究殘石拓本，予以著録，亦有遺漏者。除了本文公佈的3種，洛陽學者在2014年發現的2種(1石2面)尺寸較大的殘石拓本，亦於當年12月在上海交通大學人文學院舉辦的“七朝石經國際學術研討會”上公佈。[②]

上博一、上博二和上博三合計，新增三體文字541個，新增經文213字，詳細數據見下表：

新見魏三體石經殘石字數統計表

書名	來歷與篇題	古文	小篆	隸書	小計	經文
《尚書》	上博一《君奭》拓本	69	64	64	197	81
《春秋》	上博二《僖公》拓本	36	41	43	120	46
	上博三《文公》拓本	73	74	77	224	86
合計		178	179	184	541	213

三體石經古文字體的來源與流變，向爲學人關注。就其不同的單字而言，《魏三體石經古文輯證》收録542個。2014年新發現的三體石經拓本新增古文“岦”“隧”“服”“祀”“疾”“哲”“殄”“滕”“羸”“壤”“籥”“臀”“黑”“缺”“根”“寅”“食”“牟”等18個，上博藏拓又新增古文20個，剔除《輯證》誤録的三體石經殘石古文“天”“祇”2字，則目前已知三體石經古文確切字數爲578。在《曹魏太學石經三碑六面復原研究》一文(見前)所列已知的三體石經字數5 770個和經文字數2 405個的基礎上，剔除孫海波《集録》著録的僞刻殘石，如徐森玉舊藏的“閔天、迪知、往來”殘石、羅振玉舊藏的“人、夒以、公至、齊侯、入”殘石和馬衡舊藏的“民、祇、王至、殷侯”殘石，加上上博一、上博二和上博三所新增的三體文字和經文字數，目前已知的三體石經字數爲6 284個，經文字數爲2 598個。

在《曹魏太學石經三碑六面復原研究》一文附圖上，納入上博藏拓3種，進一步充實了經碑復原示意圖。

上海博物館藏民國時期未曾著録過的三體石經拓本10種，雖然時隔多年，對學界而言依然是十分新鮮的資料，無論真僞，都應將其悉數公佈於世，以去僞存真。隨著時間的推移，相信今後還會有新的發現。除了科學發掘品，新發現的殘石和拓本必然要接受學術辨析，以促進相關研究，還原歷史。

---

① 趙振華、王學春：《談偃師焦村魏石經〈尚書・無逸〉殘石》，《古籍整理研究學刊》2005年第5期，第89頁；段鵬琦：《漢魏洛陽故城》(20世紀中國文物考古發現與研究叢書)，文物出版社2009年版，第103頁。

② 趙振華、王恒：《曹魏太學石經三碑六面復原研究：以新獲〈尚書・召誥〉〈春秋・宣公〉拓本爲中心》，《經學文獻研究集刊》第13輯，上海書店出版社2015年版，第80頁。

已知較大块三體石經殘石復原經碑示意圖
（上欄爲《尚書》經碑，下欄爲《春秋》經碑）

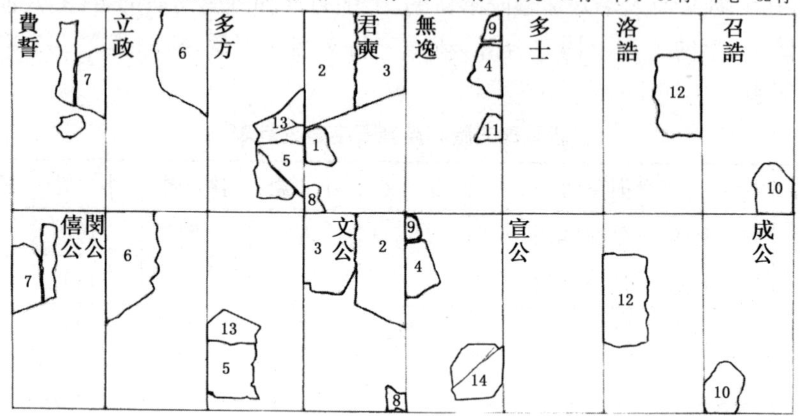

1. 光緒年間龍虎攤出土，現藏故宫博物院；
2. 1922年出土“大三體”之一半，現藏國家博物館；
3. 1922年出土“大三體”另一半，現藏洛陽博物館；
4. 1922年與“大三體”同出之另一石，現藏處不明；
5. 民國白堅著録，現藏日本書道博物館；
6. 民國白堅著録，現藏日本有鄰館；
7. 民國白堅著録，現藏日本書道博物館；
8. 民國白堅著録，現藏故宫博物院；
9. 民國孫海波著録，謂羅振玉藏石；
10. 1957年西安出土，現藏西安碑林博物館；
11. 《古今論衡》1999年第2期發表，現藏台灣“中央研究院”歷史語言研究所；
12. 王恒藏拓，原石出土、藏處不明；
13. 上海博物館藏拓，原石爲民國“合肥李氏”舊藏並著録，後流入日本京都河合尚雅堂；
14. 上海博物館藏拓，民國“合肥李氏”著録，原石現藏處不明。

則有固命厥亂明我新造邦公曰君奭在昔上帝割
申勸寧王之德其集大命于厥躬惟文王尚克修和
我有夏亦惟有若虢叔有若閎夭有若散宜生有若
泰顛有若南宮括又曰無能往來茲迪彝教文王蔑
德降于國人亦惟純右秉德迪智天威乃惟時昭文
王迪見冒聞于上帝惟時受有殷命才武王惟茲四
人尚迪有祿後暨武王誕將天畏咸劉厥敵惟茲四
人昭武王惟冒丕單稱德今在予小子若游大川予
往暨汝奭其濟小子同未在位誕無我責收罔勖不
及耇造德不降我則鳴鳥不聞矧曰其有能格公曰
嗚呼君肆其監于茲我受命無疆惟休亦大惟艱告
君乃猷裕我不以後人迷公曰前人敷乃心乃悉命
汝作汝民極曰汝明勖偶王在亶乘茲大命惟文王
德丕承無疆之恤公曰君告女朕允保奭其女克敬
以予監于殷喪大否肆念我天畏予不允惟若茲誥
予惟曰襄我二人汝有合哉言曰在時二人天休茲
至惟時二人弗戡其汝克敬德明我俊民在讓後人
于丕時嗚呼篤棐時二人我式克至于今日休我咸
成文王功于不怠丕冒海隅出日罔不率俾公曰君
予不惠若茲多誥予惟用閔于天越民公曰嗚呼君
惟乃知民德亦罔不能厥初惟其終祗若茲往敬用
治
多方
惟五月丁亥王來自奄王至于宗周周公曰王若曰
猷告爾四國多方惟爾殷侯尹民我惟大降爾命爾
罔不知洪惟圖天之命弗永寅念于祀惟帝降格于
夏有夏誕厥逸不肯慼言于民乃大淫昏不克終日
勸于帝之迪乃爾攸聞厥圖帝之命不克開于民之
麗乃大降罰崇亂有夏因甲于內亂不克靈承于旅
罔丕惟進之恭洪舒于民亦惟有夏之民叨懫日欽
劓割夏邑天惟時求民主乃大降顯休命于成湯刑
殄有夏惟天不畀純乃惟以爾多方之义民不克永
于多享惟夏之恭多士大不克明保享于民乃胥惟
虐于民至于百為大不克開乃惟成湯克以爾多方簡代夏作

碑圖一　《尚書》第廿二碑復原圖(經文《君奭・多方》，計34行)

［圖中右下黑體字“曰君奭在昔上……威予不允惟若”，爲日本書道博物館藏《尚書・君奭》殘石(第三石)；右下黑體字之上的黑體斜體字“明我新造邦公……合哉言曰”爲上博一拓本(顯然，夾在黑體斜體字和黑體字中間的“閎夭、往來、迪知”爲徐森玉舊藏僞刻殘石)；中部黑體字“民、祗、王至、殷侯”爲馬衡舊藏僞刻殘石，圖示此6字不能相連於一塊小殘石；左中部三處黑體字“弗言”“因、亦、乃、以、不”“顯休、方之、保享、湯”，爲孫海波著録殘石。］

伯許男邢侯曹伯于淮　十有七年春齊人徐人伐
英氏夏滅項秋夫人姜氏會齊侯于卞九月公至自
會冬十有二月乙亥齊侯小白卒　十有八年春王
正月宋公曹伯衛人邾人伐齊夏師救齊五月戊寅
宋師及齊師戰于甗齊師敗績狄救齊秋八月丁亥
葬齊桓公冬邢人狄人伐衛　十有九年春王三月
宋人執滕子嬰齊夏六月宋公曹人邾人盟于曹南
鄫子會盟于邾己酉邾人執鄫子用之秋宋人圍曹
衛人伐邢冬會陳人蔡人楚人鄭人盟于齊梁亡
廿年春新作南門夏郜子來朝五月乙巳西宮災鄭
人入滑秋齊人狄人盟于邢冬楚人伐隨　廿有一
年春狄侵衛宋人齊人楚人盟于鹿上夏大旱秋宋
公楚子陳侯蔡侯鄭伯許男曹伯會于盂執宋公以
伐宋冬公伐邾楚人使宜申來獻捷十有二月癸丑
公會諸侯盟于薄釋宋公　廿有二年春公伐邾取
須句夏宋公衛侯許男滕子伐鄭秋八月丁未及邾
人戰于升陘冬十有一月己巳朔宋公及楚人戰于
泓宋師敗績　廿有三年春齊侯伐宋圍緡夏五月
庚寅宋公茲父卒秋楚人伐　陳冬十有一月杞子卒
廿有四年春王正月夏狄伐鄭秋七月冬天王出居
于鄭晉侯夷吾卒　廿有五年春王正月丙午衛侯
燬滅邢夏四月癸酉衛侯燬卒宋蕩伯姬來逆婦宋
殺其大夫秋楚人圍陳納頓子于頓葬衛文公冬十
有二月癸亥公會衛子莒慶盟于洮　廿有六年春
王正月己未公會莒子衛甯速盟于向齊人侵我西
鄙公追齊師至酅弗及夏齊人伐我北鄙衛人伐齊
公子遂如楚乞師秋楚人滅夔以夔子歸冬楚人伐
宋圍緡公以楚師伐齊取穀公至自伐齊　廿有七
年春杞子來朝夏六月庚寅齊侯昭卒秋八月乙未
葬齊孝公乙巳公子遂率師入杞冬楚人陳侯蔡侯
鄭伯許男圍宋十有二月甲戌公會諸侯盟于宋
廿有八年春晉侯侵曹晉侯伐衛公子買戍衛不卒

碑圖二　《春秋》第七碑復原圖(經文《僖公》,計 32 行)

[圖中左下黑體字爲日本書道博物館藏《春秋・僖公》殘石(第三石);左下黑體字之上的黑體斜體字爲上博二拓本(顯然,夾在黑體斜體字和黑體字中間的“人、夔以、公至、齊侯、人”爲羅振玉舊藏僞刻殘石);右面的四處黑體字“許南、氏”“邾、之”“年春、公楚”“戰于、宋師、寅宋”爲孫海波《集録》著録殘石。]

晉處父盟夏六月公孫敖會宋公陳侯鄭伯晉士縠
盟于垂隴自十有二月不雨至于秋七月八月丁卯
大事于大廟躋僖公冬晉人宋人陳人鄭人伐秦公
子遂如齊納幣　三年春王正月叔孫得臣會晉人
宋人陳人衛人鄭人伐沈沈潰夏五月王子虎卒秦
人伐晉秋楚人圍江雨螽于宋冬公如晉十有二月
己巳公及晉侯盟晉陽處父率師伐楚以救江　四
年春公至自晉夏逆婦姜于齊狄侵齊秋楚人滅江
晉侯伐秦衛侯使甯俞來聘冬十有一月壬寅夫人
風氏薨　五年春王正月王使榮叔歸含且賵三月
辛亥葬我小君成風王使召伯來會葬夏公孫敖如晉秦
人入鄀秋楚人滅六冬十月甲申許男業卒　六年
春葬許僖公夏季孫行父如陳秋季孫行父如晉八
月乙亥晉侯驩卒冬十月公子遂如晉葬晉襄公晉
殺其大夫陽處父晉狐射姑出奔狄閏月不告月猶
朝于廟　七年春公伐邾三月甲戌取須句遂城郚
夏四月宋公王臣卒宋人殺其大夫戊子晉人及秦
人戰于令狐晉先蔑奔秦狄侵我西鄙秋八月公會
諸侯晉大夫盟于扈冬徐伐莒公孫敖如莒蒞盟
八年春王正月夏四月秋八月戊申天王崩冬十月
壬午公子遂會晉趙盾盟于衡雍乙酉公子遂會伊
雒戎盟于暴公孫敖如京師不至而復丙戌奔莒螽
宋人殺其大夫司馬宋司城來奔　九年春毛伯來求
金夫人姜氏如齊二月叔孫得臣如京師辛丑葬襄
王晉人殺其大夫先都三月夫人姜氏至自齊晉人
殺其大夫士縠及箕鄭父楚人伐鄭公子遂會晉人
宋人衛人許人救鄭夏狄侵齊秋八月曹伯襄卒九
月癸酉地震冬楚子使椒來聘秦人來歸僖公成風
之襚葬曹共公　十年春王三月辛卯臧孫辰卒夏
秦伐晉楚殺其大夫宜申自正月不雨至于秋七月
及蘇子盟于女栗冬狄侵宋楚子蔡侯次于厥貉
十有一年春楚子伐麇夏叔彭生會晉郤缺于承匡
秋曹伯來朝公子遂如宋狄侵齊冬十月甲午叔孫
得臣敗狄于鹹　十有二年春王正月郕伯來奔杞

碑圖三　《春秋》第九碑復原圖(經文《文公》,計 34 行)

[圖中右下黑體斜體字爲上博三拓本;左上黑體字爲 1922 年出土的《多士・文公》一石之《春秋・文公》和羅振玉舊藏殘石;餘三處黑體字“不雨、晉人、春”“螽”“趙、敖、宋”爲孫海波《集録》著録殘石。]

(作者趙振華爲洛陽師范學院河洛文化研究中心研究員;魏小虎爲上海博物館研究館員;王恒爲洛陽金石文化學者;本文發表於《經學文獻研究集刊》第十六輯,上海書店出版社 2016 年版)

漢魏石經群經異文參互勘證芻議

程克雅

一　前　　言

《漢石經》刊於東漢靈帝熹平四年至光和六年(175—183);相關史料見諸史載如:《後漢書·靈帝紀》《後漢書·蔡邕傳》《後漢書·盧植傳》《後漢書·儒林傳·序》《水經注·穀水》;《魏石經》則始刊於曹魏齊王芳正始二年(241年);相關史料見諸載籍如:《三國志·魏書·列傳·術藝》《三國志·魏書·列傳·游明根·劉芳》,沈約《宋書》卷八十一,《洛陽伽藍記》,裴松之、戴延之兩《西征記》闕於《漢石經》《魏石經》的相關著録研究起步昉始於北宋,見於洪适《隸釋》《隸續》與晁公武《石經考異》(今佚);初,因石經屢經戰亂移屣,毀壞遺佚者多,研究者未能明確釐析漢魏兩次頒刻、撰寫、立石、列次、經本與字體等面向的細節及差異,到宋代時方因出土殘石益多而引起學者傳述及迻録。至清初,陸續有顧炎武《石經考》、杭世駿《石經考異》、翁方綱《漢石經殘字考》,石經研究則逐漸爲學者所重視。將石經的頒刻與研究視爲弘明道訓、崇儒興學的表彰,祈許治致昇平。正如沈約所説:"圖書禁籍,台省有宗廟太府金墉故事,太學有《石經》《古文》。"石經的研究意義及價值的指標之奠定,一在於王室官學與學術崇尚的表徵,二係文字與經本規範的建立,三是確立士子從學與師法的楷式。

然而,以上三方面就今日的學術史、經籍文獻訓釋和文字學史三方面來看,皆不無質疑和商榷之處。首先,論考漢石經頒定,有混淆東漢太學與鴻都門學二者,石經頒刻的動機和成因方面,並未如後人之一味推尊頌美。其次,漢石所書,書手非僅蔡邕,所依經本亦有後人據殘石及遺字不斷推敲考辨;魏石亦然,學者孫次舟認爲三體石經古文非僅據特定經本,而是來自各方之集字。就第二點來看,文字字體與經本的選擇,和當時師法脉絡的分流與勝出,仍有進一步研究的必要。文字字體的淵源與正訛,也需經過還原、參斠和合證,才能有效地論定是否具備優選與規範的價值。就第三項看石經是否因此而成爲士子遵從與師法派領先的典範，仍有待後人實查其立石與散佚的時間久暫和具體影響。例如不僅有近世學者張國淦集結諸經《異文表》，加以勘證，對比實物文獻，勠力於漢石經之復原，擬製碑圖；同時也有學者如王國維、羅振玉、馬衡、屈萬里等，就諸經本據與石經相互對勘，加以研探。

本文基於二十世紀學者歷來研究文獻的回顧，藉著《漢石經》《魏石經》與張國淦氏諸經《異文表》勘證的方法和論述，擬衡量今古文問題在家學和師法上反映於文字、章次與經籍文本的可能性；在文篇不一、文字字形不一的情形下，探究今古文家學有關的異本、異文、異解等訊息。歷經羅振玉父子、王國維、馬衡、張國淦到屈萬里等的研究，與後來學者關於漢魏石經殘字集證進行校釋，延伸對照清人傳世文獻考證，祈能在此研究中，呈現釋讀經義，闡揚洛陽漢魏石經在保存經典、實踐語文基礎對勘方法方面的意義與價值。

二　漢魏石經學術背景及所據經本

（一）漢魏石經學術背景

探究漢、魏石經所據經本，漢、魏石經之刊刻，有石經之數、石經之例、石經之學術背景等方面的外緣問題，光緒年間學者劉傳瑩《漢魏石經考》辨正石經刊刻與經數問題，認爲：

> 當時刻石者，實《易》《書》《魯詩》《儀禮》《公羊》《論語》六經。蔡邕、張馴《傳》爲得其實也。《紀》(《漢書靈帝紀》)特渾言之耳。說本翁覃溪。……紀其實，故稱五經，非有異也。五經者，《周易》《尚書》《春秋公羊傳》《儀禮》《魯詩》也。①

此一辨正回顧清儒翁方綱之説：

> 方綱案：《靈帝紀》所云：詔諸儒正定六經者，乃渾舉之詞，《蔡邕傳》所云："奏求正定六經"者，則核實之文也。是熹平石經爲《周易》《尚書》《魯詩》

① ［清］劉傳瑩：《漢魏石經考》上篇，賈貴榮辑《歷代石經研究資料輯刊》，北京圖書館出版社 2005 年版，第 1 册，第 3 頁下—第 4 頁上。

《儀禮》《公羊》《論語》六經也。①

不僅有劉傳瑩回顧翁方綱有關經數及稱名的主張，翁方綱亦曾引述同代學人丁杰的考辨——"正鴻都門學"之説，有謂：

歸安丁小疋(杰)曰：以漢太學石經稱鴻都石經者，誤始於張懷瓘《書斷》，而宋黄長睿《東觀餘論》、晁公武《石經考異》等書因之，參考《靈帝紀》《蔡邕傳》《楊球傳》，及《雒陽伽藍記》《水經·穀水注》《魏書》《北史·江式傳》，漢之待制鴻都、刻石太學判然兩事，亦判然兩地。且蔡邕以劾鴻都學生被譴，尤不容以邕正字書丹之碑碣歸之鴻都也。……方綱案：光和元年二月始置源都門學，而蔡邕諸人書石經在鴻都未立學之前三年，後人以熹平石經目曰鴻都者，當以丁君此論正之也。②

劉傳瑩復又承翁方綱辨熹平石經誤爲鴻都石經之緣由，有謂：

自《書斷》誤稱熹平石經爲鴻都石經，黄伯思、董逌皆沿其誤，萬季野辨之。全謝山又據式此疏(《魏·江式傳》載延昌三年所上疏)，謂鴻都固非大學，邕以劾鴻都學生，被譴，而謂石經出於鴻都，真爲大舛，其辨尤爲明晰。③

劉傳瑩的門人田明昶亦有案語，曰：

後漢《靈帝紀》：光和元年始置鴻都門學生，自與大學無涉。④

劉傳瑩辨"漢石經以一家爲主附載諸家説"：

東漢五經立學官者，《易》施、孟、梁丘、京四家；《書》歐陽、大小夏侯三家；《詩》齊、魯、韓三家；《禮》大、小戴二家；《公羊》嚴、顔二家；共十四博士；熹平因博士私改漆書爭第高下，正定五經，則凡立在學官，各家經文有異同

① [清]翁方綱：《漢石經殘字考》，賈貴榮辑《歷代石經研究資料輯刊》，北京圖書館出版社 2005 年版，第 5 册，第 11 頁上。

② [清]翁方綱：《漢石經殘字考》，第 12 頁上。

③④ [清]劉傳瑩：《漢魏石經考》，第 9 頁下。

者,必當備列其書。石之法,當是專主一家,以諸異文互注。《隸釋》殘碑《詩》主魯,兼載齊、韓字;《公羊》主嚴,兼載顔氏説;《論語》兼載盍、毛、包、周説。可證《易》四家如箕子荄兹之類,當亦兼載,惟《書》三家,《儀禮》二家皆今文,不須互注,故《隸釋》殘碑無互注之跡也。①

今古文問題在家學和師法上反映於文字、章次與經籍文本的可能性,皮錫瑞曾謂:

今文者,今所謂隸書,世所傳熹平《石經》及孔廟等處漢碑是也。古文者,今所謂籀書,世所傳岐陽石鼓及《説文》所載古文是也。隸書,漢世通行,故當時謂之今文;猶今人之於楷書,人人盡識者也。籀書,漢世已不通行,故當時謂之古文;猶今人之於篆、隸,不能人人盡識者也。②

吴峻甫《新出漢魏石經考》則辨正歷來研究未能議定的《熹平石經》《尚書》經本問題。有謂:

孔穎達《尚書正義》謂蔡邕所書《石經尚書》,止今文三十四篇;又《正義》序謂今文則歐陽夏侯之所説。蔡邕碑石刻之石經《尚書》,據唐人所見本無古文家言,今是刻石稱郎中孫(人名)進《尚書》小夏侯,則石經《尚書》爲小夏侯氏學,將無疑義。顧孫係何人,惜不可考。按《後漢書·儒林傳》孔安國古文《尚書》毛萇《詩傳》皆未得立學官,洪氏於宋時所得爲《魯詩》今文,今於是殘石得邕刻石經,爲夏侯建《尚書》石刻,所謂雜考異同,各隨家法,是正是猶遵建武制詔五經十四博士,而經皆今文學也。③

張國淦的見解是推得《詩》用魯《詩》、《春秋公羊傳》用顔本、《儀禮》用大戴、《論語》用魯《論》、《尚書》用小夏侯"字"、《周易》用京氏,並據以復原《漢石經碑圖》。石經之例,在馬衡《從實驗上窺見漢石經之一斑》論東漢熹平石經殘石經本,有謂:

---

① [清]劉傳瑩:《漢魏石經考》下篇,第1頁下至第2頁上。
② [清]皮錫瑞《經學歷史》,中華書局1959年版,第87—88頁。
③ 吴峻甫:《新出漢魏石經考》,第20頁下至第21頁上。

後漢立五經博士十四:《易》有施、孟、梁丘、京氏四家,《書》有歐陽、大小夏侯三家,《詩》有齊、魯、韓三家,《禮》有大、小戴二家,《春秋》有顏、嚴二家。諸家各以家法教授,故章句間有異同。石經之立,欲盡刻十四家之章句,其勢有所不能,故以一家爲主,而羅列諸家異同于各經之末,此《漢石經》之例也。[①]

馬衡研治石經,參稽當時新出殘石及其石刻形制,也致力於搜求集拓;馬衡在其所著《凡將齋金石叢稿》卷六《石經》一章中,對於陳述歷代石經的經别和流衍,與張國淦所述大抵既同,且於考證各經所用漢代官學家數,並謂:熹平石經之例以一家爲主,而著他家異同於後。其中僅《尚書》有不同意見外,與張國淦看法一致。[②]對於歷朝各石經亦分就字體、經本、經數、行款、石數與人名,一一加以考述。爲究各家傳述及考辨各經的意見,兹繼就各經之辨,列舉具有綜合性質、在論據上與張國淦相互參證的翁方綱、羅振玉、馬衡三家學者之考述,加以比較析論。

(二)漢魏石經所據經本

1.《周易》

馬衡考證《漢石經》之《周易》本用京氏易,並補其論據,有謂:

《易》,京氏。近出《周易》殘石,表刻《家人》迄《小過》二十六卦,凡二十八行,裡刻《繫辭》下,《文言》《説卦》,凡二十一行。《蹇》卦"大蹇朋來"之"朋"作"崩",《困》卦"于鯢卼"作"于劓劊",《説卦》"坎者水也"之"坎"作"欿",與《釋文》所舉之京本合,(崩見《復》卦,欲見《坎》卦)。余前跋此石,定其本爲京氏,又《釋文》《繫辭·下》"洗心"修曰:"京、荀、虞、董、張、蜀,才作先,石經同"。既於四家之中獨舉京氏,而又言石經與之同,是上舉諸證之外,又得一鐵證矣。[③]

參證今傳注疏及《經典釋文》所傳録文字,推測而證之。

2.《尚書》

羅振玉《漢熹平石經殘字集録》之《尚書》"書序"考述有謂:

① 馬衡:《從實驗上窺見漢石經之一斑》,收入《馬衡講金石學》,鳳凰出版社2010年版,第127—132頁。

② 馬衡:《石經》,《凡將齋金石叢稿》卷六,中華書局1977年版。

③ 馬衡:《從實驗上窺見漢石經之一斑》,又收入《馬衡講金石學》,鳳凰出版社2010年版,第127—132頁。

乃二十九篇之序，其佚篇則不載。勘其同異，《堯典·序》"光宅"，此則作"廣度"；《西伯勘黎·序》"勘黎"，此則作"堪飢"；《史記·殷本紀》"西伯伐飢國滅之"，《爾雅·釋詁》"勘，勝也"，郭注引"西伯勘黎"與此正合。《吕刑·序》"吕"此作"甫"，《孝經》亦引作"甫刑"。《史記·周本紀》"甫侯"言於王作"修刑"，辟命曰"甫刑"；《詩·大雅·崧高》箋"甫侯相穆王，訓夏贖刑"皆作"甫"。均與此石經合。有《書序》，亦前人之所未知，至可喜也。①

馬衡亦補文字、行款、校記訊息等論據曰：

《書》，歐陽。新出《書序》一石：第一行民字爲《秦誓》篇末"以不能保我子孫黎民"之"民"字，第二行"廣度"兩字（今本作"光宅"），爲《堯典·序》，第三行"遂與"二字爲《湯誓·序》，第四行"堪飢"二字下附一點爲《西伯堪飢·序》（今本作"勘黎"）。第五行"以其子"三字爲《洪範·序》；第六行"使召公"三字爲《召誥·序》；第七行"周公作君"四字爲《君奭·序》；第八行"甫刑"二字爲《甫刑·序》（今本作《吕刑》），第九行"同異"二字或爲校記。錢玄同以《漢書·藝文志》叙今文《尚書》之卷數，大小夏侯二家《經》及《章句》皆二十九卷。《解故》二十九篇；而歐陽則《經》三十二卷，《章句》三十一卷，卷數獨多。又據《隸釋》所録《石經尚書·盤庚》，殘字中下二篇之間空一字，以爲《盤庚》確分三篇。益以此序則得三十二篇。《書序》，不作訓，故《章句》分爲三十一卷，《經》爲三十二卷。據此以證《漢石經》《尚書》之爲歐陽本。又引陳壽祺之今文有序，十七證中第十三證（原文引《漢書·楊震傳》震曾孫彪引《盤庚·序》事），以爲東漢習歐陽《尚書》者引《書序》；不但可證歐陽本有《序》，更可證《序》之《漢石經尚書》之爲歐陽本。其説是也。②

由以上的論述，近人多采此一《漢石經》《尚書》係用歐陽本之説，然而也有學者認爲書一石真僞堪辨，未盡足以據信立説，故吴維孝、章太炎、陳夢家、屈萬里、程元敏等學者仍執《漢石經》《尚書》係用小夏侯本之説。

3.《詩經》

翁方綱《漢石經殘字考》繼宋人洪适所説係《魯詩》，並有考述謂：

---

① 見羅振玉：《漢熹平石經殘字集録》，收入《歷代石經研究資料輯刊》，第5册，第6頁。

② 馬衡：《從實驗上窺見漢石經之一斑》，《馬衡講金石學》，第127—132頁。

《魯詩》二凡隔章皆空格，及篇末摠計章句之文，亦如之。與洪氏所載大約不甚相遠。唯"父曰予子行役"句，"曰"上洪云"闕一字，毛無"。今驗此拓本"曰"上直接"父"字，並無闕也。……洪氏所見乃裝褫之本，誤將空紙作闕耳。且以知今所見是本，非出洪氏摹刻也。①

翁方綱《漢石經殘字考》於《詩經》又曰：

"惟是褊心是以爲剌""葛屨"

"食我黍三歲宦女"。"魏風"

"婁氏"字原列"宦"字於"貫"字條下，注云：《石經·魯詩》殘碑"宦女莫我肯勞"，魏《國風》作"貫"。顧南原《隸辨》糾之云："《魯詩》《毛詩》互有不同，'宦'與'貫'未可即爲一字，字原以爲借经'宦'爲'貫'，非是。"此説是也。"宦"、"藖"兩字雖見於《説文》"藖云艸也。""宦云仕也"，則許自師毛氏，不盡與《魯詩》相應矣。"猗"之爲"兮"，則《正義》云："猗，辭也。"自是正解。而陸氏《釋文》云"本亦作漪"者，當是考異之文，不當作同義耳。②

羅振玉《漢熹平石經殘字集録》於《魯詩》曰：

"揖我謂我臧兮　還　三章章四句"右《齊風·還》著合《毛詩》校讀首行七十二字，其"三"二字下一字，但存"方"旁，當是"旋"字。旋、還，古通用，《釋文》"還音旋"，《韓詩》作"嫙"，據此知《魯詩》作"旋"也。《十畝之間》《釋文》"還，本亦作旋"，《禮記·玉藻》"周旋中規"；《祭義》"周旋出户"，《釋文》並云："還，本又作旋。"《采菽》"薄言還歸"；《文選》阮嗣宗《詠懷》、王仲宣《從軍詩》注引亦作"薄言旋歸"。《泉水》"還車言邁"；《文選》任齊昇《奏彈曹景文》注引作"旋車言邁"；《揚之水》"曷月予還歸哉"《文選》謝元暉《晚登三山詩》注引作"曷月予旋歸哉"。③

羅振玉除了從字體異文勘證《魯詩》用字與其他各家經本師法的不同，又從經文推排印證《魯詩》《毛詩》篇第之異，其引用理據可藉下表簡易表示：

① ［清］翁方綱：《漢石經殘字考》，第 3 頁下。

② ［清］翁方綱：《詩經》，《漢石經殘石考》，第 4 頁上。

③ 羅振玉：《魯詩》，《漢熹平石經殘字集録》，第 6 頁下。

《魯詩》	《毛詩》
《瞻卬》《生民之什》	《假樂》《生民之什》
《假樂》《生民之什》	《瞻卬》《蕩之什》
《韓奕》《生民之什》	《公劉》《生民之什》
《公劉》《蕩之什》	《韓奕》《蕩之什》

馬衡則在關於《魯詩》的經本所據和章次篇目順序上有進一步的論述，在經本依據而言也無異議，他説：

> 《詩》，魯。洪适見《鄭風校記》中有"齊"、"韓"字，斷爲叙二家之異同。今所出《詩》爲最多，《校記》中往往有"齊言"、"韓言"等字，與《公羊傳》之"顔言"同，故斷爲《魯詩》。①

故由以上的論據來看，同樣在回歸校記和文字的本證。

4.《儀禮》

羅振玉《漢熹平石經殘字集録》"《儀禮・鄉飲酒》第十"一石之引用之謂：

> 右《鄉飲酒》，首行爲篇題，此篇爲小戴及别録皆第四；此作第十，知石經篇次用大戴也。"坐帨手"今本"帨"作"挩"。注："古文挩作説。"《釋文》："坐挩，始鋭反拭也。"《注》："帨同。"今注中仍無"帨"字。胡氏承珙曰："賈疏云：《内則》事佩之中有帨，則賓客自有帨巾以拭手也。"據此，似經文"帨手"本作"帨"，蓋《禮經》今文作"坐帨手"，今本"帨"作"挩"，古文作"坐説手"。鄭从今文疊古文曰："古文作説。"今殘字正作"帨"，可證胡説之精確矣。②

馬衡亦據此一新獲殘石，考得《熹平石經》之《儀禮》用大戴的結論，他説：

> 《儀禮》，大戴。最近洛陽出一《儀禮》殘石，有篇題，曰"《鄉飲酒第十》"，據賈公彦《疏》言大、小戴篇次之異同：大戴本《鄉飲酒》居第十，而小戴則同於劉向《别録》之次第，居第四；其第十爲《特牲饋食禮》，以篇考之，可決其爲

① 馬衡：《從實驗上窺見漢石經之一斑》，《馬衡講金石學》，第127—132頁。

② 羅振玉：《儀禮・鄉飲酒》第十，《漢熹平石經殘字集録》，第7頁上。

大戴也。①

由《儀禮》賈疏和劉向《别録》的旁證，可證明篇第的不同，亦是大、小戴《記》可資區别的依據。

5.《春秋經》與《公羊傳》

《春秋公羊傳》的考訂方面，翁方綱《漢石經殘石考》於《春秋公羊隱四年傳》藉洪所録遺字進而闡述之曰：

“翬者何”以下是衛人立晉之《傳》也，此上空一格，則其前是衛人殺州吁于濮上之《傳》也。洪氏《隸釋》曰：“石經《公羊》殘碑三百七十五字，隱公四年至威公元年及哀公十四年之文也。”所書皆是公羊氏《傳》辭，而無《春秋》正經，此其證也。據此石本則知古本經自爲經，傳自爲傳；非若今所行板本之附傳文於經内者也。此條於經之原本最爲明白矣。又據洪氏所録，石經於《公羊》傳内載有嚴、顔異同之説。則其對《春秋》正經於傳之前，亦爲可疑者矣。②

羅振玉《漢熹平石經殘字集録》之《公羊》則謂：

夏，公會晉侯……衛侯于沙澤。

右成公四年至十二年，合今本校讀，行均七十字，惟第五行七十一字。首行“絚卒”即今本“鄭伯堅卒”，宋紹熙余仁仲本“堅”作“臤”，注：“伯臤，苦刄反，本或作堅。”與陸氏《釋文》合。《正義》本作“堅”，與《開成石經》同。此作“絚”，見《原本玉篇》“古賢”“古兩”二反。

《公羊傳・成公四年》“鄭伯絚卒”與石經正同。《今本玉篇》則誤“絚”爲“鉅”，注“古干”“古兩”二切。成公四年“鄭伯絚卒”，既其文，又删其注。于此益知古寫本之可貴矣。校記有“顔氏”，故知《公羊》用嚴氏本。③

馬衡同様是以回顧洪适藉由校記而展現對於《熹平石經》之《公羊》執據經本的論定：

① 馬衡：《從實驗上窺見漢石經之一斑》，《馬衡講金石學》，第127—132頁。

② ［清］翁方綱：“《春秋公羊隱四年傳》三行十八字，又半字二”條下，《漢石經殘石考》，第5頁下至第6頁上。

③ 羅振玉：《公羊》，《漢熹平石經殘字集録》，第7頁下。

《春秋》,公羊。東漢唯公羊《春秋》立於學官。宋時出土,有《傳》而無《經》。《公羊》,嚴氏。洪适所録《公羊校記》一段有"顔氏言"及"顔氏有無"字。兹所出亦有"顔氏"字,是用嚴本之證也。①

6.《論語》

翁方綱《漢石經殘字考》之《論語》藉洪适據校記所徵引考辨其經本緣由,有謂:

又,洪氏云:《魯詩》又有一段二十餘字,零落不成文,其間有"齊"、"韓"字,叙二家異同之説,猶《公羊》所云顔氏;《論語》碑所云盍、毛、包、周之比也。又曰:《論語》每篇必計其終篇又揔其字,又載盍、毛、包、周有無不同之説,在篇數、字數一行之後,官名刻工名之前。今以此所得殘石摹本合之洪氏所述,而熹平石經全碑之式儼如在目矣。②

而馬衡則更爲細緻地分析經本的根據,追索包咸等係來自《張侯論》,更與《魯論》的關係至爲密切,他説:

《論語》,魯。《論語》,有齊、魯、古三家,《魯論》二十篇,《齊論》二十二篇,《古論》二十一篇,洪适所録《論語》篇末有"凡二十篇萬五千七百一□字"等字。是《魯論》之篇數也。近出《堯曰》篇殘石,"謂之有司"句下無《不知命》一章,與《釋文》所稱魯本合,是《魯論》之章句也。然校記中無"齊"、"古"字,而有"盍"、"毛"、"包"、"周"字。余昔跋《堯曰》篇殘字,考爲張禹之《張侯論》,以包、周《釋文叙録》云:"禹以授成帝,後漢包咸、周氏並爲章句,列於學官。"盍、毛今不可考。所傳乃張侯本也。《張侯論》在昔亦有《魯論》篇目。③

張國淦在《歷代石經考·漢石經考》中曾説:

案新出漢石經殘字,魯《詩》校記有齊韓言,《公羊傳》傳有顔氏,《易》《書》《禮》未見,僅後記有《易》梁、施氏,《尚書》小夏侯字,未知以何一家本爲

① 馬衡:《從實驗上窺見漢石經之一斑》,《馬衡講金石學》,第127—132頁。
② [清]翁方綱:《論語》,《漢石經殘字考》,第8頁上。
③ 馬衡:《從實驗上窺見漢石經之一斑》,《馬衡講金石學》,第127—132頁。

主，亦無從得諸家異同之説，未敢以臆推斷也。①

張國淦在《漢石經碑圖・叙例》中同樣引述洪适《隸釋》與王國維《觀堂集林・魏石經考・三》中附帶言及漢石經的源流始末，即根據異文判斷漢石經今文家法，並配合以實物上題識和文獻現象，對漢石經采用的今文經系統加以分析：

進而言諸經文字，石經文字係今文，以立學官者爲主，漢時立學官者，《詩》有魯、齊、韓三家；《書》有歐陽、大、小夏侯三家；《禮》有大小戴二家，《易》有施、孟、梁丘、京氏四家；《春秋公羊傳》有嚴、顔二家。石經在此諸家中就可考者，《詩》校記有齊、韓言，係用魯本；《春秋公羊傳》有顔氏言，係用顔本；《儀禮》有"《鄉飲酒》第十"篇題，係用大戴本；《論語》校記有"盍"、"毛"、"包"、"周"字，論者謂係用《魯論》本。若《尚書》後記有"《尚書》小夏侯"字，似係用小夏侯本。《周易》後記有"梁□施氏"字，然據《釋文》，"坎"，京作"欿"；"鼫鼠"，京作"劓劊"；"洗心"，京作"先"；晁氏云："其形渥，京作刑剭"與石經同，似係用京本也。石經殘字在洛陽新出殘石以前，僅得見孫氏承澤、黄氏易、蔡氏嘉三拓本，俱《尚書・盤庚》五行、《論語・爲政》八行、《堯曰》四行，黄氏本《尚書》末行，較孫蔡二氏本少"凶德熙績"四字，雖未敢斷爲熹平原石，或即洪氏适會稽蓬萊閣本。抑石氏熙明越州本。然其出諸漢石原本無疑。②

藉石經殘字試圖考論漢代今文官學與師法家法，其來有自；也可進而論證石經所依定本。綜以上學者歷來的考證和對比，在羅振玉《漢熹平石經殘字集録》熹平石經著録殘字可依文素松（辛未二月）的叙述，合計一百五十七石，1 600 字。表列如下：

經名	周易	尚書	校記	魯詩	校記	儀禮	公羊傳	校記	論語	校記	未知	序記
石數	五	四	一	四四	十五	十五	三十五	一	十七	二	一	十二
字數	54	23	10	401	92	178	265	10	75	11	3	312

① 張國淦：《歷代石經考・漢石經考》，《歷代石經研究資料輯刊》，第 4 册，影印自 1930 年燕京大學國學研究所本，第 52 頁。

② 張國淦：《漢石經碑圖・叙例》，北平燕京大學國學研究所，1931 年，第 1 頁。

而羅振玉《漢熹平石經殘字集録・補遺》(辛未二月)總計 644 言,自謂合前著録共 4 429 言,亦可合之所著録字數表列以示:

經名	周易	書序	魯詩	儀禮	公羊傳	論語
石數	一石	一石	三石	二石	二石	一石
字數	480	20	14	100	12	18

三　異本、異文、異解

《漢石經》《魏石經》與歷來學者的推勘,借重文獻學與校勘學的基礎,沿用在石經異本、異文、異解等方面的論述爲繁夥,兹即依據異本推溯、字形異文及文句篇章異文、經學家數異解三方面來分析其間的論述聯繫和説釋依違抉擇。

清儒惠棟、李富孫、馮登府、胡承珙、阮元、徐養原、陳壽祺、段玉裁、俞樾、章太炎等學者皆致力於漢世今文經與傳世經籍的異文比勘,累積考釋成果甚繁,也成爲晚清至民國期間學者對新獲漢魏石經考證的參證依據。

石經碑文之制和文字考證,是與碑文復原息息相關的,文素松《漢熹平周易石經殘碑録・序》述其所藏《周易》殘石有謂:

> 今采得此石凡四百九十有六字,碑陽爲卦十八自《家人》迄《歸妹》,二十行,碑陰文計一行,《説卦傳》五行,每行計七十三字,其多或少者,與今本有異同也。間有行行之字移於後行者,非見原石不得其詳,然不出前後二行之間耳。碑之高廣可以比例得之約爲一米達七,爲漢建初尺七尺八寸强。其厚爲十六生的末達,當漢建初尺七寸四分。①

文素松之述,與羅振玉在《漢熹平石經殘字集録》中述新獲《周易・家人》至《小過》一事適正可以參驗,該石上與《集録》載《家人》至《歸妹》綴接,上歸關中于氏,下歸萍鄉文氏(文素松)。羅振玉也在《詩經》碑字,考述其行款,有謂:

> “憂心悄悄”,石經作“悄”,《説文》《廣韻》:“慇,憂也。”《廣韻》“慇”下又

① 見文素松《漢熹平周易石經殘碑録・序》,收入林慶彰主編《民國時期經學叢書》第二輯,第六十册,臺灣文听閣圖書有限公司 2009 年版,頁二下~三上。

出“怮”字。注:“上同《廣韻》之怮。”今知源出《魯詩》矣。此四行合《毛詩》校讀,首行七十二字,次行三行,均七十三字。①

至於其後,漢、魏石經的補刻與續爲刊刻,仍有其他的形制和字體問題,吴峻甫《新出漢魏石經考》“石經《尚書》殘字”又謂:

> 殘石十餘由,存字三五章段相續爲《尚書》一面。其異者,《皋陶謨》《益稷》篇,殘字其行列部伍與上所録迥不相侔,係篆隸並寘中,冠古文其上,狀如纍棋而書勢特趨樸拙,未若嚮之流麗。字徑亦差小,以上所録三體,連貫行六十字,兹則篆隸竝行,考諸板本行 74 字,其或以石,不敷書,故變其行款。抑或因魏刻殘缺,後魏崔光之所補邪。餘《無逸》《君奭》《多方》《立政》字款識如前,兹依篇次分録如下。……②

由吴維孝之説,可知需明辨經石刊成不同的時間層次與新獲殘石的時代,才能細心審究陸續復原時的疑義。羅振玉《漢熹平石經殘字集録》於《儀禮》殘石也注意及異文和異本間的關聯,連帶有行款不一的現象:

> □匪　賓坐奠觚于匪。
>
> 右《燕禮》,合今本校讀者,首行七十四字,“匪”今本作“篚”。
>
> □某甫饗期而小,以濟袝爾孫……尚……祥
>
> 右《士虞禮》,今本“明日以其班袝”,注:“班,今本爲胖。”又《即夕》注亦云:“今文班爲胖,此正作胖。”石經用今文也,“某甫饗”今本作“某甫尚饗”。石經無“尚”字,此經於上下兩節之間作“·”以識之,而不空格。“死三日”及“明日”上有□,乃其而小祥上獨否,殊不可曉。又合今本校讀首行七十二字,次行七十五字,三行七十三字。……知諸經中間有行列參差也。③

羅振玉《漢熹平石經殘字集録·補遺·序》(己巳九月)則就五方面説明其關注石經異本與異文的論據,有益於漢魏石經異解,而踵繼王國維《魏石經考》與《魏正始石經殘字考》的辨説。羅振玉有謂:

① 見羅振玉:《漢熹平石經殘字集録·補遺·序》,第 3 頁上。

② 吴峻甫(吴維孝):《新出漢魏石經考》四,第 7 頁上至第 7 頁下。

③ 見羅振玉:《漢熹平石經殘字集録》,第 6 頁下。

近世言石經莫精於海甯王忠愨公之《魏石經考》，其考魏石及漢刻之經數、經本、行字、石數；顧於《漢石經》未及爲專著，遽完大節。今予所考證有足證公之説者、有公之所未及見，未及知及知之而未詳審者，得五事焉。

公謂往者言《漢石經》者，有五經、六經、七經之殊，而《隋志》爲可信。今傳世殘石有《周易》《魯詩》《儀禮》《春秋傳》《公羊傳》《論語》，合以宋人所見《尚書》，與《隋志》所載一字石經合。此足成公説者，一也。

公謂漢學官所立諸經皆今文，石經亦爾。今證以予所見《儀禮·士虞禮》"明日以其班附"之"班"作"胖"，正與鄭《注》所謂今古文者合。此足成公説者二也。

公以傳世宋拓《尚書》《論語》行約七十三四字，因假定諸經行三十五字以計石數，今所見《周易》行七十三字，《魯詩》則《小雅》以前行七十二字；《大雅》以後行七十字；《儀禮》則自七十字至七十六字不等，而七十三字爲多；《春秋經》行七十字，《公羊傳》僖公行七十三字，成公則七十一字；《論語》行七十二至七十八字不等，蓋因古今經本之不同，行字往往參差，至各行字亦不一律，同爲一經石陽與石陰字數亦不同，此公知而未詳審者一也。

欲計諸經行字之數，必先明書寫格式，而諸經格式亦復不同。《周易》則每卦蟬聯不空格。《魯詩》則每章注章次，末章接書章句，均不空格。惟章句末一字及下篇首一字之間空一格。《春秋經》每易一年空一格，而加點於空格中。《公羊傳》則於每章首空一格，至每月紀事則於前後兩事間作點以離析之，而空格。《論語》則每章於空格中加點，此公知而未詳審者二也。

趙氏《金石録》言"《漢石經》篇第與今本時有異"，而未明指何經，今予所藏《魯詩》，《假樂》在《瞻卬》之後，《韓奕》在《公劉》之前。此公所不及見、不及知者也。公既不及考《漢石經》，予乃爲是，徧以爲彌公之憾。至新出諸石得寓目，於是編成，後者將爲之補遺，其不得寓者，他人或考證而流傳之，固不必出乎予手也。己巳七月既望上虞羅振玉書。①

在以上所述二項已知與三項後續增益的實證中，羅振玉關於異本、異文、異解的考證，無乃運用著歷來學者層遞累積的文獻方法，從而建立了漢魏石經對後世復原當世經學文獻的意義與價值，馬衡更沿續之，對比研探石經異文，得出漢石經各本經籍的篇章之異和内容分歧：

---

① 羅振玉:《漢熹平石經殘字集録·補遺·序》，第1—3頁。

……以上各本，篇章之異同，亦有可得而言者：如《易》分上、下經，而《彖》《象》不與《卦辭》《爻辭》相連。《十翼》中有《繫辭》《文言》《説卦》《序卦》，知《易》之篇數，當爲上、下經及《十翼》爲十二篇。

《詩》之篇章與《毛》或異，篇之異者，《小雅》則《采芑》《車攻》《吉日》《白駒》四篇相次；《彤弓》《賓之初筵》相次；《大雅》則《旱麓》《靈臺》《思齊》《皇矣》四篇相次；《生民》《即醉》《鳧鷖》《民勞》四篇相次。《桑柔》《瞻卬》《假樂》三篇相次。

章之異者，《邶風・式微》首次二章先後互倒，《秦風・黄鳥》次章爲三章，《小雅・楚茨》四章爲五章，《都人士》無首章。

《儀禮・鄉飲酒禮》居第十，其篇第當如賈《疏》所列：《士冠》第一、《士昏》第二、《士相見》第三、《士喪》第四、《既夕》第五、《士虞》第六、《特牲》第七、《少牢》第八、《有司徹》第九、《鄉飲酒》第十、《鄉射》第十一、《燕》第十二、《大射》第十三、《聘》第十四、《公食》第十五、《覲》第十六、《喪服》第十七。

《春秋》閔公附莊公後，不提行，不書閔公字，當爲十一篇。《論語・堯曰篇》無〈不知命〉一章，凡二十篇。至諸經文字之異同則不勝枚舉，當別撰《校文》，非此篇所能詳也。①

羅振玉父子、王國維、馬衡、張國淦到屈萬里等的研究，與後來學者關於漢魏石經殘字集證進行校釋，延伸對照清人傳世文獻考證。張國淦在《歷代石經考》與《漢石經碑圖》中處理異文對比和古訓的實際解釋，又於《群經異文考》中，採納衆經籍異文考録成果，擇重要之例詳加辨説，其中以表格排列對比勘正方式，納入歷朝石經文字與今本，詳徵鄭玄注釋訓讀及《經典釋文》，比勘各本，撰成《詩經異文表》《尚書異文表》《周易異文表》《春秋異文表》《論語異文表》和《儀禮異文表》等，此外又依相同體例考察《漢書》撰著《漢書字考》。這些異文表，更是漢魏石經研究中重視文字的另一互證依據。藉著異體字或異文，在反映漢代今文經學背景下的漢石經現象中，學者細審辨别文獻本身的異同、特色、流衍、時世，而非僅孤立地搜集其字形，他們臚列其注釋，加以分析比勘，進而反映漢世經籍面貌。

① 馬衡：《從實驗上窺見漢石經之一斑》，第127—132頁。

四 結 語

綜本文所述石經之刊刻、發掘、流傳、收藏、復原等議題，在學者進行異文對比與經本推究的歷程中間，包括張國淦氏諸經《異文表》勘證的方法和論述，他們衡量今古文問題在漢人師法上，反映於文字、章次與經籍文本的可能性已有一定成果，進而得以掌匡時代訊息，使漢代的文字與經典現象更加明晰。

由宋人到清末民初學者，以熹平殘石證所刊今傳經本，每以京氏《易》對勘梁丘氏之王弼、韓康伯《周易注》本；藉歐陽《尚書》對勘東晉梅頤所獻《古文尚書》；由石經《魯詩》對勘今傳《毛詩》；由石經嚴氏《春秋公羊傳》對勘今本何休《春秋公羊傳》注；由石經大戴《儀禮》，對勘今本鄭玄注小戴《儀禮》；復由張侯論本石經《論語》對勘今傳散存何晏《論語集解》。再就魏三體石經之所存古、籀、篆字體言，今佚存馬鄭本古文與《魏石經尚書》與《說文解字》所載古文、東晉古文，也具備參證與推源溯流，了解文字脉絡的意義。

面向漢代經師傳授文篇不一、文字字形不一、師法分歧的情形，歷代學者藉漢魏石經殘石考證、分辨今古文家有關異本、異文、異解等訊息，恢復洛陽漢魏石經的面貌，釋讀經籍用字，尋據經本，闡揚經義，傳述經典，亦實踐了語文基礎對勘方法的意義與價值。

（作者爲臺灣東華大學中文系副教授）

“今字石經”辨

王天然　馬　楠

漢熹平石經、魏正始石經，范曄《後漢書·儒林傳序》即已混淆二者書體，而以漢石經爲古文篆隸三體，①宋人多有辨其誤者。②又因《隋書·經籍志》“一字石經”“三字石經”分列，後人參驗實物，確定前者用一體刊刻多爲熹平，後者以三體上石全屬正始。③然《隋志》小注又載“今字石經”，其後之史志目録《舊唐書·經籍志》《新唐書·藝文志》將其與“一字石經”混言。④時至今日，《隋志》所謂“今字石經”涵義已甚渺茫，故有必要進行辨析。現將《隋志》所録石經列出，以便討論：⑤

> 一字石經周易一卷(梁有三卷)。一字石經尚書六卷(梁有今字石經鄭氏尚書八卷，亡)。一字石經魯詩六卷(梁有毛詩二卷，亡)。一字石經儀禮九卷。一字石經春秋一卷(梁有一卷)。一字石經公羊傳九卷。一字石經論語一卷(梁有二卷)。一字石經典論一卷。三字石經尚書九卷(梁有十三卷)。三字石經尚書五卷。三字石經春秋三卷(梁有十二卷)。

---

① 詳見[南朝宋]范曄著、[清]王先謙集解:《後漢書集解》，中華書局 1984 年版，第 890 頁。

② 可參[宋]趙明誠《金石録》卷十六，詳見《宋本金石録》，中華書局 1991 年版，第 385 頁;[宋]洪适《隸釋》卷十四、《隸續》卷四，詳見《隸釋·隸續》，中華書局 1985 年版，第 156、311 頁。

③ 可參馬衡《從實驗上窺見漢石經之一斑》，載《慶祝蔡元培先生六十五歲論文集》，《中央研究院歷史語言研究所集刊外編》第一種，1933 年版，第 66 頁。因《隋志》尚載“一字石經典論一卷”，今不以“一字”全歸漢刻，此處與馬氏之文表述略異。

④ 二志均記爲“今字石經”。詳見[後晉]劉昫等《舊唐書·經籍志》，《叢書集成初編》本，中華書局 1985 年版，第 26 頁;[宋]歐陽脩《唐書·藝文志》，《叢書集成初編》本，中華書局 1985 年版，第 13—14 頁。

⑤ [唐]魏徵等:《隋書·經籍志》，《叢書集成初編》本，中華書局 1985 年版，第 32 頁。原文小注以括號括出。

由上引可見,"一字""今字"别言,必有用意。"一字"指一種書體,"今字石經鄭氏尚書"之"今字"則指當時文字。"一字"相對"三字"而言,"今字"實因"古文"而立。《隋志》於書類"古文《尚書》十三卷,漢臨淮太守孔安國傳"後載有"今字《尚書》十四卷,孔安國傳",而《漢書·儒林傳》云:"孔氏有古文《尚書》,孔安國以今文字讀之。因以起其家逸《書》,得十餘篇,蓋《尚書》兹多於是矣。"[①]"今字"之義據此甚明。《隋志》其後又言"梁有《毛詩》二卷",不言"今字"者,以《毛詩》無壁中古文本之故。[②]

《經典釋文》叙録、《隋志》皆稱永嘉之亂,歐陽、大小夏侯《尚書》並亡,因而東晉以後所謂的《尚書》"今文"不嫌指歐陽、大小夏侯,其實和"今字"一樣,也是"古文"(隸古)的對稱。故《經典釋文》叙録稱"范甯變爲今文集注",[③]《新唐志》稱天寶三載(744)"詔集賢學士衛包改古文從今文",[④]都是以當時文字("今文")轉寫隸古("古文")的意思。

如此,《隋志》所載"今字石經""一字石經"判然有别,不可混言,新舊《唐志》不確。又因漢熹平石經所刻詩書爲《魯詩》與歐陽《尚書》,魏正始石經不刻《毛詩》,《隋志》小注所言梁有今亡之二經,目前最合理的推測當爲晉石經,[⑤]而全祖望黄初補刻之説恐非事實。[⑥]

(作者王天然爲中國社會科學院歷史研究所副研究員;馬楠爲清華大學歷史系副教授;本文發表於《中國經學》第二十輯,2017年6月,此次重版有所修訂)

---

① [漢]班固著、[清]王先謙補注:《漢書補注》,中華書局1983年版,第1520頁。[日]興膳宏、川合康三已揭出此文,詳見《隋書經籍志詳攷》,汲古書院1995年版,第59頁。

② 按:《漢書·藝文志·六藝略》記《尚書》有"古文經四十六卷""經二十九卷";《禮》有"古經五十六卷""經十七篇";《春秋》有"古經十二篇""經十一卷",以孔壁《書》《逸禮》《左氏》爲古文,並不以《毛詩》《周官》爲古文,與劉歆《移書讓太常博士》所稱"得此三事"全同。

③ [唐]陸德明:《經典釋文》,上海古籍出版社1985年版,第32頁。

④ 《唐書·藝文志》,第4頁。

⑤ 關於晉石經,可參范邦瑾《〈晉石經〉探疑》,載《史林》1988年第4期,第9—16頁。范氏之文已言此二經爲晉石經,但以"今字"爲隸書,與本文的理解不同。

⑥ 全祖望據《魏略·儒宗傳序》所記黄初元年後補舊石碑之闕壞,以此二經爲黄初時邯鄲淳補修。然《魏略》僅言補闕,不應有增刻之理。詳見[清]姚振宗《隋書經籍志考證》,載《二十五史補編》第4册,中華書局1995年版,第5227頁。

唐蜀宋

松崎慊堂與《縮刻唐石經》芻議

劉玉才

松崎慊堂(1771—1844),名復,字明復,號慊堂。日本肥後國(今熊本縣)益城郡人,江户時代後期著名考證派儒學者。幼年遵父命剃髮爲僧,年十五始至江户,後入讀昌平學黌,師從大學頭林述齋(1768—1841)修習儒學,與佐藤一齋(1772—1859)有同窗之誼,並稱林門高足。享和二年(1802),被掛川藩(封地在今静岡縣掛川市)主辟爲藩教授,食俸廿人口,且頗受歷代藩主的知遇和倚重,出仕長達二十年。文化八年(1811),松崎慊堂還隨同林述齋前往津島接待朝鮮聘使,禮數周備,應對得體,衆人敬服,事後撰有《接鮮紀事》《接鮮瘖語》。致仕之後,松崎慊堂於江户城西羽沢村筑石經山房,與狩谷棭齋(1775—1835)、市野迷庵(1765—1826)、山梨稻川(1771—1826)諸同道遊,潛心漢唐經注之學,校勘經籍,教授學生,前後主持刊刻《海録碎事》《陶淵明文集》《三謝詩》、影宋本《爾雅》、《縮刻唐石經》等書,而尤以《縮刻唐石經》居功至偉,最爲後人推重。弘化元年(1844)四月,松崎慊堂帶著事業未竟的遺憾辭世,享年七十四歲。其詩文著作後人輯爲《慊堂全集》,收入《崇文叢書》;另有漢文稿本《慊堂日曆》存世,記録其五十三歲至七十四歲間行事,通行有山田琢譯注本。

一

日本江户時代中期以降,雖然朱子學仍居於官定正學地位,但在伊藤仁齋(1627—1705)、荻生徂徠(1666—1728)倡導的古學影響之下,經學考據學風漸起。徂徠門下的太宰春台(1680—1747)、山井崑崙(1680—1728)、根本遜志(1699—1764)均有此傾向。[①]學出徂徠的片山兼山(1730—1782)、井上金峨

---

① 太宰春台撰有《古文孝經孔安國傳校正音注》《論語古訓》,爲學之縝密超越乃師。山井崑崙著《七經孟子考文》,根本遜志校勘《論語皇侃義疏》,頗爲清儒推重,影響清代學術甚鉅。

(1732—1784),雖張折衷派之幟,批評徂徠之學,但仍具古學旨趣。井上金峨門下的吉田篁墩(1745—1798)即以崇尚考証、校勘、書志之學而聞名。此後,隨著清代考據學者成果影響的深入,日本學界亦形成考證學派。學承折衷派的大田錦城(1765—1825)成爲考證學派奠基者,門下則有海保漁村(1798—1866)、島田篁村(1838—1898)相繼而起。松崎慊堂即"預流"此學術風尚,在江户後期,與狩谷棭齋、市野迷庵、安井息軒(1799—1876)諸儒又開闢出漢唐經注校勘之學。

松崎慊堂在昌平學黌師從林述齋,乃至出仕掛川藩教授,當以朱子之學爲宗,但在致仕之後,即旗幟鮮明地轉向復古之學。其墓表有云:"先生於學該覽博通,而尤邃於經義。年五十,更有所發明,敦攻漢學。嘗曰:經訓簡易,炳若日星,箋注茅塞,大道乃荒,欲復諸古,但在諷經與識字耳。苟不然,望文生意,師心自斷,私意日長,而經旨益乖,得無非班志所謂碎義巧説,破壞形體,終以自蔽者乎哉。"①松崎慊堂學術的轉向,頗得益於與狩谷棭齋、市野迷庵、山梨稻川諸儒的交遊。他"最與狩谷棭齋相推重,自言吾志於復古,得之棭齋爲多"。②狩谷棭齋師承考證學先驅吉田篁墩,在《説文》學、文獻校勘和金石考證領域頗有著述,且富收藏。松崎慊堂撰狩谷棭齋墓銘,述棭齋之學云:

> 翁少時志於律令學,謂不涉唐代諸籍,不能窮其根據,乃採《六典》《唐律》《太平御覽》《通典》等諸書精研之,遂上溯漢代,又進而修六經,恍然有所發明。其終身崇奉漢學,蓋基於此。翁曾與迷庵談經義,迷庵曰:"何所主?"翁曰:"主漢唐注疏。"迷庵曰:"非也。宜從事於宋儒經解,否則不適于實用。"翁退執宋儒傳注,鋭志鑽穴者凡二十餘月,謂兩漢經學最重師法,授受相傳,確有淵源;六代迄唐,雖漸失龐雜,古法尚不至蕩然;至宋儒倨然師心蔑古,究非洙泗之正派也。即往質諸迷庵,縱横辯駁,徵據明晰,於是迷庵幡然心折,遂一掃宿習,亦從漢學。③

此後,市野迷庵"獨解經專宗漢儒,以爲七十子親受孔子,更相傳授,至兩漢始爲傳注,則毛鄭賈馬之學,雖間有出入,亦皆洙泗源流也",④并著有《正平本論語劄記》《大永本論語劄記》《覆刻正平板論語及劄記》等書。由市野迷庵學術取向的

① [日]海野豫:《掛川故教授慊堂松崎先生墓表》,《慊堂全集》卷一,《崇文叢書》本。

② [日]鹽谷世弘:《慊堂松崎先生行述》,《慊堂全集》卷一。

③ [日]松崎慊堂:《棭齋狩谷先生墓碣銘》,《慊堂全集》卷九。

④ [日]松崎慊堂:《迷庵市野先生墓銘》,《慊堂全集》卷十。

變化,或可看出松崎慊堂學術理路的淵源。

松崎慊堂還撰有山梨稻川墓銘,亦可見其學術旨趣。銘文云山梨稻川"聞本居宣長之徒論皇國古音,恍然有誤,於是鑽究《廣韻》,以溯漢秦三代,曰三代之音正音也","音韻正而古書始可讀也","六經百家語出於秦以前者,皆古文也。唐宋以下,不目睹古文,故其説多妄。《説文》説古文者","今之學者粗識唐宋俗字耳,其果得讀六經百家語哉",并撰有《古聲譜》《考聲微》《諧聲圖》《説文緯》等論著。[①]山梨稻川僻處窮鄉,漢籍匱乏,然而深造自得,其音韻、説文學方面的許多見解,頗與清朝大家江聲、戴震、錢大昕、段玉裁之説暗合,令松崎慊堂深爲敬服。山梨稻川晚歲抱其論著東下,擬與江户名儒碩學論而定之,然居數月即染病賫志以終,松崎慊堂對此痛惜不已。

根據前述墓銘的高度評價文字,以及《慊堂日曆》的頻繁交遊記述,可以看出狩谷棭齋、市野迷庵、山梨稻川對於松崎慊堂學術崇尚的影響。松崎慊堂雖然在説文、音韻學等領域的造詣無法與狩谷棭齋、山梨稻川相比,但無疑是心嚮往之。狩谷棭齋著有《本朝度量權衡考》,松崎慊堂也撰《尺準考》,考證中國度量衡的起源。《慊堂日曆》記載的讀書摘録和該博的知識領域,亦顯示出作爲考證學者廣徵博引的治學態度。因此,有研究者認爲松崎慊堂的學問或得益於狩谷棭齋等考證家學問的刺激而成。[②]

二

在考證學派的影響下,日本江户後期頗重漢籍版本校勘之學,不惟藏書風氣甚盛,且多有精校翻刊本行世。狩谷棭齋即"富于藏書,而唐鈔、宋槧、元刻,晉唐之碑刻法帖,所極難得者,亦多兼儲。每言吾非誇酉洞之富,欲化誤本爲善本耳"。[③]昌平學黌及諸藩刊刻的官版、藩版漢籍數量也大爲增加。樹山精一《官版書籍解題略》著録寬政十一年(1799)至慶應三年(1867)官版書即近二百部,凡例云據宋元槧本及諸家精校善本刊刻。松崎慊堂作爲"預流"學者,亦致力於漢籍的校勘刊刻。《慊堂全集》收有《書楓山文庫古鈔本後》《書足利學所藏古經目後》等文,松崎慊堂對各處藏書均如數家珍,在在可見其深厚的漢籍版本學造詣。

① [日]松崎慊堂:《稻川先生山梨君墓銘》,《慊堂全集》卷十。

② [日]吉田篤志:《江户後期の考證學——松崎慊堂の場合》,大倉精神文化研究所《大倉山論集》第二十三輯,1988年。

③ [日]松崎慊堂:《棭齋狩谷先生墓碣銘》,《慊堂全集》卷九。

天保十三年(1842)六月,江户幕府令諸藩十萬石以上者各刻典籍,松崎慊堂"躍然曰:是盛舉也。張而大之,在吾儕矣。因注古典善本僅存皇朝當急鐫者,題曰《擬刻書目》,獻諸當路"。[①]此書簡後題爲《慊堂先生遺墨》,并附門生安井息軒跋語,見載於《日本儒林叢書》。跋語云:"具録經史古本亡於彼而存於我者十餘種,次第而分疏之,進檉宇林公及諸名公好古者,[②]慫恿以成其美。"今據安井小太郎氏梳理,將所涉書目迻録於下,以見松崎慊堂有關漢籍版本之學識。[③]

〇周易正義十四卷(應永間鈔本)
〇尚書正義二十卷(北宋槧本、金澤文庫舊藏)
〇禮記正義七十卷(北宋槧本)
〇宋建安刻本附釋音毛詩注疏二十卷(南宋本)
〇宋建安刻本附釋音春秋左傳注疏六十卷(宋槧本)
〇春秋左氏正義三十六卷(單疏本、金澤文庫本)
〇史記(慶元年建安黄氏刻本)
〇漢書(慶元年建安黄氏刻本)
〇後漢書
〇文選六家注(宋崇寧六年所刻蜀大字本,嘉靖時汝南袁褧摹刻)
〇文選李善注(宋紹熙中尤延之刊本,嘉慶年鄱陽胡克家覆刊)
〇杜氏通典(楓山御本、宋板本)
〇大唐開元禮
〇舊唐書(京都東福寺龍眠庵藏古鈔本)
〇元板資治通鑑胡三省音注
〇畢沅宋元通鑑

次年,肥後國主召見,松崎慊堂又建言可請借足利學校藏宋槧五經注疏梓行。今存肥後藩版《影宋本尚書正義》,即據松崎慊堂影鈔本鋟刊。令人遺憾的是,兩項建議未及完全落實,松崎慊堂即罹病故去。此外,有學者認爲,林述齋刊刻《佚存叢書》,松崎慊堂亦有重要貢獻。[④]

① [日]鹽谷世弘:《慊堂松崎先生行述》,《慊堂全集》卷一。
② 林檉宇(1793—1847)爲林述齋之子,時任大學頭。
③ [日]安井小太郎:《慊堂の漢籍翻刻に関する意見》,《斯文》第一編第二號。
④ [日]安井小太郎:《日本儒學史》,第271頁,東京富山房1939年版。

松崎慊堂直接參與的漢籍翻刻，於《縮刻唐石經》之外，尚有縮刻明萬歷本《海録碎事》《陶淵明文集》(附《三謝詩》)及影宋本《爾雅》。其中，《爾雅》卷首題羽澤石經山房刻梓，以狩谷棭齋影鈔宋本爲底本，校以十餘種版本，卷後附有《校譌》。松崎慊堂有跋語云：

此本係北宋仁宗時刻版，南宋高宗時補刊。原本京師大醫某君所藏，亡友狩谷卿雲借鈔極精。余病有宋以來此經滅裂，欲訂一本以貽後學，顧世無善本，忽睹是本，急請卿雲獲之。入刻有年，所未敢出以問世者，猶恐其有訛脱也。後又得室町氏時翻刻大字本，蓋所謂蜀本也。詳攷其體貌，蓋與是本後先所刻，亦有南宋孝宗時補刊，其字豐肥，雖異是本之謹肅，至其源流實同。故據以訂正，参以元明諸本，其訂正異同處，旁施黑點，仍作校譌附末簡，庶存是本之舊，使讀者兼知二本之同異也。(小字略)

松崎慊堂對於自己參與翻刻儒經的成績尤爲自得。《慊堂日録》天保十三年十月二十九日條，在歷數日本各代傳鈔翻刻儒經的成果之後，記述自己先後參與市野迷庵覆刻堺版《論語》、狩谷棭齋覆刻明道版《御注孝經》的校勘，又建言白川城主安部君翻刻岳珂本《周禮》，浜松相公翻刻宋余仁仲本《公羊傳》《穀梁傳》，佐野參政公翻刻趙注《孟子》，加之自己翻刻的影宋本《爾雅》，十三經中已有七部，深以爲榮。當然，松崎慊堂用力最深且爲其帶來最大榮譽的還是《縮刻唐石經》。

三

松崎慊堂以唐開成石經爲現行刊本之祖，而宋元諸儒竄亂經典，通行《十三經注疏》本難副人意，遂謀劃刊刻石經，復其舊本，以饗學人。其《鉤摹石本九經字様跋》云："予嘗病近世學者徒務浮説碎義而不熟於經文，謂雖學倍其方，亦無經本之所致，因欲刻單經善本以貽後學，乃取唐開成石經，撰善書人縮臨之。"①《慊堂松崎先生行述》亦云："欲令學者專玩經文，存其大體。三年一藝，多聞闕疑，庶乎日用少而蓄德多，三十而五經立，可以幾也。若夫訓詁原諸《説文》，參諸漢注唐疏，餘力以及三史、《文選》。如是而材之不成者，未之有也。迺把開成石

① ［日］松崎慊堂：《鉤摹石本九經字様跋》，《慊堂全集》卷十二。

經益以《孟子》《大戴禮記》,考訂以授梓。"①

《縮刻唐石經》計劃的實施起於天保五年(1834),松崎慊堂時年六十四歲,《慊堂日曆》天保五年二月十三日條,已記石經碑本六十函,縮寫刻本六十二万字,一板十行二十字,并計算出大致刻寫費用。二月十九日條,囑門生作縮臨石經様式,八行十九字,板框長七寸,幅寬五寸五分,完全遵照足利本《尚書》板式。同年八月,石本臨寫已經完成,并制訂出縮刻的詳細預算。松崎慊堂有《上八城相公書》,闡明《縮刻唐石經》的動機和目的,以求得理解支持,略云:

復持此志殆四十年,其初苦飢寒,中復苦仕途,致仕後又沉淪於醉鄉,皆不得成,且爾時經學破壞,無善本可讀矣。五年以來,取唐開成石本十二經及《五經文字》《九經字様》,手親校訂,遴選良手,縮臨字畫,一依石經之舊,猶有疑誤,用《文字》《字様》參定。傍作之音訓,音訓一做宋吕祖謙《周易》之例。夫夫子晚定六藝,修經一也;蔡邕立石鴻都門,修經二也;魏邯鄲淳輩正始中立石大學,修經三也;唐開成中宰相鄭覃立言訂定,刻石於國子監,修經四也。今既一千年,而復何人,悍然敢任於夫子修經之後勁也? 夫子之修經,聖述也,固非後學所比擬。漢蔡邕、魏邯鄲淳、唐鄭覃皆革當時之弊,漢石殘而魏石立,魏石殘而唐石立,唐石之立,經亦修明。宋元諸儒任意竄亂,不可卒讀。吾之復唐石舊本而已,非僭妄也,要供吾讀本也。②

《慊堂日曆》自天保五年之後,有關《縮刻唐石經》的記録不絶于書,據此可以梳理其實際的操作過程。大致而言,歷經臨寫石本、裝潢成册、校定經文、刻寫上板、核對清様、印製成書諸環節,其間夾雜松崎慊堂與同道、門生的磋商,籌集刻資,以及與裝潢、刻板工匠的往還等内容。由於部帙龐大,臨寫石本工作主要委托門生和寫經生,文本校勘則是松崎慊堂親自主持,後世頗有影響的門生安井息軒、鹽谷宕陰、小島成齋、海野石窓等人予以協助。松崎慊堂不僅制訂周詳的計劃,還起草了校勘規例,選定了校勘用定本和石經補闕所採本。此依據其校勘例、補例、成書凡例以及參校、補闕用本,③略事梳理,羅列於後,以見《縮刻唐石

① [日]鹽谷世弘:《慊堂松崎先生行述》,《慊堂全集》卷一。

② [日]松崎慊堂:《上八城相公書》,《慊堂遺文》卷一。

③ 原始文獻見載《慊堂日曆》天保五年八月、九月諸條,《縮刻唐石經·周易》卷首《例言》,以及濱野知三郎氏藏松崎慊堂手稿《刻經記》(據高橋美章《松崎慊堂の開成石經縮刻に就きて》轉引,《支那學》,第二卷第一號,1921年9月)。

經》校勘之理念與取材。

校勘規例

○開成石經之刻,先於唐長興三年始入木時恰一百年多,長興本取以爲本文,編入毛、鄭、何、王、杜、范諸注,當時謂之編注石經。而有宋一代以長興本爲甲令,收民間寫本不用,則兩宋元明所刻,悉皆石經子孫。故今校刊以此爲基,其殘闕剥落處,則據宋本最古且確者補入,施點右旁以别之。

○石經雖最古可貴,時有訛謬,加之磨改頗多,或立石時所改,或出後人所爲。北宋時唐世寫本佳者猶存,學者私據校改以入刻,故其善時有出於石經上者,而日本所傳古鈔經傳更爲隋唐佳本。故今以所據宋本及博士家所傳古本一一精對,考之以注疏,證之以《釋文》。石經誤脱無疑者,從諸善本而改補之;疑不能決及後儒考證確不可易而無别本可據正者,姑從原本,並發圈左旁,仍收其字與説於卷末;其摩改者以改爲正,則不點。

○各經行閒有旁添之字,《左傳》一書最多,率賤儒據俗本所補,今例從删落,然或有與諸善本合者,則從而采入之,依前例左點,收於卷末。

○唐諱缺筆者,依字填之,涉諱用或體者,則一依原文。正訛字、古今字正之不可勝正,包括石經用字之例,皆依原文,並不點發標異。

○原刻末附《五經文字》《九經字樣》,則全部字體當據二書訂正,而此刻不盡然者,隸變或字,古人所以不廢經典,相承已久,不必取此以捨彼也。今二書仍附帙後,讀者遇字體可疑,就而撿閲之,是非自判。但二書剥落處,馬氏刻本妄意補入,不足以校。今無本可據補,故一依唐碑,他日或得宋元佳搨,當補刻爲完璧。

校勘用定本

通志堂收儀禮正文注疏本,《易》《書》、《禮記》(紹熙本),《詩》《左傳》(附釋音刻足利),《周禮》(同),《書》(宫崎),《公》(元板),《穀》(宋板),《爾雅》(宋板),《孝經》(石臺),《孟子》(古鈔,活字,岐字小字本佳),《論》。

石經補闕所採本

《周禮》(岳珂本),《儀禮》(陳鳳梧),《禮記》(古板),《左傳》(古板),《公羊》(求古元本),《穀梁》(金澤本),《書》《詩》(古板),《易》(宋板),《孝經》(宋板),《論語》(界板),《孟子》(古本),《文字》、《字樣》(仍舊),《爾雅》(宋本)

《縮刻唐石經》以恢復原本文字而不是保存舊本面貌爲目的,故文本校勘廣採宋元槧本及日本古本，力求成爲可資信賴的定本。成書文字改訂及異文並存之處，均施圈點予以標記，同時撰述考異文字，名曰《校譌》，辨析石經原文磨改及字形字體，羅列宋元槧本及日本古本異文，引述清儒考證成果，兼下取捨按斷。試舉數例：

《周易校譌》卷九"遘遇也"條：諸本"遘"作"姤"，陳鱣云咸淳本《本義》及岳本皆作"遘"。考《説文》無"姤"字，《釋詁》云"遘，遇也"。《易》"姤"，《釋文》云：薛云古文作"遘"，鄭同。馮椅《易輯》云：古文卦猶是古文，鄭本同。蓋雜卦以無王注，故未及改，流俗相承盡改爲"姤"，非也。凡石經不誤而他本誤者，此校例不標出，此標者惡其似是而非也。

《尚書校譌》卷五"大命胡不摯"條："胡"字石經旁增。王鳴盛云：《史記》作"大命胡不至"，翫孔傳云"何以不至"，是孔本亦有"胡"字。石經"胡"字，初時誤脱，後考得其實而增者，不知今本何以又脱也。案王説是也。阮元則據《説文》所引妄謂"胡"字不應有，石經旁添乃後人依《史記》增入者，殊謬。

《尚書校譌》卷九"其往"條："其"上古本有"愼"字。段玉裁云：《後漢書》爰延上封事曰"臣聞之帝左右者，所以咨政德，故周公戒成王曰'其朋其朋，言愼所與'也"，李注《尚書》周公戒成王曰"孺子其朋，孺子其朋，愼其往"，較今本多一"愼"字，疑妄增，足利古本蓋本諸此。案，古本是也，若無"愼"字，不詞甚矣，況有"愼"字，與《後漢書》李注合。段、阮之徒，媢皇朝古本，每加抑黜，至其善者，亦欲强掩之，非篤論也。上文"比介"，此经"愼"字，是古本之尤確然不可易者矣。

《毛詩校譌》卷二"賈用不售"條：石經"售"字摩改。錢大昕云蓋本作"讎"。段玉裁云"讎"正字，"售"俗字，《史記》《漢書》尚多用"讎"。阮元云《釋文》"售，市救反"。石經摩改所從也。

《縮刻唐石經》的《校譌》部份，天保十五年（弘化元年，1844）刊本僅附《易書詩校譌》與《春秋三傳校譌》，其餘諸經完成情況不詳，安井小太郎《日本儒學史》引録《論語校譌》數條，然未明出處。關於《唐石經》校勘，清儒嚴可均有《唐石經校文》十卷，然松崎慊堂參校日藏古本，仍有其獨特的價值，對此筆者擬另撰文，此處不贅。

《縮刻唐石經》的刊刻出版得力於諸侯的支持，其中《三禮》爲掛川太田候助刊，《孝經》《論語》《爾雅》爲肥後細川侯助刊，《易》《書》《詩》爲西條松平侯助刊，

《三傳》《五經文字》《九經字樣》爲佐倉堀川侯助刊。今日本國立公文書館藏紅葉山文庫本《縮刻唐石經》包括《十二經》《五經文字》《九經字樣》《易書詩校譌》《春秋三傳校譌》,共計四十一册,鈐有"秘閣圖書之章""日本政府圖書"印,當是天保十五年初刊本。其中《周易》扉頁題《縮刻唐開成石經並五經文字九經字樣》,益城松崎明復審定,卷首有益城松崎明復題識《縮刻唐石經例言》。此外,《五經文字》《九經字樣》兩書卷端鈐"益城松崎明復審定"印,卷末鈐"佐倉成德書院初梓"印。高橋美章文根據《慊堂日曆》記述,推測《縮刻唐石經》完成於天保十二年,而刊本跋語記於天保十五年夏月,實際此年四月松崎慊堂即病逝,應還没有見到全書的出版。松崎慊堂臨終之際尚在口授門生修經之事,遺言云:勿作碣辭,唯題石曰五經先生墓足矣。

小　　結

松崎慊堂是江户後期頗具代表性的考證派儒學者,雖然師承昌平學黌大學頭林述齋,修習作爲官學的朱子之學,并長期擔任藩教授,但在江户後期經學考據蔚成風尚的背景下,學術旨趣發生變化,以致成爲漢唐經注校勘之學的核心人物。松崎慊堂漢籍版本學造詣深厚,致仕後致力於漢籍翻刻校勘,而尤以《縮刻唐石經》貢獻卓著。此舉繼承中國儒經刻石傳統,以恢復唐石舊本、正定文字爲指歸,在唐石經基礎上,廣採宋元槧本及日本古本,校勘文字,辨析異體,其間既引述清儒考證成果,亦兼下己意,力求成爲可資信賴的定本。松崎慊堂《縮刻唐石經》不僅部帙宏巨,校勘精細,而且成書早於民國間張氏皕忍堂《景刊唐開成石經》近百年,雖然校訂經文不乏粗疏淺陋之處,亦未全面參校日本古本,但其草創價值仍不可小覷。楊家駱氏評價張氏皕忍堂本遠賢於松崎慊堂本,並非公允之詞。①

(作者爲北京大學中文系教授;
本文發表於《嶺南學報》復刊號第一、二期合刊,2015 年 3 月)

① 楊家駱:《縮印景刊唐石經序》,見載《唐石十三經》,臺北世界書局 1955 年版。

開成石經磨改添注補刻現象綜考

侯金滿

引論　作爲“定本”的唐石經與其經本的不確定性

歷朝石經之刊立，皆有其正定文字，爲天下樹立經書定本之目的，從最早之漢熹平石經開始即是如此，唐開成石經亦不例外，《舊唐書·鄭覃傳》載鄭覃奏請刊立石經曰：

> 經籍訛謬，博士相沿，難爲改正。請召宿儒奥學，校定六籍，準後漢故事，勒石於太學，永代作則，以正其闕。①

觀其初衷，若能達成此願，於唐代可謂繼踵國初太宗頒佈“五經定本”於天下之盛事，對於處於衰微之中的唐代朝廷亦有樹立權威、增强文化向心力之功效。自太和刻經，至開成刊成之後，又有唐玄度等校正字體，不可謂不慎重其事。然其所獲效果卻並不如意，《舊唐書·文宗紀》曰：

> 癸卯，宰臣判國子祭酒鄭覃進《石壁九經》一百六十卷。時上好文，鄭覃以經義啓導，稍折文章之士，遂奏置五經博士，依後漢蔡伯喈刊碑列于太學，創立石壁九經，諸儒校正訛謬。上又令翰林勒字官唐玄度復校字體，又乖師法，故石經立後數十年，名儒皆不窺之，以爲蕪累甚矣。②

可見開成石經雖爲朝廷所立九經定本，然刊立之後，當時並不爲世人尊崇，

① ［五代］劉昫等：《舊唐書》卷一百七十三列傳第一百二十三，中華書局1975年點校本，第14册，第4490頁。

② ［五代］劉昫等：《舊唐書》卷十七本紀第十七，第2册，第571頁。

所謂"又乖師法","名儒皆不窺之,以爲蕪累甚矣"。今觀開成石經所刊諸經,於經本上雖標明從某家注本,然在具體文字上卻是參考衆本,斟酌損益,而未嘗專守一家。至僖宗乾符年間,張參孫、張自牧又以"家本"重校勘定,是其經本又匯入一種經本,無定則也。[①]而在具體經文文字上,既不能循古,[②]多所變動而雜入當時俗體,此點已爲後世校勘石經文字者所指摘。然而更爲重要者,是其自刊立以來,即出現的多次磨改、添注與補刻諸事,這一切更改變了開成石經經本的"定本"屬性,對此,清人馮登府《唐石經誤字辨序》論曰:

> 開成去古未遠,猶爲純備。然幾經後人之手,一誤于乾符之脩改,再誤于後梁之補刊,三誤于北宋之添注,四誤于堯惠之繆作,遂失鄭唐之舊。[③]

相似之評議如錢大昕、王朝榘、嚴可均亦曾發之,以今觀之,唐石經雖號完備,然磨改補刻之處甚多,其中多有經文殘缺過甚不能考知原刻者,因此如欲由此石本完全得知唐人經本原貌,已無可能。故知所謂刊立唐石經所欲達成之"定本"之目的,不僅在當日不能實現,即其作爲定本之經本本身,亦從當日起一直處於不斷的變動之中,作爲"定本"的唐石經與其經本的不確定性在唐石經出現之後即構成了一對矛盾,而這本身也是經典文本在時空的流轉中普遍遭遇的一種現象,亦是引起後世研究者探究與思考的重要論題。

一　開成石經磨改添注補刻概況

從前文所引清人馮登府《唐石經誤字辨》之文字可見,前人對於開成石經之磨改補刻已早有論及,馮氏之外,顧炎武《金石文字記》《九經誤字》,[④]錢大

① 另據嚴可均《唐石經校文》所舉《周禮》例證,可見當時刊經之時即有隨刊隨改之現象。加上如《儀禮》《左傳》《穀梁傳》部分經文後來損毁,今見者爲後梁補刊,後梁所見本與文宗時經本又自不同,則今所見唐石經實包含多層次之經本也。

② 如唐石經之《尚書》所用爲梅頤本,其經字不取古文本,而用衛包改字後之今文本。

③ [清]馮登府:《石經補考・唐石經誤字辨》,《續修四庫全書》第184册,上海古籍出版社2002年版,第65頁。

④ [清]顧炎武:《金石文字記》,收入《石刻史料新編》第一輯第12册,新文豐出版公司1982年版。顧炎武:《九經誤字》,收入《清經解・清經解續編》第八册,上海書店出版社2013年版。

昕《潛研堂金石文字跋尾》《唐石經考異》,[①]王朝榘《唐石經考正》,[②]戴震《石經補字正非》,[③]嚴可均《唐石經校文》等論著皆對此有所考論,[④]而在關涉唐石經之概論類著作中如朱彝尊《經義考》、吴騫《唐開成石經考異》、張國淦《歷代石經考》等亦會論及開成石經之磨改補刻狀況。[⑤]而今人有關唐石經磨改添注補刻之重要論述則有劉最長、朱捷元兩先生的《開成石經校勘記》《關於"開成石經文字"的改鎸和添注的問題》,[⑥]盧桂蘭前輩的《唐"開成石經"補字概述》以及盧桂蘭、李林娜兩前輩的《中國最大的石質書庫——唐開成石經》等。[⑦]

統觀前人研究,其中清人各家論述自顧炎武始,多是根據文獻史料,結合拓本進行梳理,或考石經刊刻源流,或考石經經本文字。而今人的研究在結合史料之外,尤能根據原碑,以考古學方法對磨改補刻情況進行調查取證,如劉最長、朱捷元二位前輩兩篇文章即是在碑林組織人力對所存唐石經磨改添注文字進行細緻調查基礎上寫就,不僅發現石經改鎸字 719 處 1 451 字,較之《唐石經考正》多 328 處 482 字,[⑧]還對後梁、乾符補刻之碑進行了調查考證。而盧桂蘭前輩《唐"開成石經"補字概述》則對明代補刻諸碑進行考察,統計了各經並《五經文字》《九經字様》補刻字數總約 53 000 字,足以引起人們對開成石經殘缺補刻現象的重視。[⑨]

如今,通過前人研究,對於石經從刊刻之初至今所遭遇的磨改、添注、補刻諸事大致已有一較爲清晰的脉絡。凡磨改文字其時間最早,有刊刻當日所改者,即所謂太和校定,開成覆定、詳定,又有乾符重新勘定者。添注之文無多,前人以爲

---

① [清]錢大昕:《唐石經考異》,收入陳文和主編:《嘉定錢大昕全集》第 1 册,江蘇古籍出版社 1997 年版。錢大昕:《潛研堂金石文跋尾》,收入《嘉定錢大昕全集》第 6 册。

② [清]王朝榘:《唐石經考正》,收入賈貴榮輯:《歷代石經研究資料輯刊》第 7 册,北京圖書館出版社 2005 年版。

③ [清]戴震:《石經補字正非》,收入《戴震全集》第 6 册,清華大學出版社 1999 年版。

④ 《景刊唐開成石經　附賈刻孟子　嚴氏校文》第四册,中華書局 1997 年版。

⑤ [清]朱彝尊、翁方綱:《點校補正經義考》,"中央研究院"文哲所籌備處 1997 年版。吴騫:《唐開成石經考異》,收入《歷代石經研究資料輯刊》第 7 册。張國淦《歷代石經考》,收入《歷代石經研究資料輯刊》第 4 册。

⑥ 劉最長、朱捷元:《開成石經校勘記》,《考古與文物》1982 年第 6 期,第 99 頁。劉最長、朱捷元:《關於"開成石經文字"的改鎸和添注的問題——校勘"開成石經"收穫之二》,《考古與文物》1989 年第 3 期,第 102 頁。

⑦ 盧桂蘭:《唐"開成石經"補字概述》,《碑林集刊》1995 年第三輯,第 90 頁;盧桂蘭、李林娜:《中國最大的石質書庫——唐開成石經》,《碑林集刊》1998 年第五輯,第 32 頁。

⑧ 另外補充了《五經文字》《新加九經字様》16 處 112 字。

⑨ 具體石經中磨改、添注、補刻文字爲何,可能限於條件,至今未見公佈,對於研究、利用開成石經依舊多有不便。

是北宋時，然亦可能金代修訂，甚或唐代所加此猶待考證。①補刻則有乾符時重刻的《儀禮》部分碑文，一石兩面，另有後梁時補刻的《儀禮》《左傳》《穀梁傳》中部分經文，有三通碑石，一石兩面，已代替原碑。②後來則是萬曆時王堯典等因嘉靖地震碑石損毀嚴重而補刻，其補刻則在原碑之外另立小石，書補刻文字，不與原碑混淆，故明人補刻時間最晚。然地震損毀嚴重，補刻最多，至今二種碑石皆存。③因清代以來，唐石經地震以前之拓本已絶不可得，故世人所見皆是殘毀之本。④

對於古人來説，或因南北分裂，或因條件不便，利用開成石經頗爲不易，故多未能親見原碑。至於今日，研究者自可親至碑林，觀摩原碑，然而對於一般研究與利用唐石經的學者來説，親自勘察原碑依舊不便，一者碑石巨大，數量衆多，又爲玻璃所罩，二者長途跋涉，頗爲辛勞，終不如得一善拓，日日摩挲觀瞻便利。拓本雖非原石，然可以結合碑圖或親自赴碑林勘驗一次，即可據拓本以知石經之面貌，故今存各圖書館之唐石經拓本或影印、摹刻之本依舊是唐石經研究與利用者普遍使用的重要材料。今人利用石經拓片，首先必須慎重選擇底本，再者則須區分何者爲碑文原貌，何者爲磨改、添注、補刻之字，否則即會致誤。然仔細查驗，原石磨改、添注、殘損補刻處亦是有跡可循。以下筆者即以《尚書文字合編》本作參照，對目驗所及數種拓本所涉磨改添注補刻現象，進行具體分析。而在此之前，有必要先討論一下如何由拓本以辨識石經磨改、添注、補刻之概況。

顧廷龍、顧頡剛先生所主編之《尚書文字合編》一書，⑤收有《唐石經尚書》之影照本，其底本是今日可見之嘉靖以後殘毀之本，而於每篇之後附録明人所刻《石經補缺》，而《尚書》此經即存在磨改、添注、補刻之文，故可以此爲典型，管窺蠡測，先由此一本以見開成石經之磨改、添注、補刻狀況。

首先是有關唐石經之磨改，據拓本尚可看到磨改之蹤跡，其表現有三。其一即是磨改未盡，使得碑字上重疊有未能除盡之殘字。⑥如下面二圖取自《尚書文

① 金代存在修訂太學石經之事，詳見吴騫《唐開成石經考異》所引《安世鳳題金太學石經》，第758頁。

② 有關後梁補刊三通碑石的調查具體見劉最長、朱捷元所撰《"開成石經"校勘記》一文。

③ 有關明人補刻碑石調查詳見盧桂蘭《唐"開成石經"補字概述》一文。

④ 自清代以來，諸家所見皆是地震後殘缺本，故嚴可均、皕忍堂皆言地震以前本絶不可得，筆者亦不斷查考，不見有殘缺以前本。嘉靖地震，損壞碑字甚多，遠過於前，僅就明人所補文字計之，已有約五萬三千字，真可稱爲開成石經一大厄運。

⑤ 顧頡剛、顧廷龍：《尚書文字合編》，上海古籍出版社1996年版。

⑥ 此外，有改刻者直接於原刻上刻新字，而舊字完全不曾磨去，造成二字重合現象，其例甚少，只出現在朱梁補刻三塊碑上，見劉最長、朱捷元《關於"開成石經"文字的改鎸與添注的問題——校勘"開成石經"收穫之二》所舉《春秋左氏傳·宣公下》"與其專罪六人同之"一句之"六"字該筆例。惟此文以此種改刻時間當在北宋，尚缺乏有力證據。

字合編》中《唐石經尚書・舜典》"哉帝曰弃黎民阻飢汝后稷播時百穀帝曰契百姓不親五品不遜汝作司徒敬敷五教在寬帝曰皋陶蠻夷猾夏寇賊姦宄汝作士五刑有"一節,①其"遜"字上重疊一"司"字,"寬"字右下角重疊一"曰"字,皆是十分明顯之證據。據嚴可均考證,此節五十四字,原爲六十字,初刻"五教"下復有"五教"二字,"汝作士"下有"明于五刑"四字。磨改較初刻後删去六字。②現因磨改未盡,故殘留原刻筆畫,所殘餘文字與經文存在聯繫,且皆是局部磨改,故亦可以破除此種殘留筆畫是否因石經刻石採用舊碑的疑惑。③

其次,磨改之字往往有字數參差不合之處,如原作三字,磨改爲二字,此時磨改後之文字不僅二字之間較爲疏朗,而且與兩側碑字相比,亦會呈現差異,如下圖《洛誥》"悉自教""孺子其朋"皆是磨改之文,原作"悉自教百""孺子其朋慎"。今將其與兩側文字比較可見原碑二句當本作四字,磨改後少一字,故字形偏長,又疏朗,横看與兩側碑文上下參差,顯然是磨改所導致。

此外,磨改文字一般會在原碑上留下淺坑,反映在拓本上,使得文字周

① 《尚書文字合編》第1册,第149—150頁。

② 《景刊唐開成石經　附賈刻孟子　嚴氏校文》第四册,第3004—3005頁。

③ 對於碑石上重疊殘字情形,有時可能存在採用舊碑磨改未盡的情形,筆者於第二届七朝石經研討會上報告此篇論文時,蒙晁會元先生提出這一意見,此處即是對這一疑問的回應。

圍會有成團石花，此白花又與自然剥蝕形成的石花不類，此種現象在拓印清晰之拓片上表現尤爲明顯，如下圖，《大禹謨》標題“大禹”二字原作“皋陶”，[1]經過磨改，石花較密。《旅獒》“土性”之“性”字原作“産”，[2]經過磨改，亦有石花密佈。

對於石經來説，磨改文字甚多，雖然能知其經過磨改，然而並非所有磨改之處都能判斷出原文爲何，有的能根據殘留痕跡，判斷出原字爲何，有的單據碑字則已無法判斷，只能闕疑。而據嚴可均《唐石經校文》可見，初刻多有與孔傳、孔疏合者，磨改之後反倒不一致，正可見初刻、改刻所據經本歧異。

至於添注之字並非各經皆有，據前人考證分佈於《周易》《尚書》《毛詩》《春秋

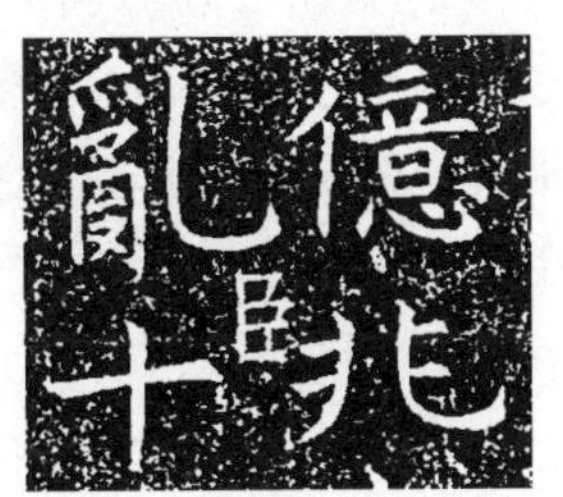

① 《尚書文字合編》第 1 册，第 224 頁。

② 《尚書文字合編》第 2 册，第 1611 頁。

左氏傳》和《論語》五經，其中尤以《左傳》爲多。[①]而添注之字最易辨認，首先添注之字較原碑字爲小，且書於行右夾縫之内，字體亦較隨意，與原碑謹嚴整飭之唐楷不類，如圖《西伯戡黎》“大命不摯”添注一“胡”字，[②]《泰誓》“有亂十人”添一“臣”字，[③]皆與後來通行本同。

至於補刻文字，情况較爲複雜，前所言磨改文字，雖然是經文變動之表現，然據嚴可均考證尚是唐人前後所改定，五代雕版所用經本與其略同。而補刻文字，除了後梁補刻已代替原碑外，主要是明人在嘉靖地震之後所補，當時石經已經殘缺，原碑若何，不可得知，而其補刻之根據，據當時所記，是“文義斷闕者，稽群書補之”，明人所見，自然與唐人所見有異，因此如果不辨是否爲補刻，若僥倖與原刻同尚可，異者則不免大誤。[④]以今觀之，明人補刻有是有非，如明人補刻存在的問題有以俗字别字亂入者。然亦有唐碑有問題，而明人所改是者，如廿、卅改爲二十、三十。然而不管明人補刻是否正確，若直接以明人補刻混入原碑，如錢大昕《潛研堂金石文字跋尾》所言：

> 若明人補刻闕字，則别爲一石，不與本文相淆，而世俗裝潢者，欲經文完具，乃取明刻剪割連綴之，遂不復别識。[⑤]

則不免魚目混珠，以今作古也。今見明清以來諸家所見拓本，多有將明人補刻文字剪切貼補於原拓殘損處者，學者不察，而爲所誤，其著名者如顧炎武尚且不免，遑論其他。故若石經拓本不慎取以明人補刻文字貼補者，雖閱讀便利，然如此一來失去了唐碑原貌，使得後人失去了對石經刊立時歷史情况的了解，顯然是不可行的。今見《尚書文字合編》所收唐石經拓本，即是殘缺之本，其處理方法即是一面保持拓本原貌，而在後附録明人補刻之文，以爲對照，如此則不失爲良法。如下圖《禹貢》“豫州”，左圖爲原碑，殘損“伊洛瀍”，右爲明人補刻。

此外，筆者將明人補缺文字與原碑缺損處對照之後發現，除前人所言補缺漏補情形之外，尚存在以下三種情形。

---

① 劉最長、朱捷元：《關於“開成石經文字”的改鎸和添注的問題——校勘“開成石經”收穫之二》，第104頁。在此之前，錢大昕等已有考訂。

② 《尚書文字合編》第2册，第1235頁。

③ 《尚書文字合編》第2册，第1352頁。

④ 如戴震《石經補字正非》即專門就明人補字之誤爲其糾謬，對校閲唐石經功莫大焉。

⑤ [清]錢大昕：《潛研堂金石文字跋尾》卷九，《嘉定錢大昕全集》第6册，第201頁。

一、補缺文字有原文全殘，不知底本爲何者，而補缺或有誤字，不可據此以爲石經作此者。顧炎武《金石文字記》所舉石經誤字，多有此種情形，此其顯例也。

二、亦有石經原文稍殘，可不補而補之者。此種情形，傳世各本有以補缺貼補原文者，亦有不貼補者，視具體情形而定。

三、另有原文尚存殘跡，據此殘跡尚能判别原文作何字，而補缺之字卻與此原本不同者。此以明人補缺文字變亂石經原文，此種情形最需注意，稍有不慎，即爲明人誤導。對此，嚴氏《唐石經校文》亦每言之，可參看。

總之，今日所見唐石經拓本，早已非當日所據底本面貌，而是一個混入了其後磨改、添注、補刻文字的綜合性多層次的經本，雖然貌似完備，實則不免蕪雜，如果一體視之，不辨其中的時間層次和來源不同的經本，則無法了解開成石經作爲經書"定本"的複雜性，更無法在校勘群經時辨析源流，條分縷析，此即考辨開成石經磨改添注補刻現象之必要性所在。以下筆者首先就目驗所及數種唐石經拓本或影摹之本所涉磨改添注補刻現象，進行具體分析。

二　今所見多種唐石經傳本所涉磨改補刻情況例析

1.《西安碑林全集》本

《西安碑林全集》所收《開成石經》，是由西安碑林博物館與深圳海天藝術品有限公司於 1999 年 12 月所影印，全書共二十五函，二百卷，《開成石經》九經三傳并《五經文字》《九經字樣》、清代賈刻《孟子》全部收入，所影拓本底本係剪裱本。關於其拓本來源，《周易》首册之《開成石經概述》中言：

> “開成石經”之圖版，係用碑林舊藏的拓片剪裱本拍照。剪裱本對於碑邊缺損之字均未補裱，故圖版内容有數處不能通讀，存在缺十字或二十字的現象。①

筆者此前觀其碑字完整，初以爲善拓，後經查考方知，其拓本亦是萬曆以後殘缺之拓本，之所以碑字完整，是因爲其殘缺之處已用明人王堯典補刻文字剪貼拼湊，遮蓋了原拓殘缺之處。文中殘損之處多有貼補，故貼補之處甚多。今將其與《尚書文字合編》所收唐石經拓本，并明人補刻拓片對照，發現原碑殘損而此拓完整者，其文字正與補刻同，證據顯明，今略爲舉例如下。

《尚書文字合編》之《尚書·堯典》自“汝羲暨和”至“放齊曰”（下圖一），②此頁殘損甚多。全殘：暨和、三、有六旬、月定四時成、庶績咸熙帝、放齊曰。半殘：汝羲、朞、百、閏、庸。而《碑林》本大致完好（下圖二）。③再仔細觀察會發現，在“汝羲暨和”一行左側上部有一與左側一行截然分明之白綫，在“汝”字處將其墨底與左側石花截斷，“和期三百”處隱約一白綫，此即貼補時所留下之痕跡。而對照此殘缺處之明人補刻文字（下圖三），④可見《碑林》本此字與補刻文字全同，尤其是頗具特色之“成”字更是高度一致。

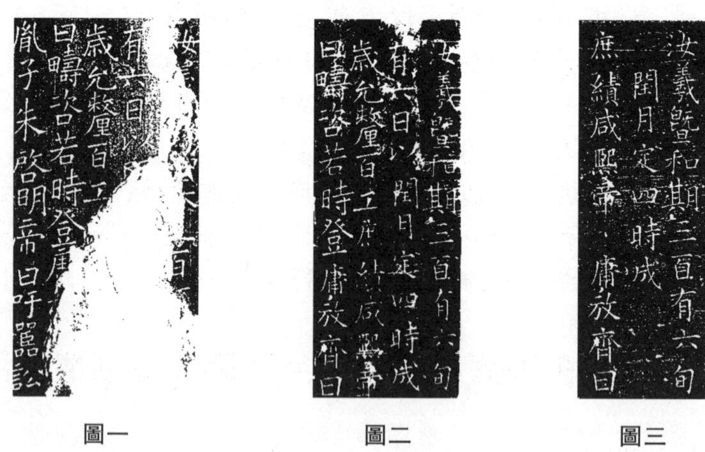

圖一　　圖二　　圖三

① 高峽主編，李林娜、王原茵、王其禕副主編，西安碑林博物館與深圳海天藝術品有限公司合編：《西安碑林全集》，廣東經濟出版社、海天出版社 1999 年版，第 107 册，《周易》卷首。

② 《尚書文字合編》第 1 册，第 60 頁。

③ 《西安碑林全集》第 111 册，第 17 頁。

④ 《尚書文字合編》第 1 册，第 64 頁。

另如《尚書文字合編》之《尚書·舜典》經文之首，缺損甚多，補刻文字"微堯""之""使嗣""歷試諸難作舜典""舜典""曰若稽古帝舜曰重華恊于帝濬哲文明"，①二者對照，《合編》已殘，《碑林》完好。②然而所補諸字其中如"嗣""歷""濬"三字，原碑並非完全殘缺，尚存殘筆，恰此三字補刻之文與原碑不同，而《碑林》本文字則與補刻同，與原碑不同，此尤能證明《碑林》本完整之字係用補刻文字貼補，非原碑文字也。今將三字以圖表方式對照如下：

《合編》本原碑	《合編》所收明人補缺本	《碑林》本

對比可見，"嗣"字右旁之"司"，原碑横折鉤較爲峻利，補刻則平易，《碑林》本與補刻同。"歷"字原碑左旁之撇落筆位置居中，補刻與《碑林》本皆居下，下部之"止"平横原碑左不出頭，補刻與《碑林》本皆出。"濬"字字形原碑與今通行正體同，補刻及《碑林》本則爲濬字俗體。③

如此之例尚多，觀此已可知《碑林》本貌似完整，實則是以明人補刻文字貼補殘字，已非拓本原貌，使用者如果不察，則會被其誤導，以明人補刻爲唐人碑石原

① 《尚書文字合編》第1册，第141、156頁。

② 《西安碑林全集》第111册，第21頁。

③ 可參考臺灣"教育部"《異體字字典》網頁版，著録此形體之原始文獻爲明人郭一經《字學三正》，《四庫未收書叢刊》，北京出版社2000年版，第二輯第14册，第219頁。

貌，誤矣。[①]

2. 漢學研究中心景照李石曾舊藏明拓本

如此等以影照技術呈現之舊拓本，筆者另從業師虞先生處得見漢學研究中心景照李石曾舊藏明拓本開成石經，[②]并附《五經文字》《九經字樣》，無清人所刻《孟子》。此本雖曰明拓本，然亦嘉靖殘缺後本。頗可稱道者，此本凡殘缺處皆能保持舊貌，而並未用明人補刻文字貼補，然亦不附明人《石經補缺》。此本在大陸鮮有流傳，其底本來源，卷前有題記曰：

> 本件明拓本爲高陽李煜瀛石曾先生祖遺舊物，分盛二十函，計一百一十七册，現度藏於烏拉圭孟都中國國際圖書館。近頃由中烏文化經濟協會借運至臺北，提供國立中央圖書館精攝微捲，用資保存而垂久遠。時在中華民國七十六年六月中浣。

據此可知，此本底本是1987年自烏拉圭所借影之李石曾舊藏本。今考其底本亦係剪裱本，而卷前附有黎持《京兆府府學新移石經記》、各經刻石字數、刊石諸人題名等，此是其他各本所不具備者。魏錫曾《開成石經圖考》中言曾見魏子安藏唐石經足本拓片，方才得見題名、勑狀等，而當時包括今日所流行唐石經拓本多不附此，是此本之可寶貴者。此本可視爲臺灣地區流行之較爲完善之唐石經影拓本。因爲是影印舊拓本，所以經文磨改添注殘缺之文皆能大致呈現，是今見影印拓本中屬於上乘之本。雖然其中不乏文字漫漶之處，然單從其不用明人補刻文字貼補一點來看，其價值自然比《碑林全集》所影本高，惜並未附録明人《石經補缺》，不能取以參照。又筆者於此拓本之《九經字樣》未見"嘉慶十有七年七月二十一日武進陸耀遹、陽湖董曾臣同觀"題名。考陸耀遹(1771—1836)，字邵文，江蘇武進人，興陸繼輅齊名，著有《金石續編》等。是此拓本當拓於嘉慶十七年(1812)之後，其時間尚不及顧炎武、王昶、魏錫曾、嚴可均諸人所見爲早。前人著録所稱恐不足爲據。

3. 皕忍堂摹刻本

今日尚有一較爲通行之《唐石經》拓本，即中華書局影印之皕忍堂摹刻本《唐

---

① 此外，碑林博物館2015年又專門出版一種開成石經拓本，以宣紙原大影印，2015年5月22日首發，其通告見《收藏》2015年2月，第3期。《文匯報》2015年5月23日第4版以《大型文化典藏〈開成石經〉首發》爲題刊文報道之。此本當較《西安碑林全集》本所收爲優，惜筆者未能得見，而從陳根遠先生處得知，此本亦是一混有明人補缺之本。

② 《開成石經》，漢學研究中心1987年景照李石曾舊藏明拓本。

開成石經》,此書除九經三傳外,尚附録《五經文字》《九經字樣》,賈刻《孟子》,嚴可均《唐石經校文》等,其中《唐石經校文》删去原書《石臺孝經》部分。此書原爲民國刻本,皕忍堂主者,張宗昌也。而實際負責刊印者爲武進陶湘。[①]今經中華書局縮印之後於近年出版,購置甚易,頗便讀者,故當爲今日最爲流行之本。此書原本刊行於民國,因此亦不難尋覓,筆者對照南京大學圖書館所藏原本,知中華書局影印本略有變動,除删去潘復序一篇,亦將書前官印删除。觀此書原本,因爲是摹刻之本,非原拓,所以原碑之文字磨改痕跡完全無法呈現,如前文所舉殘留筆畫、磨改留下石花等皆無,惟添注文字尚在。至於對補刻文字之處理,其《例言》中言:

> 開成石經明嘉靖地震以前全文拓本今已絶不可得,萬曆間西安府學訓導薛繼愚,生員王堯典等曾刻石補缺,顧炎武據以作《九經誤字》,嚴可均謂其有誣石經,明人補缺遂爲世所詬病,實則明人補缺别爲一石,不與原石相淆,後人每以舊拓完善相尚,率取補缺文字剪配褾册,偶不加察,致受其誣耳,與其矜舊拓以誣石經,毋寧徵近拓以存真相。皕忍堂主人取新拓整張經文,與仁和魏稼孫開成石經圖考相符者,依樣鉤摹,按其横列次第,以十二行爲一葉,界以直線,每行十字,或九字,或十一字及旁增小字悉依之。題首隸書並仍其舊,字有殘缺,按儀徵阮元覆刻宋刊十行本注疏之經文,雙鉤補入,以示區别,惟補文既非石刻原字,遇唐諱不復缺筆。[②]

所謂"與其矜舊拓以誣石經,毋寧徵近拓以存真相",此語頗有見識。今觀其經本,與今可見之諸種唐石經萬曆後拓本略同,皆是殘缺之本。至於具體何時所拓,何人所藏,今尚不能確知。作爲據拓本所作之摹刻本,此本頁面光潔,而殘缺之處,乃據阮刻本《十三經注疏》之經文雙鉤摹入。此種處理方式,較之明人遍索衆本,而改成專據阮刻本,不失爲一種較爲妥善之法,然而終非石經之舊。至於頗具參考價值之明人補刻文字,則並未附録,亦不無小憾。因此此書若作爲一種白文十三經之讀本尚可,若不加考察,即以此爲唐石經經本,則亦大誤矣。畢竟雙鉤之文主要來自阮刻十三經注疏之經文,阮刻本各經經本所據底本主宋十行本,而非開成石經原文也。

再者,筆者將此本雙鉤之文與原碑對照發現,尚有兩點注意事項。其一,石

---

① 有關皕忍堂本《開成石經》刊刻一事,可參彭震堯《從皕忍堂摹刻唐開成石經刻本説起》一文,《收藏》2014年12月,第23期。

② 《景刊唐開成石經　附賈刻孟子　嚴氏校文》第一册《例言》,第1頁。

經碑石殘損之字，皕忍堂本並非皆能雙鉤摹入，大量殘損之字，明人有補刻，而此本並非雙鉤顯示，與完好之字同例，故不可據此雙鉤之字推斷碑石殘字甚或明人補缺文字。

其二，雖然《例言》自稱雙鉤之文取自阮刻本經文底本，然筆者對照後發現其中其實存在與阮刻本經文底本不一致之處，如皕忍堂本《尚書舜典》"生卅徵庸卅在位五十載"一行十字，阮刻本經文底本作"生三十徵庸三十在位五十載"十二字，而參照石經用字例，"二十""三十"多作"廿""卅"，且一行十字爲通例，故皕忍堂此處當是以石經通例對阮刻本經文進行了校改，以適應石經之例。因此，對於皕忍堂雙鉤之文，不可直接視爲阮刻本底本，而是大致參照阮刻本，對於二本文字仍當區別對待。

4. 日本松崎慊堂縮刻本

在皕忍堂摹刻開成石經之前，日人早有縮刻唐石經之舉，主持其事者即生活于江户時代後期之松崎慊堂，對於松崎慊堂縮刻唐石經之動因及相關情況，除日本方面的研究外，北京大學劉玉才先生有《松崎慊堂與〈縮刻唐石經〉芻議》一文，[①]對此有詳細而深入的討論。筆者於國家圖書館翻閱松崎慊堂縮刻本，現將其所涉磨改添注補刻情況略作考論。

首先，此本既對唐石經拓本作縮刻，則非原拓面貌，與皕忍堂之摹刻本一樣無法反映磨改之痕跡。而對於如何處理石經磨改添注及缺損之文，此書書前《例言》曰：

> 石經雖最古可貴，時有訛謬，加之磨改頗多，或立石時所改，或出後人所爲。北宋時唐世寫本佳者猶存，學者私據校改以入刻，故其善時有出於石經上者，而日本所傳古鈔經傳更爲隋唐佳本。故今以所據宋本及博士家所傳古本一一精對，考之以注疏，證之以《釋文》。石經誤脱無疑者，從諸善本而改補之；疑不能決及後儒考證確不可易而無别本可據正者，姑從原本，並發圈左旁，仍收其字與説於卷末；其摩改者以改爲正，則不點。各經行間有旁添之字，《左傳》一書最多，率賤儒據俗本所補，今例從删落，然或有與諸善本合者，則從而採入之，依前例左點，收於卷末。[②]

據此可知，松崎氏對於唐石經之磨改添注情況頗爲瞭然，而且很有獨見之

① 劉玉才：《松崎慊堂與〈縮刻唐石經〉芻議》，《嶺南學報》復刊號（第一、二輯合刊），2015年3月，第247頁。

② ［清］松崎慊堂：《縮刻唐石經》第一册《例言》，國家圖書館藏日本刻本，編號3432，一百六十三卷。

明。所定經文徑取磨改後之文字，而其對於添注之字則多加以刪落，以爲善者則採入，又其縮刻並不按石經行列作每行十字左右，如此與皕忍堂本相比，更失石經原貌。至於原碑缺損之處，此本亦未嘗闕疑，而是遍考衆本，加以補入，雖然其中參考日本古本，不失參考價值，然而終非原碑面貌。對於這種處理方式，皕忍堂摹刻本《例言》中嘗有論及：

日本松崎氏《縮刻唐石經》即改用鄭注《月令》，列爲第五，是矣。然失唐石之真，兹從唐石之舊，以《删定月令》冠首，其泐損處即按《汲冢周書》《淮南子》原文補之，其李林甫等序文，缺二十六字，嚴可均謂朱氏《經義考》載全文，凡改二十九字，皆謬，則仍原缺不補。①

是皕忍堂本即以松崎氏縮刻本大失唐石之真，而加以變改。對此劉玉才先生論曰：

《縮刻唐石經》以恢復原本文字而不是保存舊本面貌爲目的，故文本校勘廣採宋元槧及日本古本，力求成爲可資信賴的定本。②

此言甚是。故知松崎慊堂《縮刻唐石經》不能作爲研究、利用唐石經之底本，以其不能保存舊本面貌，然而其校勘同異，力復古本之努力則不失爲探討唐石經底本時之參考，劉玉才先生言松崎氏校勘唐石經之成果體現在其所作《校譌》中，筆者所見國圖藏本中未附録此文，此文後經劉玉才先生整理，收入《經典與校勘論叢》一書之中。③

此外，以上三種唐石經拓本、摹刻本、縮刻本，因爲採用雕版、照相等方法，機械複製，故能廣爲流傳，是今日可見較爲通行之本，以下數種則是各圖書館所藏拓片、剪裱本等，往往僅此一份，自與以上諸本不同。

5. 上海圖書館藏剪裱本兩種

唐開成石經在明末以前並不受世人珍視，其拓本亦流行無多。而石經自嘉靖時殘毀，後來所拓皆是殘缺之本，殘缺以前之本，前人早已言其絶不可得。筆者所見諸本中，此上海圖書館藏拓本自稱明萬曆拓本。④時間已在殘毀之後，觀

① 《景刊唐開成石經　附賈刻孟子　嚴氏校文》第一册《例言》，第1頁。

② 劉玉才：《松崎慊堂與〈縮刻唐石經〉芻議》，第255頁。

③ ［日］松崎慊堂：《唐石經校譌》，收入劉玉才、［日］水上雅晴主編：《經典與校勘論叢》，北京大學出版社2015年版，第425頁。

④ 《唐石經附五經文字九經字樣》，上海圖書館藏明萬曆拓本，編號線普長019274。

其經文，明人補刻之處皆殘缺，然缺損之處未用明人補刻文字貼補。此本曾爲莫友芝所藏，第一册《周易》卷首有其藏書印，卷後有跋曰：

> 同治辛未，友芝奉湘鄉公命赴鎮揚查勘劫後兩閣《四庫全書》，在京江訪平齋於兩罍軒中。數月未晤，今朝相聚一室，快慰之情非筆墨所能形容，詳研探討金石碑版，竟日而歸。翌日，平齋荅訪友芝於客寓中，並攜唐石經初拓本見貽，平齋因友芝求石經初拓本數載未得，今日得之，豈非一大快事哉？辛未夏五月十有七日獨山莫友芝謹識。①

據此跋文，莫氏稱此拓爲“初拓本”，然亦是嘉靖殘缺後本，莫氏稱其初拓而珍之，或以其不混入明人補刻文字，此本若果爲萬曆之時所拓，或當在萬曆十六年(1558)之前，當時開始石經補刻之工作，故當時拓本不附補刻，亦其宜矣。另據邵懿辰《增訂四庫簡明目録標註》曾言：“唐文宗二年鄭覃奏刊共十二經。無《孟子》，《孟子》係續刻，《唐石經》有孟子者，不佳。”②此本已附有《孟子》，是否確爲明拓本尚存疑。又筆者於《九經字樣》末亦見有“嘉慶十有七年七月二十一日武進陸耀遹、陽湖董曾臣同觀”題名，是此拓本亦當拓於嘉慶十七年之後，當非明拓本。又此本之中除原碑缺損外，尚有多處缺字，如下圖：

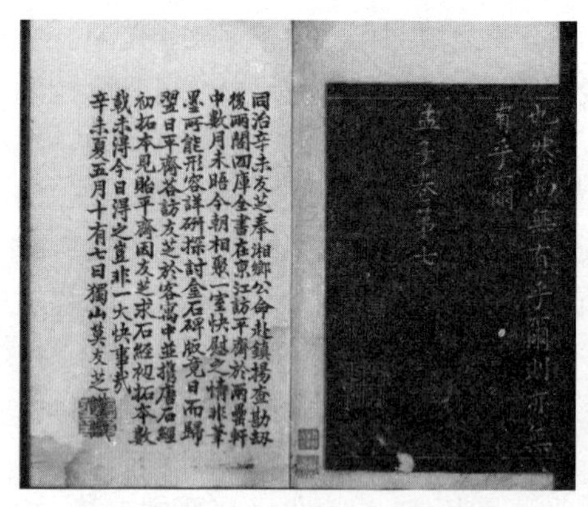
同治辛未友芝奉湘鄉公命赴鎮揚查勘劫後兩閣四庫全書在京江訪平齋於兩罍軒中數月未晤今朝相聚一室快慰之情非筆墨所能形容詳研探討金石碑版竟日而歸翌日平齋荅訪友芝於客寓中並攜唐石經初拓本見貽平齋因友芝求石經初拓本數載未得今日得之豈非一大快事哉
辛未夏五月十有七日獨山莫友芝謹識

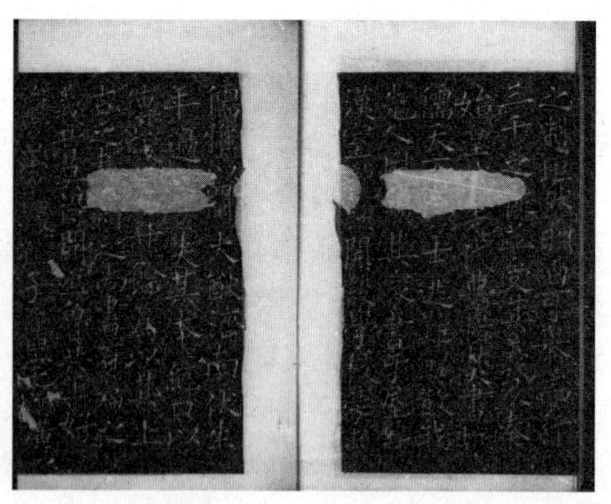

此等缺損處並非石花，而是拓片殘破所致，如此亦不免爲此本美中不足之處。上海圖書館藏有唐石經拓本多種，此本之外，筆者又曾親見一種著録爲“唐

① 見《孟子》卷末題跋。

② 邵懿辰、邵章：《增訂四庫簡明目録標注》卷一，上海古籍出版社 1979 年版，第 1—2 頁。

開成石經拓本附石經補缺"之拓本，筆者見其稱附《石經補缺》，初以爲即顧頡剛、顧廷龍先生編《尚書文字合編》時所用底本，然查閱後發現並未見所附《石經補缺》，此拓本前有民國時駐美公使夏偕復題記曰："都一百八册，民國廿五年裝訂，十二月四日棣盦記。"並有"夏棣盦"印一枚。今檢此拓本，108 册並無缺本，而其中並無石經補缺，亦無貼補，惟墨色較新，似是後拓，不知何故著録有"石經補缺"也。

6. 南京圖書館藏剪裱本三種

筆者查訪南京圖書館所藏石經拓本之時，得見三種唐石經拓本，一種爲全本，兩種爲殘本，而皆爲剪裱本。[①]全本一種，共二百五十册，拓本清晰，墨色較新，殘缺文字多有貼補，屬唐石經拓本中較爲常見之情形，當非舊拓，併無收藏人及拓印時間等信息。

殘本兩種墨色、紙張都較爲陳舊，其中一種題《唐諸大名家書法春秋經傳集解等十五本》，今殘存九卷十二册，計有《左傳》殘本八册，《公羊傳》三册，《周禮》一册。觀此本題名，所重者似是唐石經書法，原本即非全本，今更缺三册。此本一較爲嚴重問題是每遇殘損處即大段截割，將殘存之碑字亦删去，使得此本不全更甚。

另外一種殘本，亦是舊本。據其中所夾南京圖書館致傅維鈞先生信函可知，此本是 1953 年南京圖書館從傅維鈞先生處購得，共十八册。然此本今已散葉，無法計册，存《周易》《周禮》《爾雅》《論語》《禮記》《左傳》等殘本。此本拓印尚佳，其獨特之處在於裝裱方法是兩面相連正面對折，有類古籍裝幀"蝴蝶裝"，在諸家唐石經拓本中較爲少見。其《論語》所存五卷，每卷皆有"云間張氏碧泉藏珍印""移山草堂"等印章，或即傅維鈞先生藏書印。然此本同前一殘本一般，於殘缺處亦存在大段截割現象，如《論語序》中即有此例。此種截割現象於拓本中極易存在，讀者若不細心查考，亦不易發現。

7. 復旦大學藏剪裱本兩種

筆者又曾於復旦大學圖書館查閱兩種開成石經拓本。一種屬善本，附《五經文字》《九經字樣》一卷并清刻《孟子》，共 246 册 36 函。[②]一種則非善本，有 95 册 25 函。[③]具體考察可見，二種皆是殘損之後所拓，且是剪裱本，惟分裝不同。其善

① 全本者，題曰《唐石經》，著録爲一百五十八卷二百五十册，館藏號：GJ/46658。殘本兩種，十二册本題曰《唐開成石經》十二册，館藏號：GJ/250429。傅維鈞藏本者，題名《唐石經》，著録亦爲一百五十卷二百五十册，實際僅十多册。書已散葉，無法精確。

② 《唐開成石經十二種》146 卷，復旦大學圖書館藏清初舊拓本，典藏號：2376。

③ 《開成石經十二種》95 册 25 函，復旦大學圖書館藏，典藏號：100014（另有一複本，典藏號：100014:2）。

本著録曰清初舊拓本，并稱經文泐處不用明補刻者拼補，然筆者經查考方知，各卷有貼補者，亦有未貼補者，不能劃一，如《九經字樣》中即多有以補刻貼補者，尤其如序文中之“詳改就”之“改”，貼補不緊密，極易脱落，而顯出背後之空白，如下圖所示。

再者，此本亦非全本，第一册首即爲王弼《周易略例》（如下圖），缺損甚多。《略例》後爲乾坤二卦經文，然自“者也庸言之信”始，有簽條曰“首缺三十六行文三百四十三字”，當是書者對照其他拓本而定。

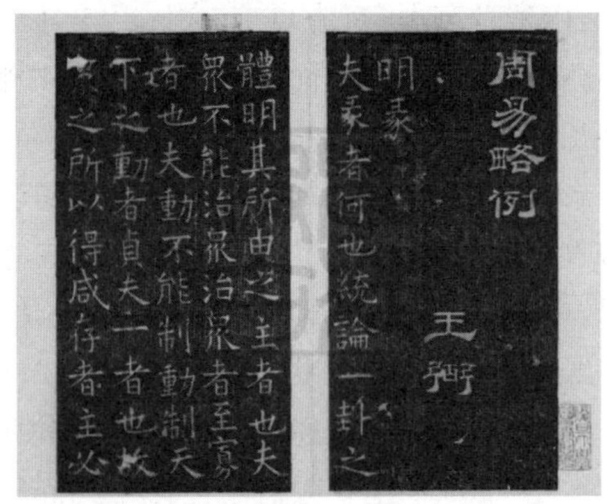

故知此本雖著録爲善本，然其中所存在之缺損、貼補之處，使其善本之價值大爲折損，此本亦附《孟子》，是否爲清初舊拓當存疑。至於復旦大學所藏另一種定爲普通古籍之唐石經拓本，既有未經貼補之殘損本，又有貼入之處，亦是未能完全保持舊本面貌，其情形正與前此善本同，惟此拓本時有漫漶之處，不及前本精良而已。其未經貼補者，空白處有朱筆補入文字，如下圖之《尚書》。其混入貼補者，如下圖《爾雅》二處經文，貼補痕跡十分明顯，較易分辨。

8. 南京大學圖書館藏剪裱本一種

南京大學亦藏有石經拓本兩種，而不知具體屬於何種石經，皆著録爲清拓本。筆者得見其中一種，知爲唐石經。另一種查考未得，待定。[①]所見者被分裝爲 226 册，首有汪兆銘題簽“唐宋石刻十三經，民國二十二年十月四日精衛題”，故知爲民國時裝裱。考其底本已爲殘損後之本，拓本十分清晰，然爲求完備，幾乎所有殘缺之處亦以明王堯典等補刻文字剪貼補入，已非原拓面貌。而且，此本貼補痕跡較爲明顯，表現爲墨色不均，貼補處墨色濃重，覆蓋處較淺，且有石花，因此較爲容易看出。另此本於當日著録時定爲清代拓本，觀其拓印清晰，墨色光亮，確實拓功甚好，惜其原拓多處經蟲蛀，已殘損不少，不免有憾。

9. 國家圖書館藏石經整拓并《石經補缺》拓片

國家圖書館藏有多種唐石經拓片，[②]非剪裱本，筆者曾見其中一種《尚書》整拓本，共十一張拓本，第一、十一張爲小幅，即是與《周易》《毛詩》二經首尾相接處，此十一張拓片即對應碑石第九石至第十九石。各張拓片所載經文之分合如下：

第一張:《尚書序》，卷一部分。第二張:卷二全部，卷一一部分。第三張:卷三全部，卷四小部分。第四張:卷四大部分，卷五一部分，另起首。第五張:卷五大部分，卷六另起首大部分。第六張:卷七大部分，卷六小部分。第七張:卷八全部，卷七小部分。第八張:卷九全部，卷十小部分，另起首。第九張:卷十大部分，卷十一小部分，另起首。第十張:卷十二大部分，卷十一小部分。第十一張:卷十三全部、卷十二各列一行。

對照魏錫曾《開成石經碑圖》，可知其爲整拓，每一張拓片皆有其所對應之經碑，故可由此拓片想象石碑原貌。至於經文磨改之處，對照嚴可均校文，凡嚴氏所稱磨改處皆可由此拓片識其蹤跡，甚至能夠發現嚴氏偶有失校之處。至於添注文字更是歷歷在目，原碑缺損處並無貼補，至於其何時所拓，一時不能確定。

與此相應，國家圖書館藏有《石經補缺》小幅拓片，[③]六十張，筆者得見其中《左傳》部分，正是明人王堯典等補刻文字，而未嘗貼補於開成石經拓片之後，故

---

① 所見唐石經拓本者，著録爲 226 册，編號 00843。另一種因爲未見，不知是否爲唐石經，有 138 册，編號 101—962。

② 國家圖書館藏唐石經拓本多種，著録衆多，因爲條件限制，筆者未能一一得見，所見一種編號爲“各地 1937”，其他尚有“各地 1950”“各地 1973”“各地 1980”者，皆爲整拓。

③ 編號“各地 1982”，題名“開成石經補缺”，國家圖書館善本部藏。

不與原碑混淆。惟補刻之碑百餘石，此六十張拓片恐不全。

以上是筆者見聞所及幾種唐石經傳本，或爲整拓本，或爲剪裱本，或爲摹刻本，或爲縮刻本，或爲照相影印，淺見寡聞，見識無多，然大致能覆蓋今日得見之唐石經拓本流傳本類型。今單就以上諸本而論，嘗試從其所涉磨改添注補刻現象之角度爲其分品，則國家圖書館所藏整拓本並附石經補缺者爲上品，然而此種整拓本本身數量稀少，又不如剪裱本或影印本之便攜，故頗不易得，導致其流傳不廣。

其次則是未混入明人補缺文字之舊拓剪裱本，此種拓本有殘本，亦有全本，全本較爲稀少，如上海圖書館藏明萬曆拓本、漢學研究中心景照李石曾舊藏明拓本，是其善者，皆大致能經文完具，又保持原貌而未經貼補也。但此類剪裱本一者猶待附録明人《石經補缺》，再者須防其於殘缺處大段截割，以致前後殘斷，貽誤後學。

其下品則是剪裱本中羼入明人補刻文字者，如南京圖書館、南京大學圖書館、復旦大學圖書館所藏及《碑林全集》前後影印之剪裱本，此種剪裱本因爲缺損處被補入明人補刻文字，大失原碑面貌，最易誤導學者，清代以來即備受詬病，故並不建議取用。

至於松崎慊堂縮刻本與皕忍堂摹刻本，或者屬於依據唐石經重造之新本，或者僅衹爲方便閲讀而已，不僅殘缺之處不易辨識，甚至磨改添注之處都無法呈現。然此種傳本因易得而流佈廣泛，讀者取用最宜慎重，取用時最好能核對原碑或原拓，否則亦易被誤導。

故綜上可知，今日所見唐石經拓本，其實依舊缺乏一種底本完善、可以依據之通行本。若《尚書文字合編》所收唐石經《尚書》允稱善矣，然而僅《尚書》一種，今日若能仿效《尚書文字合編》體例，取今存最早最完備而又無明人補刻混入之拓本加以影印，而附録以明人補刻文字、魏錫曾《開成石經碑圖》，另綜合前人研究成果作出一完善之校勘記，統計並考證各經磨改、添注、補刻文字，則不失爲一嘉惠學林之善事。

三 《十三經注疏校勘記》所用唐石經底本考

自顧炎武作《九經誤字》《金石文字記》而取唐石經校勘經文始，後來治經者繼踵其後，開始重視唐石經經文之校勘價值，唐石經拓本之重要性亦日益凸顯，

而對於清代諸家之考校唐石經,丁溶在爲嚴可均《唐石經校文》作叙時嘗言:

> 當時通儒以爲蕪累不肯闚之,閲宋元明未有過而問者,顧氏始一讀之,然誤以王堯惠等補字爲正本,又惑于裝潢者所顛到舛錯,且剌取亦甚陋略,則讀猶未讀也。後此言石經者,大率耳食顧氏書。其或徵引有出顧氏外者,如惠氏棟、余氏蕭客以爲"東門之壇",盧氏文弨以爲"盟於祁外",以爲黄能,以爲是鑊,邵氏晉涵以爲外爲鞫,以爲釋畜末題六畜。段氏玉裁以爲巧言,憮字誤作憮,今校之皆不然,是諸君亦未嘗讀也。讀石經實自嚴氏始。[①]

丁溶此叙批評嚴氏以前校讀唐石經者或者被明人補缺文字誤導,如顧炎武及耳食顧氏之説者,或者並未親見原碑,如惠棟、余蕭客、段玉裁等稱引唐石經經文者,且皆有例證。故丁氏有諸君於唐石經"未嘗讀"之感慨,箇中原因猶待查考。而筆者讀至此尤其關心的是,嘉慶初,阮元等校勘《十三經注疏》而作《十三經注疏校勘記》時,其所用的唐石經底本爲何?尤其是對於唐石經磨改添注補刻之文又作何處理?對此,劉玉才先生等整理《十三經注疏校勘記》時對此已有所探究。[②]根據已有研究成果,我們可以確定,建立在清代前中期石經研究成果基礎上的《十三經注疏校勘記》,確實能夠區分明人補刻與石經原本,不爲裝潢家所誤,而且時或對明人補缺文字進行糾謬,從而避免了與顧炎武犯同樣的錯誤,自是其進步之處。[③]但筆者在考察《校勘記》所據唐石經底本過程中,以唐石經拓本對校《校勘記》文字,卻發現《校勘記》至少存在以下三個方面的問題。

其一,《校勘記》所用唐石經底本文字存在與石經原碑不一致之處,從而未能斷知其何所依據者。此或因《校勘記》誤據明人補缺文字,或因版刻手民之誤。現專就《尚書》一經略舉三例如下。

例一:《尚書·堯典》經文"朞三百有六旬",[④]"朞",阮刻本底本作"朞",[⑤]《校勘記》曰:"朞,唐石經、《纂傳》俱作'期',《纂傳注》同。"[⑥]今核查上海圖書館藏

---

① 《景刊唐開成石經　附賈刻孟子　嚴氏校文》第四册,第2994頁。

② [清]阮元等撰,劉玉才主編:《十三經注疏校勘記》(全十一册),北京大學出版社2015年版。

③ 相關論述見張學謙《周易注疏校勘記·整理説明》中,《十三經注疏校勘記》第1册,第40—42頁。

④ 此處及以下所引《尚書》經文,皆據阮刻本《十三經注疏》經文底本,頁碼信息皆於阮刻本作某下注出,下同。所用阮刻本爲藝文印書館2007年影印本。

⑤ 《尚書注疏》,《十三經注疏》第1册,第二種,第21頁。

⑥ 《尚書注疏校勘記》卷二,《十三經注疏校勘記》第1册,第317頁,編號02—054。

《唐石經》萬曆拓本并《尚書文字合編》所影,[①]此節文字殘缺過甚,其中"朞"字全殘,故經文原作"期"還是"朞"已無從得知,反倒明人補缺作"期",[②]《校勘記》稱唐石經作"期",不知是否誤據明人補缺。

例二:《尚書・文侯之命》經文"即我御事","即"字,阮刻本底本作"即",[③]《校勘記》曰:"唐石經、古本、岳本、閩本、葛本、毛本即作既。按:作即是也。"[④]今核查上海圖書館藏《唐石經》萬曆拓本、《尚書文字合編》本並皕忍堂摹刻本皆作"即",[⑤]不作"既",字無殘損,亦無明人補缺,《校勘記》稱唐石經作"即",不知何所據也。

例三:《尚書・費誓》經文"善敹乃甲胄","敹",阮刻本底本作"敹",[⑥]《校勘記》曰:"山井鼎曰:'宋板穀作敵。疏同。考字書宋板爲是。'按:毛本作穀,不作穀也。唐石經、岳本俱作穀,考説文宜作敹,諸本並誤。"[⑦]今核查上海圖書館藏《唐石經》萬曆拓本,《尚書文字合編》本並皕忍堂摹刻本皆與阮刻本底本同,[⑧]作"敹",不作"穀"。《校勘記》言唐石經作"穀",不知何所據也。

針對以上這種誤校情況,亦無怪乎丁溶言嚴氏之外,諸家並未真正讀唐石經也。

其二,《校勘記》以唐石經爲參校諸本之一,但對於唐石經與其所據底本文字相異的情況,《校勘記》或出校,或不出校,恐未免疏漏。此種情形並不少見,現亦專就《尚書》一經略舉三例如下:

例一如《尚書・大禹謨》:"金木水火土穀。""穀"字,阮刻本作"穀",唐石經則作"榖",[⑨]二字不同,據《説文》對"穀""榖"二字之區分,則阮刻本底本是也,而唐石經爲誤字。對此異文,《校勘記》未出校。

例二如《尚書・大禹謨》:"耄期倦于勤。""耄"字,阮刻本作"耄",唐石經則作

① 《尚書文字合編》第1册,第60頁。

② 《尚書文字合編》第1册,第64頁。

③ 《尚書注疏》,《十三經注疏》第1册,第二種,第310頁。

④ 《尚書注疏校勘記》卷二十,《十三經注疏校勘記》第1册,第533頁,編號20—017。

⑤ 《尚書文字合編》第4册,第3036頁。《景刊唐開成石經　附賈刻孟子　嚴氏校文》第一册,第233頁。

⑥ 《尚書注疏》,《十三經注疏》第1册,第二種,第311頁。

⑦ 《尚書注疏校勘記》卷二十,《十三經注疏校勘記》第1册,第536頁,編號20—049。案,此處文字,《清經解》本與此有差異,然《清經解》所引唐石經文字亦與唐石經底本不同。

⑧ 《尚書文字合編》第4册,第3064頁。《景刊唐開成石經　附賈刻孟子　嚴氏校文》第一册,第234頁。

⑨ 《尚書注疏》,《十三經注疏》第1册,第二種,第53頁。《尚書文字合編》,第1册,第228頁。

耄,[①]據嚴可均《校文》考證,作"耄"爲是。對此異文,《校勘記》亦未出校。

例三如《仲虺之誥》:"惟天生聰明。"阮刻本與此同,唐石經初刻與此同,磨改後删去"天"字,故今所見與阮刻本不同。[②]對此異文,《校勘記》亦未出校。

其三,《校勘記》所出校之唐石經異文,多以磨改添注之本爲據,對其初刻之本,不能一一查考,故不能利用初刻極有價值之異文,其例亦不鮮見,現亦就《尚書》一經略爲舉例如下。

例一如《舜典》:"扑作教刑。""扑",初刻作"朴",磨改作"扑",阮刻本與磨改後本同,[③]對於初刻之"朴"這一異文,《校勘記》未言之。

例二如《甘誓》:"其馬之正。""正",原作"政",磨改作"正",阮刻本亦作"正",[④]對於初刻"政"之異文,《校勘記》未言之。

例三如《洛誥》:"乃汝其悉自教工。""教工"原作"教百工",磨改删去"百"字,阮刻本與磨改後文字同。[⑤]據《孔傳》,則《孔傳》所據當有"百"字,《校勘記》於此處未出校。

例四如《洛誥》:"孺子其朋。""孺子其朋"原作"孺子其朋慎",磨改删去"慎"字,阮刻本與磨改後文字同。[⑥]據《孔傳》"慎其朋黨"之言,則《孔傳》所據當有"慎"字,初刻文本有其根據,阮刻本與磨改文字同,無"慎"字,而於此處亦未出校。

如此之例,他經當亦不爲少,限於時間精力,筆者未嘗一一查考,嚴可均《唐石經校文》考察磨改文字時多能發明初刻異文之價值,讀者可自行參考。

由以上三個方面的問題推測,筆者以爲《十三經注疏校勘記》之以唐石經校勘經文,恐未嘗親自對照原碑或拓片,其《校勘記》之撰寫所參考者是如段玉裁、盧文弨等乾嘉學者相關的研究成果,而不是以唐石經爲第一手資料,一一比對其異文。而段氏等人所見唐石經恐不免有非善本者,輾轉之間,錯誤在所不免,此亦前所引丁溶《唐石經校文叙》中所指摘的諸家弊病的集中表現。

餘　論

有關唐石經之磨改添注補刻現象,其間依舊存在一些尚未解決之問題,如有

---

① 《尚書注疏》,《十三經注疏》第1册,第二種,第54頁。《尚書文字合編》第1册,第229頁。

② 《尚書注疏》,《十三經注疏》第1册,第二種,第110頁。《尚書文字合編》第1册,第661頁。

③ 《尚書注疏》,《十三經注疏》第1册,第二種,第40頁。

④ 《尚書注疏》,《十三經注疏》第1册,第二種,第98頁。

⑤⑥ 《尚書注疏》,《十三經注疏》第1册,第二種,第226頁。

闕後梁補刻、明人補缺等，以上筆者主要就見聞所及多種石經拓本及縮刻、磨刻之本所涉磨改添注補刻現象進行了初步的考察。略有遺憾的是，限於條件，所見大部分開成石經拓本都屬於剪裱本，而能較爲完善再現碑版原貌的整張拓片所見尚少，同時，明人王堯典等所補刻的小塊拓片在多數情况下或是被割裂混入拓本之中，或是未見附録，故完整地保持原貌的明人補缺拓片亦是接下來需重視的研究對象。

其次，此次考察立足點主要限於《尚書》一經，不免限於局部，而對於一些較爲特殊的如後梁補刊的《儀禮》《左傳》《穀梁傳》三通碑文則猶待更加仔細的考察。最後，此次考察尚不能將石經中涉及磨改添注補刻現象的全部經文進行具體分析，只能採取舉例方法，因此更爲全面的考察當是研究者需要繼續深入推進的。具體到經文文字方面，如磨改文字磨改前當作何字？磨改所據爲何？添注之文所據爲何？明人補刻其是非如何？如此等等。總之是有必要結合前人成果，一一考察諸經，做出一份《開成石經磨改添注補刻文字調查表》，以期最終能使研究與利用開成石經經文者有一層次分明、可靠完善的經本作爲依據，如此才是此項研究之最終目的。

上海圖書館藏蜀石經《毛詩》拓本綜理

王天然

一　引　　言

現存已知來源於明內閣的蜀石經拓本中,惟《毛詩》殘拓尚無完整影印本①,該拓本原件現藏上海圖書館。清人曾有多部摹寫傳鈔本或摹寫影刻本,目前的蜀石經《毛詩》研究一般僅能以清人摹本爲據。但摹本終究與原拓不同,無法完全呈現拓本原貌。2014 年 12 月 12 日筆者有幸在上海圖書館得見殘拓原件②,深感原拓蘊涵了豐富信息,綜理工作實有必要。原拓中除殘拓本身,還包括原石編號、朱筆頁號、卜煞符號、遞藏鈐印、前人題記等,皆爲考察該拓本的重要綫索。因目前原拓全貌尚不易見,故本文在討論其他問題前不避煩瑣,將對原拓的外部形態進行詳細描述③。既爲方便讀者理解,亦兼有文獻保存之意。

二　蜀石經《毛詩》拓本形態描述

其一,黄丕烈收藏殘拓原盒尚存,楠木書函上刻"蜀石經毛詩殘碑　士禮居藏　一册全函",並有墨筆字跡"乙號中"④。殘拓錦面題簽作"蜀石經毛詩殘

① 其餘拓本均有 1926 年劉體乾(健之)影印本。《毛詩》殘拓現有部分影印選頁,如《上海圖書館藏善本碑帖》,上海古籍出版社 2005 年版,第 321—328 頁;仲威《善本碑帖過眼録》,文物出版社 2013 年版,第 182—185 頁。

② 查閱過程中先後得到史睿、張志清、黄顯功、樊兆鳴諸位先生的熱情幫助,謹此致謝。

③ 請同時參考仲威所作描述,詳見仲威:《善本碑帖過眼録》,第 181 頁。

④ 陳鱣於嘉慶九年十二月爲吴騫《蜀石經毛詩攷異》題記云:"今歸吴中黄君紹甫,裝以藏經箋,函以香柟木。"詳見《歷代石經研究資料輯刊》第 8 册,北京圖書館出版社 2005 年版,第 461 頁。按,陳氏見時已有此木函。

本　嘉慶十年七月嘉定錢坫獲觀并題（鈐'獻之'朱文方印）"。殘拓一册經折裝，共五十開：第一開爲道光二十八年（1848）三月葉志詵題識[①]；第二開爲道光二十八年五月戴熙題記[②]；第三開至第四十三開爲殘拓，起《召南·鵲巢》鄭箋"……爵位，故以興焉"，訖卷二《邶風·二子乘舟》尾；第四十四開至第四十六開爲嘉慶九年（1804）四月李福過録厲鶚、丁敬、趙昱詩及全祖望跋[③]；第四十七開至第四十八開爲嘉慶九年四月黄丕烈題識[④]；第四十九開右半爲錢大昕致黄丕烈書札一通，左半爲黄丕烈題詩一首[⑤]；第五十開爲黄丕烈嘉慶九年十一月題識[⑥]。

其二，殘拓部分鈐印情況如下，同時可參考表1。第三開右半開卷首右下角自下至上鈐"蕘夫"朱文方印、"丕烈"朱文方印、"上海圖書館藏"朱文方印，右上角鈐"士禮居"朱文方印；卷一尾鈐"王印專"白文方印、"蠹香樓藏"白文方印、"黄印丕烈"白文方印、"學耕堂印"朱文方印、"汪"朱文圓印、"文琛"白文方印、"汪印士鐘"白文方印、"范鍇借觀"朱文方印[⑦]；卷二首鈐"敬此書義助於浙江杭州府武林門外廣仁義學永遠爲有志之士公讀者"朱文方印、"蠹香樓藏"白文方印、"丕烈"朱文方印、"蕘夫"朱文方印、"士鐘"白文方印、"閬源父"朱文方印、"范鍇借觀"朱文方印[⑧]；卷二尾右半開鈐"雪浦珍藏"白文方印、"黄印丕烈"白文方印、"文琛"白文方印、"厚齋"朱文方印、"閬原所藏金石文字"朱文方印；左半開鈐"王印專"白文方印、"蠹香樓藏"白文方印。

其三，殘拓半開六行，大字滿行十四字至十五字不等，小字雙行滿行十九字至二十二字不等。據黄丕烈嘉慶九年四月題識，此册初歸黄氏時猶爲舊裝，覆背俱宋紙，四圍亦用宋皂紙副之，但因蠹蝕破損不得已而重裝[⑨]。又據上文注釋所引陳鱣嘉慶九年十二月題記可知，黄氏重裝所用爲藏經箋。而殘拓字體屬率更體，我們將其與近代所出蜀石經《毛詩》殘石拓片對比可以發現，拓

① 因《上海圖書館藏善本碑帖》《善本碑帖過眼録》二書均未影印葉氏題識，故録文於此："道光戊申春三月朔日葉志詵借觀，時將就養粵東撫署，匆匆倚裝題記京師虎坊橋寓朱竹垞舊宅。（鈐'葉志詵'半朱文半白文印）"

② 圖版見《上海圖書館藏善本碑帖》，第322頁。

③ 圖版見《上海圖書館藏善本碑帖》，第326—327頁。

④ 圖版見《上海圖書館藏善本碑帖》，第328頁。

⑤ 圖版見《善本碑帖過眼録》，第184頁。

⑥ 圖版見《善本碑帖過眼録》，第185頁。

⑦ 圖版見《上海圖書館藏善本碑帖》，第324頁。

⑧ 圖版見《上海圖書館藏善本碑帖》，第325頁。

⑨ 詳見《上海圖書館藏善本碑帖》，第328頁。

表 1　蜀石經《毛詩》拓本所見部分私家藏印

位置	王溥、劉桐	黄丕烈	汪文琛、汪士鐘
卷一尾	(王印専) (蠹香樓藏)	(黄印丕烈) (學耕堂印)	(汪　文琛) (汪印士鐘)
卷二首	(蠹香樓藏)	(丕烈　蕘夫)	(士鐘　閬源父)

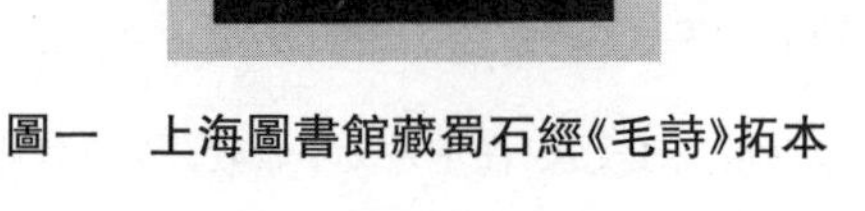

圖一　上海圖書館藏蜀石經《毛詩》拓本　圖二　四川博物院藏蜀石經《毛詩》殘石拓片

本與拓片之字結體一致，應爲一人書寫，詳見圖一、圖二[①]。另，拓本又有朱筆頁號[②]，其中朱筆標作卅二、卅六、卅九、四三、四七、四九、五三、五六、六六、六七、六八、七〇、七一、七五、七六、七七、七九、八一、八二、八三、八八、八九、九三、百一、百三、百六、百八、百九諸頁中又有朱書卜煞符號[③]。

三　蜀石經《毛詩》拓本與清人摹本

徐森玉曾勾勒蜀石經《毛詩》拓本遞藏情况云：清乾隆時殘拓爲錢塘黄樹穀廣仁義學所藏[④]，乾隆七年(1742)臘月曾在杭州趙昱家中，經厲鶚、丁敬、全祖望等共同欣賞[⑤]，不久即歸黄丕烈[⑥]。但在自趙氏歸黄氏的過程中，曾一度歸太倉王溥及仁和魏鉞[⑦]，而就在其間此本又由二《南》、《邶風》二卷佚去《周南》十一篇[⑧]。最後歸嘉興程文榮[⑨]，1949 年後上海市文物保管委員會自程家徵集得來，

① 圖一據《上海圖書館藏善本碑帖》，第 323 頁；圖二據《説文月刊》1940 年第 2 卷第 4 期插頁。

② 2014 年 9 月 16 日筆者往國家典籍博物館參觀，當日所展中國國家圖書館藏蜀石經《穀梁》原件卷八殘拓首開，内容當成公元年卷首，有同類朱筆頁號，右半開標"一"、左半開標"二"。而《中國國家圖書館古籍珍品圖録》所收《穀梁》拓本卷六首頁書影，内容當文公元年卷首，亦有同類朱筆頁號，標號爲"一"。詳見《中國國家圖書館古籍珍品圖録》，北京圖書館出版社 1999 年版，第 251 頁。可見現分藏上海、北京的蜀石經《毛詩》《穀梁》拓本擁有同類朱書頁號，故至少可以推知二者曾共藏一處。

③ 原拓朱筆頁號"百"皆作"一"形。

④ 拓本所附黄丕烈嘉慶九年四月題識云："趙詩小注以爲出於黄松石，今卷二有朱文楷書鈐記一方，所云'浙江杭州府武林門外廣仁義學'，至今彼都人士猶有能知爲松石所置者。"拓本所附趙昱詩小注云："此本僅存二《南》、《邶風》，黄山人松石得之燕京老僧。"按，徐森玉蓋據此爲説。

⑤ 王昶《後蜀毛詩石經殘本》卷尾按語云："此本嘗於乾隆壬戌臘月之望從廣仁義學攜至城中，趙氏小山堂主人谷林招集厲樊榭、丁龍泓、全謝山諸人共觀。"詳見《歷代石經研究資料輯刊》第 8 册，第 412 頁。按，拓本所附李福過録厲鶚詩題"十二月十五日同敬身集谷林南華堂觀蜀廣政石經殘本、宋廖瑩中世綵堂刻韓集作"，不言同坐有全氏。拓本所附李福過録全祖望跋僅言"仁和趙徵士谷林始得其《毛詩》二卷"云云，亦不言與他人同賞。又檢《鮚埼亭集外編》有《跋孟蜀廣政石經》，較拓本所附跋文爲略，但有"偶過趙谷林小山堂，見其蜀本石經《毛詩》"一句，既爲"偶過"，或即一人。詳見朱鑄禹：《全祖望集彙校集注》，上海古籍出版社 2000 年版，第 1474 頁。由此可見，全氏所見之日與厲、丁二人或非一日。王昶、徐森玉所謂共觀同賞，稍嫌不確。

⑥ 按，據拓本所附黄丕烈題識，黄氏得此拓本當在嘉慶九年(1804)四月，此時距乾隆七年(1742)已六十餘年，徐氏所謂"不久"易生誤解，請讀者注意。

⑦ 吴騫《蜀石經毛詩考異序》云："昨歲予友仁和魏叔子鉽復獲二卷于舊肆。"陳鱣題記亦云："蜀石經《毛詩》二卷，吾友錢唐魏君禹新客震澤得之苕谿書賈者，復爲一賈以它物易去，今歸吴中黄君紹甫。"詳見《歷代石經研究資料輯刊》第 8 册，第 457、461 頁。按，徐森玉蓋據此爲説，另徐氏原文作"魏鉞"，當爲"魏鉽"之訛。據表 1 中鈐印王氏之名作"専"。王専爲湖州而非太倉人。

⑧ 按，《召南》首篇《鵲巢》也佚去半頁。

⑨ 按，據上文所述鈐印情況及表 1，此册歸程文榮之前或經汪文琛、汪士鐘父子收藏。黄丕烈舊藏乃汪氏藝芸書舍主要來源之一。

入藏上海圖書館①。

此殘拓藏於王專、黄丕烈處時均有摹寫本或傳寫本流出②,其中的兩種現極易獲讀。一是吴騫拜經樓舊藏摹寫傳鈔本,今有《續修四庫全書》影印本③,以下簡稱吴本。此本有黄丕烈、吴騫校文及陳鱣、朱昌燕題記,光緒間又經徐蓉初收藏④。二是道光六年(1826)陳宗彝據張敦仁藏本影刻之本,今有《歷代石經研究資料輯刊》影印本⑤,以下簡稱陳本。今以蜀石經《毛詩》殘拓與吴本、陳本對勘,詳述所得如下。

其一,摹寫本或摹寫影刻本對原拓中某些殘損之字作了補字處理。例如《召南・何彼穠矣》"何彼穠矣,唐棣之華"下鄭箋"興者,喻王姬顔色之美盛也","色"字原拓已殘損,吴本、陳本均補作"色";"平王之孫,齊侯之子"下毛傳"武王之女,文王之孫","孫"字原拓已殘損,吴本、陳本均補作"孫"。又如《邶風・柏舟》"静言思之,不能奮飛"下鄭箋"厚之至也","厚"字原拓已殘損,吴本、陳本均補作

---

① 詳見徐森玉:《蜀石經和北宋二體石經》,《文物》1962年第1期,第9—10頁。後收入徐森玉:《漢石經齋文存》,海豚出版社2010年版,第21頁。

② 王昶《後蜀毛詩石經殘本》卷尾按語云:"此本新從吴中摹得武林王溥家藏拓本,溥字容大,家於湖墅,與松石居鄰近,蓋松石歿後遺書散失,此本歸于其家也。"按,王昶誤將錢塘王德溥與湖州王專混爲一人。吴騫《蜀石經毛詩攷異序》云:"今轉歸于吴趍黄孝廉丕烈,予因得傳鈔而讀之。"陳鱣題記亦云:"是册既得之後急以示余,屬其(指黄丕烈)影寫一本。……未幾自吴携呈兔牀先生,先生欣然賞之,遂作《攷異》二卷。"詳見《歷代石經研究資料輯刊》第8册,第412、457、461頁。同治九年(1870)朱昌燕曾購得錢塘何元錫舊藏鈔本蜀石經《毛詩》,此本末頁鈐"錢唐何氏夢華館嘉慶甲子所得書"印,而黄丕烈得《毛詩》殘拓正在嘉慶甲子年(九年,1804),故何元錫舊藏鈔本很可能也出自黄氏家鈔。黄丕烈嘉慶九年四月題識更有明確説明:"去年(嘉慶八年)季冬之月適有書友攜石經一册示余,開卷讀之知爲《毛詩》,經下有注信爲蜀本。……即屬塾師邵朗仙傳録一本,因物主本非求售者。其時青浦王述庵少寇、儀徵阮芸臺中丞皆講求金石之學者,聞余有是册,或致書相索或托友傳鈔,物雖未爲余有而外間録本皆輾轉從余家出矣。"詳見《上海圖書館藏善本碑帖》,第328頁。

③ 詳見《續修四庫全書》第184册,上海古籍出版社2002年版,第377頁。此影印本蒙上海社會科學院信息研究所張濤先生見告,特此説明。

④ 此本爲《蜀石經殘字三種》之一,原件現藏中國國家圖書館,索書號:06017。檢此書縮微膠片及原件後方知《續修四庫全書》影印本於眉批校記及其他校勘信息有所丢失,相關討論可參拙文《書吴騫舊藏〈蜀石經殘字三種〉後》,《經學文獻研究集刊》第十七輯,上海書店出版社2017年版,第241—245頁。

⑤ 詳見《歷代石經研究資料輯刊》第8册,第287頁。張氏所藏原件當爲黄丕烈家鈔本。醒翁老人道光六年(1826)十月《重刊蜀石經殘本叙》云:"蜀石經《毛詩》殘本迺陽城張古餘先生從吴門黄蕘圃主政景鈔者,今春二兒宗彝謀刊以傳。"詳見《歷代石經研究資料輯刊》第8册,第277頁。陳宗彝道光五年(1825)七月所書跋尾則云:"兹從陽城張古餘夫子假得《毛詩》殘字一册,廼吴門黄氏鈔本。……急命兒士粿景寫付梓以廣其傳。"詳見《歷代石經研究資料輯刊》第8册,第368—369頁。陳宗彝之父醒翁老人所言不甚準確,當信宗彝説,其所據底本爲黄丕烈家鈔本。另,醒翁老人即陳繼昌,北京大學圖書館藏有陳宗彝撰並書之陳繼昌墓誌並蓋。詳見《北京大學圖書館藏歷代墓誌拓片目録》,上海古籍出版社2013年版,第1015頁。

“厚”。再如《邶風·新臺》“新臺有泚，河水瀰瀰”下毛傳“泚，鮮明皃也”，“泚”字原拓已殘損，吴本、陳本均補作“泚”。

其二，摹寫本或摹寫影刻本對原拓中明顯的錯誤進行了改正。例如《邶風·柏舟》“耿耿不寐，如有隐憂”下毛傳“耿耿，田儆儆也”，吴本“田”字上有塗抹痕跡①，陳本則改“田”作“由”。又如《邶風·緑衣》“心之憂矣，曷維其已”下毛傳“憂雖欲目止，何時能止也”，吴本、陳本改“目”作“自”。再如《邶風·擊鼓》“從孫子仲，平陳與宋”下鄭箋“平陳與宋，謂使告宋曰‘君爲王，獘邑以賦與陳、蔡從’也”，吴本、陳本改“王”作“主”②。

其三，摹寫本或摹寫影刻本雖以呈現原拓面貌爲主要目的，但也產生了一些錯誤，如表 2 諸例。

表 2　吴本、陳本訛誤表

序號	位　置	原　拓	吴　本	陳　本
(1)	《召南·采蘋》“于以采蘋？南澗之濵。于以采藻？于彼行潦”下鄭箋	蘋之言賔也，藻之言澡也	蘋之言實也，藻之言澡也	同吴本
(2)	《召南·采蘋》“誰其尸之？有齊季女”下毛傳	筐筥錡釜，陋器也	筐莒錡釜，陋器也	同吴本
(3)	《召南·行露》“厭浥行露，豈不夙夜？謂行多露”下鄭箋	謂道中心之露太多，故不早行耳	謂道中心之露太多，故不早早行耳	同吴本
(4)	《召南·行露》“誰謂雀無角，何以穿我屋？誰謂女無家，何以速我獄”下鄭箋	雀之穿屋不以角，乃以咮	同原拓	雀之穿屋不以角，乃以味
(5)	《召南·行露》“雖速我獄，室家不足”下毛傳	婚禮紂帛不過五兩	作“紂”，但有描改痕跡，或最初寫作“紂”	婚禮紂帛不過五兩
(6)	《召南·羔羊》“羔羊之縫，素絲五緫”下毛傳	縫，言縫殺之，大之與小，得其制也	縫，言縫殺之，大之與小，得其殺也	同吴本

① 檢吴本原件，“田”字上有墨污，仔細觀察墨污之下“田”字出頭似“由”字，但此出頭一筆並不自然，亦當爲後改。

② 檢吴本原件，墨筆原鈔作“王”，其上有一朱點改爲“主”字。

(續表)

序號	位　置	原　拓	吴　本	陳　本
(7)	《召南·小星》"知其命有貴賤,能盡其心矣"下鄭箋	命,謂禮命有貴賤	命,謂禮有貴賤	同吴本
(8)	《召南·江有汜》"之子于歸,不我過。不我過,其嘯也歌"下鄭箋	歌者,言其悔過,以自解説之也	同原拓	歌者,言其悔過,以自解説之
(9)	《召南·騶虞》"一發五豝"下鄭箋	君射一發而翼五豝	君則一發而翼五豝	同吴本
(10)	《毛詩》卷二首廣仁義學印	敬此書義助於浙江杭州府武林門外廣仁義學永遠爲有志之士公讀者	同原拓	敬此書義助於浙江杭州武林門外廣仁義學永遠爲有志之士公讀者
(11)	《邶風·匏有苦葉》"雍雍鳴鴈,旭日始旦"下毛傳	旭日,日始出,大昕之時也	旭日,白始出,大昕之時也	同吴本
(12)	《邶風·谷風》"既生既育,比予于毒"下鄭箋	育,謂長老也	同原拓	育,謂長者也
(13)	《邶風·簡兮》"赫如渥赭,公言錫爵"下鄭箋	碩人容色赫然	碩人顔色赫然	同吴本
(14)	《邶風·泉水》"出宿于泲,飲餞于禰"下鄭箋	泲、禰者,所嫁國適衛之道所經	泲、禰者,所嫁國通衛之道所經	同吴本
(15)	《邶風·北門》小序	《北門》,刺仕不得志也	《出門》,刺仕不得志也	同吴本
(16)	《邶風·北風》"北風其涼,雨雪其雱"下鄭箋	喻君政教酷暴,使民散亂去也①	同原拓	喻君政教酷暴,使己散亂去也
(17)	《邶風·新臺》"新臺有泚,河水瀰瀰"下毛傳	水所以潔汙穢,反於河上而爲淫昏之行②	作"反",但有描改痕跡,或最初寫作"及"	水所以潔汙穢,及於河上而爲淫昏之行

① "民"字闕末筆。

② "反"字不甚清晰。

其四，由表2中(1)(2)(3)(6)(7)(9)(11)(13)(14)(15)諸例可見吴本與原拓不同處，陳本均與吴本同，而由(4)(8)(10)(12)(16)諸例可見陳本與原拓又有其他差異，這説明吴本更接近原拓。如果繼續考察陳本、吴本異同，則可發現陳本所據張敦仁原本並非從原拓鈔出，其所據可能即是吴本或與吴本同時鈔寫的副本①。例如《邶風・燕燕》"之子于歸，遠送于南"下毛傳"陳　衛南"，"陳""衛"二字間原拓無字而留有餘地，吴本增寫一"□"符號，陳本所據張氏之本傳鈔則近似"口"字。

其五，陳本"丘"字均闕筆，"寧"字均作"寍"，似是陳宗彝道光六年刊刻時爲避孔子、清宣宗諱而改②。

四　蜀石經《毛詩》拓本小識

如進一步考察原拓中的細節，則有以下若干新的認識。其一，拓本所附李福過録丁敬詩云"中間古印辨不真"，此詩爲乾隆七年十二月十五日丁氏於趙昱家中觀賞《毛詩》拓本時所作③。今檢拓本，卻並無"辨不真"之"古印"。我們知道，蜀石經《穀梁》《左傳》拓本中有"東宫書府"九疊篆文印④，其篆體特殊，字形不易辨認，正符合丁詩的描述。據此可以推測，丁敬所見"古印"當鈐於《周南》卷首，因此部分已佚失，故今不可見。王國維《蜀石經殘拓本跋》認爲蜀石經拓本一綫之傳皆出明内閣⑤，而丁詩所存的這一隱微綫索，以及上文所述蜀石經《毛詩》《穀梁》原拓中皆有同類朱書頁號的現象，皆爲王氏的論斷提供了佐證。

其二，拓本偶存原石編號，正可與近代所出《毛詩》殘石拓片所見編號相參。如此次考察發現拓本頁七四《邶風・擊鼓》上端有數字"十二"，此編號顯然是原石刻字，當爲拓本裝裱時未被裁去而偶然保留者。而近代出土的《曹風・鳲鳩》

---

① 拓本所附黄丕烈嘉慶九年四月題識云："外間録本皆輾轉從余家出矣。"此言亦可作爲參證。

② 因無法見到張敦仁原本，故不知原鈔"丘""寧"寫作何種字形，此處僅爲推測。

③ 拓本所附李福過録厲鶚詩題"十二月十五日同敬身集谷林南華堂觀蜀廣政石經殘本、宋廖瑩中世綵堂刻韓集作"，據此可知丁詩的寫作時間。

④ 張學謙近有《蜀石經拓本所鈐"東宫書府"印非宋内府印辨》一文，詳見《圖書館雜誌》2014年第9期，第109—112頁。該文辨王國維之誤，以"東宫書府"非宋内府印，甚力。但又以此印爲明仁宗青宫之物，則有繼續辨析的必要。讀者若有興趣，可參拙文《蜀石經拓本所鈐"東宫書府"印補説》，詳見《版本目録學研究》第七輯，北京大學出版社2016年版，第445—450頁。

⑤ 王氏雖誤將"東宫書府"印定爲宋欽宗青宫之物，但此説仍可信據。詳見王國維：《觀堂集林》，中華書局1959年版，第977頁。

殘石拓片上端有數字“五十六”①，亦可印證《毛詩》原石刻有編號。這些信息爲復原蜀石經《毛詩》碑圖提供了條件②。

其三，由拓本中的卜煞符號可以略知古人的校勘情實。上文已言拓本共二十八頁有朱書符號，作“F”“F”“ミ”“こ”等形，均屬卜煞符號。“卜煞”一詞見宋人筆記，是對誤字衍文進行删除的一種符號，其形態有多種變體③。此拓本中卜煞符號所出均爲蜀石經與後世刊本顯然有别之處，詳見表 3④。

表 3　蜀石經《毛詩》拓本卜煞考察表

序號	位　置	拓　本	宋刊巾箱本、重言重意本、十行本
(1)	頁卅二《采蘩》“于以采蘩，于沼于沚”下傳箋	公侯夫人執蘩采以助祭祀……箋云：……執蘩采者，以豆薦蘩菹也	兩處“采”均作“菜”
(2)	頁卅六《采蘋》小序下鄭箋	所學可觀之事以爲法度也	“可”作“所”
(3)	頁卅九《甘棠》小序下鄭箋	食菜於召	“菜”作“采”
(4)	頁四三《羔羊》“羔羊之皮，素絲五紽”下毛傳	古者素絲以黄裘	“黄”作“英”
(5)	頁四七《摽有梅》“摽有梅，其實三兮”下鄭箋	梅之墮落若多	“若”作“差”
(6)	頁四九《小星》“嘒彼小星，三五在東”下毛傳	嘒，徵貇也	“徵”作“微”
(7)	頁五三《野有死麕》“野有死麕，白茅包之”下毛傳	苞，裹也	“苞”作“包”
(8)	頁五六《何彼禯矣》“其釣維何，維絲伊緡。齊侯之子，平王之孫”下鄭箋	何以爲之子乎	無“子”字

① 詳見周萼生《近代出土的蜀石經殘石》，《文物》1963 年第 7 期，第 47 頁。此石另一面刻《鄭風·叔于田》《大叔于田》。

② 本人現已完成初步嘗試，撰成《蜀石經〈毛詩〉碑制考》一文待刊。

③ 關於“卜煞”，可參張涌泉《敦煌寫本文獻學》第十章第二節，張氏又舉數例證實此類符號宋以前便已行用；關於此類符號的源流、演變，可參該書第十章第三節。詳見張涌泉《敦煌寫本文獻學》，甘肅教育出版社 2013 年版，第 328、348 頁。

④ 表 3 中劃綫處即拓本所標卜煞符號處。宋刊巾箱本、重言重意本均據《中華再造善本》影印本，二者爲經注附釋文本；宋刊十行本據東京汲古書院影印本，爲注疏附釋文本。

（續表）

序號	位　置	拓　本	宋刊巾箱本、重言重意本、十行本
(9)	頁六六《燕燕》"燕燕于飛，頡之頏之"下鄭箋	頡之興戴嬀將歸	"之"作"頏"
(10)	頁六七《燕燕》"瞻望弗及，實勞我心"	瞻望弗及，實勞我也	"也"作"心"
(11)	頁六八《日月》"胡能有定，寧不我顧"下鄭箋	是其所以不能定貌也	"貌"作完
(12)	頁七〇《日月》"日居月諸，東方自出。父兮母兮，畜我不卒"下鄭箋	乃及養遇我而不終也	"及"作"反"
(13)	頁七一《終風》"終風且暴，顧我則笑"下鄭箋	既競日風矣	"競"作"竟"
(14)	頁七五《擊鼓》"爰居爰處，爰喪其馬"下鄭箋	今於何居也	"也"作"乎"
(15)	頁七六《擊鼓》"于嗟闊兮，不我活兮"下鄭箋	軍事弃其伍約	"事"作"士"
(16)	頁七七《凱風》"母氏聖善，我無令人"下鄭箋	故去嫁也	"故"作"欲"
(17)	頁七九《雄雉》"我之懷矣，自詒伊阻"下鄭箋	君子行如是	"子"作"之"
(18)	頁八一《匏有苦葉》"匏有苦葉，濟有深涉"下毛傳	匏謂之匏	後一"匏"字作"瓠"，拓本卜煞符號位置略有偏差
(19)	頁八二《匏有苦葉》"深則厲，淺則揭"下鄭箋	目以水深淺喻男女才性賢與不肖及長幼也①	"目"作"因"
(20)	頁八二至八三《匏有苦葉》"濟盈不濡軌，雉鳴求其牡"下傳箋	連禮義，不由於道……。箋云：……雌鳴及求其牡	"連"作"違" "及"作"反"

① 目字兩橫右端斷開，蓋爲"因"字異體"囙"的殘損之形，吴騫即持此意見。吴氏《蜀石經毛詩考異》稿本作"因以，因作目"，"目"字上似又後添一筆改作"囙"，北京大學圖書館藏，索書號：LSB/4365。而《考異》刊本即作"因以，因作囙"，詳見《歷代石經研究資料輯刊》第8册，第488頁。

（續表）

序號	位　　置	拓　　本	宋刊巾箱本、重言重意本、十行本
(21)	頁八八《谷風》"不以我能慉，反以我爲讎"下鄭箋	君子不能以見驕樂我	"見"作"恩"
(22)	頁八九《谷風》"我有旨蓄，亦以御冬"下毛傳	䏁美也	"䏁"作"旨"
(23)	頁九三《旄丘》"狐裘蒙戎，匪車不東"下鄭箋	汝非無戎車乎	"無"作"有"
(24)	頁百一《北門》"已焉哉，天實爲之，謂之何哉"下鄭箋	謂人事君無二志	"謂"作"詩"
(25)	頁百三《北風》"其虚其邪，既亟只且"下鄭箋	其政威儀虚徐寬仁者	"政"作"故"
(26)	頁百六《静女》"自牧歸荑，洵美且異"下毛傳	荑，茅之所生也	"所"作"始"
(27)	頁百八《新臺》"燕婉之求，籧篨不鮮"下鄭箋	故不能俯仰也	無"仰"字
(28)	頁百九《二子乘舟》"二子乘舟，汎汎其景"下毛傳	宣公爲伋取於齊齊女而美，公奪之	不重"齊"字

清代藏書家對蜀石經原拓十分珍視，此類符號應非清人所爲。較爲合理的推測是，朱書卜煞符號與頁號皆爲拓本製成之初、庋藏内府時期所添①，而時人曾以刊本校拓本。

五　蜀石經《周南》管窺

武英殿本《毛詩注疏》卷一至卷三之《考證》保存了若干蜀石經《周南》《召南》《邶風》異文，其他各卷《考證》均無蜀石經異文。蓋經史館校勘《毛詩》所據即此拓之傳鈔本。然武英殿本未對其所據之蜀石經《毛詩》作任何説明，何以知爲傳鈔本？卷二《考證》中有一例可爲佐證："'維參與昴'箋'亦隨伐、留在天'，蜀本石經此句下多'猶妾雖賤亦與夫人同御于君也'十三字。"今檢拓本作"猶諸妾雖賤與夫人亦進

① 並不限於明内府。

御於君也”十四字。如殿本校勘所據爲原拓本，不當偏差如此。至於蜀石經本的來源，方苞《奏重刊十三經廿一史事宜劄子》云：“伏祈皇上飭内府並内閣藏書處，徧查舊板經、史；兼諭在京諸王大臣及有列於朝者，如有家藏舊本，即速進呈，以便頒發校勘。并飭江南、浙江、江西、湖廣、福建五省督撫購求明初及泰昌以前監板經、史，各送一二部到館。”[①]作爲參校本的蜀石經《毛詩》傳鈔本或即由徵集得來。

然而經史館校勘《毛詩》雖在乾隆四年(1739)[②]，但武英殿本利用蜀石經撰寫《考證》的時間可能並非在此年。《召南・采蘋》“于以采藻”鄭箋“芼之以蘋藻”條，《考證》云：“監本作‘芼用蘋藻’，臣光型按《昏義》文本作‘芼之以蘋藻’，今從石經改正。”光型即殿本校刻十三經諸臣職名“編校”中所列“原任刑部主事臣李光型”。李氏乾隆七年(1742)由張照舉薦升刑部主事，任事兩年病歸[③]。乾隆八年(1743)三月，張照又請調李氏入經史館充校勘之任[④]。聯繫上文所言乾隆七年臘月以前《毛詩》拓本藏於杭州廣仁義學不爲人知、臘月始歸杭州趙昱小山堂之事實，此拓本的傳鈔本很可能是在乾隆七年十二月後由小山堂傳出，進而被經史館利用。又因其時蜀石經已屬稀見文獻，一朝復出便受到重視，武英殿本《毛詩》前三卷《考證》共引蜀石經異文四十二條，遠逾其他參校之本。

上文已言，此拓本於乾嘉之際曾佚去《周南》十一篇及《召南》首篇《鵲巢》半頁[⑤]。如今，我們對卷一《考證》中所存異文進行考察，便可略窺所佚拓本《周南》大貌[⑥]，

① 方苞撰，劉季高校點：《方苞集》，上海古籍出版社 1983 年版，第 566 頁。按，此《劄子》作於乾隆三年(1739)十二月十五日張廷玉等奏請重刊經史事稍後。

② 可參張學謙：《武英殿本〈二十四史〉校刊始末考——兼及殿本〈十三經注疏〉》，2013 年山東大學碩士學位論文，第 18 頁。張氏特意指明“《考證》的編寫與各經史的校勘活動在時間上並不完全一致”。此文亦可參《文史》2014 年第 1 期。

③ 《乾隆安溪縣志》卷八“李光型”條載：“壬戌(1742)春，大司農張照具疏特薦，陞刑部主事。任事兩年，因積瘁成疾，遂請假就養歸里。”詳見《中國地方志集成・福建府縣志輯》第 27 册，上海書店出版社 2000 年版，第 581 頁。按，張照乾隆五年(1740)五月授刑部侍郎，乾隆七年(1742)四月補刑部尚書(詳見《乾隆朝上諭檔》第 1 册，中國檔案出版社 1991 年版，第 554、779 頁)，其間張氏似並未任職户部，“大司農”或爲“大司寇”之訛。

④ 張濤《三禮館纂修官在館時間推測》“程恂”條，所引史語所藏内閣大庫檔案(登録號：102725-001)正涉李氏入經史館的時間。詳見張濤：《乾隆三禮館史論》，上海人民出版社 2015 年版，第 299 頁。此條史料蒙張濤先生見告，特此説明。

⑤ 據張鑑《蜀石經毛詩殘本跋》可知，嘉慶八年(1803)冬張氏在湖州王專處所見已爲佚去之本。詳見《續修四庫全書》第 1492 册，第 155 頁。

⑥ 又，拓本所附厲鶚、丁敬、趙昱三人詩中均言及《周南・汝墳》“未見君子，惄如調饑”一句，蜀石經拓本“調”作“輖”，據此亦可獲知《周南》的一條異文。另，武英殿本《毛詩注疏》卷二《考證》首二則也體現了蜀石經《召南・鵲巢》所佚半頁中的異文情況。其一，《鵲巢》小序鄭箋“夫人有均壹之德”，蜀石經作“彼國君夫人而有均一之德”。其二，“維鳩居之”鄭箋“猶國君積行累功”，蜀石經此句下多“以致爵位”四字，今存拓本正起“爵位”二字。

現列表 4 如下。

表 4　武英殿本《毛詩注疏》卷一《考證》所見蜀石經《周南》異文表

序號	位　置	宋刊巾箱本、重言重意本、十行本	《考證》
(1)	《詩序》"先王之所以教"箋"先王,斥大王、王季"	鄭箋作"先王,斥大王、王季"	蜀本石經"王季"下有"文王"二字
(2)	《關雎》"關關雎鳩"傳"然後可以風化天下"	毛傳"然後可以風化天下"下無"而正夫婦"四字	蜀本石經此句下多"而正夫婦"四字
(3)	《關雎》"左右芼之"箋"后妃既得荇菜"	鄭箋作"后妃既得荇菜"	蜀本石經作"女欲得后妃既共荇菜"
(4)	《葛覃》序箋"而後言尊敬師傅者,欲見其性亦自然"	鄭箋作"而後言尊敬師傅者,欲見其性亦自然"	蜀本石經"後"字作"又"字,"性"字下有"情"字,"自然"下有"也"字
(5)	《葛覃》"薄汙我私"傳"汙,煩也"	毛傳作"汙,煩也"	蜀本石經作"煩辱也"
(6)	《葛覃》"薄汙我私"箋"煩,煩撋之"	鄭箋作"煩,煩撋之"	蜀本石經作"煩撋之事也"
(7)	《卷耳》"我姑酌彼金罍"傳"人君黄金罍"	毛傳作"人君黄金罍"	蜀本石經"罍"字上有"爲"字
(8)	《卷耳》"我姑酌彼金罍"箋"君賞功臣"	鄭箋作"君賞功臣"	"君"字各本俱誤作"若"字,從蜀本石經改正①
(9)	《卷耳》"我姑酌彼兕觥"箋"《飲酒禮》自立司正之後"	鄭箋作"禮自立司正之後"	"禮"字上各本俱脱"飲酒"二字,臣宗楷按立司正見《鄉飲酒禮》,今從蜀本石經增之
(10)	《樛木》序箋"后妃能和諧衆妾"	鄭箋"后妃能和諧衆妾"上無"以色曰妬,以行曰忌"八字	蜀本石經"后妃"上多"以色曰妬,以行曰忌"八字
(11)	《樛木》"南有樛木"箋"木枝以下垂之故"	鄭箋作"木枝以下垂之故"	蜀本石經無"故"字

① 據實際校勘可知,宋刊巾箱本、重言重意本、十行本均作"君"。可見館臣所見"各本"均不佳,此處異文並非蜀石經獨有。

(續表)

序號	位　置	宋刊巾箱本、重言重意本、十行本	《考證》
(12)	《樛木》"南有樛木"箋"喻后妃能以恩意下逮衆妾"	巾箱本鄭箋作"喻后妃能以惠下逮衆妾",重言重意本、十行本作"喻后妃能以意下逮衆妾"	"意"字上各本俱脱一"恩"字,今從蜀本石經增
(13)	《樛木》"福履綏之"箋"妃妾以禮義相與和合"	鄭箋作"妃妾以禮義相與和"	"和"字下監本脱"合"字,今從蜀本石經增
(14)	《兔罝》"肅肅兔罝"箋"鄙賤之事"	鄭箋作"鄙賤之事"	蜀本石經"鄙賤"上有"行"字
(15)	《兔罝》"公侯干城"箋"有武力可任爲將帥之德"	鄭箋作"有武力可任爲將帥之德"	蜀本石經無"力"字
(16)	《芣苢》序"和平則婦人樂有子矣"	小序作"和平則婦人樂有子矣"	蜀本石經作"天下和平"
(17)	《芣苢》"薄言采之"箋"薄言,我薄也"	鄭箋作"薄言,我薄也"	蜀本石經"薄言"下多一"言"字
(18)	《漢廣》"不可求思"箋"人無欲求犯禮者"	鄭箋作"人無欲求犯禮者"	蜀本石經無"禮"字
(19)	《漢廣》"不可方思"箋"必有潛行乘泭之道"	鄭箋作"必有潛行乘泭之道"	蜀本石經"必有"作"本有"
(20)	《漢廣》"不可方思"箋"故不可也"	鄭箋作"故不可也"	蜀本石經作"故不可渡也"
(21)	《漢廣》"翹翹錯薪"傳"翹翹薪貌"	毛傳作"翹翹薪貌"	蜀本石經作"薪長大之貌也"
(22)	《漢廣》"言刈其楚"箋"楚雜薪之中尤翹翹者"	巾箱本、十行本鄭箋作"楚雜薪之中尤翹翹者",重言重意本作"楚雜薪之中尤翹翹也"	蜀本石經"楚"字下有"在"字,"翹翹"上有"高"字
(23)	《麟之趾》序箋"有似麟應之時無以過也"	鄭箋作"有似麟應之時無以過也"	蜀本石經作"雖有麟應之時而無以過也"

如將現存《毛詩》拓本與北監本互校可知其間異文甚多①,而武英殿本卷二、卷三之《考證》所取異文僅是很小的一部分。據此可見,館臣的校勘工作可能不甚精細,而表4所列《周南》異文也僅能體現蜀石經的部分面貌。又,館臣對異文的擇取當有一定標準,今對卷二、卷三《考證》進行梳理可知:其一,異文屬虚詞增減而與文意無涉者一般不取;其二,異文屬異體字、通假字者一般不取;其三,異文屬蜀石經明顯訛誤者一般不取。但不屬於此三類情況的異文卻也時有遺漏②,殿本校勘與《考證》撰寫工作的疏略亦由此可見。

若再進一步分析表4,則可發現其中異文又有需要深入討論者。如例(10),《樛木》小序"后妃逮下也。言能逮下,而無嫉妬之心焉"下鄭箋作"后妃能和諧衆妾",蜀石經本"后妃"上多"以色曰妬,以行曰忌"八字,其所出"忌"字實不能與《樛木》小序"嫉"字相合,而此八字正爲《小星》小序"夫人無妬忌之行,惠及賤妾"下鄭箋之文,此處八字異文當爲衍誤。又如例(16),《芣苢》小序"和平則婦人樂有子矣",蜀石經本作"天下和平",然其下鄭箋云"天下和,政教平也",據此可知《芣苢》小序不當有"天下"二字,蜀石經本爲衍誤。《考證》在擇取異文時雖有以上諸多問題,但尚能體現蜀石經的性質。如例(1)(12)(21),蜀石經與刊本在文意上均存在較大差距,當自有文獻依據,其小字注文尚未受到雕版刊經"擾動"的特徵依稀可見。

六 小 結

通過對蜀石經《毛詩》原拓的調查,本文得出以下新見。其一,殘拓所附清人詩中綫索,以及拓中所見朱筆頁號,皆進一步支持了王國維"蜀石經拓本一綫之傳皆出明内閣"的判斷。其二,拓中所存原石編號正可與近代所出《毛詩》殘石拓片所見編號相參,爲考察蜀石經《毛詩》碑制提供了新的關鍵信息。其三,拓中朱書卜煞符號,實可反映古人的校勘情實。且因此類校勘很可能發生于内府庋藏階段,故又别具意義。其四,據武英殿本《毛詩注疏》卷一《考證》所存若干蜀石經《周南》異文,可以了解乾嘉之際佚失的拓本大貌,並可進一步輯出殘字、略作復原。

(本文發表於《中國經學》第十九輯〈2016年10月〉,此次重版有所修訂)

① 王昶《後蜀毛詩石經殘本》卷尾按語已云:"今惟取家塾中舊藏明北監注疏本所刊行者以校此本,互異之處甚多。"詳見《歷代石經研究資料輯刊》第8册,第413頁。

② 如《邶風·柏舟》"憂心悄悄,愠于羣小"下"箋云"二字,宋刊巾箱本、重言重意本、十行本均在"羣"字前,蜀石經本則在"悄悄"前。這一異文或可使毛傳、鄭箋的内容發生變化。

孟蜀石經性質初理

王天然

一　引　言

歷代石經唯蜀石經附刻注文①，其中孟蜀廣政年間（938—965）由毋昭裔主持刊刻的部分，又正處於寫本經籍向刊本經籍過渡的節點之上。故此石注文之來源，與唐五代寫本、五代國子監刊本之關係，皆爲引人思考的問題。本文擬釐清孟蜀石經的文本性質，嘗試作一回答。而在此之前，有必要對相關文獻及學術史進行簡要綜述與回顧，並對本文的研究思路與方法略作交代。

孟蜀石經現存《毛詩》卷一《召南》、卷二《邶風》殘拓，原件現藏上海圖書館。另有道光六年（1826）陳宗彝據張敦仁藏本影刻者，題"蜀石經殘字"②。又有吴騫拜經樓舊藏摹寫本，爲《蜀石經殘字三種》之一③。本文在考察《毛詩》殘拓時有幸利用了上圖原件④。孟蜀石經《周禮》存卷九《秋官司寇》上、卷十《秋官司

---

①　廣義的蜀石經除孟蜀廣政年間鎸石的《孝經》《論語》《爾雅》《周易》《毛詩》《尚書》《儀禮》《禮記》《周禮》《左傳》，還包括北宋皇祐元年（1049）田況主持刻畢的《公羊傳》《穀梁傳》，北宋宣和五年（1123）席貢主持鎸刻、六年終由彭慥完成的《孟子》。詳參張國淦《歷代石經考・蜀石經考》，《歷代石經研究資料輯刊》第4册，北京圖書館出版社2005年版，第401頁。南宋乾道六年晁公武又增刻《古文尚書》，但一般不再計入蜀石經。《左傳》一經前十七卷爲孟蜀時刊刻，後十三卷爲入宋後續刻，關於此説的詳細討論可參顧永新《蜀石經續刻、補刻考》，《儒家典籍與思想研究》第三輯，北京大學出版社2011年版，第164—168頁。此文收入顧永新《經學文獻的衍生和通俗化》第三章第六節，北京大學出版社2014年版。本文徵引皆據前者。《孟子》一經的刊刻者問題，可參程蘇東《蜀石經〈孟子〉刊刻者考辨》（《中國文化研究》2010年春之卷，第154—159頁）、顧永新《蜀石經續刻、補刻考》（第170—172頁）兩文。本文的考察範圍僅限於孟蜀石經部分。

②　詳見《歷代石經研究資料輯刊》第8册，第287頁。

③　詳見《續修四庫全書》第184册，上海古籍出版社2002年版，第377頁。

④　查閲過程中先後得到史睿、張志清、黄顯功、樊兆鳴諸位先生的熱情幫助，謹此致謝。清人摹本與原拓之間尚有差異，詳情可參拙文《上海圖書館藏蜀石經〈毛詩〉拓本綜理》，《中國經學》第十九輯，廣西師範大學出版社2016年版，第199—212頁（見前）；《書吴騫舊藏〈蜀石經殘字三種〉後》，《經學文獻研究集刊》第十七輯，上海書店出版社2017年版，第241—245頁。

寇》下、卷十二《冬官考工記》殘拓，《左傳》存卷十五襄公十年至十五年、卷二十昭公二年殘拓，原件現均藏中國國家圖書館。另有 1926 年劉體乾影印本，本文考察《周禮》《左傳》殘拓時即據劉氏影印本。又，清乾嘉時尚存《周禮・夏官司馬》殘拓三十六行，先爲趙魏所得並有摹本，原本後歸汪繼培①。現原拓及趙氏摹本均不知存世否，而趙坦所録趙魏校記尚存②，據此可以略知孟蜀石經《夏官》殘拓大貌③。近代又出土散碎殘石若干，目前已知有《周易》殘石兩塊拓片四葉，《毛詩》殘石兩塊拓片四葉，《尚書》殘石兩塊拓片三葉，《儀禮》殘石一塊拓片兩葉。《周易》殘石兩塊現藏四川博物院：一石兩面均刻《中孚》；一石一面刻《履》，一面刻《泰》《否》。《毛詩》殘石一塊現藏四川博物院：一面刻《周頌・桓》《賚》，一面刻《魯頌・駉》。另一塊原爲江鶴笙舊藏，現原石藏地不明，但有拓片存世，可知原石一面刻《鄭風・叔于田》《大叔于田》，一面刻《曹風・鳲鳩》《下泉》。《尚書》殘石兩塊現藏四川博物院：一石一面刻《説命》，一面刻《君奭》；一石單面刻《禹貢》。《儀禮》殘石一塊原藏重慶市博物館，現藏中國國家博物館，兩面均刻《特牲饋食禮》④。

宋人關於孟蜀石經的研究主要是晁公武、張奐的校勘工作。范成大《石經始末記》引晁公武《石經考異序》云："公武異時守三榮，嘗討國子監所模長興板本讀之，其差誤蓋多矣。……其傳注不同者尤多，不可勝紀，獨計經文猶三百二科。"⑤曾宏父《石經鋪敘》卷上"益郡石經"條也記有各經異文之數，較范引晁序

---

① 據趙坦題記，詳見《蜀石經殘字三種》，《續修四庫全書》第 184 册，第 461 頁。馮登府亦云"趙晉齋魏得之蕭山市上，今歸汪繼培。晉齋曾手摹其文，未暇細釋"，詳見《石經補攷・蜀石經攷異》，《續修四庫全書》第 184 册，第 94 頁。

② 詳見《蜀石經殘字三種》，《續修四庫全書》第 184 册，第 459—461 頁。

③ 詳情可參拙文《蜀石經〈周禮夏官〉殘字校理》，《中國典籍與文化論叢》第十八輯，鳳凰出版社 2017 年版，第 35—47 頁。

④ 殘石詳情及部分圖版可參：周蕚生：《近代出土的蜀石經殘石》，《文物》1963 年第 7 期，第 46—50 頁；李志嘉、樊一：《蜀石經述略》，《文獻》1989 年第 2 期，第 216—220 頁。近年來拍賣圖録刊布之殘石拓片圖版亦可參考，如泰和嘉成拍賣有限公司所拍江友樵、徐無聞舊藏蜀石經殘石拓片，詳見泰和嘉成《2009 年春季藝術品拍賣會古籍文獻專場》圖録，拍品號 607；《2013 年春季藝術品拍賣會古籍文獻碑版法書(二)》圖録，拍品號 1216。又如，上海博古齋拍賣有限公司所拍《毛詩》周魯二頌殘石拓片，詳見《上海博古齋 2013 春季大型藝術品拍賣會古籍善本專場》圖録，拍品號 1161。

⑤ [明]楊慎：《全蜀藝文志》卷三六，明刊本，第 7-B、8-A 頁，中國國家圖書館藏，索書號 02960。明刊本曹學佺《蜀中廣記》之《蜀中著作記》卷一所載《石經始末記》"討"作"對"，於意較佳，中國國家圖書館藏，索書號 02247。兩本皆據"中華古籍資源庫"公布之膠片，網絡鏈接：http://mylib.nlc.cn/web/guest/shanbenjiaojuan。

更爲準確,可以參閲[①]。《玉海·藝文》"唐石經　後唐九經刻板"條亦載:"僞蜀相毋昭裔取唐大和本,琢石於成都學官,與後唐板本不無小異。乾道中晁公武參校二本,取經文不同者三百二科,著《石經考異》,亦刻於石。張㚟又校注文同異,爲《石經注文考異》四十卷。"[②]由此可見,晁氏以宋監本校蜀石經大字所得異文成《石經考異》,張氏以宋監本校蜀石經小字所得異文成《石經注文考異》[③]。因小字異文較大字繁多,故張氏之書多至四十卷,惜此兩種校勘成果均已亡佚。元明二代公私目録對蜀石經較少著録,相關研究更是罕見[④]。這種情況直至清乾嘉時期纔逐漸有所改觀。據王國維考證,蜀石經拓本一綫之傳皆出明内閣[⑤]。而明末清初拓本開始從内閣流出,則直接推動了相關研究的開展。一方面,清人繼續宋人的工作,對蜀石經殘拓進行校勘以考察文本的異同,有些著作還對異文是非作出了判斷[⑥]。另一方面,清人開始對蜀石經的諸多具體問題進行討論。如全祖望《鮚埼亭集》卷三十七《蜀廣政石經殘本跋》曾對南宋人徵引蜀石經較唐石經爲多的現象,提供了一種解釋[⑦]。又如錢大昕從避諱角度考查《左傳》一經的刊刻時間[⑧]。

回顧古人的工作,對我們今天繼續孟蜀石經研究或有如下啓發。其一,綜合考察孟蜀石經殘本,把握其外部特徵,爲解決相關文獻問題提供幫助。例如文獻中獨闕《左傳》書丹人姓名,但若將《左傳》十五卷、二十卷殘拓進行對比,便可發現兩卷當爲一人書寫,這就爲《左傳》前十七卷與後十三卷同書於孟蜀提供了證據[⑨]。若再將《左傳》殘拓與諸殘本比較,又可以發現《左傳》與《尚書》字跡最爲

---

① [南宋]曾宏父:《石刻鋪叙》卷上,鈔本,中國國家圖書館藏,索書號 06605。本文據"中華古籍資源庫"公布之膠片。

② [南宋]王應麟撰,武秀成、趙庶洋校證:《玉海藝文校證》,鳳凰出版社 2013 年版,第 405 頁。

③ 孟蜀石經中《周易》易傳、《左傳》傳文是與經文並列之傳,以大字形式刊刻。《毛詩》毛傳、《尚書》孔傳則爲訓詁注解之傳,以小字形式刊刻。本文爲避免歧義、方便表述,以大字、小字代替經傳、傳注。

④ 明楊士奇《文淵閣書目》卷十三辰字號第一廚、張萱《内閣藏書目録》卷四金石部、徐𤊹《紅雨樓題跋》曾有著録,均詳見《明代書目題跋叢刊》,書目文獻出版社 1994 年版。徐氏所見僅爲蜀石經《左傳》,其文從避諱、書法等角度對此本進行了初步探討。

⑤ 王國維:《蜀石經殘拓本跋》,《觀堂集林》,中華書局 1959 年版,第 977 頁。

⑥ 例如嘉慶間王昶有《後蜀毛詩石經殘本》、吴騫有《蜀石經毛詩考異》,道光間馮登府有《石經補考·蜀石經考異》,宣統辛亥年(1911)繆荃孫居滬上後有《蜀石經校記》。其實踐行校勘工作的清人尚多,今不備舉。

⑦ 詳見朱鑄禹《全祖望集彙校集注》,上海古籍出版社 2000 年版,第 722—723 頁。

⑧ 詳見顧永新《蜀石經續刻、補刻考》,第 166—167 頁。

⑨ 民國時期劉體乾已做過這一工作,詳見顧永新《蜀石經續刻、補刻考》,第 167 頁。

接近,當爲一人所書①。而據南宋曾宏父《石刻鋪叙》記載,《尚書》一經的書丹人爲"將仕郎祕書省校書郎周德貞"。此亦《左傳》書在孟蜀之佐證。其二,繼續古人校勘工作的同時,還應透過繁雜的異文見出其中規律。本文在把握石經外部特徵的基礎上,以孟蜀石經殘本爲底本,以開成石經本、南宋越州八行注疏本、宋刻或元刻十行注疏本參校,分析所得異文,據此揭示孟蜀石經的文本性質。

二　孟蜀石經大字性質考察

宋人席益《府學石經堂圖籍記》言:"僞蜀廣政七年,其相毋昭裔按雍都舊本九經,命平泉令張德釗書而刻諸石。"②晁公武《石經考異序》亦云蜀石經:"而能盡用大和本,固已可嘉,凡歷八年,其石千數。"③二者均明言孟蜀石經大字以唐開成石經爲底本,其文本來源本無問題。而清人沈曾植卻有如此異議:"蜀石有注,唐石無注,祖本非一了然。後來雍都開成云云,皆《成都記》文字一依大和之舊一語啓之。"④顧永新先生《蜀石經續刻、補刻考》已駁之:"沈曾植僅據有無傳注而判斷唐石經、蜀石經'祖本非一',這是不可靠的。"⑤

今以孟蜀石經殘本與開成石經對勘後可知⑥,其大字即據唐石經而略有不同。二者之微異主要在於:其一,孟蜀石經與唐石經的避諱情況不盡相同。如孟蜀石經《毛詩》大字"世""民"避諱闕筆,"棄"寫作"弃"、"葉"寫作"蒅",而"純"字不避諱。又如《周禮》大字中"察"字避諱闕筆,"世""民"則不避諱,但"諜"又寫作"𧩿"。再如《左傳》大字"世""民""祥"避諱闕筆,"棄"寫作"弃"、"堞"寫作"𡋾"、"葉"寫作蒅,而"虎""虒""誦""恒"諸字不避諱⑦。

其二,孟蜀石經爲使大小字用字一致,而對唐石經作了改動。如《毛詩》"微我無酒"後一句,唐石經作"以敖以遊",孟蜀石經毛傳作"非我無酒,可以遨遊忘憂也",故改大字"敖"作"遨"。又如唐石經《周禮》作"既盟,則爲司盟共祈酒脯",孟蜀

① 二經"我""功""皮""既"等字的寫法如出一轍。

② 袁説友等編,趙曉蘭整理:《成都文類》,中華書局2011年版,第583頁。

③ [明]楊慎:《全蜀藝文志》卷三六,第7-B頁。

④ 張國淦:《歷代石經考·蜀石經考》引,《歷代石經研究資料輯刊》第4册,第419頁。

⑤ 顧永新:《蜀石經續刻、補刻考》,第175頁。

⑥ 開成石經據《西安碑林全集》影印本,同時參考了中華書局縮印之民國十五年(1926)皕忍堂影摹本,以及臺北漢學研究中心複製李石曾舊藏拓本。李藏舊拓照片由廖明飛先生提供,謹此致謝。

⑦ 由此亦可見出孟蜀石經對唐諱的處理比較隨意。

石經鄭注作“使其邑閭出牲而來盟,已,又使出酒醢”,故改大字“脯”作“醢”①。

其三,孟蜀石經大字在刊刻過程中産生了一些錯誤,故與唐石經不同。如《毛詩》“仁人不遇”,孟蜀石經“人”作“而”;“緑兮絲兮”,孟蜀石經“兮”作“衣”。又如《左傳》“子罕弗受。獻玉者曰”,孟蜀石經作“獻玉曰”。再如《周禮》“賈而楬之,于司兵”,孟蜀石經本“之”“于”二字間補刻小字“入”,而唐石經正作“入于司兵”,由此可見孟蜀石經在刊刻過程中確有疏漏,此爲文獻流傳中在所難免之事。

三　孟蜀石經小字性質考察

綜合考察孟蜀石經遺文可以發現,《毛詩》《周禮》二經小字具有明顯的寫本特徵。其一,句末助字如“也”“者”,多與通行阮刻本存在出入,例證甚多,本文不再列舉。此類現象在敦煌寫本、日藏古寫本中極爲常見②。

其二,與通行阮刻本的一些異文在文意上存在較大差距。例如《周禮·夏官》“齊右,掌祭祀、會同、賓客,前齊車,王乘則持馬,行則陪乘”下,據趙坦所録趙魏校記可知孟蜀石經小字作“陪車乘參,謂居左也”③,阮刻本作“陪乘,參乘,謂車右也”。經云“王乘則持馬,行則陪乘”,顯然“陪乘”與“持馬”相對而表動作④,而通行本注文以“車右”釋“陪乘”,即以名釋動。孟蜀石經“謂居左也”或涉上文《戎右》鄭注“充之者,謂居左也”而誤,但也存在另一種可能,即以“居某”解“陪乘”,正以動釋動,然“右”誤“左”耳。此類異文反映的可能正是文本流變的複雜形態,當然這一形態未必更接近鄭注原貌。

又如《毛詩·邶風·雄雉》“百爾君子,不知德行”下,孟蜀石經小字作“箋云:爾,汝也。汝衆君子。我不知人之德行何如者可謂爲有德行,而君子或有所留,或有所遣。女怨之故問此”,阮刻本無“或有所遣”四字。而此四字正指女之夫久役在外,下文“不忮不求,何用不臧”之鄭箋又云“我君子之行,不疾害也,不求備於一人,其行何用爲不善,而君獨遠使之在外,不得來歸”。故孟蜀石經本文意似較阮刻本爲佳。

由此可見,孟蜀石經《毛詩》《周禮》小字雖存在一些錯訛,但有些異文反映的

---

① 孟蜀石經此處有改刻痕跡,似原刻作“脯”,又改刻爲“醢”。

② 這一現象可能與鈔寫者追求雙行小字的平衡效果有關,可參張涌泉《敦煌寫本文獻學》第十五章“雙行注文齊整化”,甘肅教育出版社2013年版,第510頁。

③ 馮登府《石經補考·蜀石經考異》所引孟蜀石經“陪車乘參”作“陪車參乘”,今暫以趙校爲據。

④ 下“道右”經云“王出入,則持馬陪乘”,亦對舉。

可能正是寫本時代文本流動的複雜形態，有些異文則較通行阮刻本爲佳。綜上所述，我們有理由相信孟蜀石經《毛詩》《周禮》小字所據底本爲唐五代寫本，因文本尚未受到雕版刊經的"擾動"，從而透露出寫本時代文本參差的面貌。

與《毛詩》《周禮》小字形成强烈對比的則是《左傳》一經的注文。以孟蜀石經《左傳》殘拓爲底本校以八行本、十行本①，首先可以發現《左傳》小字絶無寫本特徵，其與刊本差異不大。進一步觀察其中異文，又可發現孟蜀石經《左傳》小字與十行本不同者往往與八行本相同。現舉十例，列表1如下。

表1　孟蜀石經本、八行本、十行本《左傳》異同簡表

序號	位　　置	孟蜀石經本	八行本	十行本
1	襄公十年傳"宋以桑林享君，不亦可乎"注	言俱天子樂也	同孟蜀石經本	言具天子樂也
2	襄公十年傳"舞師題以旌夏"注	師帥也	同孟蜀石經本	師樂師也
3	襄公十年傳"因公子之徒以作亂"注	子駟所殺公子熙等之黨	同孟蜀石經本	子駟所殺公子嬰等之黨
4	襄公十年傳"尸而追盜"注	先臨尸而逐賊	同孟蜀石經本	先臨尸而追盜
5	襄公十二年傳"師于揚梁"注	梁國睢陽縣東有地名揚梁	同孟蜀石經本	梁國睢陽縣東有地名楊梁
6	襄公十二年傳"公如晉朝，且拜士魴之辱，禮也"注	故禮之	同孟蜀石經本	故曰禮之
7	襄公十四年傳"左史謂魏莊子曰"注	左史晉大史	同孟蜀石經本	左史晉大夫
8	襄公十四年傳"如周人之思召公焉，愛其甘棠"注	召公奭聽訟舍於甘棠之下	同孟蜀石經本	召公奭聽訟於甘棠之下
9	襄公十四年傳"遒人以木鐸徇於路"注	遒人行人之官也	同孟蜀石經本	遒人行令之官也
10	襄公十五年傳"豈其以千乘之相易淫樂之矇"注	是重淫樂而輕國相	同孟蜀石經本	是重淫樂而輕相國

① 前者爲南宋慶元六年(1200)紹興府刻宋元遞修本《春秋左傳正義》，本文簡稱爲八行本，據《中華再造善本》影印本録文，後者爲南宋建安劉叔剛刻本《附釋音春秋左傳注疏》，全本原書現藏日本足利學校遺跡圖書館，本文簡稱爲十行本，據東京斯道文庫藏足利本膠片複印件録文，承蒙瞿艷丹先生代爲複製，謹致謝忱。

同樣再取孟蜀石經《周禮》與八行本、十行本《周禮》相校①，可以發現孟蜀石經小字與八行本、十行本不同之處，八行本、十行本往往能夠取得一致。現舉十例，列表 2 如下。

表 2　孟蜀石經本、八行本、十行本《周禮》異同簡表

序號	位　置	孟蜀石經本	八行本	十行本
1	夏官司馬"行則陪乘"注	陪車乘參謂居左也	陪乘參乘謂車右也	同八行本
2	夏官司馬"其瀳儀各以等爲車送逆之節"注	謂王乘車迎賔客及送相去遠近也	謂王乘車迎賔客及送相去遠近之數	同八行本
3	夏官司馬"設驅逆之車"注	驅獸使前趨獲	驅禽使前趨獲	同八行本
4	秋官司寇"庶氏，下士一人，徒四人"注	庶讀如藥煑	庶讀如藥煑之煑	同八行本
5	秋官司寇"柞氏，下士八人，徒二十人"注	柞讀爲聲音唶唶之唶	柞讀爲音聲唶唶之唶	同八行本
6	秋官司寇"硩蔟氏，下士一人，徒二人"注	硩讀爲摘	硩讀爲擿	同八行本
7	秋官司寇"赤犮氏，下士一人，徒二人"注	主除蟲豸自埋藏者	主除蟲豸自埋者	同八行本
8	秋官司寇"壺涿氏，下士一人，徒二人"注	獨讀爲濁	獨讀爲濁其源之濁	同八行本
9	秋官司寇"伊耆氏，下士一人，徒二人"注	此主王之齒於後王識伊耆氏之舊德	此主王者之齒杖後王識伊耆氏之舊德	同八行本
10	秋官司寇"都則，中士一人，下士二人，府一人，史二人，庶子四人，徒八十人"注	當言每國如朝大夫及都司馬云	當言每都如朝大夫及都司馬云	同八行本

何以會有這樣的差異？其實，越州八行注疏本與建陽十行注疏本的版本系統根本有别，八行本更接近五代兩宋國子監刊本一系，而十行本則另成系統。喬秀岩《〈禮記〉版本雜識》認爲《禮記》現存經注諸本可以分爲兩個系統："一爲《唐石經》——宋監本系統，撫州本、八行注疏本屬焉；余仁仲本、纂圖互注本及十行

① 八行本《周禮疏》爲南宋兩浙東路茶鹽司刻宋元明遞修本，本文據臺北故宫博物院影印本録文。十行本《附釋音周禮注疏》爲元刻明修本，實據南宋建陽坊刻十行本翻刻，本文據《中華再造善本》影印北京市文物局藏本録文。孟蜀石經《周禮・夏官司馬》殘字據趙氏校記，本文據《續修四庫全書》影印中國國家圖書館藏《蜀石經殘字三種》本録文。

注疏本、閩、監、毛本屬另一系統。"[1]孟蜀石經本《周禮》小字與八行本、十行本的異文面貌正可印證上文得出的結論,即《周禮》小字來源於唐五代寫本。而孟蜀石經本《左傳》小字與八行本更爲接近的性質則説明,毋昭裔主持的鎸石工作在最後階段很可能利用了五代國子監刊本。

四 小 結

王國維《五代兩宋監本考》云:"《通鑑》載昭裔開學館刻九經在廣政十六年(即周廣順三年)。孔平仲《珩璜新論》亦云周廣順中蜀毋昭裔請刊印板九經。正田敏九經板成之歲,昭裔所刊當倣其製。"[2]故學者一般認爲毋昭裔刊本九經或仿五代國子監刊本九經之例,而孟蜀石經與五代監本並無直接關係。然而通過以上考察可知,毋昭裔在主持最後一經《左傳》的鎸石工作時,很可能直接利用了五代國子監刊本。

這一結論不但更新了我們以往對孟蜀石經性質的認識,也爲我們進一步研究五代國子監刊本經書這一重要的版本學問題,提供了一個樣本。循此門徑,或可對孟蜀石經《左傳》杜注及五代監本等相關問題繼續進行深入考察。

(本文發表於《中國典籍與文化》2015 年第 2 期,此次重版有所修訂)

① 喬秀岩《〈禮記〉版本雜識》,《北京大學學報(哲學社會科學版)》2006 年第 5 期,第 103 頁。

② 王國維《五代兩宋監本考》卷上,第 4-B 頁,載《王國維遺書》第 11 册,上海古籍書店 1983 年版。

晁公武續刻蜀石經考
——以隸古定本《尚書》經碑復原爲中心

晁會元

中國七部太學石經，六部毁亡，自宋代以來偶有殘碑出土，文人學者把斷石殘字視爲珍寶，收集考證，形成了延續千年的"石經學"。其中，《古文尚書》保留了"隸古定"書法文字，是研究《尚書》源流的珍貴資料。蜀石經有《尚書》，晁公武爲什麼續刻？與歷代版本有怎樣的異同？是研究者關注的重點。南宋晁公武的《石經考異》是第一部石經考證專著，與《郡齋讀書志》爲研究蜀石經的主要版本依據；白河書齋收集的后蜀《尚書》、隸古定《尚書》殘石拓片，爲續刻蜀石經研究復原提供了依據，本文就復原有關情況試作探述，錯誤之處，請方家斧正。

一　晁公武與蜀石經

蜀石經記載，初見於北宋治平年間（1064—1067）成都知府趙抃的《成都古今記》曰：

> 僞蜀孟昶有國，其相毋昭裔刻《孝經》《論語》《爾雅》《周易》《尚書》《周禮》《毛詩》《禮記》《儀禮》《左傳》凡十經於石。其書丹則張德釗、楊鈞、張紹文、孫逢吉、朋吉、周德貞也。石凡千數，盡依大和舊本，歷八年乃成。《公》《穀》則有宋田元均所刻，《古文尚書》則晁公武所補也。①

蜀石經於後蜀廣政（938—965）初年刊石，立於四川益州（成都）州學漢文翁

① ［清］顧炎武：《石經考・蜀石經》引《成都記》，清光緒元尚居刻本，第 21 頁。唐盧求《成都記》和宋趙抃《成都古今記》是兩部描述唐、宋成都的文獻，均散佚，後人引用書名時經常混淆。

石室故址。[①]北宋皇祐元年(1049)成都府尹田敏補刻《公羊傳》《穀梁傳》和《左傳》之十八至三十卷;宣和五年(1123)席貢又補刻《孟子》。所刻大字經文、小字注均正書,世稱《石室十三經》。乾道六年(1170)三月,晁公武將《石經考異》包括序言刻於蜀石經之後。在撰《石經考異》時,從成都學宫得《古文尚書》三卷,命教官張大固等監刊,張奐另刻於石。[②]蜀石经毁泐後原石留存最少。考證蜀石經,晁公武《石經考異》尤为重要。

晁公武,字子止,人稱“昭德先生”。南宋著名藏書家、目録學家。祖籍澶州清豐(今河南濮陽),晁氏自北宋始在開封建昭德坊,世代藏書延綿三百餘年。公武父冲之與説之、補之、禎之均文學名家。熙、豐間(1068—1085),黨争劇烈,家族多人遭謫貶放逐,冲之受累隱居陽翟(今河南禹縣)具茨山,自號具茨。期間晁公武於崇寧四年(1105)在昭德坊出生。宣和七年乙巳(1125)金人南侵,冲之“赴國難,留佐東道,”任河南睢陽令,靖康元年(1126)師敗寧陵身亡。公武、公遡兄弟爲避戰亂舉家逃奔山東,不久山東爲金人所占,又徙遷四川,寓居嘉州(今四川樂山)。南宋紹興二年 (1132) 中進士, 初爲四川轉運副使井度屬官,紹興二十年(1150)任榮州知州,便開始《郡齋讀書志》的撰寫和蜀石經的校刊,在四川任職達 36 年。

晁公武一生致力於文獻目録提要的整理和編纂,主要受晁氏家族藏書校勘之影響。但對蜀石經的研究,更多的是受四川地域文化的影響。徽宗年間,一場大火,昭德坊大部藏書毁於一旦。公武父冲之於兄弟間位居説之之後,且不戀功名,隱居河南禹縣時生活窘苦,爲生計曾一度流浪洛陽投親。宣和年間冲之出仕陣亡,公武、公遡尚未成年,一年間先後逃奔山東、四川。從《郡齋讀書志》序言看出,他的思想受其上司“南陽公”井度直接影響。五代時蜀刻古籍著名,至南宋未經戰禍,珍本尚存。井度癡迷藏書,廣收遺藏,並將珍本刊印傳於後世。[③]晁公武做井度下僚,協助寫書、刻書和校書,深受其影響。井度晚年被罷官以後,將藏書贈與公武。

書凡五十筐,合吾家舊藏,除其複重,得二萬四千五百卷有奇。今三榮[④]

① 西漢景帝後元年間(前 143—前 141),蜀郡太守文翁創建文翁石室。後石室辟爲益州州學,在石室刊刻石經。明末張獻忠據蜀,石室俱成瓦礫。

② [南宋]范成大:《石經始末紀》,清光緒元尚居《石經匯函》刻本,第 23 頁。

③ 井度,河南南陽人,南宋著名藏書家。現國家圖書館珍藏南宋《眉山七史》殘部即由井度刊刻印行,對蜀刻的發展有一定影響。

④ 三榮,宋代榮州,今四川榮縣。清同治《嘉定府志》載,晁公武於紹興二十一年(1151)以侍郎知榮州。

> 僻左少事，日夕躬以朱黄，讎校舛誤。①

紹興二十一年晁公武知榮州，以“南陽公”贈書爲主要依據，成書《郡齋讀書志》。其後任合州、瀘州事，成都知府、四川安撫制置使，期間收藏《石室十三經》拓片。知成都期間，逐經校對蜀石經，撰寫《石經考異》一卷。直到去世的前一年乾道六年(1170)三月，完成了隸古定本《尚書》三卷和《石經考異》的刻石，同時刻碑的還有其後門人張貞又補刻《石經注文考異》，爲蜀石經研究付出了畢生精力。

二　續刻《古文尚書》版本探源

後蜀廣政初年，晁公武據唐開成石經爲版本刻立《尚書》十三卷，經文 26 286 字，又增加注文 48 982 字，使之成爲當時權威的流行版本。晁公武爲什麽續刻？使用版本在《尚書》傳播史上有怎樣的地位？這些問題爲石經學者所關注。由於蜀刻《古文尚書》只存序言，原碑失傳，對其研究尚缺乏可靠依據，爲探求蜀石經的原貌，明代文人學者便重視對蜀石經宋拓本收集。内府存蜀石經拓本一百一册，萬曆間猶存。現國家圖書館藏有宋、元拓本《左傳》《穀梁傳》《周禮》《公羊傳》。上海圖書館藏宋拓本《毛诗》残卷等。②但乾道六年晁公武所續刻的《古文尚書》《石經考異》、張奐所撰《石經注文考異》拓本不在其中。經學家對晁公武續刻《古文尚書》的認識，主要來源於其《古文尚書序》。范成大《石經始末記》云：

> 子止又刻《古文尚書》於堂，而爲之序曰：秦更前代法制，以來凡曰：“古者後世，寥乎無聞。”書契之作，固始於伏義，然變狀百出，而不彼之若者，亦已多矣。《尚書》一經，獨有古文在，豈非得於壁間，以聖人舊藏，而天地亦有所護，不忍使之絶滅。中雖遭漢巫蠱、唐天寶之害，終不能晦蝕，今猶行於人間者，豈無謂耶。况孔氏謂《尚書》，以其上古之書也，當時科斗既不復見，其爲“隸古定”，此實一耳。雖然，聖人遠矣，而文字間可以概想，則古書之傳，不爲浪設。予扺少城，作《石經考異》之餘，因得此古文全編於學宫，乃延士張貞，仿吕氏所鏤本，書丹刻諸石，是不徒文字，足以貽世，若二典曰：“若奥真之，類學者可不知歟？”鳴呼，信而好古，學於古訓，乃有獲，蓋前牒所令方

① [南宋]晁公武：《昭德先生郡齋讀書志》序，光緒十一年(1885)王先謙刻本，卷首第 4 頁。
② 盧芳玉：《存世最佳的〈廣政石經〉拓本》，人民日報海外版 2009 年 9 月 2 日。

將配《孝經》《周易》經文之古者，附於石經之列。以故弗克，第述一二，以示後之好奇字者識，又安知世無揚子雲。時乾道庚寅仲夏望日。①

從上文可看出，晁公武相信所刻《古文尚書》即"上古之書也"。刻石的目的是希望這部書"附於石經之列"。《郡齋讀書志》没有收録真古二十九篇本《古文尚書》，或許他對其不甚了解，所以把"隸古定"本當作真古本《古文尚書》。《郡齋讀書志》卷一收録隸古定《古文尚書》，作了更为详细的記載：

《古文尚書》十三卷，右漢孔安國，以隸古定五十九篇之書，蓋以隸寫籀，故謂之隸古。其書自漢迄唐行於學官，明皇不喜古文，改從今文，由是古文遂絶。陸德明獨存，其一二於《釋文》而已。皇朝吕大防得本於宋次道、王仲至家，以校陸氏《釋文》，雖小有異同，而大體相類。觀其作字奇古，非字書傅會穿鑿者，所能到學者考之，可以知制字之本也。②

上述説明，晁公武認爲隸古定《古文尚書》是孔安國傳本。《尚书》版本，歷代争論古而有之，在宋以前的五部石經中多有反映。東漢熹平石經以《今文尚書》刻立洛陽太學，至漢末視《古文尚書》二十九篇为正統，曹魏正始年間(240—248)用三種文字書寫立於洛陽太學。至東晉，豫章内史梅頤獻《古文尚書》五十八篇，其中包括西漢伏生傳《今文尚書》二十八篇(擴爲三十三篇)，晉人編纂二十五篇，前加冠名孔安國序。使用文字隸書，包括前人無聞的奇異文字。意思是使用隸書把《古文尚書》的古籀字體寫定，稱隸古定本。③經學家對這個版本最爲貶視，一般注之爲僞書，段玉裁《古文尚書撰異》稱其爲"僞中之僞"。

唐天寶年間(742—755)命衛包改字，將隸古定本《尚書》用楷書鈔寫，並刻立於開成石經中。至宋該書開始以楷書本流行。蜀石經承襲唐石經，使用的也是這個版本。現存世的唐開成石經《尚書》内容説明，唐代中期廢掉的是隸古定本的書法文字，用楷書鈔寫，内容基本不變，本質上是對隸古定本《今文尚書》和僞纂部分内容的傳承。

唐以後對《古文尚書》開展質疑，隸古定本的僞纂成爲共識，从此稀於流傳。僅其書法在文字學家的研究中得到關注。五代時，郭忠恕將隸古定本《古文尚

① [南宋]范成大:《石經始末紀》，第23頁。
② [南宋]晁公武:《昭德先生郡齋讀書志》卷一，第21頁。
③ 劉起釪:《尚書源流及版本考》，遼寧大學出版社1997年版，第129頁。

書》刻版，並將書法收録於《汗簡》。《汗簡》對字形作了改變，將隸古定字仿"三體石經"蝌蚪文寫成。北宋年間再次发現鈔本，藏書家宋敏求、王欽若遞傳。元豐四年（1081）宰相吕大防將其刻印出版，晁公武得到吕本後，刻石立於蜀石經《孟子》之後。①

《宋史・藝文志》記載：晁公武著《尚書詁訓傳》四十六卷，張㚸著《石經注文考異》四十卷。《尚書詁訓傳》不見傳本，無法確認是否隸古定本《古文尚書》。南宋末年薛季宣將隸古定本易名爲《書古文訓》刻印。②但由於隸古定本《尚書》被定爲僞書，《書古文訓》異體字難於辨認，版本流傳不廣。《書古文訓》和晁公武隸古定本《尚書》爲同一版本流傳系統。

三　隸古定本《尚書》經碑復原

據蜀中已故學者王家祐先生記載；蜀石經毁亡後，成都府學片石不存，清乾隆四十年（1775）福安康修築成都城得數十片，爲什邡縣令任思任保存，運歸老家貴州習水，後不知所在。1941 年四川成都南城門外出土蜀石經殘石十餘塊，包括《尚書・説命》《君逸》殘石等，後存四川省博物館。隸古定本《古文尚書》殘石一块，民國間由四川文史學者陳達高收藏，③後亦藏於四川省博物館。

隸古定本《古文尚書》殘石十分珍貴，是晁公武續刻蜀石經的唯一遺存，白河書齋收集《古文尚書》、蜀石經《尚書》二石兩面的拓片四張，作爲復原依據。

其一，《尚書・説命》，高 19 釐米、寬 20 釐米。6 行存經文大字 27，注文小字 8：

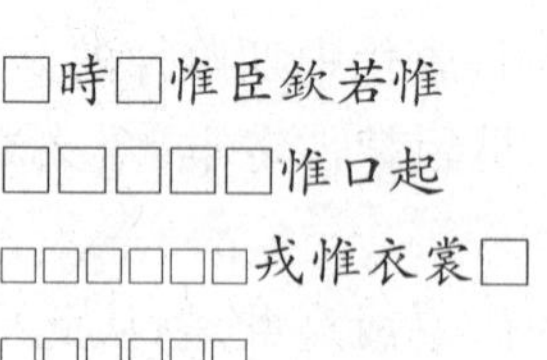
□時□惟臣欽若惟
□□□□□惟口起
□□□□□□戎惟衣裳□
□□□□□□

【圖一】《尚書・説命》殘石

① [南宋]曾宏父：《石刻鋪叙》，收入《歷代石經資料輯刊》，北京圖書館出版社 2005 年版，第 320 頁。
② [清]李遇孫：《尚書隸古定釋文》，清光緒貴池劉氏聚學軒印本。
③ 王家佑、李復華：《孟蜀石經》，《四川文物》1992 年第 6 期。

厥躬□□□□□□□□□王惟
□□□□□□□□□
明乃罔不休□□□慎此四惟
□□明政乃無
在庶官□□□□官不

背面爲《尚書·君奭》篇,六行,經文大字29,注文小字55:

至矣惟□□□其汝克,
□□受言多福
讓後人於丕時其汝
人在禮讓
嗚呼篤棐時二人我式
休言我後輔是文武之道而行
我用能至於今日其政美也
功于不怠丕冒海隅
今我周家皆成文王功於不
覆冒海隅日所出之地無不
不率

【圖二】《尚書·君奭》殘石

其二,隸古定本《尚書·禹貢》殘石拓片,高19.5、寬24釐米,6行,殘存32字。内含"隸古定"文字12個:

書八　上
州嵎夷既略濰淄
海濱廣斥厥田惟
厥貢鹽絺海物惟
松怪石萊夷
□達于濟海
□□蒙羽

【圖三】隸古定本《尚書·禹貢殘石》

背面《多士》6行,殘存35字。
有"隸古定"文字16個:

□□不畀允罔
□□惟帝不畀
□明畏我聞曰
適逸則惟帝降格
庸帝大淫泆有辭
厥惟廢元命降致罰

【圖四】隸古定本《尚書·多士》殘石

兩張拓片中隸古定本《尚書》文字與《尚書》殘石文字書法區别很大。《尚書·説命》《君奭》篇殘石楷書，虞世南體書風明顯，濃含古意。而隸古定本《尚書》殘石楷書系出顔真卿體，結字比唐代書法更加秀麗。共有二十八個隸古定文字。

經與羅振玉敦煌遺書《古寫隸古定真本〈尚書〉殘卷》對比，可發現此間也有很大的不同。敦煌殘卷大多書寫潦草，且多有注文，隸古定文字所佔比例不大，爲便於認識解讀，陆德明称这类隸古定真本为“宋、齐旧本”。晁刻本均爲經文，刻字工整、精確。隸古定文字數量較大，幾佔總字數之半。

隸古定本《尚書》殘石正反面拓片文字，爲經碑復原提供了坐標依據，試述復原方法如下：

第一步，《禹貢·多士》殘石存留文字 12 行，經坐標排列復原，每行共 13 字組成。

第二步，確定殘石在經碑上的坐標位置。《尚書·禹貢》“青州”行右側刻“書八上”三字，應爲經石排序之數字，意爲：“《尚書》第八石上列。”説明《禹貢》殘石位於經碑正面第八石第一列位置；反面《多士》殘字則位於經碑倒數第八石第一列位置。

第三步，確定經文数字。薛季宣《書古文訓》，全文 24 640 字(不包括孔安國序言)，与廣政石經《尚書》經文 26 286 字接近，可以作爲經碑復原文字依據。

第四步，根據已知前碑八石，每行 13 字條件，先從經碑背面後半部復原，确定行、列數。《尚書·多士》“厥惟廢元命降致罰”句首字至《秦誓》文尾“晉襄公師敗諸崤，還歸作秦誓”句末字，共约 7 600 字，計 585 行(不包括標題 17 行)。按分割法演算，應爲每石 5 列，每列 15 行，每行 13 字。共刻文 7 800 字，復原後除去空格，与原文基本吻合。

【圖五】隸古定本《尚書》正面第八石上列復原圖

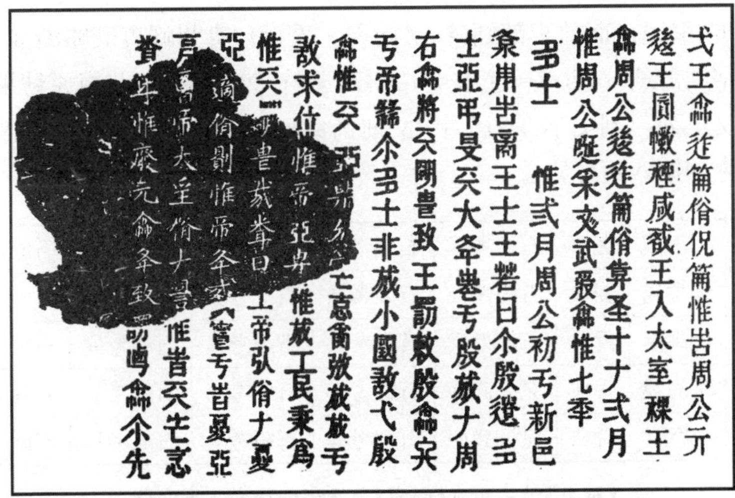

【圖六】隸古定本《尚書》背面倒數第八石上列復原圖

秦誓	秦誓	吕刑	君雅	顧命	周官	君奭	多士
秦誓	秦誓	吕刑	畢命	顧命	立政	君奭	多士
秦誓	費誓	吕刑	畢命	君陳	立政	多方	無逸
秦誓	文侯之命	吕刑	康王之誥	君陳	立政	多方	無逸
秦誓	吕刑	冏命	康王之誥	周官	立政	多方	蔡仲之命

【圖七】隸古定本《尚書》下卷後半部經碑復原圖

第五步,復原正面後半部經碑。經碑正面《尚書・禹貢》"青州嵎夷既略濰淄"行,距《多士》殘字首碼行,中間共計 13 620 字(不包括 36 行標題),共計 1 048 行。按第三部復原結果計算,正面後部經碑为七石。復原後刻文 13 650 字,除去段尾空格誤差,與原文數字基本一致。《禹貢》殘石位於經碑正面正數第八石,倒数第七石位置。

泰誓	説命	盤庚	太甲	湯誥	甘誓	禹貢
泰誓	高宗肜日	盤庚	咸有一德	伊訓	五子之歌	禹貢
牧誓	西伯	盤庚	盤庚	太甲	胤征	禹貢
武成	微子	説命	盤庚	太甲	湯誓	禹貢
武成	泰誓	説命	盤庚	太甲	仲虺之誥	禹貢

【圖八】隸古定本《尚書》上卷後半部經碑復原圖

第六步,復原正面前半部經碑。《尚書・禹貢》"青州嵎夷既略濰淄"行,距晁公武序首字共計約 3 420 字(正文 3 126 字,晁序 294 字),按前復原結果計算,經碑爲三石又二列。刻文字 3 315 字,文前尚餘四石又三列石面。《尚書・禹貢》殘石位於經碑第八石位置 。

禹貢	大禹謨	尧典	石經考異	石經考異	石經考異	石經考異	石經考異
禹貢	大禹謨	尧典	石經考異	石經考異	石經考異	石經考異	石經考異
禹貢	大禹謨	舜典	石經考異	石經考異	石經考異	石經考異	石經考異
禹貢	臯陶謨	舜典	晁公武序	石經考異	石經考異	石經考異	石經考異
禹貢	益稷	舜典	晁公武序	石經考異	石經考異	石經考異	石經考異

【圖九】隸古定本《尚書》上卷經碑後半部復原圖

多士	召誥	召誥	酒誥	康誥	大誥	洪範
多士	召誥	召誥	酒誥	康誥	大誥	洪範
無逸	洛誥	梓材	康誥	康誥	金滕	洪範
無逸	洛誥	酒誥	康誥	微子之命	金滕	洪範
蔡仲之命	洛誥	酒誥	康誥	大誥	旅獒	洪範

【圖九】隸古定本《尚書》下卷經碑後半部復原圖

整體復原後，殘石位於正面第八石，背面第七石位置。經碑正、反面与原书分卷一致。清嘉庆刻本薛季宣《書古文訓》二卷，上卷《尧典》至《武成》合經碑正面；下卷《洪範》至《秦誓》合經碑背面。《郡齋讀書志》記載，吕大防本隸古定本《古文尚書》十三卷，説明薛季宣翻刻的不是吕大防刻本，而是晁公武隸古定本《古文尚書》石經本二卷。此对研究薛季宣《書古文訓》版本源流具有重要意义，同時核實了晁公武隸古定本《古文尚書》經碑由二十一石組合，每石上下 5 列、每列 15 行、每行 13 字的復原，反映了原刻的真實情況。

四　《石經考異》經碑數量辨正

從上述復原可看出，殘石坐標表明，隸古定本《尚書》經碑由十四碑組成，每石双面刻字，可刻文字 27 300 字，但該書只有 24 640 字，尚余經碑正面四石有餘。很有可能所刻的是他的另一部著作《石經考異》。因此，歷史上關於《石經考異》的經碑數量之説值得商榷。

《石經考異》没有拓本、殘石存世，只能通過其他文獻的零星記録進行研究。從南宋末年開始，洪邁《容齋隨筆》、曾宏父《石刻鋪叙》及《宋史・藝文志》等多種文獻皆有提及。《玉海》云：

> 僞蜀相毋昭裔，取唐太和本刻石於成都學宫，與後唐板本不無少異。乾道中，晁公武參校二本，取經文不同者三百二科，著《石經考異》亦刻於石。張貞又校注文同異，爲《石經注文考異》四十卷。①

范成大②《石經始末紀》收録該書序言，謂：

> 公武異時守三榮，嘗對國子監所模長興板本讀之，其差誤蓋多矣。昔議者謂太和石本，授寫非精，時人弗之許，而世以長興板本爲便，國初遂頒佈天下，收向日民間寫本不用，然有訛舛，無由參校、判知其謬，猶以爲官既刊定，

---

① ［南宋］王應麟：《玉海》卷四三《宋朝石經》，江蘇古籍出版社、上海書店出版社影印明刻本 1987 年版。

② 南宋范成大（1126—1193），吴郡（今江蘇蘇州）人，紹興二十四年（1154）進士，淳熙二年（1175）知成都府兼安撫制置使，與楊萬里、陸遊、尤袤合稱南宋"中興四大詩人"。

難於獨改，由是而觀，石經固脱錯，而監本亦難盡從。公武至少城，①寒暑一再易節，暇日因命學官讎校之。②

文中"守三榮"和前文《郡齋讀書志序》"今三榮僻左少事，日夕躬以朱黄"的記載説明，《郡齋讀書志》和《石經考異》的撰寫，都在紹興二十年(1150)後，公武知四川榮州任上。至乾道三年(1167)，成都府路茶事任，乾道四年(1168)爲四川安撫制置使，具有了"因命學官讎校之石本"的條件。③至經碑刻立，歷經二十年之久，見公武此舉之慎重。但《石經考異》的全部内容，現在已無從得知，從《序》文字只能看出極少一部分内容：

石本《周易·説卦》"乾，健也"，以下有韓康伯注。《略例》有邢𬀩注，《禮記·月令》從唐李林甫改定者，監本皆不取外。《周易》經文不同者五科，《尚書》十科，《毛詩》四十七科，《周禮》四十二科，《儀禮》三十一科，《禮記》三十二科，《春秋左氏傳》四十六科，《公羊傳》二十一科，《穀梁傳》一十三科，《孝經》四科，《論語》八科，《爾雅》五科，《孟子》二十七科，其傳注不同者尤多，不可勝紀，獨計經文猶三百二科。跡其文理，雖石本多誤，然如《尚書·禹貢》篇"夢土作乂"，《毛詩·日月》篇"以至困窮而作是詩也"，《左氏傳》"昭公十七年六物之占在宋衛陳鄭乎"，《論語·述而》篇"舉一隅示之"，《衛靈公》篇"敬其事而後食其禄"之類。未知孰是，先儒有改《尚書》"無頗爲無陂"，改《春秋》"郭公爲郭亡"者，世皆譏之。此不敢决之，以臆姑兩存焉。亦鑴諸樂石附於經後，不誣方，將必有能考而正之者。④

在這裏晁公武僅舉了十三經中的部分問題，顯然不够全面，如總數相加僅二百九十一科，不合三百二科之數。更多的内容則收録在他撰寫的《郡齋讀書志》和《後記》中。主要有三個方面：第一，介紹諸經書丹人，明確記載有十二經爲：孫逢吉、周德貞、張紹文書、張德釗、楊鈞、朋吉書；第二，記載了每經經文的字數和

① 少城：四川成都古地名。

② ［明］曹學佺：《蜀中廣記》明刻本卷九十一，第1頁。

③ 這篇序言是研究蜀石經的主要版本依據，明曹學佺《蜀中廣記》、清杭世駿《石經考異》等均有轉載。

④ ［明］曹學佺：《蜀中廣記》，卷九十一，第2頁。

校對後每版本文字不合的數量。第三，對部分經文錯誤之處作了點評。[1]《石經考異》應該是在這些校勘基礎上，作進一步補充後成書。

《石經考異》經碑數量，歷史上没有异議，《石經始末紀》有明確記載：

> 晁子止作《考異》而爲之序：《考異》之作，大抵以監本參校，互有得失。其間顛倒缺訛，所當辨正。然古今字畫，雖小不同而實通耳，《考異》並序凡二十一碑，具在石經堂中。[2]

范成大，公武之後任，距《石經考異》刻碑僅五年。《石經始末紀》立碑於石經堂，他記載的刻碑數量一般不會受到質疑。但與晁公武同時代的帖學大家曾宏父編纂的《石刻鋪叙·益都石經》對《石經考異》的數量記載了不同內容，云：

> 考異一册，於乾道六年庚寅三月旦，東里晁公武，校石經與監本不同者，作爲此書。《易》五十、《詩》四十七、《周禮》四十二、《儀禮》三十一、《禮記》三十二、《左傳》四十六、《公羊》二十二、《穀梁》二十三、《孝經》四、《論語》八、《爾雅》五、《孟子》二十七。此正經不同者如此，傳注不與。《古文尚書》三册三卷蓋唐天寶未廢古書前傳本。[3]

曾宏父是南宋著名帖學家，《石刻鋪叙》著於淳熙八年（1181），距晁公武刻《古文尚書》《石經考異》也只有十一年時間，碑刻文字尚未損壞。所列《石經考異》十三經的錯誤數量三百二科，與晁公武撰趙希弁修訂的《郡齋讀書志後記》記載吻合，與范成大《石經考異記序》所稱三百二科數量一致。其記載學界歷来認同。其中對蜀石經記載比較詳細，包括每經字數、册數、刻經人等。尤其是數量用"册"計算，説明他校勘的不是原石，而是碑帖。明確《石經考異》一册，《古文尚書》三册。顯然前者經碑應少於後者。但由於曾宏父《石刻鋪叙》記載的蜀石經總數爲 96 册，無法確認《石經考異》一册是否全本。南宋羅濬《寶慶四明志》卷二《學校》記載：

① [南宋]晁公武：《昭德先生郡齋讀書志》卷一。
② [南宋]范成大：《石經始末紀》，第 23 頁。
③ [南宋]曾宏父：《石刻鋪叙》，第 3 册，第 322 頁。

川本石經書籍十四部,計一百一册,右嘉定三年攝守程覃置。①

其後又有相同記載,《文淵閣書目》云:

明永樂内閣存蜀石經全部一百一册,萬曆間尚全。②

近代學者王國維進一步指出:

内閣所藏,有存孝宗乾道二[六——引者注]年所刻《石經考異》,此一册,在經文一百册外,今《考異》一册已亡。③

《文淵閣書目》、羅浚記載和王國維跋文十分重要,排除了《石經考異》一册爲不全殘帖的可能。王國維指出一册在一百册外,説明了内閣藏帖的完整性。與宋著録、明内府檔案載册數相吻合。可見《石經考異》一册的記載不容置疑,在蜀石刻中數量最少真實可靠。因此,范成大"考異並序凡二十一碑"之記不能成立。

復原后的隸古定本《古文尚書》經碑,前餘四石又三列,歷史上没有續刻它经的記載,應爲《石經考異》一卷。但餘石僅能刻文 3 500 字,可見不是《石經考異》之全部。因該文無殘石等資料存世,無法準確復原。爲使研究者了解晁公武續刻之大概,略作推論,是爲抛磚引玉。

本文提出范成大"二十一碑"記載有誤,但并不認爲空穴來風。原文泛指晁公武續刻《石經考異》《古文尚書》全部經碑的數量。這裏對范成大記載要有客觀的認識,范曾知成都府,以文學見長,撰寫的《石經始末紀》爲記事碑文,是對蜀石經刻立的歌頌型文學叙述。二碑套刻,細説累贅,這種不確切粗説産生的歧義與失誤,在古代遊記體作品中並不鮮見。

晁序稱《石經考異》有序言,内容包括《易》《詩》《尚書》《周禮》《儀禮》《禮記》《左傳》《公羊》《穀梁》《孝經》《論語》《爾雅》《孟子》十三經。校正經文分類三百二科。每科應下分數條目,按《古文尚書》三册,本書一册推算,總字數應在萬字左右。

① [南宋]羅浚:《寶慶四明志》,北京圖書館出版社 2005 年版,卷二,第 5 頁。
② [明]楊士奇:《文淵閣書目》,廣文書局 1957 年版,第 5 頁。
③ 王國維:《蜀石經藏拓本跋》,收入氏著《觀堂集林》,中華書局 1959 年版,第 977—979 頁。

晁公武立碑時受石經堂内部環境制約，共立三段經碑，每碑七石，其中《石經考異》一碑，隸古定本《尚書》二碑，前碑剩餘文字續刻在本《尚書》之前。以此計算：《石經考異》包括序言，刻文應在18 000字左右。

五　蜀石經毁亡考證

蜀石經毁亡，不見史書記載，於南宋乾道以後神秘消失，歷代學者探無定論。四川地處偏遠，汉魏石经因遷徙而不存的情况难以出現。張邦伸《錦里新編》提出：

> 孟蜀石經明季毁於寇，片石不存，福安康重修成都省城，得經數十片於土豪中。①

清人張國淦《歷代石經考》云：

> 錢氏以爲，南宋時尚完好，亡於嘉熙、淳祐之後；馮氏《考異》本其云：明季毁於火；又云亡於宋末，亡於元初與文翁石室同毁，究屬何時，今已無從斷定。②

现代蜀中學者王家祐、李復華进一步考证：

> 蜀石經毁亡，一説爲修城利用，今城牆拆除未見，不成立。一説爲抗元時作爲炮石擊侵略者，但僅於城邊發現十餘塊，亦有疑問。十三經正文六十四萬七千五百餘字，注解又當倍於正文。千餘石碑碎作炮石必有近萬散塊，何止十餘石。故其毁亡之故，尚待探索。③

現成都博物館藏殘石七塊，重慶博物館存殘石二塊。其中《毛詩·曹風》殘石，上部留經石編號"五十六"三字（圖十、十一）。《周易·中孚》殘石上部留編號"易五十簇"（圖十二、十三）四字，是確定經碑數量、復原坐標的珍貴資料。存石中，六殘石厚度均7釐米，最大的《毛詩》一石高36釐米、寬24釐米、厚6.5釐米，爲確定蜀石經整體厚度提供了可靠依據（圖十四、十五）。

---

① 張邦伸：《錦里新編》，收入《清代地方人物傳記叢刊》，第9册，第579—702頁。

② 張國淦：《歷代石經考》，收入《歷代石經資料輯刊》第四册，第436頁。

③ 王家佑、李復華：《孟蜀石經》，《四川文物》1992年第6期。

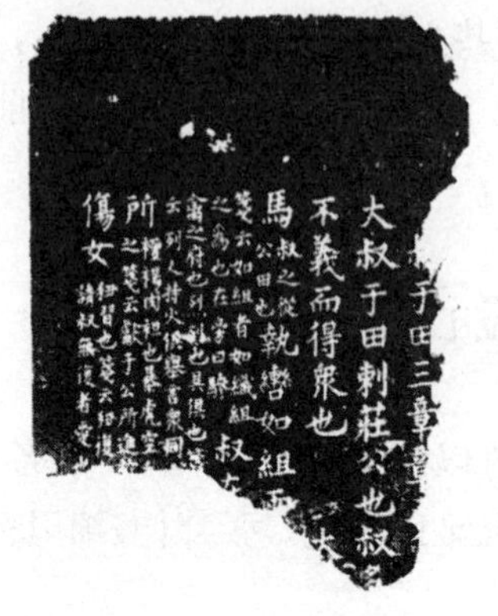

【圖十】《毛詩・郑風》

【圖十一】《毛詩・曹風》

【圖十二】《周易・中孚》殘石

【圖十三】《周易・中孚》殘石

從隸古定本《尚書》經碑復原看出，蜀石經形制與唐、宋石經一致。經碑由多石拼成，每石上、下分列刻文，目的是拓片便於裝訂成册。但從中也看出蜀石經與其他石經形制的明顯區别。蜀石經“石凡千數”，一般以爲是增加注文所致，但這並不是主要原因。熹平石經、正始石經每石高 2 米，寬近 1 米，厚 0.2 米。開成石經僅刻 114 石，上下八列，高2.16 米、寬 0.93 米、厚 0.2 米，宋石經每石高 180、寬 80、厚 20 釐米以上，而晁公武續刻石經高 150 釐米、寬 40 釐米、厚 8 釐米，廣政刻經厚度僅在 6.5 釐米至 7 釐米之間(圖十七)。

【圖十四】《毛詩・魯頌》殘石

這與蜀中特有的地域特徵有關。四川爲紅層岩集中分佈地，石材顆粒鬆散不利於刻碑。花崗岩、石灰岩缺少，因此用作經石的碑材十分珍貴，經碑形薄且兩面刻字，不易做大幅面經碑。蜀經爲節約石材，不得已而爲之。這是經碑薄、數量大的主要原因，也爲石經毁亡帶來了巨大隱患。

自唐代至今，見諸文獻記載蜀地地震達四十七次之多。成都爲地震高發區，自蜀石經立碑至宋末毁亡，地震、水災不斷。後蜀廣政元年至十六年(938—953)成都先後四次地震，廣政十五年(954)成都：

> 大水入城、飄滿五門。深丈餘，溺數千家，死者衆。①
>
> (南宋嘉定九年，1216)二月辛亥，東、西兩川地大震。三月乙卯東、西兩川地震；甲子又震。丁卯又震；壬申又震。辛卯西川地震；壬辰又震；乙未又震。癸亥西川地震。②
>
> 二月辛亥甲子，東西川地大震四日。馬湖夷界山崩八十里，江水不通。③

清雍正《四川通志》記載：

> 後蜀廣政三年(940)五月地震。五年(942)正月、十月地震。後周廣順元年(951)十月地震，摧民居百數。二年(952)地震。三年(953)地震。高宗紹興三年(1133)秋七月四川地震。孝宗隆興元年(1163)五月成都地震。寧宗嘉定九年(1216)二月辛亥，东、西两川地震。三月乙卯又震，甲子又震，丁卯又震，壬申又震。④

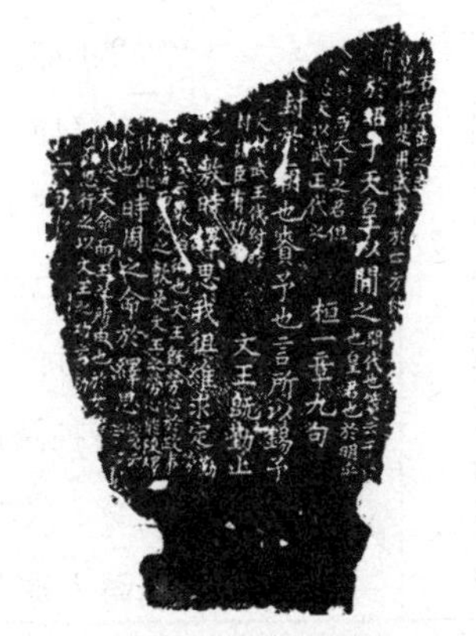
【圖十五】《毛詩·周頌》殘石

漢唐至清，歷代尊孔崇儒，九經至十三經爲經學正統。石经不但受到保護，還多次補刻、續刻及重刻。天災成为石經毁亡的主要原因。明嘉靖三十四年(1555)關中地震，開成石經殘毁一半以上，萬歷年間補刻九十七石，現已無法看到唐刻原貌；明景泰年至清初开封連續發生水患，洪水漫城達四

① [南宋]張唐英撰，王文才校箋：《蜀梼杌校箋》，巴蜀書社 1999 年版，第 375 頁。
② [清]畢沅撰：《續資治通鑒》卷四十四，岳麓書社 2007 年版。
③ [元]脱脱等：《宋史·五行志》卷六十七，中華書局 1986 年版。
④ [清]张晉生等：《四川通志·祥異》，清雍正間刻本，卷三十八。

年之久，宋二體石經沉入淤泥，現僅有殘石存世。①蜀石經所用爲薄型石板，堅固度很低，一旦産生撞擊極易粉爲碎片，这是蜀石經少有大塊出土的根源所在。經碑石薄很難抵禦頻發地震或大型水災的衝擊。因此，南宋嘉定九年前後的連續地震，应是蜀石經毁亡的直接原因。

附:蜀石經殘石列表

序	名稱		高	寬	行	大字	小字	石經編號	存地
1	毛詩	正面周頌	36	24	10	51	144		成都博物館
		反面魯頌			10	59	110		
2	周易·中孚	正面鳴鶴在陰	25	22.5	7	23	59	易五十簇	成都博物館
		反面乘木舟虚			7	32	57		
3	周易	正面	27.3	28.3	18	43	81		成都博物館
		反面否卦			17	48	36		
4	尚書	正面説命中	19	20		25	46		成都博物館
		反面君奭				29	59		
5	尚書	禹貢	26	22		26	104		成都博物館
6	古文尚書	正面禹貢	19.5	24		30		書八上	成都博物館
		反面多士				33			
7	毛詩	鄭風	29	22.5	8	36	61		成都博物館
		曹風			7	39	46	五十六	
8	儀禮	特牲饋食禮	27.5	21.5	6	17	24		重慶博物館
		特牲饋食禮			7	35	47		
9	石經注考異	毛詩·伐木、采薇			7	47			重慶博物館
		毛詩·蓼蕭、湛露			8	55			

（作者爲白河書齋晁氏藏書博物館館長）

① 晁會元:《北宋二體石經新證》,《史林》2015 年第 2 期。

北宋太學二體石經新證

晁會元

在我國歷史上有文字可考的儒家石刻經籍有七種，開封二體石經是學術界各種觀點争議最大的一部。其刻經時間和數量不能確定，成立經過及歷代補刻不甚明晰，經石數量、立碑形制無人深究，散亡經過、殘碑流向説法衆多。尤其是刻經數量問題，是研究其他問題的關鍵，爲歷代學者所關注。

爲了進一步研究上述問題，筆者以二十年之力，收集到與丁晏藏本年代相近的拓本剪裱本 283 頁 16 980 字，其中《尚書》部分比國家圖書館藏丁晏本多 1 680 字；並收集到《易》道光前整張拓本，《周禮》《孝經》《中庸》清末整張拓本，《尚書》《禮記・表記》《王制》出土後初拓本。尤其是在《禮記・中庸》殘石拓本上發現“禮七十八”數字銘一行，爲二體石經數量研究提供了新證。現就發現情況、經石數量、碑圖形制、刻石背景及散亡流向等問題略作考證。

一　“禮七十八”數字銘的發現與意義

2013 年 8 月天津古籍拍賣會出現二體石經殘石《孝經》《禮記・中庸》拓片二件，紙質陳舊，石花自然，均爲殘石整張拓本。購回後與羅振玉《吉石庵叢書三集》著録的《孝經》《中庸》拓本民國影印本對照，文字殘存情況一致，應爲同一時期之物。其中《中庸》拓本高 0.79 米、寬 0.40 米。殘存文字 3 列 50 行（圖一）。羅振玉有跋曰：

> 《禮記・中庸》殘石一紙，乃吴縣蔣君覲宸手拓見贈，石在開封東嶽廟，乃近年新出者。騏驥一毛，虬龍片甲，可寶甚矣。[①]

① 羅振玉：《面城精舍雜文二編》，《羅振玉學術論者集》第九集，上海古籍出版社 2013 年版，第 90 頁。

圖一　《禮記・中庸》拓片

圖二　《禮記・中庸》殘石經文下部表示經碑序數的刻文"禮七十八"

該石現已不存。拓片竪排第3行,楷書"音顧行行"下存横排"禮七十八"4字。"禮"爲簡體别字(圖二),習見于魏唐碑誌。惜羅振玉著録的是剪裱本,裁去此關鍵的4字,無法比對。①這種刻於經石邊沿的數目字,偶見於漢魏石經殘石,用於經石排序。此4字的作用與之相同,即此石爲《禮記》碑牆排序第78石。

筆者收藏《禮記》碑殘石整張拓片3種,除《中庸》外還有《王制》《表記》,是開封博物館藏石初拓本,爲一殘石的正反二面。②爲了確認銘文用途,以《王制》《表記》《中庸》整張拓本文字爲坐標,按《周禮》《儀禮》《禮記》爲序排列,作一復原。可得《周禮》碑25石,《儀禮》碑26石,《禮記》碑48石。《中庸》在《禮記》碑牆排序爲第27石,正處於《三禮》碑牆連接的第78石位置。這一排序説明,《儀禮》應爲北宋國子監太學所刻二體石經的内容(後文詳述)。

《儀禮》是儒學著名經典,東漢洛陽《熹平石經》將六經文字刻立於太學,在三禮中僅選《儀禮》。其後唐開成石經,蜀廣政石經均刻有《儀禮》。③從中可以看到北宋二體石經對歷代刻經内容的傳承。雖《玉海》等文獻没有記載,但殘存的"禮七十八"數字銘文真實可靠,爲二體石經研究提供了新的信息。

清王昶《金石萃編》卷一三五《韓國華神道碑》後云:

> 武甯章友直篆額,友直見二體石經周禮殘碑有其名。④

① 羅振玉:《吉石庵叢書三集》,1915年影印版。
② 安金槐:《記開封新收集的北宋石經》,《文物》1962年第10期。
③ 湯洪:《蜀石經産生原因試探》,《四川師範大學學報(社會科學版)》2006年第4期。
④ [清]王昶:《金石萃編》卷一百三十五,嘉慶十年(1805)刻本,第6頁。

可知周禮已於嘉祐年由章友直篆石。洛陽近代出土北宋《王壽卿墓誌》提道：

紹聖間，詔國子監鏤《字説》頒學者，敕敦遣先生篆其文，力辭而歸。宣和四年(1122)，被旨篆《周禮》石經，乃慉然喜曰：今聖天子在上，恢崇文化，聿新先聖祠宫，鑾輿臨幸，大發揮千載儒者之光。何期得以篆籀，仰承休命，完一代之典，垂法於後世，固所願也。[①]

宣和四年徽宗下旨王壽卿篆石經《周禮》，史書無記。但"子劭泣血書，曹永年刊"[②]的墓誌不會虚構。起碼可以證明，宣和四年石經《周禮》已經損毁。徽宗下旨應該是對國子監太學石經的補刻活動。

王壽卿應詔寫石經《周禮》和"禮七十八"數字銘肯定《儀禮》的存在，史書均無記載，説明二體石經尚有需要研究的内容。

二　刻經年代和經數

由於《宋史》没有記載刻經的時間，《玉海》云：

至和二年(1055)三月五日，判王洙言：國子監刊立石經，至今一十五年。[③]

學者一般認爲此乃是文獻關於刻經時間上限的具體説法。多數學者推論，上溯十五年至慶曆元年(1041)，爲刻經之始。清人葉銘澧提出：

銘澧考汴學刊石奉詔於宋仁宗至和元年。[④]

此説與史書記載相去較遠，合者甚寡。《玉海》記載仁宗講了刻經計劃，未必

① 趙振華：《北宋布衣學者王壽卿及其篆書研究》，《史物論壇》2012年第15期。

② 王壽卿子名王劭，善篆書。王壽卿墓誌爲其所書。

③ [宋]王應麟：《玉海》卷四三，廣陵書社2003年影印本，第516頁。

④ [清]丁晏：《北宋汴學二體石經記》之《葉銘澧跋》，收入《歷代石經研究資料輯刊》第八册，北京圖書館出版社2005年影印本，第515頁。

就是開工時間。分析二體石經的時代背景,其上限應不早於"皇祐初年"。慶曆三年(1043)范仲淹實施新政時創辦太學。《文獻通考》云:

> 四年,判國子監王拱辰等言:首善自京師,漢太學二百四十房,千八百餘室,生徒三萬人。唐學舍亦千二百 ,今國子監才二百楹,不足以容學者,請以錫慶院爲太學,從之。①

其後在田況、王洙、余靖多人要求下,國子監合併"三館",正式在錫慶院創建太學。不久太學移遷。《玉海》記載:

> 慶曆五年(1045)二月乙巳,以馬軍都督虞候公宇改葺爲太學,後(皇祐)胡瑗至乃得錫慶院後堂及二廡。②

可見太學初建,學址不斷變换。此地即元代汴梁路學,明開封府學故址。由於太學教育的需要,仁宗選派幹員書篆石經。胡宿《楊南仲可大理寺丞知國子監書學兼篆石經製》云:

> 敕某,朕以首善在學,至教本經。將遠塞於異端,宜圖刻於方礎,敷求毫法,續正典文。爾咼被薦延,入預刊正,見稱篆籀之學。頗整字書之訛;亦既肆勤,宜有開勸,進丞大理之屬,關知小學之司。勿替爾勞,往虔兹渥。③

胡宿於皇祐元年(1049)任知制誥,可知楊南仲的任命在此期間。吕陶《過合江望安樂觀》詩可以佐證。詩注云:

> 皇祐初有李道士者,來京師求觀記,得翰林李獻臣文、石經楊南仲書、集賢邵不疑篆。予嘗以詩美其事,謂之三絶碑。④

---

① 《古今圖書集成・選舉典・學校部》,中華書局 1934 年影印本,第 655 册,第 53 頁。
② 《古今圖書集成・選舉典・學校部》,第 655 册,第 54 頁。
③ [宋]胡宿:《文恭集》卷十四,中華書局 1985 年標點本,第 163 頁 。
④ 李慧斌:《宋仁宗時期國子監書學楊南仲考述》,《青島農業大學學報》2012 年第 4 期。

上述可知，刻經的時間在慶曆四年（1044）錫慶院創建太學之後，始於皇祐初年朝廷對楊南仲篆石經的任命。

石經數量一直是學術研究的重點，傳統觀點有三説。一是《玉海》記載的八經説：

> 仁宗命國子監取《易》《詩》《書》《周禮》《禮記》《春秋》《孝經》爲篆隸二體，刻石兩楹。至和二年三月五日，判國子監王洙言：國子監刊立石經，至今一十五年。止《孝經》刊畢，《尚書》《論語》見書鎸未就，乞促近限畢工，餘經權罷，從之。①
>
> 至和元年（1054）八月十六日己酉，命皇侄右屯衛大將軍克繼書國子監石經。以上所寫石經《論語》求書石國子監，帝欲旌勸宗室，特從其請。二年九月十五日功畢，上之，賜銀幣。②

記録了《論語》由趙克繼書寫完成，可知國子監石經增至八經。《玉海》又載：

> 嘉祐六年（1061）二月一日，國子監言："草澤章友直篆石經畢，詔補試將作監主簿，友直不願仕，賜以銀絹。"

《玉海》三段記録指明北宋國子監刻二體石經由仁宗提議，至和二年三月五日《易》《詩》《周禮》《禮記》《春秋》《孝經》工畢。③至和二年九月十五日趙克繼書《論語》功畢。到嘉祐六年二月一日章友直篆最後一經功畢，④八經告成。一如清嚴可均（1762—1843）所言：

①② ［宋］王應麟：《玉海》卷四三，廣陵書社 2003 年影印本，第 816 頁。

③ 對"王洙言：至今一十五年，止《孝經》刊畢"，學術界理解不同。多數認爲是到《孝經》"止"七經刊畢。也有不同説法，顧永新《關於嘉祐石經的幾個問題》一文稱：原準備刊刻七經，實際上到至和二年僅完成了《孝經》，截至至和年間，僅僅完成了三經。該文收入《儒家典籍與思想研究》第 5 輯，北京大學出版社 2013 年版，第 103～117 頁。

④ 刻經人問題、有關章友直刻經内容，《玉海》没有提及。若按《玉海》所記未刻《論語》和《尚書》之説，最後一書應是《尚書》。《韓國華神道碑》後語又説明章友直書爲《周禮》。問題有待進一步研究。《中興館閣目》記載："楊南仲書石經七十五卷，《易》《書》《詩》《春秋》《禮記》。"學界一般認爲：楊南仲是嘉祐石經最主要的書寫者，但石經七十五卷非楊一人完成，而出於衆手。見諸文獻的還有邵不疑、張次立、胡恢等人。

> 考察諸家著録，僅得八經，以爲凡七經加《論語》尚未滿九經之數。①

儘管對具體細節上還有不同認識。②

二是宋刻石經九經説。清咸豐年間，丁晏發現二體石經《孟子》拓本，詳説發現經過和石經内容，③以實物證據動摇了八經説。葉銘澧《宋汴學二體石經跋》考證《孟子》拓本曰：

> 此本紙墨精善，其爲宋拓無疑……汴學初刊諸石即有《孟子》在内，《宋史》《玉海》不之及者，其時亡佚已久，王伯厚及修史諸公不復知有此石，蓋其疏也。④

雖然不少學者對其説持有異議，⑤但九經之説，近代學者大部分認同，基本成爲學術界的定論。馬衡曾説：

> 綜合諸説觀之，北宋石經實爲九經。目則爲《易》《詩》《周禮》《禮記》《春秋》《論語》《孝經》《孟子》。⑥

三是宋刻八經元代補刻《孟子》説。元李師聖《汴梁泮宫修復石經記》云：

> 惟汴梁舊有六經、《論語》《孝經》石。本乃近代辟雍之所樹者，陵谷變遷，修而復毁，其殘缺漫剥，不啻十之五六。前政巨僚之賢而有文者，亦不遑恤，將七十餘年於此矣。今參政公額森特莫爾，一見而病之，慨然以完複爲己任。義聲所激，附和者衆，不數月而複還舊觀。奈何《孟子》七篇，猶闕遺焉。公習讀四書而明于大義者也，亟欲增置，適期會拘迫，有司請爲後圖，公默然蓋有待於後舉也……惟四書之著名于世，程子朱子之前，未之有也。則六經成於夫子之手，四書出於夫子之徒。我世祖皇帝，聰明睿智，高出前古，

① ［清］嚴可均：《鐵橋漫稿》卷十二《二體石經周易尚書殘碑》，道光十八年（1838）四緑堂本，第22頁。

② 顧永新《關於嘉祐石經的幾個問題》認爲至和初趙克繼所上石經並非嘉祐石經，只是臨摹蔡邕古文，其言"趙克繼所書古文《論語》與嘉祐石經無涉，不能據此權定嘉祐石經的肇始時間。"（第106頁）

③ ［清］丁晏：《北宋汴學二體石經記》，收入《歷代石經研究資料輯刊》第八册，第510頁。

④ ［清］丁晏：《北宋汴學二體石經跋》，收入《歷代石經研究資料輯刊》第八册，第515頁。

⑤ 如顧永新先生説："我們認爲，《孟子》殘石拓本的存在，作爲實物證據固然是可信的，但是，如果認爲是北宋立石，還略顯證據不足"。《關於嘉祐石經的幾個問題》，第114頁。

⑥ 馬衡：《凡將齋金石叢稿》卷二，中華書局1977年版，第80頁。

雅知崇尚四書,以其聖學精要在是故也。①

已經指明"增置"《孟子》是元世祖和額森特莫爾的功勞,與北宋無涉。桂馥《歷代石經略》下卷,《元汴梁學修復石經》目按曰:

此本修復宋刻,故附於嘉祐石經後。

認爲元代是對宋石經的修復。②顧永新《關於嘉祐石經的幾個問題》有《補刻孟子問題》節,詳細分析了元李師聖《汴梁泮宫修復石經記》中關於補刻《孟子》的問題。認爲:

前石經原本没有《孟子》,補刻當在至元二十四年至二十八年(1287—1291)之後,元貞二年(1296)之前。③

所謂《孟子》升經,北宋並無大典可查。北宋慶曆元年十二月官方修成的《崇文總目》中把《孟子》置於子部儒家類。南宋晁公武《郡齋讀書志》仍舊把《孟子》列於子部。南宋紹興年間,高宗御書石經,刊石《易》《詩》《書》《春秋左傳》《學記》《儒行》《經解》《大學》《中庸》《論語》《孟子》,朝廷首次明確《孟子》爲儒家經書。其後尤袤(1127—1194)《遂初堂書目》把《孟子》列入經部,附於《論語》類。陳振孫(約1183—約1262)《直齋書録解題》把《孟子》與《論語》合爲"語孟類",置於經部"孝經類"之後。④所以顧説十分重要。

需要指出的是,李師聖所稱六經並非實數,實指儒學概念即宋元時期傳統意義上的六經。⑤同類情況還有南宋周密《汴梁雜事》:

---

① [清]李濂:《汴京遺跡志》卷十五,《汴梁泮宫修復石經記》,中華書局1997年點校本,第273—274頁。

② [清]桂馥:《歷代石經略》,《歷代石經研究資料輯刊》第一册,第265頁。

③ 顧永新:《關於嘉祐石經的幾個問題》,第105頁。

④ 杜澤遜:《孟子入經和十三經匯刊》,收入周彦文主编《文獻學研究的回顧與展望》,學生書局2002年版,第35頁。

⑤ 漢以前六經原指《易》《詩》《書》《禮》《樂》《春秋》。到宋代儒學經典增至十二經,但一般仍稱六經。宋真宗趙恒《勵志篇》云:"男兒若遂平生志,六經勤向窗前讀。"《宋史·儒林傳》記載:"王應麟,字伯厚,慶元府人。九歲通六經,淳祐元年舉進士。"《宋史·蘇洵傳》有"閉户益讀書,遂通六經"的記載。在《宋史》本傳中稱"泛通六經"者不下二十人。可見宋元時期所稱六經不能按數字計算。

> 羅壽可丙申再遊汴梁,書所見梗概。古碑數種,如宋初翰苑題名,開封教授題名,九經石板,堆積如山。①

這是原"宋刻九經説"依據之一。試想羅壽可看到刻經石板堆積如山,則不可能查數其經文篇目,而是描述經板堆積現象的文學語言,周密所叙泛指傳統意義上的九經。

上述可見,歷代學者爲研究宋二體石經雖然盡其所能,但是經本數目值得商榷。以往宋二體石經存世有限,新發現資料甚少,因此不易出現像丁晏發現《孟子》拓本一樣的突破。"禮七十八"數字刻文的發現,爲石經研究增加了新的内容。如果確認《儀禮》存在,北宋二體石經應有《易》《書》《詩》《周禮》《儀禮》《禮記》《春秋》《論語》《孝經》九經組成,包括元補刻《孟子》方爲十經。

北宋太學建石經的作用,正史没有記載。筆者分析其主要功能有三:一是朝廷以政權力量樹立儒家經學地位,强化新儒學思想在治國中的統治地位。二是爲全國提供準確的儒典,以供學子取正補缺之用,同時作爲科考的判卷標準。三是有助於篆楷字體的統一和規範,發揮經學文本正字正體的作用。從理論上説,作爲一項重大的國家文化工程,二體石經應該是一部完整的儒學經典,就應該像唐石經一樣包括十二經的全部内容,北宋前期有這樣的能力和條件。但問題是,如果包括了《儀禮》,爲何没有《爾雅》和《春秋》三傳?

後蜀廣政石經初刻時包括《春秋》就没有三傳。二體石經是對廣政石經的傳承。②但最主要的原因是北宋時期特有的文化思想和時代背景。分析太學二體石經與之前後蜀廣政石經内容上最大的區别是二體石經全是白文,蜀石經帶注疏。

在北宋之前,儒家經典先後有"五經""六經""九經""十二經"之數。對其整理和注疏爲當時學者的主要工作,形成以注疏爲特點的學術思想從西漢一直延續到隋唐。由於科舉考試以經訓爲標準,造成學子以注疏的解釋爲圭臬,不敢越雷池一步。宋代是在結束中國百年分裂混亂的基礎上立國的,統一的中央政權,需要改變唐末五代的頹風。而以注釋爲首要任務的學術研究狀況很難適應當時社會發展的要求。③在這種背景下,不拘泥於漢唐注疏,懷疑古

---

① [宋]周密:《汴梁雜事》,載《癸辛雜識續集》,中華書局 1997 年點校本,第 217 頁。

② 《蜀石經》選録《春秋》古文。宋嘉祐年間田況補刻《左傳》卷十八至三十和《公羊傳》《穀梁傳》。二體石經收録《春秋》文字與《左傳》不同,也不包括《公羊傳》《穀梁傳》。

③ 郭繼民:《略論兩宋學術思想的特點》,《黄山學院學報》2006 年第 4 期。

人論斷，以探索義理爲主要任務的“理學”思想得到了統治者認同。①在宋初幾代皇帝的支持下，這一時期學者多以探索儒家經典中的義理爲主旨，而不盲從前人注疏。北宋形成的疑經思潮甚至成爲改革派與保守派思想家的共識，文化思想空前解放。②慶曆四年國子監太學建成後，范仲淹舉薦胡瑗“管勾”太學，盡棄注疏，直接探求經義的新儒學派成爲太學正統。③皇祐至嘉祐六年是北宋國子監書立石經的主要階段。新儒學派的思想應是石經選本的主要依據。汴京太學石經崇尚文本，不依舊制，删除注疏，其目的在於重塑儒學文化的主體地位，這也是二體石經包括《儀禮》而没有《春秋》三傳的主要原因。《爾雅》被認爲是中國訓詁的開山之作，在訓詁學、音韻學、詞源學方面有重要影響，是諸經注疏的工具書。上述説明，二體石經選録《儀禮》排斥《爾雅》、《春秋》三傳應在必然之中。

三　經石散佚

經石毁棄和殘石去向問題，清以來衆説紛紜。有金人略去石經北移説、④沉於黄河淤泥之下説等。⑤還有王安石“熙豐廢石不用”説。⑥民國以來此説幾乎每文必引，使用最多。多數學者認爲：

---

① 北宋胡瑗、孫複、石介不重注疏，最早宣導恢復儒學新意。後有“北宋五子”周敦頤、邵雍、張載、程顥、程頤建立了理學理論體系(漢儒治經側重名物訓詁，宋儒則多以闡釋義理，故名理學)。

② 程頤曰：“王弼注《易》，元不見道，但卻以老、莊之意解説而已。”歐陽修在《易童子問》卷三中指出，《易傳》不是孔子所作，而是後世學者“雜取以資其講説”。蘇軾在《莊子祠堂記》中對《莊子》一書的三十三篇進行了新的解釋，提出上述並非莊子一人所作。王安石對古典重新解釋，編著了《周禮》《詩經》《尚書》三經新義。指出：“孔子作《春秋》，實垂世立教之大典，漢求遺書，而一時儒者附會以邀厚賞。自今觀之，一如斷爛朝報，決非仲尼之筆也。”除《周易》《尚書》《莊子》《春秋》等外，當時被懷疑在流傳過程中有增加、修改甚至僞造的書籍，不僅有先秦的儒家經典和諸子百家，甚至有西漢、魏晉、隋唐的作品。

③ 劉方：《從唐宋文化轉型視野中透視胡瑗思想的價值》，《湖州師範學院報》2006年第4期。

④ 孫承澤稱：“九經石刻舊在汴梁學宫，金人移置於燕，今不復存。”孫承澤：《春明夢餘録》卷六，北京古籍出版社1992年點校本，第24頁。

⑤ 朱彝尊《經義考》云：“宋太學石經在開封，陳永之猷及見之，惜未有好事者摹拓，今則沉于黄河淤泥之下矣。”朱彝尊：《經義考》，卷二八九，中華書局1998年點校本，第360頁。

⑥ 如南宋葉適有云：“石經《春秋》，一代奇寶。王氏爲熙豐學廢不用，里安沈彬老蠟而有之。後世孫體仁，閣以庋焉。余爲名曰《深明閣》詩：‘喟昔洛門初上石，未久翻遭禁書厄。沈公秘藏百載餘，高閣突兀共堆積。萬物散聚常横陳，汀花岩草從紛紜。海雲化雨龍正起，想像向來悲獲麟。’”葉適：《水心文集》卷六，中華書局1961年影印本，第50頁。

北宋石經刊刻後不久，王安石荆公新學成爲官學。所有北宋石經和石經《春秋》一概被廢置不用。南宋時，二體石經已變成一堆殘石斷碑了。①

這種説法涉及石經毁亡的本源，備受重視，也是清以來的主流觀點。

歷史上對二體石經散亡的研究，因原石有限，存世的早期拓本成爲主要依據。最早拓本可追溯至南宋葉適《水心文集》所稱北宋中後期"里安沈彬老蠟而有之"的石經《春秋》，然其後近千年間傳播甚稀。和其他石經不同的是，歷史上賢士大夫對其的題詠之詞亦罕，直至清乾隆年間才有著作録其事。吴玉搢(1699—1773)《金石存》云：

嘗見四大册於吴門薄自昆家，乃《尚書》《周禮》《禮記》《孟子》文。②

吴氏自己則藏有二體石經拓本《周易》《尚書》《周禮》共五碑。咸豐年間丁晏：

偶過書肆，見墨搨石經殘破一束，篆書一行，正書一行。於是亟購以歸，黏綴爲四大册，紙墨極舊，元以前人拓本。

此四大册中有《易》28紙、《書》42紙、《詩》20紙、《春秋》24紙、《禮記》212紙、《周禮》28紙、《孟子》37紙，共計391張，每張8行，③每行10字，約存30 300字。彭元瑞藏有《檀弓》12版354行和《周禮》部分殘石。羅振玉藏有《周禮》《檀弓》《中庸》《孝經》殘本。其中所藏《檀弓》存60行，羅認爲即《攟古録》所著録。《中庸》存50行，《孝經》存41行，與《周禮》殘石共計480餘行。後羅振玉又得《禮記·檀弓》一石，凡6列，每列33行，都計得198行，去漫漶不可辨者60余行，尚得130餘行。④除此而外，馮登府《石經補考》亦載《周禮》殘碑9頁，乃從苕溪孫茂才衍慶得之，共269行，⑤與羅振玉所藏《周禮》殘碑同。民國年間江西省政府代主席劉體乾於北京得二體石經4厚册，共約24 000字，其中《周易》1册

① 楊恒平：《北宋二體石經考述》，《中國典籍與文化》2008年第1期。

② 丁壽昌：《北宋二體石經易書詩禮記周禮宋拓跋》，羅振玉：《北宋二體石經易書詩禮記周禮宋拓殘本》，1923年版影印本。

③ 羅振玉：《北宋二體石經易書詩禮記周禮宋拓跋》，羅振玉：《北宋二體石經易書詩禮記周禮宋拓殘本》。

④ [清]馮登府：《石經補考》卷十，收入《歷代石經研究資料輯刊》第二册，第511頁。

⑤ [清]丁晏：《北宋汴學篆隸二體石經記》，收入《歷代石經研究資料輯刊》第八册，第502頁。

48 頁,《尚書》1 册 56 頁半,《毛詩》1 册 53 頁半,《春秋》11 頁,《禮記》32 頁。徐森玉考證:“這 4 厚册至少是元代的舊裝,拓本的年代可定在宋末到元之間。”現藏上海圖書館。[①]國家圖書館另藏有署“明前期”拓本《毛詩》殘石裱本 1 册(與上圖藏本基本一致),《尚書》殘石裱本 2 册(與丁晏藏本内容基本一致),《周禮》裱本 2 册(與羅振玉藏本内容相同),國家圖書館藏清嘉慶、道光整張拓本《周禮》2 張,《禮記》1 張,爲鐵琴銅劍樓舊藏。[②]

筆者收集、收藏二體石經拓本多種,其中《周易》整張清道光拓片 2 張,《周禮》整張清末拓本 2 張,均爲武慕姚舊藏,[③]與《中州金石記》、羅振玉記載、現藏開封藏原石一致;收藏《禮記・表記》殘石整張拓本一張,武慕姚舊藏,爲該殘石出土後初拓本;《禮記・中庸》殘石整張拓本一件,《孝經》整張拓本一件,均爲民國早期拓本,與羅振玉藏本和《攈古録》所著録《中庸》存 50 行、《孝經》存 41 行相吻合;尤其是收集到的一厚册《尚書》《禮記》裁裱本,《尚書》末頁有跋文四行曰:

> 綱鑑載:東漢靈帝熹平乙卯四年(175)三月,詔諸儒正五經文字,命議郎蔡邕爲古文篆隸三體,書之刻石立於太學門外。注曰:鐫五經於石碑名曰石經,使後學取正。(圖三)

圖三 《尚書》碑帖,題跋(東漢蔡邕書石經帖原本)

① 徐森玉:《蜀石經和北宋二體石經》,《文物》1962 年第 1 期。

② 徐自强:《北京圖書館藏石刻叙録》,書目文獻出版社 1988 年標點版,第 51—52 頁。

③ 拓片鈐:“武福鼐”“拙叟”“萬卷藏書有舊樓”“福鼐”“適齋金石”印。武慕姚(1900—1982),名福鼐,自號拙叟。河北永年人,久居河南省開封市,早年受教於梁啓超、陳寅恪、范文瀾、黄侃、邵瑞彭等。生前曾任河南省博物館文物顧問,精於書法、金石,著有《適齋題跋》《河南省金石目》等。

該本共201頁，每頁6行，行10字，共12 060字。《禮記》存107頁6 420字，其中《月令》22頁，《内則》16頁，《王制》34頁，《喪服小記》33頁，《檀弓》1頁；《尚書》94頁，共5 640字，其中《舜典》6頁，《洪範》33頁，《旅獒》10頁，《大誥》17頁，《泰誓》8頁，《牧誓》6頁，《金縢》14頁。所存文字部分殘存情況與丁晏《北宋汴學二體石經記》跋文考證的内容不相上下。以《尚書》爲例，與丁晏"宋拓"本比較，丁本《尚書》330行，該本564行。丁晏撰文介紹：《舜典》末尾到"遏密八音"止，該本末尾"遏密八音"下多"月正元"三字(圖四)。原裝老裱時間不晚於明，應該比丁晏介紹咸豐年間新裝要早；文字内容年代甚至勝於徐森玉考本。儘管如此，拓本年代尚没有比照葉銘澧和徐森玉考證定爲宋或元代。主要原因是國圖、上圖及筆者集本内容基本相同，拓本的原石大多數至今存在。二體石經散亡的流向説明這些原石基本是明永樂以後搶救保護下來的殘石，不具備洪武以前太學石經整體或大部分存在的特徵。

圖四 《尚書・堯典》帖

歷史上宋、金、元三朝都以崇儒尊經爲正統，並均有過刻石經或修補石經的舉措。①太平環境下，石經不易廢毁。周密《汴梁雜事》記載"羅壽可丙申再遊汴梁"看到"刻經石板堆積如山"。丙申爲元成宗元貞二年(1296)，可以證明元世祖之世石經尚存。戰亂是石經的最大威脇，北宋靖康之役，金元汴梁之戰，亡國之師不會有保護石經的精力與條件，元末明初多年征戰很可能給石經帶來厄運。

---

① 《欽定日下舊聞考》卷一百五十五載："碑在舊南城白紙坊，乃金國子學殿堂，皆毁，惟除石碑二通，上刻《春秋經傳》和《禮記》，可知金人亦有刻經之舉(《圖經志書》)。"[清]丁敏中等編：《欽定日下舊聞考》，收《文淵閣四庫全書》第499册，臺灣商務印書館1983年版，第388頁。

清人杭世駿曾云：

石版之亡在元末。①

此説全祖望附之：

金元時期重經修復，殆亡於元末之亂。②

石經散亡第二浩劫是明代水患。李濂《汴京遺跡志》記載：

開封府儒學舊在府治東南隅，元以宋國子監故址建爲汴梁路學，明洪武三年(1370)改爲開封府儒學，三十三年(建文帝二年，1400)夏，圮於水。永樂五年(1407)，徙于麗景門西北，即今所也。而太學諸碑刻曾移於其中。③

明景泰年間，開封府武陽縣學訓導陳欣記載：

既及郡庠事，見諸碑刻，多宋時太學石經，皆磨滅破碎，罕有完者……周視齋蕪，見石礎俱斷碑，隱然文字在上。

陳欣比李濂大三十餘歲，記載較爲可信，説明明代移入開封府儒學的北宋二體石經已經殘毁，部分石經甚至就地取材用爲府學建材了。明正德十五年(1520)，河南按察使陳鳳梧就搶救石經一事立碑。石佚，全祖望録文有云：

陵谷變遷，學淪於水。殘編斷章，所餘無幾。皇明右文，視如石鼓。遷至郡庠，爰置兩廡。④

可知此時的石經所餘無幾，作爲石鼓文一樣的文物被保護起来了。殘石也難免再次遭受厄運，開封城地勢低窪，屢遭黄河水淹，其後明崇禎十五年(1642)

① [清]杭世駿:《石經考異》，收入《歷代石經研究資料輯刊》第二册，第 492 頁。

②④ [清]全祖望:《鮚埼亭集外編》卷四十七，《全祖望集彙校集注》，上海古籍出版社 2000 年點校本，第 1759 頁。

③ [明]李濂:《汴京遺跡志》卷十五，中華書局 1999 年影印本，第 273 頁。

和清道光二十一年(1841)兩次特大水患,使汴梁遺跡泐毁殆盡。據文物部門勘探,經過多次水患,宋汴梁故城已在今開封城區7米以下。清李光壂《守汴日誌》記載:崇禎十五年九月十四日,李自成掘開黄河大堤:

> 河伯震怒,水聲遠聞,滿城俱成河漢。只存鐘、鼓兩樓及周府紫金城屋脊、相國寺頂、延慶觀、土街等高阜處。①

開封城泡在水中。三年後的清順治二年(1645),河南巡撫甯承勳:

> 由大河泛舟,直抵城下,城垣半在沙淤水浸之中。②

順治九年(1652),府學遷址於城東北隅。至此,殘存於明代的二體石經完全覆蓋於淤泥之下。其後所見,均爲改爲建材的殘石。《中州金石考》云:

> 《二體石經易書殘碑》在開封府學。石長五尺四寸,寬二尺六寸,凡六排,各三十六行。……《易》二碑《升》《困》《井》《革》《鼎》《節》《中孚》《小過》《既濟》《未濟》上繫至"榮辱之至也"。……《尚書》一碑《洪範》《武成》《旅獒》《金縢》一行,《康王之誥》《酒誥》石泐不可讀。③

圖五 《尚書》殘石拓片

是二碑的最早記載,應是明代府學遺物。至於何時發現並進入開封府學,不可考。二碑何時再佚,亦無考。20世紀50年代,開封第二中學在清代文廟舊址擴建校區,於1954年和1956年先後出土了《易經》二石、《尚書》一石。遺憾的是《易經》二殘石均斷爲兩截。只有一面留有文字,另一面有鍛鑿的痕跡。《尚書》一石被當作石材鋪于文廟大成殿的御道上,一面爲《康王之誥》《酒誥》篇,另一面已將文字鏟去,刻上了龍形圖案(圖五)。④《中州金石考》又記:

① [清]李光壂:《守汴日誌》,清光緒刊本,第31頁。
② 無名氏:《如夢録》,清咸豐三年(1853)常茂徠刻本,第12頁。
③ [清]黄叔璥:《中州金石考》卷一下,《續修四庫全書》第912册,第542頁。
④ 安金槐:《記開封新收集的北宋石經》,《文物》1962年第10期。

《二體石經周禮殘碑》，石在（陳留）城東如圓寺中，邑令王夔龍①至寺，見門内石上鎸《周禮》，詢之僧人，云從前買自石工者，擬刮去舊篆，書刻新修廟記。因兩面皆字剥蝕太甚，難以刮磨，遂留之。夔龍移以它石，置文廟戟門之北。②

後清孫星衍《寰宇訪碑録》、吴式芬《攟古録》、葉昌熾《語石》均有在陳留文廟見到此碑的記載。民國初年陳留文廟改爲縣教育局，石經尚在其中，③再後佚失。1982 年 10 月，陳留縣原文廟舊址工地施工時，《周禮》殘碑再次面世，現藏開封圖書館。④

《鐵橋金石跋·重修觀音堂記碑》載：

嘉慶七年（1802）張午橋、孫仲璿于開封曹門内觀音堂康熙年所刊《觀音堂記》碑陰，發見嘉祐石經《禮記·檀弓》上篇殘字，知碑爲磨去石經一面而改刻者。因告於官府，移之府學，與《易》《書》並列，今皆已佚。⑤（圖六）

圖六 《檀弓》殘石拓片

① 王夔龍字鳳池，明萬曆二十二年（1594）進士，清初任河南陳留、臨潁縣令，可知《周禮》殘碑在清代初期已被發現。

② ［清］黄叔璥：《中州金石考》卷一，《續修四庫全書》，第 547 頁。

③ 《河南石刻拓片總目》，河南通志館 1933 年印本，第 56 頁。

④ 張子英：《河南開封陳留發現北宋二體石經一件》，《文物》1985 年第 1 期。

⑤ ［清］嚴可均：《鐵橋金石跋》卷四，清光緒聚學軒刻本，第 40 頁。

羅振玉《北宋石經禮記・中庸殘石跋》記載,《禮記・中庸》殘石在開封東嶽廟,此石現已不存,並記:

> (翁方綱)《復初齋集》有《嘉祐石經跋》,稱陳留佛寺碑陰有石經《檀弓》一石,縣丞陽湖孫星衍移置開封學宫,凡六層,已極泐,又云見《洪範》一石。①

《語石》記載:

> 僅開封金石保存所有《孝經》一石,爲新出土者。而陳留《周禮》諸碑至今尚存。羅師集合拓本,景印入吉石盦叢書。②

1954年8月,開封市文教局在對北城門一帶工程進行文物調查時,在北城門外浮石中發現《禮記》殘石1塊,一面是《王制》,另一面是《表記》(圖七)。③

上述七石和歷代藏帖内容主體部分基本吻合。以原石爲基礎,依靠存世整張拓片和拓片剪裱本,復原爲《禮記》整石1塊、殘石8塊;《春秋》殘石半塊;《詩經》殘石半塊;《孟子》殘石1面有餘;《尚書》整石1塊,《堯典》《舜典》半石;《周禮》一石;《周易》二石;共計5塊整石,12塊殘石。歷代存世所有碑帖僅此而已。

從中可以看出二體石經散亡的流向,明代初年府學在北宋太學故址,石經應有一定規模,後經多次水淹遷徙,少數殘石歷經清代、民國和當代,期間多次佚失與發現。以5種相對完好的原石比較現存早期拓片,僅《周禮》石比較完整,《周易》《尚書》僅存一面,《禮記・表記》已不足原石五分之一。從内容看,這5塊比較完整的經石均有明末之前拓本,是國圖、上圖、筆者三家剪裱本的主體。三家剪裱本主體部分内容雷同,並非巧合,而是共同出自明以來所僅見的殘存經石。倘若這是宋元拓本的話,當時不可能在堆積如山的經石中只選用這幾塊施拓並傳至今日。换言之,拓本不是出自元代大堆經石,更不可能拓自宋代碑牆,前人將這幾件研究二體石經的珍貴拓本定爲宋元之物,斷代依據可信度不高,值得重新討論。

---

① 羅振玉:《面城精舍雜文乙編》,第90頁。

② [清]葉昌熾:《語石》卷三,今日中國出版社1995年點校本,第150則。

③ 安金槐:《記開封新收集的北宋石經》,《文物》1962年第10期。

四　經碑復原

二體石經的數量、形制，文獻没有記載。下文以已知原石和整張拓片爲坐標，結合剪裱拓片内容，嘗試復原碑圖。

（一）《尚書》

從拓本殘存文字校對，石經《尚書》没有注疏。據宋代鄭畊老[①]統計原文25 800字，篆楷雙行應在51 600字左右。在清以來發現的存世拓本中，國家圖書館藏丁晏本《尚書》存336行，約3 148字；另一本署“明拓本”，約3 000字。[②]上海圖書館收藏的徐森玉考證本約3 390字。筆者收集《尚書》4 571字。上述三本爲同一原石，對瞭解該殘碑原始面貌十分重要。

開封博物館存《尚書》經石1塊，高1.5米、寬0.86米。殘存文字5列。第一列爲《康誥》，存34行245字；下四列爲《酒誥》，存20行121字。該石出土後背面已經鑿毁，没有文字，致使學術界對於石經《尚書》是單面還是雙面刻字無法作出判斷。[③]據《中州金石考》“《二體石經易書殘碑》”條記載：“《尚書》一碑《洪範》《武成》《旅獒》《金縢》一行。《康王之誥》《酒誥》石泐不可讀。”[④]可知另一面刻的是《洪範》《武成》《旅獒》《金縢》。將剪裱本和原石對照，該石文字6列，各34行，每行10字。恢復後石面《康誥》《酒誥》文字2 040字。但另一面文字推算與史書記載不合。原因是按《尚書》目録，《武成》在《洪範》之前。《武成》末行至《金縢》首行計算約9 000字，放不進一石面内。後按《洪範》《武成》順序顛倒計，正合2 040字，在確定一石兩面經文的基礎上，根據殘字在全文中的坐標進行推算：背面《康誥》末字距正面《洪範》末字間隔4 100字。相當於《尚書》殘石恢復後雙面刻一石的距離。這説明該石後一石就是《尚書》碑牆末尾。《尚書》篆楷雙行共51 600字，應由12塊石板組成。碑牆約高2米、寬10.32米。全文製作紙型比對後發現，原石位於碑牆正數第十一石。正面自上而下排列的是：《洪範》《武成》《旅獒》《金縢》。背面是《康誥》《酒誥》，與《中州金石考》記載完全吻合（表一）。第十石正面存《洪範》6列，背面已無文字。第十二石正面存《金縢》《大誥》，背面也無文字（表二）。《堯典》復原後爲碑牆第一石第一列（圖

① ［清］錢泰吉：《曝書雜記》卷上，《錢泰吉·十三經字數》，中華書局1985年點校本，第2頁。

② 顧永新：《關於嘉祐石經的幾個問題》，第105頁。

③ 安金槐：《記開封新收集的北宋石經》，《文物》1962年第10期。

④ ［清］黄叔璥：《中州金石考》卷一，《續修四庫全書》第912册，第542頁。

八)。《舜典》爲第一石第一列。由此可見,《尚書》歷代所有存拓、存石僅碑牆首尾四殘石而已。

表一 《尚書》碑正面

金縢	洪範	洪範									堯典
金藤	武成	洪範									舜典
大誥	武成	洪範									
大誥	武成	洪範									
大誥	旅獒	洪範									
大誥	金縢	洪範									

表二 《尚書》碑背面

梓材	康誥	微子									
召誥	酒誥	微子									
召誥	酒誥	康誥									
召誥	酒誥	康誥									
洛誥	酒誥	康誥									
洛誥	酒誥	康誥									

圖七 《禮記·表記》殘石拓片

圖九 《易經》殘石之一拓片

天下將遜於位讓於虞舜
作堯典曰若稽
作堯典曰若稽
古帝堯曰放勳欽明文思
古帝堯曰放勛欽明文思
安安允恭克讓光被四表
安安允恭克讓光被四表
格於上下克明俊德以親
格於上下克明俊德以親
九族九族既睦平章百姓
九族九族既睦平章百姓
百姓昭明協和萬邦黎民
百姓昭明協和萬邦黎民
於變時雍國學乃命羲和
於變時雍國學乃命羲和
欽若昊天曆象日月星辰
欽若昊天曆象日月星辰

圖八 《堯典》復原圖

（二）《易經》

開封博物館藏《易經》殘石 2 塊，只有一面刻有文字。其中一石殘高 1.91 米、寬 0.36—0.42 米、厚 0.22 米。殘存文字 6 列，每列殘行數不等，每行 10 字。内容有《節》《中孚》《小過》《既濟》《未濟》五卦。另一石高 1.67 米、寬 0.43 米，殘存文字 6 列，每列 15 或 16 行不等，每行 10 字，屬於《繫辭上》的内容（圖九、十）。① 由於二石文字殘損嚴重，復原使用武慕姚舊藏早期拓片兩張。單張高 1.86 米、寬 0.82 米。《中州金石考》記載：

圖十 《易經》殘石之二拓片

> 《二體石經易經殘碑》在開封府學，石長五尺四寸，寬二尺六寸，凡六排，各三十六行。……《升》《困》《井》《革》《鼎》《節》《中孚》《小過》《既濟》《未濟》上繫至"榮辱之至"。②

拓本第一石自上而下排列是：《節》《中孚》《小過》《既濟》《未濟》，第二石爲《繫辭上》，與《中州金石考》記載一致，說明該二石即爲清乾隆年間存於開封府學的兩塊《易經》殘石。二石中必有一石另一面内容是"《升》《困》《井》《革》《鼎》"卦。目前存世早期拓本主要有丁晏藏本 224 行，上圖藏本 288 行，筆者藏本 186 行。宋人計算《周易》全文 24 207 字，雙行應在 48 414 字左右。根據殘存文字在全文中的坐標整理，每石 6 列，各 36 行，行 10 字，上下列和前後石文字連續。按照復原後石面文字推算，第二石正面與背面脫文 4 320 字，是 2 塊石面的距離，說明該石位置和《尚書》殘碑一樣，位於整個碑

① 安金槐：《記開封新收集的北宋石經》，《文物》1962 年第 10 期。

② ［清］黄叔璥：《中州金石考》卷一，《續修四庫全書》第 912 册，第 542 頁。

牆的倒數第二石。全文雙行 48 414 字合 12 石，碑牆形制與《尚書》相同，高 2 米、寬 10.4 米。復原《周易》碑牆第十石正面無字，背面爲上海圖書館存帖“《旅》《癸》《兑》《涣》”四卦文字；第十一石正面存《升》《困》《井》《革》《鼎》五卦。背面爲《節》《中孚》《小過》《既濟》《未濟》六卦（表三）；第十二石正面僅存末列《歸妹》數行，背面存《繫辭》6 列（表四），與《中州金石考》記載基本吻合。復原情況表明，在丁晏藏本、上圖藏本傳拓中，僅存《周易》第十、十一、十二殘石三塊，比筆者之清拓本多一石。

表三 《周易》碑正面

	升										
	困										
	井										
	革										
	鼎										
歸妹	鼎										

表四 《周易》碑背面

繫辭	節										
繫辭	中孚	旅									
繫辭	小過	癸									
繫辭	既濟	兑									
繫辭	既濟	涣									
繫辭	未濟	涣									

（三）《孝經》

開封藏《孝經》石爲近代出土最早的一塊經石，自民國出土後便鑲於牆上，① 背面情況無考。民國初拓本《孝經》（圖十一）殘存文字 2 列，上列 21 行，滿行 10 字，可識者 176 字；下列存 20 行，滿行 8 字，可識者 96 字。《孝經》分 18 章。没有注疏的白文本 1 903 字，篆楷雙行共 3 806 字。根據拓本上下列文字對應坐標推算，上下 6 列，每列 34 行，行 10 字，共 2 040 字，一石正反面足矣。但問題是背面文字無考。因此不能確認其形制爲獨立一碑正反面回文閲讀或

① 安金槐：《記開封新收集的北宋石經》，《文物》1962 年第 10 期。

二石正面文字相連聯。但從石經整體形制特點看，應刻於二石正面與他碑共同組織碑牆。

圖十一　《孝經》殘碑拓片

（四）《周禮》

没有注疏的《周禮》全文 45 806 字，篆楷雙行在 91 000 字左右。《周禮》碑原在陳留，現藏開封圖書館。是二體石經保存較爲完整的一石，因文字損泐嚴重，復原使用武慕姚舊藏拓片兩張（圖十二），單張高 1.86 米、寬 0.81 米。此拓文字單面 6 列，每列 30 行，每行 10 字，共存 175 行，約 1 650 字（圖十三）。文獻記載《周禮》馮登府本 269 行、丁晏藏本存 224 行、國家圖書館藏鐵琴銅劍樓整張本、國圖藏陳運彰剪裱本内容與開封博物館原石吻合。上述拓本與筆者所藏爲同一原石拓本，行數不同是原石不斷殘泐所致。

圖十二　《周禮》碑正面拓片

圖十三　《周禮》碑背面拓片

《周禮》有一塊正反面文字均存在的經石，可以進行準確復原，但和《尚書》《易》碑文字排列方式大不相同。全文由兩段獨立的碑牆組成，其根據是拓片復原後單石 6 列，每列 30 行，每行 10 字，共 180 行 1 800 字，但上下列文字不能順讀。上列與下列之間脱文 1 200 字，是單列的 4 倍，説明第一段碑牆首先是用 4 塊石板排列對接，每列 120 行，上下 6 列共 7 200 字組成一個書頁面。其後計算，《周禮》正面拓片（表五）爲卷首《天官・冢宰》，距背面（表六）《春官・宗伯》脱文 39 600 字，合 11 石之數，説明該碑由三段碑牆 12 石組成。閲讀方法不是逐石閲讀，而是 4 塊石板對接逐列連續閲讀，然後整碑正反面回文閲讀。第一段碑牆高 1.86 米、寬 9.72 米，正反面刻 43 200 字。然後按同樣方法建第二段碑牆。尚餘 4 600 字應與下一經合刻，全文共約 25 石。

表五 《周禮》第一碑正面

											天
											官
											冢
											宰

表六 《周禮》第一碑背面

											春
											官
											宗
											伯

（五）《禮記》

原文 99 020 字，雙行應 198 000 字左右。存世拓本主要有丁晏藏本 1 696 行、上圖藏本 192 行。筆者集《禮記》剪裱本 642 行和《中庸》《王制》《表記》整張拓本，可以作爲經石復坐的坐標。經推算每石 6 列，每列 36 行，行各 10 字。每石雙面文字 4 320 字。《禮記》碑應由 46 塊石板雙面刻字組成。但和《書》《易》

碑不同的是，作爲坐標的《王制》《表記》一石在全文中間，其位置無法直接作出判斷。又據拓本《檀弓》《中庸》《王制》《表記》的坐標綜合分析：該碑每石上下列，前後石均連續閱讀。《王制》《表記》石二面首列第一字相距 125 280 字，合 29 石，説明《王制》處於碑牆倒數第三十石位置；反之《王制》第一字至全文第一字的距離爲 30 240 字，合 14 石，《表記》末一字至全文文末字距離爲 38 880 字，合 18 石。按最大數字計算，碑牆《表記》一面 48 石，《王制》一面 44 石，尚有 4 石面没有文字。復原後拓本共有文字 18 處在碑牆圖上的位置對應分别是大小殘石 9 塊：

（1）正面《曲禮》（表七右），背面《鄉飲》（表八右）。

（2）正面《檀弓》（表七中），背面《三年》（表八中）。

（3）正面《王制》（表七左），背面《表記》（表八左）。

（4）正面《月令》（表八右），背面《中庸》（表九右）。

（5）正面《月令》（表八中），背面《坊記》（表九中）。

（6）正面《曾子問》（表八左），背面《經解》（表九左）。

（7）正面《内則》（表十右），背面《樂記》（表十右）。

（8）正面《玉藻》（表十中），背面《樂記》（表十一中）。

（9）正面《小記》（表十左），背面《學記》（表十一左）。

表七　《禮記》碑右段正面

中庸						三年							鄉飲
中庸						三年							鄉飲
中庸						三年							鄉飲
表記													
表記													
表記													

表八　《禮記》碑右段背面

		學記				樂記	樂記							
		學記				樂記	樂記							
		學記				樂記	樂記							

		小記				玉藻	内則							
		小記				玉藻	内則							
		小記				玉藻	内則							

表九　《禮記》碑　中段正面

	王制	
	王制	
月令	王制	
月令	王制	
月令	王制	檀弓
	王制	檀弓

表十　《禮記》碑　中段背面

中庸	表記	
中庸	表記	
中庸	表記	
中庸		

表十一　《禮記》碑　左段正面

經解	
經解	坊記
經解	坊記

表十二　《禮記》碑左段背面

							經解							
							經解			坊記		中庸		
							經解			坊記		中庸		
												中庸		

復原《禮記》九石，僅《王制》《表記》一石原爲整石，丁晏本、上圖本、筆者藏本都有該石拓本，其他八石均爲零星殘石。復原《禮記》碑牆高 1.8 米、寬 37.8 米，復原後的零星碎石合在一起寬不到 5 米。其中丁晏本全部，也僅碑牆十分之一有餘。丁晏本全本共有 30 300 字，《禮記》16 960 字占二分之一强，説明該本傳拓時，二體石經碑牆已經十不存一了。《禮記》碑牆復原《表記》排序第三十，《中庸》和《表記》在碑牆同一面上，排序第二十七，與"禮七十八"數字差距較大，加上《周禮》碑 25 石尚不夠 78 石之數。爲了確認這個問題，筆者參考《禮記》形制與特徵，對《儀禮》進行復原。《儀禮》56 115 字，雙行在 112 230 字左右。比照《禮

記》碑石板文字6段,各36行,行10字計算,單面刻文2160字,合26石有餘。

至此統計:《禮記》共48石,《中庸》排序在第二十七石。《周禮》第二十五石,《儀禮》第二十六石。按《周禮》《儀禮》《禮記》爲序,《中庸》位於第七十八石,與其拓片邊沿刻銘完全吻合。

復原上述6種經碑可以看出二體石經的基本形制:各碑牆由多塊石板組成,石板高1.8米、寬0.8米左右。每石文字6列,列30至36行不等,行皆10字。惜其他三經没有整張拓片爲基點可作推算。爲大體瞭解二體石經狀況,依上述規律,以每列36行復原,可知《詩經》雙行78488字,約18石,碑牆高2、寬14.4米;《論語》雙行25400字,約6石,碑牆高2米、寬4.8米;《春秋》雙行36000字,約9石,碑牆高2米、寬7.2米。北宋刻二體石經9種,雙面刻字,共156石,總計644983字,與開成石經650252字不相上下。

(六)整體碑牆復原

據《北宋東京城復原圖》[1]所標,北宋國子監和太學位置在皇宫宣德門與南熏門的中軸綫上。與其後併入太學的武成王廟毗鄰(圖十四)。基本可以確認錫慶院與馬軍都督虞侯公宇的具體位置在汴梁外城南熏門内,原吴越國王錢俶宅附近。太學規制和石經立碑情況,文獻没有具體記載。《續資治通鑒長編》云:

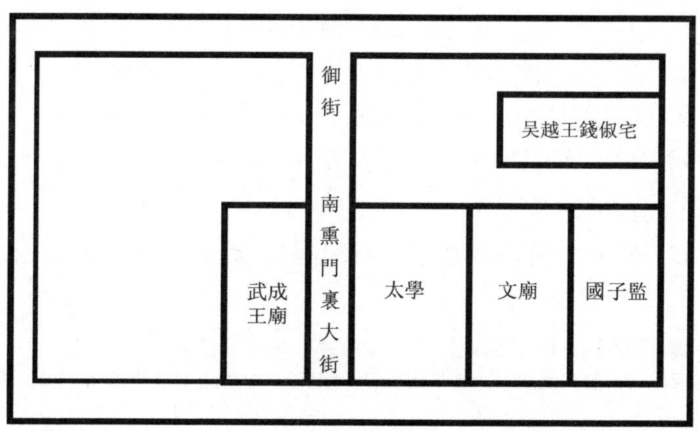

圖十四　北宋太學位置圖(《北宋東京城復原圖》局部)

慶曆四年,朝廷詔示國子監和全國府縣學宫,按定制,左文廟,右太學,

① 張馭寰:《北宋東京城復原圖》,收入氏著《北宋東京城建築復原研究》,浙江工商大學出版社2001年版。

廟學合一格局興建。①

順治《河南通志》卷十六《學校志》記載：開封府學在明洪武年間由元代汴梁路學改成。而汴梁路學就是北宋太學故址。該志中《河南府城圖》②對開封府學的圖示也是"左文廟，右府學"。無名氏《如夢録》對開封府學作了更爲詳細描述：

> 順治九年(1652)，開封知府朱之瑶遷址建造開封府學于城内東北隅。左爲文廟，右爲儒學，即現文廟街地址。[文廟]前有石牌坊二座，左書"攀龍鱗"，右書"附鳳翼"，閃牆上左是河圖，右是洛書，俱是琉璃磚砌就。大殿五間，正坐夫子，左右四配十哲，兩廡七十二賢。西鄰是學署大門，兩齋明倫堂，後敬一亭内有碑記。③

根據上述可知，明府學應爲東中西三建築，中爲文廟，左爲學宫，④右爲國子監故址，從中可以窺見宋代太學的面貌。從歷代記録和繪製的《明代府學平面圖》分析，宋太學應在文廟左邊，兩邊爲號舍，中軸綫中部爲明倫堂，是講經的地方。明倫堂後有大片廣場，文獻稱之爲錫慶院北面廊區，⑤可供學生活動。中間大殿明代稱敬一亭，宋代應是尊經閣，石經碑牆應環尊經閣而建，組成"冂"字形。從經石數量看，每面碑牆 26 石似爲定數。⑥初步推測：尊經閣左立《周禮》《儀禮》52 石，碑牆長約 42.6 米；右立《周易》《尚書》《詩經》《論語》《孝經》52 石，碑牆長約 42.6 米；後立《禮記》《春秋》56 石，長約 46 米(圖十五)。

本文提出了研究二體石經遇到的新問題：慶曆元年不可能是石經刊刻開始

① [宋]李燾：《續資治通鑒長編》卷五十六，中華書局 2004 年標點本，第 81 頁。

② 周瑛：《明代河南府州縣廟學建築平面與規劃探析》，《中國建築史論匯刊》三輯，清華大學出版社 2011 年版，第 375 頁。

③ 無名氏：《如夢録》，第 14 頁。

④ 張惠芬：《宋代的太學》，《上海高教研究》1985 年第 3 期。

⑤ 《玉海》云：熙寧"五年(1072)中書言：國子監粗容釋典齋庖之室，不足以容諸生，太學假錫慶院西北隅廊屋數十間，生員三百人，無容足地，乞賜錫慶院爲太學，修武成王廟爲右學。十一月丁酉，詔從其請。"據此可知：皇祐年間得錫慶院僅"後堂及二廡"，熙寧時已成"西北隅廊屋數十間"。宋《營造法式》云，主屋前兩側通長的東西兩廡帶有前廊稱爲廊屋。常用廊屋圍成封閉院落，廊屋左邊爲上，右邊爲下。可知廊屋應爲石經碑牆所建。

⑥ 《儀禮》26 石；《周禮》25 石，中由 24 石建二座碑牆，若二牆間隔相距二石距離(1.6 米)也是 26 石；《易經》《尚書》24 石有餘，包括二牆間隔二石，合 26 石；《詩經》《論語》《孝經》近 26 石。

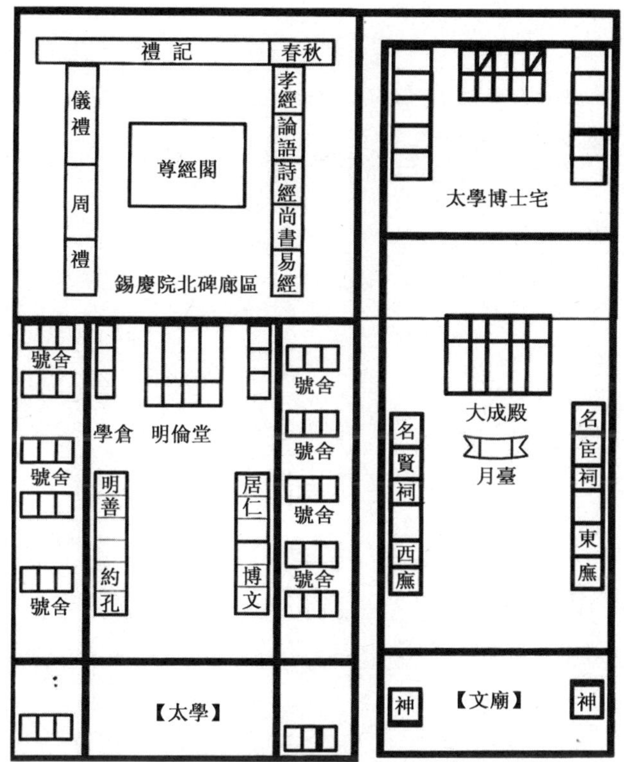

圖十五　經碑整體復原示意圖

時間;經石數量因"禮七十八"數字刻文的存在,使北宋刻立九經成爲可能;碑圖復原爲傳世二體石經拓片年代的上限帶來了挑戰,最早本是否宋本、元本？能否推到永樂年明開封府學新建之前？需要重新討論。問題的提出和試圖解決的認知,還有待於今後的核對和大家的批評。

清及近代

由刊刻動機與影響論定乾隆石經的性質

張　濤

乾隆石經是中國傳統社會最後一部石經，也是現存最爲完整的石經。在歷朝石經之中，乾隆石經規模最大，但論及其影響，則無論在當時還是現在似都與其規模並不相稱。這一情況與乾隆石經所處的時代氛圍有關，更與其自身性質有關。從其最初的設立動機和完成後的社會影響尤其是學術影響來看，乾隆石經的性質都已偏離了中國的石經傳統。

一　蔣衡的鈔寫動機與清廷的刊刻動機

乾隆石經是以當時一個儒生的書法墨迹爲本而校勘上石的，其原書手爲江南金壇貢生蔣衡。蔣衡(1672—1743)原名振生，字湘帆，一字拙存，有"拙老人""再生人"等别號，本籍金壇，僑居無錫。蔣氏乃雍乾之際著名書家，尤擅真楷，包世臣《藝舟雙楫》列諸"佳品上"。[①]蔣氏本不以經術著稱，爲何會想到鈔寫儒家經典？

(一) 蔣衡寫經以講求書法為主

蔣衡起意繕寫全經，實因雍正四年(1726)與友人書法家王澍的偶然談話。這年蔣衡從西安回到無錫，而王澍也請假歸里，兩人同耽書藝，在錫山"相與作書鬥勝無虚日"。蔣衡以大楷工整鈔寫十四册《法華經》，王澍便打趣他説："儒而書佛經，不足道，庶幾書十三經乎？"[②]

儒學士子爲何偏要鈔寫佛經却不顧念自家的十三經？這確乎是一個問題。前代書家如秦觀、黄庭堅、趙孟頫、董其昌都曾開筆鈔寫《法華經》等佛道經卷，既

---

① [清]包世臣：《藝舟雙楫》，收入《藝林名著叢刊》，中國書店 1983 年影印世界書局 1936 年本，第 87 頁。

② [清]蔣衡：《書十三經殘字册後》，見氏著《拙存堂文初集》，收入《清代詩文集彙編》第二二八册，上海古籍出版社 2010 年版，第 297—298 頁。除另出注外，所引均爲此版本。

是文人雅興，恐也包含著信仰因素在内；蔣衡對其所書《法華經》十分珍視，曾想楠匣錦裝以獻至尊。[①]而若以儒生的身份恭寫十三經代替《法華》進貢朝廷，豈非更妙？這樣，清代的一介布衣蔣衡認真看待王澍的戲語，開始了他繕寫十三經的事業。與當時的一般士子一樣，蔣衡少小便啓蒙讀經，早年雖也有過手鈔研經之舉，甚至在新婚時也不忘鈔寫《禮記》，但都以應付舉業爲主。[②]而此次發願寫經，除了王澍的激將法起作用外，據蔣衡後來的追憶，至少有兩件事觸動了他，而第一件最爲重要。這就是他在寄居陝西澄城縣時，曾赴碑林觀摩開成石經，“縱觀碑洞十三經，雖頗殘缺，巍然俱存，但衆手雜書，文多舛錯，行次參差，心實悼之”。[③]至於另一件事，則是蔣衡發現曲阜孔林刻石之中竟無儒門經典，而這也使他聯想到了開成石經：

> 東游山左，謁孔林，時值皇上崇儒，發帑新修闕里聖廟，御題廟門諸額，衡得與書。因慨然念碑洞石刻十三經，乃當世經生貌襲歐、虞書體，衆手雜作，文義多錯，行次參差，雖千古流傳，不無遺憾。我皇上加意隆文，登三邁五，豈可使唐刻石經專美於前。况曲阜尼山爲宣聖鍾靈之所，止存漢隸《禮器》《孔宙》數碑，從未有寫十三經請勒石聖廟者。不揣鄙陋，矢志重書，……仰體聖天子右文至意，敢效精衛填海，思添輕塵於泰山。[④]

綜合這兩次的經歷來看，蔣衡對唐石經“衆手雜書，文義多錯”深致不滿，又慨然於曲阜聖地只存書法碑刻却無石經的缺憾，因而決心以一己之力承擔起尊經崇儒的重任，矢志“寫十三經請勒石聖廟”，而不使“唐刻石經專美於前”。

不過，事後的回憶難免增添若干附加涵義。如果還原蔣衡最初的行歷，不難發現他在西安碑林對唐石經不過興起了一時觀感而已，並未作細緻的考察。雍正二年(1724)，蔣衡因友人將赴陝西澄城縣任，乃隨之入秦，盤桓頗久，期間深慕終南、華嶽之山色與慈恩、雁塔之宴游，並熱衷碑洞秦漢金石遺迹，但因機緣未至，宴飲頗多，而游歷則始終未能盡興。他的時間大多花在了摹寫古帖上，先臨有《淳化閣帖》《東書堂集帖》、正續《書譜》等，繼有魏晉唐宋名家碑帖尺牘多種，

① 參見[清]蔣衡《與顏懋倫》，轉引自蘇曉君《蔣衡〈拙老人赤牘〉》，《文獻》2008年第1期，第145頁。原信藏中國國家圖書館。

② [清]蔣衡：《室人王氏事略》，《拙存堂文初集》，第387—391頁。

③ [清]蔣衡：《書十三經殘字册後》，《拙存堂文初集》，第297—298頁。

④ [清]蔣衡：《上高大中丞辭教職書》，《拙存堂文初集》，第294—295頁。

各臨一本,終成《拙存堂臨古帖》,幾三十卷。此時他的興致全在書法,以爲“古人之至情至性具在其間,忠孝大節真可與天地日月同其不朽,而友朋纏綿篤摯之情,其餘事也。孰謂書法小技,無關於道德性命之旨乎哉”![①] 對於唐石經所蘊含的經文歧异,蔣衡並未深究。而他在曲阜浸染儒學氛圍,受到廟堂尊經的鼓舞,其實也只是從陝西返回無錫途中的一段經歷。等到他再次來到曲阜,已經是動筆繕寫十三經的四年之後了。雍正八年(1730),曲阜縣令孔毓琚翻新縣署舊塾老屋三間,供蔣衡暫住。蔣衡遂贊曰:“拙存以窮老餘生再至聖人里,主賢侯家,與好友飲酒作書,陶然自樂,而樸齋又將久要以成余書十三經之志,且愛余所臨摹魏晉唐宋諸名人墨迹,欲遠邀名手,俱勒諸石,俑魯壁餘觀,其流風文雅,擬之北海何多讓焉!”[②]“拙存”即蔣氏自稱,“賢侯”乃縣令孔氏,而“好友”可考者則有當時自謙爲“錢塘小友”的書法家金農。“賢侯”所愛的,是蔣衡的書法,“好友”所樂也在書法,蔣衡所賴以“仰體聖天子右文至意”的,同樣是基於他對個人書法水準的自信。至於所書是儒家經文,正可與曲阜聖地匹配,這一寓意倒在其次。可以說,蔣衡之開始鈔寫十三經,雖然也有不滿於唐石經雜出衆手的因素在内,但更多的則是受當時文教政策的感化,企圖助力朝廷潤色鴻業的個人舉措,並最終在與王澍錫山之會受到調侃後真正落實。而碑林與曲阜經歷的觸動,在後來高斌將蔣衡所書《周易》進貢朝廷的奏摺中則被加以渲染,成爲蔣衡寫經的主要動力。

在長達十二年的鈔寫過程中,蔣衡也逐漸認識到經書文字校勘的重要性。爲了保證鈔寫進度,蔣衡兩次謝絶銓選與舉薦,在給江南河道總督高斌的信中,蔣衡自道苦衷:

> 屏迹荒郊,寄居禪室,將於今秋先裝《周易》,請呈御覽。倘舍此就彼,雖苜蓿可餐,亦須畢吾志。而荒廢數月,精力漸衰。且此事必多借善本,集生徒校讎,若深入荒山,誰從負笈,人稀地僻,典籍難求,則寫經之功將虧一簣。因此觸冒大人,敢請諮部另選宿儒爲英山教諭,則衡得肆力速成,若天假餘生,三年可以告竣。……今老矣,將藉此區區,寫十三經以附讀書之末。設又不果,豈不哀哉![③]

① [清]蔣衡:《再生人臨帖目録書後》,《拙存堂文初集》,第300—302頁。

② [清]蔣衡:《題曲阜署大洽堂記》,《拙存堂文初集》,第365—366頁。

③ [清]蔣衡:《上高大中丞辭教職書》,《拙存堂文初集》,第294—295頁。蔣衡另曾禮辭兩江總督趙宏恩的博學鴻詞舉薦,參蔣衡《上兩江總督辭鴻博書》,《拙存堂文集初集》卷三,道光刻本,第又1A—又4B葉。

據此可知,蔣衡當然明白要勘正經書文字必須廣求典籍,多借善本,倩人校讎,可是在他寄食四方之際,能堅持鈔寫已然不易,又怎有精力、財力去勘正文字?即便有這樣的精力與財力,蔣衡本人怕是也不具備相當的學力。蔣衡早年困頓科場,屢試不售,後隨王源父子學古文歌詩,亦未大成。有一次他聲稱:"行將肆吾力於六經,先通其義,次論其章法,識以臆見,再博參群議,以便舉業,後附以考和典故、天文地理以至草木鳥獸,悉載其要,使讀者一覽而得。始《尚書》,而《詩》,而《易》,而《禮記》,《春秋》則有靈皋先生之著述,《周禮》則有妻弟王隆川之發明。"①觀此,蔣衡治經的格局已可想見。即便這樣的治經理想,也因時届大比之年,率爾荒廢。此後他摒弃舉業,專事臨池,東西奔走謀生,所深造者,唯有書法,在經書文字校讎上並未用功。蔣衡自稱鈔寫十三經"以碑洞經爲式,搆善本校正,用東洋紙,界烏絲欄書之",②頗爲鄭重其事,但真正底本爲何,今尚不能確指,竊謂當時學界諸善本皆隱匿未出,蔣衡所據,注疏本恐不外乎毛本或監本之流,更甚者或是當時通行坊刻白文本、經注本以及宋元人注,因此才有清代學者譏刺蔣衡寫經用俗本(詳下)。蔣衡寫經期間曾致函友人謂:"我昨《易》已寫完,將事《周禮》,而案頭本與石經迥别,若高齋有注疏及他善本,祈檢付來,對校後即繳還也。"③其所參照的經書版本不過如此。蔣衡之繕寫十三經,與其説著眼於經學,毋寧説著眼於書法,他想進貢給朝廷的,首先是他的書法藝術,其次才是經書文字。蔣衡的舉措,本質上應看作一種藝術史活動,更確切地説,是書法行爲。

衆所周知,歷代石經無不先以手書,再加石雕,所以多有二三著名書家可考可述,如漢之蔡邕、魏之邯鄲淳、宋之高宗,因之各具書法價值,在這一點上,乾隆石經與之近似,蔣衡也頗以追慕蔡邕自處。然而漢石經自創設伊始便是著眼於經書文字本身,《後漢書·靈帝紀》所謂"詔諸儒正五經文字,刻石立於太學門外"是也,故其書法價值是附麗於正字功能之上的;而乾隆石經不同,蔣衡繕寫十三經,最初便是以講求書法爲主,而對文字校勘則不免力不從心,後來朝廷取以刊石,正是建立在這一未經充分校勘的底本之上。當時負責校勘乾隆石經的彭元瑞在評論北宋石經時曾作有一詩,其中一句恰可移來評價蔣衡寫經:"書家但解八分工,俗學安知六經寶。"④

① [清]蔣衡:《寄平陽太守書》,《拙存堂文初集》,第 332—333 頁。

② [清]蔣衡:《書十三經殘字册後》,《拙存堂文初集》,第 297—298 頁。

③ [清]蔣衡:《與黄楚惟》,《拙存堂文集初集》卷七,道光刻本,第 22A—22B 葉。

④ [清]彭元瑞:《知聖道齋讀書跋尾》卷二,《四庫未收書輯刊》第 10 輯,第 22 册,北京出版社 2000 年版,第 793 頁。

(二) 朝廷初不以經學文獻視之

對蔣衡繕寫的十三經,時人也多從藝術角度加以欣賞,而其書寫内容爲經書,只是增添了欣賞者的重視程度,却並未改變這是一件書法作品的本質屬性。

據蔣衡自述,當時不少達官貴人都十分看重其所書的十三經,俱加獎許,允爲題請。①吏部尚書、文華殿大學士嵇曾筠亦家無錫,曾欲爲蔣衡裝裱其書。揚州鹽運使盧見曾久仰蔣衡之名,涖任第五日即來過訪,一見如故,索其所書《法華經》及十三經觀摩。鹽商馬曰琯聞之,即饋二千金,"偏延吴中名手裝潢於梅花書院",成50函共300本。嵇、盧二人都曾許諾助蔣衡將其十三經書法貢入京師,皆未果,但蔣衡因此聲名益振,"四方鉅公,咸來顧問"。從盧見曾同時索觀十三經與《法華經》可見,鉅公們仍然是爲了書法藝術而傾慕蔣衡,而所鈔爲經書這一點相對是較爲次要的因素。

到了乾隆四年(1739)七月十二日,時任河道總督的高斌終於將蔣衡繕寫的十三經進呈御覽[一史館藏宫中檔朱批奏摺,檔案號04-01-38-0002-039;一史館藏乾隆朝軍機處録副奏摺,檔案號03-1164-009;《乾隆朝上諭檔》乾隆四年八月附録(2)]。據《實録》(《高宗實録》卷九十九),八月十六日庚寅:

> 大學士鄂爾泰等議覆:總河高斌奏稱,江南鎮江府金壇縣貢生蔣振生,依石經式,手書十三經正文計三百册,共五十函,謹先進《易經》二函,可否將全册五十函進呈。臣等查十三經現奉旨命武英殿儒臣詳加校閲,今蔣振生進呈之《易經》二函,字畫尚屬端楷。應令高斌將全册五十函送交武英殿,再加校定,如經文果無訛誤,字畫一律端好,臣等再行具奏請旨。從之。尋據總河高斌將蔣振生手書十三經四十八函送到,大學士等以該生年近七旬,志在尊經,請賞給國子監學正職銜;其手書十三經,請用棗木板鎸刻刷印,以備頒發。疏入報聞。

從乾隆三年(1738)開始,武英殿奉旨校刊十三經注疏,這是清代官方整理經學文獻的重要舉措。滿人入關不久,即知藉重儒家文化以維持其統治,在思想、制度層面均採取了相應措施。相對而言,經典文本是經學研究中較爲細瑣與枯燥的部分,與政教大事的關聯較爲迂遠,雖然文字文本與經學大義息息相關,但清廷接觸經學、儒學的時間與深度畢竟有限,故而在經過一個階段之後才開始重視經學文獻本身的整理工作。順治十五年(1658)五月、康熙二十二年(1683)十

① [清]蔣衡:《書十三經殘字册後》,《拙存堂文初集》,第297—298頁。

月,皆有修補經史板片事,但僅是對明北監板的修飾補苴,未能校訂經本,重新製作,當時清廷的經學政策仍以思想接受、制度涵化爲主。至乾隆初年,經書文本文字的整理始提上議事日程。此時武英殿的主要任務,已不再局限於刊印欽定、御纂的經史諸書,而增添了訂正十三經、十七史文本文字的功能。在高斌進貢蔣衡所書十三經後,朝廷將蔣衡寫經交付武英殿,用意或在以其有校勘價值,可與武英殿正在進行的工作相配合。然而根據現有史料判斷,蔣衡十三經並未在武英殿校勘工作中起到什麼作用。當初文臣方苞領武英殿事,又兼編纂《三禮義疏》的三禮館副總裁,而蔣衡則是其友人王源的侄婿,二人嘗有交往。①方苞不容不知蔣衡寫經的情況,但在武英殿與三禮館的工作中也没有給予過多關注,可見方苞並不認爲蔣衡十三經在版本校勘上有何價值。另據蔣衡自稱,乾隆帝弘曆看過其所書十三經後,未幾又命武英殿照《淳化閣帖》式,用棗木板雙鈎鐫拓,頒發各省。②所説照《淳化閣帖》式雙鈎鐫拓,《實録》與《起居注》均語焉不詳,檢上諭檔案[《乾隆朝上諭檔》乾隆四年十月附録(1)]載:

> 大學士臣鄂爾泰等爲遵旨議奏事,前據總河奏稱江南鎮江府金壇縣恩貢生蔣振生者……曾於陝西碑洞見石經訛缺,有志校定,嗣因親瞻孔廟,思以十三經正文刻石兩廡,於是取石經款式,廣購諸善本,詳加考校,敬謹手書,積十有二年之久,書全裝潢成帙,……臣等看得蔣振生所書十三經正文字畫端楷,用筆瘦勁,該生用力有年,志在刻石孔廟,但查刻石工費既屬浩繁,而闕里兩廡墻壁亦未可輕議拆【引者案:原作折】動,且聖賢經傳初不以刻石孔廟始爲尊崇。臣等酌議應俟武英殿校對果無【引者案:原衍"責"字】訛誤即交武英殿照字帖款式用棗木板陸續鐫刻刷印,以備頒發。其原本或存貯武英殿,或送入大内收貯,臨時再行請旨。……乾隆四年十月初五日奉旨:蔣振生著賞給國子監學正職銜,餘依議,欽此。

此件本屬奏摺,故《上諭檔》列之附録,而清廷之意旨顯露得最爲明白。首先,朝廷對蔣衡的寫經行爲與書法藝術表示認可,遂賞給國子監學正職銜。其次,蔣衡寫經的經文校勘價值,此摺未有明確表態。蔣衡説"奉旨命武英殿照《淳化閣帖》式"云云,但此摺僅説"照字帖款式",不知是否有脱誤,無論僅提"字帖"二字還是"《淳化

---

① 參見[清]方苞《四君子傳》,《望溪集》卷八,《方苞集》,上海古籍出版社 1983 年版,第 217 頁。

② [清]蔣衡:《書十三經殘字册後》,《拙存堂文初集》,第 297—298 頁。

閣帖》”的明確表述，都反映出蔣衡十三經在乾隆君臣那裏的書法屬性；而且大學士所説是待武英殿校對無誤後再行鐫刻刷印，實則武英殿並未付諸行動，蓋主事者認爲蔣衡所書無甚文本價值而此事遂寢。另外，本來高斌的最初奏摺業已點明在曲阜鐫刻石經的設想，但大學士諸人以開銷巨大等因駁回了這一請求，這一意見最終被皇帝采納，可見弘曆當時對刊刻石經没有多少興趣。

自此之後，蔣衡手書十三經原本“束之懋勤殿之高閣”，沉埋了數十年。①在乾隆三十七年(1772)的時候，倡議纂修《四庫全書》的安徽學政朱筠，奏請以清漢二體摹勒十三經上石，但未被採納。②又經將近二十年，乾隆五十六年(1791)十一月廿一日，弘曆才忽然想起了蔣衡所書的十三經，亟命廷臣校正文字，鐫刻上石。至五十九年(1794)九月許竣工，成十三經經文都 189 石，外御制碑文一通。這便是我們今日所熟知的乾隆石經了。蔣衡的石經夢終於實現，雖然地點由曲阜孔廟改到了京師國子監。

五十年前，新君弘曆對石經提議没有動心；五十年後，作爲“盛世”的統治者，弘曆認識到了石經的重要價值。關於刊刻本朝石經的動機，弘曆在議立伊始説是“自漢唐宋以來，皆有石經之刻，所以考定聖賢經傳，使文字异同歸於一是，嘉惠藝林，昭垂奕祀，甚盛典也。……我朝文治光昌，崇儒重道。朕臨御五十餘年，稽古表章，孜孜不倦。前曾特命所司創建辟雍，以光文教，並重排石鼓文，壽諸貞珉，而十三經雖有武英殿刊本，未經勒石”，③這一現狀，與其自命尊經崇儒的風格殊不相稱；弘曆隨後又云：

> 昨歲命續集《石渠寶笈》之書，司事者以此經請。乃憬然而悟曰：有是哉？是豈可與尋常墨迹相提並論，以爲幾暇遣玩之具哉！是宜刊之石版，列於辟雍，以爲千秋萬世崇文重道之規。……今刻諸石，列諸辟雍，應時舉事，以繼往聖、開來世，爲承學士之標準。豈非厚幸也歟！……蓋凡物有其成，必有其壞，所謂石鼓、石經者皆是也。然向不云乎：經者，常也，道也。天不變，道亦不變。依聖人之門墻，示萬世之楷則。孰謂滄桑幻化，能移我夫子

① 案，今臺北“故宫博物院”藏有《蔣衡十三經寫本考異》一册，云是乾隆十一年(1746)勵宗萬烏絲欄寫本，而北京故宫博物院則有《陝拓十三經考異》一册，亦爲乾隆十一年正月勵宗萬奉敕敬録，二者均是蔣衡寫本與陝西碑林唐石經拓本對校的記録。據此，則乾隆十一年時，清廷或有刊石之想，然並無下文。

② 《高宗實録》卷九一七，《清實録》第 20 册，中華書局 2008 年版，第 298 頁。

③ 《乾隆五十六年十一月二十一日諭内閣十三經允宜刊之石板列於太學著派和珅等爲總裁》，《纂修四庫全書檔案》，上海古籍出版社 1997 年版，第 2258—2259 頁。又載《高宗實録》卷一三九一、《宫史續編》卷九五、《(道光)國子監志》卷五九等。

不朽之道也哉。①

兩相比照，足見隨著時光流逝與學問成長，此時的弘曆似乎已充分認識到石經這一體裁的豐富內涵，既點出石經"考定聖賢經傳"的本質和"使文字异同歸於一是"的功能，又指明"刊之石版，列於辟雍"，因而具有不可比擬的藝術性與象徵性。從乾隆石經刊刻前後的相關事件來看，後一點似乎尤其切合皇帝本來的想法。

據《實録》，乾隆五十五年(1790)正月十五日丙申，弘曆命重排石鼓文十章，刻石鼓於太學及熱河文廟，五十六年二月十四日己未，諭"南書房翰林辦理《石渠寶笈》〔續編〕，正在需人"云云，②逮第二年十一月，遂有石經之刻。弘曆詔刊石經，是在重刊石鼓既成又命續編《石渠寶笈》之後，而非五十年前武英殿校勘經史和纂修《三禮義疏》以續康熙四經時。如從學術角度衡鑒，此舉未免草率。以時間綫索分析，刊刻乾隆石經之舉，經學意義不甚濃厚，而書法藝術與象徵意味反倒成爲決定其性質的首要因素。施安昌提出，"在某種意義上説，重排重刻石鼓正是重刻十三經的先導"。③這是十分敏鋭的觀察。清廷論及弘曆功業，每以石經、石鼓並稱，而弘曆自陳"命續集《石渠寶笈》之書，司事者以此經請，乃憬然而悟"之語則毫無疑義地透露出皇帝本人對石經的心理定位。如果説弘曆對尋常墨迹以及《石渠寶笈》等書畫珍藏視之爲"幾暇遣玩之具"的話，石經對他來説，也同樣是裝點本朝文治之具。皇帝及朝廷看重的是石經彰顯聖人不朽之道的象徵意義，這是同樣蘊含聖道的武英殿十三經所難以比擬的。就此而言，乾隆石經的底蘊在"石"，而不在"經"。

二　稱頌與漠視：乾隆石經在清代的命運

乾隆石經引發的不同觀點，幾乎從清廷以蔣衡寫經爲底本，設石經館校刊石經的那一刻就已出現。當時阮元初入詞林，即參與包括石經館在内的多項纂修工作，在石經館中曾私下對友人焦循非議"蔣衡工於書法，疏於字體"，故所書並不嚴謹，"舛誤實多"，並指出《儀禮》一經名物難字較多，而蔣衡不明就裏，往往出錯，如表示房室之墻的"墉"字寫成"墉"，反與"牖"字相似，又如意爲隋方竹箱的

① [清]弘曆：《石刻蔣衡書十三經於辟雍序》，載《國朝宫史續編》卷九五，北京古籍出版社1994年版，第926頁。又載《高宗實録》卷一四六三、《(道光)國子監志》卷五九等。

② 《高宗實録》卷一三四六、卷一三七二，《清實録》第20册，第16頁；第419頁。

③ 施安昌：《乾隆與石鼓文》，《故宫博物院院刊》2012年第3期，第154頁。

“篋”字省成了“篋”,等等。①底本質量如此,則石經館工作的冗雜低效可以預卜,而石經成品質量堪憂。但另一方面,弘曆撰畢《石刻蔣衡十三經於辟雍序》後,發給嵇璜、紀昀等臣子校閲,紀昀當即稱頌不已,説是“刊石傳經,屢聞前史,……漢魏以下諸君,雖有製作,未能精善,豈非天留玆事待聖朝而彰其盛”,甚至讚美石經文本最善,既有書法價值,又能成爲經書定本,所謂“元元本本,博搜前代之書林;是是非非,一秉至人之心鏡……傳諸墨苑,争摹鐵畫銀鈎;懸在儒門,永奉金科玉律”。②對石經文本的這般推重,自然有言過其實之處,不過却在一定程度上代表了當時官方學術體系中的通行觀點,而不應簡單看作是官樣文章的阿諛奉迎。

推崇表現爲稱頌,批評到極致是漠視。這兩種針鋒相對的看法體現了乾隆石經在清代社會不同層面的影響,貫穿著乾隆石經命運的始終,而非議的聲音逐漸增强,導致冷遇成爲了乾隆石經最後的歸宿。

（一）科舉中的“石經”問題

在經學史上,一時代的經書文字規範與否主要可從兩個視角進行觀察,一是當時人的著作引據經文是否規範,一是考試試題對經書文字的要求。二者對經書異文的取捨最能體現出石經影響的有無。唐宋以後,經書與選士制度已經緊密結合。在清代,科舉考試牽涉範圍較廣,社會反響極大,是考察乾隆石經影響與社會文化關係很好的切入點,而且科舉試題與石經同是朝廷意旨的表現形式,二者具有共同的官學屬性。

石經與科舉的這種聯繫,石經館内諸人也已有所認識。當初和珅向彭元瑞發難,便指出對五經要以御纂、欽定諸書仔細核對,不憚屢改,而“《論語》《孟子》爲考試命題之書,自不宜輒有更張,亦擬概行仍舊,俾士林宗經徵聖,樂睹同文”。③《論》《孟》與五經本皆“宗經徵聖”之用,但乾隆時科舉考試最重頭場(即四書文),因此《論》《孟》對科考最爲重要,推倒重來代價太大,也恐引起皇帝的反感,和珅遂不擬大動干戈。

根據筆者初步觀察,科舉考試的四書文能深入到經文校勘層次的若非全無,也是極其少見,反倒是第三場策問經常會考到經史源流之類的題目,與石經關係

① ［清］焦循:《儀禮石經校勘記後序》,載阮元《儀禮石經校勘記》,收入《歷代石經研究資料輯刊》第三册,北京圖書館出版社 2005 年版,第 3 頁。

② ［清］紀昀:《宣示御制石刻蔣衡書十三經於辟雍序覆奏摺子》《恩賜御制石刻蔣衡書十三經於辟雍序墨本恭謝摺子》,《紀文達公遺集》卷四,收入［清］紀昀著,孫致中等校點之《紀曉嵐文集》第一册,河北教育出版社 1995 年版,第 79—82 頁。

③ 《欽定石經考文提要舉正》卷一,收入《故宫珍本叢刊》第二一册,海南出版社 2000 年版,第 313 頁。

更爲密切。乾隆五十七年，石經館工作正在進行當中，嗅覺敏鋭的學者官員已在科舉考試中用以策問士子。時任刑部右侍郎的王昶出任當年順天鄉試副考官，命題有云：

> 問：窮經將以致用，而人自爲師，家自爲説，……至於寫刻流傳不無訛誤，石經如蔡邕、邯鄲淳所書，有一字、三字之别，唐開成石經頗完善，劉昫譏之何歟？伏讀皇上經筵御論暨御制《説經》諸篇，折衷群言，範圍萬世，覆命取蔣衡所書十三經，詳加訂定，勒諸貞石，建在辟雍，洵千載一時。諸生比年以來熟習五經，講求有素，盍舉所知以對。①

又如此年江西鄉試，正考官工部右侍郎吴省欽所出的策問囊括了歷代石經變遷大略，所提問題更加全面：

> 問：……刻石昉於何代？石經初刻在漢靈帝何年？熹平中何以再刻？所刻七經書用何體？樹在何地？徙自何時？唐宋時收其遺字刻其殘字者何人？唐開成以九經刻石並《孝經》《論語》《爾雅》六十五萬二百五十二字，計一百五十九卷，今在西安碑洞，當鄭覃奏請刻石時，孰與同校？後又孰爲覆校？嘉靖間塌損後，孰爲補刻小字於原碑之旁？朱子《論語注》嘗引後蜀石經一條，而非開成之本，開成本間有缺筆之字，論者何以爲唐澤之遠？今監本九經如"説""知""弟""女""强""辟"等字，《孟子》皆作"悦""智""悌""汝""疆""譬"，非《孟子》多沿魏晉後傳寫之本，而唐經皆據漢石經之驗歟？我皇上尊經好古，既刻岳珂五經，嘉惠藝林，覆命廷臣以蔣衡繕進之十三經審勘考正，刻石國子監，俾聖賢經傳，炳焕日星，信古今來未有之盛事也。多士盍敬陳之。②

此時將石經引入科考策問之中，雖結合了若干學術因子，但更多的是對官方校勘經典活動的認同與頌揚。如果各地士子此科策論尚存，將會很容易找到衆多讚美乾隆石經的文字。這些文字當然不能作爲乾隆石經成就的學術定評，但卻可作爲其强大影響力的明證；這些策論的學術價值或許有高有低，其在一般知識界

① ［清］王昶：《壬子科順天鄉試策問五道》，見氏著《春融堂集》卷四六，收入《續修四庫全書》第一四三八册，上海古籍出版社2002年版，第144—146頁。

② ［清］吴省欽：《乾隆五十七年江西鄉試策問》，見氏著《白華後稿》卷一六，收入《續修四庫全書》一四四八册，第593頁。

擴散公共話題的傳播能力却相當强而有力。科舉考試作爲官方學術行爲的特色之一,便在於能起到對知識界學術風尚的引導作用。將石經話題引入科考,雖則並未起到統一士子所習經文的正字功能,但却十分明顯地向士子釋放了朝廷崇儒重道的信號,使得士子倒向對朝廷文教政策的認同路徑上來,並且在知識界的一般思想中成功地確立乾隆石經在歷代石經傳統内的地位。石經刊刻行爲本身已具備了教化的意味,再將之與官學考試相結合,這一取徑確乎容易奏效,對當時知識界的影響是顯而易見的。直到嘉慶中,還有邊遠地區的學人參加科考時未曾真正觀摩過石經,但憑心中想象便鋪陳一番,逮至京領略其"巨制"風采之後,更爲拜服,由衷希望朝廷能够借此振起經學,廣敷文教,官學的影響由此可見:

> 憶昔棘闈發策問,久思瞻仰未曾過。
> 竭來大學觀巨制,心儀目注手摩挲。
> 願搨萬本傳海内,海弦户誦更吟哦。
> 考定異文研精義,從兹益振明經科。
> 幸逢臨雍御筵日,圜橋觀聽起高歌。[①]

不過,在更高級别的會試、殿試中,清廷並未用石經策問。本來,乾隆朝後期策問與當時學術風尚的聯繫日趨緊密,其在科舉考試中地位也有所加强。以當時最大的學術文化事件——纂修《四庫全書》爲例,殿試策問至少曾有兩次考題直接關乎四庫纂修工作(乾隆四十、四十三年)。[②]遍檢乾隆朝殿試試題,却僅有乾隆二十六年(1761)四月廿一日庚寅於太和殿策試經學梗概之時詢及"立石經者,或一字,或三字,紀載何以互異?"[③]但當時皇帝與廷臣尚未留意刊刻石經。而到了刊刻乾隆石經之際,如乾隆五十八年(1793)殿試,則未以石經爲問。誠然,此年殿試並非一定要考石經策論不可,但從此一角度觀察,便可見同爲文化工程,乾隆石經在官方學術中的地位與影響較之《四庫全書》顯然有很大落差。

---

① 梅克芳:《京師大學石經歌》,《貴州文獻季刊》1939 年第 2、3 期合刊,第 53 頁。按,梅氏爲貴州人,"海弦户誦"疑當作"家弦户誦"。

② 參見董佳貝《乾隆朝殿試策問考題研究——側重於當時社會治理的關係》,《學術界》2010 年第 5 期,第 183 頁。至於策問間接詢及與四庫纂修有關之事則更多,如紀昀所出會試策問"《詩序》"即與《提要》纂修有關,參徐雁平《清代科舉中的策問與乾嘉學術的展開》,收入袁行霈主編:《國學研究》第 27 卷,北京大學出版社 2011 年版,第 326—329 頁。

③ 《高宗實録》卷六三五,第 91 頁。

（二）從“蔣衡沿俗書”到“本朝尚無石經”

貴州學人梅克芳稱頌乾隆石經的那篇詩作，對蔣衡不無溢美：“蔣君楷書有善本，細分點畫磔與波。筆力通神貴瘦硬，銀鈎鐵畫誰規摩。奉命勘定垂册府，禹穴孔壁無差訛。森森更勝琅環地，保護定有神靈呵。”①值得注意的是，這一讚美主要針對蔣氏書法，而未涉及經學。事實上，儘管朝廷大員揄揚不已，並將這種觀念灌輸到科考之中，但乾嘉以來知識界對本朝石經的興趣可謂相當有限。我們在這一時期重要學者的著作當中，鮮能見到對乾隆石經的論述，尤其缺少正面的學術評價。這種情況恐與本朝人不便評議本朝、避諱時忌有關，與乾嘉學術發展的高度和深度遠超乾隆石經的校勘水平也有關。更重要的是，與東漢相比，明清時代書籍雕版的流行使得讀書人遠赴京城太學以校正經典文字早已成爲不必要的舉動了，石經作爲經典文本的傳播方式漸失實用價值，僅存象徵意味。石經對清人讀經治學來講，並非不可或缺之物，因此淡出學界的視野。種種因素使得乾隆石經在當時知識界的積極影響若非絶無，也是極小的。

清代學人對乾隆石經不多的評價當中，有一些是頗爲負面的。前述阮元對石經底本的非議並非個案。同在石經館中，洪亮吉任職雖短，但“時至國子監監視刻石，以蔣衡所書十三經字多訛俗”。洪氏遂撰有《上石經館總裁書》一篇，欲有所建樹，“白總裁，欲更正之，未能從也”，引發時人共鳴，以爲是“直道之不行也久”。②

乾隆末期諸多當事人未敢公然表露對蔣衡所書的不滿之情，但是越到後來，學界對蔣衡的批判也就越明顯。嘉慶年間，錢塘陳文述曾居北京游歷國子監，在題贈友人的詩篇中寫下了他對乾隆石經的觀感：

> 我嘗游辟雍，石經觀圜橋。蔣衡沿俗書，校本亦頗淆。
> 禮堂孰寫定，濟濟衣空褒。倘得君數輩，點竄逮俊髦。③

① 梅克芳：《京師太學石經歌》，第 53 頁。

② ［清］吕培等：《洪北江先生年譜》，收入《北京圖書館藏珍本年譜叢刊》第一一六册，北京圖書館出版社 1999 年版，第 401 頁；林逸：《清洪北江先生亮吉年譜》，臺灣商務印書館 1981 年版，第 168 頁；［清］趙懷玉：《皇清奉直大夫翰林院編修洪君墓志銘》，見氏著《亦有生齋集・文》卷一八，收入《續修四庫全書》一四七〇册，第 247—248 頁；［清］江藩著，漆永祥箋釋：《國朝漢學師承記箋釋》，上海古籍出版社 2006 年版，第 453 頁。

③ ［清］陳文述：《贈鈕匪石并示婁東蕭樊村長洲李四香三子皆錢竹汀宫詹門下士也并寄阮中丞師豫章即書家曼兄所作片石圖後》，見氏著《頤道堂詩選》卷一二，收入《續修四庫全書》一五〇五册，第 22—23 頁。

"蔣衡沿俗書"一語,批評可謂直率。"俗本",是清代學者對最受鄙視的書籍版本的稱呼。清代校勘學的功績之一就是發掘宋元佳刻或精鈔之本,來糾正俗本的訛謬,這種工作"乾嘉以後學者個個都喜歡做"。①在當時著名的校勘著作比如阮元《十三經注疏校勘記》等書中充溢著對"俗本"的斥責。甚至朝廷書館修書也秉承這一宗旨,如乾隆初年三禮館修《禮記義疏》,即謂:"《中庸》《大學》二篇,自宋大儒編爲四書,其後俗本《禮記》遂有止載其目而不列其文者。茲仍曲台之舊,以尊全經,以存古本。"②三禮館纂修官存古本,斥俗本,至少在表面上與乾嘉知識界普遍的態度是相一致的。

陳文述公開表達了對蔣衡寫經沿襲俗本的鄙夷,並對朝廷的石經校勘也不無譏刺,似可代表乾嘉學者對本朝石經的真實觀感。乾嘉時人的著述與信件往往會在同仁間流傳,陳氏此詩寫給鈕樹玉、蕭掄、李鋭等幾位嘉定錢門弟子,他認爲以他們這一輩人的學問才配得上禮堂寫經的殊榮,非但專擅書法的蔣衡不足觀,就連朝廷館臣("褒衣濟濟"之輩)校勘石經也被稱作是"校本頗淆",都是不行的。對前人的批判,恰是新一代學人(所謂"俊髦")以學問自恃的精神風貌的真實反映。乾隆石經在這些學人那裏不獲重視,絲毫不令人奇怪。陳文述是阮元視學浙江所得士,後即依阮元往來南北,寫此詩時,阮元已調江西巡撫,但陳氏並未隨行,故也鈔示其師。陳氏不會不知道阮元曾在石經館任職,而竟將此詩寄呈阮元,蓋知阮元的學術思想也與初入詞林時不同了吧。

對乾隆石經最激烈的批評則來自年輩更晚的龔自珍。道光二年(1822),龔自珍應順天會試之暇,作書一封論當世文教需變革者五事,而石經首當其衝。龔氏云:

> 歷代皆有石經,本朝尚無石經。乾隆中,江南蔣衡獻所書十三經,賞給舉人,刻石國子監,其事甚細,此不得爲本朝石經。本朝經師,駕漢氏而上之,豈可不諟正文字,爲皇朝之定本,昭示來許,豈僅如唐開成、宋紹興之所爲而已乎?③

---

① 梁啓超:《中國近三百年學術史》,東方出版社 1996 年版,第 250 頁。

② 《禮記義疏・凡例》,吉林出版集團有限責任公司 2005 年影印《摛藻堂欽定四庫全書薈要》本,第 2B 葉。

③ [清]龔自珍:《與人箋(四)》,見氏著《龔自珍全集》,上海人民出版社 1975 年版,第 342—345 頁。案,此信又名《擬釐正五事疏》。

龔自珍於乾嘉學術發展脉絡極其熟稔，由此出發，他指出石經的功用在於“諟正文字”，成爲定本，清代學人在經典文字校勘上的成果甚豐，理應審慎校刊石經定本，以昭示將來。龔自珍不是看不到朝廷設立石經的重要意義，相反，他認爲歷朝皆有石經，本朝也應有所作爲。他反對的是草率爲之，因爲“夫定石經，必改流俗”，而乾隆石經以蔣衡所獻自書十三經爲底本，“其事甚細”，談不上有何學術價值，不但不能追步“唐開成、宋紹興之所爲”，甚至根本就不能稱之爲石經。龔氏的表態，簡直等同於無視，是對乾隆石經最大的諷刺。

三　餘　論

縱觀中國石經傳統，正定經書文字是石經之所以設立的最主要的原因，也是其最重要的功能。我們評價石經成就，也以此爲主要出發點。不過，隨著文化氛圍的不斷變遷，歷朝歷代的石經在其當時背景下發揮的作用往往互異，故而也彰顯出不同的特性。大體而言，自宋代以降，雕版漸興，書籍流通的便利程度大幅上升，石經正定文字的實際功用被嚴重削弱，而更多地成爲官方宣示對經典文字的定奪權力的一種象徵。可以説，石經原是寫本時代的産物，而在刻本時代石經傳統仍能延續的原因之一在於，石經的性質與功能在刻本時代發生了轉化。

刻本興盛的元明兩代官方未有經籍刻石的活動。降及清朝，由於朝廷對文教事業的注重以及皇帝欲身兼道、治二統的意圖等多種因素，出現了乾隆石經這一中國石經傳統的收官之作。但是乾隆石經在乾嘉以降的知識界並未引起過多關注，在漠視之餘，清代學人甚至對其頗有譏議。之所以産生這樣的影響，很大程度上應歸因於乾隆石經設立的動機。乾隆石經以書法家蔣衡的寫經爲底本，説明其本身就是建立在一個不堅固的學術基礎之上。加之朝廷最初也並未以經學文獻來看待蔣衡所書的十三經，其刊石之舉是在進行了刊刻石鼓、編制《石渠寶笈續編》等系列藝術行爲之後進行的，據弘曆自述，其最初的動機並不明確。清廷刊刻乾隆石經，實質上已經偏離了傳統石經正定文字的初衷。在朝廷的意識中，與其説乾隆石經是呈現聖人之道的宏偉巨製，毋寧説更近於宣揚文教鼎盛的藝術作品。乾隆石經是中國石經傳統的尾聲，但却是一個並不完美的尾聲。

（作者爲上海社會科學院信息研究所副研究員；本文發表於《史林》2014 年第 3 期，現略有修訂）

清代學者臧庸的石經研究

葉　舟

臧庸(1767—1811),本名鏞堂,字在東,江蘇武進人。高祖臧琳曾著有《經義雜記》,早年臧庸立誓"續其高祖將絶之學"。乾隆五十四年(1789),盧文弨主龍城書院,臧庸往受經學,"遂通九經三史,尤明小學"。此後得錢大昕、王昶、段玉裁等人賞識,先後入畢沅、阮元幕中,協助阮氏纂修《經籍纂詁》、校勘《十三經注疏》等。嘉慶十五年(1810),又應吴其彦之聘,助修《中州文獻書》。翌年,病卒於吴氏館中,時年僅四十五歲。臧庸在乾嘉之際以校勘輯佚而知名,阮元曾稱其"生平考輯古義甚勤,故輯古之書甚多",[①]爲清代學術發展作出了一定的貢獻。本文僅就臧庸在石經學方面的研究成果作一討論,請各方家指正。

一　臧庸與石經研究

所謂石經,顧名思義,即石刻的儒家經典。據考古發掘實物顯示,至遲至商代已有石刻銘文,《墨子》中便有"琢之盤盂,鏤之金石,傳遺後世子孫"之説。而真正意義上的石經則始於漢代,指官府專門委派人員負責寫經、刻石,完成之後立於學宫,以供學子摹寫。這種石經作爲對經本及其文字進行規範與統一的手段,具有濃厚的官方色彩,其權威性和影響力自然遠超私家轉相謄録的傳鈔文本。中國歷史上有實物證明的最早的儒經刻石是東漢熹平石經,此後魏、唐、蜀、宋、清諸朝嗣之,歷經七朝刻石,即漢熹平石經、魏正始石經、唐開成石經、蜀石經、北宋石經、南宋石經及清乾隆石經。

對石經的大規模研究始於宋代。宋代學者十分傾心於古器物及其銘文的研

---

① [清]阮元:《揅經室二集》卷六《臧拜經别傳》,收入《清人詩文集彙編》第477册,上海古籍出版社2010年版,第309頁。

究，對古器物的描述與鑒别及對銘文的記録與考釋的作品不斷湧現，使得金石學著作大量産生。石經作爲記録儒家經典文獻的載體，屬於金石學範疇，成爲宋代學者關注的一個焦點，後者對石經文本的著録、傳拓及文字的釋讀、考證方面的著述頗多，如歐陽修《集古録》、趙明誠《金石録》、洪适《隸釋》《隸續》等，石經學成爲金石學的重要組成部分。

有清一代考據學大盛，清代學者研究儒家經典的依據直接源於明代的監本系統，而唐開成石經實乃其祖本。有鑒於此，石經成爲清代學者研究經學的一個重要基礎，由此石經學從金石學中脱離出來，成爲經學研究領域的一個重要分支，真正獲得了其獨立的地位。其中，自顧炎武“始輯諸家之説，爲《石經考》，實有創始之功”[①]後，有清一代，在考據學風氣的影響之下，石經研究也取得了重要進展，湧現出大量以石經爲論題的專著。如杭世駿、翁方綱、嚴可均、錢大昕、孫星衍等乾嘉學派的代表性學者都有相關的著作，這些成果將石經學推進到了前所未有的高度。作爲乾嘉時期重要的學者之一，臧庸雖然没有獨立的石經著作，但在石經研究方面也取得了一定的成果。近代張國淦《歷代石經考》稱：“自來言石經者，一考源流，一考文字。”[②]臧庸關於石經研究的成果主要體現在“考文字”方面，但在考源流方面也有相關的成果，以下分别述之。

(一) 臧琳《經義雜記》中的石經研究

臧庸高祖臧琳著有《經義雜記》，臧庸在其書中每每引用，其經學思想當也淵源有自。更何况自周中孚《鄭堂讀書記》以來，多以爲此書經臧庸修改補充，故《經義雜記》中關於石經的討論，視之爲與臧庸有關也未嘗不可，特羅列如下。

1. 關於石經遺文方面

如前所述，清以前的石經經本較之清代的通行本而言是更古的版本，而衆所周知，時代愈早，自然也就愈接近經本原貌，因此對於歷代石經遺字的研究，尤其是石經文字與當時通行本的校考便成爲清代考據學的一大熱門話題，清代石經文字研究盛况空前，臧琳的《經義雜記》便是清代石經遺文研究較早的成果之一。

一是漢石經遺字。宋趙明誠《金石録》曾將漢石經數千遺字與通行本經文校對，但由於《金石録》僅餘尾跋，遺字不傳，故現在的研究均根據洪适《隸釋》中相關的成果，此外則見於《東觀餘論》等書。臧琳以爲唐張參《五經文字》上列《説文》，下列石經，以相參校，“雖不能如洪、黄兩家章句相連成文，然其辨别石經體

① [清]紀昀等：萬斯同《石經考》提要，《四庫全書總目提要》卷八六，中華書局 1965 年版影印浙本，第 741 頁。

② 張國淦：《歷代石經考》，收入《歷代石經研究資料》第四輯，北京圖書館出版社 2005 年版，第 1 頁。

畫頗真”，同時《五經文字》爲唐人著作，時代在洪适之前，因此“欲于洪黄兩家外，復睹中郎遺跡，則張氏之書不可不讀也”，所以臧琳專門將該書涉及石經的内容進行輯佚。①

二是魏三體石經遺字。洪适《隸適》載魏三體石經遺字來自於宋代皇祐間洛陽蘇望遺字摹刻本，當時蘇望以《左傳》《尚書》錯雜成文，遂不加區别，統之以“《左傳》遺字”。臧琳以《左傳》校之，見其中有《尚書》中的《大誥》《吕刑》《文侯之命》三篇錯於《左傳》中，然後將這些文字依舊本《尚書》全句予以注明。②這是歷代學者第一次將《尚書》遺字從中輯出。此後孫星衍同樣發現了這一情況，將其成果刊於《魏三體石經遺字考》中。馮登府則在吸收臧琳和孫星衍成果的基礎上，在《石經考補》中將這一研究推向了更高水準。對於魏三體石經遺字的研究，可以説是臧琳在石經研究方面最有影響的成果。

2. 關於石經源流問題

石經源流問題並非臧琳關注的中心，但在《經義雜記》中仍然有二條涉及。一是《李巡奏定石經》。關於嘉平石經刊刻的起因，歷來根據《後漢書・儒林傳》，是“張馴拜議郎，與蔡邕共奏定六經文字，奏求正定六經文字，靈帝許之。邕乃自書丹於碑，使工鎸刻立於太學門外，於是後儒晚學咸取正焉。及碑始立，其觀視及摹寫者，車乘日千餘兩，填塞街陌”。但是臧琳又發現在《宦者吕强傳》中有如下記載：“時宦者濟陰丁肅、下邳徐衍、南陽郭耽、汝陽李巡、北海趙祐等五人稱爲清忠，皆在里巷，不争威權。巡以爲諸博士試甲乙科，争第高下，更相告言，至有行賂而定蘭臺漆書經字，以合其私文者。乃白帝，與諸儒共刻《五經》文于石。於是詔蔡邕等正其文字，自後《五經》一定，争者用息。”因此他認爲熹平立石經，雖然有靈帝之詔，蔡邕之奏，而發端實自李巡。李巡雖然身爲宦官，但有功於經學，臧琳遂“特爲表出之”。③二是《盧植奏定石經》。臧琳翻檢《後漢書・盧植傳》，其中有記載，在始立太學石經，以正五經文字之時，盧植曾上書，自稱少從通儒馬融受古學，熟知《禮記》，願意“專心研精，合《尚書》章句，考《禮記》失得，庶裁定聖典，刊正碑文”，但事後南夷反叛，盧植被任命爲廬江太守，負責平叛。此後又與諫議大夫馬日磾、議郎蔡邕、楊彪、韓説等並在東觀校中書五經記傳，補續《漢

① [清]臧琳：《經義雜記》卷一二，《續修四庫全書》經部172册，上海古籍出版社1995年版，第128頁。

② [清]臧琳：《經義雜記》卷一二，第130—132頁。

③ [清]臧琳：《經義雜記》卷二五，第236頁。

記》,但皇帝以爲非急務,轉爲侍中。臧琳據此認爲,正如盧植所言,《禮記》由後儒所定,故不無錯謬處。盧氏欲本師説裁正之,卻因故未成,實爲千古恨事。另外盧植曾注《小戴禮記》二十卷,今人應該輯其遺説以存其概。①此後臧庸輯《盧氏禮記解詁》一卷、《補遺》一卷、《附録》一卷,收入其所刊《拜經堂叢書》中,究其緣由,應該與此有關。

(二)臧庸《拜經日記》中的石經研究

臧庸在《拜經日記》中曾經多次引用石經中的内容,其在《題蜀石經毛詩考證》中,便稱:其幼時讀官本《毛詩注疏考證》引蜀石經,已"心頗惑之",此後便考證其文字異同,②可見他很早已經開始對石經有所關注。臧庸在石經研究中的主要貢獻仍然在於遺文考證,除了考證他書中的引用之外,專門對石經的研究主要有以下幾個方面。

1.《石經孟子》

《開成石經》中只有十二經,缺《孟子》,後清陝西巡撫賈漢復補刻《孟子》七卷,遂成"秦本石刻十三經"。而南宋高宗御書石經中有章草書寫就的《孟子》,可補開成石刻之闕失。臧庸遂和其弟臧禮堂一起取南宋御書石經的《孟子》石本,與當時流傳的版本勘對,發現可據是正者甚多,遂作《石經孟子》。③

2.《漢魏石經遺字》

《一切經音義》是漢文《大藏經》中解釋佛經難讀字詞的音義類訓詁學著作,其中唐僧玄應的《一切經音義》,又名《衆經音義》,是現存最早的佛經音義。歷來認爲,此書雖"義附彼教,而訓釋華言,採獲所及,莫非古訓",④而且其中徵引古籍衆多,"浩博無涯,洵足以俯視李善《文選注》、陸德明《經典釋文》矣,實爲輯隋唐前逸書之一大淵海"。⑤清代學者注意到了這一點,校勘家和小學家都視之爲至寶,争相採録,如任大椿、孫星衍等都有相關輯佚著作傳世。臧琳也注意到了這一點,他曾從《一切經音義》中輯出了《通俗文》佚句。⑥他從《一切經音義》中輯録了幾條漢魏石經的遺字,並進行了相關的考證。如《一切經音義》卷三《光贊般

① [清]臧琳:《經義雜記》卷二五,第237頁。

② [清]臧庸:《拜經堂文集》卷二《題蜀石經毛詩考證》,《續修四庫全書》集部1495册,第512頁。

③ [清]臧庸:《拜經日記》卷八,《續修四庫全書》子部,第1158册,第119頁。

④ 陸宗達:《一切經音義引用書索引跋》,收入《正續一切經音義附索引兩種》影印本,上海古籍出版社1986年版,第5561頁。

⑤ 丁福保:《正續一切經音義提要》,收入《正續一切經音義附索引兩種》影印本,第5843頁。

⑥ [清]臧庸:《拜經堂文集》卷二《刻通俗文序》,第523頁。

若經第七》云:“燕坐又作宴,石經爲古文燕,同《説文》。宴,安也。”另外,卷六《妙法蓮華經第一》云:“宴默,石經爲古文燕。《説文》:宴,安也。”當時顧廣圻對此曾有考釋,認爲此“石經”當指漢石經,但是臧庸卻認爲應該是魏三體石經。他又舉《一切經音義》卷四《賢劫經第一》之例“邦伴”之“邦”字,石經作[illegible]、邦、挹三形。《經義雜記》魏三體石經中的《尚書·大誥》中“肆予告我友邦君”中,“邦”字作[illegible]、[illegible]、邦三形。又“予惟以爾庶邦”,“邦”字存[illegible]、邦二形。《吕刑》“有邦有土”,“邦”字存古文篆[illegible]、[illegible]二形,則“[illegible]”是古文[illegible]字之訛,因此此處所謂“石經”是魏三體石經尚書①。

二　臧庸與《唐石經考異補》

臧庸關於石經研究的主要成果體現在《唐石經考異補》上,以下便專門討論之。

（一）緣起

《唐石經考異》是錢大昕在石經方面的代表作品。錢大昕在《十駕齋養新録》中便有如《石經俗體字》《石經避諱改字》等方面關於石經的研究,他又是清代較早對唐石經文字進行研究的學者,《唐石經考異》便對唐石經進行詳盡的考校,對“旁添字之謬誤”“摩改字之異同”一併指出。此外又依據石經本以訂正版本,多發前人所未發,初步奠定了唐石經文字研究的體例與規模,“精審不苟,發前人所未發”。但是《唐石經考異》並未經刊行,只在弟子中行鈔行世。目前國家圖書館藏有袁廷檮鈔本和次歐山館鈔本兩種,其中袁廷檮鈔本有臧庸、顧廣圻、瞿溶及袁本人的簽校批跋。民國時商務印書館將其刊入《涵芬樓秘笈》中,孫毓修將諸人的簽校整理爲《唐石經考異補》,附於卷末,這也是《唐石經考異》第一次出現在世人面前。②

《唐石經考異》中臧庸曾據朱熹《儀禮經傳通解》補《月令》之闕,題款爲癸丑四月,即乾隆五十八年(1793),則臧庸等人校《唐石經考異》當在此時。據陳鴻森先生著《臧庸年譜》,正是在本年春,臧庸倉猝至吴門,本欲投段玉裁,適段氏因事羈京口,未值。賴王鳴盛等人介紹,延至袁廷檮拜經閣,爲袁氏校勘經籍。臧庸在吴門時,一方面與段玉裁、錢大昕、王昶等諸前輩講論學術,一方面又經袁廷檮

---

① ［清］臧庸:《拜經日記》卷九,第 140 頁。

② ［清］孫毓修:《唐石經考異跋》,見［清］錢大昕:《唐石經考異》,收入《歷代石經研究資料》第八輯,第 276 頁。

介紹,與顧廣圻、瞿中溶等人相識。他在袁氏閣中得見錢大昕《唐石經考異》鈔本,遂校之。[①]而其本年仲秋與錢大昕通信中,也有"《石經爾雅考異》,近獲數證,容録正"[②]的相關内容,可見臧庸校此書當持續至少有半年之久,而且他的校勘工作應該也得到了錢大昕本人的同意和認可。

(二)《唐石經考異補》與《經義雜記》之比較

在對石經文字的校勘過程中,臧庸在《唐石經考異補》中多次提及高祖臧琳與《經義雜誌》,另外還有一些雖未提及,但《經義雜誌》有相關論述者。以下便對二者内容進行一比較。

1. 湜湜其沚

《唐石經考異補》云:

> 《説文》水部、《玉篇》水部"湜"字下皆引《詩》"湜湜其止"。《白氏六帖》卷七兩引詩"湜湜其止"。鄭箋云:"己之持正守初如沚然不動揺。"據此,則今本作"沚",其誤始于《唐石經》也。余高祖玉林府君謂,孔氏《正義》猶作"止"字。今箋有"小渚曰沚"四字,《釋文》有"其沚音止"四字,俱俗人妄加。[③]

此説見於《經義雜記》卷二九,云:

> 《詩·谷風》:"涇以渭濁,湜湜其沚。"本作"湜湜其止",今各本及注疏本皆作"沚",此因經誤作"沚",淺人又於《箋》首增"小渚曰沚"四字,於《釋文》加"其沚音止"四字,誤遂不可解矣。今特正之。

末有臧庸按語,臧庸又按:

> 唐石經已誤作"沚"。[④]

2. 肅肅馬鳴

《唐石經考異補》:

---

① 陳鴻森:《臧庸年譜》,《中國經學》第二輯,廣西師範大學出版社 2010 年版,第 264—266 頁。
② [清]臧庸:《拜經文集》卷三《上錢曉徵少詹書》,第 546 頁。
③ [清]臧庸:《唐石經考異補》,收入《歷代石經研究資料》第八輯,第 220 頁。
④ [清]臧琳:《經義雜記》卷二九,第 269—270 頁。

"蕭蕭馬鳴",余高祖玉林曰:"細審石經原刻作'肅肅',後改作'蕭蕭'。"案毛《傳》"肅肅馬鳴,悠悠旆旌"二句云:"言不讙嘩也"。因肅然是清静之意,故云不讙嘩。若作蕭字,則作蕭涼、蕭條解,非矣,當從原刻。①

此説見於《經義雜記》卷二二:

《詩·車攻》"蕭蕭馬鳴",唐石經原刻作"肅肅馬鳴",後即於"肅肅"上改爲"蕭蕭",其跡宛然可考。案:《傳》曰:"'肅肅馬鳴,悠悠旆旌'。言不讙嘩也。"以經本作肅,爲肅然清静意,故云不讙嘩。若作蕭,爲蕭涼、蕭條,則入近人辭氣矣。或謂既馬鳴矣,安得肅然清静?"蓋天子親田,士馬衆盛,徒御囂囂,今而聞肅然馬鳴之聲,見悠然旆旌之形,是於極煩擾之中而得此整暇景象矣,故爲不讙嘩。"當從石經原刻。②

3. 昊天

《唐石經考異補》:

"昊天",《釋文》云:"旻天,本有作昊天者,非也。"《正義》云:"定本皆作昊天,俗本作旻天,非也。"《經傳沿革例》云:"昊天,俗本皆作旻天,今從疏及諸善本。"玉林以作"昊"爲是,段若膺以作"旻"爲是。③

此説見於《經義雜記》卷一八:

《詩·雨無正》"旻天疾威",《釋文》:"旻天疾威,密巾反,本又作昊天者,非也。"《正義》作"昊天",曰:"上有昊天,明此亦昊天,定本皆作昊天,俗本作旻天,誤也。"《唐石經》亦作"昊天"。《文選注》五十六引《詩》:"昊天疾威,弗慮弗圖。"《漢書》注一百下引《詩》:"昊天疾畏,不慮不圖。"則唐時本此篇多作"昊天疾威"矣。與《小旻之什》"旻天疾畏"文異。案《黍離·傳》云:"元氣廣大,則稱昊天;仁覆閔下,則稱旻天。"此篇曰"浩浩",言元氣廣大也,故爲昊天;曰"疾威",言"仁覆閔下"也,故爲旻天。《小旻》言"疾威",亦曰"旻天"

---

① [清]臧庸:《唐石經考異補》,第225頁。
② [清]臧琳:《經義雜記》卷二二,第214頁。
③ [清]臧庸:《唐石經考異補》,第226頁。

矣。此當從《釋文》作旻,《正義》定本、石經皆非是。①

可見此處臧庸理解有誤,臧琳也以爲是"旻"。

4. 有洌九泉

《唐石經考異補》:

《詩·大東》"有洌九泉",《釋文》、宋板注疏、葛本皆與石刻同,他本多從"冰",作"冽",段若膺以作"冽"爲是。②

此處雖未提《經義雜記》,然《經義雜記》卷二二有此條,云:

《詩·大東》:"有冽氿泉。"冽爲寒氣也。《説文》:"冽,寒貌。"故字從冰。唐石經"洌"字誤從水。③

可見臧琳也以作"冽"爲是,臧庸則並未提及。

5. 東有甫草

《唐石經考異補》:

《後漢書注》《文選注》皆引韓詩"東有圃草"。《水經注》廿二引詩"東有圃草"。又王逸《楚詞注》十六及《白虎通闕文》引《詩》皆作"圃"。見石刻"甫"字四圍皆小,必本作"圃"也。《釋文》:"圃草,毛如字,鄭音補。"謂圃田是作圃者,從鄭義也。又疑經文本作"圃",毛以爲"甫"之假借,故訓爲大。鄭如字讀,故云:"鄭有圃田"。若本作"甫",《箋》當有"甫讀爲圃"四字。④

《經義雜記》卷九:

《車攻》"東有甫草",《傳》:甫,大也。《箋》云:甫草者,甫田之草也。鄭有甫,舊作"圃"。葛本尚作"甫田"。《釋文》:甫草,毛如字,鄭音補。甫田,

① [清]臧琳:《經義雜記》卷一八,第177頁。
② [清]臧庸:《唐石經考異補》,第227頁。
③ [清]臧琳:《經義雜記》卷二一,第208頁。
④ [清]臧庸題籤,見[清]錢大昕《唐石經考異》,第24頁。

舊音浦，下同。而唐石經原刻作"東有圃草"，後改爲"甫"，故石刻"甫"字獨小。《正義》凡甫田，字皆從□。[①]

6. 其政不獲

《唐石經考異補》：

石刻似先作"正"，後改作"政"。[②]

《經義雜記》卷三十：

琳案：《箋》訓。正爲"長"，而不云"政"，當爲"正"，則鄭所據《毛詩》本作"其正不獲"。唐石經原刻作"正"，依鄭本也。後改爲"政"，依肅本也。[③]

7. 駉駉牡馬

《唐石經考異補》：

《釋文》云："牡馬，本或作牧。"《正義》作"牡馬"，云："定本牧馬作牡馬。"《顔氏家訓·書證篇》："江南書皆作牝牡之牡，河北本悉爲放牧之牧。"考《文選》引古本作"牧"。《類聚》九十三、《御覽》五十五、《文選》"牧馬悲鳴"下引詩皆作"牧"。據此諸書，知古本皆作"牧"，唐之定本往往非是。[④]

《經義雜記》卷一八：

《魯頌》"駉駉牡馬"，《正義》曰："駉駉然，腹幹肥張者，所牧養之良馬也。"定本"牧馬"字作"牡馬"。《釋文》："牡馬，茂後反。《草木疏》云騭馬也。《説文》同，本或作牧。"《顔氏家訓·書證》云："江南書皆作牝牡之牡，河北本悉爲放牧之牧。"鄴下博士見難云：《駉》頌既美，僖公牧於坰野之事，何限騲騭乎？答曰：頌人舉其强駿者言之，於義爲得也。《易》曰："良馬逐逐。"《左傳》

① [清]臧琳：《經義雜記》卷九，第 108 頁。
② [清]臧庸：《唐石經考異補》，第 229 頁。
③ [清]臧琳：《經義雜記》卷三十，第 279 頁。
④ [清]臧庸：《唐石經考異補》，第 232 頁。

云:"以其良馬二。"亦精駿之稱,非通語也。據此則六朝時本已有"牡馬""牧馬"兩文矣。故《正義》作"牧",云定本作"牡"。今正文皆作"牡",非。《釋文》作"牡馬",云"本或作'牧'"。唐石經作"牡馬"。驗其改刻之痕,本是牧字。①

(三)臧庸與顧廣圻之争

《唐石經考異》刊入《涵芬樓秘笈》出版後,最爲引起關注的便是其中體現出的臧庸與顧廣圻之争。其中顧廣圻有一條簽注如此寫道:"凡《毛詩》内夾簽皆臧庸堂手筆,謬妄特甚。今粗用硃筆抹之,其説詳予所加《毛詩注疏考證》中,所不及細載。"②因此孫毓修在跋語中便言:"顧氏于臧氏語頗多詆諆,由所見有不同也。"③正如顧氏所言,其對臧庸有異議的内容,除了"柬有莆草"一條和關於以朱熹《儀禮經傳通解》補石經《月令》部分之外,絶大多數的討論都收入了其爲阮元所作的《毛詩注疏校勘記》中。

阮元《毛詩注疏校勘記序》云,其以自己的舊校本"授元和生員顧廣圻,取各本校之",可見《毛詩注疏校勘記》中的主要内容正是顧廣圻所作。考今十三經注疏本的《毛詩正義》,校勘記中提及臧琳《經義雜記》者共二十八條,除了少數幾條對臧琳的觀點表示認可之外,顧廣圻基本上均持有異議,上述臧庸在《唐石經考異補》中所引用的數條基本都在其批駁之例。以下便將顧氏的觀點分别列出,以供參考。

1. 湜湜其沚

《毛詩注疏校勘記》云:

案此鄭以經"止"字爲"沚"字之假借,不云讀爲,而於訓釋中直改其字以顯之也,例見《關雎》"怨耦曰仇"下。此實漢代注經之常例,而後來往往有依注改經者,此經《釋文》本已誤矣。《經義雜記》云:"以止爲沚,起於北宋。"又云:"此因經誤作沚,又於箋者增'小渚曰沚'四字,於《釋文》加'其沚音止'四字。"此説皆非也。《關雎》正義引此箋"小渚曰沚",安得以爲增乎? 因不得箋改字之例而誤也,今訂正。④

① [清]臧琳:《經義雜記》卷一八,第178頁。
② 見[清]錢大昕:《唐石經考異》,第19頁。
③ [清]孫毓修:《唐石經考異跋》,第278頁。
④ [清]阮元:《毛詩注疏校勘記》卷一,《續修四庫全書》經部180册,第503頁。

2. 肅肅馬鳴

《毛詩注疏校勘記》云：

《經義雜記》以爲經本作"肅"，云唐石經原刻作"肅肅馬鳴"，後即於"肅肅"上改爲"蕭蕭"。非也。石經並非改刻，其所云經本作"蕭"者，全未有據，誤之甚者也。①

3. 東有甫草

此條在《唐石經考異》中有顧廣圻題簽，云："竹汀先生所考是也。今石經具在，可覆而按，何得厚誣古人。澗薲批。"②

《毛詩注疏校勘記》云：

《唐石經考異》云："甫"先作"莆"，後改。是也。考《釋文》《正義》皆作"甫"，《傳》云："甫，大也。"此亦字體乖師法之一。《經義雜記》以爲原刻作"圃"，改從《鄭箋》者，誤也。又《水經注》、王逸《楚詞注》引作"圃"，乃《韓詩》。《後漢書注》《文選注》皆云《韓詩》也。③

4. 旻天

《毛詩注疏校勘記》云：

案此《釋文》本也。《釋文》云："旻天疾威，密巾反。本有作'昊天'者，非也。"《正義》云："上有旻天，明此亦旻天。定本皆作旻天，俗本作旻天，誤也。"《沿革例》云：俗本皆作"旻天"，今從疏及諸善本。考此《箋》云："王既不駿旻天之德，今旻天又疾其政，以刑罰威恐天下。"是鄭自作"旻"。此詩凡三言"旻天"："浩浩旻天""旻天疾威""如何旻天"是也，不應其一作"旻"，乃涉"小旻"而誤耳。《毛鄭詩考正》云："孔説爲得是矣。"《經義雜記》云此當從《釋文》作"旻"者，誤。④

① [清]阮元：《毛詩注疏校勘記》卷四，第 576 頁。

② 見[清]錢大昕：《唐石經考異》，第 24 頁。

③ [清]阮元：《毛詩注疏校勘記》卷四，第 575 頁。

④ [清]阮元：《毛詩注疏校勘記》卷四，第 587 頁。

5. 其政不獲

《毛詩注疏校勘記》云：

> 案《釋文》云："其政如字。政，政教也，鄭作正。正，長也。"《正義》云："其政不得于民心。"是其本亦作"政"。考此《箋》云："正，長也。"乃以"政"爲"正"之假借，直於訓釋中改其字以顯之，而不言讀爲也。例詳前。唐石經依改經文，未是。《經義雜記》云："唐石經原刻作正，依鄭本也，後改爲政，依肅本也。"今考石經但小損耳，未嘗改爲"政"，又於此經之傳多所删改，皆非也。①

6. 駉駉牡馬

《毛詩注疏校勘記》云：

> 《經義雜記》又以爲《釋文》于"牡馬"下引《草木疏》云"騭馬也"，陸機亦作"牡"，乃三國時本，更爲可據，其説非也。《草木疏》雖亡，但所云"騭馬也"者，非有專疏，此《詩》之明徵也。特陸引之，使就"牡"字耳。下文云："《説文》同。"今《説文》具存，更何得指馬部"騭"字爲專解此詩乎？又以爲唐石經初刻"牧"，後改"牡"，亦誤。②

臧庸出生寒家，高祖臧琳雖博通經史，著《經義雜記》，並稱有閻若璩表彰，然世人知之甚少，也無後人傳其學問。臧庸父臧繼宏"幼貧困失學，冬寒無厚服，日得四五錢以爲食"。③臧庸直至就讀龍城書院，師事盧文弨，其經學才華方爲世人所知。因此使得臧庸性格一方面恃才傲物，另一方面又敏感多疑，所以嚴元照曾稱其"天性憨直，有言必盡，卻少委宛一字而不可得，坐是而不諧於俗"，而且往往"曰某某不足道"，有"愎與躁"二病。④而且他不得已往往要借重當世名人推揚，方能在學界立足。如其本人便自稱段玉裁致書盧文弨，言臧庸學識遠超孫（星衍）、洪（亮吉）之上。⑤如此性格舉止，也使得他很難與人相處。

① ［清］阮元：《毛詩注疏校勘記》卷六，《續修四庫全書》經部181册，第4頁。
② ［清］阮元：《毛詩注疏校勘記》卷七，第60頁。
③ ［清］阮元：《揅經室二集》卷五《武進臧布衣傳》，第292頁。
④ ［清］嚴元照：《悔庵學文》卷一《與臧在東書》，《清人詩文集彙編》第508册，第467頁。
⑤ ［清］臧庸：《拜經堂文集》卷二《刻詩經小學録序》，第511頁。

據陳鴻森先生《臧庸年譜》,臧庸與顧千里相識源於其龍城書院同學顧文炳,乾隆五十六年(1791),顧文炳游吴,行篋攜臧庸所輯《爾雅漢注》,顧千里見而善之,以爲稀有之書。[①]顧文炳還鄉後,亟稱顧廣圻於臧庸,恨不得一見。此後如前所述,於乾隆五十八年,因袁廷檮而始識顧廣圻。此時,二人關係極好,臧庸曾言:元和顧千里"氣骨崚然,所覽靡不精究,余畏友也"。[②]然而此後在嘉慶六、七年間(1801—1802),二人在阮元處一起校勘十三經時,開始失和,顧廣圻曾稱臧庸"好變亂黑白",爲"庸妄人"。陳鴻森先生稱二人皆自負所學,性行簡傲,其不能相容,固不難逆料。[③]《唐石經考異》也有顧廣圻題詞,言"嘉慶辛酉(六年,1801),元和顧廣圻借録一部訖,時寓西湖孤山之蘇公祠中"。可見顧氏在《唐石經考異》中的批評文字以及在《毛詩注疏校勘記》中對《經義雜記》的指責,均撰於此時。

《續修四庫全書提要》"唐石經考異"條曾言及臧顧二人之争,以爲"此則由於所見不同,所謂知者見知,仁者見仁,是在讀者綜覽諸家校語,參以石刻及各本之異同,折衷而論斷之矣",[④]孫毓修也稱二人之争是由於"所見不同"。細讀上述二人觀點,臧庸固然時有穿鑿附會之嫌,而顧氏也並非全都正確。

餘　語

清代自顧炎武《石經考》之後,石經之學大興,衆多學者都在此領域有所成就。臧庸爲乾嘉時的重要學者,雖然没有專門的石經著作,但是在石經學方面也作出了一定的貢獻,其中尤在石經遺字方面研究頗多。因此,對其在石經方面研究成果進行梳理,對討論清代石經學研究乃至經學發展當有一定價值。而且由於臧庸此人向來富於争議,無論是《唐石經考異》中其與顧廣圻之争,還是《經義雜記》是否經其增改,均是清代學術界的一樁公案。僅希望拙文能爲此提供一些綫索,懇請諸方家指正。

(作者爲上海社會科學院歷史研究所副研究員)

---

① [清]陳鴻森:《臧庸年譜》,第 262 頁。

② [清]臧庸:《拜經堂文集》卷四《漁隱小圃文飲記》,第 589 頁。

③ 陳鴻森:《臧庸年譜》,第 287 頁。

④ [清]東方文化事業委員會撰,王雲五編:《續修四庫全書總目提要》第三册,臺灣商務印書館 1972 年版,第 964 頁。

試解讀《奏修石經字像册》

王琳琳

一　乾隆石經及兩次改刻基本情況

清乾隆五十六年(1791),爲勘正經典,統一教材,乾隆皇帝諭旨以蔣衡耗時十二年手書之十三經爲底本刻石,立於北京國子監,稱之爲"乾隆御定石經",簡稱"乾隆石經"或"清石經"。石經共 189 通,加上末一碑《聖諭及進石刻告成表文》共 190 通,約 63 萬字。石碑均爲圓首方座,高 305 釐米,寬 106 釐米,厚 31.5 釐米,碑額篆書"乾隆御定石經之碑",鈐乾隆御璽"表章經學之寶"和"八徵耄念之寶"。碑文爲楷書,兩面刻字,每面 6 列。乾隆石經是歷代儒家經典碑刻中最爲完整、規模最大的一部。

嘉慶八年(1803),時任石經副總裁的彭元瑞奏請重修石經。諭旨載:

> 前因彭元瑞奏:太學石經現在所刊碑文,與御纂欽定本間有異同,請詳加察覆。……現在太學石經早已刊布通行,毋庸改易。其石經内有遺漏筆畫,及鎸刻草率各條,著交御書處查照修整,以臻完善。①

在馮登府《石經補考》卷十一《國朝石經考異》中也有類似的記載:

> 彭尚书元瑞曾譔《考文提要》十三卷,以證校正所自,當時因急於告竣,未及盡改。迨我仁宗皇帝嘉慶八年,尚書奏請重修,於是復命廷臣磨改,以期盡善,故前後搨本不同。②

---

① [清]文慶、李宗昉等纂修:《欽定國子監志》,北京古籍出版社 2000 年版,第 1042 頁。

② [清]馮登府:《石經補考》,收入賈貴榮輯《歷代石經研究資料輯刊》,北京圖書館出版社 2005 年版,第 2 册,第 579 頁。

因嘉慶八年的重修，乾隆石經的拓本也出現乾隆和嘉慶兩種拓本，相互有異。張國淦的《歷代石經考·清石經考》對此有載：

> 嘉慶八年曾磨改，今石完好無殘闕。其拓本有乾隆、嘉慶拓本，前後不同。偶見於京師故家中，近亦無新拓本。①

從乾隆五十九年(1794)石經刊刻完成，到嘉慶八年，不到十年，因此以重修之前的拓本更爲珍貴。

光绪十一年至十三年(1885—1887)因乾隆石經"字蹟歲久受損"，②國子監學録蔡賡年根據《欽定考文提要》對石經進行修刻，并據此撰書《奏修石經字像册》。該书卷首載：

奏修《石經》文字樣本

> 堂諭《乾隆石經》，字迹歲久受損。本堂于七月間奏准請遵《欽定考文提要》及時修刻在案，着派蔡賡年敬宲(即審)石刻編册呈堂，覆定發修。此諭。光緒十一年十二月十五日，學録蔡賡年遵奉謹編。③

時距乾隆五十九年石經刊刻完成、嘉慶八年石經重修已近百年，此時石經字跡受損，國子監官師核校石經，共計修刻 863 處，具體情况如下：《周易》文字擬修 13 科、《尚書》文字擬修 64 科、《毛詩》文字擬修 95 科、《周禮》文字擬修 132 科、《儀禮》文字擬修 61 科、《禮記》文字擬修 126 科、《左傳》文字擬修 126 科、《公羊》文字擬修 54 科、《穀梁》文字擬修 43 科、《論語》文字擬修 47 科、《孝經》文字擬修 4 科、《爾雅》文字擬修 39 科、《孟子》文字擬修 59 科，都計《十三經》文字擬修 863 科。④

有清一朝，乾隆石經歷經乾隆五十六至五十九年(1791—1794)的刊刻，嘉慶八年的磨改，光绪十一年至十三年的奏修，相應乾隆石經的拓本也有乾隆版(乾隆五十九年—嘉慶八年)、嘉慶版(嘉慶八年—光緒十三年)和光緒版(光緒十三年至今)三個版本。

---

① 張國淦:《歷代石經考》，收入賈貴榮輯《歷代石經研究資料輯刊》，第 4 册，第 526 頁。

②③ [清]蔡賡年:《奏修石經字像册》，收入賈貴榮輯《歷代石經研究資料輯刊》，第 8 册，第 547 頁。

④ [清]蔡賡年:《奏修石經字像册》，第 8 册，第 547—695 頁。

二　光緒年奏修石經背景及人物

關於乾隆石經的改刻，文獻資料中對嘉慶八年的磨改多有記載，而光緒十一年的奏修則鮮有記録。有學者指出："有關蔡賡年奏修《乾隆石經》事，馮登府《石經補考·國朝石經考異》未載及，蓋馮氏卒于道光二十一年(1841)；而張國淦《歷代石經考·清石經考》則闕載。"①在北京圖書館出版社出版的《歷代石經研究資料輯刊》中收録了清人蔡賡年撰寫的《奏修石經字像册》，這是關於光緒十一年奏修乾隆石經最重要的文獻資料。

兩次鴉片戰争及太平天國起義後，大清王朝全面衰落，國子監也大受影響，生員的質量和數量都大大下降。數年戰争，國家財力吃緊，爲籌措軍餉而放寬捐納國子監官員和貢生的限制，造成師生質量整體下滑。同治、光緒兩朝，清政府加强對國子監的管理，整頓學務，提振士氣。光緒十年至光緒十五年(1884—1889)由宗室盛昱出任國子監祭酒，他整治國學，成效顯著。在《清史稿·列傳二百三十一》中對盛昱有如下記述：

> 宗室盛昱，字伯熙，隸滿洲鑲白旗，肅武親王豪格七世孫。祖敬徵，協辦大學士。父恒恩，左副都御史。盛昱少慧，十歲時作詩用"特勤"字，據唐闕特勤碑證新唐書突厥"純特勒"爲"特勤"之誤，繇是顯名。光緒二年進士，既，授編修，益厲學，討測經史、輿地及本朝掌故，皆能詳其沿革。累迁右庶子，充日講起居注官。……
>
> 十年，遷祭酒。……
>
> 盛昱爲祭酒，與司業治麟究心教士之法，大治學舍，加膏火，定積分日程，懲游惰，獎樸學，士習爲之一變。十四年，典試山東。明年，引疾歸。盛昱家居有清譽，承學之士以得接言論風采爲幸。二十五年，卒。②

盛昱，滿洲鑲白旗人，光緒二年(1876)進士，光緒十年出任國子監祭酒，整治學舍，增加監生膏火錢，製定積分制度，獎勤罰懶，國子監學風爲之一變。

盛昱整治國子監的成績在徐郙、王懿榮等呈遞《已故祭酒盛昱請付史館列入

---

① 何廣棪：《〈乾隆石經〉考述》，《古籍整理研究學刊》2008年第1期。

② 趙爾巽等撰：《清史稿》，中華書局1977年版，第41册，卷四四四，第12454頁。

儒林傳據情代奏摺》中也有表述：

> 前在國子監南學肄業翰林院編修喻長林等十四人呈稱，盛昱於光緒十年到任，至光緒十五年因病奏請開缺，計在祭酒任内六年之久。其教士以通經致用爲本，根柢程朱，而益之以許鄭賈孔之學，俾學者精研義理，以爲躬行實踐之資。又仿宋儒安定胡氏分經義治事之法，俾學者各治一經一史，及天文、輿地、兵事、農政等門，日有課程，編爲劄記，前祭酒評加批閱，辨其得失，孜孜訓迪，終日無倦。一時肄業者皆争自磨礪，勉爲有體有用之學。其有不守學規，及疏曠功課、門徑歧出者，則隨時懲戒斥逐。立法嚴整，爲從前所未有……今距前祭酒蒞任已十有餘年，六館諸生，猶奉格前規，遵循弗替。逆犯康有爲僞爲邪説之時，本學肄業者，皆篤守師傳，無一人爲其煽誘，亦可見以道得民之效矣。①

該摺於光緒二十五年(1899)十二月呈遞，肯定了盛昱任國子監祭酒時的一系列整治措施使國子監學風大變。

盛昱任國子監祭酒期間，除了整頓教務，又尤爲重視國子監石刻的保護和傳承。他委派國子監崇志堂學録蔡賡年(又名蔡右年)主持奏修乾隆石經和仿刻周秦石鼓。在前述中載：

> 本學石經，刻逾百年，當時蔣衡所書多據坊本，錯訛不免，是以前大學士彭元瑞於乾隆間曾經派纂《石經考文提要》一書，進呈御覽。前祭酒於到官之日，即行奏請謹依《石經考文提要》，重爲修補，旋奉旨依議，遂率學官蔡右年等敬謹考核，一歸是正，昭垂千古，安設栅欄，兼資保護。②

光緒年奏修石經，主要以彭元瑞的《石經考文提要》爲依據進行修補，并加設栅欄以保護石經。

關於蔡賡年生平的記載不多。《奏修石經字像册》扉頁載："蔡賡年，字崧甫，德清人。咸豐辛酉科優貢生，同治丁卯科舉人，官國子監學録。"③《光緒順天府志》上署"德清蔡賡年纂"。光緒十二年(1886)國子監祭酒、宗室盛昱依石鼓宋拓

①② 《已故祭酒盛昱請付史館列入儒林傳據情代奏摺》，載《軍機處録副奏摺・文教類》，光緒二十五年(1899)十二月，中國第一歷史檔案館藏。

③ [清]蔡賡年：《奏修石經字像册》，第543頁。

國子監東三堂有護欄保護乾隆石經

本刻石立於國子監土地祠(韓文公祠)内壁間。石鼓上的文字由崇志堂學録蔡右年校對,監生黄士陵和拔貢生尹彭壽刻。在石鼓後有小楷跋:"光緒十二年八月,國子監祭酒、宗室盛昱重摹阮氏覆宋本石鼓文刻石龕置韓文公壁。崇志堂學録蔡右年校文,監生黟縣黄士陵刻,拔貢生諸城尹彭壽續刻。"羅振玉《雪堂類稿·長物簿録戊之二》"石鼓文盛伯熙祭酒精拓本"條:"此宗室伯熙祭酒盛昱官國子祭酒時,命黟縣黄牧父(士陵)手拓,氈墨至精,凡舊托不能辨之殘畫,皆明晰可見。前有篆文朱記,文曰:'光緒乙酉續修監志,洗拓凡完字及半泐可辨者,尚存三百三十餘字,别有釋。國子監祭酒宗室盛昱,學録蔡賡年謹次。'又有'牧父手拓'印。"①可见蔡賡年与蔡右年是同一人,主持了石經的奏修和石鼓的拓製、仿刻。

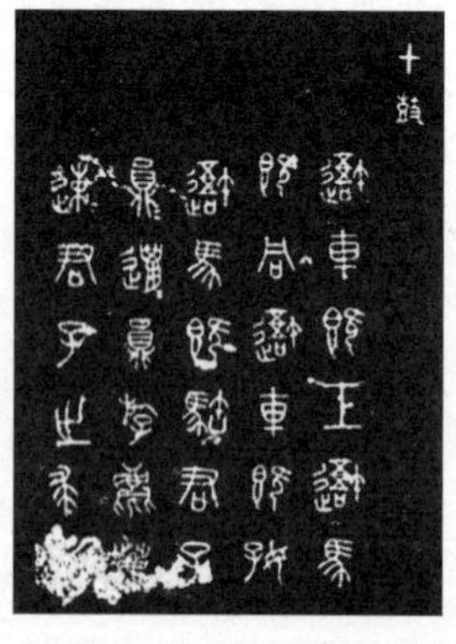

黄士陵、尹彭壽摹刻石鼓拓片

① 羅振玉撰述,蕭文立編校:《雪堂類稿·長物簿録戊之二》,遼寧教育出版社2003年版,第86頁。

三 《奏修石經字像册》概況

《奏修石經字像册》爲清人蔡賡年撰寫，扉頁有蔡賡年的簡要介紹（見前文）。書名爲“奏修石經字像册”，表明此次修補石經是上奏皇帝奉旨改刻的，“字像册”則表明書中將改刻前石經上的字和改刻後的字如畫像一般彙集成册。該書因被北京圖書館出版社出版的《歷代石經研究資料輯刊》收録而爲今人所得。

《奏修石經字像册》全書手寫，以列表的形式將石經上磨改文字的情況羅列出來。每則改刻條目分爲三欄：第一欄大號字，列出十三經的原文；第二欄小號字，列歷次文字改動情況；第三欄大號字，列最後改定的文字。如《周易》中的一則：“包犧氏没。包初刻包，後加艸作苞。包。”③“包犧氏没”出自《周易·繫傳下》，在乾隆五十六年初刻時刻爲“包”字，嘉慶八年磨改時加艸改作“苞”，光緒十一年奏修又改回“包”。又如《尚書》中改刻的一則：“允升於大猷。升初刻升不誤，後磨去一筆廾。升。”④“允升於大猷。”出自《尚書·君陳》，在乾隆五十六年初刻没有錯誤，嘉慶八年磨去一筆爲“廾”，光緒十一年奏修又添加一筆改回“升”。

包犧氏没　包　初刻包後加艸作苞　包①

允升于大猷　升　初刻升不誤後磨去一筆廾　升②

“包犧氏没”與“允升於大猷”二例

全書將乾隆石經文字磨改情況分列爲四部分：

第一部分爲“易書詩”，即《周易》《尚書》《毛詩》的改刻字樣。在正文前有文字：

奏修《石經》文字樣本

> 堂諭《乾隆石經》，字迹歲久受損。本堂于七月間奏准請遵《欽定考文提要》及時修刻在案，著派蔡賡年敬案石刻編册呈堂，覆定發修。此諭。光緒十一年十二月十五日，學録蔡賡年遵奉謹編。⑤

此段文字提出了此次奏修乾隆石經是因爲“字跡歲久受損”，但通過分析改刻字樣，發現原因並不如此（詳見後文）。這一部分列出了《周易》《尚書》《毛詩》改刻的字樣。在《周易》部分末尾處作出統計“右《周易》文字擬修者十

①③ ［清］蔡賡年：《奏修石經字像册》，第551頁。

②④ ［清］蔡賡年：《奏修石經字像册》，第560頁。

⑤ ［清］蔡賡年：《奏修石經字像册》，第547頁。

三科”,[1]即《周易》此次擬修改十三處。《尚書》部分“擬修者六十四科”。[2]《毛詩》部分“擬修文字九十五科”。[3]

第二部分爲“三禮”,即《周禮》《儀禮》和《禮記》。體例如前,在正文前也有一段文字,表明奏修的緣由、時間、人物等。《周禮》部分,文末統計“右《周禮》擬修文字百三十二科”。[4]《儀禮》部分統計“擬修文字六十一科”。[5]《禮記》部分統計“擬修文字百二十六科”。[6]

第三部分爲“三傳”,即《春秋左氏傳》《春秋公羊傳》和《春秋穀梁傳》。體例如前,不再贅述。《春秋左氏傳》部分“擬修文字百二十六科”。[7]《春秋公羊傳》部分“擬修文字五十四科”。[8]《春秋穀梁傳》部分“擬修文字四十三科”。[9]

第四部分爲《論語》《孝經》《爾雅》《孟子》。《孝經》部分“擬修文字四科”。[10]《爾雅》部分“擬修文字三十九科”。[11]《論語》部分“擬修文字四十七科”。[12]《孟子》部分“擬修文字五十九科”。[13]

全書“都計十三經擬修文字捌百六十三科”。[14]

四　光緒年奏修石經情況及特點

光緒十一年奏修乾隆石經後,石經上的文字再未改動過,一直矗立於北京國子監,而今,石經上的文字依然是光緒年改刻的面貌(乾隆石經曾於 1956 年由國子監六堂搬遷至孔廟國子監夾道内)。

1997 年中州古籍出版社出版的《北京圖書館藏中國歷代石刻拓本滙編》中收録有乾隆石經十四通碑的三十九張拓片。據國家圖書館金石組工作人員介紹,這些拓片大致拓印於 20 世紀 30 年代,也就是説,這些拓片反映了光緒年奏修後石經

① [清]蔡賡年:《奏修石經字像册》,第 552 頁。
② [清]蔡賡年:《奏修石經字像册》,第 563 頁。
③ [清]蔡賡年:《奏修石經字像册》,第 577 頁。
④ [清]蔡賡年:《奏修石經字像册》,第 604 頁。
⑤ [清]蔡賡年:《奏修石經字像册》,第 612 頁。
⑥ [清]蔡賡年:《奏修石經字像册》,第 630 頁。
⑦ [清]蔡賡年:《奏修石經字像册》,第 650 頁。
⑧ [清]蔡賡年:《奏修石經字像册》,第 658 頁。
⑨ [清]蔡賡年:《奏修石經字像册》,第 668 頁。
⑩ [清]蔡賡年:《奏修石經字像册》,第 671 頁。
⑪ [清]蔡賡年:《奏修石經字像册》,第 679 頁。
⑫ [清]蔡賡年:《奏修石經字像册》,第 686 頁。
⑬⑭ [清]蔡賡年:《奏修石經字像册》,第 695 頁。

上的文字狀況。

近年來，中國文化遺産研究院圖書館將所藏乾隆石經拓片電子化，部分公開。此套拓片爲 20 世紀 30 年代北平寺廟調查期間拓製，也體現了光緒年奏修後石經上的文字情況：與《歷代石刻拓本滙編》中的拓片文字一致，但品質更好一些，墨色濃黑，字體清晰。

現在將這兩套拓片與《奏修石經字像册》列表對比，以期歸納出光緒年奏修乾隆石經的特點。①

《奏修石經字像册》所載	國圖藏乾隆石經拓片截圖	中國文化遺産研究院藏乾隆石經拓片截圖	對比解讀
允升於大猷。升初刻升，不誤，後磨去一筆，廾。升。②	 ③		“允升於大猷。”出自《尚書・君陳》篇，位於乾隆石經中《尚書》第七碑三號。從《字像册》文字可知，在初刻時即乾隆五十六年刊刻時“升”字没有刻錯，而在嘉慶八年的改刻中磨去一筆變爲“廾”，在光緒十一年的奏修中又改回“升”。在國圖和遺産院所藏拓片中很清楚地看出“升”字修改的痕跡。
執戈上刃。執刻幸爲㚔，執。刃刻刃 ，刃。④	 ⑤		“執戈上刃。”出自《尚書・顧命》篇，位於乾隆石經中《尚書》第七碑四號。“執”和“刃”兩字均刻錯，兩套拓片中這兩個字都改正過來。遺産院拓片上能看出“刃”字修改的痕跡；而“執戈”之“執”與“執劉”之“執”的“幸”字明顯筆體不同，可見有過修改。而這兩個字的錯誤極可能是因爲刻工不仔細，導致刊刻字體不規範。

① 《北京圖書館藏中國歷代石刻拓本滙編》所收録乾隆石經拓片爲一經一張，有的拓片上没有改動的字，故對比並非涉及書中所收全部拓片。

②④ [清]蔡賡年：《奏修石經字像册》，第 560 頁。

③ 北京圖書館金石組編：《北京圖書館藏中國歷代石刻拓本滙編》，中州古籍出版社 1997 年版，第七十六册，第 115 頁。

⑤ 北京圖書館金石組編：《北京圖書館藏中國歷代石刻拓本滙編》，第七十六册，第 115 頁。

（续表）

《奏修石經字像册》所載	國圖藏乾隆石經拓片截圖	中國文化遺産研究院藏乾隆石經拓片截圖	對比解讀
定之方中。匪直也人。直初刻ナ謁匕復修改未净直。直。①	 ②		“匪直也人。”出自《詩經·鄘風·定之方中》，位於乾隆石經《詩經》第二碑二號。“直”字初刻錯誤，嘉慶八年的磨改並未乾净，光緒十一年奏修徹底改正過來。
木瓜。報之以瓊瑤。瑤刻作瑶。明本不作𤔡。瑤。③	 ④		“報之以瓊瑤。”出自《詩經·衛風·木瓜》，位於乾隆石經《詩經》第二碑六號。拓片上仍爲“瑶”，並未改正過來。
染人。染刻染，經文染字已正。儗歸畫一。染。⑤	 ⑥		“染人。出自”《周禮·天官》，位於乾隆石經《周禮》第一碑四號。拓片上明顯看出“染”字有改動的痕跡，並且“染”字結構不穩，不似初刻。但並未按《字像册》記載要求改過來。
徹筵席。徹，初刻云後加一筆徹，下同。《鄉飲酒篇》内作徹，不加畫。徹。⑦	 ⑧		“徹筵席。”出自《儀禮·士冠禮第一》，位於乾隆石經《儀禮》第一碑一號。乾隆五十六年初刻時没有錯誤，“徹”字上刻爲“云”，嘉慶八年改刻時加上一筆爲徹，光緒十一年奏修又有改動，但並未改對。

①③ ［清］蔡賡年：《奏修石經字像册》，第 565 頁。
②④ 北京圖書館金石組編：《北京圖書館藏中國歷代石刻拓本滙編》，第七十六册，第 118 頁。
⑤ ［清］蔡賡年：《奏修石經字像册》，第 581 頁。
⑥ 北京圖書館金石組編：《北京圖書館藏中國歷代石刻拓本滙編》，第七十六册，第 121 頁。
⑦ ［清］蔡賡年：《奏修石經字像册》，第 605 頁。
⑧ 北京圖書館金石組編：《北京圖書館藏中國歷代石刻拓本滙編》，第七十六册，第 124 頁。

（续表）

《奏修石經字像册》所載	國圖藏乾隆石經拓片截圖	中國文化遺産研究院藏乾隆石經拓片截圖	對比解讀
啐醴建柶興。建《提要》校從建，刻磨改作捷。《聘禮》作建柶。建。①	 ②		“啐醴建柶興。”出自《儀禮·士冠禮第一》，位於乾隆石經《儀禮》第一碑三號。從這個“建”字的改刻中，可以看出光緒十一年的奏修以《石經考文提要》爲依據。
以摯見於卿大夫。卿《提要》校從卿刻磨改作鄉。卿。③			“以摯見於卿大夫。”出自《儀禮·士冠禮第一》，位於乾隆石經《儀禮》第一碑三號。嘉慶八年改刻爲“鄉”，光緒十一年改正爲“卿”。在國圖和遺産院藏拓片中即爲“卿”。
況于其身。況刻譌作况，儗修。況。⑤	 ⑥		“況于其身。”出自《禮記·文王世子》，位於乾隆石經《禮記》第九碑八號。原碑文誤將“況”字刻作“况”，在拓片中很清晰地看出添加的那一點。

①③ ［清］蔡賡年：《奏修石經字像册》，第605頁。

②④ 北京圖書館金石組編：《北京圖書館藏中國歷代石刻拓本滙編》，第七十六册，第124頁。

⑤ ［清］蔡賡年：《奏修石經字像册》，第618頁。

⑥ 北京圖書館金石組編：《北京圖書館藏中國歷代石刻拓本滙編》，第七十六册，第128頁。

（续表）

《奏修石經字像册》所載	國圖藏乾隆石經拓片截圖	中國文化遺産研究院藏乾隆石經拓片截圖	對比解讀
傳十年。楚子襄鄭子耳侵我西鄙。侵,《提要》校從侵,刻磨改伐。侵。①	《北京圖書館藏中國歷代石刻拓本滙編》未收録此拓片。	皇耳于犬丘秋七月楚子 襄鄭子耳侵我西鄙還圍	“楚子襄鄭子耳侵我西鄙。”出自《春秋左傳·襄公》,位於乾隆石經《春秋左傳》第二十五碑三號。嘉慶八年改刻爲“伐”,光緒十一奏修根據《提要》改爲“侵”,拓片上明顯有磨改的痕跡。
十有二年。廝役扈養。廝刻同明本,誤广爲厂,擬修增。廝。②	③ 諸大夫死者數人廝役扈 養死者數百人今君勝鄭	諸大夫死者數人廝役扈 養死者數百人今君勝鄭	“廝役扈養。”出自《春秋公羊傳·宣公·十有二年》,位於乾隆石經《春秋公羊傳》第七碑八號。明本爲“廝”,在“厂”上加一點,改爲“廝”。
十有五年。亦乘堙。堙刻多一筆堙[illegible]點擬修去。堙。④	⑤ 亦乘堙而出見之司馬子	亦乘堙	“亦乘堙”出自《春秋公羊傳·宣公·十有五年》,位於乾隆石經《春秋公羊傳》第七碑九號。“堙”多刻一點爲堙。我們仔細看拓片,這一點並未全部磨掉改淨。

①②④ ［清］蔡賡年:《奏修石經字像册》,第653頁。

③⑤ 北京圖書館金石組編:《北京圖書館藏中國歷代石刻拓本滙編》,第七十六册,第134頁。

（续表）

《奏修石經字像册》所載	國圖藏乾隆石經拓片截圖	中國文化遺産研究院藏乾隆石經拓片截圖	對比解讀
二十有八年。公會齊侯于城濮。城刻漏一筆，戊作戊城。城。①	《北京圖書館藏中國歷代石刻拓本滙編》未收録此拓片。	稱也杞伯來朝公會齊侯于城濮	"二十有八年。公會齊侯于城濮。"出自《春秋穀梁傳・莊公》，位於乾隆石經《春秋穀梁傳》第三碑六號。"城"字刻漏一點，光緒十一年奏修時改正過來。
聚斂。斂刻譌"攵"爲"欠"。斂。②	聚斂③	聚斂	"聚斂"出自《论语・先進》，位於乾隆石經《論語》第三碑二號。"斂"字的"攵"誤刻爲"欠"。
舉皋陶。陶刻缶爲缶陶。陶。④	舉皋陶⑤	舉皋陶	"舉皋陶"出自《论语・顔淵》，位於乾隆石經《論語》第三碑六號。陶刻缶爲缶陶。光緒十一年奏修時改爲"陶"。

① ［清］蔡賡年：《奏修石經字像册》，第659頁。

②④ ［清］蔡賡年：《奏修石經字像册》，第682頁。

③⑤ 北京圖書館金石組編：《北京圖書館藏中國歷代石刻拓本滙編》，第七十六册，第139頁。

（续表）

《奏修石經字像册》所載	國圖藏乾隆石經拓片截圖	中國文化遺産研究院藏乾隆石經拓片截圖	對比解讀
莫大於配天。配刻酉爲酉。①	 ②		“莫大於配天。”出自《孝經·聖治章》，位於乾隆石經《孝經》第一碑三號。“配”的“酉”裏面多刻的一横已改掉。
祭則鬼亨之。亨刻作享。《石台孝經》作亨，《釋文》同。③	 ④		“祭則鬼亨之。”出自《孝經·孝治章》，位於乾隆石經《孝經》第一碑三號。“亨”刻作“享”，光緒十一年奏修將“享”的横去掉，拓片上能清楚看到去掉的痕跡。
敖憮。憮，《提要》校從憮，改刻憮。憮。⑤	 ⑥		“敖憮”出自《爾雅·釋言》，位於乾隆石經《爾雅》第一碑五號。《石經考文提要》校對爲“憮”，嘉慶年改刻爲“憮”，此次將“憮”改爲“憮”。

①③ ［清］蔡賡年：《奏修石經字像册》，第671頁。

②④ 北京圖書館金石組編：《北京圖書館藏中國歷代石刻拓本滙編》，第七十六册，第142頁。

⑤ ［清］蔡賡年：《奏修石經字像册》，第672頁。

⑥ 北京圖書館金石組編：《北京圖書館藏中國歷代石刻拓本滙編》，第七十六册，第144頁。

（续表）

《奏修石經字像册》所載	國圖藏乾隆石經拓片截圖	中國文化遺産研究院藏乾隆石經拓片截圖	對比解讀
底厎尼定。厎，《提要》校正作厎。刻磨改誤廢。明本作底。厎。①	 ②		“底厎尼定。”出自《爾雅·釋詁》，位於乾隆石經《爾雅》第一碑三號。嘉慶八年錯改爲“廢”，光緒十一年改正爲“厎”。
猶古之樂也。猶，《提要》校從猶，刻改作由。猶。③	 ④		“猶古之樂也。”出自《孟子·梁惠王下》，位於乾隆石經《孟子》第一碑八號。《石經考文提要》校對爲“猶”，嘉慶年改刻爲“由”，此次將“由”改爲“猶”。

通過將《北京圖書館藏中國歷代石刻拓本滙編》和文化遺産研究院所收録的乾隆石經拓片與《奏修石經字像册》上的字樣相對比分析，得出以下結論：

1. 現存乾隆石經在光緒年間依照《奏修石經字像册》所載字樣作過磨改，絶大部分文字都改正過來，但也有個别文字並未改正過來，如《詩經·衛風·木瓜》中“報之以瓊瑤”的“瑤”字仍爲“瑶”；或是改了但仍與《字像册》所載有别，如《儀禮·士冠禮第一》中“徹筵席”的“徹”字，改後筆畫仍不對。

2. 光緒年間奏修的大部分是將不體字改正過來，而這都因刻工粗心草率，例如《孝經·聖治章》中“莫大於配天”的“配”字，“酉”裏面多刻了一横；《春秋穀梁傳·莊公》中“公會齊侯于城濮”的“城”字少一點。在《奏修石經字像册》正文

① [清]蔡賡年：《奏修石經字像册》，第672頁。
② 北京圖書館金石組編：《北京圖書館藏中國歷代石刻拓本滙編》，第七十六册，第144頁。
③ [清]蔡賡年：《奏修石經字像册》，第687頁。
④ 北京圖書館金石組編：《北京圖書館藏中國歷代石刻拓本滙編》，第七十六册，第148頁。

前所書的奏修原因"字迹歲久受損",恐爲隱晦之辭。由此也可見乾隆五十六年初刻之時倉促完工,錯誤衆多。而嘉慶八年的磨改雖然已經意識到"石經内有遺漏筆畫,及鎸刻草率各條",[①]但并没達到"以臻完善"。

3. 光緒年間奏修以彭元瑞的《石經考文提要》爲依據。乾隆年間初刻之際,刊刻"十三經"在理論層面上的準備十分充分,作爲校勘成果的《考文提要》對後世影響深遠,是後人讀經、校經的重要參考。

4. 此次奏修還有很多文字在初刻時是正確的,如《尚書・君陳》中的"允升於大猷",初刻時即乾隆五十六年刊刻時"升"字没有刻錯,而在嘉慶八年的改刻中磨去一筆變爲"廾",在光緒十一年的奏修中又改回"升";又如《春秋左傳・襄公》中的"楚子襄鄭子耳侵我西鄙",嘉慶八年改刻爲"伐",光緒十一奏修根據《提要》又改爲"侵"。可見,嘉慶年間的磨改也是有錯誤的,光緒年間的奏修是對嘉慶年間磨改的糾正、完善和補充。

五　結　論

由此可見,光緒十一年由蔡賡年主持的奏修乾隆石經是非常必要和必須的,不僅改掉了大量不體字,而且在實踐上鞏固了《石經考文提要》的成果,大大提高了乾隆石經的質量,爲"十三經"的傳承作出了重要貢獻。

(作者爲北京孔廟和國子監博物馆副研究館员)

① [清]文慶、李宗昉等纂修:《欽定國子監志》,第1042頁。

張慎儀《詩經異文補釋》據石經釋《詩》研究

程克雅

一 前 言

晚清四川經學家張慎儀(1846—1921),字淑威,號芋圃,四川成都人,原籍江蘇陽湖,著作有《詩經異文補釋》《廣釋親》《續方言新校補》《蜀方言》《方言別録》等,今收入《薆園叢書》;另據張永言謂有未刊稿《爾雅雙聲疊韻譜》《忍默宧尺牘》等若干,已佚。①

張慎儀撰《詩經異文補釋》承續清末嘉興李遇孫、李富孫與馮登府等人對經籍異文的考察,以此爲基礎,參稽博引清中葉以來諸家經籍異文假借考釋的成果,加以校讀案斷,在清中葉以降龐雜繁複的異文語料上,作更進一步的抉擇,有考辨文獻、通讀經義的作用。②

《詩經異文補釋》一書中除了對勘諸書徵引異文借假外,又注意到古今字、錯訛字、俗字、同源詞與通同字等,這種重視語文詮解基礎,藉以通讀古語古書的主張,與乾嘉學者倡論以小學通經學的觀點和方法具有相承的意義。本文即試就《詩經》詞語異文與石經的方法與向度,輔以張慎儀著述背景,探討異文假借語料甄辨的總結與貢獻;並論究其於經學文獻語言學方法論的意義和開展。

---

① 見張永言:《簡論〈續方言新校補〈方言別録〉和〈蜀方言〉〉,《四川大學學報》1984 年第 1 期。

② 嘉興李氏李遇孫、李富孫與阮元師事於馮登府,致力三家《詩》之研究,相關著述已收入《清經解》正續編,另可參今人陳致:《清代〈詩經〉異文考釋研究》,《東方文化》2008 年第 2 期,第 1—56 頁。

二　石經異文與四家《詩》考辨背景

石經異文引書參證及今古文之辨有密切關係，自漢石經、唐石經、蜀石經刊定樹立於學官；迨宋人好金石之學，洪适將漢石經《魯詩》殘碑見録於《隸釋》之中；清人重視經文校勘，顧千里、阮元、惠棟皆在校勘著述中徵引石經字體以參證，嚴可均著《唐石經校文》，重視石經之磨改、旁增、與今本互異者等，並據《注疏》《釋文》，旁及史傳，辨證考釋正訛。《唐石經校文》中謂：晚唐雕版印刷術興起，所開雕書籍，實依石經句讀鈔寫，但經宋、元、明諸代，轉刻轉誤，然而"石經者，古本之終，今本之始"，"余自揆欲爲今版本正其誤，爲唐石經釋其非"。在《唐石經校文》中，逐一迻録注釋。後人推崇嚴可均《唐石經校文》，甚至有認爲是天壤間經本之最。①石經異文與經義詮解息息相關，詩旨異義更不在話下。不僅在四家《詩》考辨與詮説取向有別，也可從中一窺今古文的在古注師説家法中的用例。②

張慎儀著書承嘉興李遇孫、李富孫與馮登府等人考察經籍異文的基礎，並參稽博引清中葉以來諸家經籍異文假借考釋的成果，撰成《詩經異文補釋》一書，張慎儀藉《史記・司馬相如列傳》故典："觀者未睹指，聽者未聞音，鷦明已翔於寥廓，而羅者猶視乎藪澤矣"，申説時人但據今本望文生訓，未能明釋關於異文説釋的來源，並包羅王應麟（深寧）《詩考》、王先謙（衡陽）《三家詩義集疏》，范家相（會稽）《三家詩拾遺》、馮登府（嘉興）《三家詩異文疏證》及《三家詩異文疏證補遺》、陳壽祺（侯官）《魯詩遺説考》《齊詩遺説考》《韓詩遺説考》及李富孫《詩經異文釋》等，猶有分析體例、補充釋義的必要，其序言自謂：

> 聞之先正曰："群經阨於秦火，漢興，蒐殘掇遺，後完真面，迺寫經者，既亂之以隸體，更亂之以草真，字畫愈乖，而經原寖失。"唐人所定之經，已非其舊，就詩而論，魯、齊、韓、毛各守傳，當時即有異文。隸今季代牢落，傳本傑池，古籍徵引，尤多互異。性盭之繁，遂不可究詰。静言思之，讀經必先考

① 見［清］嚴可均：《唐石經校文》十卷，收入許東方主編《石經叢刊》第5册，臺北信誼書局1976年據清刊本清拓印本及民國排印本影印。

② 經籍文獻的異文向受近人重視，相關研究已有不少成果，諸如吳新楚之《周易異文校證》，廣東人民出版社2001年版；陸錫興之《詩經異文研究》，中國社會科學出版社2002年版；于茀之《金石簡帛詩經研究》，北京大學出版社2004年版；程燕之《詩經異文輯考》，安徽大學出版社2010年版；袁梅之《詩經異文匯考辨證》，齊魯書社2013年版。其中不僅將傳統金石文字並列校理，也涵蓋20世紀的出土文獻。

異，經字異同之辨明，而後解説之是非定不然，通假不知，謬誤不問，但據今本望文生訓，則是鷂明已翔於寥廓，而羅者猶視乎藪澤矣。深寧更有《詩考》之作，惜老艸成編，未爲善本，繼之者，王衡陽，范會稽、馮嘉興、陳侯官爲最善，雖各有勝處，而體例仍未悉，當予客居之暇，重温《三百篇》，迺薈諸書，鉤考審定，以資諷誦，亦困勉爲之也。①

主張完備蒐羅材料，以明異文轉相互見之理，在《詩經異文補釋・又記》中列述發明凡例之"六凡"如下：

一書初名《詩考異》，後讀李富孫《詩經異文釋》體例與吾書相似，因緟編次，易以今名；一每條所標經文，悉以阮刻注疏本爲準，餘與阮本異者，采次於下；一徵引群籍異文，李書有者仍之，誤者正之，闕者補之。按語則一主簡括，不尚博辯，不襲李按。一異文所引之書如《藝文類聚》《太平御覽》之類，卷帙繁者，均注卷數，取便覆檢，餘不瑣贅；一經文有經歷朝人避諱省改之字，間亦釋之；一衛湜《禮記集説・後序》云："他人著惟恐不出於己，予則唯恐不出於人。"今此編即師其意識者，諒無譏焉。②

以上六凡例中，當屬最後一項"予則唯恐不出於人"最爲有代表性，異文的考録當盡力求詳備，以爲解析迻易與變遷的根據，宋人衛湜撰《禮記集説》，是後人賴以知悉宋世《禮記》諸家説釋的淵藪、西漢末年揚雄《輶者釋絶代别國語方言》也是薈萃八方言語的辭典；後來又有清人仁和杭世駿在衛湜著作的既有基礎上，撰理《續禮記集説》與《續方言》；張慎儀《詩經異文補釋》《續方言新校補》等皆承其法，又再加邃密。同時，杭世駿也著有《石經考異》，與張慎儀的著述脉絡相爲嬗遞。而張氏撰書定名則藉李富孫著作之體例和書名，以補釋名之，亦示述而不作的謙遜。在卷首《詩經異文補釋・序》中，張慎儀自言其考釋辨説之實例，有云：

所考之例，略可得而言焉：有聲借，有義通，有代字，有或作，有省形存聲字便文稱某某之省。有後起之專字，有隸省，有隸變，有古文，有籀文。③

①②③ 張慎儀：《詩經異文補釋》，薆國叢書本，1905—1921年。卷一，序，第一页。

在十項考釋異文類例之下,《序》又各自舉例加以證説之:

何謂聲借?"棘人欒欒兮",《説文》引"欒"作"臠臠",臞也,是正字,欒欒,木義,别今《詩》蓋借用同聲之欒也。推之而聲近之字,視此矣。

何謂義通?"允矣君子",《禮記·緇衣》引作"也矣",決,辭也,亦決辭。《禮》引殆通用同義之也。也,推而義近之字,視此矣。

何謂代字?"莫我肯德",《吕覽》引"德"作"得"。《廣雅》《釋名》並云:"德,得也。"吕引以訓詁字代也。

何謂或作?字鬒髮如雲,《説文》引:"鬒作今,鬒爲今之重文也"。

何謂省形存聲字?充耳琇瑩,《廣韻》引:"琇作秀"是也。

何謂後起之專字?"大車檻檻",字不見《説文》是也。

何謂隸省?"素衣朱襮"《説文》引暴作襮,暴即襮之隸省也。

何謂隸變?"惄如輖飢",《釋文》出"惄"作"愵"。惄即愵之隸變也。

何謂古文?"如圭如璧",《文選》注引"圭"作"珪"。圭之古文爲珪也。

何謂籀文?"婉兮孌兮",《説文》引"孌作嬌"孌之籀文爲"嬌"也。

斷句、錯簡,皆與本經不無關係。故亦舉佀隨得隨録,積久遂夥,綜計二千餘事,僅識其小者,讀《詩》之引喤也。①

在以上所舉考釋釋例"聲借""義通""代字""或作""省形存聲字""後起之專字""隸省""隸變""古文""籀文"十種項目下,逐一列舉出解釋的對照字形,分析字音,比較徵引傳記及異文用例由來,同時揣摩前後文脉語境,以通讀之。最後才下定按語,糾訂誤傳及相沿訛誤之處。其徵引資料繁複,舉凡經傳注疏,同時代子史著作及石經與金石碑帖等收録字體詞彙等,皆列爲考釋依據,不以是非錯訛驟定,而就地域時空因素加以解説。

三 《詩經異文補釋》據石經釋《詩》的内容及分析

在張慎儀的著述中,屬於徵引石經的條目約有二百三十餘則,以七朝石經對象來看,除了一則引用魏三體石經字例爲徵引他經以證《詩經》異文之外,各石經之引據各别有其差異:徵引最多的是《唐石經》,計約一百六十則;其次爲《漢石

① 張慎儀:《詩經異文補釋》,薆國叢書本,1905—1921年。卷一,序,第一頁。

經》,繼而爲《吕氏家塾讀詩記》轉引北宋金石學家董逌引石經及洪适《隸釋》轉引《漢石經魯詩殘字》,合計約三十則;再者則分别爲《蜀石經》約十三則、《北宋石經》三則、《南宋石經》十六則;偶見引用的是《清石經》僅一處。除了考徵引用《詩經》石經本文外,偶見引用漢石經《儀禮》文字相印證。也有同時徵引兩種以上石經著作。傳世文獻的引證實例則包括陸德明《經典釋文》、東漢許慎《説文解字》與《爾雅》《釋名》;經傳方面則主要以《毛傳》《鄭箋》《毛詩正義》《三禮注疏》、李善《文選注》爲主;重視石經與四家《詩》傳世文字的參證,如《韓詩外傳》《國語・齊語》《國語・魯語》與注疏内徵引的四家詩文用字例相印證。在索求詩旨的作用方面,張慎儀認爲《毛詩》字多假借,需得齊、魯、韓三家《詩》證始得釋讀,因此,除了考述文字的用例規律與異文變化的情形,也會因承著異文的選定和勘誤,引述並闡發前人藉異字考訂詩義、説釋詩旨的成果。

時代稍晚於張慎儀的學者羅振玉,致力於古器物碑銘及出土文獻的蒐羅,並以古文合證撰爲考釋,其中又以石經勘定爲主力。在其所著《漢石經殘字集録・序》中指出:

〔唐〕李陽冰譏中郎以"豐"爲"豊"(按,見李陽冰《上李大夫論古篆書》),今諸經殘字亦間有俗作,如禾入水爲黍,隸書省爲桼,而《魯詩》"黍苗"作"桼苗"从禾下木。"梟鷺"之"梟"作"鳧",从鳥下力。《儀禮・鄉射》"手"當从"卩"乃誤从"阝",並爲訛别。然如《魯詩・楚茨》"神保是格","格"作"佫"見《師虎佫》"佫"爲正字,"格"爲假借字。《儀禮・鄉飲酒》"奠於篚"之"篚"作"匪"爲"匡匪"之正字,"篚"爲假借字。《春秋》國名之"莒"作"筥",从竹不从艸,與《筥小子敦》同,並當據以訂今本之失,此文字正俗之可知者也。①

"格"作"佫",見馮登府《石經補考》;張慎儀釋《詩・小雅・楚茨》"神保是格""神保是饗"則未引石經字例申説"格"字"木"部與"彳"部可互易之理,馮氏考辨曰:

佫,至。見《玉篇・彳部》。《正字通》云:佫與格通,古假借轉聲義同。篆作詻,一作袼,篆作[illegible]。《六書統・彳部》佫訓至,足部路或从彳,作[illegible]。《古文奇字》路古篆作佫,合路佫各爲一,竝非。②

① 羅振玉:《漢石經殘字集録・序》。賈貴榮編:《歷代石經研究資料輯刊》第 5 册,第 193 頁。

② [清]馮登府:《石經補考》卷十,收入《續修四庫全書》第 184 册,上海古籍出版社 2003 年版,影印清道光八年本,第十二頁下至第十三頁上。

經本文字有正俗、正訛、省變、假借等不同的現象,石經文字以其官學所定正體,保存相對審慎的勘定作用,以之爲考證依據,在經籍的文本上具有優位序,也能藉以訂正坊間流傳經書異本異文,明其得失,有助於順釋文理。以下則從《序》之所舉“聲借”“義通”“代字”“或作”“省形存聲字”“後起之專字”“隸省”“隸變”“古文”“籀文”十種項目範疇内,徵引石經説釋及辨正者,申述其理。

1. 或作:部首通用、避諱例

張慎儀釋《詩·召南·采蘋》“維筐及筥”

> 南宋石經作“維筐及莒”,按,馮登府云:“北宋石經亦作莒。”古从艸、从竹之字每通,是避宋太祖諱。①

“維筐及筥”之筐雖避諱與原字異,但張儀旨在説明古今用字常見竹部與艸部互易的情形,但另一字例“筥”則不可以易爲“莒”。

張慎儀釋《詩·小雅·采芑》“簟茀魚服”:

> 唐石經“簟”作“簟”,毛本作“簟”。按,嚴可均云:“簟不體。”②

“簟”“簟”與“簟”之互見相通,其他如“萑”“藋”可易爲“竹”部,但此類俗體字互易部首現象在嚴可均的《唐石經校文》中多謂爲“不體”。今就張慎儀釋“黍”再予分辨。張慎儀釋《詩·魏風·碩鼠》“無食我黍”:

> 洪适《隸釋》載《漢石經魯詩殘碑》作“毋食我桼”。《易·正義》引鄭《易·注》“无食我黍”,按,“无”字見衛宏《古文奇字》,毋、无古通用。馮登府云:“《説文》黍,从禾从雨省,《漢碑》變从氺或从米,又變从木也。”③

許慎《説文解字》有云:

---

① 張慎儀:《詩經異文補釋》卷一,第十四頁下。

② 張慎儀:《詩經異文補釋》卷七,第二十页上。

③ 張慎儀:《詩經異文補釋》卷五,第七頁上至第七頁下。[漢]許慎撰,[清]段玉裁注:《新添古音説文解字注》,臺北洪葉文化出版公司 2009 年版。

禾屬而黏者也。以大暑而種故謂之黍，从禾雨省聲，孔子曰："黍可爲酒，禾入水也。"凡黍之屬皆从黍。①

黍有二義，一是指禾屬之穀物，一是指古代的一種酒器。《吕氏春秋・慎大覽・權勛》載：

"臨戰，司馬子反渴而求飲，豎陽穀操黍酒而進之。"《高誘・注》："酒器受三升曰黍。"②

由以上之示例，可見互易其字的情形不僅見於"部首通用""或作""通同字"等情，也會有異義同字的情形，隱藏在省變的現象之後，應進一步細加尋索。

"或作""當作"之例也時有混而不分，例如張慎儀釋《詩・小雅・何人斯》"衹攪我心"之"覺"與"攪"：

唐石經"衹"作"祇"。《文選》曹植《七啓》作"衹攪予心"、陸士衡《歎逝賦》《注》引《毛詩》"衹覺予心"。按，覺，攪之省。③

"覺"與"攪"二字是字形的省體；但另一字"衹"與"祇"則有衹適義和祇病義二義，不僅字易混淆，字體也錯，凡氏字偏旁下加一短横"氐"字，嚴可均亦判其爲誤字，張慎儀釋《詩・小雅・何人斯》"俾我衹也"，曰：

閩本、監本、毛本、衹作祇。按，陳奐云：衹从示氏聲，與易、知爲韻，作祇馨者，非也。祇不訓病，《毛傳》云："衹病假祇爲疧也。"《説文》："疧病不翅也。"④

另，張慎儀釋《詩・小雅・無將大車》"衹自塵兮"：

唐石經"衹"作"祇"。監本、毛本作衹，按，《鄭箋》"衹，適也。字當作衹"

① ［漢］許慎撰，［清］段玉裁注：《新添古音説文解字注》，第七篇上，黍部，第五十六頁下。

② ［周］吕不韋著，［漢］高誘注：《吕氏春秋》，上海書店出版社 1992 年版。

③④ 張慎儀：《詩經異文補釋》卷九，第十七頁上。

或誤作"坻""衹""袛"。①

張慎儀釋《詩・小雅・無將大車》"祇自疷兮":

唐石經、《毛詩集傳》《詩傳通釋》"疷"皆作"疧"。《吕氏讀詩記》引《詩》同。按,嚴可均云:"《説文》省疷無疧。疷从氐聲,觝觗只是一字。"即塵疷,可以協韻。胡承珙云:"疷字當从脂真互轉爲韻。如《禮記》'祇見孺子'",《注》:祇,或作振。《書》:"祇敬六德,治民祇懼"。《史記》:"祇,竝作振。""震動萬民",漢石經作"祇動"。即其例證。"②

以上引胡承珙、嚴可均之辨説,舉辰、氏二字偏旁聲同韻近,可以相通轉爲由加以解釋,至於氏誤爲氐,張慎儀釋《詩・小雅・白華》"俾我疷兮"亦謂:

唐石經"疷"作疧。
按,阮文達云:"作疧是也。"嚴可均云:"疷不體。"③

張慎儀釋《詩・商頌・那》"約軝錯衡":

唐石經"軝"作"軧"。按,嚴可均云:"軧誤軝。"④

以上皆可見藉"或作"之字以便通釋、糾誤之例。

2. 古今字、古篆(籀文)

古今字在《詩經》傳世文獻中即常有分辨,一種是今古文經用字之異:例如古文作"于",今文則作"於";《毛詩》古文作"維",韓詩今文則作"惟";古以爲"迺",今文及俗本改作"乃"。但除此之外,也還有古今異體、古文、重文等字,馮登府《石經考異》"《詩・邶風・匏有苦葉》'深則厲'"條下謂:

"深則厲"《傳》:"謂由帶以上也。"石經"由"上無"謂"字;"上"下無"也"字。有爲厲由膝以下爲揭八字。

①② 張慎儀:《詩經異文補釋》卷十,第十頁上。
③ 張慎儀:《詩經異文補釋》卷十一,第十六頁上。
④ 張慎儀:《詩經異文補釋》卷十六,第十二頁上。

案，段氏玉裁曰："當作由帶以上爲厲。"《正義》云："今定本如此，是舊本同石經可知。"又《正義》云："《傳》不引《爾雅》由膝以下，爲揭者略耳。石經當因此而增。"

"揭者，褰衣也。"石經"褰"作"揭"，《箋》既以"深淺"記時，石經作"深涉"，因以水深淺，石經"因"作"目"。

案，《釋文》："揭，揭衣，竝苦例反。下同。一本作揭，褰衣。"則石經是也。"深，涉"者，《正義》云："鄭以此'深涉'謂：深於先時，則隨先時深淺，至八月水長深；於本，故云'深涉'，似本作'深涉'也。目字誤。"①

張慎儀釋《詩・邶風・匏有苦葉》"深則厲"則謂：

《爾雅・釋水》作"深則厲"；《釋文》"厲，本或作濿"；《楚辭・九歎》王注引《爾雅》作"深則濿"；《説文・水部》引《詩》"淚則砅"。按，淚、突古今字，篆作"淚"、"突"；隸作"深"、"罙"。厲，"濿"之省；濿，"砅"之重文。②

羅振玉《漢熹平石經殘字集録》有關《詩經・小雅・白華》"有鶴在林"之"鶴"下謂：

"有鶴在林"，《魯詩》作"隺"與毛小異。案："隺"後世字書以"鶴"之俗。《説文》："隺，高至也，从隹，上欲出冖。《易》曰：'夫乾隺然。'""鶴"，《注》："鶴鳴九皋，聲聞於天"案，"隺"以冖从隹鳥之在林冖者，即"鶴"之初字。"鶴"又增鳥乃後起之字，易之"隺"，然乃假借之，非本誼也。許君已不知"隺"、"鶴"一字矣。③

古今字有時以偏旁部首之增省而孳生，羅振玉釋"隺"、"鶴"字初形及衍變，有漢石經《魯詩》殘石可證；張氏雖未直引此例，但其他不同的古今字如"厲"、"濿"字，"臧"、"藏"字皆有同樣的衍變現象，呈現在唐石經與《釋文》所出異文中。

3. 辨正訛誤：形近致訛

在石經所見異文與今傳《詩經》字形中有時也可見訛誤的例子，一般可藉三

① [清]馮登府：《石經考異》《詩・邶風・匏有苦葉》"深則厲"，《皇清經解》，藝文印書館 1986 年影印南菁書院本，卷一百四十五，第十六頁上至第十六頁下。

② 張慎儀：《詩經異文補釋》卷二，第九頁上。

③ 羅振玉：《漢熹平石經殘字集録》。

家《詩》或石經異文校勘《毛詩》誤字；但也有相反的，是運用古文獻引唐以前《詩經》字體校出石經刊刻時的誤字，例如：馮登府《石經考異》中關於《詩·邶風·匏有苦葉》"濟盈不濡軌"：

"濟盈不濡軌"石經作"軓"；《傳》："違禮義，不由其道。"石經"違"作"連"；"其"作"於"。

案，唐石經作"軓"，《釋文》："軌，舊龜美反。謂車轊頭也，依《傳》意宜音犯。"《説文》："軌，車轍，从車九聲；軓，車軾前，从車凡聲。"《釋文》本字作軌，而以爲宜音犯，則借軌爲軓也。閩本、明監本俱作軓是也。違作連，石經誤。①

張慎儀釋《詩·邶風·匏有苦葉》"濟盈不濡軌"意見同於馮登府，又補進戴震和陳奂的考釋謂：

"軌"《釋文》出作"軌"，相臺本、明監本、毛本，竝作"軌"。唐石經、蜀石經殘碑竝作"軓"；《禮記·少儀·正義》《吕氏讀詩記》各引《詩》亦作"軓"。按，戴震云："軓與牡不協，當爲車轍之軌。古音讀如九，與牡韻。"陳奂云："《釋文》軌，舊龜美反。"是唐以前本作"軌"字矣。又按，軓，訛字。②

羅振玉《漢熹平石經殘字集録》中關於《詩·邶風·匏有苦葉》"濟盈不濡軌"亦云：

《説文》云："車轍也，从車九聲，龜美反。""軓，車軾前也，从車凡聲，音犯。車轊頭所謂軓也。"相亂，故具論之。《開成石經》改"軌"作"軓"，殆从《釋文》。案：戴氏震云："軓與牡不協，當爲車軌之軌，古音讀如九，與牡韻。"段玉裁云："軌非轍迹之專名，《毛詩》本作'由輈以下爲軌'，此以車之高下言軌也。高誘注《淮南子》云：'兩輪之間爲軌。'此以車之廣狹爲軌也。《毛傳》'以下'誤作'以上'，故以車軾前之軓解之。"而《禮記·少儀·正義》《開成石經》竟作"濟盈不濡軓"。《釋文》"軌，舊龜美反"，是晉宋古本皆作"軌"也。

① ［清］馮登府：《石經考異》，《清經解》卷一百四十五，第十六頁下至第十七頁上。

② 張慎儀：《詩經異文補釋》卷二，第九頁上。

今石經殘字正作"軌",知戴、段説是,《釋文》與《開成石經》非也。①

羅振玉則又加了段玉裁的見解,此"軌""軓"例證唐石經之誤是得到人的一致定論。

4. 隸省、隸變;聲借、義通

文字形體在變遷過程中,亦有隸省、隸變的現象,有時異文互見兼有不同的因素而交互出現用例,例如張慎儀釋《詩・邶風・匏有苦葉》"雝雝鳴鴈",謂:

監本作"雝雝鳴鴈";蜀石經殘碑作"雍雍鳴鴈";《文選》班叔皮《北征賦》注引《詩》同;《爾雅・釋詁・疏》引《詩》"噰噰鳴雁";《太平御覽》三、洪興祖《楚辭補注》各引《詩》"嗈嗈鳴雁"。吴淑《事類賦》十九作"邕邕鳴雁",《鹽鐵論・結和》引《詩》"雍雍鳴鳱"。按,雍,雝之變;邕,雝之省;"噰"、"嗈"又"雍"、"邕"之俗體。陳奐云:"《説文》'雁讀若鴈',今經典字多作'鴈';鳱,干聲,鴈,厂聲,聲相近。"嚴可均云:"鴈不體。"②

鳱,鴈鳥,通作"雁"。各本引《詩經》文獻都可以考見其參差,如明人梅膺祚撰《字彙・鳥部》"鳱"字下云:

"鳱,《鹽鐵論》引《詩》:'雍雍鳴鳱。'以雁爲鳱。"③

鳱與雁,以干、厂爲聲符,二者聲近義可相通。

另外,"雍"字也有多種字形,其例諸如:《詩・小雅・蓼蕭》"和鸞雝雝",張氏釋曰:

《唐石經》作"和鸞雍雍",《續漢書・輿服志》劉昭《注》引《白虎通・車旂》篇引《詩》;《左昭十二年傳・注》、《藝文類聚》七十一、《太平御覽》七七二,各引《詩》同。賈誼《新書・容經》引《詩》作"和鸞噰噰"。④

又,《詩・周頌・清廟》"肅雝顯相"下有曰:

---

① 羅振玉:《漢熹平石經殘字集録》,卷上,第四頁。
② 張慎儀:《詩經異文補釋》卷二,第九頁下至第十頁上。
③ [明]梅膺祚:《字彙》《字彙補》合刊本,上海辭書出版社 1991 年版。
④ 張慎儀:《詩經異文補釋》卷七,第十六頁下。

《唐石經》"雝"作"雍",《漢書·劉向傳·注》《漢書·揚雄傳·注》《後漢書·班固傳·注》、《文選》陸士龍《大將軍讌會被命作詩·注》,各引《詩》作"雍"。①

《詩·周頌·振鷺》"于彼西雝"則同樣臚列唐石經以前各家文獻引《詩》字例:

《唐石經》"雝"作"雍",《文選》任彥昇《薦士表》引《詩》作"雍"。《太平御覽》三八九、五二四,各引《詩》同。②

《詩·周頌·豐年》"肅雝和鳴"亦舉證曰:

《唐石經》、山井鼎《考文》古本"雝"作"雍",《禮記·樂記》《史記·樂書》、《藝文類聚》四十四,各引《詩》同。《爾雅·釋言》郭《注》引《詩》作"噰"。③

《詩·周頌·雝》"有來雝雝"

《唐石經》作"有來雍雍",山井鼎《考文》古本同,《漢書·劉向傳》《韋玄成傳》《後漢書·章帝紀》各注、《文選》曹子建《求道親表》注、陸士龍《大將軍讌會被命作詩》注、盧子諒《贈劉琨詩》注、《太平御覽》五二八,各引《詩》亦同。④

由以上所舉在不同詩例中引詩的其他傳世文獻可見,唐石經據古本所引皆作"雍"而定,偶見"噰"字之例,與今本作"雝"不同。

古文、今文之異字同時具聲近義通的情形尚可見"單""亶"偏旁互見之辨,張慎儀釋《詩·鄭風·東門之墠》"東門之墠":

《釋文》出作"東門之壇",云:"依字當作壇"。《正義》云:"諸本字皆作壇。"《左傳》亦作"壇"。今定本作"墠"。惠棟、余蕭客所據唐石經作"壇"。

① 張慎儀:《詩經異文補釋》卷十五,第一頁上至第一頁下。
② 張慎儀:《詩經異文補釋》卷七,第十六頁下。
③ 張慎儀:《詩經異文補釋》卷十五,第十頁上。
④ 張慎儀:《詩經異文補釋》卷十五,第十頁下。

《易林》"賁"之"鼎"作"墠",《華嚴音義》引《韓詩傳》作"墠"。按,胡承珙云:"古墠字多作壇,《毛詩》古文故作壇,《韓詩》則作墠。"①

由所引諸家可見家法之辨,若依唐石經,用《毛詩》作"壇";若依今傳《詩經》定本則作"墠",係據《韓詩》《韓詩傳》。《尚書·金滕》孔《注》曰:"築土爲壇,除地爲墠。"壇指祭祀場所,墠係會盟之地,在此墠應讀爲壇。

張慎儀釋《詩·小雅·杕杜》"檀車幝幝",則相同偏旁"單"另與"壽""周""州""羡""爰""罔"等偏旁聲近相假借:

《釋文》"幝",《韓詩》作"緂"。音同。《玉海》引《釋文》《韓詩》作"檀車綣綣"音同幝。范家相《三家詩拾遺》云:"石經作蟬蟬。"《後漢書·劉陶傳》李賢《注》引《詩》"檀車嘽嘽"。按,《毛傳》:"幝,敝貌。"《說文》:"蟬,車蔽皃。"今本《釋文》引《說文》:"幝車,敝也。"《玉篇》:"幝,車蔽皃。"《廣韻》:"幝,車敝。"胡承珙以幝爲巾敝之。《詩》之車敝,本無其字,假幝爲之,後又假嘽爲之矣。字又通"緂",亦通"繟"。《廣雅》:"緂,緩也。繟,緩也。疑皆三家異文綣之誤也。"錢熙祚云:"唐石經作幝,與今本同。"从車之蟬,今本所無,不知范氏何據。

另,又見蟬字例在《玉篇》《集韻》亦別有引據:

《玉篇·車部》:"蟬,車輞。"《廣韻·下平·二仙韻》:"蟬,軒輞。"《集韻·上平聲·山韻》:"蟬,輞也。"②

張慎儀釋《詩·召南·小星》"抱衾與裯"則謂:

唐石經初刻"稠"後改"裯",《爾雅·釋訓》作"幬",《邢疏》引《詩》作"幬",《爾雅·釋文》"幬"本作"惆"。按,《鄭箋》訓裯爲帳;《爾雅》訓幬爲帳,《郭注》:"今江東亦謂帳爲幬。"《說文》:"幝,帳也;裯,衹裯也。"裯即幬之借也。幬,篆作幒,或作惆,裯、稠同聲。③

---

① 張慎儀:《詩經異文補釋》卷四,第十五頁下至第十六頁上。

② 張慎儀:《詩經異文補釋》卷七,第十四頁下至第十五頁上。

③ 張慎儀:《詩經異文補釋》卷一,第十九頁上。

幝幝二字重言，意爲破舊敝敗貌。幝、裯、帳、幬等都是指布被或遮帳之物。

另外，張慎儀釋《詩・大雅・常武》"王旅嘽嘽"則有盛大義，"嘽嘽""驒驒"相通：

南宋石經作"王滋嘽嘽"。《漢書・叙傳》引《詩》"王師驒驒"。按，此句承上"王師之所"而言。似應仍作"王師"，滋，旅之誤字。《毛傳》："嘽嘽然，盛也。"《説文》："單，大也。"凡从單聲字皆有盛大義，故與"驒"通也。①

單、覃、亶；壽、𠷎、周、羨、州等偏旁在異文相通的情况下，雖然"幝帳"字之"幝幝"義爲破蔽，和在此謂从"單"旁多有盛大義明顯相反不侔，但也可以對照參證其因假借而字義衍變的理據，實有二歧。

張慎儀釋《詩・魏風・碩鼠》"三歲貫女"：

洪适《隸釋》載《漢石經魯詩殘碑》作"三歲宦女"，下章作"□□宦女"。按，近儒言：《毛傳》："貫，事也。"《説文》："貫，錢貝之毌也。""貫宦"雙聲，因借貫爲宦。《説文》："宦，仕也；仕，事也。字又通官。"《釋文》："貫，徐音官。"《玉篇》："官，宦也。"官亦事也，《儀禮・鄉射・注》："古文貫作關，關宦一聲之轉。"②

"毌"字，各本作"貫"。毌、貫、關、宦、慣等字也因聲近相假，在此意爲慣。

張慎儀釋《詩・秦風・陳風》"鴥彼晨風"，有謂：

《釋文》"鴥"，《説文》作"鴪"。唐石經、小字本、相臺本作"鴥"。今《説文・鳥部》引《詩》"鴥彼晨風"。《説苑・奉使》引《晨風》《爾雅・釋鳥・注》、《北堂書鈔》十一、《文選》曹顔遠《感舊詩》注、左太冲《蜀都賦》注、干寶《晉紀》論注。各引《毛詩》"鴪彼晨風"。王子淵《四子講德論・注》引《韓詩》"鷸彼晨風"；《韓詩外傳》引《詩・晨風》同。按，《説文》"鴥鷸字變作鴥，俗誤作鴧"，《韓詩》作"鷸"聲與"鴥"通。馬瑞辰以"鴥"字通"鷸"，猶《小雅》"謀猶回遹"《韓詩》作"回鴥"。《水經注・沇水》，一作濟水也。又按，《説文》："鶌，鶌

① 張慎儀：《詩經異文補釋》卷十四，第二十頁上。

② 張慎儀：《詩經異文補釋》卷五，第七頁下。

風也；鶤，鷐風也。”《爾雅》《毛傳》皆云：“鷐風，鶤也。”《詩疏》引《舍人》曰：“晨風”，一名鶤；晨，鷐之省。①

張慎儀釋《詩·小雅·采芑》“鴥彼飛隼，其飛戾天”：

《後漢書·謝該傳》引《詩》“鴥彼飛隼，翰飛戾天”；《文選》孫楚《爲石仲容與孫皓書》李《注》引《詩》：“翰飛戾天。”按，鴥，鴪之訛；隼，即鷻也；字亦作“鵻”。《沔水》篇“鴥彼飛隼”元應《音義》引作“鴪彼飛鵻”，又據孔疏《詩》本作“其飛戾天”。謝、李引作“翰飛戾天”者，蓋誤涉《小宛》之文。②

“鴥”字即“鴆”，指一種喜食蝮蛇的毒鳥；“鴥”“鴪”則意爲鳥疾飛貌。張慎儀對比“鴥彼飛隼”字出現互見諸詩章句，並引唐以前各家引《詩經》古本如“鴥”“鴪”字例，證“鴥”字誤而“鴥”爲確，如此才能順解詩旨借鳥之疾飛及擅集高枝之借喻。

張慎儀釋《詩·邶風·谷風》“宴爾新婚”謂：

《釋文》“宴”本作“燕”。宋本《釋文》“爾”作“爾”。山井鼎《考文》古本作“燕爾新婚”；《蜀石經》殘碑作“燕爾新婚”。下同。《白虎通·嫁娶》引《詩》“燕爾新婚”，《列女》“晉趙衰妻傳”引《詩》下章“讌爾新婚”。按，朱駿聲云：“宴，當爲宴饗正字，字亦作醼、作讌。”《字林》作“㝪”。經傳皆以“燕”爲之。又按，即醼、讌之省。㝪即宴之變，引伸爲宴安。《毛傳》：“宴，安也。”③

張慎儀釋《詩·小雅·頍弁》“君子維宴”亦有云：

唐石經初刻“燕”，後改“宴”。④

“宴安”字經傳皆以“燕”爲之。又可視爲“醼”“讌”之省體，如此參唐石經之説則可以證明其形義。

① 張慎儀：《詩經異文補釋》卷五，第二十一頁下。
② 張慎儀：《詩經異文補釋》卷七，第二十頁下至第二十一頁上。
③ 張慎儀：《詩經異文補釋》卷二，第十頁上。
④ 張慎儀：《詩經異文補釋》卷十一，第四頁上。

5. 藉前後文脉絡釋字義並申《詩》旨

張慎儀異文之説釋除了參比異體及其他傳世文獻之外,也藉由揣摩前文脉絡以求對稱和句義,證成字義之外並申詩旨,如説釋《詩·大雅·公劉》"乃造其曹",謂:

唐石經作"乃造其曹",釋元應《一切經音義》九引《詩》"乃告其曹"。按,馬瑞辰云:"《周禮·大祝》掌六祈,二曰造。"杜子春謂:"造祭於祖也,造,祰之假。"《説文》:"祰,告祭也。"曹,褿之省,《藝文類聚》引《説文》"祭豕先曰褿"據下云:"執豕于牢。"則知"乃造其曹"也。謂將用豕而告祭於豕。"先"將差馬而先祭馬祖也。又按,告即古祰字。①

張慎儀類比用牲、告祭之例,用豕、差馬則告祭於先,所行之求福禮祭。

張慎儀釋《詩·魯頌·駉》"駉駉牡馬"則有謂:

《釋文》"駉",《説文》作"驍",又作"駫"。"牡"本作"牧"。《正義》曰:"定本牧馬字作牡馬。"《唐石經》初刻"牡",後改"牧"。宋本《朱子集傳》、山井鼎《考文古本》並作"牧"。《顔氏家訓》云:"江南書作牝牡之牡;河北本悉爲放牧之牧。"王氏《詩考》引曹氏《詩説》河北本作"牧"。《文選·李少卿答蘇武書》注、《藝文類聚》九十三、《太平御覽》五十五又八百三十三、《吕氏讀詩記》各引《詩》,亦作牧。按,馬瑞辰云:"牧、牡同出明母,古文本或作牧,或作牡。《説文》兩引《詩》皆作'牡馬',當以'牡馬'爲是。"驍駉音不相通,駉駫同出見母,《玉篇》以爲駫、駉一字異體,不言駉與驍同。《説文》引《詩》"驍驍牡馬",段玉裁謂:"當作四牡驍驍,爲《崧高》詩'四牡蹻蹻'異文"。陳奂言:"牡馬,壯大之馬。"猶四馬之稱四牡,不必讀爲牝牡之牡也。"駫駫"是形容牡馬之狀,若作"牧馬",則與"駫駫"義隔矣。②

在以上之例中,張儀考釋之法不僅就各家異文加以對應,同時揣摩上下文、參酌前後字例及諧聲、叶韻,其次又徵引唐以前各家文獻所引《詩》古本用字,辨正抉擇用字之正誤,確證"駉"又作"駫"不作"驍";唐石經初刻"牡"確,磨改"牧"則非;

① 張慎儀:《詩經異文補釋》卷十三,第十三頁下。

② 張慎儀:《詩經異文補釋》卷十六,第一頁上。

段玉裁所説誤而馬瑞辰、陳奂之説爲確。

6. 小結：辨正字體引用對照表

總結以上所論張慎儀著作中所釋異文詞語十六則例證，玆分就“條目”“出處”“字例辨正”“石經參證”“引後人之説”“四家詩引證”等條理，逐一以表格所示列舉如下：

條　目	出　處	字例辨正	石經參證	引後人之説	四家詩引證
1. 維筐及筥	召南・采蘋	�、筐、篚、筥、莒	南宋石經	馮登府	
2. 無食我黍	魏風・碩鼠	黍、黍、黍	洪适引漢石經魯詩殘碑	馮登府	
3. 祇攪我心	小雅・何人斯	祇坻祗衹柢	唐石經	陳奂	
祇自塵兮	小雅・無將大車	祇坻祗衹柢	唐石經	嚴可均、胡承珙	
祇自疷兮	小雅・無將大車	疷、疧	唐石經		
俾我祇也	小雅・何人斯	祇坻祗衹柢	唐石經		
俾我疷兮	小雅・白華	疷、疧、祇	唐石經漢石經	阮元、嚴可均	
約軧錯衡	商頌・那	軧、軝	唐石經	嚴可均	
4. 深則厲	邶風・匏有苦葉	厲、濿、砅	漢石經	段玉裁、馮登府	
5. 有鶴在林	小雅・白華	鶴、隺	漢石經		
6. 濟盈不濡軌	邶風・匏有苦葉	軌確軓誤	唐石經蜀石經	戴震、段玉裁陳奂、馮登府	唐以前引詩
7. 雝雝鳴鴈	邶風・匏有苦葉	雝、雍、噰；雁、鴈、鳿、	唐石經；蜀石經殘碑	嚴可均	毛詩
和鸞雝雝	小雅・蓼蕭	雝、雍、噰	唐石經		唐以前諸家古本引詩
肅雝顯相	周頌・清廟	雝、雍、噰	唐石經		
于彼西雝	周頌・振鷺	雝、雍、噰	唐石經		
肅雝和鳴	周頌・豐年	雝、雍、噰	唐石經		
有來雝雝	周頌・雝	雝、雍	唐石經		

（續表）

條　目	出　處	字例辨正	石經參證	引後人之說	四家詩引證
8. 東門之墠	鄭風・東門之墠	壇、墠	唐石經	惠棟、余蕭客、胡承珙	毛詩：壇 韓詩：墠
9. 檀車幝幝	小雅・杕杜	幝、繟、綫、𢐄、輝	唐石經	錢熙祚	毛詩 三家詩異文
抱衾與裯	召南・小星	裯、稠、幬、㡡、幄、帳、幝	唐石經初刻		鄭箋
10. 簟茀魚服	小雅・采芑	簟、簟	唐石經	嚴可均	毛傳
11. 王旅嘽嘽	大雅・常武	單、嘽、驒	南宋石經		毛傳
12. 三歲貫女	魏風・碩鼠	毌、宦、關、貫	洪适引漢石經魯詩殘字	近儒之説	毛傳
13. 鴥彼晨風	秦風・陳風	鴥、鴪、歍、鷸	唐石經	馬瑞辰	韓詩外傳 韓詩
鴥彼飛隼	小雅・采芑	鴥、鴪、歍、鷸	釋文、玄應音義	馬瑞辰	
14. 宴爾新婚	邶風・谷風	燕、醼、讌、宴、㝔、安	蜀石經	朱駿聲	毛傳
君子維宴	小雅・頍弁	燕、宴	唐石經初刻		
15. 乃造其曹	大雅・公劉	造、告、祰；曹、槽、褿	唐石經	馬瑞辰	
16. 駉駉牡馬	魯頌・駉	駉、驍、駫；牡、牧	唐石經	馬瑞辰、段玉裁、陳奐	

四　結　語

石經的作用、意義和學術史價值，在古籍流傳與文字規範權威的雙重因素之下，一直具有官學的背景和優先的序位，成爲共同遵循的範式。然而隨著時間推移，異文流傳，今日所見經籍定本的字體已經多重改易，不復原貌。説釋者或據其義以改舊注傳疏正文，或別擇字體，獨尊師法，因有互異。

在張慎儀考異《詩經》文字文義，繼承李富孫《毛詩異文釋》的體例和方法，更進而發揮辨正按斷，參證清代《詩經》研究諸家的成果，列叙是非當否。本文在實際内容中就"或作：部首通用、避諱例""古今字、古篆（籀文）""辨正訛誤：形近致訛""隸省、隸變；聲借、義通""藉前後文脉絡釋字義並申《詩》旨"五項，最後以《辨正字體引用對照表》呈現張氏之著作以《石經》説釋《詩經》異文的特色和成果，具有三方面的貢獻：其一，總結清代石經《詩經》與四家詩異文研究，並羅列前人諸家異説釐清正誤是非。其二，開拓石經與《詩經》二重證據的對比和印證，藉異文互見之例以決字例確當與否，持之有據，加以按斷。其三，結合不同版本，徵引古籍、古注舊疏，運用聲韻、文字、訓詁之方法建立論證的語文理據，達到超越於異文校勘和羅列異體字的成果。其四，在可據信的考辨中進而發掘、闡釋古代詩經學的流派及其原始面貌。

在傳世文獻與現當代各種文字載體、出土文物的文字同時合證的趨勢之下，石經異文雖然也獲得檢證和訂誤，但也不復古代官學鏤刻頒定於太學時的尊崇。在條列各種版本異文字例，各種出土文字如甲金文、新出戰國秦漢簡牘帛書、漢魏石刻、碑版字體等異文的同時，石經用字淵源和其他載體文字的字形、字義在對比分辨上的區隔和標準，尚待進一步建立。然而張慎儀《詩經異文補釋》以歷代各朝《石經》異文校理傳世定本，參證古本的成果，實不僅止於校勘，更具有考鏡學術脉絡、説釋《詩經》章句、詮釋《詩經》義旨的意義和貢獻。

（本文曾收入何修仁主編《明誠贊化：岑溢成教授榮退論文集》，臺北鵝湖出版社 2017 年版）

章太炎與魏三體石經

蔣秋華

前　　言

魏齊王曹芳正始年間在洛陽，以古文、小篆、隸書三種字體，將《尚書》《春秋》《左傳》(未刻完)刻石①，此即所謂"正始石經"，也稱"三字石經"、"三體石經"。後因政局的更迭及戰爭的動亂，導致石經流落遺失，終而湮没無聞②。因此，後人僅能依據極少數的拓本，來探討石經的面貌。

清末民初，魏石經一再重現於洛陽，其中1922年所出者，所獲字數多達二千餘字，爲歷來之冠。一時之間，學者撰文考論，興起風潮，如章太炎(1869—1936)、于右任(1879—1964)、胡樸安(1878—1947)、蒙文通(1894—1968)等，就有彼此來往商議的信函③。

國學大師章太炎獲友人李根源(字印泉，1879—1965)、于右任，以及弟子潘承弼(號景鄭，1907—2004)所贈拓本，遂與學友、弟子相互研討，並撰《新出三體石經考》一文，除詳細考訂石經之文字，復據以注解經書，頗出新見。

章太炎對魏石經的研究，主要是《新出三體石經考》一文，利用石經文字考校

---

① 孫星衍《魏三體石經遺字考叙》曰："《隸續》所載三字石經，蓋魏正始中立石。宋皇祐時，蘇望得搨本摹刻於洛陽，古文三百七、篆文二百十七、隸書二百九十五，凡八百一十九。爲《尚書・大誥》《吕刑》《文侯之命》，《春秋左氏》桓、莊、宣、襄四公經文，亦有傳。"見[清]孫星衍：《魏三體石經遺字考》，北京圖書館出版社2005年版，《歷代石經研究資料輯刊》本，卷首，第1頁上。

② 有關魏石經的存亡情況，可參邱德修編撰：《魏石經初撢——魏石經古篆字典》，學海出版社1978年版，《存廢小史》第69—78頁。

③ 如章太炎有《與于右任論三體石經書》，《國學彙編》第1集(1923年)，第1—2頁；又見《華國》第1卷第4集(1923年)，第44—46頁。胡樸安有《與于右任論三體石經書》，《國學彙編》第1集(1923年)，第69—72頁；《與章太炎論三體石經書》，《國學周刊》第29集(1923年11月21日)，第1頁。蒙文通有《與胡樸安論三體石經書》，《國學彙編》第2集(1924年)，第51—53頁；又見《國學周刊》第44集(1924年)，第3頁。

《尚書》、《春秋》、《左傳》之經文，有許多精闢之論。另外，有與弟子、友人商略的書信，對石經數目及文字等問題，提出各自的見解及辯駁。本文依據章氏所撰相關文章，探究其獲得魏石經的始末及研究情況。

一　李根源贈予拓本

魏石經自從遺逸後，間有拓本、摹本傳世，章太炎《新出三體石經考》簡述宋以來魏石經殘字的流傳與考辨情況，曰：

> 宋皇祐時，蘇望摹三體石經，名爲《春秋左氏傳》者，至南渡，洪氏録入《隸續》，古文、篆、隸八百有餘字。洪氏攷《水經注》，乃知正始所刻，與熹平蔡邕所書者異事。前此范氏《後漢書》、陸氏《經典釋文》、司馬氏《資治通鑑》皆誤以三體書爲熹平所立，趙明誠先辨之。清臧琳、孫星衍氏辨其文句，始識爲《尚書》、《春秋》二經。《尚書》則《大誥》、《吕刑》、《文侯之命》，《春秋》則桓公經傳、莊公經、宣公經、襄公經也。自洪氏以下，未有親見石本者矣。①

北宋蘇望的摹本②被南宋洪适（1117—1184）收入《隸續》中，僅存八百多字③，前此諸家均誤認爲東漢所刻之熹平石經，趙明誠（1081—1129）④、洪适⑤始辨其非是，逮清人臧琳（1650—1713）⑥、孫星衍（1753—1818）⑦，方識其爲《尚書》之《大

---

① 章太炎：《新出三體石經考》，《章太炎全集》第7册，上海人民出版社1999年版，第482—483頁。

② 洛陽蘇望摹刻故相王文康家之本，三體合計凡八百十九字。參見馬衡：《魏時經概述》，《凡將齋金石叢稿》，中華書局1977年版，第221頁。

③ 洪适《魏三體石經左傳遺字》云："右漢三體石經《左傳》遺字，古文三百七十，篆文二百十七，隸書二百九十五，有一字而三體不具者。"見《隸續》，商務印書館1983年版，《文淵閣四庫全書》本，卷4；第3頁b。

④ 趙明誠《漢石經遺字》云："按：《後漢書·儒林傳·叙》云'爲古文、篆、隸三體'者，非也。蓋邕所書乃八分，而三體石經乃魏時所建也。"見《金石録》，臺灣商務印書館1983年版，《文淵閣四庫全書》本，卷16，第13頁下。

⑤ 洪适《魏三體石經左傳遺字》云："酈氏《水經》云：'漢立石經於太學，魏正始中，又刻古文、篆、儷三字石經。'"見《隸續》，卷4，第4頁。

⑥ 臧琳云："《隸續》載魏三體石經《左傳》遺字，……琳嘗以《左傳》校之，簡内有《尚書》《大誥》《吕刑》《文侯之命》三篇，錯於《左傳》中，蘇氏題爲《左傳》遺字，洪氏承之，皆不知有《尚書》，葢未嘗徧讀而細考也。"見其所著《經義雜記·魏三體石經尚書》，《皇清經解》，漢京文化事業有限公司1980年版，卷198，第30頁上。

⑦ 孫星衍著有《魏三體石經遺字考》，將石經殘字分繫於諸公。

誥》、《吕刑》、《文侯之命》三篇，《春秋》桓公、莊公、宣公、襄公四君，以及《左傳》桓公之文，但他們都未能一睹石本。

民國十二年(1923)五月十七日，章太炎撰《論魏正始三體石經書》，與易培基(字寅邨，1880～1937)討論石經，述其獲贈正始石經拓本之事，曰：

> 寅邨我兄左右，不通信纍月，近三體石經忽有數碑現世，此實怪絶。先是民國十一年，李印泉贈我一册，乃《尚書・君奭篇》百廿餘字，字頗蠹蝕，而紙墨不過三數十年。然《君奭》爲《隸續》所未録，怪問李君。李君則云："從長安作客得之，終不能尋其根也。"①

對於李根源所贈之石經拓本，紙墨甚新，章氏有所疑惑，問所從來，當時李氏僅告以作客長安時所得，其實際來源則無法察明②。章太炎於《新出三體石經考》則曰：

> 民國十年③，友人騰衝李根源，以長安肆中所得石本《君奭》古文、篆、隸一百有十字贈余，獨出《隸續》之外，余甚奇之。恨已翦𢧵成册，無由識碑石形狀。久之，知其石出洛陽龍虎灘民家，嘗以繫牛，印師劉克明始識之，卒歸黄縣丁氏。後得攝影本，於是識其行列部區也。④

新獲李氏所贈的魏石經百餘字拓紙，觀其内容，可知屬《尚書・君奭篇》，爲《隸續》所未收録，然因已裝訂成册，無法讓他辨識石碑的原貌。該石經殘石應是清光绪二十一年(1895)發現於洛陽阳白馬寺村南龍虎灘，其内容爲《尚書・君奭》篇，殘石存110字，其中古文36字，原石初歸山東黄縣丁樹禎收藏，後歸周進。

---

① 章太炎：《章太炎論魏正始三體石經書》，《國學叢刊》第1卷第3集(1923年)，第153頁。

② 日後，李根源曰："正始三體石經。民國十一年十一月，在洛陽城東南三十里朱格搭村出土。大小兩石，大石高三尺二寸、寬二尺九寸，小石高一尺四寸、寬九寸五分，兩面刻，大石刻《春秋》三十二行、《尚書》三十四行；小石存《尚書》十一行。大石出土後，爲碑估謝某鑿爲二段，遂與小石成三石。二石存洛陽縣公署，一石存官礦局。十四年三月，胡勵生督辦令交圖書館保管。"見李根源、何日章編次：《河南圖書館藏石目》，新文豐出版公司1999年版，收入《石刻史料新編》第3輯，第1頁上。又曰："開封存石多安陽張省長鳳臺在任時所獲，舊分庋於圖書館及金石編纂處，今年春，余遊汴梁，白於富平胡勵生督辦，收合金石編纂處存石與洛陽所存漢黄腸石、魏正始三體石經，皆歸入圖書館保管。因與館長何君日章，編定目次如右，俾考古之君子得觀覽焉。中華民國十四年三月二十日，根源附識。"(第21頁上)

③ 據上引文，知應爲十一年之誤。

④ 章太炎：《新出三體石經考》，《章太炎全集》第7册，第483頁。

此時章氏所見拓紙，僅有石碑的正面文字。

二　于右任贈予拓本

在獲得李根源贈本之後，章太炎又獲于右任贈送魏石經拓本，曾寫《右任贈三體石經》詩，以詠其事，曰：

> 正始傳經石，人間久不窺。洛符無故發，孔筆到今垂。八體追秦刻，千金笑華碑。中原文武盡，麟出竟何爲。①

詳觀其意，似帶有譏諷的語氣，蓋對當前的混亂局勢，頗有不滿，因而藉題發揮。其《論魏正始三體石經書》詳記此事，曰：

> 今年三月，偶以此事語于右任，右任即取六大幅見贈。《尚書》則《多士》《君奭》《無逸》，《春秋》則僖公經、文公經，悉《隸續》所不載，而完好過於李本。問其故，則云："去歲有人在洛陽廁牖中，見其石壁有古篆文，設法壞壁，得一石，以示人，知爲三體石經。洛陽居民轉相傳告。或云：'某廟某寺亦有石壁，文字相近。'因共壞之，復得二石。此即得石後所拓也。其石或入官，或歸富人，分散矣。"因歎清世諸老校别石經，不爲不勤，獨於此未及，真所謂椅(掎)檢星宿，遺一羲娥者也。②

從于右任處得到六紙拓本，乃出自洛陽民間，爲《尚書》之《多士》《君奭》《無逸》三篇，《春秋》僖公、文公二君之經文③，也都不見録於《隸續》，完好程度勝過李氏所贈。于氏交待了獲石拓的經過，且感慨清儒校訂石經者，費盡心力，卻未能寓目，至爲可惜。《新出三體石經考》亦記此事，曰：

---

① 章太炎：《右任贈三體石經》，《國學周刊》第6期(1923年)，第3頁。

② 章太炎：《章太炎論魏正始三體石經書》，《國學叢刊》第1卷第3集(1923年)，第153頁。

③ 馬衡云："《尚書·多士》殘石，存十一行，行存三字至十六字，後闕二十三行。《春秋》文公存十行，行存三字至十五字，前闕二十二行，與《無逸》《君奭》及《春秋》僖公、文公一石，同時出土。亦表裏刻之，上下皆有闕損，故不能知每行之起訖。"見《魏正始石經尚書多士及春秋文公殘石跋》，《凡將齋金石叢稿》，第350頁。

> 十二年,新安張鈁又屬三原于右任以石經拓本六紙未裝者贈余,讀其文,則《尚書·多士》《無逸》《君奭》,《春秋》僖公經、文公經,悉蘇望所未見者。以書問所從來,鈁答曰:"民國十一年十二月二日,洛陽東南碑樓莊下朱圪塔邨民斸藥,得石經於土中,爲巨石一,其文表裏刻之,以其重,斲爲二,他碎石亦一散於公私。"手摹者鈁也。①

此次他所得到的六紙拓本,是張鈁(1886—1966)親自摹寫,並透過于右任轉送的②。《新出三體石經考》續曰:

> 余視諸石上下不完,此表刻《無逸》《君奭》者爲上段,丁氏所得《君奭》石,乃其下段不全者,其裏則《春秋》僖、文經也。本以一石解析爲二,表裏分摹,故爲四紙。行列不壞,每面三十二行,其碎石所拓二紙,爲《多士篇》一、文公經一,則行列亦泯焉。以是六紙與丁本并,古文、篆、隸幾千八百字,視《隸續》一倍而羨。③

章太炎將兩次所得拓本仔細研究,發現張鈁所摹本乃由一石剖分爲二,正反兩面皆刻,故有四紙。正面所刻爲《無逸》、《君奭》兩篇的上半段部分,丁樹楨本則屬《君奭》下半段;背面則屬《春秋》僖公、文公之經文。另外二紙,則爲碎石拓本,屬《尚書·多士》與《春秋》文公經文。總計兩次所得,有古文、篆、隸三體字一千八百多個,比《隸續》超出一倍多。

三　潘承弼贈予拓本

民國二十五年(1936年),章太炎的弟子潘承弼又從上海碑估獲得續出兩紙魏石經拓本,其《書洛陽續出三體石經後》叙曰:

> 民國二十五年春,余因潘生承弼得洛陽續出三體石經拓本兩紙,前爲《尚書》,後爲《春秋》,《尚書》存十五行,《春秋》存十四行,每行約十五六字,

① 章太炎:《新出三體石經考》,《章太炎全集》第7册,第483—484頁。

② 有關張鈁收藏魏石經拓本的情形,可參潘永耀:《張鈁舊藏三體石經册考述》,《東方藝術》2009年第6期,第24—51頁。

③ 章太炎:《新出三體石經考》,《章太炎全集》第7册,第484—485頁。

以通行本《尚書》、《春秋》對校，每行下當尚有七字。其上所損，則三十餘字。此石與十一年所得一石，正相銜接，此石"公子買戍衛"，至"衛"字盡，彼石起"戍"字，而"不卒"兩字則在此石斷泐中，蓋一石被破爲二，故秖得十四五行，上段又缺，故每行秖十五六字也。《尚書》亦《君奭》經。……此石出土後，爲人攜至上海，故潘生由上海碑估得之。其年四月，章炳麟記。①

其所獲拓本，應拓自十一年所得之丁氏藏石，蓋其時僅獲正面，即《君奭》經文，此次則兼有正背兩面，亦即多出背面之《春秋》經文。

四　與吴承仕的討論

以上所述，爲章太炎自言所獲之魏石經拓本，且信其爲真者。此外，他曾見其他拓本，卻疑爲僞造。民國十三年(1924)九月三十日，章太炎《與弟子吴承仕論三體石經書·第一書》曰：

絸齋足下：來書稱徐君曾赴洛陽，得熹平石經、正始石經殘片，所摹熹平殘片，其迹近真，正始殘片，不知何似？前歲之冬，石經既出，隨有僞作殘片者，自洛陽來。僕因與原石相比，往往取三四字摹刻之，以是不信。隨有僞作三體，以品字式作之者，其篆體肥俗，或疑爲宋時嘉祐石經。然此不應出於洛陽，且行列亦不合，決知其僞。乃羅振玉、王國維等尚信之，豈真不辨篆法工拙邪？蓋習于好奇，雖僞者必仞之也。僕意除丁氏所得者，及朱圪塔村所得二石外，如有殘餘，必其篆法瘦逸，而又非在曾得之石之中者，且其文義可讀者，然後始信爲真。不知徐君所得，亦有合于斯例乎？暇問之，則可知也。②

自從洛陽新出漢、魏石經殘片，僞作者尾隨而出，章氏以其所見，謂熹平石經字迹近乎真，而正始石經則字體可疑。他認爲品字式的魏石經，篆文的字體肥俗，與漢代篆字頗不相似，疑爲宋朝的嘉祐石經，但所獲地點不對及行列款式不類，因而判定爲僞。對於其他學者不從篆字筆法的優劣，來分辨真僞，

① 章太炎：《書洛陽續出三體石經後》，《制言》第16集(1936年)，第1—2頁。

② 章太炎：《與弟子吴承仕論三體石經書》，《華國》第2期第4册(1925年5月)，第31—32頁。

是受到好奇心的影響[①]。因此,他指出如何認定三體石經真僞的方式,希望弟子吴承仕(字絸齋,1884—1939)能夠體會。

五　撰寫《新出三體石經考》

民國十二年,章太炎撰《新出三體石經考》一文,分四次連載於《華國》月刊[②]。民國二十二年,錢玄同與吴承仕發起,由在北平的弟子出資刊刻《章氏叢書續編》,曾將此文收入,修訂重刊,章氏撰寫《後記》曰:

> 吴興錢夏,前爲余寫《小學答問》,字體依附正篆,裁别至嚴,勝於張力臣之寫《音學五書》。忽忽二十餘歲,又爲余書是《攷》。時勢遷蜕,今兹學者能識正篆者漸希,於是降從開成石經,去其泰甚,勒成一編,斯亦酌古準今,得其中道者矣。槀本尚有數事未諦,夏復爲余攷核,就槀更正,故喜而識之。夏今名玄同云。民國二十二年三月,章炳麟記。[③]

弟子錢玄同(原名夏,1887—1939)先前曾用篆體,爲其師書寫《小學答問》一書,章太炎稱此舉勝過清康熙時張弨(字力臣)爲顧炎武(1613—1682)書寫《音學五書》。然而時隔二十多年,因爲世人已鮮有能識篆體者,遂改用唐開成石經的字體書寫《新出三體石經考》。同時錢氏也爲原稿幾處不夠精確的部分,考核修訂[④]。

章太炎《新出三體石經考》根據當時所得見之正始石經拓本,考證其源流,對於書碑者邯鄲淳(132?—221)的生平事略,頗多抉發,並且推測所刻碑數約有四十八石[⑤]。

---

① 章太炎有另一段相似之語,曰:"未幾,復有僞作三體書者,以古文居上,篆、隸居下分列,俗云鼎足,或云品字式,亦出洛中。余見其篆書肥俗,知爲詐,或疑宋嘉祐石經之遺。然彼以篆、隸、真書爲三,三體爲三行書,既無古文,形式亦殊異。且宋人篆法雖拙,亦未有如彼擁腫者。一二好異之士,若羅振玉、王國維,猶信之,亦可哂也。魏世石經既立,無幾,梅氏僞古文作。今石經出於洛陽,而僞作三體以衒賈者旋起,所謂巫者之效禹步已。幸其學藝不逮梅氏閎雅,足以絶智者之聽。"見章太炎:《新出三體石經考》,《章太炎全集》第7册,第599—600頁。

② 章太炎:《新出三體石經考》,《華國》第1期第1册(1923年9月)至第1期第4册(1923年12月)。

③ 章太炎:《新出三體石經考》,《章太炎全集》第7册,第606—607頁。

④ 章太炎與錢玄同的師生情誼,可參沈世培:《錢玄同與章太炎的交往》,《民國春秋》2001年第6期,第37—41頁。

⑤ 章太炎推測若將《尚書》《春秋》《左傳》全部刻齊,應有一百六十餘石,因《左傳》未刻齊,所刻成者僅四十八碑。

其文共考石經古文一百二十七件，一百五十九字，另有闕文二件，補定二件，自言："今所見三體石經盡是矣。"①

民國二十一年(1932)六月四日，于右任因事拜訪章太炎，持茹欲立(1883—1972)所撰《章先生新出三體石經考歌》詩稿相示，章氏欣然爲之手定②。其詩曰：

餘杭先生貌奇古，學通今古無不有。兩京孔、鄭任箠笞，佐以篆籀兼蝌蚪。好事時來就質疑，先生諾諾復否否。蕭然一室供踥蹀，暇或逃禪捧卮酒。民國十二年，洛陽石出土。氈蠟初成遠寄來，欲尋真賞窺庭户。先生一見喜欲狂，寶完不異陳倉鼓。中原文武掃地盡，麟出今將爲誰某？披圖握管手不停，考訂遺經夜至午。蔡邑(邕)石經何時立？邯鄲子叔光生後。熹平下數迄正始，甲子方周未云久。一體未該三體出，乃知邯鄲意别有。石數古今無定説，先生度量求中數。《尚書》卅篇字萬餘，《春秋》經傳又幾許。算及秋毫雖未盡，我信已得十八九。許書郭簡供鉤考，旁及采漢碑周卤。文成數千書在紙，蘭陵孫翁應却走。于先生，亦好古，尋常觀書鄙章句。既驚先生老益勤，更喜絶學有其緒。欲得先生欣然諾，即時鐫勒公傳布。嗚呼！安得十萬五丁開山手？徧掘洛下窮巖藪。石經盡出人盡見，古學光輝燦宇宙。③

此詩頌揚章太炎考訂正始石經之功，述及其對書手、石數之考證，可謂推崇備至，讚譽有加。茹欲立字卓亭，筆名大無畏、皮生。陝西涇陽魯橋(今屬陝西三原)人。光緒二十八年(1902)，入三原宏道大學堂。光緒二十九年(1903)，因宏道大學堂總教習薛壽軒懸牌申斥于右任出言不遜，于右任離校，茹欲立等人向薛壽軒理論，未果。光緒三十年(1904)初，于右任出任商州中學堂監督，延請茹欲立、李儀祉(1882—1938)擔任教員。此後，于右任到開封參加會試，即由茹、李二人代理校務。當陝西巡撫升允(1858—1931)奉旨捉拿"倡言革命"的于右任，于被迫流亡上海，茹、李也受連累而辭職。1928 年 2 月，于右任任國民政府審計院院長，茹欲立應其邀請，於是年秋季，到南京擔任審計院副院長。1931 年 2 月，于右任出任監察院院長，審計院改名爲審計部，隸屬監察院，茹欲立任審計部部長。

① 章太炎:《新出三體石經考》,《章太炎全集》第 7 册,第 599 頁。

② 參見汪運渠《胸有方心身無媚骨——説民國書家茹欲立先生》,《收藏家》2010 年第 12 期,第 100 頁。

③ 茹欲立:《章先生新出三體石經考歌》,《國學周刊》第 8 期(1923 年),第 3 頁。

可見茹、于之交情匪淺，而茹蓋久慕章氏之名，遂經由于之介紹，使茹與章結識，而其媒介即爲《章先生新出三體石經考歌》。

結　語

民國初年的魏石經出土，可謂學界一大盛事，吸引許多學者的興趣，紛紛投入研究，彼此之間，也會相互研討，如章太炎、于右任、胡樸安、蒙文通等，就有不少來往討論的書札。

章太炎獲得友人贈送的魏石經拓本，與他們有書函商榷疑義。同時章氏亦撰成《新出三體石經考》一文，深入考察石經文字，並用以與古籍相校勘，所見頗有新意，爲學界所重視。除了友朋之外，他也曾與弟子商討，其中最重要的，當屬吴承仕。民國十四年(1925)四五月間，章太炎有與吴承仕討論《尚書》的五封信函①，發表於《華國》月刊②。此五篇信札之内容，均爲兩人對《尚書》今、古文字的討論，章氏頻頻舉例，以曉喻吴氏，其中頗多涉及魏石經者。他們師弟之間的切磋論學，也敦促了章太炎晚年對《尚書》一經的研究。

(作者爲臺灣“中央研究院”中國文哲研究所副研究員)

---

① 《第一書》撰於 1924 年 12 月 26 日、《第二書》撰於 1925 年 3 月 5 日、《第三書》撰於 1925 年 3 月 11 日、《第四書》撰於 1925 年 4 月 3 日、《第五書》撰於 1925 年 4 月 4 日。著成時間，參見李希泌：《章太炎先生致吴承仕的六封論學書——兼正〈章炳麟論學集·釋文〉之誤》，《文獻》1985 年第 1 期，第 112—113 頁。

② 章炳麟：《與吴承仕論〈尚書〉古今文書》，《華國》第 2 期第 6 册(1925 年 4 月)刊載第一至第三書；章炳麟：《與吴承仕論〈尚書〉古今文書續》，《華國》第 2 期第 7 册(1925 年 5 月)刊載第四、第五書。

馬衡與漢石經研究

虞萬里

一 引 言

馬衡(1881—1955),字叔平,一字印生,别署无咎,號凡將齋主人。光緒七年(1881)五月生於江蘇吴縣縣衙内宅。祖籍浙江鄞縣,父馬海曙隨同鄉到揚州經商,太平天國軍起,清廷遣琦善平江南、江北,海曙因籌糧幹練被賞識,遂歷任江蘇丹徒、元和、長洲、吴縣、金壇、寶山等地知縣,衡即生於縣署。海曙生九子,長子馬裕藩爲吴氏所生,餘八子爲李氏所産。其中第三、第八子早夭,六子馬權,成就略遜,餘五子:馬裕藻(1878—1945),字幼漁;衡譜名裕荘;馬鑑譜名裕萍(1883—1959),字季明,一字寅生;馬準譜名裕溎(1887—1943),字太玄;馬廉譜名裕荷(1893—1935),字隅卿。兄弟五人,皆爲名校教授,號稱五馬,馳譽南北,一時傳爲美談。相比蜀漢"馬氏五常,白眉最良"之馬良(字季常)、馬謖(字幼常),僅留兄弟兩人名字,則鄞縣五裕顯得更爲光耀。

馬衡一生學問,與家庭教師葉瀚之啓蒙有關。葉瀚字浩吾,清末維新人士,留日學習師範教育,回國後被海曙聘爲家庭教師,教育諸子。葉瀚涉獵廣泛,兼通四部,精於墨學,尤以其承晚清浙派印學餘緒,嗜於金石之學而聞。所著《晚學廬叢稿》中有龍門造像、四川摩崖、河南、陝西、浙江、四川、湖北造像等多種目録,又有《中國美術史》《漢畫偶談》,於石刻、造像之學頗有研究,對幼年馬衡喜好金石有直接而深刻的影響。

馬海曙病逝,馬衡扶柩歸里,在寧波天一閣閱讀金石書籍,自習書法篆刻。1899年,馬衡與馬鑑考取秀才。時適上海南洋公學中院(上海交通大學前身)開辦不久,書院監院、傳教士福開森爲扭轉北洋大學學生不能用漢語寫作之境況,改變辦學宗旨,欲收中文基礎扎實的學生,故所招多爲舉人或秀才,馬衡兄弟應時而考入預科二班就讀。福開森收藏中國甲骨、書畫、瓷器等文物,研究中國美術,喜好書法篆刻的馬衡自然受其賞識。由此,福氏的古玩收藏、鑑賞也對年輕的馬衡有所熏陶。1904 年,馬衡攜自刻印章赴杭州求教於金石書畫大家吴昌碩,參與西泠印社籌建。離杭返滬時求吴題署"凡將齋",名重一時的缶廬老人欣然爲題篆書匾額。以上經歷,逐漸形成馬衡一生學術之重心與蘄向。加之馬衡二十一歲時與葉澄衷女葉薇卿成婚,任葉氏企業董事會董事,年薪六千大洋,生活優裕,使其能購置大量碑帖拓本、書畫圖書以及青銅器銘刻等,日夕心追手摹,不僅書法篆刻功力深厚,古玩鑑賞能力亦與日俱進。自 1922 年起籌建北京大學考古研究室,次年任史學系教授兼國學門導師、考古研究室主任,組織古蹟古物調查會,任會長,兼任北京大學圖書館美術部主任,均皆圍繞其專長與興趣工作。以後三十年中,他先後出任故宫博物院古物館副館長,故宫博物院代理院長、院長,中國博物館協會會長等職,曾赴河南新鄭調查文物,蒐求盜掘出土的漢魏石經殘石,參加清宫文物清點,爲故宫購買山西稷山小甯村興化寺被盜壁畫,參加居延漢簡整理,赴遼東半島"貔子窩"考古發掘,負責文物南遷,考察大足石刻,會同徐森玉鑑定購回《伯遠》《中秋》國寶,諸如此類,無一不是在其專長興趣和職責範圍之内。身後遺囑將個人收藏二萬餘件(卷)碑帖、圖書和青銅器、印章、甲骨、書畫、陶瓷、牙骨等文物悉數捐贈故宫博物院,顯示出其高尚的品格和以國爲家的襟懷。

二　得性情之真　預學術之流

馬衡多才多藝,成就卓著,在書法、篆刻、書籍制度、度量衡制度、銅器古物鑑賞等方面均有很深造詣,而用功最深者端在金石之學,金石學中成就最大者即是漢魏石經的蒐集與研究。

(一) 王國維馬衡石經之緣

馬衡早年受葉瀚、福開森、吴昌碩等人金石氣韻的熏陶,任職北大以後,與王國維有頻繁的學術交往。時逢漢魏石經出土,於是走上石經研究之路。晚清黄縣丁樹楨獲三體石經《君奭》殘石,雖爲藝林艷羨傳稱,卻未作專門研究。迨及民國,王國維完成《史籀篇疏證》一書,乃就《君奭》殘石拓本考察其古文字形,以與籀文比較。因殘石文字有限,王國維之《魏石經考》留有種種遺憾,但該文於 1916 年在上海倉聖明智大學《廣倉學宭叢書》上發表,立即引起學界廣泛關注。馬衡 1917 年出任北京大學國史編纂處徵集員,發表《論漢碑書體》,同年受蔡元培委託,致函在上海的王國維,邀其擔任北京大學文科教授,次年,再致函懇邀,均遭婉拒。但王、馬之間學術聯繫卻由此建立，馬衡對漢魏石經之認識與關注，也由此加深。

今存王、馬往來書信，以討論魏石經爲多，蓋王國維曾著《魏石經考》，而出土亦以魏石經《君奭》《無逸》在前。偶有研討漢石經之文字，如 1923 年 5 月，馬衡赴洛陽尋訪出土殘石回京，於農曆六月下旬致函王國維云：

> 衡在洛時搔破皮膚於浴堂中，沾染病菌，……《毗伽公主墓誌》，毛子静《關中金石文字存逸考》曾著録之，衡前於廠肆見一拓本，以索價昂，較其文而還之。今將《存逸考》呈覽，晤弢老時能代求一本，尤感。新得漢魏石經殘石，各拓一紙奉呈審定。①

王國維得書即覆云：

> 前日聞兄小極，不知何病，甚以爲念。頃讀手教，知係足部腫痛，亮不日可愈。石經拓謝謝。前所示《禮經》小石，乃在《鄉飲酒禮》之末，頃始排比得之。《芘伽公主誌》當索奉。……《關中金石文字存》一册收到。②

讀此函，知馬衡此前曾將漢石經《儀禮》殘石拓本奉呈王國維請教，此時王排比確定爲《鄉飲酒》文，此即《漢石經集存》圖版四二一“禮辭　殺薦”殘石。而馬衡又隨函附呈新得殘石拓本，其具體文字不可知。數日之後，王國維致函馬衡云：

> 昨晚晤教甚快。燈下研求尊藏正始石經殘石，“祇王般”一石乃《君奭》末、《多方》首之文，足證中間無《蔡仲之命》一篇……又“具瘁以”一石確是《小雅·四月》之詩，因漢石經《論語》每章之首空一格，則《魯詩》每章亦當爾也。謹以奉聞。③

---

① 馬奔騰輯注：《王國維未刊來往書信集》，清華大學出版社 2010 年版，第 160 頁。按，録文“昂”後無逗號，蓋不知“較”乃校閲之義，今點斷。“漢魏石經”，原書録作“漢魏存經”，石、存字形相近，今徑改。

② 王國維：《書信日記》，《王國維全集》卷十五，浙江教育出版社、廣東教育出版社 2010 年版，第 811 頁。按，王國維此函署“六月朔”，公曆在 7 月 14 日。馬奔騰輯注《書信集》馬衡書後題“七月十四日”。臆馬衡於農曆六月下旬致函王國維，王於六月朔收到，隨即覆函，並在馬函上標記“七月十四日”字樣。

③ 王國維：《書信日記》，《王國維全集》卷十五，第 812 頁。

王國維於1923年仲夏赴京，故馬衡得以趨府晤談。王此函雖是爲馬衡拜訪晤談而發，然當時漢石經出土不多，“具瘁以”殘石疑即馬前函拓呈，數日後又拜訪切磋。從王函“‘具瘁以’一石確是《小雅・四月》之詩”語，知馬衡已認爲是《四月》之詩而求教於王國維。1924年5月26日，王國維致馬函云：

經旬不見，甚念。雪堂有函件致兄，本擬奉訪，而以電話詢尊寓二次，知近日甚忙，未知何日能閑，祈示及，或以電話通知爲荷。……又排比魏石經行款，知尊藏“介退”一石竟是《皋陶謨》“以五介彰施于五色”及“退有後言”之文……漢石經殘字寫定一過，亦頗有發見，見時當持共觀也。①

讀“經旬不見，甚念”云云，知王國維北居之後，兩人經常切磋交往。王國維謂“漢石經殘字寫定一過”，此殘石爲何時所得，今莫能確指。1925年8月，馬衡又往洛陽尋訪，獲得一批殘石，②回京即曾椎拓奉呈王國維，9月8日馬衡致函王氏云：

昨何君士驥來言，研究生備取二名，已蒙一律收録，今晨將遷迻入校。爰檢新得石經碎片拓本數十種及卣文影印本一紙，托其轉呈左右，不審已收到否？③

次日，王覆函云：

頃何生士驥到校，攜來所賜漢魏殘石拓本共近七十種，百朋之錫，何以加之，敬謝敬謝。詢之何生，知兄上月返京並未再赴雒陽，想發掘事尚未有成議。此次所得殘石至六七十片之多，可謂大觀。然非兄親往，恐亦不能運至此也。漢石經中，其一塊有“陽”字及“弭”字者，乃《小雅・采薇》《出車》二篇之文。……弟纔閱一過，僅能知此，想兄必

① 王國維：《書信日記》，《王國維全集》卷十五，第817頁。

② 王國維1925年8月12日《致馬衡》云：“頃接手書，知台從已自雒歸，並審一切。”又9月2日《致馬函》云：“此次洛游，除石經殘片外更見何物？”《書信日記》，《王國維全集》卷十五，第820—821頁。

③ 馬奔騰：《王國維未刊來往書信集》，第161—162頁。

已考出也。①

馬衡洛遊一次即獲漢魏石經七十塊,確是大觀。可貴的是返京即將殘石拓呈王氏,俾其研究考訂,可見兩人學術交誼匪淺。王國維作爲民國初年石經研究之先驅,確實識見過人,才粗閲一過,已辨認出《采薇》《出車》一石。從王、馬往來書信可見自王國維北上居清華,與馬衡在學術上切磋相當頻繁,尤其是漢魏石經的研究。馬衡職責在身,數度赴洛陽尋訪,有新得殘石,即傳拓呈送王氏,兩人疑義共析,心得分享。馬衡是王國維回國定居上海和遷居北京八九年中的知交,也是侷居書齋的王國維研究石經、通向學界的得力中介,在與王氏的交往切磋中練就了對石經特殊的敏感和能力。馬衡曾請王國維爲其未剖本三體石經《君奭》《無逸》題辭,王爲題七律一首。王辭世後,馬親爲其《魏石經續考》題跋,謂"先生歸道山後,衡録副藏之,暇當爲之整理增訂,授之梓人",②既寄托了自己的哀思,亦表現出對摯友的感情與責任。可惜後來人事滄桑,他始終未能將亡友"未竟之稿"整理增訂。

(二) 對漢石經的認識與研究

馬衡與王國維訂交於 1917 年,時已聞見王氏對魏石經的考證,而其對漢石經的認識,則在此後之 20 年代。1922 年歲杪,洛陽城東朱家圪壋出土大塊三體石經《無逸》《君奭》殘石,轟動一時。明年 5 月,羅振玉約馬衡與徐森玉偕同前往洛陽尋訪石經,後羅有事未成行,乃囑徐森玉關注與三體石經同時刊立的曹丕《典論》。馬、徐至洛陽,意外獲得一塊漢熹平石經。羅振玉《石交録》記其事云:

> 方辛酉歲,洛陽出正始三體石經後,予在春明與二三同好約,至洛一訪漢太學遺址,乃以事不果。吴興徐君森玉鴻寶與其友往,瀕行,予告以魏文《典論》與石經同列,石經既出,《典論》或有殘石,幸留意。徐君諾之。既抵洛,郵寄小石墨本數字,詢是否爲《典論》。予閲之,乃漢石經《論語·堯曰》篇殘字也,爲之狂喜。亟移書請更搜訪,遂更得殘石十餘。此漢石經殘石發見之始。③

羅氏此書殆 1939 年整理追記,年代、事件容有誤憶。其所謂辛酉爲 1921 年,而

① 王國維:《書信日記》,《王國維全集》卷十五,第 8821—8822 頁。

② 施安昌主編,故宫博物院編:《馬衡詩鈔·佚文卷》,紫禁城出版社 2005 年版,第 162 頁。

③ 羅振玉:《石交録》卷一,《羅振玉學術論著集》,上海古籍出版社 2010 年版,第三集,第 206 頁。

《無逸》《君奭》殘石乃 1922 年壬戌十二月事,[①]故有 1923 年與馬、徐約行之舉。當時如何發見漢石經,何人先予辨認,今當事者皆成古人,難以徵實,而作爲漢石經之第一篇論文,無疑是馬衡 1923 年 7 月刊於《國立北京大學國學季刊》一卷三期上的《漢熹平石經論語堯曰篇殘字跋》。文云:

右二石先後出土,爲《論語·堯曰篇》殘字,存字四行:第一行存"繼絶世"三字,第二行存"惠而不費勞而不怨"之"費勞而"三字,第三行存"斯不亦泰而不驕乎"之"亦泰而"三字,第四行存"謂之有司"之"司"字,司下著一圓點,又其下存半字。《隸釋》所録《堯曰》篇殘字,即在此石之下方。據何晏《集解》本《堯曰篇》"謂之有司"下有"孔子曰不知命無以爲君子也"一章,今此半字既非"孔"字,又不類"子"字(朱子《集解》本無孔字),必非此章之文。惟《經典釋文》云:"《魯論》無此章,今從古。"依《八佾》《陽貨》等篇(見《隸釋》)計章之例,此半字當是凡字;凡字下所闕,當爲二章二字,以此篇僅《堯曰》《子張問》二章也。[②]

文章所謂"右二石",指殘石拓本,《季刊》將拓本製成圖版置於雜誌前,拓本係二小石拼接而成。[③]馬跋之價值,在於依殘字復原之後,更聚焦於"有司·"後之殘字,以何晏《集解》本"子張問"章後尚有"孔子曰不知命無以爲君子"一章,殘字不類"孔"字和"子"字。漢時《論語》分齊、魯、古三家:《魯論》二十篇,《齊論》多《問王》《知道》二篇爲二十二篇,《古論》分《堯曰》下章"子張問"另爲一篇,凡二十一篇。由是他推測石經用《魯論》:

漢石經《論語》所用何本,今曰此石無"不知命"一章,又《隸釋》所録校語有"凡廿篇"之文,與《魯論》篇數合,則石經用《魯論》本宜可確定。[④]

---

① 羅振玉《魏正始石經殘字跋》一文中云,"此石以壬戌秋出於距洛陽城東三十里之大郊東朱家圪壋",是當時所記不誤,而追記差誤也。

②④ 馬衡:《漢熹平石經論語堯曰篇殘字跋》,《國立北京大學國學季刊》第一卷第三卷,第 506 頁。

③ 傅振倫所編《凡將齋金石論叢》中未置圖版,則"右二石"未有著落,見中華書局 1977 年版,第 247 頁。

熹平石經以一家爲正文，兼採他家異文於校記中，馬衡據《隸釋》所載《論語》校記無“魯”“古”等字，而有盍、毛、包、周異同之説，乃徵引何晏《集解叙》和《漢書·張禹傳》，以爲張禹《論語章句》後出而最尊貴，包咸及周氏皆爲《張侯論》作章句，於是定石經爲《張侯論》。此係漢石經出土後第一篇考證所用經本之文。文末云“今依今本《論語》寫定全文，用王昶《金石萃編》之例，以大字寫其存字，而以小字録其佚文”，知其另有《堯曰》篇復原圖，或排版困難，未能刊出。與此相先後，馬衡有《漢石經魯詩校文》一文，撰作時間和刊出雜誌不明。又因洪适《隸釋》文字失真，乃摘鈔劉球《隸韻》所載漢石經字形，參校《漢隸字原》和《隸辨》等書，成《隸韻所録漢石經殘字》一册，以備考釋漢石經殘石之用。①

1929年，洛陽出土大塊《周易》殘石，石爲兩面刻，陽面爲《周易·家人》卦迄《小過》卦，陰面爲《繫辭下》《文言》和《説卦》。石一面世，轟動一時。孫莊以殘石墨本遺貽馬衡，馬隨即撰《漢熹平石經周易殘字跋》，刊於《北大圖書部月刊》一卷二期。跋文依據《釋文》，對殘石文字予以校勘，指出異體通假，乃至漢代的通行字體，最後以殘石“欲者水也”一句，《釋文》於《坎卦》“習坎”下云：“京、劉作欲。”殘石《困卦》“于剌劊”，《釋文》云：“京作劓劊。”遂斷言“是用京氏本無疑矣”，並推測“其碑末校記中，當著施、孟、梁丘之異同”。②此跋刊佈後，旋被顧頡剛收入《古史辨》第三册，馬衡又更舉《釋文·繫辭》“洗心”下所云“京、荀、虞、董、張、蜀才作先，石經同”一條證據，乃云“既於四家之中獨舉京氏，而又言石經與之同，是於上舉諸證之外，又得一鐵證矣”。③遂在北京大學研究所國學門月講中演講，並持稿爲蔡元培六十五歲祝壽。1932年，劉節曾益以數證，贊同馬衡京氏本説，並進而考證，京氏本上承孟氏，與三家及費氏古文《易》不同。④稍後唯羅振玉謂“《易》用梁丘氏本”，並有舉證，⑤而學界多以馬説爲定讞。⑥然漢代師法、家法之間師説文字，未必皆異，三家四家，其異同錯轉不一，故看似確鑿的異文證據，未必是該文本獨有用字。20世紀40年代初，洛陽又出《易》上經《蒙卦》至《比卦》及《易校

① 傅振倫編《凡將齋金石論叢》，將《隸韻所録漢石經殘字》作爲附録，未交待具體年代。

② 馬衡：《漢熹平石經周易殘字跋》，《凡將齋金石論叢》，第232—233頁。

③ 馬衡：《從實驗上窺見漢石經之一斑》，《慶祝蔡元培先生六十五歲論文集》上册，1933年版。

④ 劉節：《漢熹平石經周易殘字跋》，原載《燕京學報》1932年第十一期，今據《古史考存》，人民出版社1958年版，第82—84頁。

⑤ 羅振玉：《記梁丘氏易》，收入《松翁未焚稿》，見《羅振玉學術論著集》第十集上册，第443—445頁。

⑥ 與馬文同被收入《古史辨》第三册的顧頡剛《論易繫辭傳中觀象制器的故事》、錢玄同《讀漢石經周易殘字而論及今文易的篇數》《論觀象制器的故事出京氏易書》、胡適《論觀象制器的學説書》諸文，皆作於馬跋之後，均受其影響。

記》，共五十六字。其校記二十餘字，兩見“施孟京氏”字樣，可證漢石經《易》用梁丘氏本，馬衡亟作《漢石經易用梁丘氏本證》一文，仔細梳理南北朝各家《易》之流傳存佚，對自己以前誤證爲京氏本的説法作一澄清：

> 顧考證之事，首重證據。若文獻不足，無由引證者，則亦徒費勾稽，終無所獲也。陸德明《經典釋文》序録曰：“永嘉之亂，施氏梁丘氏之《易》亡。”故《周易音義》中所引祇孟喜、京房之説，而孟説僅十餘條。其《孟喜章句》十卷下注云：“無上經。《七録》云：‘又下經無《旅》至《節》，無《上繫》。’”則《孟喜章句》亦非完書，四家之中，亡佚太半，所可得見者祇京氏一家，故用京氏《易》之説，根本不能成立。陸氏所稱與石經同者，必梁丘、京氏二家之偶同，未可據以爲石經用京氏之確證。①

馬衡此文僅收入傅振倫所編《論叢》，無年月，亦未曾在雜誌上刊載。按文中云“一九四二年春，李涵初（培基）以拓本見寄，久而未至。今年春，復寄一本來，而媵以他經小𡿨拓本二紙”，②其中一紙即《易校記》，時當在 1943 年以後。其後在《漢石經集存》《易》説明中又作自我批評云：“余曩草《從實驗上窺見漢石經之一斑》一文時，此等殘石未發見，僅據下經及《下繫》《文言》《説卦》之遺文中有合於京氏者，遂定漢石經《易》用京氏本，可謂輕率武斷。”③對自己輕率的誤證，一而再、再而三地檢討，毫不留情，表現出一位學者追求真理的品行。④

（三）講授與宣傳漢石經

馬衡《堯曰篇殘字跋》之刊佈，適在熹平石經陸續被發掘之際，也是對金石書法有濃厚興趣和涵養的他在北大史學系講授中國金石學之時，誠可謂天時地利與人和。爲講授金石學，他起草撰寫《中國金石學概要》講義，因漢魏石經之出土，遂將歷代石經刊刻始末融入講義。《概要》第四章《歷代石刻三》有“太學石經”一節，專論七朝石經刊刻和發現研究，計約五六千字，是爲石經編入教科書、

---

① 馬衡：《漢石經易用梁丘氏本證》，《凡將齋金石論叢》，第 229—230 頁。

② 馬衡：《漢石經易用梁丘氏本證》，《凡將齋金石論叢》，第 228 頁。按，黄彰健《論漢石經》懷疑此文用公元紀年，是整理馬氏遺稿的人所改（《經今古文學問題新論》，“中央研究院”歷史語言研究所專刊之七十九，1982 年，第 295 頁），不知馬衡在《集存》中已有説明。

③ 馬衡：《漢石經集存》，科學出版社 1957 年版，第二九葉 A 上。

④ 與馬衡：《漢石經易用梁丘氏本證》相先後，屈萬里於 1945 年見到《易校記》殘石後，撰《漢石經周易爲梁丘氏本考——跋張溥泉先生藏漢熹平石經周易殘石》一文，批駁馬衡之説。1947 年刊於《國立中央圖書館館刊》復刊第一號，第 26—28 頁。

進入課堂之第一次。[①]講義對漢石經之介紹，主要參考王國維《魏石經考》研究成果，分漢石經爲三字還是一字，經數、石數、每碑行數每行字數、立石地點、石經遷徙毁壞、宋代所存字數、宋代重刻、清代藏拓重刻等依次叙説，條理清晰。後云：

> 近洛陽朱圪壋村出殘石，零落多不成文，字多者十餘字，少者或僅一二字，五經、二傳皆有存者。就余所見者，《易》三字，《詩》七十三字，《禮》三十三字，《春秋》百五十八字，《公羊》二字，《論語》三十四字，不知何經者二十七字，都計三百二十七字。此外尚有《石經後記》一石，百五十餘字。又碎片二十七字。《後記》中有光禄勳劉寬、五官中郎將堂谿典之名。[②]

所謂"余所見者"《易》《詩》《禮》《春秋》《公羊》《論語》等三百餘字，係馬衡數次親往洛陽搜訪所得。而所記《石經後記》殘石，係 1929 年前後由北京大學研究所國學門和北平圖書館所得。[③]馬衡於此記之，可以推想此講稿在 1930 年前後曾經修訂。[④]在"太學石經"修訂的基礎上，他總結六七年來學界搜輯、研究漢石經的新成果，分爲：一、字體，二、經數，三、經本，四、行款，五、石數，六、人名，附刻工；撰成講稿，於 1931 年 2 月在北京大學研究所國學門報告。此時羅振玉之《漢熹平石經殘字集録》已出四編，學界之研究也更深入，故除個别如《易校記》未發現而仍指爲用京氏本外，叙述更完整而符合實際，尤其是自己從洛陽新得《儀禮・鄉飲酒》殘石拓本，定《儀禮》爲大戴本；新得見《尚書序》拓本，乃從錢玄同説定《書》用歐陽本；更從後記殘石所列人名，復鉤稽史書相關史料，將參與石經刊刻人員增至二十五名。這些新發現是當時石經學界最前沿的成果，所以他修訂後以《從實驗上窺見漢石經之一斑》爲題，刊於《慶祝蔡元培先生六十五歲論文集》中。[⑤]十年之後，他又爲《中國教育全書》撰寫"石經詞解"條目，分爲：一、起源，二、後世之繼起，三、歷代立石之概況，四、原石之存佚，五、覆刻本及傳拓之流傳，六、石經與教育之關係；六部分。此文無年月，顧文中云"《易》用梁丘氏，以最

---

① 後於馬衡《概要》的陸和九《中國金石學講義》未專門叙述石經，朱建新《金石學》僅用數百字篇幅約略論及石經之著録，皆不如馬書詳細。

② 馬衡：《中國金石學概要下》，《凡將齋金石論叢》，第 76—77 頁。

③ 殘石《後記》拓本傳世之後，陳子怡曾撰《熹平石經後記真僞考》辨其真僞，見《女師大學術季刊》一卷一期，1930 年 3 月，第一至四頁。

④ 今由傅振倫所編之《概要》，係據 1931 年修訂本，是其補寫必在獲見之後不久。

⑤ 此爲《中央研究院歷史語言研究所集刊外編》第一種，分上下册，分别於 1933 年和 1934 年在北平出版。

近所出《易校記》有孟、施、京氏字也”,[①]知已在40年代。其論石經與教育之關係云:“熹平刊立石經之用意,爲正誤訂訛,樹立準則,使學者有所取正。其後歷代之繼踵,亦同此意。是則在教育上之意義,固甚顯著。既收效於當時,亦冀以垂示於久遠。”[②]既道出石經刊刻之意圖,也將石經研究宣傳、推廣到教育界。

三　處抑鬱之境　成不刊之著

馬衡尋訪石經,研究、宣傳石經,而最大的功績還是在蒐集、匯輯石經拓本。20世紀20年代,洛陽太學遺址盜掘石經靡然成風,一時間商賈、學者蜂擁而至,其中不乏轉手倒賣、傳拓賈利者,致出土殘石、拓本迅速流向各地,使人無法統計當時究竟出土多少殘石。1925年,吴維孝將自己蒐集的拓本匯爲《新出漢魏石經考》四卷,囿於見聞,蒐羅有限。故大興孫莊於1927年倡議編集,請金溪周康元傳拓墨本,馬衡則積極配合序次編目,於次年輯成《集拓新出漢魏石經殘字》四册。計收漢石經《周易》一石,《魯詩》十二石,《儀禮》七石,《春秋》二十三石,《公羊》三石,《論語》五石,《後記》七石,不知何經十四石;魏石經《尚書》六十一石,《春秋》四十三石,共一百七十六石,一千零九十八字。馬衡所編之《殘字目》,[③]係將殘石文字録出,注明幾字,並以括號標注爲某經某篇某句,如《魯詩》下有:“之杜|不佽|黍父|六字(《唐風・杕杜、鴇羽》)。”《儀禮》下有:“遂|後首|醢|四字(《大射儀》)。”《春秋》下有:“築王|夫人姜|五字(《莊》元年二年)。”魏石經則更標明殘石所存文字爲古文或篆隸,三體齊全者標“三體”,如《尚書》下有:“于(篆隸)五(三體)臣(三體)庶(古隸)|五(篆)典(三體)五(古篆)|五(篆)|十七字(同上[④])。”如不知何篇文字,則括注“不知何篇”,不知何經,則僅録出文字。文字殘泐,無法辨認而懷疑爲某字者,亦注明,如“不知何經”下:“□|一字(疑月字)。”第一集出版之後,各地藏家拓本繼續彙集,隨之有第二、第三、第四集之編輯。第二集書前《目録》與第一集同。《殘字目》不僅是一個目録,實質是經過考訂後的録文,單獨可以作爲石經專著運用。尤其因《集拓》各集當時僅用墨拓裝訂數十册,流傳甚稀,故《殘字目》可供一般研究之用。而馬衡一生所撰最有影響之著,是

① 馬衡:《凡將齋金石論叢》,第213頁。

② 馬衡:《凡將齋金石論叢》,第217頁。

③ 馬衡《殘字目》曾刊於1928年10月14日、15日和12月30日《新晨報》文化特刊,後收入《凡將齋金石論叢》,第341—353頁。

④ 引按,指同上《咎繇謨》篇。

《漢石經集存》。

(一)《漢石經集存》校理與編輯

20世紀初之漢魏石經研究,王國維無疑是先驅,而王國維、羅振玉、馬衡、徐森玉、張國淦、王獻唐、孫海波等是中心人物,其中馬衡以北京大學研究所國學門導師地位的便利,與王國維、羅振玉以及各方學者各地藏家都有聯繫,且親自數度訪洛蒐集石經,所以是中心人物圈之核心。但由於他當時身兼數職,公務繁忙,雖蒐集拓本無數,卻無暇整理,潛心研究。30年代以來,戰争頻仍,作爲故宫博物院院長,須主持文物運遷,更無法静坐書齋。新中國成立後,隨著"三反""五反"運動開始,他遭受審查長達四個月,最後以七十之人離開故宫博物院賦閑。人生得失,有得有失,在無法正常工作的境況中,他忽然感到"漢魏出土已將三十年,所集材料亦甚豐富,但在此時期因接辦故宫之故,不能從事整理研究",於是萌生"今日開始工作,以期完成此著作,但不審能如願以償否"之意念,①於是重新走進凡將齋,從事漢石經集存研究工作。儘管1928年前後曾作過初步匯集,時隔二三十年,重新展開塵封的拓本,逐字逐句校閲,亦費神費時。兹結合馬衡1952年7月下旬至10月上旬間之日記,以論述其校閲石經之細節與辛勞。②此七八十天中,除卻8月6日至20日爲草擬古代銘刻之石刻部分講義、接洽必要事務及故人來訪外,絶大部分時間都在校覈石經。校覈過程可分六個階段。

第一階段是7月23日至8月2日。7月23日大暑節日記云:"終日陰雨。先整理熹平石經。"此後一連十日,埋首凡將齋,校理石經拓本:

> 廿五日(初四日星五),晴。漢石經《魯詩·國風》五十録(引按,疑是"餘"字)石校畢,恐尚有遺漏,隨時發現補入。
>
> 廿六日(初五日星六),晴。校漢石經《魯詩·小雅》,告一段落。
>
> 廿八日(初七日星一),上午大雨,下午陰。……校《魯詩》畢。碎石可連綴者盡量合之,計得百五十五石。
>
> 廿九日(初八日星二),……校《公羊傳》畢。合連綴者計得三十四石。
>
> 卅日(初九日星三),陰。校《春秋》畢,計得五十七石。

① 馬思猛《金石夢故宫情》所引録馬衡1952年7月22日日記,國家圖書館出版社2009年版,第356頁。

② 按:馬衡1952年日記,《馬衡日記附詩鈔——一九四九年前後故宫》一書未收,此據馬思猛《金石夢故宫情》一書轉録,其中録文錯訛皆徑改正。與校閲石經無關之事盡皆刊落,唯留一二相關之人事,以備討論。

卅一日(初十日星四),陰。校《論語》畢,共得卅二石。

八月一日(十一日星五),晴。……校《儀禮》畢,計得(按:空白未記)

二日(十二日星六),晴。下午校《易經》畢,計得十六石。

校閱工作從《魯詩》開始,而後《公羊》《春秋》《論語》《儀禮》《易經》依次校畢。這十天爲整個校理過程中最爲用力也最完整的時段。唯所記《魯詩》百五十五石,《公羊》三十四石,《春秋》五十七石,《論語》卅二石,《易經》十六石,距全部整理完畢後之數差距甚大,且無《尚書》。可知其拓本藏弆塵封已久,一時無法全部檢出。

第二階段自 8 月 3 日至月底。3 日日記云:"各經拓片所缺尚多,今日又覓得一包,缺者具在,當從新補校之。"此後兩日奮力補校:

四日(十四日星一),晴。……補校《詩》《禮》《易》《春秋》四經畢。

五日(十五日星二),晴。補校《公羊》《論語》《尚書》畢。

6 日起,草擬石刻講義,校閱工作一度停頓。至 21 日重理舊業。此後十日中,主要是覆核考證,故日記云"校石經頗有所獲"(21 日),"校石經略有所得"(27 日),"校石經有新發現,頗感興趣"(29 日),亦有鎮日校覈一無所獲者,"校石經無所得"(25 日、30 日)。但三日所覓得一包拓本,已有《尚書》,至此七經俱全,唯尚需補苴。

第三階段自 9 月 1 日至 5 日。1 日日記云:"校石經略變方法,取其類經者匯爲一類,從頭一一校之。今日先從《魯詩》開始,略有收穫。"何爲"類經者匯爲一類"? 日記簡略,不得其詳。此後數日再從《魯詩》開始覆校一過:

二日(十四日星二),晴。繼續校《魯詩》。

三日(十五日星三),晴。整理《儀禮》《春秋》《論語》畢。

四日(十六日星四),晴。校《易經》《尚書》《公羊》畢,無所獲。

9 月 5 日云"重理一遍仍無收穫"。至此四十多天,已通校七經三遍。

第四階段自 9 月 6 日至 7 日。蓋自 6 日"檢得許光宇藏石拓本,發現多羅振玉所未著録者,喜出望外",於是增補到各經中去。[①]但雖補缺不少,記憶中仍有

① 如《集存》(一)《魯詩》第六二號《小雅・節南山正月》一殘石,馬括注"見許拓",蓋即從許光宇拓本中補入者。

未能檢得者,7日日記云:"現所渴望者,如《儀禮·鄉飲酒》《尚書序》等。不記得我皆有之,至今尚未發現,爲悶之至。"《鄉飲酒》九石,包括"鄉飲酒第十"一殘石,今《集存》編入四一四至四二二號,《書序》兩殘石,《集存》編入二二四號,知此後皆檢出。

第五階段自8日白露節至25日。8日日記云:"校石經,僅得二石,石各一字有半,今後綴合工作成績無多,當從事於分經校其異同,以爲備訂舊文(《從實驗上窺見漢石經之一斑》)之資料。"分經校覈異同,果然有效。下面三日連有所獲:

> 九日(廿一日星二),晴。校《魯詩》,知羅叔言疏略處亦仍不免,如《邶風》"遣"字及"我今不説",引書多誤。
>
> 十日(廿二日星三),陰雨。校石經畢,《魯詩·鄭風》訂正羅氏"亦(引按,'山'字之誤)有扶蘇"一石之誤。
>
> 十二日(廿四日星五),晴。羅氏《集録》於《小雅·大田》一石有一"晞"字,疑爲《湛露》"匪陽不晞"之"晞"。今于此石之外,又發見《湛露》後題一石,其前行適爲《瞻彼》後題,可證羅氏假設之不誤。惜羅氏未之見也。

以上可見其在校覈羅書作深入之研究。今檢校《集録》,羅振玉《邶風》"我今不説"下引《禮記》和《毛詩》不誤,馬衡多引《左傳》《列女傳》兩種,宜其欲責羅之"疏略"。《鄭風·山有扶蘇》一石,羅振玉録文首行上字空缺,馬衡以爲"殘畫似'武'字,當爲'孔武有力'之'武有'二字"。二行"兮"下,羅振玉標"其三",馬衡細審是"其二"。羅振玉無法排定《鄭風》《清人》到《東門之墠》十一篇位置,從而懷疑《有女同車》在《羔裘》之前。①馬衡認出上兩字與羅氏不同,遂謂《羔裘》《遵大路》《有女同車》《山有扶蘇》《蘀兮》《狡童》《褰裳》《丰》《東門之墠》九篇相接,《女曰鷄鳴》在《羔裘》前。②然據馬衡所排,前面《清人》《女曰鷄鳴》二詩仍難以妥善安排,尚需新材料印證。羅氏《集録》發現《小雅·大田》一石末有"晞",懷疑是《湛露》一詩,因字數不合,未敢確定。馬衡又發現《小雅·瞻彼洛矣》一石後有"湛露四章"四字,乃確認《湛露》在《瞻彼洛矣》之後,彌補了羅氏未見此殘石的缺憾。此後自13日、14日校《魯詩》畢,接著校《尚書》《易經》《儀禮》《春秋》《公羊

① 羅振玉:《漢熹平石經殘字集録》,《羅振玉學術論著集》第二集上册,第124頁。

② 馬衡:《漢石經集存》,第五葉B下。

傳》,24 日校《論語》,上午徐森玉來,25 日校《論語》畢,傍晚陳夢家來,並記:“旁晚陳夢家來,言已脱離清華入科學院考古研究所,言外似有惆悵之意。”老友與晚輩此時來訪,少不了談論手頭石經校勘之事,後來《集存》正由陳夢家負責整理,徐森玉題署,可謂是冥冥中的安排。

第六階段自 9 月 26 日至 10 月 8 日。26 日他“從未尋出之拓片中再加搜索,又拾出八九石”,於是再依内容將《儀禮》《論語》《魯詩》《尚書》補正覆校一遍。此後 9 日、10 日、11 日三日皆云“竟日寫稿”“上午寫稿”“寫稿完畢”,應是撰寫全書概述及七經説明。

馬衡逝世後,《考古學報》於 1955 年第 10 期先刊出《集存》之概述和七經説明,題《漢石經概述》,①全書則由考古所陳夢家主持,陳公柔、饒惠元、趙學謙、邵友誠等協助編輯排圖校對。馬衡在 1952 年費數月時間,校理《集存》畢,之後二三年中是否再有修改,其手稿原貌亦即馬衡心目中此書的排列形式如何,今不得而知。據陳夢家編輯後記,“先生晚歲病中所作《漢石經集存》一書,積稿盈尺,大致完成”,“原稿皆爲散頁,中爲拓本,下注釋文,而考釋朱筆散記在四周,每一經編號爲次”,可見雖大致校畢,尚未清稿。其每經各自編號,即《考古學報》刊《漢石經概述》後所附各經原始數據。今《集存》之編號和原稿已有不同,謹録於下,以便比較説明。

《魯詩》1 970 字,編號 1-137;校記 55 號,無所屬 9 號。
《尚書》802 字,編號 1-22。
《周易》1 171 字,編號 1-20;校記 2 號,無所屬 1 號。
《春秋》1 357 字,編號 1-84;不知所屬 6 號。
《公羊》954 字,編號 1-46;校記 1 號,不知所屬 5 號。
《儀禮》670 字,編號 1-64;校記 2 號,不知所屬 12 號。
《論語》1 333 字,編號 1-45,校記 5 號。

據此,馬衡原編連同校記和無所屬者共 518 號,今《集存》連號編成 520 號,其中承自《隸釋》《隸續》者 20 號,原無拓本,其他無拓本者 8 號,計 28 號,可見整理時已有合併。陳夢家云:“原著中有考釋而未附拓本者,凡八十八事:其中二十事,據宋人《隸釋》,原石不存;其它六十事,則求之諸家集拓,爲之補入;唯有八事,則

① 參見《考古學報》1955 年第 10 期,第 1—11 頁。文後附《馬衡先生著述目録》。

先生未見原石,而拓本流傳已罕,未能補入焉。"所謂諸家集拓,主要指羅福頤,他將家藏漢石經殘字全部拓本借給考古所,其中有馬衡屢欲尋訪而不得者,陳夢家在編輯時均爲補入,並剪裁綴輯,彌補了不少缺憾。

(二)《漢石經集存》成就與得失

自第一塊熹平殘石《論語·堯曰》的發現,到《漢石經集存》編集出版,前後經過了三十四年。可以記述的是,《堯曰》殘石是馬衡與徐森玉第一次親往洛陽尋訪所得,也是馬衡最先撰文探討熹平石經《論語》用《魯論》文本的基礎,之後三十多年中,傳拓之書、研究之文無慮數十種上百篇,而總結性的《集存》最後仍成於馬衡之手,既是巧合,也是偶然中的必然。

漢石經殘石從刨地盜掘出土始,即旋爲當地農民、商賈抬價轉賣,流向各地,再要重新匯聚,極爲艱難。馬衡以當時之中心人物,經三十多年之積聚,多方蒐集公私收藏,能夠匯集到五百多種拓本,確已其勞可嘉,其功甚偉。在漢石經復原研究上,他繼承吸收王國維、羅振玉、張國淦以及當時學者的學術成果,排比殘石,參校經文,或證前哲之説,或糾時賢之謬,對漢石經鎸刻緣起、經數、石數、行款、經本、文字以及校理和書碑人姓氏等,都作了詳盡的描述。《集存》是漢石經殘石拓本的集存,也是漢石經研究成果的集存,它是石經研究史上一座豐碑。

由於殘石流佈四方,匯聚頗爲困難,加之馬衡是在抑鬱、孤獨的心情下校理舊稿,無法像當年羅振玉纂輯《集録》一樣,振臂一呼,使四方藏家各獻所藏;而且校閲兩個多月之後,仍是散頁批語,一直未能寫成定稿誊清,難免脱漏。如他早年在《從實驗上窺見漢石經之一斑》中已據石經《後記》殘石鈎稽書寫、鎸刻、校理人員,《集存·概述》中亦已迻録,殘石爲北京大學所藏,馬衡必有拓本,而《集存》竟未收《後記》殘石圖版與録文,此應是一時檢尋未得,以後亦未搜檢。又如十一號"詩邶風日月至谷風"一石係八塊小石綴合拼接,完全可以綜合寫一段釋文,今分爲五節,既分散又重複。①類此情況不止一處,此適足證明《集存》並未最後定稿,之後編輯中又未便作大更動所致。

《集存》出版半個多世紀以來,一直是漢石經研究者不可或缺的工具書。所有以後在漢石經上更深入更細緻的論述,無不建立在它的基礎之上。屈萬里撰《漢石經周易殘字集證》《漢石經尚書殘字集證》如此,其學生吕振端、劉文獻、黄美瑛撰寫漢石經《春秋》《公羊》《論語》《儀禮》和《詩經》集證亦無不如此。屈萬里

① 此點邵友誠在《馬衡先生遺著:"漢石經集存"》書評中已指出,邵殆《集存》書稿之校對者,故對書稿中拓本和釋文分散、重複之感受頗深。見《考古通訊》1958年第4期,第77頁。

及其學生對《集存》的糾正與超越，即是馬衡在日記中所説要“分經校其異同”的具體實踐，應該説也是循著他的思路邁進。

至於馬衡在《集存》中承錢玄同之説定《尚書》用歐陽本，後屈萬里據殘石《酒誥》篇題定爲小夏侯本，許景元又以新出熹平殘石《尚書校記》認同馬説爲歐陽本，程元敏復撰文指殘石爲僞刻而守師説。又《集存》從張國淦等依今文經《詩》《書》《周易》《春秋》《公羊》《儀禮》《論語》排列，黄彰健以爲東漢白虎觀會議之後，五經排列已從古文經次第，意當從《漢書・藝文志》次第。[①]此皆已屬深層次學術問題，可以《集存》爲基本材料，結合新出土殘石，作更深入的研究。

《集存》出版已五十多年，馬衡先生逝世也近六十年，兹重新印行此書，以紀念這位在石經研究史上作出重大貢獻的先賢。唯馬衡在《概述》中提及熹平石經《後記》甲乙殘石中參與鐫刻的官員姓名，而圖版中未録；陳夢家等整理遺稿時，因倉促未能將第七二號“酒食”至“南東”和第三三四號“臼卒冬”殘石拓本收入圖版，今一併檢出附入，因原拼圖版難以更動，謹置於最後，並與原録殘石拼合，以便觀照。至於《後記》殘石甲乙兩塊正反四面，馬衡所指與陳子怡所考亦不相同，[②]今既附《集存》，仍以《概述》爲準標明甲乙，以備參考。殘石録文，因殘筆復原與否而各家自有多寡，當仍其舊，唯個別誤字，徑直改正。

二〇一四年四月二十日至五月三日於榆枋齋

（本文載《蘭州學刊》二〇一四年第十期，
又《漢石經集存》前，上海書店出版社2014年版）

---

① 黄彰健：《論漢石經》，《經今古文學問題新論》，第263頁。

② 陳子怡《漢熹平石經後記真僞考》定“郎中孫進”“光禄勳劉寬”二面爲《太學贊碑》，另則爲僞刻。馬衡以“郎中孫進”爲《後記》乙碑，“光禄勳劉寬”爲《後記》甲碑。

徐森玉先生與漢魏石經

柳向春

漢魏兩種石經因出土時間僅僅七十年而已，再加上兩部石經同立一地，所以自後漢以來，就被很多人給張冠李戴。雖然自宋以來，隨著研究的深入，兩者的分別已經逐漸爲學人周知，但事實上，這些研究大都是紙上談兵。千百年來，真正有機緣一睹兩部石經真面目的學者，實在是鳳毛麟角。

光緒二十一年（1895）三月七日，洛陽白馬寺村南龍虎灘發現《尚書・君奭》篇殘石110字，其中所存古文佔36字。這塊殘石面世不久，便歸黄縣丁樹禎所有，而之後，此石的拓本也開始在有限範圍内流傳。羅振玉曾説：①“丁氏得石後，矜惜不輕拓墨，捐兼金不能得一紙，以故流傳至少。予往於東估得墨本六，乃在洛陽所拓。”石經殘石雖然秘不示人，拓本雖然流傳甚罕，但畢竟實物的面世對於研究而言，意義重大。自此之後，石經研究開始以一個嶄新的面貌走入了學者的視野，直至今日仍方興未艾。

而尤其值得慶幸的是，1922年12月間，洛陽城東南30里朱圪壋村朱姓村民等，因發掘藥材而偶然發現《尚書・君奭》《無逸》和《春秋・僖公》《文公》等殘石，而《君奭》篇正好與龍虎灘所出相銜接。這一發現地點，與之前發現地龍虎灘，距離不過二三里，都是古洛陽的附郭地。原石後爲洛陽謝榮章所得，因長寬各約三尺左右，不便轉運，且分售可以居奇，於是令白姓石工乘夜色將其從中折爲兩段，使得《尚書》毁《君奭》篇目三體共6字，《春秋》毁“年春取濟西田公子遂”三體共25字，其中“田”字空格無古文，下部“遂”字有古文、篆書，無隸書。此石共1 771字，古文約580字，後歸河南圖書館藏入。之後，該地又出有《尚書・多士》和《春秋・僖公九年》殘石，共229字，古文佔76字。另外還有一百多塊碎

① 羅振玉《魏三字石經〈尚書〉殘石跋》，見於其《雪堂類稿・乙・圖籍序跋》，蕭立文編：《新世紀萬有文庫》本，遼寧教育出版社2003年版，第385—386頁。

石，小者一二字，大者四十餘字，散落在各收藏家手中。而徐森玉先生開始關注石經，也正是因爲這次石經的重新面世。

事實上，石經出土之後，當時很多學者已經敏鋭地注意到這一新發現的意義所在了，如王國維 1923 年 5 月 11 日致神田喜一郎函中就曾提及此事：①"洛陽近出魏三體石經一石，有一千八百餘字，即黄縣丁氏所藏殘石之上半。"羅振玉在《石交録》中也説："近年出土漢刻，於學術關係最著者，推洛中所出熹平石經。"便是明證。另外，羅振玉在《漢熹平石經殘字集録序》中，則記述了當年他也曾打算實地考察的舊事：②"歲辛酉，中州既出魏正始石經。明年壬辰，③與吴興徐君鴻寶、四明馬君衡約，偕至洛陽觀漢太學遺址。已而，予以事不果。乃語徐君，正始石經與魏文《典論》並列。石經既出，《典論》或有出土者，此行幸留意。徐君諾之。既抵洛，郵小石墨本詢爲《典論》否？閲之，則漢石經《論語・堯曰》篇殘字也。亟移書請更搜尋，遂得殘石十餘，此漢石經傳世之始。嗣乃歲有出土者，率歸徐、馬兩君，他人所得不及少半也。"雖然羅氏所述時間有誤，但基本事實是可信的。羅振玉對馬衡、徐森玉此行，評價甚高，以爲是"漢石經傳世之始"。不過，這段話中的更深的用意，或許在於羅振玉實際上在暗示讀者，雖然他未能親赴洛陽實地考察，但漢石經的鑒定是由他來做的。尤其是其中關於其判别"小石墨本"究竟是什麽典籍這一判别經過的記載，更讓人懷疑馬、徐二人的基本學術修養究竟如何？爲何會連舊時每個讀書人都能朗朗上口的《論語》都不能辨？

又據郭玉堂《洛陽出土石刻時地記》：④"民國十一年冬，玉堂初見，未即注意。明年春，故宫博物院院長馬衡叔平及徐鴻寶森玉由北京至洛，見此石有《論語・堯曰》篇'費勞而'等字，囑以重價購之，謂此後多多益善，玉堂始知爲漢石經也。嗣此爲出土者甚多，金石家著録引據也繁，而馬、徐二氏則最初鑒定之人也。"也就是説，雖然羅振玉在婉轉地表達出他自己在石經發現中的重要作用，但無論如何，大家都公認，馬衡與徐森玉兩位是熹平石經重新面世的催生者。其實，關於這次熹平石經的再發現，當事人馬衡自己曾經比較詳細地描述過其過程：⑤"一九二三年夏，余與徐森玉（鴻寶）君相約遊洛，始知所出二石之外，尚有

① 王國維撰，見《王國維全集》第十五卷，浙江教育出版社 2010 年版，第 866 頁。

② 見於羅振玉撰《漢熹平石經殘字集録》一卷《補遺》一卷卷前，民國十八年（1929）羅氏石印本。又，羅振玉在《石交録》中，也有大體相同的説法。

③ 按：辛酉之明年爲壬戌，非壬辰。又此事據馬衡所述，當繫於本年，羅氏所述誤。

④ "漢代，〇〇六"條，大象出版社 2005 年版，無頁碼。

⑤ 轉引自陳夢家《漢石經集存編輯後記》，見馬衡《漢石經集存》，《考古學專刊 2 種》第三號，中國科學院考古研究所編輯，科學出版社 1957 年版，第 58 頁。

碎石甚夥。辨其殘字，不盡三體，亦有漢石經焉……”次年，徐、馬兩人還再次赴洛陽故城朱圪壋村考察太學遺址，馬衡記録道：①“(1923年)次年冬，始得冒險一履其地，見所謂太學遺址者，已淪爲丘虚，僅有碑趺十餘，呈露於瓦礫叢中而已。然按其方位，與《洛陽記》《水經注》《洛陽伽藍記》諸書所載，正相符合，知北宋時及近代之所出者，皆在漢魏立碑之故處。所謂遷鄴、遷長安之説，似有疑問；或所遷者爲完整之碑，而殘毁之石仍留故處歟？余等得石之後，相與理董而考訂之者，惟王静安(國維)先生爲最勤，其《遺書》第二集中之《魏石經考》，大半取材於是。”在《漢熹平石經論語堯曰篇殘字跋》中，馬衡也曾記述過首先被發現的兩塊殘石的情況：②“右二石先後出土，爲《論語・堯曰》篇殘字，存字四行。第一行存‘繼絶世’三字，第二行存‘惠而不費勞而不怨’之‘費勞而’三字；第三行存‘斯不亦泰而不驕乎’之‘亦泰而’三字；第四行存‘謂之有司’之‘司’字。‘司’下著一圓點，又其下存半字。”也就是説，一則殘石存字不全，其實很難分辨是哪部典籍。再則，羅氏本托徐森玉先生尋覓《典論》的信息，《典論》原文大都亡佚，故而這些殘字是否屬於《典論》中的片段，本來就不宜輕易論定。故而，將剛剛出土的殘石拓片寄交羅振玉鑒别一事，恰可反映出徐森玉與馬衡兩位對於此事的慎重，以及對於友人托付的重視。

這兩次洛陽之行，本爲探索殘石出土情况而往，因此，徐森玉與馬衡兩位在考察之餘，也收購了一些當時出土的殘石碎塊，這兩次所得大約計殘石二百左右，由兩人分而購之。但究竟哪些是哪年所購，現已無法分别了。而在1923年返京之後的9月間，馬衡即爲徐森玉先生治“徐森玉藏漢魏石經殘字”白文方印一方，以爲紀念。

初次訪洛陽歸來不久，徐森玉先生即將其所獲整理完畢，并一一拓片。徐氏爲人，向來樂善好施，所藏所見，從不自秘，如在1924年4月25日，即將所成數種拓本贈予許寶蘅，許氏日記云：③“徐森玉贈漢石經、魏石經殘石拓本，又《唐戴令言墓誌》拓本。”而更大規模的集拓，則在數年之後，即1927年春，由大興孫壯(伯恒)發起的《集拓新出漢魏石經殘字》之役。此書歷時一年，方始成書，中收徐森玉所藏98石計336字。④而在1929年時，徐森玉先生又曾捐贈所藏漢石經殘

① 轉引自陳夢家《漢石經集存編輯後記》，見馬衡《漢石經集存》，《考古學專刊2種》第三號，第58頁。

② 見於《國學季刊》第一卷第三號，第505頁。

③ 許寶蘅撰，許恪儒整理：《許寶蘅日記》，中華書局2010年版，第1005頁。

④ 按：此石數與字數與實際統計不符，詳下。

石及魏三體石經殘石拓片於國立歷史博物館。據《國立中央研究院歷史博物館籌備處十八年度報告》:[①]“徐森玉先生捐贈漢石經殘石、魏三體石經殘石等拓本。”到了1931年1月21日,徐先生曾致函傅斯年,云:[②]“孟真先生:久不承教,至深馳仰。寶集拓熹平石經殘字昨已畢工,共得二百五十餘紙,謹檢一份奉贈貴所,以備參考。即請督收。目録尚未寫定,容續奉。專此,敬頌撰祺。弟徐鴻寶再拜。一月廿一日。”細查以上幾次的相關信息,可知徐森玉先生的藏品數量,似乎一直在增加。也就是説,在兩次洛陽之行後,徐先生應該還有别的機緣另外收購其他的殘石,而其所藏,最終竟然達到了三百餘塊之多。但這些殘石實際留存狀況如何?究竟包括哪些内容?直到現在,還不是很明瞭。

雖然徐先生在主觀上并不吝公開兩次洛陽之行後所收的殘石拓本,但其所藏中,真正爲人所知的,還是那批最初的藏品。如1934年,關百益在《漢熹平石經殘字譜》序中就説:[③]“計十年以來,前後出土之漢石經見於載記者,有北京大學校《後記》二(以拓本爲單位,其一石兩面有字者,亦以二本計之),北海圖書館《後記》二,吴興徐氏《周易》一、《魯詩》六、《儀禮》五、《春秋》十二、《公羊傳》一、《論語》三、《後記》三、不知何經十一,四明馬氏《魯詩》三、《儀禮》一、《春秋》六、《論語》二、《後記》一、不知何經三,膠西柯氏《周易》一、《儀禮》一、《春秋》十一、《論語》一、不知何經二,建德周氏《儀禮》一、《春秋》二、不知何經一,武進陶氏《周易》一、《魯詩》三、《儀禮》二《春秋》四、《公羊傳》二、《論語》二,潢川吴氏《魯詩》一、《春秋》一,大興黄氏《春秋》一,閩中陳氏《後記》一,萍鄉文氏《周易》二,三原于氏《周易》二(以上所列雖屢有變更,其大數則有增無減)。”其中所述的徐先生藏漢魏石經殘石42塊,遠遠少於他此時所應有的收藏數量,這裏所記録的,想來應該都是他的最初藏品。

“七七事變”之後不久,徐先生即因公務流徙各地。而其所藏,則仍留存北京寓所——三時學會。接下來的數年間,徐先生雖然也曾短暫返平,但想必也根本没有收售古物的時間與機緣。而大概到了1939年下半年,因愛女文綺打算赴歐留學一事,先生曾打算售出所藏,以充旅資。在1939年8月19日給文綺的信中,他説道:[④]“余藏漢魏石經三百餘,可值萬元(他物可易錢者尚多),(羅叔藴曾

① 傅斯年:《國立中央研究院歷史博物館籌備處十八年度報告》,見於歐陽哲生主編:《傅斯年全集》第六卷,湖南教育出版社2003年版,第99頁。

② 臺灣“中研院”傅斯年圖書館藏致函原稿。

③ 文化傳薪社原石精拓本,1934年。

④ 原函影印件。此承徐森玉先生外孫王聖思教授提供,特此致謝。

給過此價，當以羅在滿洲國，不願與之商量，）惜遠在北平，鞭長莫及。如此物今能易錢，當全數給汝（余已寫信託人）。”信中所言，值得注意的有兩點：其一，徐氏收藏的漢魏石經殘石數量竟然達到了 300 多塊；其二，信中還提到羅振玉曾經想要與他接洽，購買其藏品，但因羅氏在滿洲國任職而拒之。羅振玉與徐先生在 20 世紀 20 年代往還很多，現存多通羅氏致徐手札可以爲證。①但自 1932 年羅振玉參與滿洲國活動以來，兩人便因政治立場不同而不再往來。不過，徐先生此次售賣石經的計劃，並没有實現。一則是因爲文綺不忍先生所寶就此散失。再則，更重要的原因是歐戰爆發，這類事務隨之停頓。如其 1939 年 9 月 7 日致文綺函云：②“得汝來電，阻售石經。此事係託燕京容君與彼方商價，歐戰起後，此項買賣諒已停止，已順汝意，電告容君矣。”9 月 26 日函云：③“余當年收漢魏石，總不過一時高興，本身外之物，汝看得太認真了。歐戰起後，此種交易當然罷議，望放心。”而徐先生所藏漢魏石經殘石的記録，也就到此爲止了。這批殘石之後到底下落如何？現在尚不清楚。

現存陳夢家致徐森玉先生函中，曾涉及當年徐先生放棄北上任職之後，處理存京舊物的一些信息，如 1954 年 12 月 18 日函云：④“森老賜鑒：昨奉手教。敬悉一一。存三時學會及董君處書籍拓本，今日與馬、董兩君接頭，後日由我院圖書館派人前往全部提取來院（其中倘有零星用物，一定小心代爲檢出，仍送原處保存，請釋念），集中整理，趕於陽曆年前將大概數字查清，付款了結。”又同年 12 月 30 日函：⑤“森老賜鑒：奉廿八日手教，欣悉足傷漸愈，已可在室内扶杖而行，至覺歡喜。五千萬已於數日前匯滬會轉上，諒已收到。故尊囑先匯一千，已不可能。但據運來書拓之數量，已極龐大，先生謂‘不值’云云，實係不確。當初晚所提出者，遠在五千之上也。明年一月十五日前造册，届時恐仍有不足之數補奉也。先生畢生爲人而不爲己，至誠感人，晚等區區奔走，并不足言謝也。惟先生慷慨成性，而此售書之款爲數雖不多，至盼先生留爲己用，幸勿隨意散之（此話不知應該説否？説過分處，至請原諒。但斐雲亦曾談及，盼先生留一部分存在銀行中）。”又 1955 年 4 月 25 日函：⑥“書、拓之事，最近已由館方決定爲：書二千五、拓四千，共六千五百。其他物（書畫等）擬整理送還三時學會。”也就是説，當年先生存京物品，後來都經中科院擇選購藏。但這幾通信中，並没有直接提及石經殘

① 原函承徐森玉先生哲嗣徐文堪先生見示，特此致謝。

②③ 原函影印件。此承徐森玉先生外孫王聖思教授提供，特此致謝。

④⑤⑥ 上海博物館藏原函。

石,則這些殘石下落如何?還需仔細探究。而現在中科院考古所中,也確實不見有關徐氏舊藏殘石入藏的信息。或許,這批殘石已經不幸損毁於戰亂之中,亦未可知。

徐森玉先生與石經的緣分,目力所及還有兩次,一是1950年,爲武進陶祖光(北溟)擬售所藏石經估價。據《馬衡日記》1950年12月11日載:①"訪西諦,爲陶北溟轉達求售石刻之意。據葱玉言八百萬價乃森玉所估定,局方則擬給五百萬,恐距離尚遠也。"另外一次,則是1955年,本年,先生嘗爲馬衡遺著《漢石經集存》封面題簽,陳夢家《漢石經集存編輯後記》言:②"書成,請徐森玉先生題署。"而所以邀請先生估價以及題簽,無非就是因爲他早年曾著力於石經的收集與保護,並曾大量收藏。但遺憾的是,徐先生向來爲人低調,不僅不喜著述,甚至很少提及自己的生平與經歷,因此,徐先生究竟曾經收藏過哪些殘石?現在還很難説清楚。其實,本來在20世紀50年代時,中科院考古所曾經邀請先生主持一項"歷代石刻研究"的課題,并曾爲先生先後配備了邵鋭、張明善、翁闓運等助手,但因時局變化,此事終於不了了之。否則,先生舊藏情況,想必能因此一計劃而得到彰顯。

現存資料中,所見記載徐先生舊藏最多的一書,當爲《集拓新出漢魏石經殘字》。馬衡《集拓新出漢魏石經殘字序》中説:"十二年夏,余與徐森玉(鴻寶)君相約遊洛,始知所出二石之外,尚有碎石甚夥。辨其殘字,不盡三體,亦有漢石經焉。且魏石經《尚書》之前數碑,不爲三字直列式,而爲品字式,尤爲前人所未及知者也。乃屬洛中友人郭玉堂君代覓碎石,約得二百塊,與徐君分購之。"又説:"兹編所集,共得八家,北京大學研究所國學門二石,計一百五十九字;吴興徐氏九十八石,計三百三十六字;鄞馬氏九十石,計三百六十七字;潢川吴氏三石,計十七字;膠柯氏五石,計二十字;閩陳氏四石,計十四字;江夏黄氏十石,計五十三字。尚有《公羊》二石不知藏誰氏,計一百三十二字。都計得一千零九十八字。"馬衡這段文字中,説徐先生藏九十八石,計三百三十六字,但據其所載詳目來計算,則此目收有徐氏舊藏共計一百石、三百四十一字,兩者并不能符合。但無論如何,這是關於先生舊藏漢魏石經最爲詳盡的一份記録了。

① 馬衡撰,紫禁城出版社2006年版,第166頁。

② 馬衡撰:見於《漢石經集存》上册卷末,《馬衡先生遺著》本,《考古學專刊乙種》第三號,科學出版社1957年版,第58頁。

附《集拓新出漢魏石經殘字》所載徐森玉舊藏目：

漢石經共計四十五石、一百七十四字：

《周易》一石：

"初九，不"三字，不知何卦？

《魯詩》七石：

"之杜，不佽，黍父"六字，《唐風·杕杜》《鴇羽》。

"常其□鴇羽"五字，《唐風·鴇羽》。

"□優，二章·有，奔"六字，不知何篇？

"壽無畺，章齊"五字，《校記》。

"言□，韓言"四字，《校記》。

"章，韓言"三字，《校記》。

"韓言，事齊言王，齊言□"九字，《校記》。

《儀禮》六石：

"爵而後，卒"四字，不知何篇？

"降，□"二字，不知何篇？

"遂，後首，醢"四字，《大射儀》。

"卒爵，拜送"四字，不知何篇？

"祭□，升當"四字，不知何篇？

"拜，賓"二字，不知何篇？

《春秋》十三石：

"築王，夫人姜"五字，莊元年、二年。

"鄄，七月戊，年"五字，莊十九年至二十三年。

"如齊，如齊，朔"五字，莊二十三年至二十五年。

"公，克殺，十有二"六字，僖九年至十二年。

"人，己丑"三字，文十二年、十三年。

"六年，會夏，頃"五字，宣六年、八年。

"公，杞伯，滕子薛，之率師侵，子光筥子，士彭"十六字，襄九年至十二年。

"丘來"二字，襄廿一年。

"辛卯，胡子滕，至自"七字，定三年、四年。

"月"字，不知何篇？

"晉，仲"二字，不知何篇？

"單"字,不知何篇?

"奔"字,不知何篇?

《公羊》一石:

"顏氏"二字,《校記》。

《論語》三石:

"去乎,不朝孔,孔子過"八字,《微子》。

"吾聞,甚也,大者"六字,《子張》。

"繼絶世,費勞而,已泰而,司・凡"十一字,《堯曰》。

《後記》四石:

"離,弗"二字。

"□,以,壽"三字。

"□,闇於,論"四字。

"□,陳懿郎"四字。

不知何經十石:

"曷,齊,之"三字,疑《公羊》。

"俟,及"二字。

"□,□"二字,左一字疑"考"字。

"立"字。

"室"字。

"弓"字。

"而"字。

"君"字。

"六"字。

"□"字,疑"月"字。共計一百七十六字。

魏石經共計五十五石,一百六十七字:

《尚書》二十三石:

予(隸)擘(古)二字,《堯典》。

天(篆隸)二字,《堯典》。

旻(隸),柔(篆隸)而(三體)六字,《咎繇謨》。

丂(古隸),立(篆)三字,《咎繇謨》。

立(篆隸)願(古),家(篆隸),其(古篆)七字,《咎繇謨》。

禹(古隸),四(篆)載(古)四字,《咎繇謨》。

左(篆隸)右(古),黼(篆隸)黻(古),女(篆隸)弼(古)九字,《咎繇謨》。

絺(三體)三字,《咎繇謨》。

予(隸),介(篆隸),退(篆隸)五字,《咎繇謨》。

弼(篆隸),以(篆)納(古)四字,《咎繇謨》。

哉(古),黎(篆隸)獻(古)四字,《咎繇謨》。

蒼(古)字,《咎繇謨》。

亻(古隸)二字

□(篆隸)二字

以上爲品字式。

宗,雊,惟(并篆)三字,《高宗肜日》。

小(隸),恒(隸)獲(三體)五字,《微子》。

肆(隸)往(古),啟(隸)三字,《梓材》。

王(古)天(古篆)三字,《多士》。

自,惠,文(并隸)三字,《無逸》。

棐(篆),我(古篆),郵(篆),光(篆)五字,《君奭》。

閎(篆隸)夭(古),往(篆隸)來(古),迪(隸)知(古)八字,《君奭》。

克,伯(并篆)二字,《立政》。

□,□(并古篆)二字,不知篇名。(右一字似"遠"字。)

《春秋》十六石:

年(隸)春(古篆),績(隸)夏(古),鄭(隸)冬(古),春(隸)新(古)九字,莊廿八、廿九年。

臺(篆隸),捷(篆隸)秋(古)五字,莊卅一年。

救(篆隸),月(篆隸),公(三體),于(篆)八字,僖元年。

邾(篆隸),之(三體)五字,僖十九年。

午(古篆),宋(篆)三字,僖廿八年。

得(隸)臣(古),侯(隸)鄭(古)四字,僖廿八年。

公,不(并篆)二字,僖卅三年。

葬(隸)我(古),得(隸)三字,文元年。

僖(篆)字,文元年。

趙,敖(并古篆),宋(古)五字,文八年。

鄭,子,十(并篆)三字,文九年。

大(古),晉(古篆)三字,襄二年、三年。

路(隸)寢(古)二字,不知篇名。

遇(隸)于(古)二字,不知篇名。

遇(篆)字,不知篇名。

夏(古)字,不知篇名。

不知何經九石:

家(隸)字。

則(隸)字。

□(古篆)二字。

□字,不可辨。(共計六塊。)

古文一體者一石:

來尔二字,與柯昌泗舊藏"介來,永永"四字一石相合。

篆文一體者三石:

稽字、若字、寶字。

隸書一體者三石:

之救二字(此有界格,非漢石經。)

□秦二字(上一字似晉字。此字較小,且有界格,不知是何刻石?)

留一株三字(此字特小,不知是何刻石?)

(作者爲上海博物館研究員)

《續修四庫全書總目提要》“石經類”條目辨誤

趙立偉

《續修四庫全書總目提要》(本文簡稱《續提要》)是繼《四庫全書總目提要》之後又一部大型古籍提要目録,《續提要》成書於 20 世紀 20 至 40 年代,由東方文化事業總委員會組織當時在北平的學者共同編寫完成,該書共著録《四庫全書總目提要》未收及《四庫全書》編纂成書後問世的書籍三萬餘種,爲現存規模最大的古代文獻解題目録。遺憾的是,《續提要》成書後長期未能公諸於世,當然也無法爲學術界所利用。1993 年,由中國科學院圖書館羅琳等整理的《續提要》經部標點本由中華書局出版;1996 年齊魯書社以中國科學院圖書館所藏稿本爲底本,影印《續提要》公開發行。由於 20 世紀三四十年代正值戰亂頻發的多事之秋,加之《續提要》成於衆手且未經最後整理定稿,該書難免疏失。近年來學術界對其中的各種疏誤多有辨正,我們在使用《續提要》之“石經類”相關條目的過程中亦間有所得,下面將使用過程中所見之各種疏誤逐一條辨列舉如下。

1.《石經補考》,《續提要》第 1 册第 446 頁:“《石經補考》十二卷,道光八年刻本,清馮登府撰。”

按:除第 1 册《石經補考》提要之外,《續提要》第 35 册第 496 頁又云:“《石經補考》十二卷,自刊本,清馮登府撰。”據道光八年(1828)刻本《石經補考》馮登府自叙,[①]該書亦屬馮氏自刻,其刊刻之舉肇始於清道光二年(1822),又於道光八年秋續刊,故《續提要》所謂“道光八年刻本”和馮氏自刊本實乃同一版本。此屬一書重複著録,唯提要的撰寫者不同,内容亦不盡相同,前者詳於評述,而後者則是大段鈔録馮氏自叙之文字。

2.《石經考文提要》,《續提要》第 1 册第 448 頁:“《石經考文提要》十三卷,咸豐元年成都刻本,清彭元瑞撰。”

① [清]馮登府:《〈石經補考〉總叙》,上海古籍出版社 1996 年影印《續修四庫全書》。

按:除上引第1册彭元瑞《石經考文提要》之外,《續提要》第35册第708頁又云:"《石經考文提要》十三卷,嘉慶四年許氏刊本。"此爲同書的重複著録,唯編者不同,所選取的版本亦不同。

3.《唐石經考正》,《續提要》第1册第451頁:"《唐石經考正》,乾隆庚戌自刻本,清王朝榘撰,朝榘字□□,江西萬年人。是篇首朝榘自題謂《舊唐書》以開成此石,字乖書法,名儒皆不窺之,以爲蕪累。"

按:稿本"朝榘字□□"後兩字空白,似作者有意留出,惜最終未能補齊,故排印本作"朝榘字□□",亦未補足。今檢《萬年縣誌・王朝榘傳》:"王朝榘,字揆方,號達涘。"①又《唐石經考正》王氏自題:"萬年王朝榘揆方述。"②故稿本及排印本皆可據此作"朝榘字揆方。"

又《續提要》此條云"開成此石,字乖書法",經查覈王氏自序及《舊唐書》原文,此處"書法"乃"師法"之誤,當訂正。

4.《唐石經校文》,《續提要》第1册第451頁:"《唐石經校文》十卷,四録堂類集本,清嚴可均撰。"

按:除第1册著録嚴可均《唐石經校文》外,《續提要》第35册第706頁又云:"《唐石經校文》十卷,元尚居校刊本,清嚴可均。"是乃一書重複著録,唯文字不同,所選版本不同而已。

5.《漢石經考異補正》,《續提要》第1册第453頁:"《漢石經考異補正》二卷,適園叢書本,清瞿中溶撰。中溶,字萇生,又字木夫,江蘇嘉定人,諸生,例授湖南布政司理問。"

按:《清史稿》云"瞿中溶,字木夫,嘉定人",與《續提要》説法相同。③然嘉業堂叢書本《瞿木夫自訂年譜》云:"中溶,字萇生,號木夫,浙江嘉定人。"④與《清史稿》相左,然年譜爲瞿氏自訂,與前者相比,瞿氏年譜當更爲可靠,故瞿氏名號當以此爲準。又稿本《瞿木夫年譜》提要云:"中溶,字萇生,號木夫,江蘇嘉定人。"細察稿本不難斷定,手稿本作"字木夫",而"萇生,號"三字則是作者後來校定原稿時加上的,殆提要作者考慮到原著述與瞿氏自述不符,故增此三字予以修正。

6.《漢石經證異》,《續提要》第1册第457頁:"《漢石經證異》一卷(家刻本)。清孔廣牧撰,廣牧字笠塘,山東曲阜人。"

① 劉馥桂:《萬年縣誌》,成文出版社1975年版,第972頁。

② 陶福履:《唐石經考異》序,收入《豫章叢書》(三),江西教育出版社2008年版,第367頁。

③ [清]趙爾巽等:《清史稿》,中華書局1977年版,第13420頁。

④ 北京圖書館編:《北京圖書館藏珍本年譜叢刊》(一三一),北京圖書館出版社1999年版,第17頁。

按:《續提要》殆以劉壽曾《漢字經證異序》爲據,以孔廣牧字爲"笠塘",劉序云"曲阜孔笠塘先生,篤學嗜古。"[①]然而除劉序之外,各類文獻皆謂孔廣牧字"力堂"。如署名爲寶應成孺的《擬上國史館儒林傳稿》云:"孔廣牧,字力堂,承其父贈太僕繼鑅家學,於書靡不窺,少時著《漢石經考異》。"[②]又《勿二三齋詩集》後所附成孺題辭亦稱"力堂"。成孺爲力堂授業之師,[③]曾經檢力堂遺稿而作《題力堂遺集次夢華韻》以追憶其早逝的愛徒,由成氏的詩作來看,師徒二人交往甚密,感情甚篤,因此成孺的記述應該不會有錯。能夠與成氏之説相印證的還有以下兩則材料,一爲劉恭冕《孔子生卒年月日考》序言,劉氏云:"亡友大興孔君力堂……稍長從吾邑名儒成芙卿先生游。"[④]劉岳雲《飲冰子詞存》跋語亦云:"孔先生力堂,爲成門高弟子。"[⑤]劉嶽雲與劉恭冕爲同族兄弟,皆是成儒的及門弟子。[⑥]劉恭冕與孔氏既有同門之誼,亦有友朋之情,故其記述亦應可據。而劉氏壽曾之序作於"光緒三年冬十二月",此時"先征君(孔廣牧)違養又已十年矣"。[⑦]據《劉壽曾親友交往録》,劉壽曾與孔廣牧之父孔繼鑅交好,然而没有與孔廣牧交往的記載。[⑧]故劉壽曾對孔氏的情況並不熟悉,加之作序時孔氏已過世十年之久,作者很可能是因記憶不確書寫致誤。因此,孔廣牧字爲"力堂",而非"笠塘"。

7.《石經考辨》,《續提要》第2册第237頁:"《石經考辨》二卷(原刻本),清馮世瀛撰。世瀛字壺川,别號雪樵,又自稱殊無味齋主人,四川人。著有《雪樵經解》《耕餘瑣録》諸書。是編卷首略述撰述緣起,末附以同治六年丁自序識。"

按:上引《續提要》最後一句令人費解,似提要作者筆誤,整理本亦未敢遽改,録作"末附以同治六年□自識"。《石經考辨》書後馮氏跋語自署爲"同治六年丁卯上浣之六日味無味齋主人識于州東之紅杏山莊,時年七十有四",[⑨]故可知《續提要》乃奪一"卯"字,當補足爲"同治六年丁卯自序識"。

8.《蜀石經校字記》,《續提要》第21册第795頁:"《蜀石經校字記》一卷,蜀學彙刊本。繆荃孫撰,荃孫字筱珊,江蘇江陰人,光緒丙子翰林,官編修。著有

①⑦ [清]劉壽曾著,林子雄點校:《劉壽曾集》,"中央研究院"文哲所籌備處2001年版,第74頁。

② [清]成孺:《儒林傳稿》,收入《求恕齋叢書》第81册,南林劉氏求恕齋刻本。

③ 鳳凰出版社編:《中國地方誌集成·江蘇府縣誌輯》(第49輯),鳳凰出版社2008年版,第4頁。

④ [清]劉恭冕:《先聖生卒年月日考》序,收入《廣雅叢書》(56),廣雅書局民國9年(1920)彙印。

⑤ [清]劉嶽雲:《飲冰子詞跋》,收入《求恕齋叢書》第81册,南林劉氏求恕齋刻本。

⑥ 張舜徽:《清代揚州學記》,上海人民出版社1962年版,第51頁。

⑧ 林子雄:《劉壽曾親友交往録》,"中央研究院"文哲所籌備處2001年版,第343頁。

⑨ 馮世瀛:《石經考辨》,收入《歷代石經研究資料輯刊》(一),北京圖書館出版社2005年版,第119頁。

《藝風堂金石文字目》《國史儒林傳敘録》《學部圖書館善本書目》《雲自在龕筆記》。”

按:《續提要》以繆荃孫爲光緒丙子翰林,然據《清儒學案小傳》:“(荃孫)光緒丙子成進士,改翰林院庶吉士,散館授編修,充國史館纂修。”[①]又《碑傳集補》云:“光緒丙子恩科進士,改庶吉士。”[②]又據《明清歷科進士題名碑録》繆荃孫爲光緒丙子恩科進士。[③]故《續提要》當修正爲“光緒丙子進士,改翰林院庶吉士”。

9.《蜀石經毛詩考異》,《續提要》第21册第799頁:“《蜀石經毛詩考異》二卷,愚谷叢書本,清吴騫撰。騫字兔牀,浙江海寧人。著有《詩譜補正後訂》《陶靖節詩注》《讒書》《國山碑考》《桃溪客話》《陽羨名陶録》《蠡湖漁乃》《扶風傳信録》諸書,並有已成未刊之書多種。”

按:《續提要》謂吴騫字“兔牀”,檢記載吴騫生平的各類文獻,皆以吴騫號爲“兔牀”,如《清儒學案小傳》云:“吴騫字槎客,一字葵里,號愚穀,又號兔牀,海寧人。”[④]又據《浙江海寧州志稿》:“槎客,又字葵里,晚號兔牀。”故《續提要》當據改。今檢吴氏《愚谷叢書》,上引《續提要》所録《詩譜補正後訂》作《詩譜補亡後訂》,所録《桃溪客話》作《桃溪客語》,當據此修正。

10.《漢魏石經殘字》,《續提要》第2册第45頁:“《漢魏石經殘字》二册,山東省圖書館本。前有民國二十三年王獻唐序,次爲魚台屈萬里校録一卷。”

按:《續提要》第12册第384頁:“《漢魏石經殘字叙録》一卷(排印本)。琅琊王獻唐,魚台屈萬里合著,民國二十三年排印。”又《續提要》第29册第226頁:“《漢魏石經殘字校録》(民國二十三年山東省圖書館排印本),魚台屈萬里撰。”檢王獻唐、屈萬里二人之著作,排印於民國二十三年(1934)者僅《海岳樓金石叢編》本《漢魏石經殘字》一種,該書共收漢魏石經殘石計125枚,成《漢魏石經殘字》二卷,以及屈萬里氏所作《漢魏石經殘字校録》一卷,全書之前則有王獻唐氏《漢魏石經殘字叙》。《續提要》所録《漢魏石經殘字》《漢魏石經殘字叙録》《漢魏石經殘字校録》雖書名各異,然則内容實同,三者本爲一書,書名當以《海岳樓金石叢編》爲準統一爲《漢魏石經殘字》,其作《漢魏石經殘字校録》者乃誤一卷之名爲書名,至於又誤作《漢魏石經殘字叙録》者更是錯上加錯。

11.《唐石經》,《續提要》第12册第387頁:“《唐石經》一百五十八卷,石刻

① 周駿富:《清代傳記叢刊》(七),明文書局1985年版,第484頁。

② 周駿富:《清代傳記叢刊》(一二〇),明文書局1985年版,第589頁。

③ 華文書局編印部:《明清歷科進士題名碑録》,華文書局1969年版,第2697頁。

④ 劉獻廷等:《清代筆記叢刊》(六),齊魯書社2001年版,第280頁。

本。校定文字者爲周墀、崔球、張次宗、孔温業。刊定者爲高重。詳定者爲韓泉。"

按:關於石經之"詳定者",《續提要》的稿本作"韓泉",排印本又訛作"韓衆"。《册府元龜》云:"宜令率更令韓泉充詳定石經官,就集賢審校勘,仍旋送國子監上石。"[①]此後研究唐石經的著作引述此條材料者如《金石文字記》《經義考》等亦皆引作"韓泉",至張國淦《歷代石經考》則誤爲"韓泉",《續提要》殆因襲張國淦《歷代石經考》作"韓泉"而誤。[②]故此處"韓泉"或"韓衆"當據《册府元龜》作"韓泉"。

(本文發表於《出土文獻綜合研究集刊》第4輯,2016年9月)

① [宋]王欽若等:《册府元龜》,中華書局1960年版,第7304頁。

② 張國淦:《歷代石經考》,收入《歷代石經研究資料輯刊》(四),北京圖書館出版社2005年版,第362頁。

《續修四庫全書總目提要》"石經類"校讀記四則

張　濤

近治儒家石經，以民國時期《續修四庫全書總目提要・經部》（中华书局1993年版）所録石經著作提要爲讀書之一助，收益良多。時或發現其失，兹提出若干辨正。以下先列條目並附録該書（下文標爲"中華"）及《續修四庫全書總目》原稿影印本（齊魯書社2001年版，下文標爲"齊魯"）之册數頁碼，次列原文，最後以按語標明管見。

陳宗彝刊《蜀石經殘字》一卷（百一廬叢書本）（中華1306；齊魯21—798）

"是刻前有其父醒齋老人序。"

按：序署"醒翁老人"，即陳宗彝之父，名繼昌，字問舟，江寧歲貢生。[①]作序時在丙戌，即道光六年（1826）十月，此序摘出石經之誤與石經之可取者各如干條，謂蜀石經"一二字增減與古本合者尚多，則石本未必無補。予恐讀者展卷緣其瑕而棄其瑜，即以所校出者揭之卷首"。素來皆謂蜀石經多誤字，價值不高，如本書所附顧千里道光五年乙酉八月七日跋云云，故其父發爲是言以支撑門面。

"後坿道光五年獨抱居士跋。"

按：陳宗彝齋署"獨抱廬"，輯所刊漢、蜀石經殘字與他書合爲《獨抱廬叢刻》，此獨抱居士蓋即陳宗彝也。醒翁老人道光六年序"今春二兒宗彝謀刊以傳"，似至道光六年春，此書尚未刻成。

"惟《周禮・夏官》及《毛詩・周南》《召南》《邶風》不知流落何所，久已不傳。雖《毛詩》殘本，有王昶、吴騫、馮登府、嚴杰諸家爲之校訂，其經文傳箋與各本同異之處，不難藉之以傳，而孟蜀原刻無從窺見，究不能使人無憾。其幸能存其原刻，使人得識匡廬真面者獨賴有陳氏此刻耳。……即此《毛詩》重刻本，亦只一卷

---

① 《（同治）续纂江寧府志》卷十四之七《人物・儒行》，江蘇古籍出版社《中國地方志集成》本，第6A頁。

有半，碩果僅存，要不可不鄭重視之也。"

按：蜀石經《毛詩》，清儒屢有鈔録，陳氏此刻底本乃黄丕烈等人所影鈔者。黄氏友朋，鈔録非一，如吴騫拜經樓即藏一本，並有黄丕烈據原拓校正字跡，今尚存於國家圖書館，①爲提要纂修者（馮汝玠）當時所未見，則此所云"使人得識匡廬真面者獨賴有陳氏此刻"，已爲不確。且黄丕烈所據原拓亦存於世，即今上海圖書館所藏《毛詩》拓本一種。上圖此拓乃一册裱本，共五十開，碑文計四十一開，經黄松石、趙昱、魏錻（禹新）、王溥、黄丕烈、汪文琛汪士鐘父子、程文榮等遞藏。②此爲蜀石經《毛詩》拓本所僅見者，與陳氏所刻乃據鈔本覆刻相較，不啻鵠之與鶩。對比上圖拓本與陳氏刊本，則後者不但點畫形體多所變改，而字句訛舛亦所不免，如《柏州》"耿耿不寐"箋"耿耿由儆儆"，拓本"由"作"田"，是蜀石經原刻已誤，而陳氏刊本改作"由"，已失其真矣。

清賈漢復補刻孟子（石刻本）（中華 1311；齊魯 12—390）

"清康熙七年，賈漢復巡撫陝西時所補刻也。……《西安府志》云：今名十三經者，在唐惟九經，併《孝經》《論語》《爾雅》。康熙七年，中丞賈漢復補刻《孟子》七卷，遂合爲十三經。"

按：漢復（1606—1677）字膠侯，號静庵，山西曲沃人。明季淮安副將，入清官至兵部尚書、陝西巡撫，後入漢軍正藍旗。《清史列傳》卷七十八有傳，但誤謂其康熙七年（1668）回京未及補官而卒，實則當據《碑傳集》卷六十二《兵部尚書兼都察院右副都御使賈公漢復墓誌銘》所云卒于丁巳爲正，即康熙十六年（1677）。漢復素重文教，康熙元年（1662）巡撫陝西，乃補刊《孟子》白文，與西安府學舊藏開成石經碑和爲十三經石刻。此次所刻《孟子》一書，用朱熹《集注》本。提要引《西安府志》稱事在"康熙七年"，即據《（乾隆）西安府志》卷十九《學校志》所載盛熙祚《重修西安府學碑林記》而言。③盛氏此記原或有碑，而今未見，不詳何年所立，④據内文則當作於乾隆中，去賈氏補刻時已有多年，恐難盡信。據《清實録》，康熙七年正月二十四日癸亥，以光禄寺卿白清額任陝西巡撫。⑤是賈漢復此時已離

---

① 《蜀石經殘字三種・毛詩傳箋殘字》，《續修四庫全書》，上海古籍出版社 2002 年版，第 184 册。

② 仲威：《善本碑帖過眼録》，文物出版社 2013 年版，第 181 頁。

③ 《（乾隆）西安府志》卷十九，成文出版社 1970 年影印版，第 4B 葉。

④ 路遠：《西安碑林史》，西安出版社 1998 年版，第 244 頁。

⑤ 《清聖祖實録》卷二十五，收入《清實録》，中華書局 2008 年版，第 4 册，第 349 頁。另據《（乾隆）八旗通志》卷三四〇，收入《文津閣四庫全書清史資料匯刊》史部第 81 册，賈氏康熙六年十二月解任，商務印書館 2006 年版。

任，無由再鳩工刊石。另周肇祥《琉璃廠雜記》記賈氏通書法，“草書似王孟津，功力少薄弱，喜無粗獷之習也”。[①]然林侗《來齋金石考略》卷中“國子學石經”條則謂：“國朝陜撫賈漢復於康熙三年補刻《孟子》于石，《孟子》七卷，十石，三萬六千五百六字，……字與刻手皆劣，不足以媲美唐人。”[②]林氏與賈氏同時，此言當有所本，惟不知何以“字與刻手皆劣”，然據此可知補刻《孟子》在康熙三年(1664)。

“至有清詔校刊十三經注疏頒行天下，而《孟子》始進入十三經之列。”

按：《孟子》在唐宋間已升格入經，原不逮清人始爲之。“十三經”之稱，早在蜀石經時已有，蜀石經自孟蜀廣政(938)初始刊，至北宋宣和五年(1123)補刊《孟子》入石，已足十三經之數，此則近人申論之尤詳。[③]而所謂“十三經注疏”，始於明嘉靖(1522—1566)中李元陽彙刻“閩本”《十三經注疏》，其後萬曆時(1573—1620)北京國子監又據以校刊十三經，是爲“北監本”。明末汲古閣毛氏亦刻《十三經注疏》，廣爲流傳。清朝建立後，順治十五年(1658)五月、康熙二十二年(1683)十月，皆有修補十三經板片事，皆係針對北監本而來。至清帝下詔校刊十三經，時在乾隆三年(1738)九月初三壬子，其事由“武英殿繕寫刊刻”，[④]降及乾隆十二年(1747)書刊版成，世稱“殿本十三經”。此時去十三經注疏彙刻已二百年，去孟蜀石室十三經更不啻八百年。提要作者(孫海波失察)，其誤顯然。實則乾隆帝亦稱：“宋儒復進《孟子》，前明因之，而‘十三經’之名始立。”[⑤]是清人亦不以《孟子》之入十三經爲其本朝事。

“近掖縣張氏百忍堂摹唐石經新拓本十二經，而附賈刻《孟子》，蓋亦失考矣。”

按：“百忍堂”當作“皕忍堂”，此指民國間張宗昌摹印開成石經事。皕忍堂《景刊唐開成石經·例言》云：“《孟子》七篇，唐時尚儕諸子，故石壁止十二經。清康熙間賈三復始補刻於石壁之末，今仍之。”[⑥]是景刊者頗知補刻始末，不得驟謂

① 周肇祥：《琉璃廠雜記》卷十九，北京聯合出版責任有限公司2016年版，第709頁。

② ［清］林侗：《來齋金石考略》卷中第44A—B葉，新文豐《叢書集成三編》本，第597頁。

③ 參見杜澤遜《〈孟子〉入經和〈十三經〉彙刊》，收入周彦文主編：《文獻學研究的回顧與展望：第二届中國文獻學學術研討會論文集》，臺灣學生書局2002年版，第191—205頁；舒大剛《“蜀石經”與十三經的結集》，《周易研究》2007年第6期，第68—75頁；舒大剛《〈十三經〉：儒家經典體系形成的歷史考察》，《社會科學研究》2011年第4期，第108—116頁；舒大剛《從“蜀石經”的刊刻看〈十三經〉的結集》，《經學研究論叢》第16輯。

④ 《清高宗實録》卷七十六，第201頁。收入《清實録》中華書局2008年版，第10册。

⑤ ［清］弘曆：《重刻十三經序》，《御製文初集》卷十一，《清高宗御製詩文全集》本，第1A葉。

⑥ 《景刊唐開成石經(附賈刻孟子、嚴氏校文)》，《例言》，中華書局1997年版，第2B—3A葉。此《例言》爲陶湘撰。

之"失考",惟其誤賈氏之名爲"三復"則謬矣。皕忍堂印唐石經,主其事者實爲陶湘(1870—1940),而寫刻之事則委之琉璃廠文楷齋。湘字蘭泉,號涉園,江蘇武進人。皕忍堂此刊,多著録爲民國十五年(1926),蓋據"歲次丙寅皕忍堂刊"牌記及張宗昌序,然卷端潘復序署民國十六年(1927)冬十月,則 1926 年爲開雕之年。陶湘《涉園年略》"(民國)二十二年癸酉六十四歲"條下記:"先是,山東掖縣義威將軍張效坤氏宗昌囑代摹刻唐開成石經全部,至是告成。"①則刊成於 1933 年。倫明稱陶湘"喜印刻書,别出新意,所印《天工開物》等書,寫工畫工藝絶精,殊勝原書;又爲張宗昌刻唐石經亦精。近又擬刻《新十三經注疏》。"②其擬刻《新十三經注疏》事,似未落實。

顧炎武《石經考》一卷(石經彙函本)(中華 1311;齊魯 1—441)

"其後杭世駿作《石經考異》,譏顧氏述矣而不詳,詳矣而不辨;瞿中溶作《漢石經考異補正》,則謂顧氏沿《隋書·經籍志》之誤,於漢石經爲一字、三字,未能取決。今考此編,……是顧氏固非不辨,且確知三字爲魏石經,則一字爲漢石經,夫復何疑?"

按:瞿中溶《漢石經殘字考異補正》稱"亭林乃近代古學宗師,獨於漢石經爲衆説所困,不能取決",又稱"昔亭林顧氏作《金石文字記》及《石經考》於漢石經詳引衆説,訖不能定以一字爲漢、三字爲魏",③而未嘗言其"沿《隋書·經籍志》之誤"。考顧氏《石經考》《金石文字記》於《隋志》之説皆有辨,固未嘗爲其所誤,而《石經考》逕録《後漢書·儒林傳》"熹平四年乃詔諸儒正定五經,刊於石碑,爲古文、篆、隸三體書法以相參檢"之語而無説,④《金石文字記》卷一"石經"條開篇即明言"三體石經,漢魏皆嘗立之",⑤是亭林之誤,誤在不辨《後漢書》文意,而與《隋書》無關。提要作者(江瀚)此處所辨,能證顧氏認魏石經爲三字,而不能證顧氏以漢石經爲一字,是不能服瞿之口矣(詳下條)。

"又顧氏所著《日知録》卷二十一'五經文字'條引《晉書·衛恒傳》,下注云'《後漢書·儒林傳》誤三體書法爲熹平所刻',此亦一證。"

按:此似足爲亭林洗冤,然不無小失。"五經文字"云云,據《日知録》原書,當

① 陶湘:《涉園七十年記略》,第 14B 葉,收入《北京圖書館藏珍本年譜叢刊》第 192 册,第 636 頁。

② 倫明:《辛亥以來藏書紀事詩·陶湘》,東莞圖書館編:《倫明全集》(一),廣東人民出版社 2012 年版,第 94 頁。

③ 瞿中溶:《漢石經殘字考異補正》,《適園叢書》本,參《序》,第 1B 葉;卷二,第 21A—B 葉。

④ 顧炎武:《石經考》,收入氏著《顧炎武全集》第 5 册,上海古籍出版社 2011 年版,第 441 頁。

⑤ 顧炎武:《金石文字記》卷一,收入氏著《顧炎武全集》第 5 册,第 236 頁。

爲“五經古文”。又,《金石文字記》原有漢石經三字之説,杭、瞿等人所論,未爲無據。惟《金石文字記》復引《金石録》卷十六“漢石經遺字”“(蔡)邕所書乃八分,而三體石經乃魏時所建也”之語,轉謂漢爲一字,彼此牴牾若是。綜而核之,蓋亭林於魏石經爲三字,辨析甚明,未嘗有疑;於漢石經爲一字,則先誤爲三字而後乃自變前説。據《金石文字記》,亭林在鄒平張氏、京師孫氏所兩見熹平石經摹本,不容終不知其爲一字。意者,先儒治學不易,隨手札記,積累成書,隨時改動,而難以周全,故不免留有參差之處,啓後人疑竇。

桂馥《歷代石經略》二卷[光緒九年(1883)陳州刻本](中華 1312;齊魯 1—445)

“其中所列諸條,分爲三事。”

按:此所謂“三事”,即“一不言漢石經爲一字三字,二誤以漢石經爲三字,三考定漢石經爲一字”云云,稿本同,專爲漢石經而發,非論歷代石經全體。提要“諸條”上當補“漢石經”三字,其義乃足。

“惟於魏三體石經,引朱彝尊曰:‘……正始石經,實(嵇)康等所書也。’今考《晉書·儒林傳》,(趙)至卒於太康中,年三十七。姑假定至於正始九年生,太康二年卒,恰三十七歲。魏石經立於正始中,至猶未生,安得有遇嵇康寫石經之事邪?必是傳聞失實,未可據依。”

按:提要此段有二誤。駁朱彝尊嵇康寫魏石經之説,引趙至事,見《晉書·文苑傳》,此訛爲《儒林傳》,其誤一。提要從史傳所記趙至得年立論,不爲無見。然《晉書》此段全本之《世説新語·言語篇》注引嵇紹《趙至叙》,紹爲嵇康子,所聞當有所自,未可徑以“傳聞失實”視之。提要纂修者(江瀚)所以疑年歲有誤者,由其所定趙至遇嵇康之年在正始(240—249)中故爾,而其所以如此,皆爲因朱彝尊解嵇康“寫”石經爲嵇康是魏石經書經之人而起。實則此所謂“寫”,歷來石經研究者本有二解,一如朱彝尊解爲書經之人,劉傳瑩《漢魏石經考》、周亮工《魏三體石經殘石拓本跋》同;一則解爲“摹寫”之寫,非書經,姚晉圻、田明昶等主之。張國淦匯總兩説,疑不能定。[①]余嘉錫謂“嵇康寫石經古文者,魏正始中立石經,爲古文、篆、隸三體,康遊太學見之,因傳寫其古文也”,[②]解析極明,且云趙至見嵇康事蓋在甘露二年(257)。劉汝霖推測魏石經之立在正始六年(245),而趙至見嵇

① 張國淦:《歷代石經考·魏石經》,廣陵古籍刻印 1994 年版,第 12A—12B 葉。

② 余嘉錫:《世説新語箋疏》,中华书局 2007 年版,第 89—90 頁。

康寫石經古文時則與余嘉錫同。劉氏亦謂"蓋(嵇)康寫石經,乃摹寫之謂,非寫碑而刻字也"。[①]近時學者詳論六朝時期"鈔""寫"二字含義有別,指"寫"爲照本謄録,不加改動,[②]嵇康此事則爲魏晉間之一證。提要不解"寫"字之意,其誤二。

(本文部分内容曾發表於《江海學刊》2017 年第 2、4、5 期)

① 劉汝霖:《漢晉學術編年》,中華書局 1987 年版,中華書局 1987 年版,卷六,第 168—169 頁;卷七,第 45 頁。

② 可參童嶺《"鈔""寫"有別論:六朝書籍文化史識小録一種》,《漢學研究》2011 年第 29 卷第 1 期,第 257—280 頁。

後　記

二十世紀伴隨着漢魏石經出土曾掀起一股研究熱潮，復又隨著羅振玉《集録》、張國淦《漢石經碑圖》、孫海波《魏三體石經集録》和馬衡《漢石經集成》之出版，漸至冷落甚至偃息。我曾揭示其原因是由於珂羅版石經書籍難覓，舊雜志論文難見，加之學者紛紛預流去研究新出銘文與簡帛等。於今細思，以上諸因雖不可忽視，亦僅爲外在客觀因素。就石經研究本身而言，雖知漢魏石經與存世傳本頗有不同，然以三十七分之一和五十分之一的石經殘石，自然無法全面展示其與傳世文本之異同。熹平石經經羅振玉、張國淦之工作，已經在當時條件下做到了初步的復原，没有新資料，就很難更進一層；魏石經與傳世本所見差異主要在文字而不在文本，所以在客觀認識一致或大致相同的前提下，一時很難逾越羅、張、馬所設置的碑圖框架，此或是石經研究停頓偃息的内在主觀原因。確實，以後在羅、張、馬研究之基礎上分增寸進的成績，除新出殘石外，無不是在沉思深研與細密排比下所得。

自二〇一三年《歷代儒家石經文獻集成》立項以來，我召開了二次七朝石經研討會，邀約大陸和臺灣相關專家共聚一堂，切磋交流，也頗有些許新的發現和成果。今選擇其中部分論文和發表在各種期刊上之專文，都爲一集，便是這本《七朝石經研究新論》，冠以“新論”二字，並不是所選文章都有新見，自詡的新見也可能是一種偏見。但無論是新見或偏見，總是石經研究史上一種螺旋式的推進。

我在二〇一六年編纂過一本《二十世紀七朝石經專論》，收集了自繆荃孫、王國維、羅振玉以來諸位大家的重要石經論文，以期反映整個二十世紀的石經研究進展與成就。《專論》與本書適可互相參照，大致可以呈現石經研究的發展脈絡。當然，上世紀中後期和本世紀初，還有一些重要論文遺在二書之外，只能俟諸異日，重加編録。

這本論集的編輯工作可以分爲前後二個階段，前期是馬濤在協助我組織會議期間,收集學者來稿,統一格式,編輯成會議論文集。及至選録成書時,始由陸駿元聯繫作者、敦請修改,並從頭至尾閲讀編輯。文稿送到出版社,先後由陳雯和曹勇慶兩位責編加工處理,付出了辛勤勞動。對以上四位做出的努力,我深表感謝。

二〇一八年十一月十二日寫於榆枋齋

圖書在版編目(CIP)數據

七朝石經研究新論/虞萬里主編.—上海：上海書店出版社，2019.1
ISBN 978-7-5458-1726-3

Ⅰ.①七… Ⅱ.①虞… Ⅲ.①石經-中國-古代-文集 Ⅳ.①K877.43-53

中國版本圖書館CIP數據核字(2018)第258639號

責任編輯 曹勇慶
特約編輯 陳 雯
封面設計 酈書徑

七朝石經研究新論
虞萬里 主編
陸駿元 執行編輯

出　版 上海書店出版社
(200001 上海福建中路193號)
發　行 上海人民出版社發行中心
印　刷 江陰金馬印刷有限公司
開　本 710×1000 1/16
印　張 33.25
字　數 560,000
版　次 2019年1月第1版
印　次 2019年1月第1次印刷
ISBN 978-7-5458-1726-3/K·329
定　價 198.00圓